CONSTITUCIONALISMO E IMPÉRIO

A cidadania no Ultramar português

CRISTINA NOGUEIRA DA SILVA

CONSTITUCIONALISMO E IMPÉRIO

A cidadania no Ultramar português

CONSTITUCIONALISMO E IMPÉRIO
A cidadania no Ultramar português

AUTORA
CRISTINA NOGUEIRA DA SILVA

EDITOR
EDIÇÕES ALMEDINA, SA
Av. Fernão Magalhães, n.º 584, 5.º Andar
3000-174 Coimbra
Tel.: 239 851 904
Fax: 239 851 901
www.almedina.net
editora@almedina.net

PRÉ-IMPRESSÃO | IMPRESSÃO | ACABAMENTO
G.C. – GRÁFICA DE COIMBRA, LDA.
Palheira – Assafarge
3001-453 Coimbra
producao@graficadecoimbra.pt

Outubro, 2009

DEPÓSITO LEGAL
300784/09

Os dados e as opiniões inseridos na presente publicação
são da exclusiva responsabilidade do(s) seu(s) autor(es).

Toda a reprodução desta obra, por fotocópia ou outro qualquer
processo, sem prévia autorização escrita do Editor, é ilícita
e passível de procedimento judicial contra o infractor.

Biblioteca Nacional de Portugal – Catalogação na Publicação
SILVA, Ana Cristina Nogueira da
Constitucionalismo e Império : a cidadania no
Ultramar Português.
ISBN 978-972-40-3734-9

CDU   342
      325

ÍNDICE

Nota Prévia 9

Introdução 13

1. O *indígena* na literatura colonial dos finais do século XIX-início do século XX.. 21
2. O *indígena* nas políticas coloniais da Monarquia constitucional......................... 45
3. Colonialismo e anti-colonialismo no pensamento político dos sécs. XVIII/XIX 67
      3.1 Direito Internacional e colonialismo. 72
      3.2. Economistas e colonialismo: a utilidade das colónias. 77
      3.3. Pragmatismo, nacionalismo e utilitarismo 82
      3.4. O anti-colonialismo de Jeremy Bentham. 85
4. O modelo vintista positivado. 95
      4.1. Uma unidade instável: uma Nação de terras distantes e diversas 96
      4.2. Os laços da liberdade. 98
      4.3. Uma unidade instável: a desconfiança e o "ciúme" 102
      4.4. Especificidades ultramarinas: diversidade de interesses, diversidade de normas 108
      4.5. Especificidades "intra-ultramarinas": África e Ásia 110
      4.6. A unidade da Nação e o contratualismo federal: Nação, Pátria(s), Indivíduos 112
      4.7. Conclusão 118
5. Unidade e diversidades no primeiro texto constitucional português................... 123
6. O dogma da unidade e da representação política do ultramar............................ 127
      6.1. A legislação eleitoral e as especificidades da representação política do ultramar 130
      6.2. A memória da independência brasileira 132
      6.3. Os conhecimentos locais. 134
      6.4. Conclusão: a representação política como símbolo 138
7. A cidadania das populações do ultramar no direito constitucional português do século XIX 145
      7.1. *Estado Nação* e igualdade dos estatutos pessoais. Direitos naturais, direitos políticos, direitos civis 146
      7.2. O estatuto político e civil das populações do ultramar português 158
         7.2.1. Os cidadãos portugueses do ultramar. 160

7.2.2. Cidadania portuguesa e catolicidade 179
7.2.3. O Código civil de 1867 e os "usos e costumes" dos povos nativos.... 212
7.3. Conclusão 236

8. Em transição para a cidadania. 239
   8.1. Os escravos 243
      8.1.1. A escravidão nos textos constitucionais portugueses......................... 243
      8.1.2. A doutrina jurídica portuguesa e a escravatura 250
      8.1.3. Contexto político-ideológico das discussões constitucionais sobre os escravos 257
   8.2. Os Índios... 266
      8.2.1. A independência do Brasil e a obliteração constitucional dos "nativos"... 279
   8.3. "Missões civilizacionais"... 284
      8.3.1. Um paradigma *iluminista*... 289
      8.3.2. Um paradigma *utilitarista* 292
   8.4. Vassalos e cidadãos.. 298
      8.4.1. Estrangeiros atípicos: os *sobados* 301
      8.4.2. O direito internacional: "entre civilizados", "sobre incivilizados" 305
      8.4.3. The *black man's burden* – os cidadãos carregadores........................ 318
   8.5. Graduando os cidadãos: os libertos... 335
      8.5.1. A discussão vintista 337
      8.5.2. A condição dos libertos na Carta e na Constituição de 1838............ 345
      8.5.3. A condição dos libertos no Acto Adicional de 1852......................... 347
      8.5.4. A doutrina jurídica 351
      8.5.5. O sentido liberal da palavra liberto 353
      8.5.6. O estatuto dos libertos como estatuto civil.. 355
      8.5.7. Cidadania constitucional e menoridade civil 364
      8.5.8. De libertos a ingénuos 365
      8.5.9. Ingenuidade e vadiagem 373
      8.5.10. Conclusão 377

9. Diferenças "intra-ultramarinas": América, África, Ásia................................... 383
   9.1. Constituição de 1822.. 383
   9.2. A Carta Constitucional e a Constituição de 1838 387
   9.3. Constitucionalização da diferença ultramarina 388
      9.3.1. Os fins explicitados: distância/urgência/conhecimento 391
      9.3.2. A Constituição, o governo limitado e os direitos políticos dos povos do ultramar. 392
      9.3.3. A universalidade do governo representativo e dos direitos................ 394
      9.3.4. Os "cidadãos ultramarinos" e a participação política........................ 396
      9.3.5. A representação ultramarina no Parlamento como *álibi*.................. 398
      9.3.6. Outras formas de participação política?.. 400

9.3.7. Os fins ocultos da "especialidade" das leis.	405
9.3.8. O princípio da constitucionalidade das leis no ultramar	408
9.3.9. Conclusão	414
10. Conclusão	425
BIBLIOGRAFIA	437

NOTA PRÉVIA

Este livro corresponde à dissertação de doutoramento defendida na Faculdade de Direito da Universidade Nova de Lisboa em 2005. Por motivos editoriais foram suprimidos dois capítulos e vários sub capítulos, aos quais faremos referência sempre que for necessário. Mas a sua organização interna é praticamente a mesma, sendo apenas de destacar a recente elaboração da introdução e algumas actualizações bibliográficas cuja incorporação no texto original se revelou pertinente. Como a explicação da organização do trabalho será feita na introdução e no capítulo inicial, vou aproveitar este espaço para agradecer às pessoas que me acompanharam e apoiaram durante a sua realização.

Agradeço, em primeiro lugar, às pessoas que aceitaram ser os orientadores da dissertação. Ao Professor António Hespanha, por ter estado ligado à sua génese, e a quem devo o melhor de toda a minha formação científica, adquirida ao longo de muitos anos de convívio intelectual e pessoal. As horas passadas a debater com ele os temas tratados e as perspectivas teóricas a partir das quais esses temas podem ser compreendidos estão presentes nas páginas deste trabalho. Foi ele quem me chamou a atenção para a convivência do pensamento liberal oitocentista com o imperialismo e a colonização, uma convivência difícil, cuja racionalidade procurei aqui reconstituir. Ao Professor Valentim Alexandre, pela sua disponibilidade e também pelas críticas que nunca deixou de tecer aos textos que lhe fui enviando. Sem essas críticas e sem as coordenadas definidas pelo seu conhecimento sobre a história do Império português na época contemporânea e os seus diversos contextos temporais e geográficos ter-me-ia enredado ainda mais na(s) lógica(s) internas da narrativa doutrinal e política. São muitos os riscos que esse enredo comporta, nomeadamente a subtracção simplificadora dessas narrativas aos contextos políticos e sociológicos sem os quais elas passam a ser descritas de forma acrítica e, no limite, a legitimação dessas narrativas e dos comportamentos que lhes estiveram associados.

É dispensável referir que, apesar de orientadores, não são responsáveis por eventuais desorientações que o trabalho comporte.

Agradeço também à Faculdade de Direito da Universidade Nova de Lisboa e aos seus fundadores, Diogo Freitas do Amaral e Carlos Ferreira de Almeida, por terem concebido uma Faculdade de Direito onde pessoas como eu, com formação em História, primeiro, em História e Sociologia do poder, depois, puderam encontrar o seu lugar. E também aos colegas das várias disciplinas, jurídicas e não jurídicas, por me terem ajudado a conhecer um pouco o mundo, antes muito distante, das formulações jurídicas. Particularmente ao Rui Pinto Duarte, pela atenção com que leu alguns dos meus textos. Ao Miguel Poiares Maduro, pelas muitas discussões, mesmo aquelas em que estivemos em desacordo, mas, principalmente, pelo carinho e pela amizade. À Teresa Beleza, pela amizade e empatia, que também resultaram da proximidade dos nossos interesses científicos. Ao Armando Marques Guedes, por ter partilhado comigo preciosas informações bibliográficas, que muito enriqueceram as aulas que fui leccionando enquanto redigi esta dissertação. Aos funcionários da Faculdade, pela sua simpatia e competência e sobretudo ao sector mais ligado à informática.

Aos meus amigos, que se revelaram ainda mais e ainda melhores nas piores alturas, pela disponibilidade, pela ajuda, pela inteligência e pela empatia. É-me impossível não nomear primeiro aqueles que, por circunstâncias da vida, estiveram mais próximos: a Alexandra Barbosa, o Rafael Mora, o António Hespanha, o Paulo Ferreira, o Nuno Monteiro, o Fernando Dores Costa, a Lúcia Amaral, o Marcos Ribeiro, a Carla Araújo. A Ângela Barreto Xavier, o Pedro Cardim, o Carlos Petit e o António Serrano foram (e são), além de grandes amigos, interlocutores especiais, com quem continuo e continuarei a aprender muito. Mais recentemente, também partilhei com o Carlos muitas das ideias que me ocuparam a mente durante a redacção desta tese, e agradeço-lhe muito o carinho, a paciência, a acutilância das suas observações, muitas delas mediadas por experiências concretas da sua vida.

Agradeço especialmente a toda a minha família, ao Joaquim, e, particularmente, aos meus pais, à minha irmã, a Ana Isabel, e aos meus sogros. Sem eles teria sido impossível ter terminado este trabalho. Sobretudo graças a outros dois membros da família, os mais pequenos e os que, para minha felicidade, ocupam o lugar maior na minha vida, o João Rafael e o André.

*Dedico este livro aos meus pais
e à memória do meu tio,
Victor Manuel Duarte Silva*

INTRODUÇÃO

O tema deste trabalho é o estatuto das populações (sobretudo as nativas, mas não só) dos territórios colonizados pelos portugueses no século XIX, a sua posição formal face à cidadania. Para o desenvolver, procurei responder a algumas questões que considerei fundamentais para conhecer essa posição. Procurei saber, nomeadamente, que direitos políticos e civis foram reconhecidos a essas populações ou por elas conseguidos, se participaram politicamente e como (se estiveram ou não representadas no Parlamento metropolitano, se se fizeram representar em assembleias locais), se as Constituições oitocentistas lhes garantiram direitos iguais aos dos portugueses da metrópole, ou se, pelo contrário, admitiram a vigência de "princípios de excepção" no seu governo e na definição dos seus estatutos pessoais. Se, no caso das populações nativas, elas puderam regular as suas vidas de acordo com formas jurídicas tradicionais, se essas formas foram respeitadas ou apenas provisoriamente toleradas pela administração colonial. Finalmente, se foram percepcionados como pessoas com algum grau de "sentimento de pertença" à nação portuguesa. Procurei também saber se os territórios que habitavam eram partes iguais do território nacional ou se, pelo contrário, eram percebidos como territórios diferentes, que deviam ser governados de forma diferente. A investigação em torno destas questões colocou-me perante um problema mais vasto da historiografia sobre o colonialismo oitocentista, o de saber como é que o liberalismo de oitocentos e as suas categorias – direitos fundamentais/constitucionais, cidadania, nação, governo representativo e limitado, separação de poderes – conviveram com o problema do governo das populações e dos territórios colonizados.

Muitas destas questões evocam problemas que se colocam às sociedades contemporâneas. Se não fosse assim, é possível que não tivessem sido aqui formuladas, que não se tivessem convertido em objecto de uma investigação histórica. O mundo contemporâneo, a partir do qual escrevo estas linhas, é também o mundo "pós-colonial". Os antigos "ultramares" (designação que se usou para descrever o conjunto heterogéneo de territórios e de populações que o mar separava das "metrópoles" europeias) estão agora na(s) Europa(s) e a(s) Europa(s) nos "ultramares", fazendo com que o pluralismo cultural e étnico das comunidades políticas (também as que resultaram dos processos de independências que acompanharam as descolonizações) se tenha transformado numa questão pensada à escala "global". Pensada, evidentemente, de forma muito diversa, por ser muito diversa a actual cultura dos direitos, os actuais conceitos de cidadania e por ser outra a sensibilidade à – e até a consciência da – diversidade cultural. Com iremos ver, a ideia de conseguir a homogeneidade dos comportamentos e valores foi tão forte na cultura política de oitocentos que se hoje a integração comporta, quase sempre, um certo grau de reconhecimento das diferenças culturais – ainda que não haja acordo quanto a esse grau, que pode ir da "indiferença", nos "difference-blind citizenship models"[1], à sua protecção positiva –, no século XIX ela comportou quase sempre algum grau de apagamento das diversidades culturais, de absorção pelo "colonizado" dos valores culturais do "colonizador", de uma certa *assimilação*[2].

Antes de o mostrar, nas páginas deste trabalho, vou tentar explicar porquê, nas restantes páginas desta introdução.

*

A estrutura universalista do pensamento liberal oitocentista, na sua matriz *iluminista*, permitiria pensar, em abstracto, que, nos primeiros anos do século XIX, pelo menos, a resposta às questões formuladas nas primeiras linhas desta introdução – que foram debatidas nos Parlamentos da época, tendo aí gerado perplexidades e silêncios, mas também algumas decisões inesperadas – teria sido positiva. No entanto, por motivos pragmáticos, mas também de natureza conceptual, a resposta oitocentista foi muito mais complexa.

---

[1] V. Ayelet Schachar, *Multicultural jurisdictions, Cultural Differences and Women's Rights*, Cambridge, Cambridge University Press, 2001, p. 6.

[2] Sobre os diversos processos descritos pelo conceito de assimilação e a descrição dos problemas dessa forma de integração cultural nas sociedades contemporâneas v. L. Za, "Assimilacion", in *Dictionary of Race, Ehtnicity & Culture*, ed. Guido Bolaffi, Raffaele Bracalenti, Peter Braham, and Sandro Gindro, London, Sage Publications, 2003, pp. 19-21. Formalmente, os termos *assimilação* ou *assimilacionismo* designaram, quando aplicados às situações coloniais, políticas nas quais as colónias seriam governadas de forma semelhante à metrópole e/ou os povos culturalmente diferentes que habitavam os territórios coloniais passariam a ser cidadãos europeus. A *assimilação* podia ser parcial, quando se admitia que os indivíduos nativos se tornassem cidadãos do Estado colonial desde que se pudessem considerar, pelo seu comportamento, educação, grau de conhecimento da língua do colonizador, ocupação e rendimento, já "assimilados". E podia ser, hipoteticamente, uma *assimilação total*, quando os habitantes das colónias fossem genericamente tratados como cidadãos iguais aos da metrópole, o que nunca sucedeu. A palavra podia ainda designar o processo, progressivo e unilateral, de absorção dos valores culturais do colonizador, processo que pressupunha a passividade da parte *assimilada*, tal como foi imaginado nos discursos dos colonizadores.

Na verdade, o postulado do indivíduo como sujeito de direitos, independentemente do tempo e das circunstâncias teve alguns efeitos de inclusão relativamente às populações nativas dos territórios não europeus. A referência ao indivíduo "livre e igual", se, por um lado, facilitou a ocultação de situações de desigualdade real tornou, por outro, mais difícil legitimar as desigualdades formais, gerando as perplexidades de que falei atrás e alguns dos efeitos de inclusão de que falarei neste trabalho. O tema da escravidão foi, quanto a esse aspecto, exemplar. A impossibilidade teórica e filosófica de acomodar o estatuto do escravo às categorias do pensamento setecentista e oitocentista tiveram um lugar importante na explicação dos processos abolicionistas que, lentamente, foram acabando com a escravidão nos territórios colonizados pelos europeus.

Houve, no entanto, ao lado de previsíveis dificuldades de natureza prático-institucional mas também da ausência de vontade política, nos momentos em que o tema foi discutido, uma dificuldade conceptual em incluir na cidadania o conjunto daquelas populações. Em primeiro lugar porque, tal como sucedeu com outras metrópoles, dificilmente os portugueses de oitocentos podiam incluir na sua "comunidade imaginada" o conjunto dos povos nativos de África, da América e da Ásia. A Nação portuguesa era, para os políticos e juristas do século XIX, identificada como uma comunidade orgânica, um conjunto de pessoas ligadas pela mesma língua, cultura, genealogia e pela mesma religião[3]. Era também uma comunidade afectiva, baseava nos laços que ligavam os cidadãos portugueses à comunidade, a privilegiar os sentimentos de amor, fidelidade e implicação moral, facilitados pela convivência histórica e inter-geracional. No ultramar, onde viviam, como afirmavam os deputados portugueses, pessoas com hábitos, costumes, religião, e raças diferentes, não era fácil saber quem podia ou não podia ser português. Essas incertezas e indefinições reflectiram-se na doutrina jurídica, na legislação produzida na metrópole e nos regulamentos produzidos nas províncias ultramarinas, fazendo com que na metrópole portuguesa nunca se tenha sabido, em rigor, quem eram (e quantos eram) os portugueses que viviam no ultramar português. A esta dificuldade acrescentou-se uma outra, relacionada com a natureza elitista e culturalmente conotada do conceito oitocentista de cidadania: a "autonomia individual", a condição que o pensamento liberal oitocentista exigiu, em geral, para que alguém, *europeu ou não europeu*, acedesse ao exercício

---

[3] V. José Sobral, "Nações e nacionalismo – algumas teorias recentes sobre a sua génese e persistência na Europa (ocidental) e o caso português", *Inforgeo*, n.º 11, 1996 e "Memória e Identidade Nacional: Considerações de carácter geral e o caso português" in Manuel Carlos Silva (org.), *Nação e Estado, Entre o Global e o Local*, Porto, Edições Afrontamento, 2006, pp. 27-49.

pleno dos direitos, não era uma capacidade inata. Considerava-se que ela só emergia num certo "estado de civilização" ao qual as leis do progresso histórico conduziriam, mas em tempos diferentes, o conjunto da humanidade. O fim desta História era, como se mostrará, um fim cosmopolita, uma federação de povos finalmente "iguais", partilhando valores e culturas materiais semelhantes. Nessa altura, os princípios da "liberdade, das luzes e da razão da Europa" espalhar-se-iam por todos os continentes, como anunciaram muitos intelectuais da época[4]. Acontece que, nesta narrativa, na qual as ambições universalistas e uniformizadoras da modernidade surgem expressivamente associadas à universalização da experiência histórica vivida por (alguns) europeus, o fim da História ainda estava longe. A generalidade dos povos nativos dos territórios não europeus vivia *ainda* "estádios civilizacionais" muito anteriores à aquisição da "autonomia da vontade" requerida para o exercício pleno da cidadania no mundo civilizado. Seriam, no entanto, inevitavelmente resgatados da sua "incivilidade", ou através de um lei de necessidade histórica, cujos fins prefixados o contacto com os europeus facilitaria, ou por meio de uma intervenção política positiva, capaz de "acelerar" o seu progresso civilizacional através de métodos que podiam ser mais ou menos interventivos/ /impositivos, como se verá ao longo deste trabalho.

O momento da inclusão universal ocorreria no momento em que todos atingissem o mesmo "patamar civilizacional", o que significava que aquelas populações viviam, no presente, numa situação de transitoriedade (entre o estado "não civilizado" e o "estado civilizado"), situação à qual se associaram muitos efeitos de exclusão. Se a diversidade de condições individuais obrigou a repensar, no interior das próprias sociedades europeias, o universalismo implícito nos conceitos do pensamento político da época – nomeadamente, o da igual participação política dos cidadãos –, a diversidade dos territórios colonizados e das suas populações colocou dificuldades ainda maiores, fazendo com que, por vezes, o problema não chegasse sequer a ser formulado.

O fim da História coincidiria com o fim da diversidade cultural, diríamos hoje. Acontece que, para a maioria dos intelectuais e políticos da época, a questão da diversidade cultural não se colocava nos termos em que hoje é colocada. A maior parte dos povos de cultura e religião diferentes da europeia que tinham nascido no ultramar não eram percepcionadas como tal, mas antes como povos que viviam estádios diferentes de um mesmo percurso his-

---

[4] V. Denis Diderot *Esquisse d'un tableau historique des progrès de l'esprit humain* (1793), cit. em Tzvetan Todorov, *Nous et les autres: la réflexion française sur la diversité humaine*, Paris, Éditions du Seuil, 1989, p. 341 (v. http://fr.wikisource.org/wiki/Esquisse...).

tórico universal. De certo modo, já tinham sido "assimilados" (aos "primitivos" europeus), ainda antes da "assimilação" (aos europeus "já civilizados"). No entanto, a própria reflexão sobre a diferença que separava o mundo já civilizado desses mundos ainda atrasados (ou "estacionários"), sobre o que devia ou não ser feito para eliminar essa diferença, para tornar os segundos iguais aos primeiros, reforçou a distância, adiando cada vez mais o momento da inclusão, eternizando o processo de "transição". Capturados nesta ambivalência, excluídos e incluídos de forma contraditória, os povos nativos dos territórios colonizados passaram a ocupar um lugar situado entre a exclusão baseada na sua diferença (no seu "atraso") e um contínuo convite a tornarem-se iguais (a "evoluir civilizacionalmente"), o lugar onde se gerariam as "identidades fracturadas" do colonialismo e do pós-colonialismo[5]. Foi esse lugar que tornou difícil falar sobre as pertenças nacionais, os direitos e a cidadania destas populações. Essa dificuldade explica por que é que os políticos e juristas portugueses do século XIX, nos raros momentos em que foram confrontados com o problema – que, para eles, não foi, de facto, um problema central –, nunca decidiram, de forma clara e definitiva, se e que populações nativas do conjunto territorial que descreviam como sendo um Império eram integradas por cidadãos (ou quase cidadãos) portugueses, por vassalos da Coroa portuguesa, por súbditos por direito de conquista ou, simplesmente, por estrangeiros, às vezes inimigos. Era difícil distinguir, em momentos diferentes do processo, quem eram, no ultramar, os "inimigos", os ainda "súbditos", os vassalos, os "quase cidadãos" ou os plenamente cidadãos[6]. Como procurarei demonstrar neste trabalho, isso dependia, no território colonial português, de várias circunstâncias. Dependia, talvez em primeiro lugar, da maior ou menor proximidade ao padrão cultural europeu/português. Mas dependia também do comportamento conjuntural dos diversos grupos que

---

[5] V. Peter Fitzpatrick and Eve Darian-Smith, "Laws of the Postcolonial: an insistent introduction", in Peter Fitzpatrick and Eve Darian-Smith (eds.), *Laws of the Postcolonial*, Ann Arbor, The University of Michigan Press, 1999, p. 2 e ss.

[6] Esta "dificuldade em decidir se os nativos deviam ser tratados como súbditos da nação ou estrangeiros inimigos, que podiam ser capturados em raids e baleados" foi característica de outros impérios, como mostra Lauren Benton, *Law and Colonial Cultures, Legal Regimes in World History: 1400-1900*, Cambridge, Cambridge University Press, 2002, p. 197. E foi um fenómeno que se verificou até muito tarde, como se percebe através das palavras de Elisabeth Thompson, quando afirma, em relação às populações da Síria e do Líbano que ficaram sujeitas ao Mandato francês depois da I Guerra, que "não havia uma fronteira clara, aos olhos dos contemporâneos, que pudesse separar o estatuto de súbdito do cidadão (...)", v. *Colonial Citizens, Republican Rights, Paternal Privilege, and Gender in French Syria and Lebanon*, New York, Columbia University Press, 1999, p. 2-5.

integravam essas populações. Em momentos de rebelião, por exemplo, eram facilmente remetidas para a condição de "povos rudes e selvagens", cujo governo requeria medidas excepcionais, "musculadas". Nos momentos em que se temia que não contribuíssem com o seu trabalho para a economia colonial eram colectivamente assimilados à categoria de vadios. Dependia igualmente da maior ou menor disponibilidade de alguns desses grupos para se identificar com os projectos da metrópole ou com os das autoridades coloniais locais e dos equilíbrios locais de poder. Dependia ainda de representações sobre a hierarquia dos povos, representações nas quais os povos africanos, de acordo com classificações canónicas da época, estavam mais distantes da possibilidade da cidadania do que, por exemplo, alguns povos asiáticos. Dependia, finalmente, das perspectivas dos diferentes governos metropolitanos em matéria de política colonial. Como se irá ver, nos momentos em que o Marquês de Sá da Bandeira esteve à frente da Secretaria de Estado da Marinha e Ultramar a tendência foi para uma (generalizada) maior inclusão. Em outros momentos, a exclusão ganhou contornos muito definidos, como sucedeu nos primeiros anos da década de sessenta do século XIX. A partir de finais do século XIX passou a predominar o registo da exclusão.

O discurso comum a estas conjunturas foi o de que as populações nativas podiam aprender a ser "civilizadas" e "portuguesas", variando os métodos de "ensino" que se foram propondo. Mas houve outros momentos em que essas populações foram mesmo esquecidas, passando a "acção colonizadora" a ser descrita como uma acção pela qual os territórios não europeus seriam colonizados por *população europeia, originariamente portuguesa*. Por vezes, estes dois registos confundiram-se, tornando difícil destrinçar qual seria, afinal, a origem dos portugueses que povoariam o Império.

Falta agora recordar, para concluir, que estas indefinições viriam a ser clarificadas com a criação, preparada pela literatura colonial desde os finais do século XIX mas só consumada no século seguinte, de um estatuto jurídico diferenciado para as populações nativas das colónias portuguesas, o estatuto do *indígena*, à semelhança do que outras nações colonizadoras estavam na altura a fazer ou já tinham feito[7]. A necessidade, sentida pelos autores daquela literatura, de reforçar os fundamentos "científicos" desse *estatuto* com as "lições

---

[7] Por exemplo, a França, que, a partir de 1887, impôs a todas as suas colónias a aplicação de um *Code de l'indigénat*, primeiramente pensado para a Argélia, no qual os indivíduos nativos das colónias francesas foram considerados súbditos, por oposição a cidadãos franceses, estatuto que só podiam adquirir mediante critérios definidos nesse Código. Enquanto súbditos franceses os *indígenas* eram, por exemplo, submetidos a leis penais especiais e a regimes de trabalho obrigatório.

da história", fez com que o estatuto do *indígena* surgisse nela como o resultado de uma desejável ruptura com o passado recente do colonialismo português, no qual o *indígena* tinha sido plenamente cidadão. Na verdade, foi esta estranha afirmação que me conduziu à investigação de que resultou este trabalho. A questão inicial foi, de facto, uma questão simples: saber se os *indígenas* de que falava a literatura sobre direito e administração colonial a partir dos finais do século XIX tinham mesmo sido, até esse momento, cidadãos portugueses. Por esse motivo começarei, no primeiro capítulo, por falar sobre o que foi, nessa literatura, o *indígena*, sobre o contexto, de manipulação da memória, no qual os antepassados desses *indígenas* foram convertidos em cidadãos portugueses. Depois, num segundo capítulo, desenvolverei algumas reflexões em torno do pensamento colonialista e anti-colonialista europeu dos finais do século XVIIII – primeira metade do século XIX. Nesse capitulo irei descrever as representações setecentistas e primo-oitocentistas sobre os povos não europeus e mostrar que o nativo dos territórios colonizados não teve, nas reflexões sobre a colonização, o mesmo peso que passou a ter na literatura colonial dos finais do século. Que o conceito de *indígena* por oposição a cidadão não existia. A estes capítulos, de contextualização, seguem-se aqueles onde serão analisadas as formas como o Império e as suas populações foram abordados no constitucionalismo, na doutrina, na legislação e no discurso político português de oitocentos.

1. O *indígena* na literatura colonial dos finais do século XIX – início do século XX

O *indígena* dos territórios colonizados pelos europeus, enquanto sujeito de uma política especificamente pensada para ele, a *política do indigenato*, ocupou um lugar central nos textos sobre política e administração colonial que se escreveram em Portugal a partir do último quartel do século XIX. Ao lado do *colono* e do *Estado metropolitano*, ele constituía, nas palavras de Rui Ulrich (1883-1966), professor da cadeira de Administração Colonial na Faculdade de Direito da Universidade de Coimbra (1906-1910), o "terceiro vértice" a ter em consideração na arquitectura de uma boa política colonial[8].

Nesses textos – escritos sob a forma de monografias, tratados, relatórios e lições, por sócios e colaboradores da Sociedade de Geografia de Lisboa, criada em 1875, por regentes da cadeira de direito colonial na Universidade de Coimbra, criada em 1901[9], por professores da Escola Colonial, criada em 1906[10], e também por administradores coloniais, oficiais do exército, comis-

---

[8] V. Rui Ulrich, *Política Colonial*, Coimbra, Imprensa da Universidade, 1909.

[9] A sua criação, que foi um sinal do processo de institucionalização, em Portugal, da "ciência colonial", ocorreu com a reforma do curso de Direito da Universidade de Coimbra, em 1901 (v. Decreto de 24 de Dezembro de 1901, *Diário do Governo*, n.º 294, 28 de Dezembro de 1901, p. 1156). As primeiras lições escritas foram as de Marnoco e Souza, *Administração colonial, prelecções feitas ao curso do 4.º ano jurídico do ano de 1906-1907*, 1906 (o autor seria Ministro da Marinha e Ultramar no último governo da Monarquia), e as de Rui Ennes Ulrich, que escreveu *Ciência e administração colonial, I: Introdução, lições feitas ao curso do 4.º anno jurídico no anno de 1907-1908* (1908) e *Política colonial. Lições feitas ao curso do 4ª anno jurídico no anno de 1908-1909* (1909).

[10] Destacamos, pelo desenvolvimento e singularidade de algumas das suas reflexões, a obra intitulada *Política Indígena* (1910), de Lopo Vaz de Sampaio e Mello (1883-1949), oficial da Marinha e professor na Escola Superior Colonial, onde regeu as cadeiras de Política Indígena e Etnologia e Etnografia Coloniais (1926-46) e onde dirigiu o *Anuário da Escola Colonial* (1926-42). Foi, além disso, fundador da *Revista de Estudos Coloniais* da Escola Superior Colonial (1948-1954), sócio da Sociedade de Geografia de Lisboa (fundada em 1875) e membro do Instituto Colonial Internacional de Bruxelas.

sários régios e ministros[11] –, a palavra *indígena* designava um conceito caracterizado por um elevado grau de abstracção. A sua concretização geográfica era muito genérica, pois dizia respeito a povos nativos de todos os territórios colonizados por europeus, em África, na América ou na Ásia. O universo semântico do conceito era também muito amplo, porque só não abrangia os povos nativos do continente europeu. As populações nativas dos outros continentes eram nele apreendidas como um conjunto humano relativamente indiferenciado, porque além de dispensar qualquer referência à diversidade étnica ou cultural das comunidades em que os *indígenas* viviam, o conceito não remetia para qualquer distinção ou identificação social no interior dessas comunidades. A palavra *indígena* podia designar o nativo de qualquer parte de qualquer território colonizado por europeus e, da mesma maneira, podia designar tanto o soba africano ou o príncipe indiano, como os respectivos súbditos.

Havia, no entanto, um elemento antropológico comum, que unificava este conjunto humano internamente indiferenciado: a sua posição distante face às formas "civilizadas" de vida a que a História tinha conduzido as sociedades europeias. *Indígenas* eram, então, os naturais daqueles outros continentes cuja cultura e formas de vida se caracterizavam, em todas as suas manifestações – morais, religiosas, económicas –, por um certo grau de primitivismo.

Do ponto de vista jurídico – um ponto de vista de grande relevância, porque o direito desempenhou um papel determinante na construção e na

---

[11] Entre os inúmeros autores e títulos podem destacar-se António Enes, duas vezes Comissário Régio em Moçambique (em 1891 e em 1894) e Ministro da Marinha e Ultramar depois do *Ultimatum* (escreveu *Moçambique – relatório apresentado ao Governo*, 1893); vários militares que colaboraram com ele nas campanhas de pacificação, entre os quais Henrique de Paiva Couceiro (escreveu *Angola (Dois annos de Governo, Junho de 1907-Junho de 1909). História e Comentários*, 1910, e *Angola, Estudo Administrativo*, 1898); Mouzinho de Albuquerque, Governador do Distrito de Lourenço Marques em 1895, depois Governador e Comissário Régio na mesma província (escreveu *Moçambique, 1896-1898*, 1899); Freire d'Andrade, Director Geral das Colónias, Secretário-Geral do Ministério da Marinha e Ultramar, Ministro dos Negócios estrangeiros em 1914, Governador-geral de Moçambique (escreveu *Relatórios sobre Moçambique*, 1910); Aires de Ornellas, Ministro da Marinha e Ultramar em 1907 (escreveu *Raças e línguas indígenas em Moçambique*, 1901, e *A nossa administração colonial. O que é, o que deve ser*, 1903); Alfredo Augusto Caldas Xavier (escreveu *Estudos coloniais*, 1889); Eduardo Costa, Governador do distrito de Moçambique (1897) e Benguela (1904) e Governador-geral de Angola em 1907 (escreveu *Estudo sobre a Administração Civil das províncias Ultramarinas*, 1903, *O Distrito de Moçambique em 1888 (notas e apontamentos)*, 1902 e *Ocupação militar e domínio efectivo nas nossas colónias*, 1903); Albano de Magalhães, juiz no ultramar (escreveu *Estudos Coloniais*, 1907); Artur Almeida Ribeiro, Ministro do Ultramar em 1914 (escreveu *Administração Civil das Províncias Ultramarinas, Proposta de Lei Orgânica e Relatório apresentado ao Congresso pelo Ministro das Colónias*, 1914, e *Administração Financeiras das Províncias Ultramarinas, projecto de lei orgânica e relatório [...]*, 1917).

fixação do conceito –, eram *indígenas* aqueles nativos que não se distinguiam, culturalmente, do "comum da sua raça". Ou mesmo os nativos que, estando já distanciados, culturalmente, daqueles com quem partilhavam a "raça", ainda não tinham adquirido, pelo menos em grau suficiente, os hábitos e valores "civilizados". Por um motivo ou pelo outro, estes *indígenas* não podiam ser sujeitos de formas representativas de governo ou exercer direitos civis e políticos iguais aos dos cidadãos das metrópoles europeias. O seu estatuto jurídico era, portanto, o de não cidadão.

Na literatura jurídica dos séculos XIX e XX o conceito de *indígena* tinha uma marcada conotação racial, já que quase sempre se acrescentava à naturalidade e cultura, enquanto variáveis identificadoras, a raça dos *indígenas*. Num dos primeiros documentos em que esta categoria de pessoas foi juridicamente descrita em Portugal, eram *indígenas* os "nascidos no ultramar", de pai e mãe indígenas e "que não se distingam pela sua instrução e costumes do comum da sua *raça*"[12]. A primeira lei portuguesa onde foi finalmente pensado um estatuto pessoal (civil, político e criminal) próprio para o *indígena*, em 1914, determinou que pudesse ser "cidadão da República", com todos os direitos civis e políticos, o *indivíduo de cor* que falasse português ou qualquer outra "língua culta", que não praticasse os usos e costumes característicos do meio *indígena*, que exercesse profissão, comércio ou indústria, ou que possuísse bens de que se mantivesse. Os *indivíduos de cor* que não satisfizessem cumulativamente aquelas condições eram considerados *indígenas*, o que significava que seriam apenas "súbditos da República portuguesa"[13].

A leitura dos textos doutrinários e da legislação permite, finalmente, compreender que o conceito de *indígena* comportava uma conotação de transitoriedade mais (ou menos) evidente. Eram in*dígenas* os que *ainda* não tinham abandonado o seu modo "tradicional" de vida, aqueles que, para os olhares europeus, *ainda* eram todos iguais, na sua fundamental distância relativamente ao mundo civilizado. Isso significava que aqueles nativos de outros continentes – ou aqueles indivíduos de cor – que já tinham franqueado o limiar da dife-

---

[12] V. Dec.º de 20 de Setembro de 1894, que regulou o art. 3.º do dec.º de 20 de Fevereiro de 1894 (aprovando o *Regimento da administração da justiça nas províncias ultramarinas: decreto de 20 de Fevereiro de 1894*, Lourenço Marques, Imprensa Nacional), subl. nosso.

[13] Esta conclusão concretizava-se, por exemplo, em disposições que afastavam os *indígenas* do exercício dos direitos políticos nas instituições centrais, v. Bases n.º 16 a 18 da Lei n.º 277 de 15 de Agosto de 1914 (*Lei orgânica da administração civil das províncias ultramarinas*) em Artur R. de Almeida Ribeiro, *Administração Civil das Províncias Ultramarinas, proposta de Lei Orgânica e Relatório apresentado ao Congresso pelo Ministro das Colónias*, Lisboa, Imprensa Nacional, 1914, p. 20. Estas Bases foram discutidas e aprovadas, mas nunca chegaram a ser aplicadas.

renciação e da individualidade, já não eram *indígenas*. Distinguiam-se (ou as autoridades coloniais os distinguiam) entre "eles"[14]. No futuro, todos acabariam por ultrapassar a fronteira que os libertaria da condição de *indígenas*. Era esse o resultado natural do fenómeno colonial, na sua dimensão de "missão civilizadora" conduzida pelo colonizador europeu. Como se fazia notar nas primeiras páginas dos tratados de que se tem vindo a falar, um dos elementos identificadores do fenómeno colonial era, exactamente, o de pôr em contacto povos com graus civilizacionais diferentes, estando um desses povos, o povo colonizador, obrigado a cumprir a missão de conduzir o outro, o povo colonizado, a graus mais elevados de civilização. A colonização era, ela própria, uma consequência da diversidade das civilizações e das raças, sendo a "acção civilizadora sobre as pessoas e sobre as coisas" o que a distinguia de fenómenos vizinhos, como a ocupação de um território, a conquista, a subordinação política, o imperialismo ou a emigração, explicava Marnoco e Souza. Independentemente das suas causas e de outros fins a ela associados, como a vantagem económica ou o prestígio nacional, a colonização podia sempre definir-se como uma "acção exercida por um povo civilizado sobre um país de civilização inferior, com o fim de o transformar progressivamente, pelo aproveitamento dos seus recursos naturais e pelo melhoramento das condições materiais e morais de existência dos indígenas"[15].

Esta ideia dos Impérios como "espaços morais" não era uma ideia nova. Desde Roma que o objectivo ético de fundar uma comunidade humana universal, "civilizada" e bem governada, esteve associado à ideia imperial. Esse objectivo foi, no discurso teológico da missionação cristã, um objectivo de

---

[14] O que não queria dizer que se assemelhassem logo aos cidadãos da metrópole. O *Estatuto* de 1954 viria, por isso, a inventar um terceiro patamar, o daqueles que, distinguindo-se entre "eles", ainda não se assemelhavam a "nós", os indígenas destribalizados, v. José Carlos Ney Ferreira e Vasco Soares da Veiga, *Estatuto dos Indígenas das Províncias da Guiné, Angola e Moçambique*, Lisboa, 1957, p. 26 e ss. Por isso é que, ao contrário dos Estatutos dos anos '20, neste os indígenas eram "[...] os indivíduos de raça negra ou seus descendentes que [...] não possuam *ainda* a ilustração e hábitos individuais e sociais pressupostos para a integral aplicação do direito público e privado dos cidadãos portugueses" (art. 2, sublinhados nossos). Mesmo que *já* se distinguissem do "comum da sua raça".

[15] V. Marnoco e Souza, *Administração Colonial, Prelecções feitas ao curso do 4.º Ano Jurídico do ano de 1906-1907*, Coimbra, Tipografia França Amado, 1906, p. 8 e ss. Foi com estas lições que o autor, lente catedrático da Faculdade de Direito da Universidade de Coimbra, deu início, ali, ao ensino da disciplina de direito colonial. Que esta definição recolhia unanimidade mostram as reflexões de Rui Ulrich, que em outros aspectos discordava de Marnoco e Souza, em *Política Colonial [...]*, cit., p. 4: para haver colonização "[...] é preciso que parta de um país civilizado e que se destine a um país desabitado ou apenas ocupado por um povo selvagem ou de civilização inferior [...]".

natureza sobretudo espiritual, que converteu os impérios europeus da época moderna em espaços de expansão do cristianismo. O discurso da *ilustração*, como se verá mais detalhadamente ao longo deste trabalho, voltou a associar as formações imperiais à realização de objectivos éticos universalistas, mas acentuando a dimensão laica dessa realização: mais do que libertar os povos nativos de formas primitivas de religiosidade, era preciso também resgatá-los da sua "infantilidade civilizacional"[16], emancipá-los de modos de produção primitivos (a pastorícia, a pesca, a recolecção), ensinar-lhes as formas "civilizadas" de governo. Porém, a partir da segunda metade do século XIX, a época em que os textos aqui estudados foram escritos, essa "missão civilizacional" passou a fundamentar-se, de um modo cada vez mais claro, em teorias evolucionistas sobre a história biológica da humanidade, teorias que justificavam, em termos éticos, mas também científicos, a conquista e a tutela dos povos mais "atrasados" pelos povos mais "avançados". Nessa altura, à superioridade civilizacional dos europeus acrescentou-se a sua superioridade "racial", biologicamente determinada, explicando o seu impulso expansionista em direcção aos territórios situados fora da Europa. A presença de populações europeias em territórios não europeus passou então a ser percebida como um sinal de força e de superioridade racial. Superioridade racial face às populações nativas, constituídas por raças inferiores à europeia, mas também das nações europeias entre si, distinguindo as expansionistas das não expansionistas[17]. O campo de referências teóricas era, então, o da fundamentação biológica (racial) da desigualdade entre as populações humanas, que tinha tido uma das suas primeiras manifestações na obra do francês Joseph Arthur (1816-1882), conde de Gobineau, em *Essai sur l'inégalité des races humaines* (1853-55), e o do darwinismo social, elaborado pelo filósofo inglês Herbert Spencer (1820-1893) a partir da teoria da selecção natural de Darwin e da sua aplicação às sociedades humanas[18]. Já o campo de referências "empíricas" era o das

---

[16] V. Uday Singh Metha, *Liberalism and Empire: A study in Nineteenth-century British Liberal Thought*, Chicago, Chicago University Press, 1999, pp. 31 e ss.

[17] V. Pietro Costa, *Civitas, Storia della Cittadinanza in Europa*, vol. 3: "La civiltà liberale", Roma, Editori Laterza, 2001, p. 477. Sobre o tema em geral veja-se, neste livro, pp. 405 e ss.

[18] Sobre o darwinismo social na filosofia de Spencer e nos ensaios de William Graham Sumner, seu discípulo, professor de sociologia em Yale na segunda metade do século XIX, v. Edward Caudill, *Darwinian Myths, The Legends and Misuses of a Theory*, Knoxville, The University of Tennesse Press, 1997, caps. 4 e 5. Aí se mostra também como as apropriações do registo mais agressivo destas teorias resultaram da ênfase na ideia de competição na teoria da selecção natural de Darwin e na consequente omissão da função da cooperação na evolução. Sobre o darwinismo em Portugal v. Ana Leonor Pereira, *Darwin em Portugal (1865-1914), Filosofia, História, Engenharia Social*, Coimbra, Almedina, 2001.

investigações antropométricas e craniométricas da nova ciência antropológica naturalista, investigações conhecidas em Portugal através dos trabalhos inspiradores de Armand de Quatrefages (1810-1892), professor da cadeira de Antropologia no Museu de História natural de Paris, do antropólogo Paul Broca (1824-1880), fundador da Escola Antropológica de Paris, em 1859, e do seu discípulo, Paul Topinard, a grande referência, já nas últimas décadas do século XIX, do impulsionador da primeira escola universitária de antropologia em Portugal (a Escola de Antropologia de Coimbra), o antropobiólogo Eusébio Tamagnini (1880-1972)[19].

Sendo agora uma inevitabilidade científica, resultado da "natural" competição entre Nações que se apresentavam como "organismos vivos", em crescimento ou em processo de degeneração, a expansão colonial preservava, como referi, o seu significado ético, com o correspondente dever de tutelar os povos atrasados, de os conduzir à civilização. Só que, agora, a "necessidade científica" acrescentava a este um outro destino possível, apropriado para os povos incapazes de civilidade: a aniquilação. Como recorda o historiador Pietro Costa, a colonização tinha-se convertido, simultaneamente, numa imposição gerada "[…] pelas necessidades vitais das populações europeias, reduzidas a espaços restritos e superpovoados, enquanto uma boa parte do Globo estava nas mãos de pequenos grupos de homens imbecis, impotentes, infantis" e numa resposta adequada a "[…] *uma exigência profunda do processo histórico, que condenava impiedosamente os povos incapazes de elevar-se à civilização* […]"[20].

O desaparecimento era, portanto, o destino que a História reservava aos *indígenas*. Ou porque, depois de instruídos e civilizados pela presença europeia, deixariam de o ser, passariam a ser cidadãos europeus; ou em virtude de um outro processo, mais violento, de extinção, que alguns acreditavam ser o resultado natural do confronto de uma raça e civilização superiores com uma raça e civilização inferior. Levy Maria Jordão (Visconde de Paiva Manso), um conhecido jurista (penalista) português da primeira metade do século XIX, discorreu, apoiando-se nos ensinamentos de Armand Quatrefages[21], sobre estes dois destinos possíveis:

"Há porém duas leis supremas que regem os povos mais ou menos civilizados, logo que a onda sempre crescente da raça caucásica chega a alcançá-los.

---

[19] Essas referências, que foram partilhadas pelo Antropólogo António Mendes Correia (1888-1969), o antropobiólogo que liderou a Escola de Antropologia do Porto, estão documentadas em Ricardo Roque, *Antropologia e Império: Fonseca Cardoso e à expedição à Índia em 1895*, Lisboa, ICS, 2001, pp. 137 e ss. e p. 166.

[20] V. Pietro Costa, *Civitas, Storia della Cittadinanza* […], vol. 3, cit., p. 487, subl. nosso.

[21] Nomeadamente em *Les Polynésiens et leurs migrations*, publicado em 1866.

Ou se retiram diante dela, e se aniquilam progressivamente em regiões afastadas, cercados e dizimados pelas misérias da expatriação – é a lei do aniquilamento progressivo; ou se incorporam lentamente à população nova que absorve os seus elementos mais vivazes, não tardando o resto a extinguir-se, como exilado no meio de um mundo novo – é a lei da incorporação lenta. São ambas manifestações diferentes de uma outra lei secreta e inevitável, a da degenerescência da raça indígena, lei independente da vontade humana e verdadeiramente providencial[22].

A centralidade que o "problema indígena" e os tópicos a ele associados adquiriram nesta época reflecte um contexto mais geral, relacionando-se com o interesse crescente dos países europeus, a partir da década de setenta do século XIX, pela posse de territórios em África, bem como pela administração das respectivas populações nativas[23]. Em 1884-85, durante a realização da Conferência de Berlim, a partilha do continente africano tinha sido, como se sabe, acompanhada da elaboração das normas do *moderno direito público colonial* que deviam presidir quer ao reconhecimento dos direitos de propriedade colonial, quer ao tratamento das populações nativas dos territórios colonizados[24]. Este contexto favoreceu a autonomização de um novo campo científico, vocacionado para a produção de saberes que tornassem mais racio-

---

[22] V. Visconde de Paiva Manso (Levy Maria Jordão), *Lourenço Marques (Delagoa Bay)*, Lisboa, Imprensa Nacional, 1870, p. xxvii. A mesma lei era recordada em quase todos os manuais europeus sobre direito e administração coloniais, e, nomeadamente, num dos primeiros e mais citados em Portugal, o de Arthur Girault, professor de economia política na Universidade de Poitiers e membro do Instituto Colonial Internacional, cuja obra mais conhecida, objecto de sucessivas edições (1903, 1907, 1921, 1927, 1943) se constituiu num manual para os estudantes de direito em toda a Europa. Nesse livro, o autor não só comprovava, com exemplos, que "todos os povos superiores em civilização colonizaram", como reconhecia a existência de uma lei comum a todos os seres vivos, pela qual "[...] os indivíduos menos bem dotados desaparecem no confronto com os mais dotados. A extinção progressiva das raças inferiores no confronto com as raças civilizadas [...] é a condição do próprio progresso", v. Arthur Girault, *Principes de Colonisation et de Législation Coloniale*, Paris, Librairie de la Sociètè du Recueil J.-B Sirey et du Journal du Palais, 1907 (3ª ed.), p. 8 e p. 27.

[23] Até c. de 1875, a presença europeia em África não envolveu uma intenção planeada de administrar populações africanas, situação que mudou a partir dessa altura, v. Crawford Young, *The African Colonial State in Comparative Prospective*, New Haven, Yale University Press, 1994, 82 e ss.

[24] Como se sabe, a partir da Conferência de Berlim, os direitos de propriedade colonial passaram a fundar-se, nas zonas costeiras, pela "ocupação efectiva" do território e pela instalação de um equipamento administrativo mínimo, v. Nuno Severiano Teixeira, "Colónias e colonização portuguesa na cena internacional (1885-1930)", in *História da Expansão Portuguesa*, Lisboa, C. Leitores, vol. IV, 1998, p. 501. Por outro lado, o art. 6 do Acto Geral da Conferência de Berlim era dedicado à "conservação das populações indígenas e do melhoramento das suas condições materiais e morais de existência".

nais/produtivos os programas de administração colonial, fenómeno do qual resultou a constituição de um *corpus* literário autónomo, dirigido para a compreensão dos "modernos princípios de colonização científica", dos quais deviam ser deduzidos os direitos e deveres dos Estados colonizadores para com as populações nativas dos territórios colonizados. Boa parte destes saberes foram produzidos com o apoio de instituições vocacionadas para o estudo da questão colonial africana, que se multiplicam na mesma época[25], tendo os seus postulados e os programas coloniais neles fundados sido discutidos em conferências internacionais e nacionais. Exemplo desses congressos, que asseguraram a circulação dos novos saberes sobre a administração colonial, foram o *Congrés Colonial Internationale de Paris* (1889, com delegados portugueses), os Congressos promovidos pelo *Instituto Colonial Internacional de Bruxelas* (fundado em 1894), ou o *Congresso de Sociologia colonial* (1900)[26] e, em Portugal, o *Congresso Colonial Nacional* de 1901, depois repetido em 1924 e 1930[27], ou, já em 1934, o *I Congresso Nacional de Antropologia Colonial*, reflectindo este último uma intensificação do interesse da antropologia portuguesa pelas populações coloniais e também a colaboração "oficial e activa" dos antropólogos portugueses na política colonial do Estado Novo[28]. Entre os agentes científicos desta nova "ciência da administração colonial" contaram-se nomes vindos de áreas disciplinares diversas, como o do economista francês Paul Leroy-Beaulieu, *De la Colonisation Chez les Peuples Modernes* (1874)[29], o do já referido professor Arthur

---

[25] Como, em Portugal, a *Sociedade de Geografia de Lisboa*, em 1875, seguida da criação, no Ministério do Ultramar, da *Comissão Central Permanente de Geografia* (1876), depois integrada na Sociedade de Geografia (1880), ou da *Comissão de Cartografia*, criada em 1883 para coordenar as explorações geográficas e a delimitação de fronteiras coloniais. Sobre o lugar destas instituições na constituição de saberes antropológicos sobre o ultramar e as suas populações v. Rui M. Pereira, introd. a Jorge Dias, *Os Macondes de Moçambique*, I: "Aspectos Históricos e Económicos", Lisboa, CNCDP e IICT, 1998 e Ricardo Roque, *Antropologia e Império...*, cit., p. 282 e ss. Sobre o funcionamento e as motivações dos membros da Sociedade de Geografia de Lisboa, v. Ângela Guimarães, *Uma corrente do Colonialismo Português: a Sociedade de Geografia de Lisboa, 1875-1895*, Lisboa, Livros Horizonte, 1984.

[26] Este particularmente importante, já que a política indígena foi o tema central das suas actas.

[27] Uma síntese dos temas tratados no primeiro *Congresso Colonial* pode encontrar-se em *Congresso Colonial Nacional, teses*, Lisboa, Tip. da Companhia Nacional Editora, 1900, onde está documentada esta centralidade concedida à "questão indígena".

[28] Gonçalo Duro dos Santos, *A Escola de Antropologia de Coimbra*, 1885-1950, Lisboa, ICS, 2005, pp. 34 e ss. e 168.

[29] Um outro teorizador de políticas *assimilacionistas*, v. Martin Deming Lewis, "One Hundred Million Frenchmen: the «Assimilation» Theory in French Colonial Policy", in *Comparative Studies in Society and History*, vol. IV, n.º 2, Jan. 1962, p. 136.

Girault, *Principes de Colonisation et de Legislation Coloniale* (1895), o do político e naturalista Jean-Marie Antoine de Lanessan (1843-1919), botânico, Professor na Faculdade de Medecina de Paris, governador civil e militar da Indochina francesa na última década do século XIX e autor, entre outras obras, do livro *Príncipes de Colonisation* (Paris, Félix Alcan, 1897), o de Paul S. Reinsh, professor da Universidade de Wisconsin, *Colonial Administration, an Introduction to the study of colonial institutions* (1905), o de François Jules Harmand, físico da marinha francesa que também ocupou diversos cargos na Tailândia, Índia, Chile e Japão, autor de *Domination et Colonisation* (1910), o de Charles de Lannoy, Professor da Universidade de Direito de Gand, autor de *L'organisation coloniale Belge* (1913), ou o de Poultney Bigelow, *The children of the Nations: a study of colonization and its problems* (1901), para referir apenas alguns dos mais citados pela literatura colonial portuguesa. Apesar da diversidade de perspetivas sobre o tema de que tratavam, todos estes autores tinham em comum a ambição de fundar em bases científicas a organização e administração coloniais.

Discorrer sobre a administração e o destino das populações nativas tornou-se ainda mais importante por ter ganho força, nos encontros então realizados, a ideia, que dominou em boa parte desta literatura, de que sem o contributo daquelas populações – sem o "braço indígena" –, não era possível explorar a maioria dos territórios coloniais em África. As conclusões da climatologia, uma nova "ciência auxiliar da colonização", ditavam que o homem branco não podia "aclimatar-se" na maioria dos territórios africanos. A colonização africana devia especializar-se no estabelecimento de "colónias tropicais de exploração" (de *fazendas*), baseadas na exploração massiva de mão-de-obra nativa, reservando-se o povoamento europeu para zonas restritas, onde a singularidade das condições geográficas e climáticas o favorecesse[30]. Em 1915 essa tese já podia ser enunciada, num registo absolutamente científico, por académicos relativamente distantes dos problemas práticos que o fenómeno colonial colocava, como era o caso de Fernando Emygdio Garcia (1838-1904), Professor de Direito administrativo na Universidade de Coimbra cuja vida foi inteiramente dedicada ao ensino e, através dele, à introdução e divulgação do sociologismo jurídico em Portugal:

"[...] as condições de adaptação da raça branca unicamente possíveis de modo formal nas regiões de planaltos da zona inter tropical, fazem com que a coloni-

---

[30] Com dados fornecidos por essa nova ciência era possível classificar as colónias em função do respectivo clima e indicar, em função disso, o tipo de colonização que nelas podia resultar; v., por exemplo, "Modo pratico de organizar Cartas Geográficas populares das nossas colónias, indicando as zonas mais salubres e mais próprias para colónias agrícolas ou de plantação, etc.", in *Congresso Colonial Nacional – Teses*, Lisboa, cit., p. 4.

zação africana tenha como regra o carácter de fazendas: isto é, de colónias onde a emigração em massa dos habitantes da metrópole para o exercício de todos os misteres e para a reprodução integral dos caracteres da raça é impossível ou, pelo menos, contingente e onde, portanto, uma minoria de capitalistas europeus explora com a mão-de-obra indígena a riqueza agrícola desenvolvida em ordem à produção exclusiva ou largamente predominante dos géneros de exportação"[31].

Estes discursos, abstraindo de algumas (importantes) diferenças que os distinguiam entre si, estavam embebidos de posições positivistas sobre a diversidade humana, que relegavam para o plano da metafísica categorias jurídico-políticas abstractas, como os direitos do Homem *à priori*, anteriores à sociedade, ou qualquer fórmula universal de governar os homens. Não era adequado pensar os direitos, o direito e as formas de governo independentemente da consideração dos povos e das suas determinações raciais, culturais, civilizacionais. Sendo assim, a resposta que davam à questão dos direitos e das formas de governo adequadas aos povos nativos dos territórios ultramarinos situava-se num registo muito distante do das doutrinas jusnaturalistas dos séculos XVII-XVIII ou do universalismo das *Luzes*. Os *indígenas* tinham direitos, mas estes não derivavam da sua condição de homem igual e universal. Pelo contrário, sendo cultural e racialmente muito diferentes dos europeus, não deviam ser submetidos a formas de governo similares. O cálculo dos seus direitos e o "achamento" das formas de governo que lhes eram apropriadas deviam resultar de uma avaliação rigorosa, científica, das suas características culturais e antropológicas concretas, bem como das finalidades da colonização. Dessa avaliação resultava sempre a necessidade de pensar e desenvolver políticas "experimentais", "positivas", capazes de, por um lado, proteger o indígena dos *colonos*, vindos de uma cultura superior e vítimas do deslize predatório da sua própria "virilidade" e, por outro lado, de o subtrair ao estado de menoridade em que vivia[32]. Em discursos mais racialistas, nos quais as características das "raças" eram descritas como fixas e imutáveis, a ideia que assomava era mesmo a de funcionalizar a inferioridade racial aos objectivos

---

[31] V. Fernando Emygdio Garcia, *Colonização e Colónias Portuguesas, 1864-1914*, Coimbra, F. França Amado, 1915, p. 16.

[32] Importa notar que muitas vezes, nestes discursos, o conceito de *colono* era quase tão abstracto quanto o de *indígena*, podendo designar o senhor das roças em S. Tomé e Príncipe como o mais miserável dos emigrados europeus, que também povoavam a mesma ilha, como recentemente se mostrou em Augusto Nascimento, *Órfãos da Raça, Europeus entre a fortuna e a desventura no S. Tomé e Príncipe colonial*, S. Tomé, Instituto Camões, Centro Cultural Português em S. Tomé e Príncipe, 2002. Por esse motivo, optei por escrever a palavra colono também em itálico.

dos Estados colonizadores. Até que, do confronto entre as duas populações, resultasse a extinção da mais fraca. Estes discursos, nos quais noções associadas às políticas eugénicas esbatiam o ideal de "missão civilizacional", não tiveram um impacto forte na cultura política e intelectual portuguesa, cuja matriz católica era mais orientada pelas ideias de "educação" e "protecção" dos povos[33]. Mas foi no contexto de reflexões como as que acabei de descrever acerca dos direitos dos homens que o Ministro português das colónias entre 1914 e 1917, Artur Ribeiro dos Santos, interpretou a criação, em 1894, pela terceira República Francesa, de um Ministério das Colónias, como um sinal positivo de que os "princípios abstractos", que o Ministro considerava serem típicos da tradicional política "assimilacionista" dos republicanos franceses, tinham perdido o seu antigo predomínio:

> "Sente-se que o governo central é composto de homens novos, educados na escola moderna da ciência positiva, avessa a utopias, os quais têm a seu lado [...] os grandes tratados de colonização, cheios de ensinamentos [...] e de recomendações práticas derivadas do estudo do modelo inglês"[34].

Com isso, dizia ainda o Ministro, os republicanos franceses tinham posto termo ao "[...] pensamento simpático, mas irrealizável, de as amalgamar [as colónias] com o continente em um mesmo e único organismo nacional, em que pretos e brancos, irmanados, gozassem da pura doutrina da *Déclaration des Droits*"[35].

---

[33] V. Gonçalo Duro dos Santos, *A Escola de Antropologia de Coimbra...*, cit., p. 169. Não obstante, aquelas orientações manifestaram-se em obras de autores influentes, como Oliveira Martins em *O Brasil e as Colónias Portuguesas*, Lisboa, Guimarães Editores, 1953 (1.ª ed.: 1880), ou em Eduardo Costa (v., deste último autor, *Estudo sobre a Administração Civil das nossas possessões africanas*, Lisboa, Imprensa Nacional, 1903, p. 173 e ss: "Nas colónias africanas, o indígena não estabelece concorrência com o europeu, estando livre, pelo menos por muitas gerações, do extermínio a que toda a raça inferior está votada, quando se estabelece [...] em concorrência com outra superior"). Sobre o impacto (duradouro) das obras de Oliveira Martins na ideologia e na política colonial portuguesa dos finais do século XIX e XX v. Valentim Alexandre, "Questão Nacional e Questão Colonial em Oliveira Martins", in *Análise Social*, vol. XXXI, n.º 135, 1996. Aí mostra-se como, a partir do terceiro quartel do século XIX, a obra de Oliveira Martins está em consonância com o nacionalismo organicista, com o darwinismo social, com a teoria da extinção (e total sujeição) das raças inferiores; o que, apesar da influência das suas ideias, o singulariza na literatura portuguesa.

[34] V. *Administração financeira das províncias ultramarinas, proposta de lei orgânica e relatório apresentados ao Congresso pelo Ministro das Colónias Artur R. de Almeida Ribeiro, e leis n.º 277 e 278*, Coimbra, Imprensa da Universidade, 1917, p. 32.

[35] V. Artur R. de Almeida Ribeiro, "Descentralização na Legislação e na Administração das Colónias", in *Antologia Colonial Portuguesa*, Lisboa, Agência Geral das Colónias, 1946, vol. I: "Política e Administração", p. 153.

Face a estes objectivos e aos postulados científicos que lhes estavam associados, a pergunta, retoricamente formulada, da qual se partiu para pensar o problema do governo das populações nativas, em Portugal como nos outros países com colónias, foi a seguinte: deviam estes *indígenas* ser tratados como cidadãos europeus ou deviam ser pensados, para ele, estatutos e formas de governo alternativas, diferentes das formas de governo europeias?

Esta pergunta desdobrava-se em muitas outras, tão retóricas quanto a primeira. Os autores dos "programas de colonização" perguntavam-se, por exemplo, se os *indígenas* deviam estar submetidos à mesma lei que obrigava os cidadãos das respectivas metrópoles ou se deviam ser sujeitos de uma legislação especialmente pensada para eles; e, também, se essa legislação especial devia submeter-se ao princípio da constitucionalidade, da garantia dos direitos e liberdades consagrados nos códigos constitucionais europeus, o que equivalia a perguntar se esses códigos deviam vigorar nos territórios coloniais e quais as pessoas cujos direitos eles deviam proteger[36]. Perguntavam-se, também, se os *indígenas* deviam ter o direito político de se fazer representar, através do voto, nos parlamentos metropolitanos. Se podiam participar na administração colonial e de que forma: integrados nos órgãos da administração local europeia ou, pelo contrário, através dos seus órgãos tradicionais de administração, fiscalizados pelas autoridades coloniais (*indirect rule*)?[37].

Igualmente importante era saber se os *indígenas* deviam regular-se pelas leis civis da metrópole, ser sujeitos aos processos civis metropolitanos, ser criminalmente condenados pelo direito penal da metrópole. Deviam ser julgados por tribunais europeus? Comuns ou especiais? Ou deviam manter-se, para eles, as "justiças indígenas"? E que relação devia haver entre uma e a outra ordem jurídica, quando a opção era a do "pluralismo jurídico"?

---

[36] Sobre a importação dos códigos europeus para as colónias, com especial referência ao caso indiano v. Kiran Deshta, *Uniform Civil code. In Retrospect and Prospect*, New Delhi, Deep & Deep Publications, 1999.

[37] Sobre esta forma colonial de *governo indirecto* aplicado à Índia (ou seja, no período que aqui nos interessa) v. Michael H. Fisher, *Indirect Rule In India. Residents and The Residency System*, 1764-1857, Oxford, Oxford University Press, 1991. Os primeiros sintomas de importação, pelos portugueses, de políticas inspiradas na *indirect rule* británica foram o Decreto de 23 de Maio de 1907, que reorganizou administrativamente a província de Moçambique, da autoria do então Ministro da Marinha e Ultramar Aires de Ornellas e o *Regulamento das Circunscrições Administrativas de Angola*, de 1912, que reconheceu às autoridades gentílicas as suas funções tradicionais "desde que a autoridade do chefe convenha à autoridade administrativa e ela a confirme", cit. em José Gonçalo de Santa Rita, "O contacto das raças nas colónias portuguesas. Seus efeitos Políticos e Sociais. Legislação Portuguesa", in *Congresso do Mundo Português*, vol. XV: "Memórias e Comunicações apresentadas ao Congresso Colonial (IX Congresso)", tomo 2.º, secção II, Lisboa, 1940, p. 25.

Problemático era, ainda, saber, caso a opção fosse por um modelo diferenciador, onde devia ser produzida a legislação para o ultramar: na metrópole (e, aqui, se no parlamento ou se directamente pelos governos), ou nas colónias? E, neste último caso, pelos respectivos governadores, nomeados pelo poder central da metrópole, ou em instituições representativas locais? Que grupos populacionais deviam, finalmente, integrar estas instituições?

Estas questões não envolviam apenas, como se percebe, problemas de política colonial. Envolviam também temas centrais da teoria política liberal e do constitucionalismo oitocentista, como a cidadania, os direitos constitucionais, a igualdade perante a lei, o governo representativo e limitado, a separação de poderes. Assim, era a própria construção do Estado constitucional oitocentista que o fenómeno colonial obrigava a repensar[38].

A resposta às questões acima formuladas variava no detalhe. Mas, neste fim do século, numa altura em que os colonizadores já estavam a actuar no terreno, em contacto com a realidade das tarefas quotidianas, todas iam no mesmo sentido, o sentido da "especialidade".

Afirmar que a "especialidade" devia ser o princípio orientador da organização da administração colonial significava, na literatura colonial oitocentista, várias coisas. Significava, em primeiro lugar, que as colónias não deviam estar sujeitas às constituições políticas da metrópole, mas ser dotadas de leis orgânicas especiais, de "constituições privativas"[39]. No que dizia respeito ao seu governo, os autores daquela literatura afirmavam que não era adequado concentrar as funções legislativas e executivas na metrópole, por causa da natureza diversa e essencialmente diferente da legislação ultramarina, para cuja elaboração os deputados da metrópole careciam dos conhecimentos (e do interesse) necessários – uma constatação que vinha muitas vezes acompanhada de comentários antiparlamentaristas, já muito comuns na época, sobretudo nos países da Europa do Sul. Pelo contrário, uma arquitectura administrativa colonial correcta exigia a "[...] descentralização, sobre o executivo, [de] uma parte da competência do legislativo [...]"[40], a autonomia dos governos coloniais locais relativamente à metrópole, a definição de "[...] sucessivas esferas de acção e de competência dos governos locais, do governo da metró-

---

[38] Sobre esse temas, numa abordagem genérica, v. Maurizio Fioravanti, *Costituzione*, Bologna, Il Mulino, 1999, pp. 85 e ss.

[39] As primeiras *Leis Orgânicas* para as colónias portuguesas, já citadas nesta introdução, foram aprovadas em 1914, v. Artur R. de Almeida Ribeiro, *Administração Civil das Províncias Utramarinas [...]*, cit.

[40] V. Ernesto de Vilhena, *Questões coloniais, Discursos e Artigos*, Lisboa, O Autor, 1910-11, p. 293.

pole e do poder legislativo, transportando deste para os outros dois e do segundo para os primeiros parcelas, de valor decrescente, da função legislativa e executiva, *mas* com carácter de concessão permanente, embora limitada"[41]. Era este o regime de "descentralização administrativa" adequado às colónias cuja população era maioritariamente *indígena* porque, contrariamente ao que sucedia com as colónias de povoamento europeu, aquelas não dispunham de população em número e capacidade suficientes para se governarem autonomamente. As outras – de que eram exemplo alguns dos territórios que integravam o Império Britânico, como a União da África do Sul, o Canadá, ou a Austrália, – podiam existir num regime de quase independência da metrópole, auto governando-se através de assembleias legislativas locais, residindo aí o fundamento para que o Império britânico fosse designado como um "Império de liberdade". Nas primeiras, pelo contrário, a simples desconcentração de funções, quando muito "[...] acompanhada da representação dos *colonos* em corpos de constituição variável, não raro, meramente consultivos" era, para a maioria dos autores, o grau de autonomia adequado[42]. Foi esse o regime concebido no único e escassamente discutido título da Constituição republicana de 1911 dedicado às províncias ultramarinas[43]. A especialização e a descentralização estiveram também presentes no espírito da lei republicana de 15 de Agosto de 1914, nomeadamente quando, no respectivo relatório, se convidava o Parlamento português a "limitar-se, em relação às colónias, a formular princípios e disposições de carácter geral, sem descer à especialização, que é da competência do executivo da metrópole e dos

---

[41] V. Artur R. de Almeida Ribeiro, "Descentralização na Legislação e na Administração [...]", cit., p. 156.

[42] V. Artur R de Almeida Ribeiro, *Administração Financeira das Províncias Ultramarinas [...]*, cit., p. 13. Também em Fernando Emygdio da Silva a "[...] desconcentração das atribuições do funcionalismo colonial hierarquicamente subordinado à metrópole" era o regime adequado às *fazendas*, por oposição a "descentralização institucional" das colónias de povoamento, v. *Colonização e Colónias* ..., cit., p. 26. Eduardo Costa considerava que a autonomia administrativa colonial se obteria mediante a outorga de larga iniciativa e fortes meios de acção às autoridades coloniais (Ministro e governadores) e chamando-se (com prudência) "os representantes do seu comércio, da sua agricultura, em resumo, dos contribuintes da raça dominante" a dar a sua opinião e o seu voto, v. Eduardo Costa em *Estudo Sobre a Administração Civil* [...], cit., p. 8.

[43] "Na administração das províncias Ultramarinas predominará o regime de descentralização, com leis especiais adequadas ao estado de civilização de cada uma delas", tit. V, art. 67. Além deste, havia o polémico art. 87, a restringir a descentralização ("Quando estiver encerrado o Congresso poderá o Governo tomar as medidas que julgar necessárias e urgentes para as províncias ultramarinas").

governos locais das colónias, muito mais aptos para precisar os termos em que tal especialização deve ser feita"[44].

Neste regime administrativo, o *indígena* não era, portanto, um sujeito político[45]. Era, em vez disso, o objecto de um regime jurídico e administrativo especial, a organizar pelas "leis especiais do *indigenato*". A elaboração destas leis era tarefa do Governador-geral, não devendo este ser limitado, nessa sua função "legislativa", pelos direitos civis e políticos dos cidadãos, como explicava o Ministro responsável pelo primeiro texto legislativo português onde se contemplou uma "política indígena", o já aqui referido Decreto de 23 de Maio de 1907, para a organização administrativa do distrito de Moçambique[46].

As razões profundas desta opção pela especialidade eram razões que políticos e cientistas associaram ao estado biológico-civilizacional das pessoas que seriam objecto da sua aplicação. Condicionalismos históricos e intelectuais impediam o acesso do *indígena* à compreensão das instituições democráticas europeias, da teoria da separação de poderes ou da ideia de participação política. Conceder-lhe o direito de voto era facultar-lhe uma capacidade que ele não podia compreender, tudo isso correspondendo a uma lei geral do progresso histórico da humanidade identificada por António de Serpa Pimentel, um conhecido político do constitucionalismo monárquico, que conhecia a teoria das escolas positivistas e que se empenhava a trazê-las para o campo da prática política:

"É um princípio incontestável que a forma dos governos depende do estado da civilização dos povos. A um povo, saído apenas da vida selvagem, a aplicação das modernas teorias de direito público seria um contra-senso, e as fórmulas que lhe garantissem, como nas sociedades modernas, os direitos políticos, de nada lhes serviriam. Uma das nossas Constituições democráticas e de estrutura complicada na plena escuridade da Idade Média seria de uma aplicação impossível"[47].

---

[44] V. Relatório da Lei n.º 277 de 15 de Agosto de 1914 (*Lei orgânica da administração civil das províncias ultramarinas*), cit. em Alfredo Héctor Wilensky, *La administración de justicia en África continental portuguesa*, Lisboa, Junta de Investigações do Ultramar, 1971, p. 112.

[45] Os órgãos da administração eram reservados aos *colonos*, embora aqui as opiniões se dividissem, havendo os que admitiam a presença de indígenas, como "aprendizes", e os que remetiam a sua "participação" exclusivamente para as instituições *indígenas*, como defendia Eduardo Costa, *Estudo Sobre a Administração Civil* […], cit., p. 162 e ss.

[46] V. Ayres de Ornellas, *A Nossa Administração Colonial. O que é, o que deve ser* (Conferência apresentada no primeiro Congresso Colonial Nacional), Lisboa, Imprensa Nacional, 1903, p. 14.

[47] V. António de Serpa Pimentel, *Questões de Política Positiva, da Nacionalidade e do Governo Representativo*, Lisboa, Viúva Bertrand e Cª, 1881, p. 103.

Se, colectivamente, os povos nativos se situavam na "infância" da história universal, cada um dos nativos, individualmente, situava-se na infância da vida. As consequências que daí se retiraram foram expostas por colonialistas como Henrique de Paiva Couceiro (1861-1944), governador de Angola entre 1907 e 1909:

"[...] na educação das crianças é mau sistema permitir-lhes largueza, ampla e incondicional, no exercício dos seus caprichos e fantasias; ora grande parte daqueles, que nós pretendemos tratar como cidadãos pretos, não passam de crianças [...]"[48].

Esta descrição do *indígena* como um ser individualmente imaturo remete para noções antigas sobre a infantilidade do "selvagem", já recebidas na literatura seiscentista sobre os índios americanos. A literatura setecentista preservou essa imagem, articulando a imaturidade individual do homem no estado "selvagem" com a sua imaturidade histórica colectiva. No século XIX, como demonstrou o psicólogo cultural (e historiador) Gustav Jahoda, numa obra onde procura explicar, recorrendo à História, as origens psicológicas do racismo, esta imagem estava associada a duas grandes teorias, no âmbito das quais as similaridades entre "selvagens" e crianças europeias foram mesmo empiricamente testadas. Essas teorias eram o *evolucionismo social*, de cujo projecto fazia parte a narração da história natural do desenvolvimento da humanidade, e eram as *teorias "biogenéticas"*, nas quais as leis da História foram substituídas por leis da evolução genética segundo as quais "a ontogenia seria uma recapitulação da filogenia"[49]. Não me vou alongar na descrição de cada uma dessas teorias, que está feita nas páginas do livro de Jahoda, mas antes sublinhar dois aspectos que importa reter. Um deles é a subtil e gradual mudança no discurso que fez com que, ao longo do século XIX, à noção do "selvagem" como um "ancestral contemporâneo" se tenha sobreposto a do selvagem como "criança eterna", cuja infantilidade tendia a tornar-se num traço permanente e essencial[50]. Uma espécie de "limite biológico" à capacidade de progresso (histórico, intelectual) das "raças inferiores" interrompia precocemente o progresso "natural" dessa parte da humanidade. Outro aspecto que importa destacar é o da natureza "produtiva" da imagem e das metáforas que a ela se associaram, ainda que muitos dos que delas se socorreram tenham

---

[48] V. Henrique de Paiva Couceiro, *Angola (estudo administrativo), 1898*, Lisboa, Typographia da Cooperativa Militar, 1898, p. 30.

[49] V. Gustav Jahoda, *Images of Savages, Ancient Roots of Modern Prejudice in Western Culture*, London and New York, Routledge, 1999, p. 152

[50] Idem, *ibidem*, p.134.

desconhecido as suas justificações teóricas e empíricas. A identificação do *indígena* com uma criança sugeria não somente a ausência de faculdades intelectuais desenvolvidas mas também a presença de características que a psicologia oitocentista atribuía às crianças, a impulsividade, a fragilidade emocional, a irresponsabilidade, a falta de previsão, a dificuldade de concentração, a imprudência, a volubilidade, a incompletude da sua formação moral, que os tornava capazes dos crimes mais hediondos. Como mostrarei nos próximos parágrafos, este retrato psicológico do *indígena* reflectiu-se de forma directa nas escolhas das "políticas indígenas" tardo-oitocentistas e novecentistas. Por outro lado, a mesma imagem permitiu identificar no indígena a inocência e a dependência que o tornava, como as crianças, carente da protecção e da educação paternais. Esta última associação, como também mostrarei, reflectiu-se igualmente nos métodos educativos que podiam ser escolhidos pela administração colonial.

Retomando a discussão sobre os direitos políticos, agora enquadrada por este tópico da psicologia do *indígena*, é importante referir que mesmo entre os autores para quem só os deputados eleitos pelas colónias podiam ser "defensores autorizados" dos interesses coloniais, como acontecia com Marnoco e Souza, o *indígena* devia ser afastado do direito de voto[51]. Respondendo à objecção daqueles autores que, sendo contrários à representação colonial, argumentavam com a possibilidade de dela resultar a opressão de uma minoria de brancos por uma maioria de "homens incultos e grosseiros", o professor fazia notar que a justiça da representação das colónias não se confundia com a questão, separada, de saber "como e por quem estes deputados devem ser eleitos". Podendo este outro problema ser resolvido com a maior restrição dos direitos políticos nas colónias[52].

---

[51] Previsivelmente, a representação política já não significava, para o jurista, uma representação unitária do "povo", entidade abstracta, mas de interesses concretos que compunham, de forma orgânica, as sociedades ("A presença dos deputados coloniais no Parlamento metropolitano não é unicamente uma grande tradição liberal, pois ela está em harmonia com a representação dos interesses sociais, que tende a ser tomada como base da organização do poder legislativo. A representação política deve ser a imagem fiel da sociedade, por isso deve reflectir os diversos aspectos porque se manifesta a actividade social", v. *Administração Colonial [...]*, cit., p. 133; sobre a organização dos interesses na representação na doutrina constitucional do início do século XX, v. Damiano Nocilla, Luigi Ciaurro, "Rappresentanza politica" in *Enciclopedia del Diritto*, Giuffrè, 1987, vol. XXXVIII).

[52] V. *Administração Colonial*, cit., p. 138. Em outra ocasião voltou a realçar que uma coisa era averiguar da justiça de haver, ou não, deputados do ultramar, outra era a de saber por quem estes deputados deviam ser eleitos", v. Marnoco e Souza, *Direito Político, Poderes do Estado, sua organização segundo a ciência política e o direito constitucional português*, Coimbra, França Amado, 1910,

Os mesmos problemas colocavam-se no respeitante a outra questão central do liberalismo, a da correcção da justiça, administrada por iguais, sob o império da lei, de acordo com o processo previamente codificado. Administrar a justiça aos nativos recorrendo a juízes que não eram os administradores a quem se tinham habituado a obedecer e de acordo com fórmulas processuais que não compreendiam era tanto desprestigiar a justiça europeia como retirar-lhe efectividade. Na sua simplicidade infantil, o *indígena* não podia entender que quem mandava não pudesse punir[53]. A separação do poder administrativo e judicial, a observância de direitos (como a proibição da prisão sem culpa formada) e das normas processuais reduzia a eficácia da justiça porque "quando o castigo é tardio, já os seus efeitos não calam no espírito público indígena, singularmente propenso ao esquecimento"[54]. A justiça repressiva, por causa do seu "carácter excepcionalmente educativo"[55], devia ser enérgica, rápida e sumária, porque os "indígenas pouco civilizados, comparáveis às crianças na sua impulsividade psicológica, revoltam-se e indignam-se com o espectáculo da injustiça, como as crianças e adolescentes em relação a certas injustiças a que a prática da vida acaba por nos tornar indiferentes"[56].

Por outro lado, como o valor das penas era relativo, impunha-se, na perspectiva daqueles que tinham autoridade para falar sobre direito colonial, um direito penal especial. Havia, notava-se, crimes que a legislação metropolitana punia com severidade, mas que não eram considerados crimes entre a população indígena; e havia faltas que, não podendo ser desculpadas ao elemento europeu, eram "desculpáveis à boçalidade indígena", ou até à animalidade dos seus instintos, outra imagem antiga muito comum na representação do "selvagem"[57]. Existiam, por fim, crimes raríssimos entre os *colonos* e tão fre-

---

p. 653. Semelhante era a opinião de Ernesto de Vilhena: desde que a legislação eleitoral fosse apropriada, os seus deputados podiam trazer ao parlamento a sua experiência pessoal no terreno, fiscalizar os actos do executivo relativamente ao ultramar, apresentar propostas e fazer ouvir no Parlamento as reclamações dos seus constituintes, v. Ernesto de Vilhena, *Questões coloniais [...]*, cit., p. 298.

[53] V. Lopo Vaz de Sampayo e Mello, *Política Indígena*, Porto, Magalhães e Moniz Editores, 1910, p. 187.
[54] *Idem, ibidem* p. 183.
[55] *Ibidem*, p. 179.
[56] *Ibidem*, p. 178.
[57] "Os seus instintos, a sua crueza inata, enquanto nós, que os dominamos, lh'os não arrancarmos, pela civilização da natureza bruta, hão-de ter [...] a sua atenuação. As feras que com eles habitam os mesmos matos [...] também matam [...] e ninguém pensa em lhes impor penas", v. Albano de Magalhães, *Estudos coloniais. Legislação colonial, seu espírito, sua formação, seus defeitos*, Coimbra, França Amado Editor, 1907, p. 160.

quentes entre indígenas, que se considerava razoável "aplicar a estes penas excepcionalmente severas", com o fim de "extirpar o mal pela raiz"[58]. Finalmente, como as punições que para o europeu constituíam uma pesada pena, como o encarceramento, podiam converter-se num prazer para o espírito indolente do africano – um terceiro tópico comum na descrição da antropologia nativa, que será sucessivamente "confirmado" nos regulamentos coloniais sobre o trabalho e sobre o qual voltarei a falar em outros capítulos – havia que pensar, para ele, em formas específicas de punição[59]. A substituição da pena de prisão pela de trabalhos públicos e correccionais foi a solução que recolheu unanimidade na política colonial portuguesa e no direito colonial da época[60]. Esta foi apresentada como a melhor forma de aliar a expiação e a moralização do criminoso, recomendadas nos manuais de direito penal, aos objectivos materiais da colonização. Era isso que se fazia nas colónias vizinhas, garantiam militares-administradores que tinham participado nas campanhas de pacificação em África e que ali tinham permanecido muitos anos, como era o caso do influente António Enes, talvez o autor cujas frases foram mais citadas em toda a literatura colonial portuguesa:

> "Nas colónias inglesas da África do Sul, os sentenciados têm sido um enérgico instrumento dos melhoramentos materiais; quem entrar no porto do Natal, por exemplo, lá verá centenas de negros ocupados em obras colossais, sob a vigilância de guardas de espingarda carregada"[61].

Em algumas destas obras doutrinais, apoiadas na literatura estrangeira, era ainda necessário, para que o direito penal colonial fosse efectivo nos seus efeitos, "eliminar o degredo da lista das penas para indígenas e admitir pequenos castigos corporais que todas as Nações aceitam"[62].

---

[58] Idem, *ibidem*, p. 180. Sobre a animalidade na representação do "selvagem " v. Gustav Jahoda, *Images of Savages, Ancient Roots of Modern Prejudice*, cit., pp. 75 e ss.

[59] "A prisão, só por si, não é pena que intimide o indígena. A sua passividade e inércia facilmente se resignam à privação da liberdade, tanto mais que a compensam aumentos de bem-estar", v. António Enes, *Moçambique, Relatório apresentado ao governo*, Lisboa, Imprensa Nacional, 1971 (1ª ed: 1893), p. 72.

[60] V. Marnoco e Souza, *Administração Colonial*..., cit., p. 439; Lopo Vaz de Sampaio e Mello, *Política indígena*, cit., p. 194; Albano de Magalhães, *Estudos coloniais [...]*, cit., p. 162. Seria a solução adoptada na legislação colonial do século XX, estando presente em todos os *Estatutos do Indígena* atrás referidos.

[61] V. António Enes, *Moçambique [...]*, cit., p. 72.

[62] V. Albano de Magalhães, *Estudos coloniais*, cit., p. 166. A seguir, para fundamentar a sua opinião, o autor fala dos Códigos penais especiais das colónias britânicas e das alterações ao Código penal metropolitano francês quando aplicado às colónias. Também Sampaio e Mello

A liberdade de trabalho era outro princípio que o *indígena* não podia compreender. Os autores com experiência nos assuntos coloniais admitiam que as potencialidades produtivas da aplicação desse princípio não se manifestavam nos meios coloniais e reconheciam como causas desse fenómeno o efeito conjugado da incapacidade intelectual e da natural indolência dos seus povos nativos, às vezes associada ao clima tropical. Contra o que era um princípio absoluto no mundo civilizado, o de que a liberdade tornava mais rentável o trabalho, o *indígena* devia, como os vadios na Europa, ser sujeito a regimes de trabalho obrigatório. Por isso, importando para o espaço público, mediado pela justiça dos tribunais, as categorias hierárquicas que garantiam a ordem no espaço doméstico da casa de família, António Enes considerava justo que à autoridade pública fosse conferida "[...] a prerrogativa de coagir à observância de uma lei social quem espontaneamente lhe não acatar os preceitos, de coagir os negros a trabalhar, como um pai pode compelir os filhos a aprender e a exercer um mister, como o juiz pode constranger o vadio a corrigir-se da vadiagem"[63]. O trabalho obrigatório civilizava e corrigia, explicava o governador-militar de Moçambique, autor do primeiro regulamento que, depois de abolida a escravidão (1769) e de declarada a liberdade de trabalho no ultramar português (1875), reintroduziu, em 1899, o princípio do trabalho compelido nas colónias portuguesas:

> "O trabalho é a missão mais civilizadora, a escola mais instrutiva, a autoridade mais disciplinadora, a conquista menos exposta a revoltas, o exército que pode ocupar os sertões ínvios, a única política que há-de reprimir o escravismo, a religião que rebaterá o maometismo, a educação que conseguirá metamorfosear brutos em homens"[64].

---

admitia a introdução de castigos corporais, "desde que não incluam mutilações" (v. *Política Indígena*, cit., p. 194). No que diz respeito à justiça penal, nem todas estas propostas eram pacíficas; mas parte delas inspirava-se na prestigiada opinião de Arthur Girault, que além de condenar a separação das funções judiciais e administrativas nas colónias, enumerou, entre as penas mais eficazes, a morte, o degredo, a servidão penal e os castigos corporais (v. *Principes de Colonization* [...], cit., 1907).

[63] V. António Enes, *Moçambique* [...], cit., p. 76.

[64] *Idem, ibidem*, p. 75. O trabalho obrigatório era "um dos mais eficazes meios de regeneração moral", v. Lopo Vaz Sampayo e Mello, *Política Indígena* [...], p. 201. Por esse motivo, o *Regulamento do trabalho* de 1899 abria com um artigo que sujeitava "[...] todos os indígenas das províncias ultramarinas portuguesas [...] à obrigação moral e legal de procurar adquirir pelo trabalho os meios que lhes faltem, de subsistir e de melhorar a própria condição social. Têm plena liberdade para escolher o modo de cumprir essa obrigação mas, se a não cumprem de modo algum, a autoridade pública pode impor-lhe o trabalho obrigatório", cit. em Joaquim Moreira da Silva Cunha, *O Trabalho* Indígena, *Estudo de Direito Colonial*, Lisboa, Agência Geral das Colónias, 1949, p. 151.

A estes motivos, António Enes acrescentou outros, de ordem puramente funcional. Era preciso fazer prosperar as colónias de África, e sem o trabalho dos nativos isso não era possível. Só o negro podia "fertilizar a África adusta, e de uma raça que [...] não produziu por esforço seu espontâneo um só rudimento de civilização, nunca se tirarão legiões de obreiros de progresso senão actuando sobre ela com todos os incentivos, e todas as compulsões de uma tutela, beneficente nos intuitos, justiceira e até generosa nos actos, mas enérgica e forte nos processos"[65].

Ao contrário do que sucedeu nos domínios do direito penal e do trabalho, no domínio do direito privado a condescendência para com a diversidade de valores foi o princípio director da política colonial. Nesse domínio a doutrina optou por reconhecer o valor relativo das instituições jurídicas, que considerava serem o resultado de um diálogo harmonioso entre as condições de existência e de desenvolvimento dos povos. Os *usos e costumes* dos *indígenas* deviam, por essa razão, ser tolerados[66]. Essa tolerância tinha, no entanto, limites, não podendo esses *usos e costumes* colidir com os princípios morais ou a soberania do Estado colonizador. O filtro dos "princípios morais", por sua vez, podia funcionar como um fim em si mesmo, ou como uma forma de alterar, gradualmente, os *usos e costumes* dos indígenas, aproximando-os dos padrões europeus, o que significava que a tolerância era "transitória" (v. *infra* 7.2.3). Contudo, se havia áreas, como a da família e das sucessões, onde essa tolerância foi muito ampla, em outras ela foi muito atenuada. Isso sucedeu, por exemplo, no direito contratual, onde se impunha o objectivo de proteger o *indígena* da "violência" do *colono*, mas também este último da "imprevisibilidade" e da "má fé" daquele[67].

Em suma: um direito privado especial, um direito penal especial, um direito de trabalho apropriado, autoridades judiciais e processos especiais, o afastamento das instituições e dos direitos civis e políticos eram opções que

---

[65] V. *Relatório elaborado pela Comissão encarregada de estudar o problema do trabalho dos indígenas*, 1899, cit. em J.M. da Silva Cunha, *O Trabalho [...]*, cit., p. 156 e ss.

[66] "A poligamia, diz Artur Girault, impressiona-nos, mas a certos povos, onde a organização da família ainda tem o carácter patriarcal, a grande independência que as nossas leis e os nossos costumes concedem aos filhos pode parecer absolutamente imoral. A propriedade territorial individual, que é considerada na Europa um agente de progresso económico, introduzida numa população primitiva e imprevidente, pode produzir rapidamente a sua ruína", v. Marnoco e Souza, "Regime Jurídico das Populações indígenas" in *Antologia Colonial Portuguesa*, cit., p. 100.

[67] Marnoco e Souza concordava, excepcionalmente, com esta importação de princípios dos códigos europeus no domínio do direito contratual, em virtude da necessidade de segurança nas transacções, v. Marnoco e Souza, *Administração colonial [...]*, cit., p. 261.

podiam reflectir, em simultâneo, o respeito pela orgânica interna da cultura e das instituições indígenas, a necessidade de incutir no *indígena* respeito pelo colonizador, o desejo de o proteger da prepotência do *colono* e, finalmente, de o civilizar gradualmente. Incapaz de uma evolução civilizacional "espontânea", o indígena devia tinha ser superiormente conduzido, na sua evolução individual e colectiva. De uma forma activa. Ao contrário do que se tinha pensado no período anterior (v. *infra*, 2), agora pensava-se que o mero contacto ou o comércio com as populações europeias, o exemplo das instituições civilizadas ou a conversão religiosa, não eram suficientes para que as populações nativas se civilizassem. A "missão civilizacional" requeria uma acção metódica e cientificamente conduzida, uma "política positiva", que podia passar pelo uso da força, que passava necessariamente pelo "trabalho forçado"[68], pelo imposto[69] e até pela guerra (punitiva ou "de pacificação", num quadro conceptual onde a resistência à presença europeia era percepcionada como uma predisposição do *indígena* para a rebelião)[70]. Para atenuar a distância que separava o "bárbaro" do "civilizado" era preciso que a administração colonial adquirisse contornos de um regime tão aristocrático quanto autocrático, como escreveu ainda Pietro Costa, a propósito da história da cidadania na Europa:

> "Os europeus deviam constituir um corpo privilegiado e exercitar um poder que não se podia «exercer nos limites traçados por uma legalidade muito estrita nem [...] conceder aos súbditos a liberdade política. [A colonização] não dispensava [...] o domínio e a preservação da desigualdade: se era preciso que fosse selado uma espécie de «contrato social» em nome das respectivas vantagens, entre dominantes e dominados, esse não podia deixar de ser, durante muito tempo, um «contrato de desigualdade»"[71].

---

[68] Além de favorecer a observância das leis da solidariedade social e de ser civilizador e funcional, o trabalho obrigatório inscrevia-se numa lógica de violência legítima, ditada pelas "leis da vida", como se percebe em outras passagens de António Enes: "[...] a Europa diz-se encarregada da redenção da África e em nome desse encargo das leis históricas atribui-se amplos direitos tutelares, entre os quais inclui o da conquista e até o do extermínio. Porque se considerará, pois, inibida por doutrinarismos de legislar e de impor a *obrigação de trabalho*?", v. *Moçambique [...]*, cit., p. 76.

[69] "[...] tanto a capitação, ou mussoco, como o chamado imposto de palhota, são, tradicionalmente, para o bantu, o sinal sensível da sua vassalagem. Preto que paga, obedece, preto que não paga é rebelde", v. Ayres de Ornellas, "A nossa administração [...]", cit., p. 7.

[70] "É pois certo que para regiões habitadas por povos selvagens ou bárbaros, o *domínio efectivo* duma nação estranha só pode ser firmado pela acção militar, sobreposta ou não à de qualquer dos meios já indicados", v. Eduardo Ferreira da Costa, "Ocupação militar e domínio efectivo das nossas colónias", in *Congresso Colonial Nacional, Conferências Preliminares*, Lisboa, Sociedade de Geografia de Lisboa, 1901, p. 9.

[71] V. Pietro Costa, *Civitas, Storia della Cittadinanza in Europa [...]*, vol. 3, cit., p. 490.

Face à necessidade científica, ditada pelas teorias evolucionistas, da expansão dos povos "superiores" e da sua acção civilizadora junto dos povos "inferiores", os direitos dos povos nativos, em abstracto, perdiam importância. E, de facto, apesar das profundas diferenças que separavam entre si as diversas colónias, a justificar a "especialização" geográfica da política colonial, outro tópico comum aos textos de todos estes autores, havia "[...] em todas elas caracteres comuns, que tornam possível a sua sujeição a princípios muito gerais, uniformes. Assim, todos os indígenas, seja qual for a colónia a que pertençam, são primitivos, com poucas ideias simples, impregnados de crenças tradicionais e preocupados sobretudo de interesses materiais, não concebendo em geral formas de governo que não sejam despóticas"[72]. Como se mostrará no primeiro capítulo deste trabalho, esta era uma versão sociologista de princípios recolhidos no liberalismo utilitarista de John Stuart Mill (1806-1873), autor dos mais impressivos ensaios oitocentistas sobre a liberdade[73] e a igualdade[74] na Europa.

---

[72] V. Rui Ennes Ulrich, *Política colonial [...]*, cit., p. 684.

[73] V. "On liberty" (1859) in Richard wollheim (ed.), *John Stuart Mill, Three Essays*, Oxford, Oxford University Press, 1975, pp. 5-144.

[74] V. "The Subjection of Women" (1869) in Richard wollheim (ed.), *John Stuart Mill, Three Essays [...]*, cit., pp. 427-548.

2. O *indígena* nas políticas coloniais da Monarquia constitucional

A emergência do conjunto de discursos atrás descritos ocorreu no mesmo momento em que se levaram a efeito, em várias partes do Império português, as conhecidas "campanhas de pacificação". O fim destas campanhas era o de substituir pela "ordem" o "caos" gerado pelo que se considerava ser o estado de insubmissão crónica das populações nativas do Império. Ambicionava-se fundar, com elas, uma nova ordem imperial[75]. Num contexto como este, tornou-se necessário, além de combater, identificar os responsáveis pelo "caos". Esses responsáveis eram, para a generalidade dos autores que reflectiram sobre os fenómenos coloniais, as populações que se queriam governar, a sua natureza selvática e rebelde. Mas havia também, reconheceram esses autores, responsabilidades metropolitanas. Políticas coloniais erradas, apoiadas em princípios falsos, também tinham desempenhado um papel determinante na instalação do caos no Império. Por isso é que, além da guerra, se propunham trazer para o Império português as políticas "científicas" propostas pelos novos saberes coloniais. No entanto, a credibilidade conferida pelo critério da cientificidade não esgotou os recursos argumentativos em que se apoiaram estas propostas. Outro poderoso recurso mobilizado foi o da memória histórica. Rememorar os erros do passado colonial recente transformou-se num importante elemento de demarcação e de legitimação dos programas políticos a executar do futuro. Nessa reconstituição, as políticas coloniais do passado foram retratadas como simetricamente opostas aos modelos científicos do presente. O retrato que resultou da comparação dificilmente podia ser mais negativo: o liberalismo da primeira metade do século e os respectivos textos constitucionais e legislativos tinham sido erradamente (e radicalmente) *assimilacionistas*, em todos os sentidos possíveis. Tinham, em primeiro lugar, teorizado a indiferenciação entre territórios ultramarinos e metropolitano, disso resultando uma

---

[75] V., sobre esta percepção das circunstâncias coloniais v Ricardo Roque, *Antropologia e Império...*, cit., p. 43 e ss.

política colonial centralizadora, que, contra o que era aconselhado pela ciência da colonização, concentrara todos os poderes no Parlamento e no governo da metrópole; tinham, em virtude disso, optado por não distinguir entre o estatuto das populações metropolitanas e o estatuto das populações das províncias ultramarinas, oferecendo aos nativos daqueles territórios a cidadania portuguesa e todos os direitos políticos (como o voto) e civis (como a liberdade de trabalho), a ela inerentes; tinham, finalmente, aplicado de forma automática a legislação e as instituições da metrópole às "colónias". Conduzidos pela crença no valor intrínseco das leis e por um universalismo abstractivo, os liberais da primeira metade do século tinham querido, nas palavras destes autores dos finais do século, alterar a realidade colonial e as respectivas populações por meio de decretos, de forma quase "mágica", quando o que uma "política positiva" recomendava era a alteração da realidade cultural subjacente por meio de medidas que, tendo em conta as circunstâncias reais e não os mitos, a fizesse mudar, lentamente, no sentido que o legislador queria[76]. Tal política abstracta e metafísica tinha-se manifestado no direito constitucional, no direito administrativo, no direito privado, no processo penal, no direito do trabalho. Segundo estes autores, em todos estes domínios os nativos (*indígenas*) teriam sido erradamente "assimilados" pelo direito aos cidadãos da metrópole, gozando da plenitude dos direitos políticos, sendo representados politicamente no parlamento metropolitano, integrando as instituições administrativas europeias locais e sujeitando-se, de acordo com tudo isso, às mesmas leis e ao mesmo direito que vigorava na metrópole. Foi neste *assimilacionismo* total que pensou Aires de Ornelas, num texto em que aproveitou para derrubar não só os fundamentos da política colonial anterior mas os de toda a filosofia individualista do liberalismo:

> "N'elas [nas colónias] legislamos, não para o indígena macua, landim ou chope, mas para um indivíduo de cor preta, que se quis fazer igual ao indivíduo branco, que a teoria sectária criara. Este indivíduo branco era eleitor, eleitor devia ser o nosso irmão d'além mar. Raças não só diferentes, mas cientificamente inferiores à nossa, com um modo de pensar e sentir proveniente, é claro, da sua organização social tão diversa, da sua própria organização física tão diferente, com uma moral e uma religião opostas até à nossa, absolutamente incapazes, cientificamente falando, de adaptar aos seus cérebros rudimentares e de

---

[76] "[...] as leis sociais não deixam omitir graus da evolução, as reformas de costumes não se fazem com decretos, não obedecem a leis, não podem ser impostas por exércitos. Hão-de operar-se por um conjunto de providências progressivas gradualmente [...]. *Esses povos portanto hão-de viver nos seus regimens, apenas habilmente transformados pela acção boa e dirigente de quem os domina e de perto lhes segue a evolução*, v. Albano de Magalhães, *Estudos coloniais [...]*, cit., p. 36.

curto período de desenvolvimento, as nossas complicadas teorias e as nossas elevadas concepções [...]"[77].

Foi também essa a opinião de Rui Ulrich, para quem o texto constitucional da monarquia liberal declarara "que os indígenas nascidos no território colonial, têm os mesmos direitos que os cidadãos portugueses"[78]. O próprio Marnoco e Souza, que, ao contrário da maioria dos autores, tinha o cuidado de distinguir entre *assimilação política* dos territórios e *assimilação dos indígenas*, salientando a raridade desta última, achava que os portugueses tinham praticado ambas as formas, levados pelo "[...] desejo de alargar as prerrogativas liberais, [pela] ignorância dos costumes e das instituições dos indígenas, [e pela] grande facilidade de obter leis para o Ultramar [...]"[79].

Em suma, tinha-se optado pelo modelo político-administrativo mais inadequado, aquele que menos resultados podia gerar, quer para a rentabilização do esforço colonial, quer para a condução do *indígena* à civilização. Esta opção tinha sido prejudicial em dois sentidos: por um lado, tinha dificultado a prossecução dos objectivos colonizadores da metrópole, ao impedir, por excesso de universalismo e até de "sentimentalismo", o recurso a soluções "de força", as únicas capazes de obrigar os indígenas a comportar-se de forma funcional aos objectivos da colonização. Por outro lado, tinha sido consumado um atentado contra os "direitos" dos *indígenas*, contra os seus *usos e costumes*, contra as suas instituições, o que também dificultava os objectivos da colonização, por causa da natural resistência que suscitava junto das comunidades *indígenas*.

---

[77] V. Ayres de Ornellas, *A nossa administração colonial [...]*, cit., p. 13.
[78] V. Rui Ulrich, *Política colonial [...]*, cit., p. 103. Albano de Magalhães exprimia-se em termos semelhantes ("[...] não nos contentamos em dar a liberdade completa ao preto, fazemos dele um cidadão com os mesmos direitos que têm os habitantes da metrópole", v. *Estudos coloniais [...]*, cit., p. 223). Era, portanto, destes nativos – e não de elites crioulas europeizadas, ou dos "assimilados" *avant la lettre* – que os autores dos finais do séc. XIX estavam a falar quando censuravam ao pensamento colonial anterior a atribuição aos nativos da qualidade de cidadão.
[79] V. *Administração Colonial [...]*, cit., p. 201. O autor seguia, nas suas reflexões, a perspectiva de Arthur Girault, um dos primeiros teorizadores da *assimilação* política e administrativa das colónias às respectivas metrópoles. Esta assimilação, tal como Girault a descrevia, caracterizava-se pela sujeição de todo o território nacional a uma só legislatura, pela representação das colónias nessa legislatura, pela aplicação automática das leis da metrópole às colónias, pela reprodução, nas colónias, das práticas e divisões administrativas e financeiras da metrópole, pela extensão das mesmas liberdades civis; mas, como o fez notar, no Congresso colonial de 1900, *a "assimilação política e administrativa" e a "assimilação dos nativos" eram ideias distintas, sendo a segunda apenas uma das consequências possíveis da primeira*, v. Martin Deming Lewis, "One Hundred Million Frenchmen [...]", cit., p. 133.

Ao denunciar desta forma as consequências negativas do modelo anterior, os autores contrapunham aos Direitos fundamentais outros direitos, que se articulavam com uma filosofia social com poucos pontos de contacto com aquela que dera origem à concepção dos "direitos" dos cidadãos metropolitanos. Tal filosofia – a filosofia social do positivismo, organicista e "realista" – exprimia, com a referência aos direitos, duas ideias que vale a pena voltar a recordar. Por um lado, a ideia da natureza orgânica das sociedades e da relatividade dos valores, bem como a natureza violenta de uma política que não as tivesse em conta, desprezando-as em nome de um universalismo abstracto, herdado da Revolução francesa[80]. Por outro lado, a ideia de que, numa situação de "assimilação", os *indígenas* ficavam totalmente desprotegidos e em desvantagem relativamente aos colonos. Ao pressupor a igualdade, uma política integralmente *assimilacionista* não protegia directamente os nativos da violência exercida pelo *colono* ou das desvantagens que resultavam da sua ignorância relativamente às instituições "civilizadas". Partindo do princípio de que o *indígena* não tinha capacidade para entender as instituições europeias, os autores concluíam que tais populações não seriam capazes de utilizar a seu favor as virtualidades garantistas ou libertadoras dessas instituições. Joaquim d'Almeida da Cunha, juiz em Moçambique, dava um exemplo desta última situação no respeitante ao direito de propriedade, quando notava que, por ignorância e por falta de meios, os *indígenas* raramente recorriam aos tribunais contra os *colonos* para garantir os seus direitos sobre a propriedade da terra. Pelo contrário, conduzidos por um "instinto" cultural que ligava a função da justiça à função da autoridade, optavam sempre por recorrer ao governo-geral, que, de acordo com as regras da divisão de poderes, para eles insondáveis, não tinha competência legal para resolver os seus problemas[81]. Este era outro dos motivos avançados a favor da atribuição de poderes judiciais às autoridades administrativas, a quem os *indígenas* costumavam, nos seus critérios políticos, recorrer[82]. Não regulamentar nesse sentido era, na perspectiva

---

[80] "As teorias superficiais do século XVIII, atribuindo a todos os homens uma mentalidade absolutamente semelhante, ou pelo menos julgando-os susceptíveis de a possuir depois de uma breve educação, e admitindo um tipo único e superior de civilização que se tornava necessário implantar por toda a parte, levaram a substituir as instituições indígenas pelas nossas leis", v. Marnoco e Souza, *Direito Político [...]*, cit., p. 635.

[81] "A lei garante ao indígena, como ao europeu, o direito de propriedade; o que falta àquele [...] são os meios de sustentar nos tribunais o seu direito, quando questionado por europeu", v. Joaquim d'Almeida da Cunha, *Os indígenas nas colónias portuguesas d'África, e especialmente na Província de Angola*, Luanda, Imprensa Nacional, 1900, pp. 48-49.

[82] Embora, no estado actual da investigação, isto não passe de uma hipótese a verificar, esta ideia de fusão numa só pessoa de toda a autoridade, política, administrativa, judicial e até

de muitos destes autores, propiciar formas arbitrárias de governo e de administração, de que sairia lesada a parte que se interpretava como sendo, em todas as circunstâncias, a mais fraca[83].

Não cabe, na economia desta introdução, desenvolver este outro lado da literatura colonial. Como salientou há alguns anos Alice L. Conklin, recorrendo ao exemplo da III República francesa (1870-1914), "não basta analisar a construção da diferença quando se quer analisar as formas ideológicas e culturais da dominação ocidental" porque os discursos da diferença existiram em tensão dialéctica com noções de universalidade. Na perspectiva da autora, o facto de a empresa colonizadora ter sido vista como uma missão civilizadora implicou a formalização de limites à quantidade de coerção que a administração colonial podia usar contra os colonizados, através da criação de instâncias de apelação na justiça, da regulamentação do trabalho forçado, etc.[84]. A análise desta outra dimensão do discurso talvez permita distinguir entre si autores e políticas que, num estudo mais superficial, poderão parecer semelhantes. Para que a reconstituição da literatura colonial portuguesa que acabei de fazer seja menos esquemática falta, portanto, distinguir melhor os autores, os pressupostos de que partiram, o sentido das suas propostas. Falta também reflectir sobre o modo como os esquemas cognitivos a partir dos quais falaram e escreveram os impediram, muitas vezes, de compreender facetas do sistema colonial de que eles próprios faziam parte. Por exemplo, de se aperceber da capacidade que as populações nativas tinham de condicionar o funcionamento das instituições coloniais, quer em momentos de resistência, quer em situações de cumplicidade. Ou, recordando estas últimas situações, de dar conta da complexidade das situações coloniais, nas quais os papéis que cada parte desempenhou foi, muitas vezes, intermutável: grupos nativos que "colonizaram" outros grupos, nativos ou europeus, circunstâncias em que europeus

---

militar era, aparentemente, mais cara aos funcionários coloniais militares do que aos académicos ou aos funcionários da administração judiciária.

[83] A entrega do exercício das justiças aos administradores era vista como uma forma de legalizar o que já se fazia, ilegalmente, minorando os abusos mediante a fiscalização moderada de um juiz de direito (Albano de Magalhães, *Estudos Coloniais [...]*, cit., p. 206). Já a legislação *assimilacionista* na área do trabalho deixava o indígena desprotegido porque "os regulamentos, por muito quererem proteger, anulam as suas próprias intenções protectoras. Não se cumprem [...]" v. António Enes, *Moçambique [...]*, cit., p. 73. Também as teorias contrárias à representação das colónias no Parlamento convocavam os interesses das populações nativas, quando chamavam a atenção para o necessário predomínio dos *colonos* nos Parlamentos.

[84] V. Alice L. Conklin, "Colonialism and Human Rights, a contradiction in termes? The case of France and West Africa, 1895-1914", in *The American Historical Review*, vol. 103, n.º 2, 1998.

se sujeitaram a regras impostas pelas populações nativas ou foram por elas entrosados, ocasiões, ainda, em que as regras do "normal" funcionamento das relações coloniais foram subvertidas, sem que os colonizadores europeus tivessem controlado a lógica da subversão[85]. Como foi recentemente recordado por Frederick Cooper, estas são situações que caracterizam todos os "encontros sociais", na medida em que a forma como cada sujeito se identifica a si e aos outros é sempre *situacional*, variando, por isso, nos diversos contextos em que os encontros acontecem[86]. O mesmo autor não deixa, contudo, de recordar que, em situações coloniais, a capacidade de adaptação e a autonomia dos povos colonizados não deve ser excessivamente "celebrada" porque, em muitas situações, as limitações do poder colonial, em vez de criar espaços de subversão dos papéis previstos no discurso colonial, ocasionou o exercício indiscriminado da violência e da arbitrariedade[87].

Falta também reflectir, finalmente, sobre os textos tardo-oitocentistas enquanto momentos na construção das relações de poder, quer enquanto constituem a "subalternidade" do *indígena*, subtraindo-lhes "complexidade humana", capacidade de agir de acordo com vontade própria (agency), desprovendo-o das suas ideologias, identidades e memórias[88], quer enquanto materializam um saber institucionalizado sobre "o outro" com força *performativa*, capaz de produzir e reproduzir imagens sobre os povos não europeus que racionalizaram as formas de dominação que foram sendo inventadas. As próprias categorias colonizado/colonizador, europeu/nativo foram, como se sabe, construções geradas pelo encontro colonial[89].

Não foi este o caminho seguido porque estes discursos não foram o objecto central do presente trabalho, ainda que inicialmente o tivessem sido. O que pretendi, ao descrevê-los aqui, foi explicar os sentidos e os fundamentos da crítica, que todos encerram, dos erros e fraquezas da política colonial que os antecedeu. Essa política – a política colonial dos três primeiros quartéis

---

[85] Exemplos quase microscópios destas situações podem encontrar-se na obra já citada de Ricardo Roque e em outros trabalhos seus.

[86] V. Frederick Cooper, *Colonialism in Question, Theory, Knowledge, History*, Berkeley, Los Angeles, London, University of California Press, 2005, p. 71 e ss.

[87] V. Frederick Cooper, *Colonialism...*, cit., p. 185.

[88] Sobre o conceito de subalternidade, proposto por Antonio Gramsci para estudar as "classes subalternas" na Europa e aplicado, pelos "Subaltern Studies", desde os anos ´80 do século passado, ao estudo das sociedades sul-asiáticas, v. Gyan Prakash, "Subaltern studies as Postcolonial Criticism", in *The American Historical Review*, Vol. 99, n.° 5, 1994, pp. 1475-1491.

[89] V. também Ann Laura Stoler and Frederik Cooper, "Between Metropole and Colony, Rethinking a Research Agenda", in Frederik Cooper and Ann Laura Stoler (eds.), *Tensions of empire: colonial cultures in a bourgeois world*, Berkeley, University of California Press, 1997, pp.1-40.

do século XIX –, acabou por ser o objecto do presente trabalho, um objecto para o qual aqueles discursos me conduziram, obrigando-me a recuar no tempo. Sendo assim, vou agora deter-me mais longamente no conteúdo dessa crítica, na sua longevidade, nos equívocos que criou.

A crítica ao modelo colonizador do primeiro liberalismo teve, como referi, o seu contexto. Na época em que surgiu, não foi sequer um discurso exclusivamente português. Afirmações tão categóricas como as que foram proferidas na literatura colonial portuguesa dos finais do século foram-no, com a mesma convicção, tanto em França, pelos críticos das políticas *assimilacionistas* dos governos republicanos[90], como em Inglaterra, pelos teóricos da *indirect rule*[91]. Em Portugal pretendia-se, com elas, fazer *tábua rasa* das políticas do passado e imaginar novas políticas, capazes de provar ao mundo descrente a vocação colonizadora do povo português, numa altura em que os portugueses viam a sua presença em África fragilizada pela concorrência de outros países[92]. Tratava-se, também, de legitimar essas novas políticas, cujo conteúdo procurei explanar nos parágrafos anteriores, contrastando-as com as políticas opostas, as que teriam sido praticadas no passado. Contudo, embora tenha sido inaugurada, no seu registo mais "científico", por Luciano Cordeiro, fundador da Sociedade de Geografia de Lisboa e seu secretário vitalício[93], e depois aprofundada por todos os que escreveram após a crise do *Ultimatum*, essa memória crítica do *assimilacionismo* da política colonial portuguesa nasceu quase em simultâneo com o seu próprio objecto. Já nos anos '30 do séc. XIX

---

[90] V. Martin Deming Lewis, "One hundred million [...]", cit., p. 138.

[91] V. Mahmood Mamdani, *Citizen and Subject, Contemporary Africa and the legacy of late colonialism*, Princeton-New Jersey, Princeton University Press, 1996, p. 4-5.

[92] Sobre o significado psicológico da crise do *Ultimatum* e a ligação que, daí para a frente, passou a existir entre a afirmação internacional da nação portuguesa e a sua capacidade colonizadora v. Yves Léonard, "A ideia Colonial, Olhares Cruzados (1890-1930)", in Francisco Bethencourt e Kirti Chaudhuri (dir.), *História da Expansão Portuguesa*, Lisboa, Círculo de Leitores, 1998, vol. IV, p. 521 e ss. Veja-se também a forma como essa ligação e a sua memória foi organizada em inumeráveis comemorações em Maria Isabel João, *Memória e Império, Comemorações em Portugal (1880-1960)*, Lisboa, F. Calouste Gulbenkian, 2002, p. 635 e ss.

[93] Vejam-se os seus discursos sobre a questão do Zaire que, como se sabe, esteve ligada à convocação da Conferência de Berlim, em *A questão do Zaire, Discursos proferidos na câmara dos Senhores deputados nas sessões de 11, 15 e 16 de Junho de 1885*, Lisboa, Imprensa Nacional, 1885, p. 35. Uma governação "musculada" no ultramar não era compatível com a exportação de instituições liberais metropolitanas, como a organização judicial, as câmaras municipais, a eleição dos órgãos do governo, etc. Boa parte das suas afirmações encontram apoio nos relatórios de governadores-gerais, um manancial de informação empírica para a ciência positiva dos finais do século, que em boa parte traduzia numa linguagem "científica" a opinião daqueles que estavam no "terreno".

se podia ouvir nas Cortes a denúncia da tentação dos portugueses de tratar como igual o que, na realidade, era diferente. Tais críticas ao espírito "integracionista" das reformas políticas tinham mesmo destinatários de eleição. Mouzinho da Silveira e os seus decretos de reforma geométrica (e "afrancesada") da administração e da justiça foi um deles. A exportação dessas reformas para as províncias ultramarinas daria lugar a uma célebre intervenção de Almeida Garrett nas Cortes constituintes de 1837:

> "Não contentes em revolver até os fundamentos à desgraçada Pátria com inovações incoerentes, repugnantes umas às outras, e em quase tudo absurdas – sem consultar nossos usos, nossas práticas, nenhuma razão de conveniência, – foram ainda atirar com todo esse montão de absurdos para além mar, onde se tornaram dobrados, onde se multiplicaram ao infinito pela infinita variedade de obstáculos, de repugnâncias, de impraticabilidades locais que encontraram"[94].

No que à política ultramarina diz respeito, Mouzinho da Silveira (em cujos decretos, na verdade, não há referências ao ultramar) viria a ter o seu equivalente em Sá da Bandeira. Nas histórias que o Marquês de Fronteira tinha memorizado, o Visconde aparecia, já em 1835, como "um entusiasta pela pasta [...] da Marinha, que muito desejava, para exportar para as colónias todas as leis da ditadura de D. Pedro, fazendo os pretos e mulatos administradores de concelho e regedores de Paróquia, sem eles saberem o que isso era, e, ainda mais, fazendo-os jurados sem que eles tivessem as habilitações precisas, nem mesmo compreendessem ao menos o magistrado que lhes presidia, não entendendo este aqueles nem eles a este, porque não falavam a mesma língua"[95]. Oliveira Martins, um crítico das soluções "metafísicas" da política vintista em geral, insistiu, naturalmente, no mesmo tópico, ao classi-

---

[94] V. *DCCNP* (Diário da Câmara dos Deputados), sessão de 31 Março de 1837, p. 165-66. Em toda a discussão está presente a ideia organicista, de inspiração doutrinária, que reduzia a legislador a "[...] reconhecer os factos como eles são e modificá-los até onde eles podem ir" (*ibid.*, p. 165-66). As "liberdades" eram qualquer coisa que se positivava à medida do avanço civilizacional, razão porque a aplicação de princípios abstractos era ainda mais inadequada para o ultramar, v. *DCCNP*, sessão de 24 Abril 1837, p. 13, Almeida Garret. Aquando da sua passagem pelo Conselho Ultramarino, nos anos '50, Garrett viria a propor medidas realmente "diferenciadoras" para o Ultramar, v. Cristina Nogueira da Silva, *A cidadania nos Trópicos. O Ultramar no constitucionalismo monárquico português (c. 1820-1880)*, Lisboa, Faculdade de Direito da Universidade Nova de Lisboa, dissertação de doutoramento polic., 2004, texto que serviu de base à presente edição, cap. 17: "Assimilacionismo legislativo".

[95] *Memórias do Marquês de Fronteira e d'Alorna D. José Trasimundo Mascarenhas Barreto, ditadas por ele próprio em 1861*, Revistas e Coordenadas por Ernesto Campos de Andrada, Coimbra, 1929, vol. III, p. 161, palavras elogiadas por J. M. da Silva Cunha, *O trabalho indígena [...]*, cit., p. 133.

ficar o modo "discretamente humanitário" com que Sá da Bandeira esperava "construir um Brasil em África com o trabalho livre e a concorrência e garantia liberais"[96]. Depois, já num contexto diferente, o coro de políticos e juristas foi aumentando de tom, sendo impossível enumerar todas as suas vozes:

"Entre nós vigora esta prática absurda, fazendo-se nas colónias uma pseudo-eleição cujos lados cómicos e imorais são o corolário lógico da concessão do direito de voto a muitos milhares de indígenas, absolutamente incapazes de formar a menor ideia do acto que praticam e do direito que lhes assiste"[97]; "Nem água é precisa, basta a Carta para equiparar de facto e de direito, real e mentalmente, o preto selvagem da África ao mais conspícuo pai da Pátria"[98].

Deram-se também exemplos concretos da legislação que realizava essa *assimilação*:

"Um dos grandes defeitos da nossa legislação ultramarina é a uniformidade das disposições para povos de diversa origem e capacidade étnicas, tais como os ibero-celtas da Europa, os cafres da África Austral, os arianos e os drávidas da Índia, os tungus de Macau e os papuas de Timor – raças e civilizações completamente distintas. Deste defeito, que produz o absurdo de serem julgados pela mesma norma de direito um delinquente letrado, minhoto ou beirão, e um selvagem da Guiné, ressente-se, na especialidade de que estou tratando, o regimento de justiça de 1894"[99].

Ampliando-se e ganhando a amplitude de uma teoria geral – sempre apoiada em impulsos doutrinais importados –, esta visão crítica do *assimilacionismo* acabou por rematar-se, no plano institucional, no *Estatuto do Indigenato* de

---

[96] V. *Portugal Contemporâneo* (1881), Lisboa, 1906, t. II, p. 130.
[97] V. Lopo Vaz de Sampaio e Mello, *Política indígena*, cit., p. 205.
[98] Albano de Magalhães, *Estudos coloniais [...]*, cit., p. 227.
[99] V. Caetano Gonçalves, *Organização Judiciária do ultramar (Bases para um projecto de Reforma)*, Lisboa, Bertrand, 1897, p. 29. Esta forma de captar a política e a legislação liberais permaneceu até ao fim do Império colonial português, divulgada por professores e políticos. Nos anos trinta do século XX, os alunos da Faculdade de Direito aprendiam que, com o *Estatuto do Indígena* de 1826, se tinha posto fim à "[...] ficção liberal, que de todos os homens, qualquer que fosse a sua cor e civilização, existentes no território português, fazia cidadãos" (v. Marcelo Caetano, *Direito público colonial Português (lições coligidas por Mário Neves)* Lisboa, Oficina Gráfica, 1934, p 193); nos anos cinquenta do mesmo século, Joaquim da Silva Cunha deduzia a orientação assimilacionista do direito administrativo da ausência de "normas orientadoras da política indígena" nos diplomas que, em 1836 e 1869, organizaram a administração civil no ultramar (v. J.M. da Silva Cunha, *O sistema Português de Política Indígena, Subsídios para o seu Estudo*, Coimbra, Coimbra Editora, 1953, p. 116).

1929, em cujo preâmbulo aparece expressa, embora num registo já ambíguo, simultaneamente negativo e positivo, inserido num fundo de continuidade que apontava para a antiguidade e especificidade da colonização portuguesa:

> "A governação ultramarina de Portugal obedeceu historicamente à norma cristã, humanitária e patriótica de manter e civilizar as populações indígenas do nosso vasto domínio colonial e de as incorporar fraternalmente no organismo político, social e económico da Nação Portuguesa. Sob a influência deste ideal progressivo, julgou-se que se deveria fazer bem cedo a equiparação geral do indígena ultramarino ao europeu, nos direitos e obrigações fundamentais de ordem pública e privada. Esta equiparação, já considerável no tempo da monarquia absoluta, sob muitos aspectos, veio a tornar-se quase completa com o regime constitucional. Os indivíduos, apesar da simplicidade extrema da sua vida individual e doméstica e das suas relações recíprocas, passaram a estar sujeitos, quase totalmente, por uma verdadeira abstracção legislativa, ao direito político, administrativo e civil da metrópole"[100].

Quando os contextos históricos mudaram, a ideia manteve-se, mas perspectivada com tonalidades mais positivas. Com elas mudou também a imagem do Visconde de Sá da Bandeira, cujo abolicionismo foi transformado num sintoma da solidariedade colectiva dos portugueses para com os nativos, desta vez os escravos[101]. A imagem negativa que se construiu acabou, um pouco paradoxalmente, por se transformar em mais uma peça na construção da ideia, de sinal "positivo", do carácter *por essência* assimilacionista da política portuguesa em matéria de colonização, uma ideia que atravessou, com apropriações várias, um século e meio de ensaísmo publicístico, de propostas políticas, de análise historiográfica e política.

Não me vou alongar nesta incursão, porque também não é objecto do presente trabalho reflectir sobre o modo como as ideias antes descritas foram criadas e sucessivamente apropriadas, as diversas valorações de que foram sendo objecto, enfim, o seu lugar na(s) memórias históricas associadas ao colonialismo português. O meu objecto de estudo foram, como já referi, as políticas coloniais do primeiro liberalismo e, nomeadamente, o seu olhar sobre as populações nativas dos territórios colonizados. Acontece que o conhecimento desse objecto tem sido dificultado pelas reflexões tardo-oitocentistas sobre a política colonial do primeiro liberalismo português. Essas reflexões perdura-

---

[100] V. *Estatuto Político, Civil e Criminal dos Indígenas* (6 de Fevereiro de 1929), in *Colectânea de Legislação Colonial*, Lisboa, Agência Geral das Colónias, 1948, p. 119.

[101] A desmontagem dessa imagem foi recentemente feita por João Pedro Marques, *Os Sons do Silêncio: o Portugal de Oitocentos e a Abolição do Tráfico de Escravos*, Lisboa, ICS, 1999.

ram no tempo, sem ser problematizadas, em parte por se terem revelado funcionais às sucessivas conjunturas ideológicas do colonialismo português. Por isso um conhecimento mais rigoroso daquele passado exige a identificação dos equívocos em que assentaram aquelas reflexões e dos elementos que verdadeiramente distinguiram a política colonial portuguesa de oitocentos. É com a identificação de ambas as coisas que terminarei este capítulo.

O primeiro dos equívocos a que me refiro consistiu na suposição de que a ausência de alusões ao *indígena* nos grandes diplomas legislativos do século XIX (desde logo, nas Constituições e nos Códigos) significou a sua inclusão na cidadania, a sua igualdade face aos cidadãos da metrópole. Supor, por exemplo, que o facto de se estender a Constituição ao ultramar e de esta não fazer qualquer referência especial à população dali nativa equivalia à sua inclusão, de facto, mas também de direito, na cidadania portuguesa, com igualdade de direitos civis e políticos. Uma das conclusões a que a investigação me conduziu foi a de que essa omissão não pode ser lida como o sinal de uma inclusão daquelas populações, pelo menos de uma forma imediata. Pelo contrário, significou, muitas vezes, uma exclusão ainda mais profunda do que a exclusão doutrinalmente formulada. Na verdade, o modelo de "assimilação total" a que se referiam, para o rejeitar, os autores de finais do século XIX, era uma realidade (teórica e prática) substancialmente diferente do modelo de relação com as populações nativas dos territórios ultramarinos inscrito no pensamento jurídico e constitucional da primeira metade desse século. Uma das diferenças fundamentais relaciona-se, precisamente, com o facto de o modelo em que pensavam os autores do final do século estar intimamente relacionado com a existência clara de um objecto – o conjunto da população nativa dos territórios coloniais –, que só de forma muito ténue, muito longínqua, por vezes nem isso, esteve presente nos debates constituintes, nos textos doutrinários sobre direito público ou civil ou nos textos legislativos da primeira metade do século (caso dos índios e da maioria das populações nativas livres das províncias africanas e asiáticas). E que, quando isso aconteceu, foi, ao contrário do que afirmaram aqueles autores, objecto de um tratamento mais diferenciador (no imediato) do que assimilador (como no caso dos escravos ou dos libertos ou de muitos nativos livres).

Sá da Bandeira, cuja insistência no tópico da cidadania dos povos nativos dos territórios coloniais foi, durante estes anos, muito clara (v. *infra*, 7.2.2; 8.4.3), constituiu, de facto, uma excepção, cuja singularidade deve ser explicada. Mas, como se verá, a sua referência à cidadania de populações nativas foi sempre funcionalizada a objectivos conjunturais, nunca se constituindo numa doutrina constante e sustentada. Por outro lado, a sua posição radicalmente universalista, em alguns contextos, contrastou com discursos de exclusão explícita em outros, ainda que menos relevantes (v. *infra*, 9.3.8).

Por outro lado, o *assimilacionismo* da primeira metade do século XIX não pressupunha a "assimilação total" das populações nativas. Havia, na doutrina jurídico-política desta época, por motivos de que falei na introdução e que serão desenvolvidos ao longo deste trabalho, uma assinalável dificuldade em conceptualizar de forma positiva a pluralidade cultural, mas isso não implicava que todos os indivíduos fossem tratados de forma igual pelo direito, suposição que se constituiu no fundamento das críticas de que aquela doutrina foi objecto a partir dos finais do século XIX. Pelo contrário, a ideia que dominou foi a de um tratamento diferenciador no presente e a teorização de um compasso de espera "civilizacional" anterior à formação de uma sociedade culturalmente uniforme no futuro. Nesse momento poder-se-ia realizar a "assimilação total" de que falavam os autores dos finais do século XIX. E que, afinal, estava também pressuposto no discurso de muitos destes últimos, enquanto finalidade da sua *missão civilizacional*.

Esta última questão conduz-nos ao segundo equívoco, que residiu no modo como o pensamento sobre a diversidade humana do primeiro liberalismo foi interpretado pelas correntes de pensamento que se lhe opuseram. Ao contrário do que nelas se sugeria com as referências insistentes ao seu individualismo abstractivo, a dicotomia "selvagem/civilizado" fez parte do esquema cognitivo e valorativo da maior parte dos intelectuais e políticos da primeira metade do século XIX que, em função dela, também aderiram à ideia de *missão civilizacional*. É certo que os seus olhares mais *ilustrados* sobre o fenómeno colonial foram orientados por noções optimistas sobre o progresso e o destino da humanidade que os distinguiam bem dos olhares "positivistas" dos finais do século XIX. Mas foram muito raros os intelectuais, filósofos ou políticos do século XVIII que problematizaram a ideia do atraso e da inferioridade das culturas não europeias e da correlativa superioridade da civilização do Ocidente (v. *infra*, 3). Essa ideia implicava, mesmo quando isso não era explicitado, a negação da cidadania (nacional ou "cosmopolita") ao homem que ainda não partilhava dos valores da cultura europeia. Como a cidadania não era um conceito culturalmente neutro, como o que lhe dava conteúdo não era o homem universal e abstracto que o positivismo de finais de oitocentos dizia ser "metafísico", mas um "particular" (o que se imaginava ser o sujeito civilizado da Europa) elevado a um estatuto universal"[102], também a igualdade, a partilha

---

[102] V. Nancy Leys Stepan, "Race, gender, science and citizenship", in Catherine Hall (ed.), *Cultures of Empire, a reader*, Manchester, Manchester University Press, 2000, p. 64.

dos direitos, a plena cidadania dos povos nativos dos territórios colonizados remetia, no pensamento das *Luzes*, para um tempo que não era o do presente, para um momento adiado. É na verdade difícil encontrar, em relação aos povos não europeus, esse *assimilacionismo* universalista que os autores de finais de oitocentos faziam entroncar na Revolução francesa e na *Declaração Universal dos Direitos do Homem e do Cidadão* de 1789. Desde logo, porque a própria Revolução francesa não foi, em relação ao ultramar francês, inequivocamente universalista: a sua primeira Constituição não foi mandada aplicar ao ultramar, a representação do ultramar no parlamento francês foi o produto da pressão dos plantadores das "velhas colónias" francesas e só progressivamente, na sequência de muitas resistências, é que essa representação se estendeu à população de origem não europeia que residia nesses territórios[103].

Pretendo também mostrar, situando-me ainda no universo dos equívocos, que tão pouco a opção por uma *assimilação* legislativa e administrativa (que se articulou sempre mais com a *assimilação* dos territórios ultramarinos à metrópole, e não tanto com a *assimilação* dos indivíduos dali naturais) foi clara e consensual, durante o século XIX, ao contrário do que sugerem os autores dos finais desse século. Se houve momentos em que se verificaram, de facto, políticas legislativas assimiladoras – como quando se aplicaram os Códigos metropolitanos no Ultramar ou quando, em 1834, se mandou distribuir os "negócios" do ultramar pelas Secretarias de Estado do Reino, como se nada os distinguisse dos da metrópole –, houve também políticas legislativas diferenciadoras, como quando, nos mesmos anos trinta, aquele decreto foi substituído por outro, que reuniu os "negócios" do ultramar numa só Secretaria de Estado do Ultramar; ou quando, ainda nos mesmos anos, se legislou sobre a organização da justiça ultramarina, preservando-se instituições judiciais que não obedeciam aos princípios da justiça liberal (funcionamento de Juntas de justiça, proibição dos jurados, junção da função judicial com a função administrativa e militar)[104]. Foi ainda nos anos trinta que se deu início a uma refle-

---

[103] V. Cristina Nogueira da Silva, "«Modelos coloniais» no século XIX (França, Espanha, Portugal)", in *E-legal History Review*, n.º 7, 2009. Sobre o tema da «assimilação» na história colonial francesa v. Raymond F. Betts, *Assimilation and Association in French Colonial Theory*, 1890-1914, Columbia University Press, 1960; Denise Bouche, *Histoire de la Colonization française*, Paris, Fayard, 1991, t. II: "Flux et reflux (1815-1962)", p. 99 e ss.; Pierre Rosanvallon, *Le Sacre du Citoyen, Histoire du Suffrage Universel en France*, Paris, Gallimard, 1992, p. 425 e ss.

[104] Sobre essa legislação "diferenciadora" e sua discussão na Primavera de 1835, v. Cristina Nogueira da Silva, *A cidadania nos Trópicos...*, cit., cap. 16: "A «especificidade ultramarina» na Constituição de 1838: antecedentes". Estas oscilações da política *assimilacionista*, na sua dimensão legislativa, foram um facto já notado por Valentim Alexandre em "A viragem para África", in Francisco Bethencourt e Kirti Chaudhuri (dir.), *História da Expansão Portuguesa*, cit.,

xão, que havia de percorrer as décadas seguintes, sobre a necessidade de criar um sistema especial de produção legislativa para as províncias ultramarinas. Essa reflexão concretizou-se em dois momentos constitucionais (em 1837 e 1852) e num momento legislativo, em 1843 (v. *infra*, 9.3). Estes foram também momentos em que se chegou a discutir em que moldes devia a Constituição vigorar – ou não – no ultramar e se a legislação especial que se produzisse para ali devia ser estritamente limitada – ou não – pelos direitos políticos e civis dos seus cidadãos (v.*infra*, 9.3). Reflexões semelhantes foram desenvolvidas em França, em Espanha e em todos os países que tinham colónias[105].

Houve também inúmeros exemplos de textos legislativos onde a tensão entre um modelo mais assimilador e um modelo diferenciador se manifestou. Por exemplo, (i) na legislação sobre o direito a aplicar (quando se fez aplicar o Código civil metropolitano admitiu-se que determinadas populações nativas continuassem a reger-se por regras próprias de direito privado, estranhas ao direito da metrópole (v. *infra*, 7.2.3); (ii) na legislação sobre o trabalho que teve como destinatários os carregadores e os libertos africanos, como na legislação que aplicou a estas populações as categorias do direito civil que, na metrópole, afastavam alguns cidadãos do pleno exercício dos direitos civis, como os menores, os órfãos ou os vadios (v. *infra*, 8.4.3, 8.5); (iii) na legislação que afastou o princípio da automaticidade da aplicação da legislação metropolitana ao ultramar[106].

Da mesma forma, a extensão dos Códigos da metrópole ao ultramar, outro tópico de que se serviu a literatura colonial tardo-oitocentista para demonstrar a anterior opção por uma "assimilação total" do ultramar, não ocorreu de forma simples e linear, como os seus autores sugerem. Em primeiro lugar, porque essa extensão não foi automática: como se verá, pensava-se que a aplicação dos Códigos acompanharia o ritmo da "evolução civilizacional"[107]. Em segundo lugar porque, na altura em que se mandava aplicar os

---

pp. 73-74; e em "Administração Colonial", in António Barreto e Maria Filomena Mónica (coords.), *Dicionário de História de Portugal*, Lisboa, Figueirinhas, 1999, vol. VII: suplemento.

[105] V. Séverine Kodjo-Grandvaux, Geneviève Koubi (dir.), *Droit et Colonisation*, Bruxelles, Bruylant, 2005, pp. 10-11, na qual está documentada, para o caso francês, a especialidade, singularidade e "anomalia" do estatuto jurídico das colónias francesas e respectivas populações e, para o caso espanhol, Javier Alvarado, *Constitucionalismo y codificación en las provincias de Ultramar. La supervivencia del Antiguo Régimen en la España de XIX*, Madrid, Centro de Estudios Políticos y Constitucionales, 2001 e Maria Paz Alonso Romero, *Cuba en la España liberal (1837-1898)*, Madrid, Centro de Estudios Políticos y Constitucionales, 2002.

[106] v. Cristina Nogueira da Silva, *A cidadania nos Trópicos [...]*, cit., cap. 17: "Assimilacionismo legislativo".

[107] V. idem, *ibidem*.

Códigos, ou se indicavam imediatamente as ressalvas a fazer, ou se autorizavam futuras modificações[108]. Em terceiro lugar, porque mandar aplicar não significava executar; e a regra era a da existência de territórios ultramarinos onde as leis ficavam por executar, por ausência de condições institucionais e em virtude da natureza fragmentária e descontinua, temporal e geograficamente falando, dos fenómenos coloniais. Por último, havia adaptações significativas, no direito privado, no direito penal e no direito administrativo, sempre que o território visado, por estar mais afastado dos centros da colonização, era maioritariamente ocupado por populações nativas[109]. Um pouco paradoxalmente, alguma da doutrina portuguesa dos primeiros anos do século XX reconheceu esse facto, ao afirmar que a distinção, numa lei orgânica, entre o *indígena* capaz de ser equiparado a cidadão e o *indígena* "a quem [...] competiria com mais rigor a designação, aliás adoptada noutros países, de simples súbditos da República", mais não era do que a consagração de uma distinção já antes esboçada, "[...] embora por maneira hesitante e fragmentária, em diversos textos, como são os códigos de usos e costumes da Índia e Moçambique, os regulamentos especiais de trabalho, as disposições particulares dos regimentos de justiças, das leis de concessão de terra, e de múltiplas portarias provinciais, mas afirmada principalmente e imposta pelas necessidades iniludíveis da prática diária da nossa administração colonial"[110]. Mesmo em tempos do tão denunciado "radicalismo assimilador", parece querer dizer Almeida Ribeiro, a "força" das circunstâncias geradas pelo fenómeno colonial já tinha imposto um estatuto "material" do *indígena*, anterior ao estatuto formal que ele pretendia criar.

Finalmente, a exportação da legislação e dos códigos metropolitanos (civil, administrativos, etc.) para o ultramar, quando ocorreu, teve quase sempre por referência uma sociedade essencialmente europeia ou, pelo menos, fortemente europeizada, e não as sociedades nativas dos territórios que se queria colonizar. Fundar em continentes não europeus "nações gémeas" das nações europeias foi, até muito tarde, no século XIX, visto como o objectivo mais nobre da colonização. Como se verá logo nos primeiros capítulos deste trabalho, a filosofia política dos finais do século XVIII-inícios do XIX, associava a "verdadeira" colonização à fundação de novas nacionalidades europeias em territórios não europeus, por meio, nomeadamente, da emigração, e sua posterior ligação através dos laços tecidos pelo comércio internacional. Essa ideia, aplicada às colónias africanas, só começou a ser fortemente ques-

---

[108] *Ibid.*
[109] *Ibid.*
[110] V. Artur R. de Almeida Ribeiro, *Administração Civil das Províncias [...]*, cit., p. 11.

tionada em Portugal a partir da influente opinião de Oliveira Martins que, sem negar a dignidade do objectivo, o condenou por impossível[111]. Até esse momento, pensou-se nas colónias africanas como "colónias de povoamento", tendo estado sempre presente, nas políticas dos diversos governos, a ideia de edificar "novos Brasis" em África[112].

Assim, a representação política ultramar nas Cortes e a tendência assimiladora da legislação, tão criticadas pela doutrina do final do século, tinham muitas vezes por referente social não a sociedade nativa africana mas uma sociedade similar à que então se imaginava ser a sociedade luso-descendente brasileira, governada por elites de origem europeia[113]. Até porque as políticas legislativas mais *assimilacionistas* começaram por ser pensadas para a América portuguesa, e não para outros ultramares, como tentarei mostrar. É verdade que quem, de facto, beneficiou mais das (poucas) instituições europeias transpostas para solo africano foram as elites locais, muitas delas nativas ou miscigenadas, as quais, desde o início do século – ou desde épocas bem mais recuadas –, ali dominavam, na maior parte dos casos[114]. Mas isso aconteceu

---

[111] V. *O Brasil e as Colónias Portuguesas*, cit., por exemplo p. 219: "A ideia de uma colonização agrícola pela emigração portuguesa livre é, por muitos motivos (adiante estudados) uma quimera liberal". Esse desígnio foi, de facto, brutalmente desmistificado na obra de Oliveira Martins: além de salientar a importância determinante da emigração para o Brasil na economia portuguesa e as dificuldades de "aclimatação" do colono português em África, Oliveira Martins foi implacável quanto ao destino do continente africano e dos seus habitantes na obra colonial portuguesa ("Aos portugueses cumpre pois explorar, e não colonizar África [...]. Fazendeiros é o que nós devemos querer ser [...]; colonos, no sentido restrito da palavra, não, porque o colono de África é o negro. É ele que pode e deve trabalhar sob a direcção e comando do português" (*O Brasil e as Colónias Portuguesas*, cit., p. 221).

[112] Alguns autores da primeira metade de oitocentos, como Almeida Garrett, defendiam que, para isso, a emigração portuguesa se desviasse do Brasil para África, tendo essa "necessidade" sido muitas vezes debatida nas Cortes portuguesas (v. *infra*, 8.2.1). Por outro lado, os projectos (mal sucedidos) de povoamento sucederam-se, v. Valentim Alexandre, "Ruptura e estruturação de um novo Império", in Francisco Bethencourt e Kirti Chaudhuri (dir.), *História da Expansão Portuguesa*, cit., p. 76 e ss.

[113] A ideia de povoar África como se tinha povoado o Brasil havia de continuar nas obras de muitos autores a partir dos finais do século, como se mostra em Rui Ramos, "«Um novo Brasil de um novo Portugal», A história do Brasil e a ideia de colonização em Portugal nos séculos XIX e XX", in *Penélope*, n.º 23, 2000.

[114] Jill Dias descreve a forma como a legislação mais assimiladora possibilitou às elites crioulas povoar as instituições administrativas (como as câmaras municipais), manipular as eleições, integrar os Conselhos, e utilizar estas instituições como canais de protesto contra as prepotências de governadores-gerais e das autoridades militares metropolitanas nas colónias, v. Jill Dias, "Angola" in Joel Serrão e A-H. de Oliveira Marques (orgs.), *Nova História da Expansão Portuguesa*, Lisboa, Estampa, 1998, vol. X: "O Império africano, 1825-1890" (coord. Valentim Alexandre e Jill Dias), pp. 508 e ss. O mesmo sucedeu, com maior intensidade, na Índia.

também porque a sociedade que serviu de referente imaginário à criação daquelas instituições (Câmaras municipais, Juntas, Tribunais) não existia, não estava lá. Era, de facto, uma "quimera", porque os portugueses não viam em África um destino desejável para a emigração[115], tendo a falta de gente para preencher os cargos administrativos sido um dos problemas mais prementes da administração colonial da época[116]. Foi necessário que algum tempo passasse para que fosse seriamente equacionada, mas por muito poucos, a hipótese de se contar os nativos africanos, mas só depois de "civilizados" e "aportuguesados", entre os "portugueses" que podiam povoar as instituições do Império. Entre esses poucos contou-se, como se verá, Sá da Bandeira, que exprime claramente essa ideia no seu livro *O Trabalho Rural Africano e a Administração Colonial*[117].

Em suma, a ideia de que o nativo africano livre era cidadão não existia no pensamento constitucional português – onde o nativo foi fundamentalmente o Índio, no curto espaço de tempo em que o ultramar foi o Brasil –, nem na doutrina jurídica da primeira metade do século XIX, onde pouco se falou de nativos africanos que não fossem o escravo ou o liberto. Quando se pôs o problema da cidadania do nativo africano livre, o pensamento constitucional e a doutrina jurídica não tiveram resposta para ele. Aquela ideia foi, parece-me, uma construção *à posteriori* – embora fundamentada nos postulados universalistas e unitaristas desse pensamento e doutrina –, que surgiu nos momentos em que aquela "cidadania" se colocou como problema. Primeiro, de uma forma "positiva", com o Marquês de Sá da Bandeira, que, em nome do seu projecto de recolonização de África, optou por interpretar os silêncios e omissões da Constituição e do Código Civil como sinais de inclusão (das populações hindus e muçulmanas, v. *infra*, 7.2.2; dos carregadores angolanos, v. *infra*, 8.4.3); depois, de forma ainda "positiva", pelas elites nativas cristianizadas da Índia, que aprofundaram a ideia da "igualdade" entre populações da metrópole e do ultramar para tentar consolidar os seus direitos políti-

---

[115] O fracasso das tentativas de colonização e a nenhuma apetência dos portugueses para emigrarem voluntariamente para África estão descritos em João Pedro Marques, *Os Sons do Silêncio [...]*, cit., p. 375 e ss.

[116] Como sugere Malyn Newitt em relação a Moçambique, era porque os portugueses não tinham condições para instalar um quadro administrativo colonial formal que "até ao fim do século, o governo teve que basear-se em pessoal militar ou naval destacado para o preenchimento dos postos superiores ou de procurar, nas comunidades locais afro-portuguesas ou indianas, quem ocupasse os postos subalternos da administração ou desempenhasse as funções burocráticas", v. Malyn Newitt, "Moçambique", in Joel Serrão e A.H. de Oliveira Marques, *Nova História [...]*, cit., vol. X, p. 618.

[117] Lisboa, Imprensa Nacional, 1873, p. 69.

cos[118]. Finalmente, de uma forma "negativa", quando a Conferência de Berlim e a corrida a África pôs fim à ideia de que os princípios do sistema constitucional e representativo pudessem ser aplicados nos territórios não europeus, fenómeno que sucedeu em toda a Europa, e não só em Portugal.

De resto, e apesar da fantasia de alguns políticos portugueses – que, cristalizada na memória, havia de dar dividendos quando, nesse final do século, conseguiram fazer valer os direitos históricos sobre territórios que, na verdade, não tinham sido sequer tocados pela presença portuguesa[119] – a verdade é que, depois da independência do Brasil, a soberania portuguesa só se exercia directamente – e com grandes dificuldades – em pequenos enclaves situados na costa ocidental africana[120]. O que significa que o problema do estatuto das suas populações nativas não podia ter sido, tão pouco, um problema central. Se ele foi muitas vezes silenciado por causa das dificuldades conceptuais e práticas que se colocavam, não o terá sido menos, em outras ocasiões, por puro esquecimento[121].

Identificados os equívocos, é agora conveniente identificar os pontos em que os dois modelos de relacionamento com as populações nativas do ultramar que aqui confronto – o do século XIX e o que começa a teorizar-se a partir de finais desse século – se distinguiram um do outro. Nessa distinção, importa começar por sublinhar que aquilo que separou as perspectivas sobre a administração colonial na primeira metade do século XIX das que se lhe

---

[118] Mas não os de outras populações nativas próximas, como as que habitavam o território das *Novas Conquistas*, incorporado nos finais do século XVIII, v. Cristina Nogueira da Silva, *A cidadania…*", cit., cap. 17: "Assimilacionismo…".

[119] V. Valentim Alexandre, "Nação e Império", in Francisco Bethencourt e Kirti Chaudhuri (dir.), *História da Expansão Portuguesa*, cit., vol. IV, pp. 112 e ss., *maxime* p. 124. Essa ideia foi reafirmada pelo autor em "O Império Português (1825-1890): ideologia e economia", in *Análise Social*, vol. XXXVIII, n.º 169, 2004, pp. 959-979.

[120] Algumas feitorias situadas no que viria a ser a Guiné, Luanda e Benguela (território da futura colónia de Angola), os arquipélagos de Cabo Verde e S. Tomé e Príncipe e, já na África Oriental, algumas povoações litorais, situadas no território que viria a integrar Moçambique (Lourenço Marques, Inhambane, Sofala, Quelimane, Ilha de Moçambique e Ibo, além dos Rios de Sena e Tete, futura Zambézia). Na Ásia, Goa, Damão e Diu, na Índia, Macau, na China, e uma presença praticamente nominal em Timor e Solor, V. Valentim Alexandre, "As periferias e a implosão do Império", in Francisco Bethencourt e Kirti Chaudhuri (dir.), *História da Expansão Portuguesa*, cit., vol. IV, p. 46.

[121] Na literatura colonial portuguesa dos primeiros anos do século XX, altura em que o problema dos *indígenas* das colónias ganhou centralidade, reconhecia-se que esse problema não tinha sido objecto de grandes atenções por parte dos governos europeus de oitocentos (v. Marnoco e Souza, *Administração Colonial…*, cit., p 164), facto que se compreende se recordarmos a superficialidade da presença europeia em África até 1875.

seguiram, nos finais desse século e início do século seguinte, não foi a pretensão de "assimilar" ou não as populações. Como descrevi atrás, o "diferencialismo" da política colonial "positiva" não excluiu, pelo menos em Portugal, a futura universalização da cidadania. Sendo progressistas, os autores positivistas também acreditavam na evolução integradora, na "marcha da civilização" em direcção a uma finalidade necessária. A ideia assimiladora esteve, portanto, presente em ambos os "modelos", reflectindo a mesma dupla atitude psicológica perante o confronto com as realidades não familiares que se desejava dominar: a sua descrição como um "oposto", favorecendo uma definição mais clara da identidade de quem falava, do "europeu"[122]; o desejo de suprimir essa alteridade, que sinaliza uma recusa psicológica do "não familiar" mas também o efeito da ideia, lida nos escritos políticos europeus desde o Renascimento, de que era mais fácil governar populações homogéneas do que grupos cultural, racial e religiosamente plurais[123]. Essa dupla atitude psicológica explica que em ambos os "modelos" esteja presente, de forma algo contraditória, um investimento simultâneo na quantificação da diferença (mais no segundo do que no primeiro) e, simultaneamente, na eliminação dessa diferença, por meio da sua conversão numa "forma desviada do familiar" (o "primitivo" que o europeu já foi, a criança que todos os seres humanos foram) que se articulou, depois, com a "naturalidade" da *assimilação* futura. Nesta confluência se gerou uma dinâmica de "inclusão paradoxal" que marcou toda a história do colonialismo europeu[124].

Pelo contrário, o que separou um "modelo" do outro foram alguns dos postulados antropológicos de que partiram e, com eles articulados, os métodos que cada um propôs para "assimilar" as populações do ultramar, bem como o grau de formalização da fronteira que separava os nativos "não assimilados" (os *indígenas*) dos nativos já "assimilados" (os cidadãos).

Salvo raras excepções, a antropologia fundamental de que se partiu, em ambos os "modelos", foi a das teorias monogenístas e a da unidade final do

---

[122] Sobre o modo como, por exemplo, o conhecimento sobre o "Oriente" ajudou a definir a identidade do "Ocidente", produzindo fronteiras imaginadas – mas radicais – entre os igualmente imaginados "Oriente" e "Ocidente", existe a obra clássica, embora muito polemizada, de Edward W. Said, *Orientalism*, New York, Vintage Books, 1979.

[123] Sobre a dificuldade, ou uma espécie de recusa do pensamento liberal em lidar com o "não familiar" e a respectiva conversão, pelo pensamento liberal, do não familiar numa "variante deformada" do familiar e, por isso, reformável, através da educação tutelar, v. Uday Metha, *Liberalism and Empire*, cit., p. 15.

[124] V., sobre essa "dinâmica paradoxal", Sundhya Pahuja, "The Postcoloniality of International Law", in *Harvard International Law Journal*, Vol. 46, n.º 2, 2005, p. 460.

género humano. Mas se, no modelo mais *iluminista*, que fazia residir a diferença em variáveis de natureza ambiental ou cultural, essa ideia da identidade final da espécie era muito forte, no modelo mais *positivista* as variáveis biológicas/raciais e o investimento na quantificação da diferença e da inferioridade adquiriram uma dimensão tal que, muitas vezes, tornaram paradoxal o ideal, nunca abandonado, da *assimilação*[125]. Em consonância com isso, o que distinguiu o modelo que aqui identificamos como *iluminista* do modelo de "missão civilizacional" teorizado nos finais do século XIX foi uma certa ideia de "não intervenção", associada à ideia, quase sempre presente no primeiro e sempre rejeitada pelo segundo, de que o simples contacto com a cultura e as instituições ocidentais, pela via do comércio e da colonização, era, por si só, civilizador, podendo dispensar o uso sistemático da força e do domínio (cf. *infra*, 8.3.1). O contexto *iluminista* tinha sido, na verdade, um contexto diferente, mais ligado à utopia da "paz universal", muito distante do discurso violento da "luta pela vida", inspirado nas teorias da selecção natural de Darwin e do evolucionismo positivista. Neste, como se viu, a "assimilação" era pensável, mas só poderia obter-se de forma então considerada como realista, fundada na observação dos factos e não em teorias abstractas, ancorada em "políticas positivas".

Finalmente, se, no modelo mais *positivista*, a fronteira entre o nativo *indígena* e o nativo cidadão acabou por ser juridicamente formalizada, isso não sucedeu na época anterior, onde, como procurarei mostrar com este trabalho, essa fronteira foi sempre pouco marcada, indefinida, deixando o estatuto dos povos nativos rodeado das maiores ambiguidades e incertezas[126].

Importa, para finalizar, recordar que a dualidade dos dois "modelos" que aqui identifiquei e a remissão de um deles para os séculos XVIII-XIX e o outro para os finais do XIX-XX não permite captar o problema em toda a sua complexidade. Como tentarei mostrar nos capítulos que se seguem, só para efeitos analíticos podemos falar de um modelo *pan iluminista* na primeira

---

[125] Sobre esta tensão entre similaridade e diferença e as inconsistências que gerou no governo da Índia inglesa, sobretudo na segunda metade do século XIX, v. Thomas R. Metcalf, *Ideologies of the Raj*, Cambridge, Cambridge University Press, 1995, pp. X e ss.

[126] A verdade é que algumas incertezas ficaram para sempre. Por exemplo, o colonialismo português nunca resolveu o problema do estatuto jurídico-político do *indígena* face à Nação portuguesa (era súbdito? era "português"? integrava a nação portuguesa ou apenas o seu "povo"? Nos anos cinquenta, Marcelo Caetano dizia que os *indígenas* eram "[…] súbditos portugueses, submetidos à protecção do Estado português, mas sem fazerem parte da Nação, quer esta seja considerada como comunidade cultural (visto faltarem-lhe os requisitos de assimilação de cultura), quer como associação política dos cidadãos (por não terem ainda conquistado a cidadania)", v. Marcelo Caetano, *A Constituição de 1833 – Estudo de Direito Político*, 1956, p. 23.

daquelas cronologias. Porque, em rigor, durante aquele primeiro período, desenharam-se diversas perspectivas sobre a melhor forma de lidar com populações nativas não europeias. Algumas delas, como mostrarei, afastaram-se definitivamente daquele modelo, ao comportaram graus de teorização da violência próximos dos que ocorreram nas perspectivas que até aqui associei ao segundo período cronológico. Foi isso que aconteceu, por exemplo, com o liberalismo utilitarista de John Stuart Mill (cf.*infra*, 3.3), cuja influência no governo da Índia durante a primeira metade do século XIX é conhecida. Outras comportaram uma atitude de alheamento e indiferença, como sucedeu com o utilitarismo (anti colonialista) de Jeremy Bentham (v. *infra*, 3.4). Outras, ainda, misturavam num só registo um sentimento de fatalidade em relação ao destino de irreversível aniquilação daquelas populações com um sentido pragmático que legitimava também, sem a ancorar em pressupostos racialistas, mas num discurso fortemente nacionalista, o uso directo da violência, como aconteceu no liberalismo "republicano" de Alexis de Tocqueville (v. *infra*, 3.3). Outras, finalmente, desafiaram o próprio conceito de superioridade da civilização europeia, contrastando o estado "decadente" e corrompido da civilização com a "pureza" da vida dos povos não europeus e rejeitando, como ilegítima e imoral, qualquer forma de violência ou conquista. Foi o caso, singular, de Denis Diderot, nas páginas que escreveu na conhecida obra *Histoires Philosofique et politique des établissements et du commerce des Européens dans les deux Indes* (Paris, 10 vols., 1772-1780), assinada pelo jesuíta Abbé Guillaume-Thomas Raynal – uma obra dedicada à história das interacções dos Europeus com o mundo extra-europeu, que conheceu trinta edições em dezassete anos, mas que, convém lembrar, foi rapidamente proibida pela censura da época[127]. O próprio conceito de *iluminismo* como fenómeno unificado, objecto de uma só definição e de uma só história, tem sido problematizado pela historiografia do século XVIII, que o "pluralizou" num conjunto de movimentos com elementos de harmonia e de conflito entre si[128].

---

[127] Sobre o contexto e o conteúdo da obra v. Sankar Muthu, *Enlightenment against Empire*, Princeton and Oxford, Princeton University Press, 2003, pp. 72 e ss. A tese do autor é a de que o conceito de ser humano como entidade metafísica, abstracta, "anterior" ao social coexistiu, na cultura do *iluminismo*, com o entendimento do ser humano como ser constitutivamente social e cultural, nomeadamente nos escritos de Denis Diderot, Johann Gottfried von Herder e, mais inesperadamente, Immanuel Kant.

[128] V. J.G.A. Pocock, *Barbarism and Religion*, Cambridge, Cambridge University Press, 1999, Vol. I: "The Enlightenment of Edward Gibbon, 1737-1764", p. 7 e ss. "Pluralising «the» enlightenment é também o título da conclusão da obra de Sankar Muthu anteriormente citada.

Assim, numa tentativa de dar conta dessa complexidade, começaremos, no próximo capítulo, por tecer algumas reflexões em torno do pensamento colonialista e anti-colonialista europeu nos finais do século XVIIII – primeira metade do século XIX. Nesse capitulo, com o qual pretendo contextualizar o "modelo colonial do vintismo", tema de um capítulo posterior, irei descrever as representações setecentistas e primo-oitocentistas sobre os povos não europeus e mostrar que, como já referi na introdução, o nativo dos territórios colonizados não tinha, nas reflexões sobre a colonização, o mesmo peso que passou a ter na literatura colonial dos finais do século. Que o problema do destino das populações nativas esteve quase sempre ausente, até dos discursos mais radicalmente anti-colonialistas, como o de Jeremy Bentham, cujo pensamento será exposto com mais detalhe porque a sua crítica à natureza colonialista da solução encontrada em Cádis para resolver o problema das relações da metrópole espanhola com as colónias americanas aplica-se, em quase tudo, à solução, muito semelhante, encontrada pelas Cortes constituintes vintistas em Portugal (v. *infra*, 4).

3. Colonialismo e anti-colonialismo no pensamento político dos sécs. XVIII/XIX

Se, como concluiu Anthony Pagden na obra que serviu de base para a síntese que se vai fazer, as discussões sobre o Império se tinham centrado, durante os séculos XVI e XVII, na questão da legitimidade e dos direitos – nomeadamente, o direito de exercer domínio sobre os territórios ocupados e as respectivas populações nativas[129] –, nos finais do século XVIII a grande questão já não era tanto a dos direitos ou a da legitimidade, era antes a da rentabilidade comercial e agrícola dos Impérios e do interesse e benefícios que podiam trazer aos membros das respectivas comunidades, metropolitana e colonial, de acordo com princípios mais utilitaristas de governo[130]. Não existe, a partir dos finais do século XVIII, literatura jurídica semelhante à dos tratados escolásticos de Francisco de Vitoria ou de Luís de Molina, organizados em torno de argumentações detalhadas sobre a legitimidade ou a ilegitimidade da expropriação e sujeição dos nativos dos continentes colonizados[131].

Como a rentabilidade económica das colónias dependia do regime político estabelecido entre estas e as metrópoles, esse regime passou a ser uma questão central nos debates que tinham por objecto o Império. Interessava saber que regime político potenciava melhor o crescimento económico da metrópole e das colónias, bem como a "felicidade pública" dos respectivos habitantes. Foi no contexto desta discussão que surgiu a crítica ilustrada aos

---

[129] Um resumo dessa discussão encontra-se também em Edward Keene, *Beyond the Anarchical Society, Grotius, Colonialism and Order in World Politics*, Cambridge, Cambridge University Press, 2002, p.55-56.

[130] V. Anthony Pagden, *Lords of All The World, ideologies of Empire in Spain, Britain and France (c. 1500 – c. 1800)*, New Haven and London, Yale University Press, 1995, p. 126 e ss. e p. 156 e ss.

[131] Sobre estas discussões, além da obra hoje clássica de Anthony Pagden, *The Fall of the Natural Man and the origins of Comparative Ethnology*, Cambridge, Cambridge University Press, 1982, v., para o contexto africano, António Manuel Hespanha, "Luís de Molina e a escravização dos negros", *Análise* Social, n.º 157, 2001.

impérios "modernos", réplicas dos remotos impérios da antiguidade, que aquela crítica entendeu serem inadequadas para as sociedades modernas, nomeadamente por não ser possível, em virtude da sua dimensão territorial, fundar neles uma comunidade política verdadeira. Os impérios envolviam sempre relações políticas não igualitárias entre comunidades diferentes, sendo esse outro dos aspectos negativos que se enumerava[132]. Nestas reflexões emergiram referências aos povos nativos dos territórios coloniais, nomeadamente quando se apontava como elemento negativo dos impérios modernos a diversidade de culturas e de raças que abarcavam[133]. Surgia também a denúncia da destruição das culturas nativas na América e, sobretudo, da escravidão e do tráfico de escravos africanos, perpetrados pelas sociedades coloniais. Estas, por sua vez, foram descritas como sociedades não estruturadas, instáveis, (i) povoadas por um elemento colonizador que renunciara à sua civilização, que se auto desenraizara, que tinha optado por uma vida fora da "cidade", próxima da "barbárie"; (ii) habitadas por populações nativas dizimadas e incapazes de recuperar forças e (iii) atingidas pelo flagelo da escravidão, o expoente máximo da degradação do homem[134]. Reconhecia-se, no entanto, não ser possível que os colonizadores europeus devolvessem os escravos africanos às suas terras de origem ou que abandonassem as cidades por eles fundadas no ultramar, regressando à Europa. Outras formas de "descolonização" deviam, portanto, ser pensadas[135]. Idealmente, todas elas passavam pela reforma dos laços políticos existentes entre as metrópoles europeias e as respectivas colónias na América, reforma que ia sempre no sentido da emancipação. O sistema de dependências coloniais devia ser substituído por um sistema federal que ligasse entre si nações independentes, capaz de fundar relações mais igualitárias entre umas e outras, um sistema assente na comunidade de interesses (e interdepen-

---

[132] Sobre os principais argumentos que sustentavam esta crítica v. Cristina Nogueira da Silva, «Liberalismo, Progresso e Civilização: povos não europeus no discurso liberal oitocentista», *Estudos Comemorativos dos 10 Anos da Faculdade de Direito da Universidade Nova de Lisboa* (coord. Diogo F. do Amaral, Carlos F. de Almeida e Marta T. de Almeida), Coimbra, Almedina, 2008, Vol. I, pp. 19-20.

[133] V. Anthony Pagden, *Lords of All The World [...]*, cit., pp. 162 e ss.

[134] Sobre o modo como esta imagem negativa das sociedades coloniais se concretizou no caso da sociedade colonial brasileira, v. Maria Odíla da Silva Dias, *O Fardo do Homem Branco, Southey, Historiador do Brasil*, S. Paulo, Companhia Editora Nacional, 1974. Aí descreve-se a perspectiva romântica de um autor inglês do século XIX, em cuja obra se denunciava o estado de "semi-barbárie" da sociedade colonial brasileira e, em geral, das sociedades coloniais, carentes dos "laços comunitários" e do "nexo moral do velho mundo", criados pelos vínculos medievais de dependência e vassalagem.

[135] V. Anthony Pagden, *Lords of All The World [...]*, cit., pp. 175-77.

dências) económicos e culturais. A emancipação das colónias devia ser da iniciativa das metrópoles e, uma vez concretizada, o comércio livre seria o elemento central das relações entre as novas Nações saídas das independências coloniais e as velhas nações europeias. O comércio era, no pensamento dos economistas e dos políticos dos finais do século XVIII, o instrumento económico capaz de fundar uma "comunidade global", que teria por base uma "aliança entre as nações comerciais" (como pensavam Diderot, Hume, Mirabeau, Adam Smith, Condorcet, Pedro Rodríguez de Campomanes (1723-1802), os fisiocratas em geral e alguns dos federalistas americanos)[136].

Mas quem eram, afinal, os protagonistas deste processo de "descolonização"?

A comunidade dos interesses em que se fundava o comércio livre estava associada a um certo grau de identidade cultural entre as nações. Era porque essa identidade existia que um sistema de comércio livre se podia substituir às antigas relações de dependência entre metrópoles e colónias, com benefícios para a antiga metrópole, unida às suas antigas colónias por laços indestrutíveis de "fraternidade". Ou seja, o conjunto populacional em que a grande maioria dos filósofos e dos economistas políticos da época pensaram, quando garantiram que as relações baseadas no comércio seriam mais rentáveis do que as onerosas relações de dependência colonial, foi o dos descendentes dos colonos europeus, sendo essa realidade tão visível em discursos politicamente mais pragmáticos – como veremos no pensamento de Jeremy Bentham – quanto em discursos de natureza "científica" ou filosófica[137]. O destino das populações nativas, pelo contrário, não se constituiu num tópico importante dos seus discursos, pelos motivos que vão ser descritos a seguir.

O cosmopolitismo dos projectos federalistas dos finais do século XVIII foi teorizado, na sua forma mais acabada, nos escritos políticos de Immanuel Kant (*Ideia de uma História Universal do ponto de vista cosmopolítico*, 1784; *Projecto de Paz Perpétua*, 1795)[138]. Uma federação fundada em interesses comerciais comuns, capaz de inaugurar uma Paz simultaneamente Universal e Perpétua, constituiu o projecto central da obra política kantiana. Mas nesta obra, como

---

[136] V. Idem, *ibidem*, pp. 180-83.

[137] "Thought the "colonial reformers" urged that such colonies of settlement be given responsible government, they saw them tied so securely by sentiment and economic necessity to an imperial metropolis, which alone could provide manufactured goods for their agricultural exports, that it was no longer necessary to restrict colonial trade by legislation", v. Bernard Semmel, "The Philosophical Radicals and Colonialism", in Bhikhu Parekh (ed.), *Jeremy Bentham, Critical Assessments*, Routledge, London and New York, 1993, vol. III: "Law and Politics", p. 1083.

[138] V. H. S. Reiss (ed.), *Kant political Writings*, Cambridge, CUP, 1991 (2.ª ed.).

nas obras dos autores seus contemporâneos que anteciparam essa futura confederação de povos, esta só era possível desde que a integrassem o que esses autores entendiam ser nações "civilizadas". Não podiam fazer parte dela os povos nativos da América, da Ásia ou, sobretudo, da África, por causa do estado de "incivilidade" em que viviam, repetidamente afirmado na mais influente literatura filosófica e científica do primeiro liberalismo[139]. As categorias "civilizado" e "bárbaro ("selvagem", "primitivo"), estavam perfeitamente delineadas nas narrativas sobre a diversidade humana da época, bem como as respectivas conotações geográficas: a civilidade localizava-se na Europa, o seu contrário em África, na Ásia, na América[140]. A problematização desta geografia por Denis Diderot – que além de ter recusado, com base numa perspectiva metodologicamente relativista, a valoração de culturas diversas, considerou legítima a resistência dos povos não europeus como resposta ao comportamento violento dos europeus – foi excepcional e pouco divulgada[141]. É certo que os projectos federalistas dos economistas políticos e dos filósofos dos finais de setecentos estavam por vezes associados, como já foi referido, a uma crítica do fenómeno colonial na sua dimensão de opressão sobre as populações não europeias desses territórios[142]. Contudo, eram muito poucas, nos finais do século XVIII, as soluções "positivas" para o problema das relações das nações europeias – ou de matriz europeia, na América – com

---

[139] V., com mais desenvolvimento, nomeadamente na identificação dos critérios de "incivilidade", Cristina Nogueira da Silva, «Liberalismo,Progresso [...]", cit., pp. 15-42.

[140] "A maior parte dos povos das costas de África são selvagens e bárbaros. Creio que isto decorre de que países quase desabitados separam pequenos países que podem ser habitados. Estes povos não têm indústria; nem têm artes; possuem metais preciosos em abundância, que retiram directamente da natureza. Todos os povos civilizados (*policés*) estão por isso em estado de negociar com eles em grande vantagem. Estes últimos podem fazê-los apreciar objectos sem qualquer valor e receber, em troca deles, mercadorias valiosas", v. Montesquieu, *De L'Esprit des Lois*, Paris, Gallimard, 1995, Liv. XXI, Cap III, p. 636-37. Estes povos, vivendo sob a influência nefasta dos climas quentes, não evoluíam sozinhos, careciam de leis capazes de contrariar os dados da natureza que os envolvia (v. *Idem, Ibidem*, Liv. XIV, Cap III). V. também Emmanuel Chukwudi Eze (ed.), *Race and the Enlightenment. A reader*, Cambridge, Blackwell, 1997, com longos extractos de obras originais sobre o tema da diversidade dos grupos humanos, de Linné, Leclerc, Hume, Kant e outros, bem como os artigos da *Encyclopédie* francesa e da *Encyclopaedia Britannica* sobre o tema.

[141] V. Sankar Muthu, *Enlightenment against Empire*, cit., pp. 73-84. Excepcionalmente – sobretudo em França – também se defenderam independências de povos autóctones e independências negras, levadas a cabo por movimentos insurreccionais da iniciativa das populações negras livres e escravizadas das colónias, v. Yves Benot, *La Révolution française et la fin des colonies*, Paris, Éditions La Découverte, 1989, *maxime* pp. 24, 27 e ss.

[142] V. Sankar Muthu, *Enlightenment against Empire*, cit.

esses outros povos, dos seus direitos ou até da sua "ascensão civilizacional". Os autores contemporâneos acreditavam na unidade da espécie humana e na sua perfectibilidade. A diferença entre as raças – as fisiológicas, como a cor da pele, ou as culturais, como a religião ou os costumes –, não eram por eles descritas em termos biológicos e surgiam, geralmente, associada a causas ambientais (sobretudo ao clima que, por diversas vias, potenciava, ou não, os progressos da humanidade). Não constituíam um dado natural, inalterável, embora não houvesse uma imagem unânime sobre o alcance e as consequências da diversidade da espécie humana e das suas hierarquias, que uns consideravam mais facilmente "superável" que outros[143]. Sucede que mesmo a crença na capacidade que todos os povos tinham de progredir (num sentido sempre eurocêntrico), não deu origem ao delinear de projectos políticos que proporcionassem esse "progresso", porque se acreditava que a actuação pacífica das "leis da natureza" e os meios proporcionados pela presença da civilização europeia seriam suficientes para obter o efeito da união final do género humano[144]. Também neste domínio o comércio incarnava o seu papel civilizador, quer ao colocar o "selvagem" em contacto com o homem "civilizado"[145], quer ao criar-lhe novas necessidades e dependências, que despertavam os instintos e paixões requeridos pelo progresso civilizacional. Essa crença na força do comércio como instrumento de propagação da "civilização" nas regiões mais recônditas do mundo encontrava-se em quase todos os capítulos dedicados ao comércio nos manuais de Direito Internacional, além de ser

---

[143] V. Kenan Malik, *The meaning of race*, New York, New York University Press, 1996, pp. 43-56.

[144] Um exemplo da crença na união futura de todos os povos por meio de uma conquista pacífica pela cultura e pelo comércio (europeus) encontra-se na obra de Condorcet e na de outros *philosophes* do iluminismo francês, v. William B. Cohen, *Français et Africains, Les Noirs dans le regard des Blancs*, 1530-1880, Paris, Ed. Gallimard, 1981, p. 248 e ss.. Neste aspecto, as coisas puseram-se de modo bem diferente a partir dos finais do século XIX, quando a literatura colonial começou a investir em formas de intervenção "activa", capazes de acelerar o processo civilizacional, de diminuir "[...] a duração dos estados selvagem e bárbaro dos povos indígenas", v. Marnoco e Souza, "Regime jurídico [...]", cit., p. 102.

[145] "Os selvagens do Brasil [...] que habitam as zonas do litoral estão agora um pouco civilizados, em virtude do comércio que realizam com os Portugueses; mas a maioria dos que vivem nas zonas interiores do país são ainda selvagens absolutos. Não é pela força nem pela escravidão que os selvagens se tornam civilizados", Georges-Louis Leclerc, Comte de Buffon, "The Geographical and Cultural Distribution of Mankind", in Emmanuel Chukwudi Eze, *Race and the Enlightenment [...]*, cit., p. 20 ("The savages of Brazil [...] who lie on the seacoasts are now a little civilized by the trade they carry on with the Portuguese; but almost of those who inhabit the interior parts of the country are still absolute savages. It is not by force and by slavery that savages are civilized").

também uma ideia divulgada em projectos mais concretos, de aplicação imediata, nas regiões onde o problema se punha no interior do próprio território, como no Brasil. Aí, a estratégia de integração podia até passar por um processo de miscigenação que tinha por fim a "assimilação biológica" ao elemento humano colonizador, processo que seria acompanhado por uma miscigenação cultural que não envolveria grandes esforços[146]. A crença na superioridade cultural europeia, conjugada com a ideia de que se estava perante grupos humanos praticamente destituídos de cultura, permitia que se acreditasse na facilidade da "missão":

> "Convidem-se pelo mais doce modo os indígenas errantes a fazerem connosco sua habitação; ensine-se-lhes a agricultar as terras, a ligarem-se por casamentos, e enfim policiem-se, mas sem os incomodar nem na pertinência dos seus costumes, nem na de sua religião, seja ela qual for: o tempo, o exemplo, a doçura e o benefício é que os há-de conduzir a seguir os nossos hábitos"[147].

Projectos da mesma natureza já tinham sido tentados no século XVII por políticos mercantilistas como Colbert, em França[148].

3.1. *Direito Internacional e colonialismo*

A literatura jurídica, nomeadamente a que integrava os manuais de Direito Internacional que circulavam pela Europa, foi igualmente pouco prolixa no

---

[146] Era isso que se propunha num projecto brasileiro de 1821: "Como o Brasil deve ser povoado de raça branca, não se concedam benefícios de qualidade nenhuma aos pretos, que queiram vir habitar no país, depois de abolida a escravidão; esta faculdade é só concedida aos que já foram escravos. E como havendo mistura de raça preta com branca, à segunda ou terceira geração ficam brancos, terá o Brasil em menos de cem anos todos os seus habitantes de raça branca; porque havendo igualmente casamento de brancos com indígenas, acabará a cor de cobre; e se quiserem apressar a *extinção das duas raças*; estabeleçam-se prémios aos brancos que casarem com pretas, ou indígenas (...): advertindo que se devem riscar os nomes de mulato, crioulo, caboclo e indígena (...) e que sejam todos portugueses [...]", v. António d'Oliva de Sousa Sequeira, "Projecto para o estabelecimento político do Reino Unido de Portugal, Brasil e Algarves", in *Projecto de Regimento para o Governo Interior das Cortes Geraes e Extraordinárias Constituintes*, Lisboa, Imprensa Nacional, 1821 (2ª ed.), p. 52.

[147] V. António d'Oliva de Sousa, "Projecto para o estabelecimento político do Reino Unido de Portugal [...]", cit., p. 51.

[148] V. Anthony Pagden, *Lords of All The World [...]*, cit., pp. 136-37 e 149-50. Também Denis Diderot visionou a possibilidade de interacção pacífica entre o Velho e o Novo mundo, mas na qual o intercâmbio comercial e intelectual seria aprofundado através de casamentos mistos entre europeus/ias com homens e mulheres nativas, cf. Muthu, *Enlightenment against* Empire, cit., p. 76.

que diz respeito à descrição da relação dos europeus com os povos nativos dos territórios colonizados. O Direito das Gentes (*Ius Gentium*) era, fundamentalmente, o direito das "nações civilizadas" ("[...] o conjunto dos princípios admitidos pelas Nações civilizadas e independentes"[149]), das nações constituídas em Estados. As nações europeias eram os sujeitos desse direito da "sociedade internacional civilizada". Esta coincidência entre Europa e *Civilização* foi muitas vezes afirmada de modo explícito neste tipo de literatura. Em 1836, Henry Wheaton (1785-1848), depois de realisticamente negar a existência de um Direito Universal das Gentes, afirmava que "[...] o direito público, com ligeiras excepções, tem sido sempre, e ainda é, limitado aos povos civilizados e Cristãos da Europa ou aos de origem europeia"[150]. Não foram sequer identificadas discussões doutrinais importantes sobre um qualquer critério civilizacional de acesso a essa "sociedade internacional", como aconteceria a partir dos finais do século XIX, quando esse critério surgiu como um princípio jurídico explícito[151]. O direito das nações ou das *gentes*, na primeira metade do século XIX, tratava da relação entre metrópoles e colónias, dos efeitos jurídicos e políticos da separação das colónias relativamente às respectivas mães-pátrias[152], mas não equacionava as relações entre as nações europeias e as populações nativas das colónias. Era comum encontrar-se, nesses manuais, opiniões universalistas, como a de Georg Friedrich von Martens (1756-1821), que esgotava as suas reflexões sobre o assunto com a afirmação do princípio de que "[...] sendo o direito de propriedade o mesmo para todos os homens, independentemente da sua religião e costumes, a lei natural não autoriza os povos cristãos a atribuírem-se territórios já efectivamente ocupados pelos sel-

---

[149] Era a perspectiva do comentador de Vattel, M. P. Pradier-Fodéré, na introdução à obra de Vattel, *Le Droit des Gens ou Principes de la Loi Naturelle Appliqués a la Conduite et Aux Affaires des Nations et des Souverains par Vattel* (Nouvelle Édition Précédée d'un Essai et d'une Dissertation (de l'auteur), accompagnée des notes de Pinheiro Ferreira et du Baron de Chambier d'Oleire), M.P. Pradier Fodéré, Paris, Guillaumin, 3 vols., 1863, t. I, p. 75.

[150] V. Henry Wheaton, *Elements of International Law*, Philadelphia, Care, Lea and Blanchard, 1836, 1ª ed., cit. em Gerrit W. Gong, *The Standard of "Civilization" in International Society*, Oxford, Clarendon Press, 1984, p. 27 ("the public law, with slight exceptions, has always been, and still is, limited to the civilized and Christian people in Europe or to those of European origin").

[151] Certos elementos, apesar de tudo, vinham sendo codificados, desde meados do século, em tratados celebrados com povos não europeus, "articulados pelos publicistas e desenvolvidos como regras de um direito internacional costumeiro", v. Gerrit W. Gong, *The Standard of "Civilization" [...]*, cit., p. 30. Sobre eles v. *infra*, 8.4.

[152] Por exemplo, G.F. de Martens, *Précis du Droit des Gens Moderne de L'Europe Fondé sur Les Traités et l'Usage [...]* (1788); ou Henry Wheaton, no seu *Elements of International Law* (1836).

vagens contra a vontade destes, apesar da prática oferecer demasiados exemplos de semelhantes usurpações"[153]. Mas muitas vezes aquelas populações emergiam apenas para se deduzir do seu modo "incivilizado" de viver a ausência de certos direitos, nomeadamente de direitos de propriedade. Num capítulo da sua obra *Le Droit des gens, ou Principes de la Loi naturelle, appliqués à la conduite et aux affaires des Nations et des Souverains* (1758), analisado deste ponto de vista por Bartolomé Clavero[154], Emerich Vattel (1714-1767), jusnaturalista católico, traduzido e lido em português desde o século XVIII[155], tinha respondido afirmativamente à pergunta sobre se era permitido ocupar parte de um país habitado por povos "errantes e em pequeno número", fazendo derivar esse direito de uma norma superior, de *Direito Natural*, que obrigava o homem a cultivar a terra[156]. A caça e a pastorícia, entendia o publicista, eram actividades viáveis "[...] na primeira idade do mundo, quando a terra era mais do que suficiente para o seu pequeno número de habitantes. Mas actualmente o género humano multiplicou-se e não poderia subsistir se todos os povos quisessem viver dessa maneira. Sendo assim, aqueles que mantêm esse *género de vida ocioso* usam mais terra do que aquela de que necessitam se a trabalharem *honestamente* e, por isso, não podem queixar-se se outras nações, mais laboriosas, lhe ocuparem uma parte dessas terras"[157]. Esse direito tornava

---

[153] V. G.F. de Martens, *Précis du Droit des Gens Moderne de L'Europe Fondé sur Les Traités et l'Usage [...]*, Paris, Aillaud, 1831 (1ª ed.: 1788), t.I, p. 117, subl. nossos. O autor citou em seu favor outros publicistas e autores, nomeadamente Günther, Pfeffel, e Raynal, na conhecida obra *Histoire philosophique des établissements des Européens aus Indes [...]*, e foi citado, exactamente nesta passagem, por Fodéré, que recusou de forma veemente a ideia de que o mais alto grau de civilização fosse um critério que justificasse a ocupação de países habitados por povos menos civilizados, "ou mesmo selvagens", v. Emerich de Vattel (ed. M. P. Pradier-Fodéré), *Le Droit des Gens ou Principes de la Loi Naturelle [...]*, cit., p. 496.

[154] Bartolomé Clavero, *Ama Llunku, Abya Yala: Constituyencia Indígena y Código Ladino por América*, Madrid, CEC., 2000, p. 46.

[155] A sua obra foi parcialmente traduzida por Francisco Bernardo de Lima na *Gazeta Literária em notícia exacta dos principaes Escriptos, que modernamente se vão publicando na Europa e conforme a Analysis, que delles fazem os melhores críticos, e Diaristas das naçoens mais civilizadas*, Porto, 1761, Vol. I, pp. 163-174, cit. em Pedro Barbas Homem, *Iluminismo e Direito em Portugal*, Lisboa, 1987, polic., p. 66.

[156] Com isso, apesar de reconhecer a todo o homem direitos naturais universais de domínio, Vattel negava conteúdo positivo a esses direitos, quando se referiam a certos povos, como os índios da América. V. também Peter Fitzpatrick, "Terminal legality: imperialism and the (de)composition of law" in Diane Kirkby and Catharine Coleborne (eds.), *Law, History, colonialism, The Reach of Empire*, Manchester, Manchester University Press, 2001, p. 14 e ss.

[157] V. Emerich de Vattel (ed. M. P. Pradier-Fodéré), *Le Droit des Gens ou Principes de la Loi Naturelle [...]*, cit., pp. 258-59, subl. nossos.

legítima a fundação de colónias na América Setentrional, por não serem os seus territórios propriamente habitados, mas antes "percorridos" pelos povos que aí se encontravam.

Foram estes os princípios que vigoravam, desde o século XVII, numa dimensão "oculta" da ordem internacional, a que dizia respeito às relações entre povos europeus e não europeus (mas não às relações entre Estados europeus). Eram os mesmos princípios que Hugo Grotius (1597-1645) tinha teorizado no seu *De Jure Belli ac Pacis* (1625), ao declarar em vigor, na América, o direito natural que os indivíduos tinham, no "Estado natureza", a apropriar-se da terra, ocupando-a. Este direito individual/natural de apropriação (*occupatio*) tinha cessado na Europa quando, estabelecidas as sociedades civis, as terras naturalmente adquiridas se haviam transformado num *dominium* publicamente reconhecido e regulado por leis feitas pelas autoridades civis. Operara-se, assim, uma mudança substancial na natureza da propriedade, já que a passagem da *occupatio* ao *dominium* implicava o reconhecimento, por cada membro da sociedade, da posse do que cada um tinha anteriormente ocupado[158]. Acontece que, na América, os índios não tinham sequer esgotado o exercício do direito natural de se apropriar das terras e muito menos ainda formulado o *dominium* sobre as mesmas. Grande parte da terra permanecia num estado de propriedade comunal anterior à *occupatio* e, por isso, disponível[159]. Foi esta narrativa grociana – que punha o Estado soberano a agir, no plano internacional, de acordo com as mesmas regras seguidas pelo indivíduo no "Estado natureza" – que legitimou a apropriação, pelos ingleses, do território americano, nomeadamente na obra fundadora de John Locke (1632-1704). Na perspectiva do liberalismo lockeano, os índios, por serem desprovidos do "desejo aquisitivo" e das necessidades da vida civilizada, não exerciam direitos de propriedade sobre a terra, faziam dela um uso comum e pouco racional, contrariando o dever, imposto pelo direito natural e divino, de maximizar os seus recursos e as "utilidades da vida" (*conveniences of life*). As terras vagas do continente americano tão pouco podiam considerar-se, como na Europa, na posse de sociedades políticas organizadas, cuja independência e propriedade territorial devesse ser respeitada à luz do Direito internacional. Pelo contrário, os ameríndios viviam no *estado natureza* e, por isso, as suas relações com os europeus civilizados deviam ser governadas pelo direito natural e não pelo direito internacional, que se aplicava aos povos politicamente organizados

---

[158] V. Edward Keene, *Beyond the Anarchical Society [...]*, cit., p. 53.
[159] *Idem, ibidem*, p. 55 e ss.

em Nações[160]. Do exercício individual dos direitos naturais decorria então, para a parte europeia, o exercício legítimo do direito natural de apropriação não consentida da terra, apropriação impossível numa sociedade política, bem como o direito de conquista, em caso de resistência[161].

Em suma, tendo em consideração as circunstâncias actuais da humanidade, os "povos vagabundos", "errantes", incapazes, pelo seu pequeno número, de habitar os vastos países que percorriam, deviam fixar-se, apropriar-se da terra e agricultá-la, se queriam ver os seus direitos de propriedade e de domínio reconhecidos[162]. Caso contrário, outras nações podiam legitimamente apropriar-se dos territórios, tomando-as por inabitadas (ou só "vagamente" habitadas") e sem senhor. Isso seria legítimo em virtude do direito igual que todos os homens tinham relativamente às coisas de que nenhum se apropriara ainda[163]. A funcionalização deste princípio à colonização europeia não podia ser mais clara nas palavras de Emerich de Vattel, como não podia ser mais clara a importação, para os textos normativos, do desprezo que a filosofia e a antropologia da época cultivavam por modos de vida ligados à caça, à pesca ou à pastorícia:

> "A sua difusa habitação nessas imensas regiões não pode passar por uma autêntica e legítima tomada de posse, e os povos da Europa, demasiado comprimidos nas suas terras, ao descobrir um terreno do qual os selvagens não tinham qualquer necessidade particular nem dele faziam um uso actual e sustentado, puderam legitimamente ocupá-lo, e aí fundar colónias. Como já foi referido, a terra pertence ao género humano para a sua própria subsistência. Se cada Nação tivesse querido atribuir-se a si mesma, desde o início, um vasto país, para unicamente viver da caça, da pesca e de frutos silvestres, o nosso globo não

---

[160] V. Bhikhu Parekh, "Liberalism and colonialism: a critique of Locke and Mill", in Jan Nederveen Pieterse and Bhikhu Parekh (eds.), *The Decolonization of Imagination, Culture, Knowledge and Power*, London, Zed Books Lde., 1995, pp. 82-88.

[161] V. James Tully, "Rediscovering America: The two treatises and Aboriginal Rights", in G.A.J. Rogers (ed.), *Locke's Philosophy, Content and Context*, Oxford, Clarendon Press, 1994, *maxime* p. 169 e ss. Grotius, que escreveu alguns anos antes, não tinha ido tão longe na afirmação da "irracionalidade" dos índios, mas as consequências da sua doutrina eram semelhantes.

[162] V. Emerich de Vattel (ed. M. P. Pradier-Fodéré), *Le Droit des Gens ou Principes de la Loi Naturelle [...]*, cit., p. 488 e ss.

[163] "O direito igual de todos os homens a tudo", consagrado pela autoridade de Samuel Puffendorf (1632-1694), que, em *De Jure naturae et gentium*, teorizara um Direito das Gentes compreendido em termos mais restritos do que o tinha entendido a doutrina do direito romano.

seria suficiente para um décimo da população que hoje o habita. Portanto, não nos estamos a afastar das vistas da natureza ao restringir os selvagens a limites mais estreitos"[164].

Uma vez mais, a descrição normativa da relação a desenvolver com os povos não europeus esgotava-se em poucos enunciados, quase sempre insensíveis à diversidade dos modos de vida. Fora deles, aqueles povos permaneciam esquecidos, entregues às políticas dos Estados que com eles se confrontavam no interior das suas fronteiras. Como quase objectos. Até que os (ou se) civilizassem.

3.2. *Economistas e colonialismo: a utilidade das colónias*

Abandonando agora a doutrina jurídica e entrando, de novo, no mundo da economia política clássica, sabe-se já que, na sua utopia, a guerra e o imperialismo deviam desaparecer, dar lugar a um sistema pacífico de comércio livre, fundado numa "divisão internacional do trabalho", onde as paixões se convertessem em interesse e a irracionalidade/emoção em razão[165]. Para a Escola da Economia Clássica (e logo no texto que se tornou autoridade para

---

[164] V. Emerich de Vattel (ed. M. P. Pradier-Fodéré), *Le Droit des Gens ou Principes de la Loi Naturelle [...]*, cit., p. 494, sublinhados nossos ("Leur habitation vague dans ces immenses régions, ne peut passer pour une véritable et légitime prise de possession; et les peuples de l'Europe, trop resserrés chez eux, trouvant un terrain dont les sauvages n'avaient nul besoin particulier et ne faisaient aucun usage actuel et soutenu, ont pu légitimement l'occuper, et y établir des colonies. Nous l'avons déjà dit, la terre appartient au genre humain pour sa subsistance. Si chaque Nation eût voulu dès le commencement s'attribuer un vaste pays, *pour ne vivre que de chasse, de pêche et de fruits sauvages*, notre globe ne suffirait pas à la dixième partie des hommes qui l'habitent aujourd'hui. On ne s'écarte donc point des vues de la nature, en resserrant les sauvages dans des bornes plus étroites"). Um claro ícone deste património intelectual encontra-se na filosofia kantinana ("Of all ways of life, that of the hunter is undoubtedly most at odds with a civilized constitution. For families, having to leave in separation, soon become strangers to each other, and subsequently, being scattered about in wide forests, they treat each others with hostility, since each requires a large area to provide itself with food and clothing", Immanual Kant, "Perpetual Peace", in H. S. Reiss (ed.), *Kant political writings [...]*, cit., p. 110); e um eco mais quotidiano do mesmo pode encontrar-se, por exemplo, na afirmação do Conde da Taipa, de que "[...] o auge da civilização [...] é o estado contrário ao dos povos caçadores", v. *Diário das Cortes Gerais, Extraordinárias e Constituintes Nação Portuguesa (DCGECNP)*, sessão de 10 de Outubro de 1837, p. 197.

[165] Ao contrário dos colonizadores, os comerciantes não se obrigavam, em virtude das relações comerciais em que se envolviam, a abandonar os seus locais de origem; eram, por isso, o modelo de homem "civilizado" que os colonos não podiam ser.

a economia política do século XIX, *An Inquiry into the Nature and Causes of the wealth of Nations*, 1776, de Adam Smith) essa transformação das paixões agressivas – que tinham lançado a Europa dos séculos anteriores num estado de guerra endémica e justificado a opressão colonial – em racionalidade económica, impulsionada por um sistema de liberdade de comércio, conduziria o homem para o último e mais perfeito estado do seu desenvolvimento histórico. Era essa a utopia desta Escola, crente nas possibilidades civilizadoras do comércio livre[166].

Acontece que esse sistema também não era universal. Só podia funcionar se as sociedades envolvidas tivessem atingido aquele estado de racionalidade económica, fundado no interesse próprio, que o modelo do comércio livre requeria. Esse estado era, portanto, não apenas um ponto de chegada, mas também um ponto de partida, que se constituía em critério de acesso ao mundo do comércio livre.

Além disso, o sistema económico liberal não era teorizado como um sistema igualitário. Muitos pensadores liberais reconheciam como um dado natural que o comércio livre gerava desigualdades entre as nações mais e menos desenvolvidas, favorecendo as primeiras[167].

Por outro lado, à medida que o século de oitocentos avança, torna-se claro que nem todos os economistas acreditavam (ou continuaram a acreditar) na utopia liberal da economia política do *iluminismo* escocês, havendo, sobretudo já nas primeiras décadas do século XIX, os que contrapunham ao optimismo dos liberais mais confiantes raciocínios muito pessimistas, que aconselhavam a conservação prudente dos mercados coloniais protegidos. Para muitos pensadores da nova ciência económica, a persistência da guerra e do colonialismo eram uma necessidade, em virtude das dificuldades da nova sociedades industrial (foi o caso de James Mill e do seu filho John Stuart Mill). Adam Smith, a autoridade mais citada da economia política do século XIX, embora considerasse errada a ideia de que a expansão do comércio externo e o colonialismo nela implicada fossem vitais para a prosperidade das nações, tinha admitido a necessidade de colónias como escape de mercado para a sobre-produção das manufacturas das metrópoles[168]. Além disso, à sua rela-

---

[166] V. Bernard Semmel, *The Liberal ideal and the Demons of Empire, Theories of Imperialism from Adam Smith to Lenin*, Baltimore and London, The Johns Hopkins University Press, 1993, p. 5. Ver também a perspectiva de Thomas Paine (1737-1809) em P. J. Cain, *Hobson and Imperialism, Radicalism...*, cit., p. 50.

[167] V. Bernard Semmel, *The Liberal ideal and the Demons of Empire [...]*, cit., pp.1-5, p. 11.

[168] Idem, *ibidem*, pp. 6-10; 17-20. V. também P. J. Cain, *Hobson and Imperialism, Radicalism*, ..., cit., p. 72.

tiva indiferença quanto ao futuro das populações nativas dos territórios coloniais tinha juntado, na sua obra atrás referida, algumas considerações sobre a melhor maneira de gerir os escravos e o seu trabalho nas plantações da América[169]. A superioridade do trabalho livre, em termos de produtividade e de custos, era um facto constatado para a Europa, mas não necessariamente para os outros continentes. Por estar consciente disso, o autor de *Wealth of Nations* nunca sugeriu directamente que os plantadores das Índias Ocidentais veriam as suas margens de lucro aumentar através da emancipação dos escravos, tendo, pelo contrário, reconhecido o elevado grau de produtividade e de rentabilidade das plantações de açúcar na América britânica[170].

Por outro lado, tanto os fisiocratas como os filósofos do século XVIII, mesmo quando eram contrários à preservação das colónias na América, encorajavam projectos de colonização em África, baseados no trabalho livre das suas populações nativas, como forma de compensar a perda de matérias-primas e de produtos tropicais ocasionadas pelas independências americanas ou pela abolição da escravidão nessas colónias. Foi o caso de Dupont de Nemours (1739-1817), de Condorcet (1745-1794) ou de Jean-Baptiste Say (1767-1832) e até de Guillaume Raynal, em cuja obra se acrescentou aos temas da nobreza das culturas nativas e dos males provocados pela presença europeia o facto de não terem os europeus partilhado o seu saber com as populações nativas, de lhes não terem levado a civilização. Convictos dos benefícios associados à presença europeia em África, também viam nesta colonização uma forma de reparar os danos causados pelo tráfico de escravos[171].

Já na Inglaterra dos anos '30 e '40, filósofos radicais como Edward Gibbon Wakefield (1796-1862), Jeremy Bentham (1748-1832), numa fase tardia do seu pensamento, e alguns discípulos de ambos (entre eles, John Stuart Mill) acreditavam na utilidade da colonização como forma de canalizar para novas terras os capitais, a produção e a população excedentários[172] e assumiam como inquestionável o dever, para a Inglaterra, de levar a civilização e o bom

---

[169] V. Rafael Bivar Marquese, *Administração e Escravidão, Ideias sobre a Gestão da Agricultura Escravista Brasileira*, S. Paulo, Hucitec, 1999, p. 139 e Seymour Drescher, *The Mighty Experiment, Free Labor versus Slavery in British Emacipation*, Oxford, Oxford University Press, 2002.

[170] V. Idem, *ibidem*, pp. 23 e ss., onde se confirma, com quadros estatísticos, a produtividade das ilhas açucareiras inglesas.

[171] V. William B. Cohen, *Français et Africains [...]*, cit., p. 230 e ss. («Abolitionnistes et programme colonial»).

[172] V. John Stuart Mill, " On Colonies and Colonization" (1848), in *Principles of Political Economy*, ed. J. Laurence Laughlin, New York, D. Appleton & Co., 1891, pp. 540-560, edição à qual acedemos através da *Internet Modern History Sourcebook*: John Stuart Mill.

governo aos continentes africano e asiático[173]. Esses autores – que se defrontaram, em Inglaterra, com o singular optimismo anti-colonialista de pensadores livres cambistas como Richard Cobden (1804-1865), crentes na harmonia das regras do mercado e convictos de que a Inglaterra devia realmente desistir da totalidade do seu Império – conseguiram que muitas decisões políticas fossem permeáveis ao seu ponto de vista. Os programas de colonização inspirados nesse grupo de teorizadores daquilo a que B. Semmel designa como "teoria do livre comércio colonial"[174] podiam envolver, mesmo assim, o apoio a guerras de extermínio de populações nativas, como aconteceu com os Maori, na Nova Zelândia[175]. Na maior parte das vezes, contudo, as populações nativas eram também esquecidas nos seus planos de emigração e colonização[176]. Colonizar não era, para a maioria destes autores, administrar populações nativas, mas formar em territórios distantes sociedades gémeas das comunidades de origem dos colonizadores, extensões orgânicas das sociedades metropolitanas em crescimento, explicando isso a sua geral indiferença para com o destino das populações nativas[177]. Na única situação em que Jeremy Bentham, por exemplo, admitiu que se criassem colónias – conduzir para lá a emigração dos excedentes populacionais da metrópole – exigiu sempre a condição de, por meio do seu bom governo, se "criar um Povo, com quem os europeus venham a contrair todas as relações de linguagem, de hábitos sociais, de laços naturais, e políticos"[178]. Foi seguramente nesta ideia que Almeida

---

[173] P. J. Cain, *Hobson and Imperialism, Radicalism...*, cit., pp. 52-53 e ss.
[174] V. Bernard Semmel, "The Philosophical Radicals and Colonialism", in Bhikhu Parekh (ed.), *Jeremy Bentham, Critical Assessments [...]*, cit., p. 1083: "Já não era necessário impor um rígido colonialismo em áreas subdesenvolvidas, como tinha sido no tempo das guerras mercantis dos século XVII e XVIII. No entanto, os filósofos radicais acreditavam que a Inglaterra necessitava de um Império formal, tanto para o investimento como para condições de mercado especialmente seguras".
[175] Idem, *ibidem*, p. 1084.
[176] Nos planos de Wakefield, aprovados em 1834 por um Acto do Parlamento, o Sul da Austrália, que concebia como um território vazio, seria uma "[...] terra de homens livres, que gozariam das liberdades civis, de todas as oportunidades sociais e económicas e da tolerância religiosa", não havendo neles qualquer referência à sua população nativa, v. Catherine Hall, *Civilizing Subjects, Metropole and Colony in the English Imagination, 1830-1867*, Cambridge, Polity Press, 2002, p.31. Sobre a influência de Wakefield no pensamento de Jeremy Bentham e John Stuart Mill, veja-se o livro citado, p. 29 e ss.
[177] Indiferença também notada em P. J. Cain, *Hobson and Imperialism, Radicalism, New Liberalism and Finance, 1887-1938*, Oxford, Oxford University Press, 2002, p. 66, nomeadamente na obra do autor estudado, John Atkinson Hobson, 1858-1940 (v. p. 130).
[178] V. Jeremias Bentham, *Theoria dos Prémios Legais Extrahida dos Manuscritos do Sábio Jurisconsulto Inglez*, Lisboa, Imprensa Nacional, 1822, t. II, p. 267.

Garrett se inspirou, décadas depois, quando se manifestou, nas Cortes, satisfeito com a recente separação do Brasil:

> "Não é que eu tenha saudades do Brasil. Folgo muito com a sua independência. E como português tenho muito desvanecimento que a minha nação contribuísse tanto para a civilização do Globo, que deixou quase meio mundo ocupado por outra *nação filha sua*, que fala a sua língua, que herdou a sua história, que há-de perpetuar o seu nome [...]. Como procurador de Portugal, estimo muito que o Brasil se separasse de nós de direito, porque de facto o estava já há muito, e porque se nós tivermos juízo, podemos tirar mais vantagens do comércio com uma nação irmã, mas independente, do que nunca tínhamos tirado de uma colónia sujeita"[179].

Isso explica que, quando se falava da independência das colónias, se estivesse a falar, quase sempre, de independências reclamadas ou declaradas pela população europeia ou dela descendente. O exemplo, sempre evocado pelos autores, da América do Norte, mostra isso mesmo.

Situando-nos ainda neste registo menos igualitário das doutrinas sete e oitocentistas, os próprios publicistas, cujo objecto de reflexão tendia, como se viu, a circunscrever-se à Europa, embora acordassem que os Estados soberanos eram iguais perante o Direito internacional, enumeravam as várias espécies de tratados e alianças "desiguais" que ligavam entre si as nações menos poderosas às mais poderosas (de protecção, de tributo, de vassalagem), tratados que diminuíam a independência das primeiras e, portanto, o seu acesso às prerrogativas do *Direito das Gentes*[180]. Embora lhes fossem garantidas, por esse direito, prerrogativas que estarão ausentes quando, mais tarde, o Direito internacional incluir entre o número destes tratados e alianças os que se celebravam com povos não europeus, que já existiam mas não eram ainda percebidos como instrumentos de direito internacional clássico[181]. Pelo contrário, remetiam para um outra ordem internacional, na qual os europeus se relacionavam com os não europeus e onde, em substituição do princípio da soberania absoluta e indivisível dos Estados, vigorava o princípio, contrário, da *soberania repartida*, como se verá com mais detalhe (v. *infra*, 8.4).

---

[179] V. *DCGECNP*, sessão de 31 de Março de 1837, p. 167, sub. nossos.
[180] V. Emerich de Vattel (ed. M. P. Pradier-Fodéré), *Le Droit des Gens ou Principes de la Loi Naturelle [...]*, cit., pp. 123 e ss.; G.F. de Martens, *Précis du Droit des Gens Moderne de L'Europe [...]*, cit., pp. 76 e ss e pp. 156 e ss.
[181] V. Emerich de Vattel (ed. M. P. Pradier-Fodéré), *Le Droit [...]*, cit., p. 479 e ss.

Além de tudo isso, alguns destes publicistas incluíam nas suas obras capítulos onde expunham o seu cepticismo sobre a possibilidade de uma República Universal ou até sobre a hipótese, menos ambiciosa, de uma "monarquia Universal" na Europa[182]. Essa impossibilidade podia até, já em meados do século XIX, fundar-se em argumentações raciais, como nas reflexões do Conde de Gobineau (1816-1882), para quem o advento de uma Confederação universal só podia realizar-se "se todas as raças fossem providas das mesmas faculdades". Porque não era assim, aquela possibilidade era totalmente ilusória[183].

3.3. *Pragmatismo, nacionalismo e utilitarismo*

Finalmente, nem todos os autores da época partilhavam da crença optimista na força do contacto com os povos europeus ou do comércio como instrumentos de propagação da civilização europeia entre os povos não europeus. Essa crença podia ser abordada em termos bem mais pessimistas, como em Alexis de Tocqueville (1805-1859), para quem o contacto dos nativos da América do Norte com a civilização europeia redundaria numa inevitável destruição[184]. Tocqueville parecia, em certas passagens do seu livro, antever um futuro possível para os Índios da América do Norte: "a guerra ou a civilização; por outras palavras, tinham de destruir os europeus ou tornar-se seus iguais"[185]. Mas as suas conclusões finais sentenciavam outro destino:

"Seja sob que ângulo for que examinemos o destino dos índios da América do Norte, apenas vemos males irremediáveis; se permanecerem selvagens, serão obrigados a partir à medida que os brancos avançarem; se quiserem civilizar-se, o contacto com os homens mais civilizados do que eles conduzi-los-á à opressão e à miséria. Se continuarem a errar de deserto em deserto, acabarão

---

[182] G. F. de Martens, *Précis du Droit des Gens [...]*, cit., pp. 83-84.

[183] V. Pietro Costa, *Civitas, Storia della Cittadinanza [...]*, cit., vol. 3, p. 416. O Conde de Gobineau era, nos meados do século XIX, uma voz muito singular, porque se demarcava de boa parte dos postulados das teorias monogenistas, que eram as mais divulgadas na época. As suas reflexões sobre o tema encontram-se em *Essai sur l'inégalité des races humaines* (1853-1855).

[184] V. Alexis Tocqueville, *Da Democracia na América* [*De la Démocratie en Amérique*, 1835], Lisboa, Principia, 2001, p. 373-390. Mas nesta, como em outras obras de Tocqueville, a imagem do "selvagem" foi valorada pelas referências à nobreza do seu valor. Sobre essa imagem, menos estudada, v. Harry Liebersohn, "Discovering Indigenous nobility. Tocqueville, Chamisso and romantic travel writing", *The American Historical Review*, vol. 99, n.º 3, 1994.

[185] V. Alexis Tocqueville, *Da Democracia [...]*, cit., p. 377.

por morrer; se procurarem fixar-se, morrerão igualmente. Só podem adquirir conhecimentos com a ajuda dos europeus e a aproximação destes deprava-os e condu-los para a barbárie"[186].

Esta descrença nas capacidades civilizadoras do contacto com o europeu, nomeadamente por via do comércio, foi detalhadamente descrita por Tocqueville em páginas anteriores e contrasta profundamente, por exemplo, com as propostas feitas no Brasil por José Bonifácio de Andrada e Silva, muito mais optimistas acerca do destino dos Índios na América (v. *infra*, 8.2)[187]. Por outro lado, o tom impressionado com que Alexis Tocqueville descreveu o destino trágico dos Índios da América contrasta com a violência das suas propostas quando, em textos escritos entre 1837 e 1851, se pronunciou sobre as populações nativas da Argélia, a recém conquistada colónia francesa, que visitou duas vezes. Aí, movido por fortes sentimentos nacionalistas e pela convicção de que a conquista e colonização da Argélia eram a única forma de preservar a força política e o prestígio internacional da França, Tocqueville revelou-se um apoiante dos projectos imperiais franceses e das mais violentas formas de conquista, expropriação e "pacificação" das populações muçulmanas do Norte de África no seu *Ensaio sobre a Argélia* (1841). A destruição das colheitas, o ataque a homens não armados, mulheres e crianças (*razzias*), a interdição do comércio, a destruição das cidades, a expropriação forçada das terras foram métodos que considerou "infelizmente necessários" ("para colonizar devemos necessariamente recorrer não somente a medidas violentas mas até iníquas")[188]. O direito (negativo) à liberdade (de colonizar) não se confrontava, no plano internacional, com os Códigos de direitos positivos que, no interior de cada nação, protegiam os respectivos cidadãos da violência que uns podiam exercer sobre os outros, motivo pelo qual os franceses não eram obrigados a reconhecer às populações muçulmanas direitos semelhantes aos dos cidadãos franceses[189].

---

[186] Idem, *ibidem*, p. 389.

[187] V. José Bonifácio de Andrada e Silva, "Apontamentos para a civilização dos Índios bravos do Império do Brasil", in Miriam Dolhnikoff (org.), *Projectos para o Brasil*, São Paulo, Companhia das Letras, 1998, pp. 89-122. Sobre José Bonifácio, também autor de um importante documento abolicionista discutido na Assembleia Constituinte brasileira de 1823, a *Representação sobre a Escravidão*, v. "José Bonifácio: mito e história" em Emília Viotti da Costa, *Da Monarquia à República: Momentos Decisivos*, Unesp, 7ª ed., s.d.

[188] V. Alexis de Tocqueville, *De la colonie en Algérie* (présentation de Tzvetan Todorov), Paris, Gallimard, 1968, p. 74 e p. 96.

[189] V. Idem, *ibidem*, p. 22 da introdução de T. Todorov; v. também a introdução de Jennifer Pitts, *Alexis Tocqueville, Writings on Empire and Slavery*, Baltimore & London, The John

São também conhecidas as reflexões, mais tardias, de John Stuart Mill, sobre o governo dos povos nas colónias britânicas, onde a atitude de relativa indiferença ou a natureza vaga das afirmações sobre a "missão civilizacional" no pensamento *iluminista* foram substituídos por receitas utilitaristas muito concretas, destinadas a levar a bom termo a submissão e o processo civilizacional das populações nativas. Nas suas *Considerações sobre o governo representativo* (1861), escritas numa época em que, pressionados pelos colonos e pela memória das revoltas nativas na Índia (*Indian Mutinies*, 1857) e na Nova Zelândia (guerras com os maoris, 1861-65), os governos liberais britânicos começaram a substituir as políticas de "assimilação" até aí ditadas pelo *Colonial Office* e localmente seguidas pelos governadores e missionários protestantes, por formas mais pragmáticas de governar as populações nativas, Mill, sem desistir desses objectivos assimiladores, formalizava com clareza dois tipos de situação colonial, a exigir formas de governo diversas. As colónias habitadas por populações com civilização idêntica à da respectiva metrópole, como na América ou na Austrália, podiam governar-se de acordo com os princípios do governo representativo, ficando nas mãos das respectivas assembleias, enquanto "assunto interno", a legislação sobre as respectivas populações nativas[190]. Nas colónias habitadas por povos "bárbaros" o governo despótico era legítimo, desde que o seu fim fosse o avanço civilizacional desses povos[191]. Como o autor explicou detalhadamente na sua obra sobre as formas representativas de governo, estas não tinham um valor "em si". Eram boas as instituições políticas que, estando de acordo com o estádio civilizacional presente dos povos, favorecessem a sua passagem ao "estádio civilizacional" seguinte[192]. E se o governo representativo era, de facto, o que melhor desenvolvia as potencialidades morais e materiais dos povos civilizados, já os povos que considerava selvagens, aqueles que ainda desconheciam a primeira lei da vida em sociedade,

---

Hopkins University Press, 2001, pp. ix-xxxviii. Sobre o modo como Tocqueville racionalizou esta sua "traição ao liberalismo", através de mecanismos como o "silêncio moral" ou a "retórica evasiva", v. Cheryl B. Welch, "Colonial Violence And the Rhetoric of Evasion: Tocqueville on Algéria", in *Political Theory*, Vol. 31, n.º 2, 2003, pp. 235-264.

[190] Eileen P. Sullivan, "Liberalism and Imperialism: J.S. Mill's Defense of the British Empire, in *Journal of the History of Ideas*, Vol. 44, n.º 4, 1983, p. 606.

[191] V. John Stuart Mill, *Considerations on Representative Government* (ed. Geraint Williams), London, Everyman, 1993, (1ª ed.: 1861), p. 409 e ss.

[192] Eram três os seus critérios de bom governo: 1) capacity to be in accord with the stage of advancement already reached by a community and 2) to enable "the next step which it is necessary for them to take, in order to raise themselves to a higher level", e 3) give the virtues and intellectual qualities existing in a community the best organization, v. John Stuart Mill, *Considerations [...]*, cit., p. 212.

a obediência, deviam, no seu interesse, ser sujeitos a formas de governo despóticas[193]. Estava assim fundamentada a distinção, clássica no colonialismo inglês, entre colónias (de povoamento, *white settler colonies*), filhas da mãe pátria, povoadas por ingleses (ou irlandeses, ou escoceses), auto-governadas por corpos electivos, e as *dependências* (*domínios*, colónias de plantação, colónias da coroa, *crown colonies*), territórios conquistados onde a maioria da população se constituía por povos não europeus[194]. Nestas, a ausência de pessoas com ilustração suficiente para eleger e integrar as assembleias e a radical diversidade de interesses entre o colono e o nativo exigia um executivo local forte, capaz de impor regimes coercivos de governo. Por isso Mill recomendava que estes territórios ficassem entregues ao governo directo de corporações como a Companhia das Índias (v. *infra*, 8.3.2)[195].

3.4. O "anti-colonialismo" de Jeremy Bentham

Jeremy Bentham só tardiamente subscreveu as ideias "imperialistas" de Wakefield[196]. Anteriormente tinha-se exprimido em termos contrários à preservação dos Impérios, em obras sobre Direito internacional (1786-1789)[197]. Tinha também sido autor de ensaios "anti-colonialistas", que dirigiu às assembleias francesa (*Emancipate your Colonies, adressed to the National Convention of France, 1793; Showing the uselessness and mischievousness of Distant Dependencies to a European State*)[198], espanhola (num conjunto de cartas dirigidas ao povo espanhol durante a Revolução de 1820, que repôs a Constituição liberal de Cádis, de

---

[193] In such a case, a civilized government, to be really advantageous to them, will require to be in a considerable degree despotic: to be one over which they do not themselves exercise control, and which imposes a great amount of forcible restraint upon their actions", Idem, *ibid.*, p. 192.

[194] V. Catherine Hall, *Civilizing Subjects [...]*, cit., p. 10.

[195] Eileen P. Sullivan, "Liberalism and Imperialism...", cit., p. 606. Neste artigo mostra-se como o peso dos argumentos nacionalistas foi tão forte em Mill como em Tocqueville ou em Jeremy Bentham, sobre quem se falará mais detalhadamente.

[196] V. Bernard Semmel, "The Philosophical Radicals [...], cit., p. 1079.

[197] Publicadas em John Bowring (ed.), *The Works of Jeremy Bentham*, Edinburgh, 1843, vol. IV, II, 546. V. também Miriam Williford, *Jeremy Bentham on Spanish America, An Account of His Letters and Proposals to the New World*, Baton Rouge and London, Louisiana State University Press, 1980, p. 44.

[198] V. Jeremy Bentham "Emancipate Your Colonies! Adressed to the National Convention of France, Anno 1793" (primeira publicação em 1829), in John Bowring (ed.), *The Works of Jeremy Bentham*, cit., p. 407-18.

1812: *Spaniards Emancipate Your Colonies by Philo Hispanus* (1820), e *Rid Yourselves of ultramaria: Being the advice of Jeremy Bentham as given in a series of Letters to the Spanish People*, 1822)[199] e portuguesa, por meio do contacto epistolar com deputados às Cortes constituintes vintistas, como Manuel Fernandes Tomás[200] e José Baptista Felgueiras[201]. Parte do seu trabalho foi mandado traduzir para português por iniciativa desses deputados[202]. Em todos estes escritos defendia a concessão imediata da independência às respectivas colónias.

Vale a pena conhecer com mais pormenor o conteúdo das propostas de Bentham, por vários motivos. Em primeiro lugar, porque existe uma enorme proximidade entre os temas que Bentham tratou, o debate das Cortes consti-

---

[199] V. Philip Schofield (ed.), *The collected Works of Jeremy Bentham, Colonies, Commerce, and Constitutional Law, Rid yourself of ultramaria and other writings on Spain and Spanish America*, Oxford, Clarendon Press, 1995.

[200] "Ele tinha enviado a Manuel Fernandes Thomay [sic] a parte final das suas cartas porque este dissera nas Cortes «se é agradável aos Brasileiros que se mantenham unidos a nós, tanto melhor: mas se não, então não será com a minha boa vontade que se fará algum empenho para os forçar a isso». Thomay [Tomás] reagiu tão favoravelmente aos comentários de Bentham que os pôs de imediato nas mãos de um tradutor", v. Miriam Williford, *Jeremy Bentham on Spanish América [...]*, cit., p. 68.

[201] V. E. Ph. Schofield and J. Harris, "Jeremy Bentham, «Legislator of the world»", in E. Ph. Schofield and J. Harris (eds.), *The collected Works of Jeremy Bentham. Writings on Codification, Law and Education*, Oxford, Clarendon Press, 1988, p. 319 e ss.

[202] *Traducção das Obras Políticas do sabio jurisconsulto Jeremias Bentham, Vertidas do Ingles na Lingua Portuguesa por mandado do Soberano Congresso das Cortes Geraes Extraordinárias, e Constituintes da mesma Nação*, Lisboa, Imprensa Nacional, 1822, 3 vols. V. referências à obra de Bentham e sua correspondência com as Cortes vintistas em *DCGECNP*, sessão de 26 de Junho de 1821, p. 1345. Sobre a recepção da obra de Bentham em Portugal v. Maria Helena Carvalho dos Santos, "A «maior felicidade do maior número», Bentham e a Constituição Portuguesa de 1822" in Miriam Halpern Pereira (coord.), *O Liberalismo na Península Ibérica na primeira metade o século XIX*, Lisboa, Centro de Estudos de História Contemporânea Portuguesa, 2 vols., 1981, II, p. 91-115; E. Ph. Schofield and J. Harris, "Jeremy Bentham, «Legislator [...]»", cit., onde estão publicadas as minutas das Cortes em que se ordenou a tradução das obras de Bentham e a correspondência entre este e os deputados vinstistas; e Jeremy Bentham, "Troisiéme Essai, Addressée à la Nation Portugaise sur la Constitution Espagnole et certains défauts qui s'y trouvent [...]", in *Essais de Jeremy Bentham sur la situation politique de l'Espagne, sur le Constitution et sur le nouveau Code Espagnol, sur la Constitution du Portugal, etc.*, La Librairie de Brissot-Thivars, 1823. No preâmbulo deste livro o autor afirma que o ensaio teria sido traduzido em português e era conhecido no Porto e em Lisboa e que as Cortes vintistas tinham encarregado diversos agentes de recolher todas as obras de Bentham; foi ainda neste ensaio que Bentham felicitou os portugueses pela independência do Brasil. Finalmente, Bentham foi citado nas instruções da Junta de S. Paulo discutidas nas cortes vintistas, que constituíram o primeiro momento da ruptura luso-brasileira, v. Márcia Regina Berbel, *A Nação como artefacto, Deputados do Brasil nas Cortes Portuguesas de 1821-1822*, S. Paulo, Hucitec, 1999, p. 135.

tuintes portuguesas de 1821 em torno do problema da América portuguesa e a filosofia e economia políticas da época, como se verá. Depois, porque a crítica que Bentham fez ao constitucionalismo de Cádis, por causa do que considerou ser a sua essência paradoxalmente colonialista, aplicava-se de forma perfeita ao constitucionalismo vintista, pelos mesmos motivos. Finalmente, porque o anti-colonialismo deste autor é também um exemplo concreto de como, em muitos casos, as preocupações anti-coloniais da primeira metade do século, mesmo as mais inequívocas – como as de Bentham, ao denunciar a natureza colonialista de textos constitucionais que se auto concebiam como tentativas de superação de relações coloniais, como foi o caso das Constituições espanhola *de Cádis* (1812) e a portuguesa de 1822 – estavam longe de ter associada qualquer reflexão sobre os direitos dos povos nativos ou até escravizados.

O primeiro constitucionalismo espanhol tentou resolver o problema da sujeição da América espanhola à sua metrópole, contrária à natureza liberal do novo regime, através da criação de "laços de igualdade" que pudessem afastar do horizonte a possibilidade das independências americanas. Assim, logo em 1808, para obter o apoio dos domínios espanhóis na América para o projecto político e militar de Napoleão, José Bonaparte (José I, "Rei das Espanhas e das Índias") determinou, na Constituição por ele outorgada à Espanha, em Bayonne, a igualdade jurídica dos "Reinos e províncias espanholas da América e Ásia"[203]. Em 1810 (a 15 de Outubro) voltou a declarar-se por decreto a igualdade entre espanhóis europeus e espanhóis americanos, recomendando-se às Cortes que "tratassem com particular interesse tudo o que respeitasse à felicidade dos povos do Ultramar", e particularmente à sua representação política[204]. Em 1812 o mesmo princípio foi acolhido na Constituição de Cádis, para cuja elaboração contribuíram os deputados eleitos na América espanhola[205]. Acontece que, na opinião de Bentham, não era pos-

---

[203] Nessa Constituição, além de se indicar que os territórios espanhóis na América e na Ásia gozariam dos mesmos direitos que a metrópole, designava-se o número de deputados que esses territórios deviam enviar às Cortes, v. *A Constituição de Hespanha feita em Bayona por José Bonaparte, precedida de um discurso comparativo entre ela e as cartas de Bonaparte* [...], Coimbra, Imprensa da Universidade, 1808.

[204] V. Carlos Petit Calvo, "Una Constitución Europea para América: Cadiz, 1812", in Andrea Romano (a cura di), *Alle origini del costituzionalismo Europeo*, Messina, Accademia Peloritana dei Pericolanti, 1991, pp. 59-60.

[205] Sobre a aplicação deste "modelo" em Cádis, bem como o seu significado e desfecho, v. Marta Lorente, "América en Cadiz (1808-1812)", in A.A.V.V., *Los Orígenes del Constitucionalismo Liberal en España e Iberoamérica: un estúdio comparado*, Sevilha, Junta de Andalucia, 1993 e, da mesma autora, "De Monarquia a Nación: la imagen de América y la cuestión de la ciudadanía hispana",

sível compatibilizar o regime representativo e os princípios utilitaristas de governo – que Constituições como a espanhola, de Cádis, tinham por meta realizar –, com a preservação dos Impérios[206]. Esta não trazia qualquer vantagem para a maioria da população, fosse a da metrópole, fosse a das colónias. Colidia com o princípio da *maior felicidade para o maior número*, o princípio que devia presidir à organização de todos os governos, mas que era incompatível com a dimensão dos grandes impérios, governados a partir de um só centro. A Constituição não seria acatada pelas populações do ultramar, desde logo, paradoxalmente, por causa da sua natureza liberal. Usufruindo de direitos iguais, como na Constituição de Cádis se lhes reconhecia, os habitantes do ultramar não podiam desejar a continuação da sua união com Espanha nos termos que essa Constituição impunha. Para isso contribuiria, entre outras causas (como o desvio das rendas para a metrópole, o carácter demorado de qualquer tipo de apelação que se fizesse do ultramar para a metrópole, o envolvimento das colónias nas guerras espanholas), a ausência de corpos legislativos nas colónias, ausência que não podia ser compensada pela representação política do ultramar no Parlamento da metrópole espanhola, como os constituintes espanhóis esperavam. Não era possível formar um corpo verdadeiramente representativo das colónias nas Cortes metropolitanas e, por isso, a representação política do ultramar nas Cortes espanholas não viria a satisfazer, como se queria, as expectativas das populações coloniais[207]. Além disso, ela traria para essas Cortes deputados com interesses opostos aos "espanhóis da metrópole", sem conhecimentos suficientes sobre a Espanha, mas com poderes para legislar para o povo espanhol; sendo que também eram escassos os conhecimentos que os deputados da metrópole podiam reunir acerca do ultramar, por serem as informações sobre os seus territórios difíceis de obter e

---

XIII Congreso del Instituto Internacional de Historia del Derecho Indiano (21-25 Maio de 2000), San Juan, Asamblea Legislativa de Puerto Rico, vol. II, 2003. V. também Roberto Luís Blanco Valdês, "El «problema americano» en las primeras Cortes Liberales españolas (1810-1814)", in AAVV, *Los Orígenes del Constitucionalismo Liberal en España...*, cit., e Josep M. Fradera, "Por qué no se promulgaron las «leyes especiales» de Ultramar?", in Richard L. Kagan e Geoffrey Parker, *España, Europa y el Mundo Atlántico* (Homenaje a John H. Elliot), Madrid, Marcial Pons, 2001.

[206] Sobre as posições de Bentham acerca da incompatibilidade entre regime constitucional e Império, v. Carlos Rodriguez Braun, "«Libraos de ultramar». Bentham frente a España y sus colonias", *Revista de História Económica*, Año III, n.° 3, 1985.

[207] Em 1812 os liberais espanhóis acreditavam que a Constituição seria um ponto de união entre a Espanha e as suas possessões ultramarinas, um instrumento capaz de superar todas as reivindicações (v. M.P. Costeloe, *Response to Revolution: Imperial Spain and the Spanish American Revolutions, 1810-1840*, Cambridge, 1986). O mesmo havia de suceder com os liberais vintistas e a Constituição portuguesa de 1822.

demoradas. A representação política do ultramar aumentaria ainda o volume de assuntos a tratar pelas Cortes e, finalmente, os deputados do ultramar estariam sempre à mercê da influência corruptiva dos governantes espanhóis. A preservação das colónias funcionaria ainda como um factor de corrupção da democracia representativa, ao preservar o poder das classes agrícolas e mercantis que tinham florescido à sombra do velho sistema colonial ("the sinister interests") e ao criar oportunidades de corrupção para os grupos que governavam ("the ruling few"). Só debaixo de um regime despótico é que as colónias podiam ser lucrativas para a metrópole. Por essa razão, Bentham achava que, ao manter o sistema colonial, a Constituição de Cádis restabelecia o despotismo no ultramar e, a prazo, na própria metrópole.

Subscrevendo o ponto de vista da economia política, Bentham acrescentou que a preservação dos impérios coloniais constituiria um pesado encargo e responsabilidade para as economias metropolitanas, sem as respectivas compensações[208]. O esforço financeiro que a conservação do Império exigia, nomeadamente em virtude das resistências que nele se desenvolviam contra o domínio da metrópole, não compensava os benefícios. A independência das colónias, no contexto de um sistema económico que promovesse a liberdade de comércio, beneficiaria quer as economias das colónias já independentes, quer as economias metropolitanas. A comunidade de língua, religião, direito e costumes faria com que o comércio da Espanha com as suas antigas colónias florescesse necessariamente. Sem necessidade de impor exclusivos os espanhóis encontrariam, pela "natureza" daquela comunidade, preferência absoluta naqueles mercados, tal como tinha sucedido com os ingleses relativamente às colónias Norte americanas ainda antes da independência. Finalmente, o esforço financeiro que a conservação das colónias exigia podia ser dirigido para o desenvolvimento económico interno da Península[209].

Este anti-colonialismo de Jeremy Bentham não tinha, no entanto, qualquer relação, mesmo que longínqua, com os direitos das populações nativas das colónias, das quais praticamente não falou em toda a sua obra. Contra a preservação das colónias havia, para o autor, argumentos constitucionais; havia também motivações económicas; havia até razões "de Justiça e de humanidade"[210]. Mas não se encontram, entre esses argumentos, motivações

---

[208] Embora este autor nunca tenha perspectivado em termos optimistas o futuro do sistema de comércio livre, v. Bernard Semmel, *The Liberal Ideal and the Demons of Empire [...]*, cit.

[209] A enumeração de todas as vantagens económicas da emancipação foi feita num dos textos traduzidos para português sob ordens das Cortes vintistas (v. *Theoria dos Prémios Legais [...]*, cit.).

[210] Idem, *ibid.*, p. 264.

ou razões, reflexões sobre os direitos das populações nativas que habitavam os territórios coloniais. Houve, de facto, uma ocasião em que Bentham valorizou quantitativamente essas populações, quando defendeu, retoricamente, que, tendo a Constituição de Cádis recebido o princípio da *maior felicidade para o maior número*, a superioridade demográfica do ultramar obrigaria a transferência do centro de poder para o outro lado do Atlântico, onde estava o "maior número". Foi por esse motivo que a uma das suas cartas, dirigidas aos espanhóis, deu o título *The Claim of ultramaria to rule Spain Would be Better Than the Claim of Spain to Rule ultramaria*[211]. Mas aquela valorização – que constituiu a única alusão positiva que Bentham fez neste contexto às populações nativas – não teve o seu equivalente qualitativo, por ser puramente funcional ao seu objectivo de demonstrar as vantagens da concessão da independências às colónias. Outras alusões suas, episódicas e muito vagas, assimilavam essas populações aos inimigos – internos e externos – que, juntamente com a ameaça externa dos outros povos "civilizados", se constituíam em mais um argumento a favor da insustentabilidade económica das colónias[212]. Sabe-se também que a entrega dessas populações – como das populações escravizadas de outros continentes – à legislação produzida *in loco* por assembleias locais era-lhes sempre mais desfavorável, por ser essa legislação quase sempre lesiva dos seus direitos[213]. Assim, os argumentos de Bentham contra o colonialismo tinham por sujeito não a "humanidade nativa" mas a humanidade constituída pelos colonos e seus descendentes, afastados, pela distância, dos centros políticos de decisão, da justiça do Príncipe, da defesa militar imediata e do socorro atempado da metrópole em tempos de crise, como tão bem se percebe nas suas palavras:

---

[211] V. Miriam Williford, *Jeremy Bentham on Spanish America*, cit., p. 56

[212] Inimigos internos eram os escravos, a quem, por isso mesmo, os colonos se viam obrigados a aplicar a pena de morte, complementada com a tortura (sendo certo que Bentham teceu, a esse propósito, considerações anti-colonialistas de natureza humanista tendo por sujeito o escravo, v. *Traducção das obras políticas do sábio [...]*, Lisboa, Imprensa Nacional, 1822, t. I, p. 195--97); inimigos externos eram, além das nações estrangeiras, os "selvagens ou bárbaros" (v. Miriam Williford, *Jeremy Bentham on Spanish America*, cit., p. 59).

[213] Na Inglaterra, por exemplo, apesar da multiplicação de associações que reclamaram a intervenção humanitária do governo em benefício das populações nativas, a devolução da autoridade política e da responsabilidade administrativa às legislaturas locais permitiu que o interesse dos colonos, nomeadamente no que dizia respeito à apropriação do solo, se sobrepusesse aos interesses das populações nativas, v. John Eddy, "The Technique of Government: Governing Mid-Victorian Austrália", in Roy McLeod (org.), *Government and Expertise, Specialists, Administrators and professionals, 1860-1919*, Cambridge, Cambridge University Press, 1988, pp. 174 e ss. Outros exemplos serão referidos neste trabalho.

"O Soberano na distância de duas mil léguas não pode conhecer, nem as necessidades de seus súbditos, nem os seus interesses, nem os seus costumes, nem o seu carácter; as suas queixas as mais legítimas, e as mais graves, enfraquecidas em razão da distância, despojadas de tudo o que excita a sensibilidade, são entregues sem defesa no gabinete do Príncipe aos tramas os mais insidiosos, às respostas as mais infiéis; e os colonos ainda se podem chamar muito felizes [...] quando as suas representações as mais moderadas se não castigam como actos de rebelião [...]. Se os colonos trazem demandas na metrópole, é necessário que as suas testemunhas atravessem os mares [...]; correm os anos, e com os gastos da justiça perdem a sua mesma subsistência. Se [...] o inimigo os investe [...], quando chegam os socorros, já não servem de nada [...]. Se lhes faltam os viveres, a fome tem assolado o país antes que a metrópole tenha conhecimento do seu estado"[214].

Podemos, portanto, concluir, com Bartolomé Clavero, que a crítica "anti-colonialista" que Bentham dirigiu ao constitucionalismo de Cádis só atingiu a natureza colonial do pensamento constitucional gaditano em uma das suas dimensões, aquela que dizia respeito à integração num só sistema político centralizado de um conjunto populacional identificado pela cultura, religião, língua e afectos, mas não pela comunidade de interesses – os hispano-americanos, a quem ele achava que devia conceder-se a independência.

---

[214] V. Jeremias Bentham, *Theoria dos Prémios Legais [...]*, cit., t. II, p. 265. Por estes motivos Bentham felicitou a "Nação portuguesa" pela independência do Brasil: «je profiterait de cette occasion pour vous féliciter, Portugais, de ce q'un tel embarras vous a été enlevé malgré vous, enlevé par les circonstances. Le roi du Brésil a pris soin de vous débarrasser d'une bonne partie de ce fardeau» v. *Œuvres de Jeremy Bentham*, S.B. L., 1840, t. III: «De l'organisation judiciaire et de la codification, Essai sur la situation politique de l'Espagne», p. 209. V. também, Jeremy Bentham, "Troisième Essai, Adressé à la Nation Portugaise sur la Constitution Espagnole et certains défauts qui s'y trouvent [...]", in *Essais de Jeremy Bentham sur le situation politique de l'Espagne, sur le Constitution et sur le nouveau Code Espagnol, sur la Constitution du Portugal, etc. ...*, La Librairie de Brissot-Thivars, 1823, p. 256 (cito a tradução francesa porque, além de mais conhecida em Portugal no séc. XIX, tem particularidades de tradução e de organização de textos que quase lhe dão autonomia em relação às versões originais). Interessante, a este título, é a Memória enviada às Cortes vintistas na qual, estabelecida a impossibilidade de unir Portugal, Brasil e África numa relação igualitária, se propunha que fossem as Cortes a decretar a ruptura, que do Brasil se fizessem dois reinos com capital no Rio de Janeiro e na Baía, e outros dois em África, com capital em Angola e Moçambique, "todos quatro soberanos e independentes, confederados entre si com Portugal", v. D. João de Nossa Senhora da Porta Monis, "Memória demonstrando que a união de Portugal com o Brasil e África é para todos opressora e absurda", transcrito em Benedicta Maria Duque Vieira, *A crise do Antigo Regime e as Cortes Constituintes de 1821-1822*, Lisboa, Ed. Sá da Costa, 1991, vol. I, p. 205 e ss.

O pensador britânico pouco se referiu à "população americana de origem não hispânica ou anglo-saxónica", cuja presença foi por ele funcionalizada ao objectivo de provar a maior dimensão demográfica da população das colónias americanas, para intimidar os deputados espanhóis, mas não ao objectivo de as considerar como sujeitos de direito[215]. O "anti-colonialismo" de Bentham, além de efémero, foi também selectivo, e nisso ia ao encontro de muitos dos seus contemporâneos.

Resta lembrar, para concluir, que, se abandonarmos o mundo da doutrina e da filosofia política, nenhum Estado europeu, e poucos políticos da época, estavam dispostos, no início do século XIX, a conceder, de forma pacífica, a independência às respectivas colónias, fosse por motivos económicos ou outros[216]. Os teorizadores do comércio livre estavam conscientes disso e as independências violentas que eles previam – e que serviam, no seu discurso, como argumento a favor da concessão da emancipação – acabaram por se suceder. Foi assim que aconteceu com a Grã-Bretanha, que tudo fez para evitar a independência das treze colónias Norte americanas, com a França ou a com Espanha revolucionárias, e também com Portugal. Aqui, a solução constitucional para o problema das relações com a antiga colónia na América foi próxima da de Cádis. Quando, em 1821, as capitanias brasileiras aderiram ao movimento constitucional português, as Cortes constituintes de Lisboa comprometeram-se a abolir o "sistema colonial", por meio de um regime político representativo que concedesse direitos iguais à metrópole e às antigas colónias, transformadas em províncias (ultramarinas) de uma Nação única, espalhada por vários continentes, centralizada em Portugal e com capital em Lisboa[217]. Nessas Cortes foram muitas as declarações de repúdio pelo "odioso sistema colonial" e pelas desigualdades que ele criara entre "irmãos" ultramarinos e metropolitanos que, agora, se queriam unidos numa só Nação bi-hemisférica, o *Reino Unido de Portugal, Brasil e Algarves* (v. *infra*, 4). Também em Lisboa, como em Cádis, a representação política do ultramar se transformou numa componente essencial do projecto de união. Ela seria a expressão da

---

[215] V. Bartolomé Clavero, "*¡Libraos de ultramaria!, el fruto podrido de Cadiz*", in José Maria Iñurritegui e José Maria Portillo (eds.), *Constitución en España, orígenes y destinos*, Madrid, CEPC, 1998, p. 121.

[216] V. A. Pagden, *Lords of the world [...]*, cit., p. 247-248.

[217] Sobre a emergência destas propostas, no momento em que as Cortes portuguesas decidiram apoiar os movimentos liberais das capitanias brasileiras, v. Valentim Alexandre, *Os Sentidos do Império. Questão Nacional e Questão Colonial na Crise do Antigo Regime Português*, Porto, Afrontamento, 1993, p. 580 e ss.

unidade do Reino e da igualdade das suas partes. Também em Portugal, como em Cádis, se quis acreditar que o regime constitucional viria resolver natural e pacificamente o problema da relação da antiga metrópole com os territórios colonizados[218]. Tratava-se de um projecto que, rejeitando a preservação de uma relação de subordinação colonial com o território americano, rejeitava, com igual veemência, conceder qualquer autonomia à antiga colónia americana, nomeadamente através da delegação de poderes legislativos em assembleias locais – possibilidade que lhe foi absolutamente recusada na Constituição vintista –, e, ainda menos, de qualquer solução que se aproximasse do federalismo, como se verá mais detalhadamente no capítulo seguinte.

A união dos territórios ultramarinos e metropolitanos através da representação política num só parlamento viria a converter-se, em Portugal, mesmo depois da independência do Brasil, numa solução cuja continuidade não teve equivalente em outros países europeus. No entanto, ela inspirou-se, como se viu, na solução gaditana. E esta, por sua vez, na solução revolucionária francesa[219]. Esta última, finalmente, ter-se-á inspirado na lição retirada da experiência revolucionária americana, onde a declaração de independência da colónia inglesa tinha estado relacionada com a ausência de representantes dos colonos no Parlamento britânico. As colónias, tinha escrito Benjamin Franklin, em 1754, "[…] não tem representantes no Parlamento; forçá-las a pagar impostos sem ter obtido o seu consentimento é tratá-las como países conquistados […]. Para tornar íntima a união das colónias com a Grã-Bretanha, é necessário dar-lhes representantes no Parlamento. Não é que eu defenda que se conceda às colónias um número tão grande de representantes de tal forma que elas possam, pelo seu número, pesar fortemente na balança; mas eles podiam, pelo menos, contribuir para que se estudasse, com mais imparcialidade, as leis que dizem respeito às colónias»[220].

Esta reivindicação não contemplava, contudo, os direitos de populações nativas de continentes não europeus, fossem os africanos ou os americanos. Pelo contrário, estava, na sua origem, intimamente associada a uma vontade de aprofundar a exclusão dessas populações, de contrariar a legislação protec-

---

[218] Sobre essa confiança na "irradiação dos princípios constitucionais" e no seu "papel quase milagroso de diluente de todos os conflitos no interior do sistema imperial" v. Valentim Alexandre, *Os Sentidos do império […]*, cit., p. 583; pp. 576 e ss.

[219] Para uma perspectiva comparada desta solução em Espanha, Portugal e na França revolucionária, onde se tinham discutido soluções semelhantes em relação às Antilhas, v. Cristina Nogueira da Silva, "«Modelos coloniais» no século XIX…", cit.

[220] Cit. em Léon Deschamps, *La Constituante et les colonies, la Reforme coloniale*, Paris, Perrin e Cie Libraires-Éditeurs, 1898, p. 71.

tora do Parlamento britânico, como se percebe no próprio texto onde, finalmente, a independência foi declarada:

"Considerando que Jorge III rei da Grã-bretanha, revestido até ao presente do exercício soberano do ofício real deste governo, tem feito todos os esforços para o perverter em uma odiosa e insuportável tirania. Opondo-se pelo seu direito negativo às leis mais necessárias ao bem público. Recusando a sua permissão real à criação de leis de uma importância urgente e imediata [...]. [...] Dissolvendo frequente e continuamente o corpo legislativo [local], porque ele se opunha com firmeza valorosa às usurpações feitas aos direitos do povo [...]. *Convidando os nossos negros a tomar armas contra nós, e excitando estes mesmos negros, cuja introdução eles por meio do uso desumano do seu direito negativo, tem tolhido que os proibíssemos entre nós. Esforçando-se por atrair sobre as nossas fronteiras os cruéis índios selvagens, cuja maneira conhecida de fazer a Guerra, é assassinar todos sem distinção de idade, sexo ou estado [...]* Por todos os sobreditos actos de malvada autoridade, fica dissolvido inteiramente o governo deste país, tal qual era exercido anteriormente debaixo dos Reis da Grã-Bretanha"[221].

No próximo capítulo será objecto de desenvolvimento o tema da representação ultramarina nas discussões constituintes portuguesas e as tensões que ele veio introduzir nessas discussões. Nos capítulos seguintes mostrar-se-á que também aqui as populações nativas não se contaram entre os referentes populacionais daquela representação, tendo sido a sua presença – onde avultavam os índios do Brasil, mas que incluía também as "nações negras de África" – quase sempre ignorada, quando se discutiram a cidadania, os direitos políticos ou os direitos civis. Descrever-se-á também a posição jurídica que foi reservada àquele grupos de habitantes cuja existência punha obstáculos ao princípio, implícito na ideia de unidade, da igualdade jurídica das pessoas que residiam no território da Monarquia: os escravos, os libertos, os nativos livres culturalmente não *assimilados* dos territórios ultramarinos.

---

[221] "Constituição ou forma de governo acordada e decretada pelos deputados e representantes dos diferentes condados e corporações da Virgínia reunidos em Williansburg no 1 de Junho de 1776", transcr. em *Collecção de Constituições antigas e modernas, com o projecto de outras seguidas de um exame comparativo de todas elas* (por 2 bacharéis), Lisboa, Tip. Rollandiana, 1820-1822, vol. IV, p. 274.

4. O modelo vintista positivado

Na sua primeira Constituição escrita, em 1822, a Nação portuguesa era uma Nação bi-hemisférica, designando-se o seu território por *Reino Unido de Portugal, Brasil e Algarves* ("A Nação Portuguesa é a união de todos os portugueses de ambos os hemisférios. O seu território forma o *Reino Unido de Portugal, Brasil e Algarves [...]*", art. 20). Esse Reino integrava os territórios ultramarinos na América, em África e na Ásia. Províncias metropolitanas e "províncias ultramarinas" (designação preferida pelos deputados constituintes exactamente por causa da sua conotação igualitária) constituíam um só território, tendo as últimas como única especificidade a sua localização geográfica do outro lado do Oceano. Sendo as "províncias ultramarinas" parte integrante do território da Monarquia, integravam a representação da Nação e submetiam-se, tal como as metropolitanas, a uma só lei constitucional. Existia, na Constituição, um só território, um só povo, uma só vontade política, a da Nação, que era também, por definição, uma só. Os "cidadãos ultramarinos" (na designação do art. 164 da Constituição) deviam eleger os seus representantes em função da importância populacional dos respectivos círculos e estes deviam ter assento no parlamento em Lisboa, como representantes da Nação.

O texto da Constituição vintista diz-nos que a representação política era a expressão mais elevada da unidade da Nação[222], o que estava de acordo com a nova forma de pensar o mecanismo da representação. Se, durante o Antigo Regime, o corpo político existia de modo unitário, como Nação, "[...] através da representação que dele dava a pessoa do monarca" agora, na democracia representativa, o soberano – a Nação – existia como realidade autónoma e unitária no momento em que se fazia representar de forma unificada numa assembleia. Era o mecanismo da representação que permitia que todos se sentissem "representados na autoridade de um legislador democrati-

---

[222] "A Nação Portuguesa é representada em Cortes, isto é, no ajuntamento dos deputados que a mesma Nação para esse fim elege com respeito à povoação de todo o território Português", art. 32.

camente eleito"[223]. Mas os debates dos constituintes vintistas em torno deste tema dizem mais do que isso: dizem-nos que a representação política da Nação também tinha um papel (re)fundador. É isso que se vai mostrar a seguir.

4.1. *Uma unidade instável: uma Nação de terras distantes e diversas*

Apesar do paradigma unitário e igualitário da Constituição, os deputados que a votaram e que se identificaram com ela reconheceram e valoraram, quase sempre negativamente, a dimensão e a diversidade do território da Monarquia. Existiam, afirmaram vários deles, elementos de desagregação a temer: as distâncias, a descontinuidade geográfica, línguas diferentes, produções diferentes, pessoas de cor diferente e com costumes diferentes. A "grande família portuguesa" era uma só (como o vocábulo "família", tantas vezes usado, denotava), tinha a mesma origem, falava a mesma língua, professava a mesma religião, mas não habitava somente território europeu. Habitava igualmente os "Campos d'África", as "Índias", os "Sertões da América". Tudo isto foi lembrado pelo deputado Pereira do Carmo numa *Memória* por si escrita e apresentada logo numa das primeiras sessões da Constituinte, memória na qual se mostrou favorável à representação política da parte ultramarina do território[224]. A Nação era uma só, disse o deputado, mas encontrava-se espalhada pelas "quatro partes do Globo"[225]. E essas partes, apesar do discurso da unidade, foram descritas como partes distintas, com designações que quase pareciam evocar estatutos diferenciados. Falou-se de "possessões na Ásia e África Oriental", de "um novo Reino Português" criado no século XIX (o Brasil), de ilhas "povoadas de portugueses", de "Domínios do Reino Unido"[226], de "possessões ultramarinas", de "Domínios do ultramar", de "Domínios portugueses de além-mar"[227].

---

[223] V. Maurizio Fioravanti, *Appunti di Storia delle Costituzioni Moderne, le Libertà fondamentali*, Torino, G. Giappichelli Editore, 1995, p. 67. v. também Keyth Michael Baker, "Representation", in Bryan Turner e Peter Hamilton (eds.), *Citizenship. Critical Concepts*, London and New York, Routledge, 1994; Joaquim Gomes Canotilho, *Direito Constitucional e Teoria da Constituição*, Coimbra, Almedina, s.d. (3ª ed.), p. 109-110.
[224] *DCGECNP*, sessão de 30 de Janeiro de 1821, p. 9.
[225] *DCGECNP*, sessão de 3 de Fevereiro de 1821, p. 23.
[226] *DCGECNP*, sessão de 30 de Janeiro de 1821, p. 9
[227] *DCGECNP*, sessão de 3 de Fevereiro de 1821, p. 23. Como se verá, em muitos outros momentos das Constituintes, bem como na legislação, surgiram designações variadas, percebendo-se a conotação de subalternidade envolvida nesta terminologia quando os deputados lhe

Um dos momentos em que o discurso sobre esta diversidade e a sua valoração negativa ganhou contornos nítidos foi aquele em que se discutiu se devia ou não consagrar-se a indivisibilidade e inalienabilidade deste território na Constituição. Os deputados que se manifestaram favoráveis à inalienabilidade olharam para ela como a forma de garantir uma integridade que a diversidade tornava frágil. Havia que ter em conta as "circunstâncias muito particulares em que se acha a família portuguesa, espalhada por toda a face da terra [...]. A Nação Portuguesa compõe-se de povos de diferentes costumes; são precisos institutos muito particulares entre estes, para apertar os vínculos da fraternidade, parece que deve haver uma lei, que familiarize a Nação Portuguesa, de que ela nunca jamais se possa separar. É preciso portanto estabelecer a impossibilidade que a Nação portuguesa ceda parte do seu território, e é preciso igualmente que as Nações estrangeiras vivam nessa persuasão [...]"[228]. Uma opinião semelhante foi expressada pelo deputado Correia de Seabra, cuja proposta era a de que o artigo constitucional em discussão fosse redigido da seguinte forma: "O Reino-Unido português é essencialmente indivisível, e por conseguinte o seu território é indivisível, e inalienável", em vez de "Este território somente pode ser alienado com a aprovação das Cortes", como constava do art. 20 do Projeto de Constituição[229]. Outro deputado sistematizou finalmente o problema em todas as suas dimensões, convocando os diversos aspectos da situação política que se estava a viver:

> "A Monarquia Portuguesa é uma Monarquia a mais singular, que se pode considerar, se se atende à separação das suas partes. Pode dizer-se, que há uma espécie de dissolução entre estas mesmas partes integrantes da monarquia, dissolução que é feita pela quantidade e situação dessas mesmas partes, dissolução que é feita por meio dos desertos que estão entre distantes povoações. Além disto [da distância, da quantidade], há um princípio de desorganização, que consiste em que as partes desta Monarquia, que estão para além dos mares, são compostas de habitantes que têm diferentes cores; e em consequência disto têm grande antipatia entre si. Além disso [da diversidade humana] há um princípio de dissolução e é que as possessões ilustradas deste país têm diversos sistemas: umas tendem mais para o sistema da independência, outras para o sistema constitucional [...]. Atendendo a isto é de toda a necessidade que a Constituição remova quanto puder, ou se oponha a esta dis-

---

contrapõem o vocábulo "Províncias ultramarinas". Na Constituição foram as expressões "províncias do ultramar" e, sobretudo, "ultramar", que designaram a parte não europeia do território português.

[228] V. *DCGECNP*, sessão de 1 Agosto de 1821, p. 1736, Dep. Sarmento.
[229] V. *Ibid.*, p. 1732.

solução. Por isso de maneira alguma se deve admitir na Constituição um princípio, que seja capaz de promover, ou autorizar em algum tempo a desmembração da monarquia"[230].

Ao descrever a Monarquia desta forma, o deputado referia factos concretos, como a conflituosidade que dividia, entre si e no seu interior, as províncias (capitanias) portuguesas da América, a influência do liberalismo político nos meios coloniais, as tendências emancipacionistas do século, o enorme peso demográfico da população negra e mestiça, livre ou escravizada, a presença ameaçadora dos "índios bravos", das populações nativas não enquadradas pelas Missões ou pelo Directório pombalino. A esta diversidade humana que caracterizava o território da monarquia também se tinha referido Bento Pereira do Carmo, quando, nas suas *Memórias*, recordou, no ultramar, o "sangue dos portugueses *arriscado no meio de uma povoação heterogénea*"[231]. Vamos voltar a falar dela em outro capítulo. Por agora, importa salientar que entre as duas possibilidades – a alienabilidade do território ou a sua indivisibilidade – optou-se pelo silêncio. No texto final da Constituição não se previa a alienação do território, mas também não se proibia. O que estava em causa, naturalmente, era a possibilidade real de uma futura separação das províncias americanas, das "possessões ilustradas", e até de outras províncias ultramarinas, em África e na Ásia. Nestas circunstâncias dramáticas, a solução encontrada para resolver o problema da indivisibilidade ou não do território foi, então, a sua omissão.

4.2. *Os laços da liberdade*

O problema da "activação" dos elementos desagregadores e das formas de os contrabalançar esteve presente em todos os debates constitucionais. Esteve também presente no primeiro momento em que a questão da representação política do ultramar foi discutida, mostrando que, com ela, não se tratava apenas de dar expressão a uma unidade preexistente, mas de a fundar de novo, através da criação do que se pretendia que fossem relações igualitárias entre as suas partes. Por meio desta refundação, afirmava-se, desejava ver-se superadas as desigualdades atribuídas ao regime anterior – o "mesquinho sistema colonial [que] assemelhava os habitantes das colónias antes a escravos, do que

---

[230] V. *Ibid.* p. 1732, Dep. Margiochi.
[231] V. *DCGECNP*, sessão de 3 de Fevereiro de 1821, p. 23, sub. nossos.

a homens livres"[232]. Desejava-se reconstruir, mas em termos igualitários, a relação entre as diversas "partes" que constituíam o todo da Monarquia. Assim, se constituir significa *formar, unir, integrar*, devendo a Constituição *criar as condições para que a unidade seja possível*, reconduzir da pluralidade à unidade por meio do achamento de um *mínimo ético comum*[233], podemos dizer, ainda que aplicando o mesmo raciocínio a circunstâncias totalmente diversas daquelas sobre as quais a autora destas frases reflectiu, que a questão do ultramar colocou aos constituintes quase todos os problemas que o acto de constituir pode convocar. Tratava-se verdadeiramente de criar condições para a unidade, tendo a igualdade sido o *mínimo ético comum* em torno do qual todos os constituintes de (des)entenderam.

Esta associação feita nas Cortes vintistas entre o repúdio pelo "sistema colonial", o desejo de criar igualdade e a representação politica do ultramar foi comum, como já se referiu, ao primeiro constitucionalismo espanhol. É importante, contudo, recordar dois factos que ajudarão a compreender as próximas páginas. Em primeiro lugar, apesar da quase sacralização do princípio da igualdade de direitos e de representação das partes ultramarina e peninsular dos territórios, em Portugal, como em Espanha, a atitude dos deputados peninsulares nas Cortes constituintes (de Cádis, em 1812, e de Lisboa, em 1820) foi sempre a de tentar assegurar a supremacia da parte peninsular, quer no respeitante à representação nas Cortes, quer na arquitectura das instituições que governariam a Monarquia bi-hemisférica, como se verá a seguir para o caso português[234]. Havia, contudo, uma situação que diferenciava as circunstâncias portuguesas das do país vizinho. Por um lado, desde 1808 que a sede da Monarquia portuguesa era o Rio de Janeiro, para onde se tinha transferido a Corte na sequência das invasões napoleónicas. Por outro, desde 1815 que já existia um "Reino Unido de Portugal, e do Brasil, e Algarves", criado por Carta Régia de 16 de Dezembro de 1815, do qual faziam parte o Reino de Portugal e o Reino do Algarve, na Europa, mas também, na América, o "Reino do Brasil", um Reino "igual", em dignidade, ao de Portugal, e não já um "domínio"[235]. Ou seja, o significado igualitário da expressão *Reino Unido* (e o próprio Reino Unido) não eram uma novidade trazida pelo regime liberal, o que tornava forçado que o novo regime se apresentasse como portador

---

[232] V. *DCGECNP*, sessão de 14 Novembro 1821, p. 3072, Dep. Pereira do Carmo.

[233] V. Maria Lúcia Amaral, *A forma da República. Uma introdução ao estudo do direito constitucional*, Coimbra, Coimbra Editora, 2005.

[234] Para o caso da Espanha v. bibliografia citada na nota 204.

[235] V. António Delgado da Silva, *Collecção da Legislação Portugueza ... (Legislação de 1811 a 1820)*, Lisboa, Typografia Maigrense, 1825, p. 379.

de soluções que visavam superar as desigualdades de um anterior "regime colonial"[236].

Em Portugal a ideia de que a representação política seria o instrumento privilegiado de criação de igualdade nas relações entre metrópole e "antigas colónias" surgiu pela primeira vez nas *Instruções para a eleição de deputados às Cortes*, publicadas a 31 de Outubro de 1820 pela Junta Provisional do Governo Supremo do Reino, para justificar a extensão daquelas *Instruções* à parte ultramarina do território[237]:

> "Extinto para sempre o injurioso apelido de Colónias, não queremos todos outro nome que o título generoso de concidadãos da mesma Pátria. Quanto nos deprimiu a uns e a outros a mesma escravidão tanto nos exaltará a comum liberdade, e entre o europeu, americano, asiático, africano, não restará outra distinção que a porfiada competência de nos excedermos e avantajarmos por mais estranhável fraternidade, por mais heróico patriotismo [...]"[238].

---

[236] Sobre o conceito de *Reino Unido*, expresso na Carta Régia de 16 de Dezembro de 1815, que elevou o Brasil à condição de Reino, bem como a sua conotação igualitária, v. Ana Cristina Araújo, "O «Reino Unido de Portugal, Brasil e Algarves, 1815-1822", *Revista de História das Ideias*, vol. 14, 1992, onde se mostra como essa igualdade tinha sido percebida pela parte europeia do *Reino Unido*, em 1815, como uma desigualdade, na qual Portugal se convertera em "colónia da sua colónia".

[237] O art. 38 das *Instruções de 31 de Outubro de 1820*, que deviam regular as "eleições dos deputados que vão formar as Cortes Extraordinárias Constituintes no ano de 1821", dizia de facto que "As presentes instruções são aplicáveis às Ilhas adjacentes, Brasil, e Domínios ultramarinos", v. Clemente José dos Santos (ed.), *Documentos para a História das Cortes Geraes da Nação Portuguesa*, Lisboa, Imprensa Nacional, 1883, t. I (1820-1825), p. 84.

[238] Cit. em José Gonçalo Santa Rita, "As questões coloniais nas Cortes constituintes e na segunda legislatura (1821-1823)", *Revista da Faculdade de Letras de Lisboa*, t. XIV, 2ª série, Lisboa, 1949, p. 138. Na *Proclamação das Cortes ao Povo do Brasil*, de 17 de Agosto de 1822, as Cortes confirmaram o seu desejo de subtrair o Brasil do "estado servil de dependência colonial", v. Clemente José dos Santos (ed.), *Documentos [...]*, t. I (1820-1825), cit., p. 356. Que essa intenção era extensiva a outras partes ultramarinas do território mostra-o a resposta do Presidente das Cortes ao discurso do procurador dos povos de Macau, confirmando a adesão destes ao sistema constitucional ("Um dos primeiros e mais constantes cuidados das cortes nacionais tem sido o de promover a união de todos os portugueses que habitam as quatro partes do mundo, trazendo-os a uma só família, ligada, não pelos laços de uma sujeição servil, mas pela igualdade de direitos [...]", v. Clemente José dos Santos (ed.), *Documentos [...]*, t. I (1820-1825), cit., p. 645. Rodrigo Ferreira da Costa na sua *Indicação e Projecto de Decreto sobre os Governos Ultramarinos*, lida na sessão de 31 de Julho de 1821, falava da "*cessação do sistema colonial* em consequência dos princípios liberais adoptados na nossa Regeneração política", v. Maria Benedicta Duque Vieira, *A Crise do Antigo Regime [...]*, vol. I, cit., p. 194.

Estas *Instruções* ficaram sem efeito, na sequência do golpe militar de 11 de Novembro (*Martinhada*), mas nem por isso o tema da representação dos "povos do ultramar" perdeu centralidade. Pelo contrário, esse foi um tema logo recuperado nas primeiras sessões das Cortes constituintes. Quando, a 3 de Fevereiro de 1821, o deputado Bento Pereira do Carmo apresentou à Assembleia, juntamente com as memórias já citadas, um projecto de decreto para regular a "Representação nacional Portuguesa de ambos os Mundos para que todos os portugueses concorram à formação da Lei Fundamental, *que deve ligar a todos*"[239], o deputado voltou a recordar que a representação política não era apenas uma expressão *passiva* da unidade da Nação mas antes uma forma *activa* de a recriar em termos tais que ela pudesse ser conservada. O que se decidiu nessa sessão, contra esta proposta de Bento Pereira do Carmo, foi que só os representantes do continente e ilhas elegessem deputados para a Constituinte. Preferiu-se esperar pela reacção do Rei, então residente no Rio de Janeiro, à revolução ocorrida na parte metropolitana do território, ou pela adesão espontânea das capitanias brasileiras ao sistema constitucional. Não era preciso "*fazer já esta união* por meio de deputados substitutos", como queria Pereira do Carmo[240]; mais valia esperar que, em pacto tão decisivo de recriação de uma Nação composta por "[...] Portugueses de ambos os hemisférios"[241], a união se fizesse por meio da adesão voluntária dos povos do ultramar à Constituição que viesse a ser votada. A Constituição e as instituições liberais seriam os elementos de união da Monarquia ("Só a Constituição pode reunir actualmente os seus membros espalhados pelas quatro partes do Mundo")[242]. Uma vez aprovadas e conhecidas as suas *Bases*, os povos do ultramar elegeriam os seus deputados e estes, juntamente com os deputados eleitos na metrópole, cuidariam, num Congresso único, dos "*interesses gerais da Nação*"[243]. Era nisso que quase todos os deputados diziam acreditar quando vota-

---

[239] V. *DCGECNP*, sessão de 3 de Fevereiro de 1821, p. 23, sublinhados nossos. Este deputado tinha sido membro da *Junta preparatória das Cortes*, autor das instruções de 31 de Outubro de 1820.

[240] V. *DCGECNP*, sessão de 3 de Fevereiro de 1821, p. 25, Dep. Soares Franco, sub. nossos. Sobre estas propostas contraditórias e os motivos que as sustentaram v. Maria Beatriz Nizza da Silva, *Movimento Constitucional e Separatismo no Brasil (1821-1823)*, Porto, Livros Horizonte, 1988, p. 50-51.

[241] V. *DCGECNP*, sessão de 3 de Fevereiro de 1821, p. 25, Dep. Castelo Branco.

[242] V. *Ibid.*, p. 26, Dep. Soares Franco.

[243] V. *Ibid.*, p. 26, Dep. Soares Franco. Também o Dep. Anes de Carvalho, para contrariar a tese, defendida por deputados como Margiochi, de que a Constituição devia consagrar a indivisibilidade e inalienabilidade do território nacional, para que não fossem activados os "princípios de dissolução" que a ameaçavam, lembrou a dimensão unificadora do momento cons-

ram o artigo das Bases da Constituição, tendo essa dimensão voluntarista da união ficado consagrada nos seus artigos:

> "Esta lei fundamental obrigará por ora somente aos Portugueses residentes nos Reinos de Portugal e Algarves, que estão legalmente representados nas presentes Cortes. Quanto aos que residem nas outras três partes do mundo, ela se lhes declarem ser esta a sua *vontade*", art. 22)[244].

A representação política do ultramar e a aplicação universal da Constituição foram, portanto, elementos aos quais se concedeu um lugar decisivo na preservação da unidade do *Reino Unido* e na sua recriação. *Foram a garantia de que os diferentes territórios da Monarquia se conservariam unidos, por serem igualitárias as suas relações*. Foram, por isso, o elemento poiético da nova Nação, tendo-se convertido em dogmas para os deputados da primeira assembleia constituinte portuguesa. Esses dogmas e o vocabulário a eles associado encontraram aqui o seu contexto originário mas, como se tentará mostrar na última parte deste capítulo e ao longo de todo o trabalho, esses foram dogmas que, juntamente com a "vertigem" da desagregação do Império, foram recebidos em todas as discussões constituintes de oitocentos e *passaram a fazer parte da compreensão oitocentista acerca das relações entre a metrópole portuguesa e os seus territórios ultramarinos*. Isso explica a atenção que aqui se concede a esta primeira discussão constituinte sobre o Império.

4.3. *Uma unidade instável: a desconfiança e o "ciúme"*

Como já se sugeriu, houve, em toda esta discussão, uma tensão entre a ideia de unidade e uma realidade que se apresentava sob o signo da diversidade desagregadora. Num primeiro plano, existia a diversidade que separava geograficamente o território europeu do ultramarino. Num segundo plano, a que

---

tituinte: "[...] nós por meio da Constituição, e outras instituições, procuramos por todos os modos enlaçar os diferentes membros da Monarquia", v. *DCGECNP*, sessão de 1 Agosto 1821, p. 1733.

[244] Com o mesmo espírito, as Cortes lamentaram, na primeira Carta que dirigiram ao Rei, "não terem no seu seio os representantes do Reino do Brasil e mais Possessões ultramarinas", v. *DCGECNP*, sessão de 3 de Fevereiro de 1821, p. 23. A ideia contratualista que se expressou nas instruções eleitorais de 22 de Novembro e nas *Bases da Constituição* foi acompanhada, em outras ocasiões, pela ideia da irreversibilidade do contrato e da indissolubilidade da união por ele gerada (v. a proclamação (de 13 de Julho de 1821) das Cortes aos Habitantes do Brasil em Clemente José dos Santos (ed.), *Documentos [...]*, t. I (1820-1825), cit., p. 227 e 356).

separava os portugueses da Europa dos portugueses que viviam na parte ultramarina do território. Suplementarmente, num terceiro plano, a que separava estes últimos portugueses de uma ameaçadora "povoação heterogénea" no meio da qual viviam, separação à qual voltaremos em outros capítulos deste trabalho. Por agora vai ver-se de que forma é que, depois de conseguida a desejada união, pela adesão do Rei e das diversas províncias ultramarinas às *Bases da Constituição*, aquela tensão entre unidade e diversidade se manifestou durante a discussão sobre o tema da representação política do ultramar. Uma das conclusões a que se chegará é que, tal como aconteceu em Cádis, o tema da representação política foi, nas constituintes vintistas portuguesas, aquele em que melhor transpareceram as "tensões geradas pelo conceito bi-hemisférico de Nação"[245].

Uma das questões que se colocaram, no momento em que, depois da adesão das capitanias brasileiras, se discutiu o *Projecto de Constituição* de 1822, foi a de saber se a representação política do ultramar devia ser tratada em separado ou conjuntamente com a das outras províncias na representação nacional. Estava em causa o problema da diversidade no seu primeiro dos três planos antes referidos: o da dimensão territorial do Império, da distância das províncias ultramarinas em relação à sede da Monarquia. Não se tratava apenas do tópico metafórico da estranheza provocada pela lonjura da Pátria, mas de questões concretas, como a possibilidade de se atrasar ou até de se impedir, em caso de bloqueio, a vinda dos deputados eleitos no ultramar. Com estas condicionantes, como podia garantir-se uma representação geometricamente justa das províncias ultramarinas?

A resposta a esta questão fez surgir duas perspectivas diferentes sobre o problema. Para alguns deputados, a representação política do ultramar devia ser tratada como um problema específico: eram necessários regulamentos especiais que garantissem a presença efectiva dos deputados daquelas províncias nos órgãos representativos para que a Nação estivesse representada em toda a sua "plenitude". Não existindo, de facto, igualdade de condições, havia que criá-las, artificialmente. Tratava-se de admitir a discriminação positiva num território cuja extensão dificultava o igual acesso de todos os representantes às Cortes.

Uma das propostas associadas a esta perspectiva foi a de se exigisse um número mínimo de deputados do ultramar presentes como requisito para se reunirem as Cortes. Devia garantir-se a presença de metade e mais um do número total de deputados e exigir-se que entre estes estivessem sempre depu-

---

[245] V. Carlos Petit Calvo,"Una Constitución Europea para América...", cit., p. 59-60.

tados do ultramar, porque era inconcebível que "[...] a parte maior da Monarquia, sem ser representada no Congresso, possa sujeitar-se ao que for determinado pela parte menor dessa mesma Monarquia"[246]. Para se ir ao encontro desta exigência propôs-se que, caso algum obstáculo viesse a impedir a eleição ou a vinda dos deputados recém eleitos no ultramar, eles fossem substituídos pelos eleitos para a legislatura anterior[247]. Outra proposta foi que a Comissão Permanente das Cortes fosse preenchida com igual número de deputados do continente e do ultramar[248].

Com estas propostas os deputados afirmavam desejar não só garantir o que para eles era a "plenitude da representação" mas também acabar, através dela, com qualquer ideia de superioridade da "Europa" sobre o "ultramar". Estava em causa, agora, um problema que já não era de natureza puramente geográfica, mas psicológica, a remeter para o segundo dos planos da diversidade, o que separava os portugueses da Europa dos portugueses do Ultramar: a desconfiança e o ciúme:

> "Observou finalmente a Comissão, que o despotismo europeu havia produzido (mormente nos portugueses do Brasil) um sentimento de aversão nos oprimidos contra os opressores, e certo ciúme tanto mais bem fundado, quanto o mesquinho sistema colonial assemelhava os habitantes das colónias antes a escravos do que a homens livres [...]. Que ditava em tais circunstâncias a mais consumada prudência? Era fazer precisamente o contrário do que tinham feito os Ministros [no anterior regime]. Eles mandaram para o ultramar o despotismo; nós mandamos a liberdade constitucional; eles o arbítrio; e nós a lei; eles a escravidão; e nós a igualdade de direitos"[249].

O "conhecimento dos homens e das coisas", e não os cálculos da população ou as teorias abstractas, tinham sido, explicou-se, os critérios seguidos pela Comissão da Constituição ao propor os artigos constitucionais que concretizavam aquelas propostas e eram os critérios que o legislador devia agora considerar. Só assim se podia evitar que os elementos desagregadores fossem activados. Para reforçar as suas posições, este grupo de deputados convocou ainda os exemplos, a temer, da independência das colónias Norte-Americanas, bem como o das soluções federalistas que a literatura setecentista contrária à ideia de Império propunha, desde os finais do século XVIII, como a solução

---

[246] V. *DCGECNP*, sessão de 21 Setembro de 1821, p. 2360, Dep. Castelo Branco.
[247] A solução tinha sido adoptada nas Constituições espanholas de Bayonne e Cádis.
[248] V. *DCGECNP*, sessão de 12 Nov. de 1821, p. 3046, Dep. Castelo Branco.
[249] V. *DCGECNP*, sessão de 14 de Novembro de 1821, p. 3072, Dep. Pereira do Carmo. Este tipo de considerações foi recorrente nas palavras de vários deputados.

adequada para fundar em bases mais justas a relação das metrópoles europeias com as suas antigas colónias.

Contra estas posições manifestaram-se os deputados que recusaram substituir a abstracção das teorias e dos cálculos pela prudência. Para esses, a representação política do ultramar devia ser tratada de forma exactamente igual à do continente. Além dos perigos concretos que as regras especiais envolviam – um bloqueio dos portos ou uma ordem aos governadores do ultramar para demorar ou impedir as eleições ou a chegada dos representantes, passaria a ser impeditivo da reunião das Cortes –, todas elas violavam o princípio da "homogeneidade que deve haver na representação nacional"[250]. Por outro lado, o afastamento da desigualdade não devia conduzir à criação de uma outra desigualdade, agora contra os interesses da antiga metrópole. As propostas que diferenciavam eram contrárias aos princípios de justiça, porque introduziam um inaceitável direito de preferência a favor dos deputados do ultramar, com a consequente discriminação das outras províncias do Reino, nomeadamente as do continente europeu[251]. Perfilava-se o espectro, ainda próximo, do sentimento de subalternização da parte europeia da Monarquia, sentimento partilhado pelas elites políticas desde a transferência da Corte para o Rio de Janeiro, em 1808.

Igualmente contrária aos princípios da justiça era, para este grupo de deputados, a paridade na Deputação Permanente das Cortes[252]. A eleição dos deputados devia ser inteiramente livre porque "A Nação é uma única, devem desaparecer essas divisões de Portugueses das ilhas, de Portugueses da África, de Portugueses da América, todos somos membros da grande família portuguesa"[253].

A distância a que as províncias ultramarinas se achavam do centro da Monarquia e a desconfiança dos "portugueses do Brasil" (e, de forma mais oculta, a dos portugueses da Europa, que, como se referiu já, também tinha as suas raízes numa "desigualdade" do passado mais recente, ocasionada pela transferência da Corte para o Rio de Janeiro, em 1808 e a criação do *Reino Unido de Portugal, e do Brasil, e Algarves*, em 1815) constituíram argumentos centrais em outros debates que opuseram, por um lado, os deputados que apelaram, em nome da preservação da unidade, para que fossem consideradas a lonjura geográfica e a desconfiança psicológica e, por outro lado, os que

---

[250] V. *DCGECNP*, sessão de 24 Set. de 1821, p. 2390, Dep. Baeta.
[251] V. *Ibid.*, p. 2391, Dep. Pessanha.
[252] V. *DCGECNP*, sessão 12 Nov. de 1821, p. 3046, Dep. Miranda.
[253] V. *Ibid.*, p. 3046, Dep. Bethencourt.

privilegiaram os princípios formais de justiça e as fórmulas abstractas do direito público. Nesses debates ponderou-se, por exemplo, sobre se devia ou não criar-se um Supremo Tribunal de Justiça na América – que, como veremos, era o território de que se estava a falar (v. *infra*, 9) –, ou se, em alternativa, as Relações deviam assumir, ali, as funções que aquele tribunal desempenhava na Europa. Discutiu-se também a possibilidade de delegar em autoridades sedeadas na América – como as Juntas administrativas – atribuições do poder executivo, para o exercerem em nome do rei, nomeadamente a capacidade de suspender temporariamente os magistrados, ou o direito de agraciar. Nas palavras dos deputados que discordaram de todas estas soluções, os argumentos situaram-se na defesa do princípio da unidade do poder executivo, ao qual associaram a impossibilidade de delegação dos poderes que o integravam, bem como na consideração – central em muitos registos do discurso liberal – de que a igualdade de direitos não obrigava à igualdade de "comodidades" no acesso aos direitos. A igualdade (formal) de direitos era possível, mas não era possível a igualdade de comodidades, sobretudo quando o que se ambicionava era manter unido um território tão extenso:

> "Com efeito, é certo que todas as províncias e cidadãos devem ter os mesmos direitos, mas não se segue daí que devam ter nem possam ter as mesmas comodidades, porque para isso seria necessário reduzir todo o mundo a pequenas Repúblicas [...]"[254].

Esta afirmação da igualdade de circunstâncias foi novamente acompanhada da afirmação de que o reconhecimento de especificidades redundaria num benefício a favor das partes ultramarinas do território Devia haver um só poder executivo, um só poder judicial, da mesma forma que havia um só poder legislativo; todos esses poderes deviam exercer-se de forma homogénea, indiferente a qualquer diversidade geográfica ou obstáculo psicológico.

Contraposto a este foi outro, diferente, o discurso de parte dos deputados mais sensíveis à diversidade. Para eles – e sobretudo para os que tinham sido eleitos na América, embora não só – tratava-se, exactamente, de reivindicar, além de iguais direitos, iguais "comodidades". Esse era o único caminho susceptível de *criar* a unidade do Reino que se pretendia Unido. Tal como

---

[254] V. *DCGECNP*, sessão de 9 Fevereiro de 1822, p. 150, Dep. Trigoso. Este tópico foi sobretudo desenvolvido nessa sessão, pp. 138-39. A discussão destes tópicos nas Cortes de 1821-22 foi situada no seu contexto temporal e temático muito alargado por Valentim Alexandre em *Os sentidos do Império [...]*, cit., e em "O processo de Independência do Brasil", in Francisco Bethencourt e Kirti Chaudhuri, *História da Expansão [...]*, cit., p. 10 e ss.

tinha acontecido no momento em que se discutiu a representação política, a opinião favorável à delegação de poderes executivos nas Juntas americanas demarcou-se da inflexibilidade dos princípios, mesmo do ponto de vista estrito do direito público[255], e contrapôs aos argumentos formais o argumento da utilidade e da atenção às circunstâncias. Era princípio básico da prudência política "o princípio de que as leis e instituições se devem acomodar às circunstâncias em que se acham os povos, conformando-se com a situação geográfica do país, costumes, usos e outras circunstâncias" e de que aplicação ao caso desse princípio seria "tão profícuo que esse só adoptado nos pode servir de Norte para estreitar os vínculos de união entre o Brasil e Portugal, e fazer desaparecer os inconvenientes das distâncias (...)[256]. Impunham-se ainda, a favor da união da Monarquia, os argumentos da justiça e da igualdade, agora reinterpretados em função do ponto de vista dos habitantes do ultramar. Era justo diferenciar, delegar poderes e jurisdições, porque só assim se conseguiria que na "grande extensão da monarquia portuguesa" houvesse "igual comunhão de direitos; perfeita e igual comunhão de utilidades"[257].

O tema da dimensão ideal da república era um tema herdado da reflexão política da Antiguidade, assim como o da dimensão e da dispersão territorial dos Impérios, das suas virtualidades e das suas fragilidades, já tinha sido discutido, desde o século XVI-XVII, a propósito da monarquia católica e do Império português. Só que, agora, por contraposição à natureza descentralizada e plural do poder político dos Estados de Antigo Regime, perfeitamente compatível com a diversidade de estatuto das suas unidades políticas e respectivas populações, a ideia unitária do Estado e tudo o que lhe estava associado (estrutura política centralizada, unidade de governo efectivo, unidade da representação, etc.) amplificava o problema[258]. Uma das soluções possíveis

---

[255] V. *DCGECNP*, sessão de 13 de Fevereiro de 1822, p. 170 e ss., onde em diversas ocasiões se discutem aqueles princípios desse ponto do vista.

[256] V. *Ibid.*, p. 170, Dep. Barata. Também Borges Carneiro se mostrou sensível ao argumento das circunstâncias: "A este respeito, posto que as províncias ultramarinas sejam uma parte do Reino Unido tão integrante como as províncias europeias, alguma coisa devemos contudo à natureza, alguma coisa à interposição de um mar imenso", v. *DCGECNP*, sessão de 13 Fevereiro de 1822, p. 170-171.

[257] V. *Ibid.*, p. 178, Dep. Castelo Branco

[258] Sobre o tema da dimensão ideal das unidades políticas v. António Manuel Hespanha, "Pequenas Repúblicas, Grandes Estados. Problemas de organização Política entre Antigo Regime e Liberalismo" in *O poder local em tempo de globalização*, Coimbra, Imprensa da Universidade, 2005. Sobre a natureza plural dos Impérios de Antigo Regime e a diversidade de estatutos das suas partes, nomeadamente para as Monarquias ibéricas, v., do mesmo autor, "A cons-

era a descentralização, como propuseram alguns deputados. Outra era, como se sabia, o federalismo, que inicialmente nenhum deputado propôs, mas que muitos conheciam, fosse através do exemplo recente das discussões em torno da constituição da Federação Americana, à qual alguns deputados eleitos no Brasil se referiram como exemplo para fundamentar a delegação do poder executivo[259], ou do das doutrinas da época contrárias à ideia de Império (v. *supra*, 3). Deste modo, a excessiva dimensão territorial dos Impérios, um tópico do discurso anti-imperialista das *Luzes*, pairava sobre a viabilidade de preservar/fundar uma Nação bi-hemisférica.

4.4. *Especificidades ultramarinas: diversidade de interesses, diversidade de normas*

Outra das questões que se colocaram no momento de discutir a representação política do ultramar foi a da diversidade legislativa. Essa questão pôs-se, no plano constitucional, ainda antes da chegada dos deputados da América, a propósito do prazo a estipular para a revisão da Constituição. Nessa altura houve deputados que recordaram que ele não devia ultrapassar os quatro anos, por não estar completa a representação do "Reino Unido". Podia haver modificações "a respeito de certos artigos que dependem de circunstâncias locais, porque não podem ser aplicáveis os artigos que se estabeleceram para o Reino de Portugal e Algarves para as províncias ultramarinas"[260]. Depois, já com a presença de deputados americanos, a reflexão sobre o tema foi orientada pela necessidade de encontrar uma resposta à questão de saber se devia haver uniformidade na legislação constitucional ou se as diversidades que separavam as províncias europeias das ultramarinas impunham a elaboração de legislação constitucional específica. Nesta discussão houve deputados que admitiram que, exigindo a diversidade ultramarina uma legislação ordinária específica para o ultramar, a Constituição devia prescrever condições específicas para a formação dessa legislação; tendo-se, numa fase mais radicalizada da discussão, discutido sobre o local apropriado para a produção da legislação

---

tituição do Império português. Revisão de alguns enviesamentos correntes", em João Fragoso, Maria Fernanda Bicalho e Maria de Fátima Gouvêa (orgs.), *O Antigo Regime nos Trópicos: a Dinâmica Imperial Portuguesa (séculos XVI-XVIII)*, Rio de Janeiro, Civilização Brasileira, 2001, e C. Russel y J. Andrés Gallego (dir.), *Las Monarquias del Antiguo Régimen. Monarquias Compuestas?*, Madrid, Editorial Complutense, 1996.

[259] V. sessão de 9 Fevereiro de 1822, p. 149.
[260] DCGECNP, sessão de 21 de Fevereiro de 1821, p. 126, Dep. Trigoso.

ultramarina[261]. Outros deputados entenderam que a Constituição se situava num plano "acima" da diversidade, pelo que, tal como o problema das distâncias, os outros problemas postos pela diversidade das províncias ultramarinas não diferiam, senão em grau, dos que se colocavam com a diversidade entre as províncias do Reino, não exigindo a formação da respectiva legislação nenhum princípio de excepcionalidade.

O problema da diversidade legislativa acrescentou também uma nova dimensão ao tema da representação política ultramarina. Para o primeiro grupo de deputados, se a legislação era diferente, então eram necessários "conhecimentos locais" para legislar, sendo lógico que, de acordo com isso, os deputados do ultramar fossem nascidos ou, pelo menos, domiciliados, nos círculos eleitorais que os tinham eleito, i.e., no ultramar. A ideia que se articulava com esta proposta era a de que deviam estar sempre presentes no Parlamento deputados conhecedores das realidades locais, capazes de interpretar interesses especificamente ultramarinos e garantir a legislação apropriada[262]. Pelo contrário, para o outro grupo de deputados devia haver plena liberdade de eleição, porque os interesses da Nação eram gerais, podendo ser interpretados por qualquer deputado. Uma vez eleito, cada deputado representava toda a Nação, e não somente a sua circunscrição eleitoral:

> "Desejamos para Deputados de Cortes homens universais por assim dizer, que conheçam todos os interesses e saibam estabelecer leis adequadas a toda a

---

[261] A ideia da diversidade legislativa não se confundia com a do lugar onde a legislação devia ser produzida e, já no século seguinte, foi isso que separou os partidários do regime de *autonomia* dos partidários do regime de *assimilação*: estes últimos dirão que podia haver diversidade legislativa, como havia para as províncias da metrópole, mas de legislação aprovada no Parlamento. Os partidários da *autonomia* (como Ruy Ulrich, ou Eduardo Costa) dirão que a legislação devia ser feita localmente, mas em regime ditatorial, e não pela criação de assembleias legislativas coloniais.

[262] A ideia de que a administração dos territórios ultramarinos envolvia a presença de pessoas com conhecimentos especializados nos diversos órgãos da governação surgiu de novo a propósito da composição do Conselho de Estado. Para alguns deputados os Conselheiros de Estado deviam ser em igual número do ultramar e do continente, porque o Conselho devia ter no seu seio "quem esteja assaz informado das localidade e mais circunstâncias privativas de um ou outro continente", v. sessão de 17 de Setembro de 1821, p. 3431, Dep. Borges Carneiro. Discutiu-se igualmente se os juízes do Supremo Tribunal deviam ser "compostos metade de europeus e metade de brasileiros, assim como se estabeleceu para a Deputação Permanente de Cortes e para o Conselho de Estado; ou serão promiscuamente nomeados entre europeus e ultramarinos" (sessão de 4 de Março, p. 348, Dep. Borges Carneiro). A divisão em torno destas possibilidades opôs de novo os deputados eleitos no Brasil aos eleitos na metrópole; mas também estes entre si. Castelo Branco, por exemplo, era favorável à paridade dos juízes, não o sendo, neste caso, Borges Carneiro.

família portuguesa, assim ao Brasileiro, ao Angolez, ao Macaista, como ao Algarvio e ao Lusitano, homens a quem se lhe perguntar: donde sois? Possa responder com Sócrates: "Eu sou do mundo Lusitano" A quem representais! A toda a família portuguesa"[263].

4.5. *Especificidades "intra-ultramarinas": África e Ásia*

Muito menos problemáticas do que todas as questões atrás abordadas foram as propostas onde se perspectivou um "tratamento diferenciado" que garantisse a igualdade do estatuto das províncias do ultramar não americano. É que – apesar de ambiguidades e discriminações, que serão descritas em outro capítulo (v. *infra*, 9) –, a representação política dos territórios ultramarinos de África e da Ásia também estava implicada nesta discussão. Neste plano a discussão encaminhou-se no sentido de obter a igualdade diferenciando, agora, entre as "partes" ultramarinas do território, sem que com isso tivessem sido levantados grandes problemas. No caso particular da África e do Ásia, uma vez que estavam em causa territórios pouco povoados, era necessário introduzir critérios excepcionais para o cálculo do número de deputados, tais como a dimensão territorial ou a importância histórica e económica desses territórios, com o objectivo de assegurar que cada um deles tivesse, pelo menos, um deputado, qualquer que fosse o número dos seus habitantes livres. Foi esse o sentido das propostas apresentadas quando se discutiu o decreto eleitoral de 11 de Julho de 1822. Uma delas foi que na eleição de deputados nesses territórios não se atendesse ao número de habitantes mas à "importância" dessas partes da Monarquia. Assim, para que as ilhas de S. Tomé, Moçambique e suas dependências, Goa e Macau entrassem na representação nacional, devia atender-se ao "princípio de que se não devia olhar à população de cada um destes estabelecimentos (no qual caso a nenhum deles toca dar deputado algum) mas sim os interesses destas possessões riquíssimas, ao que são hoje, que podem vir a ser, e à gloriosa recordação de sua incorporação no território português"[264]. Subscrevendo a mesma ideia, Castelo Branco defendeu, no mesmo sentido,

---

[263] V. *DCGECNP*, sessão de 19 Outubro de 1821, p. 2715, Dep. Borges Carneiro. Evocando esta parte "angolesa" da família portuguesa, existe um folheto, escrito pelo deputado do Reino de Angola, Manoel Patrício Correia de Castro, com pouca substância de conteúdo, mas com o interessante título de *Aos meus Amados compatriotas, habitantes do Reino de Angola e Benguela*, a quem se pedia que não seguissem a via, que acabou por ser a seguida na América, da desunião com a metrópole (Typografia de M. P. De Lacerda, 1822, p. 1-5).

[264] V. *DCGECNP*, sessão de 18 Junho de 1822, p. 474. Dep. Borges Carneiro.

que "ainda que a população dos homens livres não chegasse a completar o que está estabelecido, eu acho que nessa regra geral se deve fazer excepção para os casos em que já uma parte da Monarquia se não possa unir a outra para a representação dos seus interesses, porque então é preciso salvar outro princípio mais essencial, e é que não deve haver uma parte da Monarquia Portuguesa que fique sem ser representada. Peço portanto que quando a população não chegar a completar a base estabelecida na Constituição, que se faça uma excepção para as Ilhas de S. Tomé, e Príncipe, assim como para outra qualquer parte, que esteja em idênticas circunstâncias"[265].

Foi com base nesses critérios, em cuja selecção ganharam valor argumentativo um conjunto de mitos oitocentistas associados ao Império[266], que se aprovaram divisões eleitorais como a de S. Tomé e Príncipe, Macau e até Timor-Solor. Evidenciou-se, porém, nesta argumentação, algum arcaísmo na forma como se pensava a função dos territórios ultramarinos. O interesse económico das "possessões" referidas, o qual devia servir de critério para a sua representação, podia até consistir no comércio de escravos:

"Que esta província deva dar um Deputado, ninguém duvidará disso, se considerar a riqueza e importância desta província, a sua fertilidade em escravos que se importam para o Brasil, marfim, anil, arroz, etc. Deve portanto dizer-se que Moçambique com suas dependências dará um Deputado, qualquer que seja a sua população"[267].

A permanência deste critério, em vez do critério puramente demográfico, irá perdurar, sugerindo outras especialidades para estes outros ultramares (v. *infra*, 9).

Houve, portanto, mais um plano em que a diversidade se manifestou – o da diversidade "inter-ultramarina", que separava o ultramar americano do

---

[265] V. *Ibid.*, p. 475. Dep. Castelo Branco.

[266] Os mitos do *El Dorado* e da *Herança Sagrada*, cuja função nos discursos coloniais portugueses foi analisado por V. Alexandre em "A África no Imaginário Político Português (séculos XIX-XX)", *Penélope*, n.º 15, 1995.

[267] V. *DCGECNP*, sessão de 18 de Junho 1822, p. 476, Dep. Borges Carneiro. Concordava, assim, com a opinião do deputado Mantua, que entendia deverem as ilhas africanas ter representação no Congresso por ali se fazer tráfico de escravos, "de sorte que vem a ser de muita importância estas ilhas para Portugal e para a América" (*ibidem*, p. 476). E, de facto, após a independência do Brasil – e até aos anos '30 –, a participação no tráfico negreiro constituiu a via escolhida pelos governos portugueses para manter as relações entre Portugal e as colónias africanas, v. Valentim Alexandre, *As Origens do colonialismo português moderno*, Lisboa, Sá da Costa, 1979, p. 36 e ss.

ultramar africano e asiático. Só que, ao contrário do que sucedeu nas discussões anteriores, o reconhecimento desta outra diversidade não suscitou fortes reacções *integracionistas*, apesar de ter havido opções que revelam uma notável indisponibilidade para levar muito longe os princípios mais *diferenciadores*. Como se verá mais detalhadamente, diferenças significativas entre o ultramar americano, africano e asiático fizeram com que estes outros ultramares, que, se exceptuarmos o caso de Goa, não eram mais do que um conjunto de pequenos "enclaves", nunca se tenham constituído em referente sério dos discursos *integracionistas* do vintismo, na sua versão mais radical como nas suas versões mais moderadas (v. *infra*, 9).

4.6. *A unidade da Nação e o contratualismo federal: Nação, Pátria(s), Indivíduos*

Durante o ano de 1822, o discurso sobre a diversidade das províncias que compunham a Nação e a necessidade de leis acomodadas a (e que acomodassem) essa diversidade e, para as formar, de deputados conhecedores das realidades locais, atingiu o seu ponto máximo[268], dando lugar à tese da necessidade absoluta da presença de deputados do, nascidos e domiciliados no ultramar[269]. Nessa altura, deputados eleitos nas capitanias brasileiras defenderam que determinadas questões – como o governo das províncias, os poderes das Juntas, as câmaras municipais – só pudessem ser resolvidas quando estivessem presentes todos os deputados eleitos do outro lado do Atlântico[270]. Muitos problematizaram, abertamente, a natureza "apátrida" do deputado da Nação, assim como o conceito de representação que se articulava com o seu mandato. Nessas sessões, o Brasil começou a ser percepcionado como um segundo território da Nação.

"Esta nação Portuguesa está dividida em dois territórios; dois territórios divididos entre si e cuja união tem imensas dificuldades"[271].

---

[268] V. *DCGECNP*, sessão de 4 Março de 1822, pp. 378-381. O acentuar desta perspectiva esteve directamente relacionado com a chegada, a 11 de Fevereiro, dos deputados por S. Paulo, por motivos que se compreenderão já a seguir.

[269] V. *Ibid.*, p. 380, Dep. Moura.

[270] Foi o caso, por exemplo, da discussão do Cap. 1, Tit. 6 do Projecto da Constituição, sobre câmaras e juntas administrativas, que Borges de Barros propôs ficasse adiada "até chegarem ao maior número possível os deputados do ultramar"(v. sessão de 4 Março de 1822, p. 378).

[271] V *DCGECNP*, sessão de 31 de Janeiro de 1822, p. 70, Dep. Barata.

Nessas mesmas sessões (nomeadamente, na de 1 de Fevereiro), o Brasil começou também a ser ostensivamente designado como Pátria, tornando--se claro, na voz de alguns deputados, que a Nação portuguesa integrava várias Pátrias. Socorrendo-se desta concepção, que dissociava perigosamente a pertença natural à Pátria, entendida como "o lugar onde se nasceu", da pertença artificial à Nação, fundada num contrato, muitos deputados vindos da América passaram a assumir-se como representantes dos interesses da sua "Pátria"[272]. E, uma vez que o conjunto de deputados eleitos na América estava longe de constituir um grupo coeso, de ser portador de um projecto único[273], também a diversidade inter-provincial, na América, foi descrita na sua irredutibilidade, tornando indispensável, para alguns dos deputados eleitos na América, a presença de deputados de cada uma delas[274]. Para além do binómio Europa/América, a América portuguesa, pela sua extensão, por causa da diversidade natural e humana do seu território, não podia ser descrita como um conjunto homogéneo. O que agora estava em causa era, entre outras coisas, o desejo de atenuar a centralidade do Rio de Janeiro enquanto capital do Reino Unido na América:

> "O Brasil não deve olhar-se como um só país, são tantos países diferentes quantas as províncias; faltar uma deputação é o mesmo que não poder-se tratar dos negócios daquela província; desejava que o Sr. Moura desse atenção aos climas, aos usos, costumes, e distâncias, em que as províncias do Brasil estão umas das outras. As províncias do Brasil podem chamar-se reinos."[275].

---

[272] "Todos os Deputados deste Congresso, além de representarem os interesses da Nação inteira, tem uma obrigação particular para com os interesses do seu país, e necessidades da sua província; bem entendido quando o bem particular dessa província não ataca o bem geral; por isso em negócios de sumo interesse para as províncias do Brasil, é imperiosa a necessidade que os seus representantes concorram todos", v. *DCGECNP*, sessão de 4 Março 1822, p. 378, Dep. Lino.

[273] Os diversos projectos que se confrontavam estão descritos em Márcia Regina Berbel, *A Nação como artefacto [...]*, cit., p. 83 e ss.

[274] Uma exigência evidentemente relacionada com outra discussão, que desde o início tinha posto em confronto os deputados americanos entre si, que era da autonomia dos governos locais brasileiros (Juntas provinciais), chegando alguns "a defender a associação de "reinos" autónomos dentro de uma unidade monárquica", por oposição a propostas mais centralizadoras, v. Márcia Regina Berbel, *A Nação como artefacto [...]*, cit..p. 131.

[275] V. sessão de 4 Março 1822, p. 379, Dep. Borges de Barros; o deputado explicou como ele próprio, sendo "brasileiro", não se achava capaz de pensar um método de administração geral para as províncias do Brasil, tal era a diversidade destas.

Desenhava-se, assim, um quarto plano da diversidade, a que separava entre si as províncias ultramarinas na América. Também essa união tinha que ser pactuada. Possuídas por uma dinâmica de cissiparidade, as Pátrias multiplicavam-se. A Nação, pelo contrário, enfraquecia. Só um contrato mais complexo a poderia salvar.

Confrontados com esta noção de deputado como "representante" dos interesses concretos e múltiplos das respectivas províncias, como porta vozes dos interesses particulares de cada localidade – a remeter para uma interpretação pluralista da sociedade e do interesse comum, próxima do constitucionalismo norte-americano[276] –, os deputados eleitos no continente europeu convergiram em torno de um conceito de representação que, em contrapartida, evocava uma interpretação radicalmente unitária, na qual só o deputado da Nação fazia sentido. Um desses deputados descreveu-se a si mesmo como paradigma do deputado da Nação:

> "[...] é então que eu me considero sem pátria verdadeira; é então que eu digo, eu não sou asiático, não sou europeu, não sou americano, nem africano, sou português [...]; e portanto como português, sendo por assim dizer indiferente aos interesses particulares de todas as províncias que constituem a monarquia portuguesa, eu vou com a maior clareza possível, segundo os princípios que ministra a política e a filosofia, pesar os interesses das diversas partes da monarquia portuguesa; e livre de todas as prevenções, vou decidir dos interesses de todos os *indivíduos* desta monarquia"[277].

Agora era a Nação e o seu interesse que se devia salvaguardar contra os interesses egoístas das Pátrias. Só enquanto representante da Nação é que o deputado eleito era capaz de cumprir a sua missão de transcender "a particularidade dos interesses inevitavelmente presentes no corpo eleitoral (...) trazendo à luz a irrenunciável dimensão política unitária da Nação"[278]. Aceitar qualquer mecanismo próximo do mandato imperativo era fazer irromper na assembleia os interesses particulares, era destruir a unidade que se estava a querer refundar[279]. Estas e outras exortações não impediram, contudo, que, na sessão de 3 Julho de 1822, a ameaça federalista que muitos deputados

---

[276] V. Maurizio Fioravanti, *Appunti di storia delle costituzioni moderne, le libertà fondamentali [...]*, cit., p. 87 e ss.

[277] V. *DCGECNP*, sessão de 4 de Março de 1822, p. 178, Dep. Castelo Branco.

[278] V. M. Fioravanti, *Appunti di storia delle costituzioni moderne [...]*, cit., p. 64.

[279] E era, além disso, optar por uma solução que tinha ressonâncias arcaicas, por se assemelhar ao antigo mandato imperativo dos representantes dos três Estados de Antigo Regime.

tinham temido desde a abertura das Cortes se tivesse materializado num *Aditamento*, proposto por um grupo de deputados americanos[280]. Nesse documento era assumido como verdade irrefutável que "as localidades e circunstâncias do Brasil o diferenciam essencialmente de qualquer regime, e sistema europeu". Num dos quinze itens que o constituíam, previa-se a existência de dois Reinos – o do Brasil e o de Portugal e Algarves –, cada um com o seu Congresso legislativo, dotado da capacidade de legislar sobre o "governo interior" de cada um dos Reinos. A existência de dois congressos e o conceito de "governo interior" foram as grandes novidades trazidas por este projecto. Outras novidades foram também a criação de uma "Assembleia federal" – as "Cortes Gerais de toda a Nação compostas de cinquenta deputados tirados das Cortes especiais dos dois Reinos" – e uma delegação do poder executivo na América[281].

Este *Aditamento* trouxe para a discussão uma terceira alternativa, uma outra solução para refundar a unidade em termos igualitários. Essa refundação passava, agora, por uma solução federal, que uniria no seio da mesma Nação não uma, mas duas (ou mais) Pátrias diferentes, uma solução que devia ser contratada por indivíduos da mesma "família". Era uma solução inspirada no modelo imperial britânico (o do Império grego), mas bastante mais igualitária, já que boa parte das atribuições da assembleia federal proposta equivaliam, no modelo britânico, a atribuições do Parlamento inglês. Uma solução mais próxima, portanto, de um verdadeiro federalismo, e por isso esteve na origem de um esboço mais claro de oposição entre os interesses dos "portugueses da América" (que estavam longe de ser homogéneos) e dos "portugueses da Europa", que a rejeitaram. É que no registo em que estes últimos se situavam – no qual, por um lado, Pátria e Nação tendiam a ser a mesma coisa e, por outro, a Nação se exprimia como realidade unificada na medida em que se fazia representar numa só Assembleia, como se viu – a duplicidade das

---

[280] V. sessão de 3 de Julho de 1822. Tratava-se dos deputados eleitos por S. Paulo, que, efectivamente, eram agentes de um mandato que os vinculava às instruções marcadamente autonomistas ditadas pela Junta de S. Paulo. Sobre o conteúdo dessas instruções veja-se Márcia Regina Berbel, *ibid.*, p. 133.

[281] Os quinze artigos deste projecto – que começou a ser discutido nas Cortes a 26 de Junho de 1822 e foi definitivamente reprovado a 6 do mês seguinte – estão reproduzidos em Márcia Regina Berbel, *A Nação como artefacto [...]*, cit., p. 171 e ss.. Já antes, no projecto apresentado na sessão de 11 de Fevereiro de 1822 pela delegação de S. Paulo, se previa um "governo-geral executivo para o *reino* do Brasil" e a paridade dos deputados do ultramar e da metrópole nas Cortes; Márcia Berbel descreve também o processo que conduziu da divergência inicial à convergência da maioria dos deputados brasileiros em torno destes projectos (*ibid.*, p. 127 e ss.).

assembleias era incompatível com a unidade da Nação, como acabou por explicar o deputado Castelo Branco:

"[...] se não nos é licito duvidar neste congresso de que os portugueses da América não são outra coisa mais do que uma parte constituinte da grande Nação portuguesa espalhada pelas quatro partes do globo, como é que pode conceber-se o absurdo projecto de duas representações nacionais, uma na América, outra na Europa?"[282].

Outros deputados optaram por contornar os problemas postos pelos conceitos de Pátria/Nação apoiando-se na universalidade do indivíduo abstracto para o qual se estava a legislar. Era o indivíduo e o seu interesse, as suas relações com os outros poderes e com o poder do Estado, que deviam estar no centro das decisões constitucionais. Esquecido da "Pátria" e alheado da "particularidade" dos interesses locais, o indivíduo "igual" e "geral" devia ser o sujeito da Constituição, o objecto no qual se devia concentrar o olhar neutro do deputado da Nação. As "Pátrias" e os sentimentos a elas associados, os interesses "particulares", podiam, deviam, ser subsumidos nessa outra entidade que era o indivíduo, anterior quer à pertença "natural" a uma Pátria (ou a uma Nação entendida no seu sentido mais orgânico, v. *infra*, 7.1), quer à pertença artificial a uma Nação (entendida no seu sentido contratual):

"Admiro-me na verdade [dizia o deputado Arriaga] que quando se trata da Constituição política que deve reger a Nação portuguesa em ambos os mundos se produzam como obstáculos à unidade do sistema que a deve caracterizar, as partes heterogéneas, que oferecem os diversos climas da Europa e América. É incontestável, que pelo que pertence aos Reinos animal, vegetal e mineral, e enquanto a particularidades locais, há entre os dois Reinos muitas singularidades, que por heterogéneas pedem ao legislador diversas e muito peculiares providências; que sem dúvida deverão conceder-se, quando houverem de regular-se tais matérias; porém é muito diverso hoje o nosso objecto; em que se trata da espécie humana, e de fixar os deveres e direitos do homem entre si e os seus imperantes; e neste assunto não sei como pode admitir-se entre portugueses a hipótese de serem susceptíveis de partes heterogéneas"[283].

A verdade, porém, é que este tópico individualista, a remeter para uma visão atomística da sociedade como conjunto de indivíduos cujos direitos a Constituição devia garantir, conviveu, no discurso do mesmo deputado, com

---

[282] V. *DCGECNP*, sessão de 4 Julho, p. 688, Dep. Castelo Branco.
[283] V. *DCGECNP*, sessão 3 Julho de 1822, p. 681, Dep. Arriaga.

um insistente apelo ao conceito orgânico, supra-individual, natural, de Nação, a uma unidade nacional mais profunda, que a representação política, ainda antes de fundar, já exprimia:

"Eu considero os portugueses em qualquer parte do mundo em que se achem sempre dotados do mesmo espírito, e carácter nacional, e homogéneos em linguagem, costumes, religião, governo, e patriotismo. Pela história e tradição sabemos que tendo eles levado as Quinas portuguesas às quatro partes do mundo, as souberam sempre venerar, e respeitar de maneira tal, que usando das suas leis em todos os países, onde arvoraram aquela, nunca a influência dos diversos climas, e cultos, ou interesses os puderam jamais abalar a arrecadarem-se da crença de seus maiores, nem da sua obediência, e fidelidade à monarquia pátria. Por certo que os portugueses de hoje não degeneraram, e portanto não compreendo como não possa quadrar para os portugueses no Brasil a mesma Constituição política que liga os portugueses na Europa. Façam-se-lhe muito embora as alterações que exigirem algumas circunstâncias peculiares de localidade, mas sem que impliquem com a substância, e unidade do sistema do pacto social adoptado para Portugal, e já jurado com as bases pela Nação"[284].

O registo contratualista que as últimas palavras deste discurso evocam articulou-se, por fim, com argumentos estritamente jurídicos[285].

As adições propostas nos *Actos adicionais* não eram definitivamente compatíveis com a unidade do Império tal como a entendiam os deputados europeus e o impasse a que se chegou, face à natureza contraditória dos diversos projectos, ajudou a criar condições para que, no fim, se tivesse concretizado a solução que, no início, se tinha mantido afastada do horizonte "público" da discussão, a independência da parte americana do território, fenómeno cuja complexidade causal não faria sentido tentar reconstituir aqui.

---

[284] V. *Ibid.*, p. 661-662.

[285] Com a adesão às bases da Constituição, os povos da América, de África, e da Ásia, tinham confirmado a sua vontade de existir como "partes componentes da grande Nação Portuguesa, e nenhuma destas partes tem direito de separar-se do todo", v. *DCGECNP*, na sessão de 19 Setembro de 1822, Dep. Barreto Feio, p. 517. A ideia de que os deputados eleitos no Brasil não podiam aprovar a criação de um centro legislativo na América tal como se propunha nos *Actos Adicionais* foi expressa pelo deputado eleito pelo Pará em *Manifesto que faz o Bispo e Deputado da província do Pará D. Romualdo de Sousa Coelho sobre os motivos do seu voto contra o projecto de hum centro de poder legislativo no Reino do Brazil* (Lisboa, 1822), um texto que é sintomático da ausência de um projecto "brasileiro" com o qual se identificassem todos os deputados eleitos na América.

4.7. Conclusão

Quando os deputados constituintes vintistas se reuniram para votar, primeiro, as *Bases da Constituição* e, depois, a Constituição, havia um conjunto de ideias que eram partilhadas por todos eles. Uma delas era a ideia da unidade da Nação, que tendiam a descrever como uma unidade anterior a qualquer pacto, embora tivesse sido depois juridicamente confirmada por um pacto, materializado na adesão das capitanias ultramarinas às *Bases da Constituição*[286]. A anterioridade da união relacionava-se com o que os deputados descreviam como específico da relação dos Portugueses com o ultramar, como explicou Trigoso de Aragão a um deputado paulista que o confrontou com soluções descentralizadoras no domínio das relações entre as metrópoles e as suas parcelas territoriais de além-mar:

> "O Honrado membro da província de S. Paulo diz, que uma das razões em que se funda, vem a ser, que na Escócia, na Suécia, e nas Províncias da América inglesa há certas delegações do poder real; que este pertence a tais e tais autoridades, e que por isso não é tão único o poder real, que não possa separar-se, e delegar-se em outras pessoas; e donde julga o honrado Membro que da minha parte há ignorância em supor que o poder real não pode delegar-se? [...] mas não foi ignorância minha, antes sim esquecimento do honrado membro, que confunde países inteiramente diferentes do nosso país [...]. Trata de países que tinham pacto estabelecido antes de serem unidos; trata-se de países, que estabeleceram um novo pacto para o fim de se unirem; trata de países que se confederam para fazer um Estado. E qual é o nosso país? O nosso país é aquele que esteve unido com o Brasil desde o descobrimento do Brasil; é aquele que esteve unido com todas as Províncias ultramarinas desde o seu descobrimento; que formou o Reino Unido antes mesmo de ter este nome; que muito antes da Regeneração política estava unido a Portugal [...]; por isso é um Reino inteiramente unido [...]"[287].

---

[286] Apesar da simplificação que tal envolvia, o conjunto do território ultramarino deixava-se descrever, nos finais do século XVIII, como um conjunto de "capitanias", como se pode ver em *Memória sobre o Governo, e Capitanias Gerais, com os Governos e Capitanias Mores e Sargentarias mores subalternas dos Governos e Capitanias Gerais dos Domínios ultramarinos de S. Majestade Fidelíssima em o Oceano Atlântico, África, Ásia e América, disposta e coordenada por ordem e mandato do Sr. D. Rodrigo de Sousa Coutinho [...]*, Anno de 1799. Agradeço à Fátima Gouvêa, da Universidade Fluminense, a indicação desta memória.

[287] V. *DCGECNP*, sessão 9 Fevereiro de 1822, p. 149, Dep. Trigoso, subl. nossos.

Ao contrário de outros povos, os portugueses tinham-se espalhado pelo globo, sem nunca fundar novas sociedades, como tinha acontecido com os ingleses na América[288].

A conservação desta unidade e a sua recriação, pela observância do princípio da igualdade jurídica entre o território ultramarino e metropolitano, foi o objectivo em torno do qual todos os deputados constituintes se uniram. A representação política do ultramar foi escolhida como o principal elemento de expressão/construção dessa igualdade. O modelo implícito – o de uma Nação unitária, representada num só Parlamento – iria permitir duas coisas: contornar as desigualdades do "sistema colonial" e esconjurar, com isso, soluções federalistas, que todos repudiavam.

Os deputados vintistas partilharam também da ideia de que, apesar de "natural" e de depois confirmada pelo contrato, a unidade da Nação era frágil. A Constituição devia ser, em relação a ela, um instrumento de consolidação. No entanto, dividiram-se quanto ao método a seguir. Os deputados mais radicalmente *integracionistas* extraíram, de forma implacável, todas as consequências da ideia unitária de Nação: não podiam existir regras especiais para o ultramar porque existia um só interesse nacional, susceptível de ser interpretado por qualquer deputado da Nação, independentemente do seu local de nascimento e domicílio; não podia haver delegação de poderes nem ela se justificava em nome da igualdade de direitos, porque essa igualdade não implicava igualdade de acesso às instituições que os garantiam. Para este grupo, enfatizar a especificidade das "partes" era desagregador, introduzia na discussão os "princípios de federalismo" que todos recusavam, por partilharem o modelo da "Nação unitária" e se identificarem com os dogmas e ele associados[289].

Foram estes, sem dúvida, os primeiros (e talvez únicos) teorizadores de uma política de *assimilacionismo* uniformizador e radical para as partes ultramarinas do território português. Mas, como se verá, ela tinha por objecto esses territórios, mas não as suas populações nativas.

Para outro grupo de deputados, deviam reconhecer-se, ainda que *provisoriamente*, algumas especificidades, para criar uma igualdade que a natureza e as circunstâncias psicológicas dos povos dificultavam. Porque a distância tor-

---

[288] Com esta referência ao modelo americano como modelo de contraste, os deputados aderiam à ideologia norte-americana, que entendia a origem da sociedade estadunidense como sendo o resultado de um novo contrato social feito entre todos aqueles que, descontentes com a sociedade britânica, a tinham abandonado, para fundar uma comunidade diferente, v. Anthony Pagden, *Lords* [...] cit., pp. 130 e ss.

[289] V. *DCGECNP*, sessão de 14 Novembro 1821, p. 3072, Dep. Miranda.

nava complicada a vinda em tempo útil dos deputados do ultramar, eram necessárias regras especiais que garantissem a sua presença; por outro lado, as especificidades do ultramar implicavam a presença de deputados dali naturais ou ali domiciliados, por possuírem conhecimentos particulares sobre esses territórios; finalmente, a distância podia justificar a delegação de determinados poderes – como as prerrogativas régias do conhecimento de recursos ou do poder de agraciar, – para que ficasse garantida a igualdade de acesso aos direitos. O objectivo que prosseguiam não era tanto o de pôr a funcionar em harmonia um conjunto territorial extenso e plural mas o de superar as "desconfianças" herdadas do antigo "sistema colonial" e, tal como os mais *integracionistas*, o de afastar, mas com soluções descentralizantes, a solução federal. Reconhecer alguma diversidade e consagrá-la institucionalmente era, por isso, visto como um passo na consolidação de uma unidade que seria progressivamente mais perfeita. Não o fazer podia conduzir à desagregação, por causa da "impreparação dos povos". Não estava, assim, em causa a virtude das ideias *integracionistas*. Pelo contrário, o ideal era que estivessem já "bem impressas na memória de todos os Portugueses; mas já nós conseguimos isto? Já temos os povos do Brasil com a ilustração precisa? Já estas ideias que acabam de referir-se estão vulgarizadas no Brasil? Não"[290]. As propostas destes deputados representaram, então, o máximo de diferenciação comportada pelo modelo da "Nação unitária". Era, por outro lado, uma diferenciação cujo objectivo seria, a prazo, o da criação de uma igualdade cada vez mais "perfeita". Estava-se, de novo, num registo *assimilacionista*, ainda que menos imediatista, e igualmente alheio à existência de populações nativas do ultramar, como se verá.

À medida que os deputados vindos do Brasil chegaram, a oposição foi adquirindo contornos mais nítidos. Para boa parte desses deputados – como, por fim, para a maioria dos que tinham sido eleitos na América – o modelo *integracionista* equivalia a um regresso ao "antigo sistema colonial", e não a uma união fundada na igualdade. Contra ele reivindicaram, como os deputados mais moderados da metrópole, um tratamento diferenciado da representação política do ultramar, a descentralização administrativa e política e a revogação dos artigos da Constituição que não se adaptavam às circunstâncias particulares do Brasil[291], justificando esta última reivindicação com a ausência de deputados americanos no parlamento aquando da votação do texto funda-

---

[290] V. *DCGECNP*, sessão de 12 Novembro de 1821, p. 3047, Dep. Belfort.
[291] V. *DCGECNP*, sessão de 19 Dezembro 1821, p. 3474-3476.

mental. No discurso desses deputados a unidade do "Reino Unido" adquiriu uma dimensão crescentemente contratual e, portanto, condicional, na qual a união só poderia realizar-se debaixo de condições igualmente vantajosas para uns e outros[292]. O crescendo dos desencontros, intensificado pela irrupção no Parlamento da delegação de S. Paulo, foi convertendo este esforço de recriação da unidade num puro e difícil artifício político ("é preciso um quase milagre de política para conservar esta união")[293].

A radicalização das posições ocasionou o aparecimento de propostas diferenciadoras que entraram em ruptura com os pressupostos subjacentes ao modelo da "Nação unitária". A expressão máxima dessa incompatibilidade foi o conjunto de *Artigos adicionais* à Constituição portuguesa em torno do qual acabou por convergir a maioria dos deputados eleitos na América. Com este *Acto adicional* os deputados afastaram-se definitivamente do modelo que inicialmente tinha surgido como alternativa ao "antigo sistema colonial", o de uma "Nação unitária", e aproximaram-se, para o substituir, de uma outra alternativa possível, substancialmente mais igualitária, que era o modelo da união de duas (ou mais) "Pátrias gémeas", reunidas pelo sangue e pelo interesse numa só Federação[294]. Era, na verdade, uma solução mais próxima das que a filosofia política contrária à ideia de Império propunha para solucionar o problema das relações entre as antigas metrópoles e as Nações que se formariam após a independência das colónias. Mas era também um modelo que estava excluído do horizonte constitucional vintista. Não houve, portanto, acordo quanto à melhor maneira de ir ao encontro desse "mínimo ético comum" que todos tinham aceitado como condição para a unidade, a *igualdade*.

Como já se viu, também esta última proposta remetia para universos de pensamento totalmente alheios ao problema das populações nativas. Mas o que importa agora salientar, além deste alheamento (que desenvolveremos em capítulos seguintes), é que o discurso *assimilacionista* do primeiro liberalismo português prosseguiu, no momento da sua formação, um objectivo contrário ao da "igualdade", o de reconstituir uma antiga desigualdade, aquela que a transferência da sede da Monarquia para a América, em 1808, e a elevação

---

[292] V. *DCGECNP*, sessão de 13 Fevereiro de 1822, p. 175, Dep. Vergueiro.
[293] V. *DCGECNP*, sessão de 4 Março 1822, p. 379, Dep. Andrada.
[294] Outro projecto era o de manter unidas as "duas famílias" sob o papel unificador do monarca constitucional. Era neste projecto que D. Pedro pensava quando justificou a convocação da Assembleia de 1823 no Brasil, v. *Manifesto do Príncipe Regente do Brasil aos Povos daquele Reino*, Clemente José dos Santos (ed.), *Documentos [...]*, t. I (1820-1825), cit., p 392.

do Brasil a Reino, em 1815, já tinham atenuado. O modelo da "Nação unitária" pluri-continental, solução constitucional que Jeremy Bentham tinha denunciado como inviável, redundaria, efectivamente, na recriação de relações pouco igualitárias entre a metrópole e as "províncias ultramarinas", unidas num "Reino Unido" cujo centro se situaria em Lisboa[295]. Da mesma forma, o rei e governo residiriam sempre nesta capital do "Reino Unido".

---

[295] Sobre essa diferença no significado vintista da expressão "Reino Unido" v. Valentim Alexandre, *Os sentidos [...]*, cit., p. 551.

5. Unidade e diversidades no primeiro texto constitucional português

A tensão que atravessou os debates sobre a arquitectura constitucional do *Reino Unido* teve reflexos importantes no primeiro texto constitucional português. Por um lado, a Constituição vintista recebeu princípios radicalmente *integracionistas*, em artigos onde se salientou a natureza representativa do mandato – os deputados representavam toda a Nação, e não apenas a divisão que os elegia (art. 94) – ou naqueles em que se declarou que a Constituição podia ser revista (quatro anos depois da sua votação), desde que votada por "duas terças partes dos deputados" (art. 28), sem se fazer qualquer distinção entre europeus e ultramarinos[296]. Os aditamentos propostos no sentido dos recursos de revista serem entregues a autoridades sedeadas no ultramar, quando daí procedessem, foram também recusados[297]. Por outro lado, como já se viu, as Cortes, a Deputação permanente (art. 117), o rei e governo residiriam sempre na capital do "Reino Unido", que era Lisboa (art. 80), salvo "causa urgentíssima, como a peste ou invasão da cidade" (art. 82). O rei, como o sucessor da coroa, não poderia "sair do Reino de Portugal e Algarves" sem o consentimento das Cortes (art. 125). Ou seja, o centro único da Monarquia localizava-se na Europa, em Lisboa, e era fixo.

Porém, a Constituição acolheu também princípios *diferenciadores* no que diz respeito à representação política e a outros temas polémicos. A especificidade ultramarina foi, por exemplo, assumida no seu art. 87, no respeitante aos deputados substitutos ("com os deputados de cada uma das divisões eleitorais do ultramar virá logo para Lisboa o primeiro substituto, salvo se em Portugal e Algarve residir algum; no qual caso entrará este no lugar do deputado que

---

[296] O mesmo acontecia quando o que estivesse em causa fosse a decisão de questões como a transferência momentânea da capital do Reino (art. 82) ou a prorrogação por mais um mês da duração das sessões legislativas (art. 83), questões que podiam ser votadas sem a presença de deputados do ultramar.

[297] V. A.H.P. (Arquivo Histórico Parlamentar), Secção I-II, Cx. 93, Doc. 28 (manuscrito anotado do Projecto de Constituição de 1822).

faltar. Se forem reeleitos alguns dos deputados efectivos, virão logo tantos substitutos quantos forem os reeleitos, descontados os que residirem em Portugal e Algarve"), bem como na composição da Comissão Permanente do ultramar, integrada por sete membros eleitos, "[...] três das Províncias da Europa, três das do ultramar, e o sétimo sorteado entre um da Europa e outro do ultramar" (art. 17). A mesma especificidade foi a causa – não muito explicitada – de soluções que ganharam carácter geral na Constituição, como a que, no art. 35, declarou inelegíveis "os que não tiverem naturalidade ou residência contínua e actual, pelo menos de cinco anos, na província onde se fizer a eleição", o que obrigava os deputados ultramarinos a conhecer o ultramar que representavam. Ou ainda a que, no art. 89, determinava que "Se os deputados de alguma província não puderem apresentar-se em Cortes, impedidos por invasão de inimigos ou bloqueio, continuarão a servir em seu lugar os Deputados antecedentes, até que os impedidos se apresentem", uma solução que perdurou no direito constitucional e eleitoral português (v. *infra*, 6.1).

Para além destas discriminações, cujo fim foi o de assegurar a "plenitude da representação ultramarina", houve outras concessões. Por exemplo, no que diz respeito à localização dos órgãos judiciais, admitindo-se a criação de um Tribunal especial para a Liberdade de Imprensa[298] e de um Supremo Tribunal de Justiça[299] no Brasil. O mesmo se verificou quanto à organização do poder executivo, com uma delegação no Brasil[300]. Por sua vez, o Conselho de Estado seria composto de seis "cidadãos europeus" e seis "cidadãos ultramarinos"[301]. O Brasil ficou, contudo, *sem corpo legislativo próprio*, contra os desejos de boa parte dos deputados vindos da América.

Por fim, a "especificidade africana" no conjunto ultramarino materializou-se num conjunto de disposições especiais destinadas a garantir a repre-

---

[298] "No Brasil haverá também um Tribunal Especial, como o de Portugal" (art. 8.º)
[299] "No Brasil haverá também um Supremo Tribunal de Justiça no lugar onde residir a regência daquele Reino, e terá as mesmas atribuições que o de Portugal, enquanto forem aplicáveis. Quanto ao território Português de África e Ásia [...]" (art. 193.º)
[300] "Haverá no Reino do Brasil uma delegação do poder executivo, encarregada a uma regência" mas da qual podiam, no entanto, ficar independentes algumas províncias que se sujeitassem imediatamente ao governo de Portugal... (art. 128).
[301] "Haverá um Conselho de Estado composto de treze cidadãos, escolhidos d'entre as pessoas mais distintas por seus conhecimentos e virtudes, a saber, seis das províncias da Europa, seis das do ultramar, e o décimo terceiro da Europa ou do ultramar, como decidir a sorte", art. 162. Para a eleição destes conselheiros de Estado formar-se-iam listas de "cidadãos europeus" e de "cidadãos ultramarinos".

sentação das províncias africanas (e as da Ásia) no Parlamento, acolhendo-se nelas a ideia de que cada uma desse um deputado, independentemente do número de habitantes livres (art. 38; v. *supra*, 4.5).

Era este o máximo de especificidade que o modelo da "Nação unitária" podia acomodar. Esse reconhecimento visava, nunca é demais recordar, garantir a igualdade formal, sedimentar a unidade e, em nenhuma ocasião, acolher positivamente a diversidade. Por esse motivo, da política de *assimilação* que se articulava com aquele modelo não resultava, ao contrário do que teoricamente podia parecer, uma igualdade substancial. Assim, como em Cádis, também em Lisboa os deputados constituintes recusaram-se a debater a especificidade do problema americano em todas as suas consequências, em desenvolver, para ele, a "reflexão constitucional própria" que a sua diferença requeria[302].

---

[302] V. Marta Lorente, "América en Cadiz...", cit., p. 28.

6. O dogma da unidade e da representação política do ultramar

Quando, em 1826, D. Pedro outorgou a Carta Constitucional, o Brasil era uma Nação independente. O problema ultramarino praticamente não se colocou no novo texto constitucional. Ao omiti-lo, a Carta Constitucional exprimia, de acordo uma interpretação que se transformou num tópico da doutrina colonial posteriormente elaborada, uma posição radicalmente *assimilacionista*. De acordo com essa omissão, as "províncias ultramarinas" – que nela são designadas como "domínios", e não como províncias – ficavam sujeitas à mesma lei e ao mesmo modo de legislar da metrópole. Também a eleição dos seus deputados se regulava de forma semelhante à da metrópole, não havendo nenhuma determinação no sentido de facilitar a presença ou garantir a naturalidade ou residência dos deputados nas respectivas divisões eleitorais. A Carta conservou a representação política do ultramar, mas não criou, para ela, disposições especiais, podendo isso relacionar-se, em parte, com a teoria cartista da representação, que era diferente da teoria vintista. Ao optar por um sistema mais próximo do objectivo doutrinal de assegurar, através do voto, uma "selecção de capacidades", onde quer que elas estivessem e qualquer que fosse a sua origem familiar, do que do objectivo de representar territórios ou populações e respectivos interesses e vontades, o problema da eleição de (um escasso número de) deputados pelo ultramar deixou de ser um grande problema[303]. Restando saber se foi mais porque este último deixou de ser um grande problema que a teoria do voto como "selecção de capacidades", com a correspondente anulação da obrigatoriedade de naturalidade/residência no ultramar, pôde ser pacificamente acolhido na Carta constitucional e na legislação subsequente.

No entanto, apesar do "silêncio" da Carta – um silêncio difícil de interpretar e ao qual voltaremos –, as especificidades ultramarinas voltariam a ser

---

[303] V. Carta Constitucional, art. 69: "Os cidadãos portugueses em qualquer parte que existam, são elegíveis em cada distrito eleitoral para Deputados, ainda quando aí não sejam nascidos, residentes ou domiciliados". Sobre esta teoria acerca do direito de voto v. *infra*, 7.1.

equacionados em todos os momentos constituintes que se sucederam, dando lugar a soluções específicas na Constituição de 1838, num decreto (inconstitucional) de 1843 e no Acto Adicional de 1852 (v. *infra*, 9.3). No que diz respeito ao tema que agora nos interessa, a representação política do ultramar, a legislação eleitoral posterior à Carta também reflectiu essa especificidade ultramarina

Quando, em 1838, se voltou a discutir a Constituição política do país, o tema da representação política do ultramar voltou, de facto, a ser debatido. Agora o ultramar já não se situava na América, esse ultramar que dominou as Cortes constituintes vintistas, mas em África e na Ásia, naquelas "partes" do território que tinham sido deixadas na sombra pelas províncias americanas nas constituintes dos anos '20. Nenhuma *Memória* a favor dos deputados africanos ou asiáticos surgiu que se pudesse assemelhar às do deputado Pereira do Carmo, tendo os dogmas relativos à indivisibilidade do território sido praticamente abandonados. O mesmo não se passou, contudo, com o dogma da representação política do ultramar, que se manteve, com algumas críticas, ao longo de todo o século XIX.

De facto, nos anos '30, o problema da representação política do ultramar colocou-se, de novo, a propósito da razoabilidade de discutir a Constituição sem a presença de deputados do ultramar com procurações para o fazer[304]. O problema foi desencadeado por uma questão concreta, posta pela chegada a Lisboa de um deputado, Teodorico Abranches, eleito por Moçambique em 1835, de acordo com o sistema eleitoral da Carta Constitucional, para ter assento nas Cortes cujo fim era, exactamente, a substituição da Carta pela Constituição vintista, na sequência da revolução de Setembro de 1836. A discussão do parecer da Comissão de poderes, desfavorável ao acolhimento do deputado no Congresso[305], fez com que, uma vez mais por causa do "problema ultramarino", os princípios teóricos do direito público, que se opunham à validade do mandato do deputado, fossem confrontados com o "princípio da conveniência e do maior interesse público", que era o de assegurar a "plenitude da representação"[306]. Desse confronto resultaria a votação de um projecto de lei para regular a representação do ultramar, que viria a converter-se

---

[304] V. *DCGCNP*, sessão de 11-12 de Setembro de 1837; *O Nacional*, n.º 824, 12 de Setembro de 1837, sessão de 11 de Setembro e *Idem*, n.º 825, 13 de Setembro de 1837, sessão de 12 de Setembro de 1837.

[305] V. *O Nacional*, n.º 737, 22 de Maio de 1837, sessão de 20 de Maio de 1837.

[306] V. *O Nacional*, n.º 739, 24 Maio de 1837, sessão de 23 de Maio de 1837, p. 4240, Dep. Alberto Carlos.

na lei de 4 de Julho de 1837[307]. De acordo com ela, as eleições no ultramar seriam válidas desde que tivessem decorrido de acordo com a lei eleitoral em vigor (ainda que a mesma tivesse, entretanto, mudado) e os deputados eleitos pelas províncias ultramarinas podiam permanecer nas Cortes depois de terminada a legislatura para que tivessem sido eleitos, ficando apenas, nesse caso, impedidos de votar em questões relacionadas com a reforma ou alteração da lei fundamental do Estado[308]. Finalmente, essa permanência podia prolongar-se pelas legislaturas seguintes, até que os deputados recém-eleitos no ultramar fossem admitidos a exercer as suas funções, não se estabelecendo, para isso, qualquer prazo. A aprovação deste regime eleitoral especial foi pacífica. Mais problemática, porém, foi a aceitação do deputado por Moçambique, mas o facto é que, depois de ponderada a ilegitimidade da retroactividade das leis e tida em conta a fórmula do juramento de um deputado que não ia poder votar matérias constitucionais, por não ter para isso procuração[309], o deputado foi, ainda assim, aceite no parlamento[310].

Os argumentos a favor destas soluções, em tudo contrárias à pureza dos princípios, assemelharam-se aos invocados nas constituintes vintistas a favor da introdução de medidas similares: a distância, a dificuldade das comunicações, os atrasos nos processos eleitorais, dificilmente controláveis a partir da metrópole, a necessidade de garantir a presença desses deputados, em virtude da especificidade dos interesses do ultramar, a justiça geométrica (e não aritmética, segundo a oposição corrente):

> "Se nós não modificarmos os princípios constitucionais que dizem respeito às eleições dos deputados das províncias ultramarinas, nós não podemos ter neste Congresso Nacional um Representante das províncias ultramarinas, além

---

[307] V. *Boletim do Conselho Ultramarino, Legislação Novíssima*, Lisboa, Imprensa Nacional, 1867, vol. I (1834-1851), p. 35. O projecto de lei foi apresentado na sessão de 7 de Junho de 1837 (v. *O Nacional*, n.º 750, 8 Junho de 1837, sessão de 7 Junho 1837, p. 4383); e aprovado na sessão de 8 de Junho de 1837 (*ibid.*, n.º 751, 9 Junho de 1837).

[308] O que significa que não podiam participar em assembleias constituintes sem que para isso tivessem procuração.

[309] O deputado tinha jurado a Carta Constitucional e, por isso, a sua presença nas Cortes constituintes era descrita como um acto de perjúrio e um atentado contra a "vontade popular" formada em Moçambique ("E suponhamos [...] que os povos de Moçambique [...] em vez de abraçarem, repelem a revolução?", v. *O Nacional*, n.º 750, 8 Junho 1837, sessão de 7 Junho 1837, p. 4383, Dep. F. Cardoso).

[310] V. *O Nacional*, n.º 778, 14 de Julho de 1837, sessão de 13 de Julho; na sessão de 14 de Julho Teodorico Abranches tomou assento nas Cortes (v. *O Nacional*, n.º 779, 15 de Julho de 1837); e na sessão seguinte foi convidado a integrar a Comissão do ultramar.

do Cabo da Boa Esperança, senão daqui a três ou quatro anos, porque ainda agora vem chegando os Deputados eleitos segundo o sistema da Carta [...]. O artigo é fundado na maior justiça; porque, Senhor Presidente, as nossas Possessões do ultramar são fracções da Nação Portuguesa [...]"[311].

6.1. *A legislação eleitoral e as especificidades da representação política do ultramar*

O princípio axiomático de "estar sempre completa a Representação Nacional dos Estados ultramarinos"[312], esteve, como já se viu, na origem de determinações legislativas que vieram completar os silêncios dos textos constitucionais nessa matéria[313]. Dessas leis constaram medidas que visaram garantir aquele objectivo, como a lei de 4 de Julho de 1837, que assegurou a presença constante de deputados do ultramar no parlamento, permitindo a permanência desses deputados em várias legislaturas, sem prazo limitado, até que os deputados recém eleitos chegassem. Leis posteriores restringiram a prorrogação dos mandatos dos deputados do ultramar para a legislatura seguinte apenas, como meio de evitar a prática – que era anterior à Carta de lei de 1837 – dos deputados pelo ultramar se eternizarem no parlamento[314]. Mesmo assim, alguns deputados, para legitimar a sua permanência além daquele prazo, viriam a invocar os "precedentes desta Casa"[315], apontado o exemplo dos deputados pelo ultramar que, à sombra da lei de Julho de 1837, permaneciam nas Cortes durante três e quatro legislaturas,

---

[311] V. *O Nacional*, n.º 750, 8 Junho 1837, sessão de 7 Junho 1837, p. 4284, Dep. Vasconcelos Pereira.

[312] V. *DCD*, sessão de 26 de Fevereiro de 1852, p. 232.

[313] Em 1837-38, a opção de remeter para a lei eleitoral a regulação das eleições nas "possessões e províncias ultramarinas" foi assumida quando se discutiu a eleição do Senado ("O que fica estabelecido a respeito da eleição dos Senadores só é relativo ao continente de Portugal e Algarves: a lei eleitoral providenciará a respeito das Possessões e províncias ultramarinas"), v. *Diário do Governo* (DG), n.º 275, 21 de Novembro de 1837, sessão de 20 de Novembro de 1837, p. 1301.

[314] Contra isso dispuseram: a lei de 9 de Abril de 1838 ("Os Senadores e Deputados destas partes da Monarquia, que forem eleitos para uma legislatura, continuarão na seguinte, até que sejam substituídos pelos seus sucessores", art. 87); o Decreto de 12 de Agosto de 1847 ("os deputados pelas províncias ultramarinas, eleitos para uma Legislatura, continuarão na seguinte, até serem legalmente substituídos", art. 95; o Decreto de 28 de Abril de 1845, art. 93; o Decreto de 20 de Junho de 1851, art. 146; e o Decreto de 30 de Setembro de 1852, art. 113.

[315] V. *DCD*, sessão de 25 de Fevereiro de 1852, p. 221.

sem terem sido para elas eleitos[316], como era o caso do já referido deputado por Moçambique, Teodorico José de Abranches, eleito para a legislatura de 1834 e que, em virtude da lei de 1837, permanecera nas Cortes em 1837, 1838, 1840 e 1842. Já para outros deputados, contrários a tão prolongados mandatos, a lei de 1837 era absurda, "visto que de alguma maneira dava o carácter de vitalícios aos Deputados do ultramar, inteiramente repugnante num Governo Constitucional"[317].

Em várias outras ocasiões – nomeadamente, a propósito da discussão de um parecer da Comissão de verificação de poderes que era contrário à permanência do Bispo de Malaca, deputado pela Índia, no Parlamento[318] – esta legislação eleitoral foi discutida e objecto de várias interpretações[319].

A par destas, houve outras discriminações "positivas", cujo sentido era o de minorar os inconvenientes da distância a que se encontravam as províncias ultramarinas, através de subsídios especiais[320] e da antecipação da vinda de deputados substitutos[321]. Nas leis eleitorais gerais determinou-se também o número de deputados pelo ultramar, de acordo com cálculos que permaneceram indiferentes aos montantes da população, na maior parte dos casos desconhecida e indeterminada, tendo aquele número, que atingiu um

---

[316] *Ibid.*, p. 223.
[317] *Ibid.*, p. 225.
[318] V. *DCD.*, sessão de 25 Fevereiro de 1852, p. 221 e ss. e p. 236. O bispo encontrava-se há 14 anos no parlamento, a substituir deputados eleitos que não chegavam, tendo o seu caso já sido discutido na sessão de 7 de Março de 1849, na qual se tinha aprovado o parecer favorável à sua permanência. Em 1852, contudo, foi aprovado o parecer negativo, v. *DCD*, sessão de 26 de Fevereiro de 1852, p. 241.
[319] Para os deputados favoráveis à permanência do Bispo, a expressão "até que sejam legalmente substituídos" destruía a restrição contida na expressão "até à seguinte legislatura", no decreto de 12 de Agosto de 1847 como no de 20 de Junho de 1851. Discutiu-se também se a legislação envolvia estar sempre completa a representação do ultramar ou apenas visava evitar que estivesse sistematicamente ausente, não envolvendo isso a presença de todos os deputados de cada uma daquelas províncias.
[320] Foi o caso da Lei de 25 de Abril de 1845, que regulou o subsídio dos deputados, estabelecendo que os deputados da Ásia e África lá domiciliados vencessem o subsídio no intervalo das sessões das Cortes Gerais (*Legislação Novíssima*, cit., vol. I, p. 358); ou do Decreto de 12 de Agosto de 1847, para que não recebessem este subsídio quando as províncias ultramarinas nomeassem deputados "naturais, ou estabelecidos no reino de Portugal" (art. 100).
[321] Como o Decreto de 8 de Outubro de 1836: "Nas Ilhas Adjacentes e no ultramar se observará a mesma forma de eleição prescrita nos Artigos antecedentes; mas com a Deputação de cada uma das Províncias do ultramar virá logo para Lisboa o primeiro substituto, salvo se em Portugal residir algum [...]" (art. 61).

máximo de 14 deputados na lei de 9 de Abril de 1838, mas que tendeu a diminuir, variado muito pouco ao longo do século[322].

Descritos os tópicos principais da discussão sobre a representação política do ultramar e os seus reflexos na legislação eleitoral dos anos '30 e seguintes, resta agora indagar sobre a razão de ser da centralidade do tema, sobre o peso relativo das "razões de ser" que lhe estiveram associadas. Saber, enfim, porque continuava a ser importante assegurar a "plenitude" da representação ultramarina.

6.2. *A memória da independência brasileira*

Em primeiro lugar, a preocupação com a "plenitude" da representação ultramarina surgiu associada, como nos anos vinte, ao temor que suscitava uma possível activação de "elementos desagregadores" que os deputados continuaram a relacionar com a diversidade dos territórios ultramarinos. A grande diferença é que, a partir dos anos trinta, esse temor não teve como objecto privilegiado o federalismo. O perigo federalista foi substituído por um outro, que era a perda pura e simples dos territórios ultramarinos a favor de outras uniões:

> "O nobre orador patenteou em parte o verdadeiro estado das nossas colónias, aonde as rivalidades de raças, as agitações e os péssimos funcionários têm produzido um espírito de revolta que qualquer incidente pode exaltar, e levar aos últimos excessos [...]. Sobretudo em Angola, as tentativas para uma união com o Brasil não tem sido imaginárias"[323].

---

[322] Na lei aqui referida as ilhas de Cabo Verde, com os estabelecimentos de Bissau e Cacheu, o Reino de Angola com Benguela, Moçambique e suas dependências e as Ilhas de S. Tomé e Príncipe e suas dependências elegiam cada uma dois deputados e um Senador, os Estados de Goa dariam quatro deputados e dois senadores, e os Estabelecimentos de Macau dois deputados e um Senador, devendo-se-lhe juntar os votos de Timor e Solor. Estas indicações foram obtidas através da leitura da legislação reunida em Pedro Tavares de Almeida (org.), *Legislação eleitoral portuguesa (1820-1926)*, Lisboa, I.N.C.M., 1998.

[323] V. *O Nacional*, n.º 751, 9 de Junho de 1837, sessão de 8 de Junho de 1837, p. 4289 (?), Dep. José Estêvão. Sobre as relações estreitas que existiam entre o território angolano e o Brasil, por causa do tráfico de escravos, veja-se, em geral, Manuel dos Anjos da Silva Rebelo, *Relações entre Angola e Brasil, 1808-1830*, Lisboa, Agência Geral do ultramar, 1970 e os trabalhos recentes de Maria de Fátima Silva Gouvêa, que reenviam para o passado dessa relação quase umbilical, nomeadamente na comunicação "Elites «imperiais»: oficiais régios e redes clientelares no Brasil e Angola (século XVIII)", 2.º *Colóquio de História Social das Elites*, 13-15 de Novembro de 2003, Instituto de Ciências Sociais-Universidade de Lisboa.

Essa perda seria, como nos anos vinte, ocasionada por "paixões", *i.e.*, pelos "ciúmes" dos povos do ultramar, surgindo a representação política, de novo, como um meio privilegiado de diluir desconfianças que os deputados da metrópole consideravam não justificadas. Quando se colocou a hipótese, não concretizada, de fechar as portas do Parlamento a Teodorico Abranches, o já falado deputado eleito por Moçambique, alguém se perguntou "[...] o que diriam aqueles remotos povos vendo ali regressar como rejeitado o seu representante [Teodorico Abranches], que enviaram à metrópole [...]. A rejeição seria tão perigosa quando estamos a ponto de perder aquelas importantes possessões, quando [...] sem elas não poderemos jamais chegar a ser Nação de algum respeito [...]"[324]. Teodorico Abranches fazia parte de um grupo de pessoas que se dedicavam ao tráfico de escravos e que, reagindo às medidas abolicionistas da metrópole, projectavam a separação de Moçambique, que se uniria ao Brasil, para desse modo poderem dar continuidade ao comércio a que se dedicavam[325]. Por isso este episódio exprime, de uma forma clara, a ligação que se fazia entre a preservação da representação do ultramar no Parlamento e a percepção que se tinha das tendências separatistas das elites locais do Império.

Esta invocação do "ciúme" não podia deixar de trazer para a assembleia a recordação da independência brasileira, cuja memória começava a construir-se. Se se queria evitar a repetição do fenómeno brasileiro, havia que garantir que os representantes das colónias tomassem parte na discussão do Projecto da Constituição. Para que não pudessem, *a posteriori*, negar o seu assentimento à Constituição que fosse votada[326]:

> "O Congresso mal poderá legislar para as nossas possessões na Ásia, e na África, enquanto os seus representantes não tomarem assento neste Congresso. A minha opinião funda-se em dois motivos: primeiro por ter visto de perto que muitas das medidas precipitadas que se tomaram no Congresso das Necessidades a respeito do Brasil, foram a causa imediata da separação daquele império. A falta de informações locais fez-se sentir em todas aquelas medidas; e em segundo lugar porque vejo todos os dias, que as leis adoptadas

---

[324] V. *O Nacional*, n.º 739, 23 Maio de 1837, sessão de 23 Maio, p. 4240, Dep. Alberto Carlos.

[325] Essa "sociedade" comunicava com negreiros de Angola e Moçambique e os respectivos projectos envolviam a união destas duas colónias ao Brasil, V. José Capela, *O escravismo colonial em Moçambique*, Porto, Edições Afrontamento, 1993, p. 25 e p. 204 e ss.

[326] *O Nacional*, n.º 751, 9 de Junho de 1837, sessão de 8 de Junho de 1837, p. 4289 (?).

com toda a informação possível, nem assim mesmo saem perfeitas, e a cada hora nos vemos obrigados a reformá-las"[327].

Com as últimas afirmações o deputado remetia para o outro aspecto em que se fundamentava a bondade de uma representação plena do ultramar, a presença, nas Cortes, de pessoas com conhecimentos "locais".

6.3. *Os conhecimentos locais*

Para além da reconstrução de uma memória sobre os acontecimentos que tinham conduzido à independência dos territórios americanos e do medo, realista, de perder as restantes "possessões", o tema da representação política do ultramar foi também associado, como nos anos '20, à necessidade de terem assento no parlamento deputados munidos de conhecimentos específicos sobre essas partes da Monarquia. Vimos já, na introdução deste trabalho, que este tema fez surgir, nas constituintes dos anos '30, um discurso sobre o passado da administração colonial portuguesa que se transformou num tópico quase obrigatório em muitas obras de reflexão que a partir de então se escreveram em torno do colonialismo português, o tópico do *assimilacionismo* da política colonial portuguesa. Na opinião do deputado que se pronunciou mais detidamente sobre o assunto, Almeida Garrett, esse *assimilacionismo*, que as reformas da primeira ditadura liberal tinham levado às últimas consequências, era a origem da ruína, da desordem, da anarquia em que se encontravam as províncias do ultramar. Dominada por um espírito de geometria cujos efeitos perversos se tinham feito sentir até na metrópole, aquela legislação reformista tinha-se revelado ainda mais desastrosa no ultramar, porque a diferença ultramarina era ainda maior. Era preciso pôr de lado as teorias assimiladoras que tinham conduzido à perda do Brasil. Era necessário acudir às possessões ultramarinas com "remédios legais" imediatos. A médio prazo, uma das soluções

---

[327] V. *DCD*, sessão de 31 de Março de 1837, p. 171, Dep. B. da Ribeira Sabrosa. À memória da independência das colónias britânicas na América e do Brasil juntou-se a da mais temida das independências, a da colónia de S. Domingos (Haiti), que agora se associava aos sentimentos de colonos que não se sentiam representados no parlamento francês. Sobre a complexidade da independência do Haiti, contrastando com a linearidade das suas apropriações, v., Laurent Dubois, *Les esclaves de la République, L'histoire oubliée de la première émancipation, 1789-1794*, Paris, Calmann-Lévy, 1998. Equivocada foi também a convocação do exemplo brasileiro já que, como se viu, não foi a questão da "plenitude" da representação no parlamento metropolitano que conduziu a desentendimentos irreversíveis.

vistas como susceptíveis de contrariar a tendência para o *assimilacionismo* legislativo era a presença de deputados do ultramar nas Cortes, capazes de produzir legislação específica para lá[328]. Desta forma, a representação política do ultramar foi associada pelos deputados constituintes dos anos '30 à defesa de políticas legislativas que diferenciassem o ultramar e não como símbolo – em que tenderia a converter-se mais tarde –, de qualquer "assimilação uniformizadora". E muito menos de assimilação das populações nativas do ultramar à cidadania, que estava fora do horizonte desta discussão.

Um pouco paradoxalmente, a discussão anterior não suscitou grandes debates em torno da naturalidade ou domicílio dos deputados pelo ultramar nas constituintes dos anos trinta, ao contrário do que tinha sucedido nos anos vinte[329]. Não obstante, a Constituição de 1838, além de ter admitido subsídios especiais para os deputados ultramarinos[330], retomou, no seu art. 76, a ideia, vintista, de que pelo menos parte dos deputados fossem naturais ou domiciliados nas respectivas províncias[331], recuperação que Sá da Bandeira viria a relacionar directamente com o problema ultramarino. Na sua opinião, a finalidade desse artigo era garantir a presença no Parlamento de deputados nascidos ou domiciliados nas províncias ultramarinas, fim com o qual concordava[332].

---

[328] "Leis definitivas, nem as podemos, nem as devemos fazer, enquanto aqui não estiverem os deputados daquelas províncias", v. *DCD*, sessão de 31 Março de 1837, p. 167. Dep. Almeida Garrett.

[329] Não obstante, num artigo de opinião sobre o Projecto de Constituição, opinava-se que as eleições para as províncias e possessões ultramarinas recaíssem sobre pessoas dali naturais ou domiciliadas, por "carecerem de disposições especiais, e não podem ter bons procuradores, se esses não tiverem os conhecimentos locais", v. *O Nacional*, n.° 696, 31 de Março, 1837, p. 4083.

[330] "Os deputados das províncias da Ásia e África que não tiverem domicílio no continente do Reino e ilhas adjacentes, vencerão também um subsídio no intervalo das sessões", ao contrário de todos os outros, que só tinham direito a um subsídio durante as sessões (art. 57). Na sessão de 30 de Outubro de 1837 votam-se subsídios especiais para os deputados do ultramar, v. *O Nacional*, n.° 866, 31 de Outubro de 1837.

[331] "A metade dos Deputados eleitos por qualquer círculo eleitoral, deverão ter naturalidade ou residência de um ano na província em que estiver colocada a capital do círculo; a outra metade poderá ser livremente escolhida dentre quaisquer Cidadãos portugueses. § único. No círculo eleitoral que der número impar de deputados, a metade e mais um deverá ter naturalidade ou residência de um ano na província da capital do círculo", art. 76.°.

[332] V. Sá da Bandeira, *Carta dirigida ao Ex.mo Sr. José Maria Latino Coelho sobre a Reforma da Carta Constitucional*, Lisboa, Imprensa Nacional, 1872, p. 20-21 ("Para utilidade das mesmas províncias convirá determinar que somente podem ser eleitos deputados por cada uma d'elas, cidadãos naturais das mesmas, ou que lá tenha residido certo espaço de tempo. Com um fim semelhante tinha a Constituição de 1838 determinado, no seu art. 76, que a metade dos deputados

Em 1852 voltou a pôr-se o problema, comum a todas as constituintes portuguesas do século XIX, de votar o Acto Adicional sem a presença dos deputados do ultramar com procuração para o fazer[333]. Faltavam os catorze deputados do ultramar, por não se ter feito ainda a eleição dos mesmos para a assembleia com poderes constituintes, o que para alguns deputados justificava o adiamento da discussão. Apesar disso – e de estarem em discussão artigos que diziam directamente respeito às províncias ultramarinas –, a questão foi muito menos debatida nestas constituintes, por se achar que o problema da presença ou não dos deputados ultramarinos estava suficientemente resolvido na legislação eleitoral. Igualmente rejeitada pela assembleia constituinte de 1852 foi um artigo adicional proposto pelo único deputado do ultramar presente na discussão do Acto Adicional, um deputado eleito pela Índia, Jeremias Mascarenhas, católico de origem indiana, natural de Goa, que integrava a única deputação pelo ultramar que conseguiu eleger deputados naturais de forma sustentada durante o século XIX[334]. O sentido da sua proposta foi o de reintroduzir medidas que favorecessem a naturalidade dos deputados do ultramar, contrárias à liberdade de voto consagrada na Carta ("Na província ultramarina que der mais de um deputado, a eleição de deputados, em metade, ou menos, recairá em indivíduos naturais dela, ou que tiverem nela residência de mais de três anos")[335]. Mas da mesma forma que os seus protestos contra a discussão de disposições relativas ao ultramar na ausência dos deputados do ultramar[336] não foram ouvidos, também este seu artigo foi rejei-

---

eleitos por qualquer círculo eleitoral, deveria ter naturalidade, ou residência de um ano, na província em que estivesse colocada a capital do círculo"); outra solução que Sá da Bandeira tinha proposto nas constituintes de 1837-38, fundado na "necessidade de introduzir na representação nacional homens que conhecessem bem as possessões do ultramar para que elas de todo a não perdessem", foi que pudessem ser "Senadores na segunda câmara os governadores-gerais do ultramar que tiverem servido durante três anos e tiverem de renda um conto e duzentos mil réis, proveniente de propriedade sua, ou de ordenado de emprego inamovível". Mas foi rejeitada (v. *O Nacional*, n.º 872, 8 Nov. 1837, sessão de 7 de Novembro, p. 7070).

[333] V. *DCD*, Lisboa, sessão de 4 de Março de 1852, pp. 74-75, Dep. Holtreman.

[334] Eleito pelo Círculo de Goa durante as quatro legislaturas seguidas que decorreram entre 2 de Janeiro de 1848 e 26 de Março de 1858, o deputado assumiu no Parlamento ser "de raça pura indiana" mas "verdadeiro cristão católico romano" (agradeço estas informações à Dra. Adelaide Salvador, que me disponibilizou o texto que redigiu para o *Dicionário biográfico parlamentar*, entretanto publicado pela Assembleia da República).

[335] V.*DCD*, sessão de 24 Março de 1852, p. 311.

[336] "[…] sendo um dos Deputados pelo ultramar, e actualmente único filho do Ultramar com assento nesta casa, seria taxado de réu de traição de mandato, de que estou investido, ou de cobardia criminosa, se consentisse que passasse à revelia a doutrina consignada no artigo em discussão, cujas disposições dizem respeito exclusivamente às províncias ultramarinas", v. *DCD*,

tado, com base na defesa do valor da liberdade eleitoral, por um lado, e num outro argumento que, sem desvalorizar a importância da população ou o valor simbólico dos territórios ultramarinos, valorizava também a sua (falta de) ilustração: é que nem sempre se encontravam, no ultramar, homens ilustrados, com perfil para ser eleitos deputados da Nação, podendo mesmo não haver, em certas províncias, quem as pudesse representar no Parlamento[337]. Afirmava-se, de novo, uma noção de voto como "selecção de capacidades", onde quer que estas se pudessem encontrar.

Deste modo, os mecanismos destinados a garantir a presença de deputados naturais ou domiciliados no ultramar, que desapareceram com a reposição da Carta Constitucional, em 1842, não foram recuperados, nem nos Actos Adicionais à Carta, nem na legislação eleitoral. Isso ajudou a produzir uma certa "inutilidade" da representação do ultramar, reconhecida e confirmada pelos deputados oitocentistas em inúmeras sessões, constituintes e ordinárias, das Cortes de oitocentos. A maioria dos deputados pelo ultramar não conhecia o(s) ultramar(es) que representava, foi a crítica que percorreu as discussões e a literatura do século, sem que nada tivesse sido feito, no plano legislativo, para alterar a situação[338].

A ideia da representação do ultramar nunca foi abandonada, esteve na origem de legislação especial, mas foi praticamente omitida pela doutrina jurídica de oitocentos. Paralelamente, nunca suscitou grandes debates nos (raros) momentos em que as reformas eleitorais foram discutidas no Parlamento, apesar de haver disposições especiais nesses textos[339]. Finalmente – e os deputados também denunciaram essa situação com regularidade –, a maioria dos

---

sessão de 24 de Março de 1852, p. 306. Referia-se ao art.º 15.º do Acto Adicional, que recriava um sistema específico de produção legislativa para o ultramar (v. *infra*, 9.3).

[337] "[...] no continente há mais ilustração, há mais capacidades, há mais quem possa ser eleito deputado, e no ultramar há províncias onde a civilização está atrasadíssima, há menos quem possa achar-se no caso de ser eleito deputado. E deve portanto ser mais ampla a elegibilidade no ultramar [...]", v. *DCD*, sessão de 27 Março de 1852, p. 339, Dep. Ferrer. Esta ideia já se tinha enunciado nos anos '20, num parecer da Comissão de Estatística, já depois de votada a Constituição, onde se notava a "exorbitância da actual deputação por as províncias do Brasil, relativamente à povoação livre, e à ilustração daquelas partes do Reino Unido, v. A H.P., secção I-II, Cx. 86, Doc. 75.

[338] Em 1852, durante a discussão do Acto Adicional, o deputado Leonel Tavares afirmava, sem provocar qualquer reacção, que muitas vezes as eleições do ultramar se faziam na Secretaria de Estado da Marinha em Lisboa, e que isso era conhecido, v. *DCD*, sessão de 27 de Março de 1852, p. 340.

[339] V. Cristina Nogueira da Silva, *A Cidadania nos Trópicos...*, cit., cap. 17, subcap. "legislação eleitoral".

diplomas legislativos pensados para o ultramar não foram sequer produzidos no Parlamento. Essa prática foi constitucionalmente sancionada no próprio Acto Adicional, com ele se consagrando uma opção política que ia no sentido de retirar relevância ao Parlamento na decisão das questões ultramarinas, como se verá (v. *infra*, 9.3)[340].

6.4. *Conclusão: a representação política como símbolo*

Houve, por isso, um enorme contraste entre a consagração como dogma da representação política do ultramar e a sua relativa irrelevância, não só no plano do seu funcionamento institucional prático – onde a sua ineficácia era previsível, dado o funcionamento em geral do sistema eleitoral oitocentista em todas as suas etapas, do recenseamento ao acto de votar[341] – mas, sobretudo, também no que diz respeito à ausência de esforços para a construir legislativamente, em termos consistentes com a necessidade de produzir legislação adaptada aos condicionalismos locais das províncias ultramarinas. Daí que me pareça que as normas especiais para a regulação da representação política do ultramar visaram um objecto sobretudo simbólico – o de demonstrar a sinceridade dos princípios igualitários que uniam os portugueses de todos os hemisférios, o de mostrar aos "irmãos do ultramar" que a metrópole não era "[...] madrasta – que os seus interesses são para nós alguma coisa – e que a maioria do Congresso nacional, determinada a respeitar as leis e a proteger os direitos do povo, não parou ante as formalidades, para favorecer uma parte da Monarquia Portuguesa"[342]. Que eles não tinham, por isso, legitimidade para se revoltar contra a sua metrópole. A questão da representação era uma questão de liberalidade para com os "irmãos" do ultramar, como explicou também o deputado (e jurista) Levy Maria Jordão:

> "[...] é da parte dos governos mais reaccionários, ou que possuem ideias menos liberais, que parte a ideia de negar às colónias representação no parlamento; e

---

[340] A verdade é que já nos discursos constituintes de Almeida Garrett, apesar da relevância que ele concedia à presença dos deputados do ultramar nas Cortes, está presente o tópico da ineficácia da legislação elaborada em Cortes, havendo uma nítida valorização das leis da ditadura (quer para as colónias quer para o Reino).

[341] V., sobre a manipulação no processo eleitoral de oitocentos, Pedro Tavares de Almeida, *Eleições e Caciquismo no Portugal Oitocentista (1868-1890)*, Lisboa, Difel, 1991.

[342] V. *O Nacional*, n.° 751, 9 Junho 1837, sessão de 8 Junho 1837.

são sempre os governos com tendências mais liberais [...] que querem as colónias representadas no Parlamento"[343].

Tudo se passa como se, consagrado na Constituição esse instrumento de igualdade, ficassem resolvidos todos os problemas associados à desigualdade[344]. O reconhecimento e regulação de uma representação política do ultramar estavam mais orientados para funcionar simbolicamente do que para uma concretização normativa. Com a preservação desse símbolo, que era um símbolo de igualdade, visou-se, em primeiro lugar, produzir pacificação. A representação política do ultramar funcionou ainda como um álibi, através do qual o legislador se mostrava sensível a exigências que não podia (ou não queria) concretizar[345]. Era um álibi com o qual se desejava resolver o problema da desigualdade que existia entre território(s) ultramarino(s) e território metropolitano e as tensões que essa desigualdade suscitava. Tinha sido usado, nas Cortes vintistas, para recusar as instituições representativas locais e federais proposta pelos deputados americanos e, depois da independência do Brasil, permitiria afastar como dispensável a formação de instituições representativas locais em África e na Índia, como se verá (v. *infra*, 9.3.6). Essa função foi ironicamente denunciada pelo deputado goês Jeremias Mascarenhas, de quem já falámos, que em mais do que uma ocasião agradeceu a generosidade dos portugueses, por concederem aos "irmãos" do ultramar o presente da representação política, mas que em outras não resistiu a recordar a esses mesmos "irmãos" da metrópole que presente com igual (ou maior) valor seriam as assembleias provinciais com atribuições legislativas (v. *infra*, 9.3.5)[346].

---

[343] V. *DCD*, sessão de 12 de Julho de 1869, p. 736, Dep. Levy.

[344] Sobre esta "ideia mágica de Constituição" v. Rogério Ehrhardt Soares, "O Conceito Ocidental de Constituição" in *Revista de Legislação e Jurisprudência*, n.º 119, 1986, p. 36 e ss..

[345] V. Marcelo Neves, *A Constitucionalização simbólica*, S. Paulo, Editora Académica, 1994, p. 39. ("A legislação álibi decorre da tentativa de dar a aparência de uma solução dos problemas sociais ou, no mínimo, da pretensão de convencer o público das boas intenções do legislador", quase sempre com pouco sucesso). Também nesta sua função o direito "tem uma relativa autonomia em face do processo real de poder, condicionando-o em certa medida", porque "produz efeitos relevantes para o sistema político, de natureza não especificamente jurídica", como o mesmo autor sublinha (*ibid*, p. 56 e 51). Sobre esta função de "ocultação" do direito veja-se também Austin Sarat e R. Kearns (eds.), *The Rhetoric of Law*, Michigan, University of Michigan Press, 1997 (introdução).

[346] Uma contagem dos projectos de lei apresentados pelos deputados do ultramar e a verificação das respectivas taxas de sucesso conduziria a conclusões interessantes, não só sobre as significado concreto da representação política do ultramar (nomeadamente, as suas interferências no processo abolicionista português, no caso dos deputados por África), mas também dos sucessos e insucessos da deputação da índia, cujos membros investiram, claramente, na obten-

A descrição que Ernesto de Vilhena fez de Jeremias Mascarenhas diz muito acerca da pouca consideração que encontrou junto de alguns deputados (e do próprio E. Vilhena):

> "Este Jeremias Mascarenhas parece ter sido um daqueles homens, não raros nos meios parlamentares, que logo de princípio, por qualquer particularidade física ou mental da sua pessoa, excentricidade ou acentuada incorrecção no vestir, defeito na fala, ou outra feição ridícula, se tornaram a distracção na assembleia e a cabeça de turco de todos os irrequietos. Apenas começa o seu discurso é acolhido com observações assaz impertinentes, interrompem-no amiúde [...]"[347].

A importância das funções simbólicas da representação política do ultramar talvez explique porque é que, ao contrário do que afirmou o deputado Levy, ela nunca tenha sido seriamente problematizada, nem pelos governos "menos liberais" ou mais cépticos em relação à sua funcionalidade. É verdade que essa representação e a exigência da sua plenitude foram ocasionalmente questionadas. Mas isso aconteceu sempre por motivos mais funcionais do que doutrinais, tendo estes últimos, quando convocados, estado associados a aspectos laterais à questão ultramarina, como a natureza das câmaras legislativas. Vicente Ferrer, por exemplo, não admitia como válida a exigência da "plenitude" da representação ultramarina por ser contrária à filosofia e ao direito, ao envolver um tratamento de preferência em relação à representação do "continente do Reino[348]. Para o mesmo deputado, professor na Faculdade de Direito, o princípio da "plenitude", com as suas consequências normativas, era também um princípio contrário à natureza "progressiva" da Câmara dos Deputados, pois prolongava demasiadamente a presença desses deputados[349].

Nas ocasiões em que a discussão esteve na origem de uma problematização mais geral da razão de ser de uma representação política do ultramar

---

ção, pela via parlamentar, de legislação que favorecesse a sua posição no contexto social goês. A criação de assembleias legislativas locais mereceu também o apoio – mas ainda menos enfático – do deputado por Angola, A.J. de Seixas, conhecido traficante de escravos, como o eram outros deputados pelas províncias de África (v. *DCD*, sessão de 12 Julho de 1869, p. 731).

[347] V. Ernesto de Vilhena, *Questões coloniais [...]*, cit., p. 284. O próprio Jeremias Mascarenhas se desculpou, em algumas ocasiões, pela forma como se expressava, por não ser o português a sua língua materna.

[348] "[...] não faltam aqui alguns deputados do continente do Reino? Eles não estão aqui todos, e não obstante isso ainda ninguém se lembrou de dizer, que a representação do Continente do Reino não estava completa, e que por conseguinte não se podia funcionar", v. *DCD*., sessão de 26 de Fevereiro de 1852, p. 239.

[349] V. *DCD*., sessão de 26 de Fevereiro de 1852, p.239, dep. Ferrer.

na metrópole, os argumentos assentaram, uma vez mais, em motivos puramente funcionais, mais susceptíveis de atingir o modo concreto de funcionamento da instituição do que essa sua razão de ser. Isso sucedeu, por exemplo, em 1869, quando o Duque de Loulé, então Ministro do Reino, expressou a opinião de que a representação política do ultramar reduzia as colónias a "máquinas de fazer deputados por encomenda (...) alguns dos quais nunca foram à África, não conhecem nada das necessidades do ultramar, e talvez não conheçam a África, nem mesmo numa Carta Geográfica"[350]. Mesmo políticos particularmente interessados na questão ultramarina e na sua representação, tinham dúvidas sobre a razoabilidade de fazer representar alguns territórios. Sá da Bandeira, por exemplo, notava, em relação a Timor, ser "tão insignificante o número de indivíduos que, à vista da lei, podem habilitar-se para serem eleitores, que não existe motivo justo para que nas Cortes tome lugar um deputado por Timor, cuja escolha é designada pelo Ministro da Marinha ou pelo Governador"[351].

Mas o que esteve sempre fora do horizonte destas discussões foi a defesa de uma posição doutrinal contrária à extensão, por esta via, do governo representativo ao ultramar. E, no entanto, essa posição já podia ser recolhida em obras de autores então conhecidos. John Stuart Mill já tinha publicado, em 1861, as suas conhecidas reflexões sobre o governo representativo. Nesse ensaio, ele já tinha explicado que em caso nenhum os territórios coloniais deviam estar representados nas Cortes metropolitanas. Pelo contrário: os territórios coloniais habitados por povos de raça europeia, com um "grau de civilização" semelhante ao das respectivas metrópoles, capazes, por isso, de compreender o espírito do sistema representativo de governo, deviam, como já se viu, governar-se a si mesmos, à semelhança da "Mãe Pátria", cada um com a sua Constituição, a sua legislatura e o seu poder executivo, reservando-se ao Parlamento e Coroa metropolitanos um direito de veto que só muito raramente deviam exercer (*unequal federation*)[352]. Era, em suma, a fórmula federal que Portugal tinha recusado aplicar aos territórios americanos em qualquer das versões possíveis[353] e cuja aplicação aos outros territórios ultramarinos

---

[350] V. *DCD.*, sessão de 12 de Julho de 1869, p. 731.
[351] V. Sá da Bandeira, *Carta sobre a Reforma da Carta [...]*, cit., p. 21.
[352] V. John Stuart Mill, *Considerations on Representative Government [...]*, cit., pp. 409-11.
[353] Quer na sua versão mais desigualitária, que era a sugerida como adequada por Stuart Mill, quer na sua versão mais igualitária (*equal federation*), que era o modelo dos *Artigos adicionais* à Constituição vintista, o qual Stuart Mill denunciava, também, como impossível de concretizar ("Os sentimentos de equidade e as concepções de moral pública nas quais estas soluções assentam merecem toda a consideração; mas as soluções em si mesmas são tão incompatíveis com os

não se colocou como hipótese válida, pelo menos no curto prazo[354] (v. *infra*, 9.3.6). No caso dos territórios coloniais menos "avançados" civilizacionalmente, cujos povos eram incapazes de compreender o sistema representativo, não havia, na opinião do filósofo, solução pior do que a sua submissão ao governo de um Ministro responsável perante o Parlamento metropolitano. Governar um país sendo responsável perante um povo de outro país era a pior forma de despotismo, a mais incapaz de promover civilização. Era o despotismo "[...] dos que não vêem, não entendem e não sabem nada a respeito dos seus súbditos [...], pior do que o dos governantes melhor informados"[355]. A intervenção do Parlamento metropolitano nos assuntos coloniais, achava o filósofo, seria sempre contraproducente, porque propiciava o proselitismo da política colonial, no qual se tendia a sobrepor as "ideias inglesas" às culturas nativas, o que prejudicaria o governo e a confiança dos povos submetidos[356]. Por outro lado, seria sempre favorável aos colonos ingleses – com amigos no seu país, órgãos na Imprensa e acesso fácil ao público – e sempre desfavorável à parte mais fraca, a parte nativa, quer porque "o público do país dominante ouve os colonos, e não os nativos", quer porque aos colonos "parece-lhes monstruoso que os direitos dos nativos se transformem num mínimo obstáculo à realização das suas pretensões. O mais ligeiro acto de protecção dos habitantes contra actos de poder que considerem ser úteis aos seus interesses comerciais é por eles sinceramente considerados como uma injustiça"[357].

---

princípios racionais de governo que é duvidoso que elas tenham sido seriamente aceites como possibilidade por algum pensador razoável. Países separados por metade do globo terrestre não têm condições naturais para estar submetidos a um mesmo governo, ou até para ser membros de uma federação", v. John Stuart Mill, *ibid.*, p. 412).

[354] Porque o mesmo Ministro que em 1869 problematizou a representação política do ultramar, o Duque de Loulé, defendia que as colónias tivessem Parlamentos locais, mas só quando "houver elementos de administração, e quando a civilização estiver mais desenvolvida", v. *DCD*, sessão de 12 de Julho de 1869, p. 731.

[355] V. John Stuart Mill, *ibid.*, p. 417.

[356] Idem, *ibidem*, pp. 418-19. Estas afirmações faziam sentido porque, ao contrário da ideia, já divulgada no século XIX, de que o modelo colonial britânico se caracterizava pela recusa de qualquer tipo de "assimilação cultural", a alternativa entre princípios de "assimilação" e princípios de pluralismo e diversidade foi um dilema que marcou toda a discussão colonial britânica da primeira metade do século XIX, tendo dado origem a soluções concretas que variaram no tempo e no espaço de acordo com imperativos económicos e políticos, com circunstâncias locais, com ideias políticas e "modas culturais", v. Peter Burroughs, "Institutions of Empire", in Andrew Porter (ed.), T*he Oxford History of the British Empire*, Oxford-New York, Oxford University Press, 1999, vol. III: "The Nineteenth Centure", *maxime*, p. 174 e ss.

[357] V. John Stuart Mill, *Considerations on Representative Government [...]*, cit., pp. 420-21. Este apelo à necessidade de proteger as populações indígenas da violência dos comerciantes e colo-

Finalmente, caso fosse dada voz à comunidade "submetida", essa voz seria sempre a voz dos opressores da comunidade, porque só os indivíduos ou grupos poderosos teriam acesso ao público inglês[358].

Ao contrário do que perpassa no pensamento de John Stuart Mill, a referência à diversidade de interesses sociais concretos que a representação do ultramar podia ou não exprimir nunca serviu de fundamento para refutar ou para apoiar a representação política do ultramar português. Isso aconteceu porque o subsumir da diversidade à unidade implicado no conceito de representação fez com que não se distinguissem, entre as populações que habitavam o ultramar, interesses divergentes; preferiu-se, em vez desses, falar dos "interesses gerais da Nação". Mesmo assim, é pertinente perguntar a que sujeito(s) se referiam os deputados da monarquia constitucional quando diziam que era tão português o indivíduo que nascia em Portugal, como em Macau ou em qualquer ponto "da nossa Ásia ou da nossa África", para daí extraírem o direito desses portugueses a enviar deputados ao Parlamento[359] ou a impossibilidade de alienar território ultramarino?[360] Perguntar qual era, enfim, o conteúdo preciso das expressões "portugueses do ultramar" ou "cidadãos do ultramar"?

Era, pode-se desde já avançar, um conteúdo flutuante, que se ampliava e se retraía ao sabor dos contextos argumentativos, podendo até, em alguns (muito raros) desses contextos, abraçar o conjunto da população nativa dos territórios ultramarinos. Contudo, os interesses da maioria dessas populações, os seus direitos, a sua propriedade, foram, quase sempre, temas pouco falados.

Destas indefinições resultaram as dificuldades com que nos confrontámos quanto tentámos encontrar uma resposta clara à questão, que trataremos nos capítulos seguintes, de saber exactamente quem eram os "representados" na "representação política do ultramar".

---

nos europeus enraizava num discurso humanitário que, desde os anos trinta do século XIX, procurava influenciar as autoridades britânicas no sentido dessa protecção, v. Andrew Porter, "Trusteeship, Anti-Slavery, and humanitariansm" in Andrew Porter (ed.), *The Oxford History of the British Empire*, cit., *maxime*, p. 207 e ss.

[358] V. John Stuart Mill, *Considerations on Representative Government* [...], cit., p. 421. Para evitar tudo isso, o filósofo utilitarista propôs, como se viu já em outro capítulo, que em vez do governo através do Parlamento estas dependências fossem entregues a corporações com experiência e conhecimento acumulada "no terreno", como era o caso da Companhia das Índias Orientais. Corporações capazes de governar de acordo com os padrões de um "despotismo benevolente" que promovesse o avanço civilizacional das populações governadas (v. *infra*, 8.3.2).

[359] V. *DCD*, sessão de 12 Julho de 1869, p. 732, Dep. Matos Correia (por Macau)

[360] V. *DCD*, sessão de 12 Julho de 1869, p. 732, Dep. Matos Correia: "Pois os portugueses que nasceram em Portugal têm direito de vender os portugueses que nasceram na Índia, Macau, ou qualquer outra parte do território português? Tanto direito temos nós de vender as nossas colónias, como estas o direito de vender a metrópole".

7. A cidadania das populações do ultramar no direito constitucional português do século XIX

No capítulo anterior mostrou-se de que forma a exigência de homogeneidade jurídica do território interferiu com a construção de um território nacional pluricontinental. Como se viu nesse capítulo, a igualdade jurídica entre o território ultramarino e metropolitano, a completa integração constitucional e jurídica do território nacional, foram os princípios seguidos nas primeiras discussões constituintes e plasmados na primeira Constituição portuguesa. Foi com esses princípios que se articulou um outro, o da representação dos territórios ultramarinos nas Cortes. No entanto, quer nas discussões, quer no texto final daquela Constituição, essa pretensão igualitária foi enfraquecida em vários planos. Por um lado, alguma igualdade substancial obrigou à introdução de regras particulares, que derivaram do reconhecimento de peculiaridades ultramarinas e mesmo "intra-ultramarinas", colidindo com a igualdade formal. Por outro lado, levar às últimas consequências a igualdade formal teria conduzido ao máximo de desigualdade. Por esses motivos, os deputados vintistas, tal como os deputados constituintes de Cádis, em 1812, não conseguiram "[...] colocar sob um marco normativo comum os vários hemisférios da Nação única"[361]. Era preciso reconhecer mais a diferença, para conseguir a maior igualdade, mas esse foi o caminho sempre recusado.

O que se vai mostrar, nos capítulos seguintes, é que as tensões suscitadas pela consideração das diversidades que distinguiam as partes do território único da Monarquia, quando se discutiram temas como a representação política ou a estruturação de poderes, deram lugar a ainda maiores dificuldades quando se discutiu o estatuto das pessoas que habitavam esse território.

---

[361] V. Carlos Petit Calvo,"Una Constitución Europea para América [...]", cit., p. 63.

7.1. **Estado Nação e igualdade dos estatutos pessoais. Direitos naturais, direitos políticos, direitos civis**

Ao contrário das Monarquias tradicionais, que, como já foi referido, conviviam bem com a diversidade dos estatutos políticos dos territórios e populações que lhes estavam submetidos, o Estado oitocentista era um *Estado-Nação*; pressupunha a existência de um grupo populacional claramente delimitado relativamente ao seu exterior e dotado de uma forte identidade interna, de uma "identidade nacional"[362].

No século de oitocentos, a Nação era, em abstracto, uma comunidade política integrada por indivíduos iguais perante uma lei em cuja geração todos tinham participado, um conceito alheio às pertenças étnicas ou culturais desses indivíduos. O princípio constitutivo das nacionalidades, notava Lopes Praça nos anos '70, não podia ser "[...] nem a raça, nem as fronteiras naturais, os climas ou o jogo de força entre as nações [...]" mas antes a "vontade popular", manifestada por meio do voto[363]. Era a comunidade nacional entendida neste sentido que garantia direitos aos indivíduos e que lhes impunha os respectivos deveres, fazendo deles cidadãos. Acontece que a essa acepção "cívica" de Nação como associação livre e voluntária, que caracterizou algum do primeiro liberalismo, acrescentou-se, logo nos primórdios da época contemporânea, com raízes no corporativismo anterior e prolongando-se em sucessivos organicismos, do romântico ao positivista, um sentido histórico-cultural concreto, no qual a Nação surgia como uma colectividade unida por um passado comum e uma memória partilhada desse passado, pela comunhão da mesma língua, dos mesmo costumes, da mesma religião, uma colectividade cuja identidade era independente de qualquer contrato ou adesão voluntários[364]. Tanto num caso, como no outro, requeria-se que fossem claras – embora não necessariamente fixas – as linhas que traçavam as fronteiras da comunidade nacional.

---

[362] V. A. M. Hespanha, *Panorama da História Institucional e Jurídica de Macau*, Macau, Fundação Macau, 1995, p. 50 e ss.

[363] V. Lopes Praça, *Estudos sobre a Carta Constitucional de 1826 e Acto adicional de 1852*, Coimbra, Imprensa Literária, 1878, pp. 16-18.

[364] Sobre a invenção da unidade cultural e étnica das nações europeias veja-se, entre muitos outros, alguns títulos clássicos como Benedict Andreson, *Imaggined Communities, Reflections on the Origin and Spread of Nationalism*, Verso, London and New York, 1991(1ª ed.: 1983) e Eric Hobsbawn, *Nations and Nationalism since 1780*, Cambridge, C. U. P., 1990. Para o caso português, existem os trabalhos de José Sobral, nomeadamente "Memória e Identidade Nacional: Considerações ...", cit., pp. 27-49.

Numa acepção contratualista, essas linhas coincidiam com os limites "[...] a partir dos quais os princípios do contrato social já não eram aplicados"[365] e os direitos deixavam de ser garantidos. Apesar de criar, no horizonte, uma noção cosmopolita de cidadania[366], essa acepção exigia, no imediato, a separação entre os que queriam e os que não queriam – ou ainda não podiam querer, – aderir às regras contratadas[367]. A ideia de representação política implicada nesta dimensão contratualista da Nação tornou ainda mais relevante a ideia da unidade da Nação, bem como a necessidade de delimitar o seu "corpo". Por um lado, a representação exprimia a vontade de uma colectividade unificada, a "vontade geral". Por outro, impunha limites à ideia cosmopolita de um "governo democrático à escala do mundo", porque "não existe cidadão representável senão quando o estrangeiro é circunscrito com precisão"[368]. Numa acepção cultural, pelo contrário, eram os sinais culturais de pertença a uma "comunidade de vida" – a língua, a religião, uma história comum – que distinguiam o nacional do estrangeiro. O laço nacional adquiria, nesta perspectiva, uma dimensão afectiva que o aproximava dos laços de filiação.

Definir e delimitar a comunidade nacional tornou-se, então, numa questão central e, portanto, num tema sempre tratado nos textos constitucionais oitocentistas. O que sucedeu em muitos desses textos foi que as Nações, tendo sido aí definidas como associações voluntárias, foram-no, quase sempre, enquanto associações de indivíduos cuja pertença era (culturalmente) anterior à associação. A Nação portuguesa, por exemplo, tinha esse sentido biunívoco de associação política, mas de *portugueses*. A dimensão contratualista do conceito de Nação foi menos forte na Constituição vintista, porque ela dificultava a identificação do pluricontinental "Reino Unido de Portugal, Brasil e Algar-

---

[365] V. Alain Renaut, «Postérité de la Querelle entre Lumiéres et Romantisme: le débat sur l'idée de Nation» in Alain Renaut (dir.), *Histoire de la Philosophie Politique*, Paris, Calmann-Lévy, 1999, t III: «Lumières et Romantisme», p. 368.

[366] "[...] formalmente, todo o homem pode aderir à Nação assim entendida [...]», v. idem, *ibid.*, p. 369.

[367] Por isso, ao longo do processo revolucionário francês, os momentos cosmopolitas – em que se admitiu a eleição, para as assembleias, de deputados de nacionalidade estrangeira – foram rapidamente ultrapassados pela construção da imagem do estrangeiro como o "traidor à Pátria", durante as guerras contra-revolucionárias, v. Pierre Nora, "Nation", in François Furet et Mona Ozouf (orgs.), *Dictionnaire Critique de la Révolution Française*, Paris, Flammarion, 1988, p. 801 e ss. Em Portugal também foi comum a ideia de que os que optavam pelo partido miguelista eram, por isso, "estrangeiros".

[368] V. P. Rosanvallon, *Le Sacre [...]*, cit., p. 422.

ves" com uma Nação orgânica[369]. Como se viu no capítulo anterior, foi o equacionar da Nação enquanto contrato que permitiu aos deputados americanos desdramatizar a possibilidade, depois concretizada, de romper a ligação que mantinha unidos os portugueses da metrópole e do ultramar. Mas logo na Carta Constitucional de 1826, o Reino de Portugal passou a ser "[...] a associação política de todos os Cidadãos *Portugueses*", mantendo-se assim na Constituição de 1838 ("A Nação Portuguesa é a associação política de todos os *Portugueses*", tit. I, cap. único, art. 1). Ser Português (ou cidadão português, porque as Constituições lusas nunca diferenciaram o cidadãos do apenas nacional[370]), comportava simultaneamente uma dimensão voluntarista (eram portugueses os que tinham aderido voluntariamente ao pacto nacional, os que tinham entrado numa "associação política") e uma dimensão não voluntarista (eram portugueses os filhos de pai português ou os que tivessem desenvolvido, pela permanência em território português, sentimentos de pertença à "Pátria" portuguesa, os naturalizados). Assim, no pensamento dos constituintes portugueses do século XIX, foi muito forte a presença de um conceito de Nação como realidade histórica e cultural, no qual os Portugueses eram também os que imaginavam partilhar uma mesma identidade histórica, os que partilhavam a mesma língua e, sobretudo, a mesma religião (v. *infra*, 7.2.2)[371]. Podiam as populações nativas do ultramar ser, neste contexto, consideradas portuguesas? E, situando a mesma questão num registo mais contratualista, era pensável que o conjunto dessas populações pudesse ser parte no contrato fundador da Nação?

---

[369] No art. 21 da Constituição eram portugueses "os filhos de pai português nascidos no Reino Unido".

[370] Embora esta indistinção entre portugueses e cidadãos portugueses fosse polémica, por ser corrente, no direito constitucional e civil europeu, distinguir-se entre nacionalidade e cidadania, fazendo-se corresponder à primeira o exercício dos direitos civis e à segunda também o dos direitos políticos, nenhum dos textos constitucionais portugueses, e tão pouco o Código Civil, optou por distinguir as duas categorias de portugueses. Todos os portugueses eram cidadãos, como se confirma na doutrina, v. Manuel Borges Carneiro, *Direito Civil de Portugal*, Lisboa, Impressão Régia, 1826, Livro I, p. 71; José Homem Corrêa Telles, *Digesto Portuguez ou Tratado dos Direitos e Obrigações Civis, relativos às Pessoas de uma família Portugueza; para Servir de Subsídio ao Novo Código Civil*, Coimbra, Imprensa da Universidade, 1853 (4ª ed.), t. II, p. 5; Manuel Maria da Silva Bruschy, *Manual do Direito Civil Portuguez, Segundo a Novíssima Legislação*, Lisboa, Rolland & Semiond, 1868 (2ª ed.), vol. I, p. 37.

[371] Sobre a presença "[...] das correntes históricas e tradicionalistas, apoiadas numa visão idealizada e romântica da organização política e da profundidade espiritual da Idade Média" bem como sobre o peso do factor religioso no conceito de povo/Nação nas Constituições portuguesas v. Jónatas Machado, "Povo", in *Dicionário Jurídico da Administração Pública*, Lisboa, 1994, p. 440.

O Estado oitocentista foi, finalmente, uma forma territorializada de exercício do poder. Além da delimitação de uma comunidade de pessoas, ditada pela adesão contratual e pela pertença cultural, ambicionava-se também a delimitação das fronteiras territoriais da Nação, bem como a unidade do território e a homogeneidade dos estatutos políticos e administrativos das suas partes. Uma vez traçadas essas fronteiras, também elas podiam tornar "nacionais" os que nasciam no seu interior, porque a eficácia dos elementos não voluntários da nacionalidade fazia com que, sobretudo na Carta Constitucional de 1826, fossem portugueses os que tivessem nascido em território português. Neste caso, mas só neste caso, e desde que o território português incluísse os territórios ultramarinos, como efectivamente aconteceu, em todas as Constituições, se podia afirmar que eram portuguesas todas as suas populações nativas (o que colocava, no entanto, o problema, complicado, de saber quais eram as fronteiras do território no ultramar). O facto é que, mesmo assim, esta afirmação nunca foi feita de forma inequívoca, nem na legislação, nem na doutrina, nem nos debates parlamentares, como se verá nos próximos capítulos. Antes, porém, importa conhecer os direitos políticos e civis que o direito e a doutrina jurídica da época reconheciam aos "homens naturais" – para se saber direitos dos povos nativos do ultramar português estavam à partida formalmente garantidos, independentemente da sua nacionalidade –, como também aos cidadãos nacionais e aos estrangeiros. Pretendemos, com essa descrição, mostrar como a doutrina e o pensamento liberal oitocentista em geral racionalizaram a antinomia entre a universalização dos direitos e o adiamento da sua generalização a todos os indivíduos (inclusivamente os europeus). Isto porque, tendo os "ultramares" da Europa e as suas populações constituído uma versão radicalizada dessa antinomia, as perplexidades geradas por esse adiamento e as respostas encontradas foram, em muitos casos, similares.

Na doutrina jurídica do século XIX escreveu-se sobre os direitos do homem anteriores à formação das sociedades e contra os quais nenhuma assembleia legislativa deveria legislar. Estes direitos eram, genericamente, a liberdade (individual), a segurança (pessoal), a propriedade[372]. Eram direitos que se deviam garantir a todos, mesmo aos estrangeiros, opinião mais do que uma vez repetida nas obras de Silvestre Pinheiro, o mais importante publicista

---

[372] V. Silvestre Pinheiro Ferreira, *Declaração dos Direitos e Deveres do Homem e do Cidadão*, Paris, Rey et Gravier, 1836, p. 1. Estes três direitos foram enumerados em todas as Constituições portuguesas do século XIX como direitos naturais. Manuel Borges Carneiro enumerou-os em *Direito Civil de Portugal*, cit., p. 74, baseando-se no art. 145.º da Carta Constitucional.

português da primeira metade do século XIX[373], tendo sido também essa a doutrina adoptada em todas as assembleias constituintes portuguesas da primeira metade do século[374]. Houve, no entanto, restrições importantes à doutrina jusnaturalista da "anterioridade" dos direitos na teoria constitucional da Europa continental oitocentista. Em primeiro lugar, ela foi limitada, desde o seu início, pela centralidade concedida à lei no reconhecimento dos direitos. Na cultura constitucional de oitocentos a lei foi entendida como a condição da realização dos direitos e, simultaneamente, como um limite legítimo à liberdade natural dos homens, que ela transformava em liberdade civil[375]. Assim aconteceu nas três constituições portuguesas do século XIX. Em todas se declararam os direitos mas em todas o exercício da liberdade foi subordinado à lei, podendo por ela ser limitado[376]. Nos textos doutrinais dos mais importantes juristas portugueses podia também ler-se que o legislador reconhecia os direitos naturais, transmutando-os em direitos civis, formando um "direito natural *aplicado*"[377]. Neste processo, o papel da lei era central, porque por ela se declarava "que os direitos nos pertencem; que nós os adquirimos, colocando-nos no estado em que ela reconhece tais direitos; e que todos os outros homens devem respeitar esses direitos"[378].

O reconhecimento dos direitos ficou, portanto, na dependência da vontade e dos critérios do legislador, vontade e critérios cujos limites não foram

---

[373] V. *Manual do Cidadão em um Governo Representativo ou Princípios de Direito Público Constitucional, Administrativo e das Gentes*, t. I: "Do Direito Constitucional", Paris, Of. Tip. de Casimir, 1854, p. 15. José Dias Ferreira voltou a salientar que "É independente da qualidade de cidadão o gozo dos direitos civis que provêm exclusivamente da natureza humana, aos quais a leis civil deve protecção sem atender a nacionalidades [...]", v. *Codigo Civil Portuguez Annotado*, Coimbra, Imprensa da Universidade, 1894 (2ª ed.), p. 26.

[374] V., por exemplo, *DCGECNP*, sessão de 1 Agosto de 1821, p. 1762-63

[375] V. Maurizio Fioravanti, *Appunti di Storia delle Constituzione Moderne [...]*, cit., pp. 58-59 (v. a minha recensão crítica salientando estes aspectos em *Themis, Revista da Faculdade de Direito da Universidade Nova de Lisboa*, n.º 1, 2000, pp. 244-252) e Marcel Gauchet, "Droits de L'Homme" in François Furet e Mona Ozouf (orgs.), *Dictionnaire Critique [...]*, cit., p. 693 e ss.

[376] "A liberdade consiste em não serem obrigados a fazer o que a lei não manda, nem a deixar de fazer o que ela não proíbe. A conservação desta liberdade depende da exacta observância das leis (art. 1.º da Constituição de 1822); "Nenhum Cidadão pode ser obrigado a fazer, ou deixar de fazer alguma coisa, senão em virtude da lei" (art. 145 da Carta Constitucional); "Ninguém pode ser obrigado a fazer ou deixar de fazer senão o que a lei ordena ou proíbe" (art. 9.º da Constituição de 1838).

[377] V. Vicente Ferrer Neto Paiva, *Reflexões sobre os sete primeiros títulos do Livro Único da Parte I do projecto do Código Civil Português do sr. António Luiz de Seabra*, Coimbra, Imprensa da Universidade, 1959, p. 46.

[378] V. Vicente Ferrer Neto Paiva, *Reflexões sobre os sete primeiros títulos [...]*, cit., p. 32.

tanto, como mostrou Maurizio Fioravanti, os direitos naturais, pré-estaduais, mas, sobretudo, os "dados objectivos das sociedades", a "ordem da sociedade", ou os dados objectivos das Nações entendidas como realidades histórico-naturais. Nesta acepção, que tenderá afirmar-se ao longo do século de oitocentos, o legislador conservava o seu papel central na declaração dos direitos e das liberdades, só que, agora, ele não os potenciava *ex novo*, de uma só vez e à medida da sua vontade, como na teoria política mais republicana dos primórdios da revolução francesa. Pelo contrário, concedia-os – ou restringia-os – de acordo com o grau de maturidade (civil, política, económica) das sociedades relativamente a uma meta para a qual a humanidade caminhava, mas de forma progressiva, que era uma sociedade liberal na qual seria finalmente possível a realização plena das liberdades civis e políticas. Foi esse o sentido da política do *juste milieu*, de Guizot, que se propunha reinscrever a revolução no tempo "real" de uma ordem social progressiva[379]. Foi esse, também, o sentido do "Estado de Direito" alemão, um Estado que não reconhecia limites ditados pela existência de direitos que lhe fossem "anteriores", mas que se auto-limitava em função dos "dados objectivos" da Nação, do seu estado de desenvolvimento histórico[380]. É este contexto que permite entender, em Portugal, o sentido das palavras de Vicente Ferrer Paiva, quando explicou que, ao transmutar os direitos naturais em direitos civis, o legislador formava o direito natural "aplicado" no qual se modificavam as "mais sublimes aspirações do Direito natural puro tornando este aplicável aos usos da vida, *segundo o estado actual da civilização*" (sublinhados nossos)[381]. O jurista falava, portanto, de uma aplicação gradual dos direitos, cujo reconhecimento ficava dependente de uma variável "civilizacional". Quanto mais avançada fosse a civilização, mais amplos seriam os direitos reconhecidos pelo legislador.

Esta centralidade que se concedeu ao papel constitutivo da lei e a critérios como a maturação dos indivíduos e das sociedades (ou também o "princípio da utilidade") enquanto critérios para o reconhecimento de direitos – em vez de, ou ao lado da, anterioridade dos direitos – teve, como se verá, conse-

---

[379] V. Pierre Rosanvallon, *Le moment Guizot*, Paris, Gallimard, 1985, p. 265 e ss.

[380] A doutrina do Estado de Direito postulou mesmo a inexistência de direitos anteriores à sociedade e ao Estado, afirmando a sua origem exclusivamente legislativa. Eram direitos que o Estado se obrigava a conceder, residindo a garantia de que não os retirava, no momento a seguir, nesse mecanismo de auto-delimitação ditado pela consideração do estado de desenvolvimento histórico da Nação, v. Maurizio Fioravanti, *Appunti di Storia delle Constituzione Moderne [...]*, cit., p. 130.

[381] V. Vicente Ferrer Neto Paiva, *Reflexões sobre os sete primeiros títulos [...]*, cit., p. 22, sublinhados nossos.

quências importantes na justificação das políticas seguidas nos territórios extra europeus, nomeadamente no que diz respeito à preservação da escravidão nesses territórios ou à subtracção de direitos políticos e civis às suas populações nativas recém libertadas ou livres. Por outro lado, o estatuto de muitas delas foi, em grande medida, construído com *base em categorias de menoridade* e nas restrições (suspensões) que a doutrina e a legislação lhe associava, nomeadamente em relação aos direitos civis. É sabido que os códigos civis do liberalismo também foram olhados como uma outra forma de "terminar" a revolução, de contrariar o impulso dominante das suas leis, que era o de subverter de forma demasiadamente rápida as convenções e as hierarquias estabelecidas. A ordem social não dependia, para Portalis, redactor do *Code Civil* francês de 1804, da vontade dos indivíduos, dependia da "força das coisas", nas quais as "diferenças reais" coexistiam sem dificuldade (e deviam coexistir) com a igualdade de todos face à lei[382]. Por esse motivo os princípios da liberdade e da igualdade coexistiram, no novo direito codificado, com os do domínio e da sujeição, que se entendiam adequados a uma distribuição "natural" dos papéis sociais. Fundado na incapacidade geral (das mulheres, dos menores, dos "criados de servir"), e na natural posição de comando do homem/proprietário, o universo doméstico manteve-se nesses códigos como um universo de desigualdades legislativamente garantidas[383]. E a exportação destes princípios (de sujeição, de domínio, de protecção) que presidiam à ordem, naturalmente desigual, das relações domésticas no seio da família europeia, justificou de forma recorrente a menoridade, ainda que temporária, de grande parte das populações nativas do ultramar. Como as crianças, as pessoas "menores", ou os órfãos, essas populações careciam de protecção, contra os outros e contra si próprias. Podiam, por isso, ser subtraídas a um regime puramente liberal, por meio da tutela, pública ou privada, ou, para alguns, ser submetidas a formas de governo despóticas, ainda que "benevolentes". Veremos, em capítulos subsequentes, de que forma estas categorias actuaram em documentos oficiais portugueses do século XIX para guiar o governo dos escravos, dos libertos e de algumas populações plenamente livres.

Além das anteriores restrições ao valor jurídico autónomo dos direitos naturais e ao âmbito de aplicação pessoal de alguns direitos civis, os direitos que a lei oitocentista reconheceu e garantiu foram pensados sobretudo como direitos dos "nacionais" de cada país, e não tanto como direitos universais, aos

---

[382] V. P. Costa, *Civitas [...]*, cit., vol. II, p. 183-87: o Código era, para Portalis, o "fruto da mediação e do compromisso" entre a revolução e o Antigo Regime.
[383] V. P. Costa, *Civitas [...]*, cit., vol. II, p. 189.

quais os estrangeiros devessem ter igual acesso[384]. Assim, os direitos declarados em qualquer uma das Constituições portuguesas do século XIX não o foram como direitos do homem, ou do indivíduo, mas como direitos dos Portugueses[385]. Em 1867 o Código Civil Português também sublinhou a importância da nacionalidade, ao declarar que "somente os cidadãos portugueses podem gozar em toda a plenitude dos direitos que a lei civil reconhece e garante" (art. 17). Deste modo, à redução dos direitos naturais "activos" aqueles que a lei civil estadual reconhecia e garantia juntava-se, agora, uma outra limitação, a que circunscrevia essa garantia aos cidadãos dos Estado--Nação[386]. De acordo com isso, os direitos enumerados na Constituição e reconhecidos pela lei portuguesa passaram a ser, em primeiro lugar, direitos dos cidadãos portugueses.

Poder-se-ia então afirmar que, em teoria, os naturais do ultramar que fossem cidadãos portugueses estariam na posse dos mesmos direitos que a Constituição e a lei portuguesa garantiam em geral a todos cidadãos. Os que o não fossem ficariam, como indivíduos, filosoficamente sujeitos aos direitos que lhes pertenciam, enquanto homens, independentemente de serem cidadãos de qualquer Estado. Ficariam também, como estrangeiros, (i) sujeitos às normas de um direito natural declarado nas Constituições mas de efectividade reduzida, (ii) em alguns casos, à lei civil dos respectivos países, de acordo com as normas de direito internacional privado em vigor[387], (iii) incompletamente abrangidos pelos direitos civis e políticos garantidos pela lei portuguesa, porque em Portugal, como na generalidade dos outros países europeus, só aos nacionais foi reconhecida a plenitude dos direitos políticos, tendo-se votado restrições ao exercício dos direitos políticos, mesmo aos estrangeiros naturalizados, em todas as assembleias constituintes portuguesas (v. *infra*, 7.1), (iv) colectivamente sujeitos às normas do "Direito das Gentes", mas, como se verá, só no caso de ser reconhecido, por esse direito, o estatuto de "sociedade

---

[384] Mesmo durante a Revolução francesa, a utopia de uma "comunidade humana universal", que se concretizou na presença, na assembleia constituinte, de deputados que eram estrangeiros naturalizados, durou pouco tempo, v. Sophie Wahnich, *L'impossible citoyen, L'étranger dans le discours de la Révolution française*, Paris, Albin Michel, 1997.

[385] Como "Direitos e deveres individuais dos portugueses", na Constituição de 1822, como "garantias dos direitos civis, e políticos dos cidadãos portugueses", na Carta Constitucional, art. 145; como "Direitos e garantias dos Portugueses", na Constituição de 1838, subl. nossos.

[386] Lopes Praça dedicou um capítulo à descrição dos efeitos da nacionalidade, para mostrar que "a diferença entre nacionais e estrangeiros reflecte-se largamente nas nossas leis", v. *Estudos sobre a Carta Constitucional [...]*, cit., p. 158.

[387] Normas reguladas, em Portugal, nos arts. 24 e 31 do Código Civil.

civil(izada)" às comunidades que integravam (v. *infra*, 8.4). O que sucedeu na prática foi, contudo, muito diferente, porque, como se verá nos próximos capítulos, o estatuto destas populações foi *bastante mais indeterminado* do que o do cidadão português ou do estrangeiro das outras nações europeias, tendo elas sido remetidas, em muitos momentos, para um estatuto intermédio, que nunca foi teoricamente fundamentado ou juridicamente definido[388].

Importa recordar, finalmente, que nem todos os portugueses gozavam dos mesmos direitos. Pelo contrário, os deputados constituintes e a doutrina constitucional portuguesa partilharam com o constitucionalismo europeu de oitocentos a ideia de que nem todos os indivíduos eram capazes de exercer os direitos políticos. Por esse motivo, os primeiros textos constitucionais portugueses, tal como os europeus, diferenciaram os cidadãos em função da sua capacidade de participação política, de acesso ao governo da Civitas[389]. De acordo com essa diferenciação, alguns eram cidadãos activos (com condições psicológicas para a formação de uma vontade livre e autónoma e, por isso, com capacidade para votar), e outros cidadãos passivos (dependentes, sem autonomia suficiente para exercer o direito de voto). Outras vezes o constitucionalismo oitocentista preferiu distinguir entre nacionais e cidadãos (em vez de cidadãos passivos e cidadãos activos), o que permitiu que alguns indivíduos pudessem ser franceses mas não cidadãos franceses (i.e., exercer direitos políticos em França), espanhóis mas não cidadãos espanhóis, etc. Em Portugal não foi essa, como já referimos, a opção, mas o facto de nenhuma Constituição portuguesa ter distinguido entre cidadãos e português deu lugar a críticas firmes por parte de certos sectores da doutrina, pois alguns juristas entendiam, remetendo para um conceito clássico de cidadania, que um português podia não ser cidadão[390]. Em contrapartida, os juristas que concordavam com a não distinção entre nacional e cidadão interpretaram-na como uma opção portu-

---

[388] A dificuldade em traduzir juridicamente o estatuto intermédio das populações do ultramar foi comum a outros países, como a França; onde, em todo o caso, foram mais notáveis os esforços para preencher esse vazio, V. Pierre Rosanvallon, *Le Sacred du citoyen [...]*, cit., p. 432 e ss.

[389] V. Pietro Costa, *Civitas, Storia della Cittadinanza in Europa*, cit., vol. II: "L'Età delle rivoluzioni (1789-1848)», p. 28 e ss.

[390] V. M. A Coelho da Rocha, *Instituições de Direito Civil Portuguez*, Coimbra, Imprensa da Universidade, t. I., 1848 (2ª ed.), pp. 137-138. O pensamento deste autor era o de que, sendo o exercício dos direitos civis independente do dos direitos políticos, qualquer indivíduo podia ser português sem ser cidadão português. Coelho da Rocha entendia, por isso que os três textos constitucionais portugueses tinham confundido as duas coisas ("o cidadãos com o simples português"), e recorria ao Código Civil francês para suprir a falta, por neste existirem franceses e cidadãos franceses.

guesa por uma acepção mais universalista de cidadania, a ser contrabalançada, ulteriormente, na distinção entre cidadão passivo e activo[391]. Esta indistinção puramente formal viria, como veremos, a criar problemas, por não lhe ter correspondido, efectivamente, uma opção mais universalista.

Admitidas as anteriores classificações, tornou-se necessário encontrar critérios que permitissem saber quem eram, entre os "homens naturais" que pertenciam à Nação, os "indivíduos livres e autónomos" capazes de exercer activamente os seus direitos políticos, de ser "cidadãos" ou "cidadãos activos". Em 1789 esses critérios foram a independência intelectual (ser dotado de "Razão"), a independência sociológica (ser um "indivíduo", e não membro de um corpo social ou doméstico) e a independência económica (ganhar a vida e ter uma profissão independente)[392]. Mais tarde, o censo, o grau de alfabetização e as habilitações literárias transformaram-se, em todo o constitucionalismo europeu, nos principais critérios jurídicos de aferição da "autonomia" dos indivíduos, nos sinais da sua "plena" racionalidade, na garantia da sua independência económica (subtraindo-o à possibilidade de corrupção) e da sua ligação pessoal ao interesse geral[393]. Esta autonomia, racionalidade e interesse eram essencialmente comprovados pelo acesso à propriedade e pelo grau de alfabetização, mas eram-no também, como se verá, por outros critérios, como o "estádio civilizacional" ou o lugar hierárquico ocupado na antropologia dos géneros. A exclusão das mulheres, por exemplo, decorria de considerações sobre a sua natureza e do seu lugar no âmbito da família. No seu caso particular, não havia critérios que pudessem "aferir" da sua autonomia, porque a sua ausência era simultaneamente um dado da natureza e uma conse-

---

[391] Para Liz Teixeira a Carta Constitucional era mais liberal do que a francesa exactamente por não distinguir entre cidadão e português, "e tanto basta para que nós, respeitando aliás a opinião contrária de alguns sábios, mas respeitando mais a Carta e os princípios da hermenêutica, não ousemos distinguir, para encurtar o favor, com que o imortal Outorgador da nossa lei fundamental contemplou os portugueses, fazendo-os todos cidadãos [...]. Em resultado, todo o português é cidadão, mas dividem-se os cidadãos em activos e não activos – ou passivos – sendo aqueles os que se acham no exercício dos seus direitos políticos e estes os que os têm suspensos", António Ribeiro de Liz Teixeira, *Curso de Direito Civil portuguez para o ano lectivo de 1843--44, ou Comentário às Instituições do Sr. Paschoal José de Mello Freire sobre o mesmo direito*, Coimbra, Imprensa da Universidade, 1845, p. 147. No art. 63 da Carta Constitucional surge, afinal, a expressão "cidadão activo".

[392] Idem, *ibid.*, pp. 111 e ss.

[393] V. Pietro Costa, *Civitas [...]*, cit., vol. 2: "L'Età dellle rivoluzioni", p. XIV, p. 43. São bem conhecidos os grupos que resultaram da aplicação destes critérios: os mendicantes e vagabundos, as mulheres, os menores, os alienados e interditos, os monges, os domésticos e os criados de servir não votavam nem podiam ser eleitos.

quência lógica da ordem do universo familiar[394]. Similar era a posição do "criado de servir", imerso no mundo das hierarquias domésticas, directamente submetido ao poder do senhor, sem direitos políticos. Ou, nas longínquas terras do ultramar, a posição do escravo (v. *infra*, 8.1).

As incapacidades anteriormente descritas podiam, no entanto, não ser definitivas. Pelo contrário, havia uma ideia de transitoriedade implicada no conceito de cidadão passivo. Em quase todos os casos (à excepção dos monges) a exclusão que esse conceito comportava era momentânea, entendida como suspensão temporária, e não como uma exclusão definitiva. Em Portugal, por exemplo, Vicente Ferrer Neto Paiva atribuía esse sentido de "suspensão" ao conceito de cidadania passiva quando concordava com a indistinção entre o nacional e o cidadão ("tenho para mim, que o português é sempre cidadãos português, goza sempre dos direitos civis e tem pelo menos a capacidade política, para vir a gozar dos direitos políticos, conseguindo os requisitos e habilitações, que a Carta e mais leis exigem, para o seu exercício")[395]. Esta ideia permitiu que o conceito de cidadão passivo se distinguisse das categorias discriminatórias da sociedade de Antigo Regime e não afastasse, necessária e definitivamente, uma perspectiva universalista de cidadania, pelo menos no momento em que foi cunhado[396]. O menor, por exemplo, foi a fonte de inspiração mais clara para o estatuto transitório do cidadão passivo, na medida em que oferecia o modelo do "indivíduo inacabado" que, por meio da *educação*, se transformaria num indivíduo autónomo[397]. O carácter momentâneo da suspensão era, no seu caso, evidente, relacionando-se com o processo educacional de cada indivíduo[398]. Mas outras vezes a mesma ideia relacionou-se

---

[394] V. Elizabeth B. Clark, "Breaking the Mold of Citizenship: The «Natural» Person as Citizen in Nineteenth-Century América (A fragment)", in Austin Sarat and Thomas R. Kearns (eds.), *Cultural Pluralism, Identity Politics, and the Law*, The University of Michigan Press, Ann Arbor, 1993, págs. 27-48.

[395] V. Vicente Ferrer Neto Paiva, *Reflexões sobre os sete primeiros títulos [...]*, cit., p. 68.

[396] V. Pierre Rosanvallon, *Le Sacre [...]*, cit.

[397] A menoridade era entendida como um momento na constituição do indivíduo e não como uma posição sociológica, pelo que "o facto de se privar o menor do direito de voto não contradizia [...] o princípio da igualdade política", v. Pierre Rosanvallon, *Le Sacre [...]*, cit., p. 117.

[398] Além de ter constituído um tema chave da literatura filosófica e política do liberalismo, tendo não poucas vezes dado origem a obras autónomas, o tema da educação do indivíduo institucionalizou-se, porque o individuo capaz de ser membro activo de uma sociedade liberal era um indivíduo cuja liberdade era mais feita de disciplina e de auto controlo do que de "[...] projecção fantasista do sujeito", como se mostra, para o caso português, em Jorge Manuel Nunes Ramos do Ó, *O governo de Si Mesmo, Modernidade Pedagógica e Encenações Disciplinares do Aluno*

não já com o processo de evolução individual mas com o progresso colectivo, um processo no qual a (necessária) evolução civilizacional das sociedades faria desaparecer as diferenciações e universalizaria a figura do cidadão activo ("mesmo quando prevêem e justificam condições restritivas para o exercício do direito de sufrágio, os constituintes inscrevem-se na perspectiva de um verdadeiro universalismo da cidadania. Eles esperam que a história concretize de forma estável e regular o que a agitação das circunstâncias permite manifestar simbolicamente [...]. É o progresso da civilização que permitirá, estima-se, baixar a idade da maioridade, suprimir os pobres e os vagabundos, e, a partir daí, universalizar a figura do cidadão activo")[399]. Os raciocínios inerentes a estas construções serão centrais, como se verá, para explicar a exclusão política dos ex-escravos libertos que residiam no ultramar em algumas Constituições portuguesas do século XIX (v.*infra*, 8.5). A ideia de transitoriedade e de um processo civilizacional susceptível de proporcionar, no futuro, a universalização dos direitos, ajudou também a racionalizar a exclusão política da grande parte da população nativa que habitava os territórios ultramarinos, ao permitir classificá-la como uma exclusão temporária. O que se propôs para essas populações não foi o acesso imediato à cidadania mas uma *assimilação a longo prazo*, perspectiva que se articulou com uma teoria *iluminista* sobre o progresso e a diversidade humana, da qual já falámos na introdução deste trabalho. Assim, a sua identificação, sempre conjuntural, como portugueses (ou cidadãos portugueses) dependeu também de uma avaliação prévia de variáveis comportamentais, de modos de vida que se constituíam em sinais da posição de cada um nesse "caminho civilizacional" que todos, em virtude da natural perfectibilidade humana, iriam percorrer.

---

liceal (último quartel do século XIX – meados do século XX), Dissertação de doutoramento em Ciências da Educação, Lisboa, Faculdade de Psicologia e de Ciências da Educação da U.L., 2003, polic., p. 190.

[399] v. Pierre Rosanvallon, *Le Sacre [...]*, cit., p. 89 ("Même lorsqu'ils prévoient et justifient des conditions restrictives pour l'exercice du droit de suffrage, les constituants s'inscrivent dans la perspective d'un véritable universalisme de la citoyenneté. Ils attendent de l'histoire nouvelle qu'ils inaugurent qu'elle réalise de façon stable et régulière ce que la tourmente des circonstances permet de manifester symboliquement. [...] C'est le progrès de la civilisation que permettra, estime-t-on, d'abaisser l'âge de la majorité, de supprimer les pauvres et les non u domiciliés, et donc d'universalizer la figure du citoyen actif").

7.2. O estatuto político e civil das populações do ultramar português

Concluída esta brevíssima incursão pelo mundo das formulações teóricas acerca da cidadania, vai regressar-se ao ponto de partida, ao primeiro momento constituinte, às discussões oitocentistas em torno da representação política e ao princípio de igualdade que lhe esteve associado.

Como se viu, a representação política do ultramar foi discutida, em todas as assembleias constituintes da primeira metade do século XIX, tendo por base princípios de *unidade* e de *igualdade*. Esses princípios foram enfaticamente enunciados nas constituintes vintistas, nomeadamente quando nelas se defendeu a liberdade de eleição de deputados, como se viu. As mesmas ideias estiveram também presentes, ainda que de uma maneira mais atenuada, nas constituintes dos anos trinta ("O governo não faz diferença entre os habitantes dos Açores e os habitantes do continente de Portugal, da Madeira, ou d'outra possessão mais distante, todos para ele são portugueses e deseja fazer a felicidade de todos"[400]). Finalmente, o texto da Carta Constitucional, o documento que esteve em vigor durante todo o século XIX e parte do século XX – mas que foi um texto outorgado, elaborado por um monarca ausente[401], e cujas razões são, por isso, de muito mais difícil reconstrução – foi um texto absolutamente universalista no que diz respeito à inclusão na cidadania de todos os nascidos no território português, metropolitano e ultramarino. Depois de definir o Reino de Portugal como "a associação política de todos os cidadãos Portugueses" (tit. I, art.1), transformou em cidadãos portugueses todos "os que tiverem nascido em Portugal, *ou seus Domínios* [...]", fosse na Europa, na África ou na Ásia (tit. II, art. 7, $ 1, sublinhado nosso). Muitos textos doutrinais do século XIX exprimiram esta mesma ideia de que cidadãos portugueses eram todos os "nascidos em terra portuguesa" e que "terra portuguesa" ou "Reino" eram expressões que incluíam qualquer território sujeito à soberania portuguesa[402]. Esta associação entre a unidade do estatuto dos territórios, por um

---

[400] V. *DCGECNP*, sessão de 18 de Março de 1837, p. 75-76, Ministro da Justiça (Vieira de Castro).

[401] V. Afonso Arinos de Melo Franco (introd.), *O constitucionalismo de D. Pedro I no Brasil e em Portugal*, Brasília, Ministério da Justiça, 1994, Introdução, p. 31.

[402] V. Manuel Borges Carneiro, *Direito Civil de Portugal [...]*, cit., p. 72. A mesma afirmação de unidade pode encontrar-se em P. H. Corrêa Telles, *Digesto Portuguez ou Tratado dos Direitos [...]*, cit., p. 5; Manuel Maria da Silva Bruschy, *Manual do Direito Civil Portuguez [...]*, cit., p. 38. Este último autor optou mesmo por designar como cidadãos portugueses os nascidos em terra portuguesa utilizando a expressão "terra" e não "Reino" porque "O Código serve-se da expressão Reino tanto a respeito de Portugal, como de todas as suas possessões; e conquanto legal-

lado, e das pessoas, por outro, foi apresentada pela doutrina como uma tradição do direito civil português e comparada com a do Império romano após a publicação do Édito de Caracala (212 d.C.), pelo qual se estendeu a cidadania romana a todos os habitantes daquele Império[403].

A este dogma da unidade/igualdade entre os territórios ultramarino e metropolitano estava assim associado o princípio da igualdade jurídica dos habitantes, bem como a aplicação da Constituição e dos direitos que ela consagrava em todo o território. No entanto, também neste plano os princípios de unidade e de igualdade entre pessoas se articularam – e entraram em tensão – com uma diversidade que era difícil reconduzir à unidade. A diversidade populacional da parte ultramarina do território interferia com a necessidade de delimitar a comunidade nacional como comunidade unida na titularidade de direitos e na igualdade face à lei; dificuldade ainda maior porque, no ultramar, as próprias fronteiras do território era indefinidas e flutuantes. Assim, nos momentos em que se tentou traduzir essa diversidade na linguagem da unidade, o princípio da igualdade passou a actuar num registo duplo: não apenas como dispositivo retórico de ocultação da diversidade, através da evocação de uma noção abstracta de cidadania, mas também como um foco, que projectava uma "nova luz sobre as diferenças [jurídicas, sociológicas, culturais], fazendo-as sobressair e, ao mesmo tempo, sobrelevando o problema da sua legitimidade [...]"[404]. Esta imagem não podia exprimir melhor as tensões que atravessaram os debates dos parlamentares portugueses do século XIX, as suas Constituições e a doutrina jurídica oitocentista, sempre que o tema foi o ultramar e as suas populações nativas. Para o mostrar, partiremos, de novo, da ideia de representação política, do seu papel de expressão/fundação da unidade da Nação. No entanto, se, no capítulo anterior, ela foi usada como um sintoma de definição do estatuto territorial, a partir de agora será tomada no seu sentido próprio, como um sinal de identificação dos *representados*. Ou seja, como um sintoma da pertença dos habitantes de um território ao corpo da Nação. O que se pretende mostrar é que o grupo de representados de que se falou

---

mente compreenda tudo quanto é português, todavia pareceu-nos melhor a expressão terra portuguesa, por esta compreender no sentido óbvio e geográfico todo e qualquer ponto dos territórios portugueses". José Dias Ferreira foi também definitivo nesta matéria: "pelo nascimento são portugueses os que nascem em território português [...] qualquer que seja a nacionalidade do pai. São filhos da Pátria todos os que nascem no nosso território", v. *Codigo Civil Portuguez Annotado*, cit., p. 28.

[403] António Ribeiro de Liz Teixeira, *Curso de Direito Civil portuguez* ..., cit., p. 129.

[404] V. Pietro Costa, *Civitas, Storia della Cittadinanza in Europa*, cit., vol. II: "L'Età delle rivoluzioni (1789-1848)», p. 77.

quando o tema da representação foi debatido para a parte ultramarina da "terra" portuguesa esteve longe de incluir toda a população que a habitava, que nela tinha nascido, que era nela domiciliada.

7.2.1. *Os cidadãos portugueses do ultramar*

Os discursos dos deputados constituintes de 1821-1822 foram marcados, desde as primeiras sessões em que se discutiu a questão da representação política, pela ideia de que havia cidadãos portugueses que eram europeus ("Portugueses da Europa") e cidadãos portugueses que eram ultramarinos ("irmãos do ultramar")[405]. Desde as primeiras sessões se percebe, também, que os cidadãos ultramarinos foram, em primeiro lugar, os portugueses da América, os que partilhavam com os portugueses europeus a mesma comunidade afectiva e cultural (os que eram seus "irmãos"). Na primeira proposta apresentada nas Cortes a favor da representação política do ultramar, Pereira do Carmo recordou, para fundar a sua pertinência, que "nós [europeus e ultramarinos] temos a mesma origem, falamos a mesma linguagem, professamos a mesma religião, ligam-nos interesses recíprocos [...]"[406]. O sentido político da medida era, entre outros, o de *"estreitar os laços do sangue*, e dos interesses, que unem reciprocamente todos os Portugueses de ambos os mundos"[407].

À medida que as dissensões entre deputados vindos do Brasil e deputados metropolitanos se aprofundaram tornou-se mais nítida essa natureza bi-hemisférica da cidadania, multiplicando-se as referências aos "cidadãos ultramarinos", "cidadãos de Além-mar" ou "habitantes ultramarinos"[408].

---

[405] V. *Carta dirigida pelas Cortes a D. João VI* em *DCGECNP*, sessão de 19 de Fevereiro de 1821, p. 118. Na Constituição vintista surge também a expressão "cidadãos ultramarinos", como se viu.

[406] V. *DCGECNP*, sessão de 30 de Janeiro de 1821, p. 9. No mesmo sentido, para dar outro exemplo, as palavras de Rodrigo Ferreira da Costa na sua *Indicação e Projecto de Decreto sobre os governos ultramarinos*, lida na sessão de 31 de Julho de 1821. Embora também aí o território da Monarquia Portuguesa, cuja integridade se queria preservar, incluísse as províncias situadas em África e na Ásia, era aos laços que uniam os "naturais" de Portugal e do Brasil que o autor confiava o fundamento da integridade: "[...] olhando aos estado moral dos naturais de Portugal e do Brasil enlaçados pelo uso de uma mesma língua, profissão do mesmo culto, e império diuturno das mesmas leis; digo mais, vinculados pelo sangue, pela propriedade dos bens, que muitos moradores em um continente têm no terreno do outro, e pelo comércio [...] pensei sempre de grande probabilidade, que o novo Portugal sustentasse a fraternidade com o antigo [...], abraçando o sistema constitucional", transcr. em Benedicta Maria Duque Vieira, *A crise do Antigo Regime [...]*, cit., vol. I, p. 193.

[407] V. *DCGECNP*, sessão de 3 de Fevereiro de 1821, p. 21, subl. nossos.

[408] V., por exemplo, *DCGECNP*, sessão de 13 de Fevereiro de 1822, p. 171.

Tornou-se também mais nítido que estes eram, fundamentalmente, os "luso--americanos", os "luso-descendentes" que habitavam o território da América portuguesa, *aqueles que se representavam como descendentes de "reinóis" e que eram reconhecidos como tal* e, portanto, como "filhos de pais portugueses". Um dos deputados mais radicalmente defensores de um ponto de vista "americano" nas Cortes, nessa fase já radicalizada da discussão, quando apelou à igualdade de direitos e comodidades para europeus e ultramarinos, recordou ser "preciso que os que temos o mesmo sangue, a mesma linguagem, o mesmo governo, tenhamos as mesmas comodidades"[409]. Um outro deputado discorreu sobre os sinais que permitiam reconhecer um português em qualquer ponto do mundo ("Eu considero os portugueses em qualquer parte do mundo em que se achem sempre dotados do mesmo espírito, e carácter nacional, e homogéneos em linguagem, costumes, religião, governo, e patriotismo"[410]). Estava-se, portanto, a falar do grupo populacional equivalente aos "irmãos" hispano--americanos que Bentham tinha constituído nos sujeitos do seu discurso de crítica ao constitucionalismo colonialista de Cádis. De "indivíduos tão estranhos em virtude dos interesses quanto familiares por tradição e cultura"[411]. Foi nestes luso-americanos, juntamente com os portugueses da metrópole, que fundamentalmente se pensou quando se discutiu a representação política nos anos vinte. Foram eles os membros da Nação, entendida quer no seu sentido orgânico, como comunidade "natural", unida pela identidade de costumes, de língua, de religião e até de sangue, quer no sentido jurídico, de associação voluntária, de conjunto de indivíduos unidos pela adesão a uma mesma forma de governo. O registo mais orgânico desta descrição da Nação comportava um forte sentido de exclusão de todos os que não partilhassem de forma inequívoca o mesmo património histórico e genealógico. Ver-se-á, em outro capítulo que também na sua acepção política o conceito de Nação comportava um forte sentido de exclusão em relação aos que se considerava não estarem preparados para ser parte no seu contrato fundador, (v. *infra*, 8).

O "luso-descendentes" – e, nos anos vinte, sobretudo os que habitavam o território português na América – constituíram então o grupo populacional cuja cidadania portuguesa foi inequívoca. Foram eles o sujeito a que, na maior parte das vezes, se referiram as discussões constituintes sobre representação

---

[409] V. *DCGECNP*, sessão de 9 Fevereiro de 1822, p. 146, Dep. Villela. Vilela Barbosa foi um dos signatários do parecer da Comissão encarregada dos artigos adicionais da Constituição para o Brasil onde se propôs, além da delegação permanente do poder executivo no Brasil, legislaturas diferentes para cada um dos Reinos.
[410] V. *DCGECNP*, sessão de 3 de Julho de 1822, p. 661-62, Dep. Arriaga.
[411] V. Bartolomé Clavero, "!Libraos de ultramaria!, el fruto podrido [...]", cit., p. 118.

política no ultramar, não tendo as exclusões que isso implicitamente envolvia relativamente a outros grupos populacionais gerado grandes tensões. Na verdade, eram exclusões comuns ao constitucionalismo europeu da época, nomeadamente ao de outros países que tinham concedido representação política no Parlamento às respectivas colónias. As tensões surgiram, no entanto, quando os deputados se viram obrigados a discutir o estatuto e os direitos dessas outras populações do território da Monarquia, das populações que não se inscreviam tão pacificamente no grupo daqueles portugueses "padrão", como acontecia com as populações nativas que, não sendo integrada por "descendentes", tinham adoptado formas culturais próximas das dos europeus/portugueses, com as populações nativas que não tinham sido permeáveis a essas influências culturais, com os escravos ou, até, com algumas das populações "descendentes" mas miscigenadas. Tal como em França e em Espanha, a inicial associação da representação política ultramarina às populações de origem europeia ou delas descendentes deu lugar a tensões nos (muito mais raros) momentos em que se debateu o problema da diversidade da restante população (importada ou nativa)[412].

A consciência de que os "luso-descendentes" não esgotavam o conjunto das populações ultramarinas esteve presente nos debates constituintes do século XIX. A diversidade do território ultramarino relacionava-se com a imensidão, com a dispersão geográfica mas também com a heterogeneidade das populações que o habitavam. Existia, como também já se viu, uma consciência negativa dessa diversidade, que os deputados vintistas partilhavam com o pensamento filosófico-político da época ou com tradições mais antigas. Línguas diferentes, pessoas de cor diferente e com costumes e crenças religiosas diferentes eram, do seu ponto de vista, outros tantos elementos de desagregação social e política a temer. Por isso a solução para o problema não passou, como se verá, por imaginar formas de gerir sociedades, multiculturais ou multiétnicas (como acontecerá cada vez mais a partir dos finais do século XIX), mas antes pela redução da diversidade à uniformidade[413]. Talvez isso

---

[412] Sobre o que se passou em França e Espanha v. Cristina Nogueira da Silva, "«Modelos coloniais» no século XIX (França, Espanha, Portugal)", in *E-legal History Review*, n.º 7, 2009.

[413] São vários, na primeira metade do século XIX, os escritos – contrários à preservação da escravidão, sobre emigração e colonização para o Brasil – dominados pela ideia de eliminar a heterogeneidade física e civil da população brasileira. Exemplos deles são os de António de Oliva e Francisco Soares Franco, onde a miscenização surge como meio para a obtenção de uma sociedade branca homogénea, ou a representação de José Bonifácio de Andrade e Silva à *Assembleia legislativa brasileira de 1823*, publicada em 1840, v. João Pedro Marques, *Os sons do silêncio [...]*, cit., p. 127 e p. 180.

ajude a compreender porque é que esta diversidade foi, formalmente, pensada sob o signo da unidade, criando a impressão de que a cidadania era comum a todos os habitantes do território, o europeu e o ultramarino. A verdade, porém, é que um olhar atento sobre os debates parlamentares e os textos constitucionais enfraquece e, no caso destes últimos, desmente mesmo essa impressão. Mas comecemos pelos debates parlamentares.

Viu-se já que, quando se discutiu a representação política do ultramar nas Cortes vintistas, a população "luso-descendente" e metropolitana que residia na América, tal como o território ultramarino americano, dominou a discussão. Nessa discussão não se pensou praticamente nas populações da América portuguesa cujos ascendentes eram nativos dos territórios americanos ou africanos. A evocação destes esteve quase ausente daqueles debates. Por outro lado, só muito secundária e subentendidamente se pensou nas populações "luso-descendentes" da Ásia ou da costa africana ou na sua população nativa. Não houve, por exemplo, referências às elites nativas cristianizadas da Índia, os canarins, que tinham adquirido hábitos culturais europeus e que, em Goa, competiam com a minoria luso-descendente pelos cargos da administração ultramarina[414]. Também não foram referidas as elites luso-africanas, populações miscigenadas cuja influência concorria, em Angola, com os comerciantes e funcionários de origem metropolitana, disputando com eles a posse dos cargos e desempenhando um papel fundamental para a comunicação entre as autoridades africanas (os "sobas") e a administração colonial[415]. Não se falou dos "ambaquistas", categoria com um significado simultaneamente geográfico (pessoas da região de Ambaca, em Angola) e sócio-cultural, integrada por uma elite de "cultura mista luso-africana"[416] que podia ser negra, mestiça ou até

---

[414] V. Ernestina Carreira, "Índia", in Joel Serrão e A.H. de Oliveira Marques, *Nova História da Expansão Portuguesa*, cit., vol. X, 1998, p. 687 e ss. A autora descreve bem a natureza conflitual da relação entre a minoria luso-descendente e esta elite nativa, cristianizada e europeizada, bem como o papel proeminente por ela ocupado na administração ultramarina, que se manteve ao longo de todo o século, além da respectiva importância demográfica, económica e social.

[415] V. Jill Dias, "A Sociedade colonial de Angola e o liberalismo português" in Miriam Halpern Pereira, *O Liberalismo na Península Ibérica [...]*, cit., vol. II, p. 269. A autora utiliza o termo "crioulo" para, como explica, "descrever pessoas nascidas na colónia de Angola, de ascendência europeia ou de ascendência indígena africana, assimilados em graus diferentes à cultura europeia". A sua importância social, económica e política nos anos vinte – nomeadamente por causa da monopolização dos órgãos da administração colonial – era enorme. Sobre esta elite v. também Valentim Alexandre, "As periferias e a implosão do Império", in Francisco Bethencourt e Kirti Chaudhuri (dir.), *História da Expansão Portuguesa*, cit., p. 55.

[416] V. Beatrix Heintze, *Pioneiros africanos, Caravanas de carregadores na África Centro-Ocidental (entre 1850 e 1890)*, Lisboa, Caminho, 2004, p. 81.

branca, que se vestia à europeia, que falava (e, por vezes, lia a escrevia em) português, que adoptava nomes portugueses e se considerava cristã, portuguesa e "branca" (independentemente da cor da sua pele) e que se distinguia a si própria dos outros africanos, que considerava "selvagens"[417]. Mas que não era classificada da mesma maneira pelos portugueses de origem europeia, que menosprezavam os seus costumes, duvidavam da sua catolicidade e mantinham na incerteza o seu estatuto face à nacionalidade e cidadania portuguesa[418]. Também não se falou nos "senhores dos prazos" (os chamados *Mozungos*, na maioria mestiços, descendentes de europeus, asiáticos e africanos), que ocupavam igualmente cargos na administração colonial e com cuja aliança a administração portuguesa preservava a sua presença e se expandia territorialmente[419]. Menos ainda se falou nos macaístas, senhores quase soberanos daquilo a que alguém já chamou uma república mercantil nos mares do Sul da China[420]. Secundarizadas estiveram, finalmente, as famílias luso-guineenses que dominavam o comércio na Guiné, não poucas vezes também em conflito com as autoridades enviadas da metrópole, outras vezes desempenhando um papel de intermediários entre os portugueses e a população nativa da região[421]. Isto apesar de alguns destes territórios – Angola, por exemplo,

---

[417] António Gil, membro do Conselho de Governo em Angola nos anos '40, refere-se a um "preto ladino, suponho que da nossa jurisdição, que falava bem português", v. António Gil, *Considerações sobre algumas partes mais importantes da moral religiosa, e sistema de jurisprudência dos pretos da África Ocidental Portuguesa além do Equador*, Memórias da Academia, nova série, classe 2ª, t. I, Lisboa, Tipografia da Academia, 1854, p. 16.

[418] V. Beatriz H., *Pioneiros...*, cit., pp. 232 e ss.

[419] Mas que a legislação do século XIX havia de "perseguir" sistematicamente, por se terem constituído num obstáculo demasiado evidente à construção unitária do Estado português, v. Malyn Newitt, "Moçambique", in Joel Serrão e A-H. de Oliveira Marques, *Nova História da Expansão Portuguesa*, cit., p. 638 e ss. Trata-se de elites afro-portuguesas que "dominavam [...], muitas vezes em situações de perfeita continuidade com as chefias políticas africanas. Eram maioritariamente mestiços, resultando de uma política de casamentos que ligavam entre si as elites africanas com descendentes de portugueses, goeses (canarins e luso-asiáticos)"; v. também René Pélissier, *História de Moçambique*, Lisboa, Estampa, 2000, vol. I, pp. 88 e ss., e o recente trabalho de Eugénia Alves Rodrigues, *Portugueses e africanos nos Rios de Sena: os prazos da Coroa nos séculos XVII e XVIII*, dissertação de doutoramento em História na F.C.S.H. da U.N.L., Lisboa, 2002, polic.

[420] V. Almerindo Lessa, *Macau. Ensaios de antropologia portuguesa dos trópicos*, Lisboa, Editora Internacional, 1996; Susana Münch Miranda e Cristina Seuanes Serafim,"O potencial demográfico" in A. H. Oliveira Marques (dir.), *História dos portugueses no Extremo Oriente*, Lisboa, Fundação Oriente, 1998, vol. I, t. I: "Em torno de Macau", p. 94-97 e Jorge Manuel Flores, "Macau: de Surgidouro a Cidade", *ibid.*, 2000, vol. I, t. II: "De Macau à Periferia", pp. 237-256.

[421] V. Joel Frederico Silveira, "Guiné", in Joel Serrão e A-H. de Oliveira Marques, *Nova História da Expansão Portuguesa*, cit., p. 222 e ss. Um dos representantes dessas famílias, Honório Pereira Barreto, chegaria a ser governador naquele território.

mas não a Índia – terem sido precocemente mencionados pelo deputado Pereira do Carmo como devendo estar representados nas Cortes[422]; e de terem tido, de facto, representantes seus logo nas Cortes vintistas, sendo deles exemplo dois deputados canarins, católicos naturais de Goa[423], e o deputado pelo Reino de Angola, Manoel Patrício Correia de Castro, autor de um folheto já referido no qual se dirigia aos "habitantes do Reino de Angola" pedindo-lhes que se mantivessem unidos à metrópole[424]. Assim, apesar de não terem sido referidos na discussão, ou de terem sido muito poucas, e muitos vagas, as alusões à sua existência – ainda mais vagas e secundárias do que as alusões aos territórios que habitavam[425] – aqueles grupos estavam, formalmente, incluídos no universo dos representados do ultramar africano e asiático. Por outro lado, como muitos dos seus membros reuniam mesmo condições censitárias (e poder) para se converter em cidadãos politicamente activos, conseguiram eleger, ao longo de todo o século XIX, deputados seus ao Parlamento metropolitano. Isso aconteceu sobretudo na Índia, onde o conflito em torno dos cargos se intensificou, depois de instalado o regime liberal, com a luta pela monopolização da representação em Cortes. Mas aconteceu também em Angola, onde alguns membros das famílias "crioulas" africanas foram igualmente deputados às Cortes gerais[426]. E em Moçambique, como se percebe atra-

---

[422] Pereira do Carmo teria sido o autor de uma Memória com o nome significativo de "Memória sobre a nomeação de deputados em Cortes que representem o Reino do Brasil, Angola e Ilhas", enviada à Comissão da Constituição eleita a 29 de Janeiro de 1821 para preparar o projecto de Bases da Constituição, v. Benedicta Maria Duque Vieira, *A crise do Antigo Regime [...]*, cit., vol. I: "O problema político português no tempo das primeiras Cortes liberais".

[423] A elite canarim conseguiu a eleição de dois dos seus entre os três deputados pela Índia eleitos em 1822, tendo estado também representada nas constituintes de 1837-38; e, de novo, em 1852, na figura de Jeremias Mascarenhas, um deputado com intervenções incisivas na câmara, de quem já se falou, v. Ernestina Carreira, "Índia", in Joel Serrão e A-H. de Oliveira Marques, *Nova História da Expansão Portuguesa*, cit.

[424] *Aos meus Amados compatriotas, habitantes do Reino de Angola e Benguela*, a quem se pedia que não seguissem a via, que acabou por ser a seguida na América, da desunião com a metrópole (Typografia de M. P. De Lacerda, 1822, p. 1-5).

[425] Como notou Benedicta Vieira, os territórios africanos e asiáticos ocuparam igualmente um lugar diminuto no expediente da Comissão da Constituição das Cortes constituintes de 1821-22 e terminaram, frequentemente, numa Comissão de ultramar. No entanto, encontra-se entre esta documentação uma exposição sobre direitos políticos dos angolanos, que foi lida em sessão de 25 de Setembro de 1822 (v. Benedicta Maria Duque Vieira, *ibid..*, p. 297-99). Também as alusões vintistas à heterogeneidade da população do Império manifestaram a mesma obsessiva fixação no território americano, como já foi salientado. Sobre a subalternização dos territórios africanos e asiáticos v. *infra*, 9.

[426] V. Jill Dias, "A Sociedade colonial de Angola e o liberalismo [...]", cit., p. 277. Mas isso, como sugere a autora, constituiu mais um "efeito secundário" das políticas aplicadas ao

vés do episódio, já referido, respeitante ao acolhimento do deputado Teodorico Abranches nas Cortes constituintes dos anos '30, o "primeiro deputado de raça não europeia" presente naquele Congresso, como então salientou Almeida Garrett[427]. A ausência de referências às populações que estes deputados representavam manteve-se também ao longo de todo o período aqui estudado, facto que se explica, em parte, pela sua escassez numérica, mas também porque muitas destas populações não integravam, de forma plena e sem ambiguidades (sem incertezas), a comunidade de portugueses tal como ela era definida pelos deputados constituintes, nos seus debates e nas Constituições que votaram. Não era fácil distinguir quem, entre elas, estava no interior ou no exterior das fronteiras que limitavam essa comunidade, como se irá tentar mostrar a seguir. Ver-se-á que a cor da sua pele não se constituiu num critério formal para aceder à nacionalidade/cidadania, o que significa que era possível integrar na cidadania as populações negras e mestiças dos diversos continentes. Mas ver-se-á também que a centralidade das variáveis culturais na definição do que era ser português lançou sobre aquelas populações, e por vezes mesmo sobre as suas elites, um "princípio de incerteza" quanto ao seu estatuto, princípio que esteve presente em todas as assembleias constituintes portuguesas e que explica, em parte, o silêncio a que essas populações foram votadas.

A centralidade da variável cultural na definição de quem era e quem não era português assumiu aspectos singulares no momento em que um deputado eleito pela América propôs que a diversidade étnica/racial da Nação portuguesa fosse reconhecida na Constituição. Deviam ser incluídos, de forma positiva – e não por omissão, como acontecera em toda a discussão sobre a

---

ultramar do que um desejo de conceder voz política a esta populações, cujo declínio, ao contrário do que sucedeu na Índia, se foi acentuando ao longo do século, sobretudo devido à a substituição de uma actividade económica centrada no comércio negreiro, de que boa parte destas famílias vivia, por outras formas de exploração dos territórios coloniais africanos. Em outro trabalhos, Jill Dias afirma ter havido um único destes "filhos do país" a conseguir ser eleito deputado por Angola, Joaquim António Carvalho e Menezes, "porta voz dos ressentimentos das elites naturais do país durante a legislatura de 1839 a 1841, v. Jill Dias, "Angola", in Joel Serrão e A-H. de Oliveira Marques, *Nova História da Expansão Portuguesa*, cit., vol. X, p. 535. Também os "senhores dos prazos", em Moçambique, estiveram envolvidos nas eleições para o parlamento metropolitano, v. José Capela, *O escravismo colonial* ..., cit., p. 45 e p. 59 e ss. Já os ilhéus de S. Tomé, apesar do seu peso eleitoral, nunca o capitalizaram para a eleição de representantes seus, como se pode ver em Augusto Nascimento, "S. Tomé e Príncipe no século XIX: um esboço de interpretação das mudanças sociais" in Valentim Alexandre (coord.), *O Império Africano*, Séculos XIX e XX, Lisboa, Colibri, 2000.

[427] V. *O Nacional*, 23 de Maio de 1837, n.° 739, sessão de 22 de Maio de 1837, p. 4241.

representação política –, os diferentes grupos étnicos que, do seu ponto de vista, integravam aquela Nação. A sua proposta concreta era que, nos artigos sobre cidadania portuguesa[428], a expressão "[A Nação Portuguesa é a união] de todos os Portugueses de ambos os hemisférios" fosse substituída pela expressão "de todos os portugueses, de todas as castas de ambos os hemisférios". Acrescentava ainda que deviam ser explicitamente incluídos nos artigos, como cidadãos portugueses, "todos os filhos de portugueses, ou brasileiros, ainda que ilegítimos, de qualquer cor ou qualidade, nascidos no Reino do Brasil e mesmo todos os crioulos e libertos" porque "no Brasil temos portugueses brancos europeus, e Portugueses brancos brasileiros; temos mulatos, que são os filhos de todos aqueles portugueses com as mulheres pretas [...]: temos também mulatos, filhos da combinação dos mesmos mulatos; e temos cabras, que são os filhos dos mulatos com as pretas; temos caboclos ou Índios naturais do país. Temos as misturas destes, isto é, os mamelucos, que são o produto dos brancos misturados com os referidos caboclos; e temos os mestiços, que são a prole dos índios combinados com a gente preta. Além disso temos também pretos crioulos, que são os nascidos no país; e finalmente temos os negros da costa da Mina, Angola, etc."[429]. Este discurso cristaliza um dos raríssimos momentos que a heterogeneidade de origens da população do ultramar português deu lugar a uma tentativa de atribuir a cidadania, de forma concreta e positiva, a grupos populacionais cuja filiação portuguesa era pouco clara, ou difícil de estabelecer, e cuja inclusão era, por isso, equívoca[430]. A este propósito do deputado não subjazia, no entanto, qualquer noção de "pluralismo cultural" da Nação. Quando ele explicitou melhor as suas razões, o que emergiu foram, de novo, critérios que reenviavam para um conceito organicista de Nação. A inclusão daquelas populações era imperativa "porque todos aqueles habitantes do reino do Brasil seguem a mesma religião, falam a mesma língua, obedecem ao mesmo Rei, abraçam e defendem a mesma Constituição livre"[431]. Porque, enfim, havia heróis patriotas "em todas aquelas raças"[432].

---

[428] Referia-se ao título II, art. 1, dos Actos Adicionais propostos pelos deputados americanos de S. Paulo.

[429] V. *DCGECNP*, sessão de 13 de Agosto de 1822, p. 139.

[430] "A falta de cuidado nestes artigos pode trazer grande mal; porque toda a gente de cor no Brasil clamaria que lhe queriam tirar os direitos de cidadão, e de voto; é por isso que eu digo que *a palavra português, no Brasil, é equívoca*", *ibid.*, subl. nossos.

[431] *DCGECNP*, sessão de 13 Agosto de 1822, p. 139.

[432] Estas referências evocam o exemplo dos descendentes de africanos que, já no Antigo Regime, tinham conseguido contornar as restrições que a lei lhes impunha no acesso a cargos públicos e títulos honoríficos prestando serviços à Coroa, nomeadamente na guerra contra os holandeses, o que agora os transformava em "heróis nacionais", v. Hebe Maria Mattos,

Era, portanto, de uniformidade cultural, e não de diversidade, que o deputado estava a falar. A singularidade da sua proposta reside no facto de ter tornado mais visível o tema da heterogeneidade de origens da população americana e as classificações sociais que delas resultavam, um tema omitido, no discurso dominante, pela sugestão da homogeneidade do património genético e histórico dos portugueses. Se se abstrair dessa singularidade, a proposta aproxima-se em tudo do que já tinha sido dito sobre a identidade dos portugueses europeus e ultramarinos. Ela serviu, sobretudo, para tornar mais presente à assembleia que, na América, eram também portuguesas as populações de cor e de origens misturadas que falassem português, que amassem a Pátria portuguesa, que praticassem a religião dos portugueses e que, por outro lado, aderissem aos princípios de governo adoptados pelos outros portugueses (reconhecessem o mesmo rei e a mesma Constituição livre). Serviu para esclarecer que a língua e a religião, os sentimentos de amor natural pela Pátria, por um lado, a comum adesão aos princípios de governo, por outro, eram os critérios indispensáveis para determinar a pertença à Nação. Que a Nação não era «multicultural», que tinha a sua história, a sua língua, a sua religião, mas que era "etnicamente" plural, devendo essa característica ser expressamente reconhecida na Constituição, sob pena de essas populações poderem vir a ser discriminadas. A única reacção à intervenção deste deputado confirmou isso mesmo, apesar de ter sido ambígua nas intenções:

"Por ventura a Constituição, quando trata dos *filhos de pais portugueses*, fala de brancos ou pretos? Não se entendem todos? Tem acaso a cor alguma influência para estas coisas?"[433].

Aparentemente, estava a denunciar-se a redundância da explicitação, assumindo-se que a irrelevância dos dados genéticos fosse um dado adquirido. Mas esta foi, contudo, mais uma forma de deixar a questão nebulosa, sem atacar os princípios universalistas acolhidos na assembleia, e não um sinal de inclusão do conjunto da população ultramarina. Mobilizava-se, para isso, um conceito universal de cidadania, que ocultava as desigualdades no exacto momento em que abstraía das particularidades e das diferenças[434]. Na som-

---

"A escravidão moderna nos quadros do Império Português: o Antigo Regime em perspectiva Atlântica", in João Fragoso, Maria Fernanda Bicalho e Maria de Fátima Gouvêa (orgs.), *O Antigo Regime nos Trópicos...*, cit., p. 148-49.

[433] V. *DCGECNP*, sessão 13 Agosto 1822, p. 140, Dep. Soares de Azevedo.

[434] Sobre essa ocultação da desigualdade nos conceitos universalistas de cidadania veja-se Iris Marion Young, "Polity and Group Difference: A Critique of the ideal of Universal Citizenship" in *Ethics*, n.º 99, 1989, pp. 250 e ss.

bra ficava a questão de saber como discriminar, entre aquelas populações de ascendência diversificada, quem, de acordo com critérios de pertença enunciados em outros momentos da discussão, era ou não era português. De saber, por exemplo, até onde se podia confiar no seu "amor natural" pela pátria portuguesa. Sabia-se que a filiação era um elemento fundamental na sedimentação dos sentimentos naturais pela Pátria. Sabia-se também que muitas destas populações tinham recebido, de seus avós, a memória de uma entrada não voluntária na pátria portuguesa, como sucedia com boa parte da população de origem africana[435]. Por outro lado, o lugar delas na sociedade colonial americana era marcado, tanto do ponto de vista socio-económico, como das representações sociais, por uma inferioridade que lhes era quotidianamente recordada[436]. Finalmente, no texto definitivo da Constituição vintista, o princípio do *ius sanguinis*, tendo coexistido com um *ius soli* mitigado, foi predominante em matéria de aquisição originária de cidadania. Do ponto de vista jurídico, portugueses eram os filhos de pai português[437]. Este predomínio acentuava ainda mais as dúvidas que existiam acerca da nacionalidade/cidadania das populações nascidas na parte não europeia da monarquia. Assim, mesmo admitindo que, ao falar dessas populações, se estava a falar também de portugueses, esta extensão era suficientemente problemática, o que explica algumas reticências no plano institucional, reticências que se reflectiram, nomeadamente, na sua relevância no cômputo da representação eleitoral do território. De facto, as dificuldades que se colocaram à tarefa de discriminar,

---

[435] Sobre a importância da filiação e da sua relação com o "amor à Pátria" nas discussões sobre quem era e quem não era nativo da Espanha, no século XVIII, v. Tamar Herzog, "Communal Definition in Eighteenth-Century Spain and spanish America", in Julius Kirshner e Laurent Mayali (eds), *Privileges and Rights of Citizenship, Law and the Juridical Construction of Civil Society*, Berkeley, University of California at Berkeley, 2002, p. 161 e ss. A autora mostrou que estes critérios foram preservados nas discussões dos deputados de Cádis sobre a cidadania, tendo sido o estatuto das populações ultramarinas discutido nesse registo. Veremos, mais à frente, a importância dos sentimentos patrióticos na atribuição de direitos políticos aos libertos.

[436] V. István Jancsó, "A sedução da liberdade: cotidiano e contestação política no final do século XVIII" in Fernando A. Novais (coord.), *História da Vida Privada no Brasil*, vol I (org. Laura de Mello e Souza): "Cotidiano e vida privada na América portuguesa", S. Paulo, Companhia das Letras, 1997. Sobre esses estratos na sociedade colonial brasileira v. Stuart B. Schwartz, *Da América portuguesa ao Brasil, Estudos Históricos*, Lisboa, Difel, 2003, caps. VI e VII.

[437] E, secundariamente, os que tinham nascido em Portugal, como os expostos e os libertos; mas não tanto, como se verá, pelo facto jurídico de terem nascido em Portugal, como pela aprendizagem do "ser português" pela qual um e outro passariam. Os filhos de pai estrangeiro que nascessem em território português poderiam também ser, na Constituição vintista, portugueses, mas desde que adquirissem domicílio em Portugal e declarassem, uma vez atingida a maioridade, que queriam ser portugueses (art. 21, § 5 da Constituição de 1821).

entre estas populações, quem era e quem não era realmente português, explicam porque é que os deputados que, nas Cortes vintistas, compararam o peso da metrópole com o do ultramar, no plano da representação eleitoral, nunca tenham recorrido ao argumento da importância numérica destas população para favorecer a representação do ultramar americano. Nas ocasiões em que quiseram obter esse efeito aludiram de forma vaga à extensão incomensuravelmente maior do território ultramarino[438], à ignorância que havia quanto à real dimensão da população brasileira ou, ainda, à hipótese de, no futuro, o equilíbrio populacional se vir a alterar a favor do ultramar[439]. Contudo, nunca aludiram ao peso demográfico "actual" da população ultramarina que, nos termos anteriores, podia ser considerada culturalmente "assimilada" e, logo, portuguesa[440]. Por outro lado, nem os escravos, nem os índios, como se verá mais à frente, foram contabilizados para efeitos do cálculo do número de deputados (v. *infra*, 8.1, 8.2).

Terão sido estas mesmas dificuldades na identificação do universo populacional português que explicam, também, porque é que a proposta singular do deputado americano que se comentou atrás não encontrou acolhimento nas Cortes constituintes, não tendo sido sequer discutida, e muito menos aprovada.

Se o afastamento da cor da pele como critério de nacionalidade e cidadania não impediu uma desvalorização subliminar do conjunto das populações de origem não europeia, ela acabou por ser coerente com a concessão da cidadania portuguesa plena aos escravos libertados (os libertos), uma questão longamente debatida e que abordaremos com mais detalhe em outro capítulo.

---

[438] V. *DCGECNP*, sessão de 14 Novembro de 1821, p. 3076, Dep. Vilela: "se Portugal abunda mais de pessoas livres, e por isso deu mais representantes, no ultramar é muito maior a extensão territorial".

[439] "Agora sim a balança pesa para os europeus, mas estou persuadido que antes de muito poucos anos teremos mais Deputados do ultramar do que da Europa", v. *DCGECNP*, sessão de 14 de Novembro de 1821, p. 3073, Dep. Castelo Branco Manoel; "presentemente está nas Cortes maior número de Deputados de Portugal, do que do ultramar; talvez algum dia venham a ser mais os do ultramar em razão da população da América, Ásia e África" v., *DCGECNP*, sessão de 14 de Novembro 1821, p. 3077, Dep. Borges Carneiro.

[440] Nem mesmo aqueles deputados que, reconhecendo a dimensão populacional do território americano era ignorada, achavam que não devia ser negligenciada, se referiram às populações mais heterogéneas da América como factor numérico a ter em consideração (v. *DCGECNP*, sessão de 12 Nov., p. 3046-7, Dep. Belfort). O facto é que, no Brasil, não se elaboraram sequer mapas de eleitores, v. Joel Serrão e A.H. de Oliveira Marques (dir), *Nova História da Expansão Portuguesa*, vol. VIII (coord. Maria Beatriz Nizza da Silva), "O Império Luso-brasileiro (1750-1822), Lisboa, Estampa, 1986, p. 414-15

Por agora, é suficiente salientar que também nesses debates se voltou a salientar a irrelevância da cor da pele, quer pelos deputados que se manifestaram favoráveis à concessão da cidadania a este grupo da população, quer os que se mostraram contrários. Quando se discutiu, por exemplo, se os libertos deviam ou não ser elegíveis deputados, um deputado manifestou-se contra, mas apressou-se a garantir não haver na sua posição "a distinção de cor, que olho como mero acidente"[441]. Outro deputado, com opinião oposta quanto à elegibilidade dos libertos, respondeu que, sabendo distinguir a cor, não sabia fazer distinção "do merecimento, quando ele está no branco, no negro ou no pardo; todo o cidadão português que estiver em tais e tais circunstâncias poderá ser Deputado"[442]. Outros deputados foram favoráveis à concessão de direitos políticos aos libertos, por ser "uma falta de liberalidade excluir o sangue africano daqueles direitos que se concedem ao europeu, ao americano e ao asiático"[443]. Também em África podiam, portanto, ser portuguesas as populações de cor, não obstante terem-se gerado algumas perplexidades nas poucas ocasiões em que o território ultramarino de referência se deslocou da América para outras paragens. Essa perplexidade ganhou visibilidade numa discussão a propósito do número de deputados que cada divisão ultramarina devia enviar ao Congresso. Para um dos deputados, S. Tomé e Príncipe não tinha população suficiente para constituir uma divisão eleitoral autónoma e eleger um deputado. Neste caso, havia um problema de quantidade, mas não só; havia também um problema de "qualidade", dada a escassez de população de origem europeia:

> "Em quanto às ilhas de S. Tomé e Príncipe aqui estão os mapas ultimamente chegados (mencionou a quantidade da população que tinha) que eram para a Ilha do Príncipe 1300; e na de S. Tomé 3800, *e nestas muito poucos brancos*. Logo é evidente que segundo a Constituição, e os princípios adoptados, não podem dar um deputado, a não ser por um favor, e graça excessiva" (subl. nossos)[444].

---

[441] V. *DCGECNP*, sessão de 13 de Agosto de 1822, p. 142, Dep. Fernandes Pinheiro
[442] V. *DCGECNP*, sessão 13 Agosto de 1822, p. 142, Dep. Segurado
[443] V. *DCGECNP*, sessão 17 Abril de 1822, p. 839, Dep. Pinto da França.
[444] V. *DCGECNP*, sessão de 18 de Junho de 1822, p. 474, Dep. Soares Franco; na sessão de 14 de Agosto Miguel Franzini pronunciou-se sobre insignificância de S. Tomé e Príncipe fornecendo dados qualitativos significativos ("Estas ilhas tem muito pouca gente em estado de votar"), e dados quantitativos bem diferentes ("A Ilha de Príncipe quando muito terá dez mil habitantes, e a ilha de S. Tomé ainda tem menos", *ibid.*, p. 152).

A resposta de um outro deputado à questão foi novamente inequívoca quanto à rejeição da cor da pele como critério para atribuição da cidadania portuguesa:

> "Permita-me o honrado membro o Sr. Soares Franco que lhe diga, que a informação de que o Soberano Congresso necessita é, sobre o número dos homens livres que há nas Ilhas de S. Tomé e Príncipe, o mais não importa, quer sejam mulatos ou pretos, são homens livres, são cidadãos, a cor não decide nada"[445].

Em África, como na América, o que importava, por detrás da cor da pele, era o "sentido de pertença", indiciado pela adesão à comunidade política e também pela comunidade de língua, de religião, de cultura, de civilização. Só que, neste particular, a África distinguia-se pela ainda menor probabilidade de encontrar esses indícios nas suas populações nativas. Mesmo quando restringidas às suas elites. Em Angola, por exemplo, o que distinguia a população africana livre dos sobados das "elites crioulas" era o facto de as primeiras serem populações gentias, por contraposição à identidade "cristã católica e portuguesa daquelas elites"[446]. De acordo com esta descrição, estas elites integravam, sem ambiguidades, a cidadania portuguesa, da mesma maneira que a integravam os canarins, na Índia, cujos pais já tinham sido feitos portugueses pela cristianização[447]. Acontece que, se as elites africanas se identificavam, por oposição às populações do sertão, como portuguesas e cató-

---

[445] V. *DCGECNP*, sessão de 18 de Junho de 1822, p. 475, Dep. Castelo Branco. A discussão não teve seguimento, denotando a falta de interesse no esclarecimento do problema de saber com rigor qual a população contabilizada em África e mostrando que não era óbvio para todos os deputados que a população de origem africana o devesse ser. Outro exemplo de que isso não era óbvio foram as palavras do deputado Franzini, quando se manifestou contrário à agregação do forte de S. João Baptista, na costa da Mina, a qualquer uma das divisões eleitorais do ultramar, por não ser mais "[...] que uma simples feitoria de comércio, na verdade muito importante, mas que apenas contém uma diminuta guarnição, pela maior parte de homens africanos, isolados no meio no meio da Costa d'África", V. *DCGECNP*, sessão de 14 de Agosto de 1822, p. 152, subl. nossos.

[446] V. Jill Dias, "Angola", in Joel Serrão e A-H. de Oliveira Marques, *Nova História da Expansão Portuguesa*, cit., vol. X, p. 359.

[447] Na segunda metade do século XVIII, as populações indianas cristianizadas foram juridicamente equiparadas aos vassalos do Reino, tendo-lhes sido concedidas as mesmas honras, privilégios e prerrogativas e lhes concederam os mesmos direitos na habilitação ao exercício de cargos administrativos (diplomas régios de 2 de Abril de 1761), v. Ângela Domingues, *Quando os índios eram Vassalos. Colonização e relações de poder no Norte do Brasil na segunda metade do século XVIII*, Lisboa, CNCDP, 2000, p. 40.

licas, também se distinguiam, por oposição às populações vindas da metrópole, pela sua identidade africana. Jill Dias descreve, para o início do século XIX, "uma africanização da sociedade colonial à custa da cultura, língua e religião europeias", africanização que teria estado, nomeadamente, na origem do agravamento de divergências entre estas elites e a sociedade metropolitana[448]. Salienta ainda que o idioma dominante em Luanda era o quimbundo e não o português[449]. Por outro lado, é também conhecido a desconsideração e a desconfiança que grupos populacionais luso-descendentes como os ambaquistas – também designados por "moradores" – recebiam da parte dos exploradores europeus e dos portugueses da metrópole, que sistematicamente rejeitavam a identidade portuguesa que aqueles "moradores" reclamavam para si[450].

A mesma africanização da população de origem europeia e asiática foi já estudada em Moçambique. Ela explica, por exemplo, que o termo "cafre" ou "cafrializado" fosse por vezes usada, na metrópole, para designar o conjunto dos habitantes dos prazos da coroa, independentemente das suas origens[451].

---

[448] V. Jill Dias, "A Sociedade colonial de Angola e o liberalismo [...]", cit., p. 271.

[449] V. Jill Dias, "Angola" in Joel Serrão e A-H. de Oliveira Marques, *Nova História da Expansão Portuguesa*, cit., vol. X, p. 350. De resto, como nota Jill Dias, a participação destas elites afro-portuguesas na administração colonial decorria mais de uma "tolerância forçada" do que de uma política deliberada de integração, como por vezes sucedeu com as elites nativas cristãs da Índia: "A sua extensa influência na sociedade indígena, a sua capacidade para mobilizar exércitos de escravos e de dependentes para lutar nas campanhas coloniais, o seu conhecimentos superior dos dialectos e hábitos locais, a sua resistência relativamente maior ao clima [...] combinados sobretudo com a falta de candidatos adequados da metrópole, tinham conduzido, inevitavelmente, a ocuparem no princípio do século XIX muitos dos postos militares e administrativos das colónias, com a excepção importante do de Governador", v. Jill Dias, "A Sociedade colonial de Angola e o liberalismo português", cit., p. 270. Esse facto explicaria, em parte, a tendência para a diminuição da sua importância até meados do século. Sobre a população angolana, o Marquês de Lavradio dizia que, além de diminuta, era "99 por cento absolutamente rude e inculta, selvagem, desobediente, e em parte mais ou menos hostil", v. *Portugal em África depois de 1851, Subsídios para a sua história*, Lisboa, Agência Geral das Colónias, 1936, p. 8.

[450] V. Beatrix Heintze, cit., pp. 60 e ss. e, sobre a pré-compreensão dos europeus sobre estas populações, p. 233 e ss.

[451] V. José Capela, *O escravismo colonial ...*, cit., p. 20. O predomínio destes "cafres" nos prazos, em vez da "gente europeia" que os devia povoar, era lamentado numa consulta do Conselho ultramarino, datada de 1 de Setembro de 1854 e sendo o Conselho presidido por Sá da Bandeira, V. *Annaes do Conselho ultramarino*, Parte Oficial, série I (Fevereiro de 1854 a Dezembro de 1858), Lisboa, Imprensa Nacional, 1867, p. 244-45. "Os prazos estavam no poder dos bárbaros" eram as palavras do Marquês de Lavradio sobre Rios de Sena em 1851, v. *Portugal em África depois de 1851 [...]*, cit., p. 13.

Nestes termos, explica-se que não fossem positivas as imagens sobre estas populações que eram transmitidas às Cortes. Em ofício lido na sessão de 12 de Dezembro de 1821, por exemplo, o Governador de Moçambique lamentava a exiguidade da população europeia na capitania dos Rios de Sena, falando dos canarins como um grupo de pessoas "só próprios para destruir [...], por causa dos seus vícios"[452]. Num outro ofício, o governador da capitania explicava também porque é que não podia haver, na sua província, eleitos para a representação da Nação. O território da capitania, notava ele, era parte da Nação, e era um território extenso. Mas um só "golpe de vista" bastava para perceber que não havia "um só indivíduo, que com efeito possa ser eleito para ocupar um lugar de tanta circunspecção". Aquilo que descrevia na Memória que, juntamente com o ofício, enviava às Cortes, era suficiente para gerar a mais absoluta perplexidade entre os deputados:

"Compõem-se a população dos Rios de Sena de três classes, que são 1.º Brancos, e pardos baptizados, 2ª Cafres e escravos de todos os sexos, e idades, 3.º negros forros, Colonos cultivadores das terras da Coroa. Não é possível calcular-se exactamente a população, porque sendo tão precários e incertos semelhantes cálculos entre as nações civilizadas, onde os assentos dos Nascimentos, e Óbitos, se fazem com toda a vigilância; onde os tributos e imposições são outros meios de conhecer-se mais facilmente a mesma população pelo número dos contribuintes; e onde a prática das Ciências e Artes concorre para o mesmo fim, e apesar de todas estas providências, contudo sempre se observam diferenças nos cálculos de população de uma mesma Nação feitos por diferentes Autores; como porém se poderá calcular com exactidão uma população de uma Capitania habitada por diferentes Nações cafreais, que não têm regularidade alguma nas suas contribuições; que a maior parte são insubordinadas; que a influência das suas superstições fazem incertos seus domicílios; e que finalmente não têm meio algum de conservar Assentos, ou lembrança de Óbitos, e Nascimentos? Daqui vem porque não poderei dar aqui, senão as tabelas das diferentes classes de habitantes baptizados Europeus, Asiáticos, Americanos e Crioulos, entre estes alguns pardos. Também se pode saber o número dos escravos existentes de ambos os sexos com alguma exactidão, porque os seus senhores conservam assentos de suas escravaturas [...]"[453].

Ao descrever a classe populacional dos "Europeus, Americanos, Asiáticos e naturais do país, inclusive pardos", o governador informava ainda que "bran-

---

[452] V. AH.P., Secção I-II, Cx. 56, Doc. 93.
[453] V. *Analyse Statistica Topograpfica e Política da capitania dos Rios de Senna, dirigida ao Soberano e Augusto Congresso das Cortes Gerais, Extraordinárias e Constituintes da Nação Portuguesa, pelo actual governador da mesma Capitania*, anno de 1821, A.H.P., Secção I-II, Cx. 80. Doc. 49.

cos europeus" havia muito poucos e dispersos, sendo a maioria das pessoas que integravam aquela classe "[...] Asiáticos e naturais do país, que para nada servem, nem infundem respeito algum para com os cafres, os quais só tremem dos europeus e por conseguinte da grande falta destes procede a decadência desta capitania"[454].

Aplicada a cada uma destas situações, a classificação implícita na Constituição – na qual, como se verá já a seguir, também o critério religioso tinha uma importância determinante – excluiria boa parte destas populações da cidadania portuguesa. Outras grelhas, propostas em outras narrativas que não a do texto constitucional, tornavam ainda mais difícil separar, no ultramar africano e asiático, o português do não português. Dizia-se que os habitantes das ilhas do Atlântico, os brasileiros, os angolistas, os goeses, eram portugueses porque "são [...] *oriundos de Portugal, são filhos ou descendentes de pais portugueses*, falam a língua portuguesa, enfim, pertencem à Nação e gente portuguesa. E quando mais especificamente os queremos caracterizar, dizemos que são portugueses ilhéus, portugueses brasileiros, africanos, asiáticos, etc., mas sempre portugueses, e nunca estrangeiros"[455]. O estrangeiro, por sua vez, era o que, tendo nascido de pai não português, não pertencia à "família" portuguesa e apresentava sinais disso: falava uma língua diferente, adoptava comportamentos que não eram "próprios" da gente portuguesa; "E até dizemos que tem cara de estrangeiro o que, *nos lineamentos, feições, figura ou cor do rosto, dos olhos, do cabelo*, indicar não ser português"[456].

Neste contexto não surpreende que, apesar de ter recolhido a unanimidade entre os deputados a ideia de que as possessões do ultramar estivessem todas representadas em Cortes, por haver nelas Portugueses, que "não devem ser governados senão por leis em que eles tiverem parte"[457], em nenhum momento os deputados se tenham preocupado em definir com clareza quem eram, no ultramar africano – e também no asiático – esses portugueses. Fosse como "cidadãos activos", fosse mesmo apenas como "cidadãos passivos". Sendo assim, uma forma encontrada para contornar tanto o problema da

---

[454] Idem, *ibid.*

[455] V. Frei Francisco de S. Luís, *Breves reflexões sobre o assento chamado das Cortes dos três Estados de 1828*, publ. em Clemente José dos Santos, *Documentos para a História das Cortes geraes da Nação Portugueza*, t. V (1828), Lisboa, Imprensa Nacional, 1888, p. 523-525, subl. nossos.

[456] Idem, *ibid.*, subl. nossos. Estas palavras eram politicamente condicionadas, porque se dirigiam contra os que sustentavam o estatuto juridicamente "estrangeiro" de D. Pedro para lhe negar a legitimidade da sucessão.

[457] V. *DCGECNP*, sessão 18 de Junho de 1822, p. 476.

ausência de dados demográficos para calcular o montante destas populações como o problema da sua nacionalidade foi a associação da representação política destes territórios ao seu valor simbólico ou económico, em vez do seu peso demográfico real, como se fez logo na Constituição vintista. O facto de não terem sido seguidas, nas Cortes de '20, as indicações do deputado por Angola, quando este explicou que a sua província ficava prejudicada pela valorização do simbolismo, e não da demografia, no cálculo do número de deputados, é um sintoma da força daquela opção. Manuel Patrício Correia de Castro, o deputado de que estamos a falar, achava estranho que Angola elegesse, de acordo com o Decreto de 11 Julho de 1822, apenas um deputado, quando pela população tinha direito a seis[458]. Para ele, como para outros deputados, o facto de cada divisão africana dar um deputado "qualquer que seja o número dos seus habitantes livres" não devia impedir que alguns dessem mais, desde que a população o justificasse[459]. E a população dos Reinos de Angola e Benguela justificava-o, achava ele. Como tentou demonstrar, num outro documento[460], o censo de 1819 tinha contado naqueles reinos 202 660 almas livres. Isso significava que, de acordo com o cálculo de 30 000 almas por deputado, competiam àquela província seis deputados, e não somente um. Por isso ele pedia "que na Constituição se marque que o Reino de Angola, Benguela, e suas dependências dê o número de representantes tal qual corresponder a sua dita população"[461]. No quadro que acompanhava a indicação essa população era discriminada da seguinte forma: Brancos (2 068); Homens de cor (4 611); Pretos livres (195 981); Pretos escravos (28 739). O total da população era portanto de 231 399. Subtraindo, para efeitos eleitorais, o número de escravos, restariam de facto as 202 660 almas livres com "o indispensável direito de serem representadas"[462].

Saliente-se que, para este deputado, eram também variáveis de natureza cultural que permitiam distinguir quem era e não era português. A importância da variável linguística tinha-o conduzido, na altura em que se discutira se Cabinda e Molembo eram território português, a inverter mesmo os dados da

---

[458] V. *DCGECNP*, sessão de 2 Setembro de 1822, p. 322.
[459] V. *DCGECNP*, sessão 14 Agosto, p. 153, Dep. Vilela.
[460] De 2 de Setembro de 1822, v. A H.P., Secção I-II, Cx. 97, Doc. 12, p. 431.
[461] V. A.H.P., Secção I-II, Cx. 50, Doc. 1. À margem do documento lê-se "teve primeira leitura em sessão de 25 de Setembro e se mandou à Comissão da Constituição enquanto à segunda parte, estando prevenida a primeira".
[462] V. A.H.P., Secção I-II, Cx. 76, Doc. 5.

questão, fazendo depender a pertença nacional dos territórios da pertença nacional dos respectivos habitantes. Na opinião dele, Cabinda e Molembo não eram território português porque os negros de Cabinda falavam "mais a língua francesa e inglesa do que a portuguesa; enfim, não pertencem já a Portugal [...] e é por isso que eu assento que se não devia fazer menção na Constituição de habitantes, que não pertencem a Portugal"[463].

A eleição de seis deputados por Angola nunca veio, contudo, a verificar-se, nem no decreto eleitoral de 1822 – o que sugere que para a maioria dos deputados era nulo o valor jurídico da reivindicação de Manuel Patrício de Castro –, nem em nenhuma outra lei eleitoral da monarquia constitucional. Era difícil distinguir, à distância, quem eram e quem não eram, em Angola e Benguela, os cidadãos portugueses. Por isso preferiu-se assumir que o número de cidadãos portugueses não ultrapassaria os 30 000 necessários à eleição de um deputado.

O panorama português não se alterou durante o período de vigência da Carta Constitucional de 1826, apesar de aí ter sido declarada a cidadania portuguesa de todos os que tivessem nascido em Portugal e seus domínios. Pelo contrário, o cálculo do número de deputados continuou a fundar-se em critérios simbólicos. Angola permaneceu com um só deputado nas instruções eleitorais de 1826, tendo aumentado para dois na legislação eleitoral em vigor entre 1838 e 1869 e, novamente, a partir da lei de 8 de Maio de 1878, voltando a ter um só no final do século[464]. A circunstância de ter sido abolida a escravidão, em Fevereiro 1869, e de terem os ex-escravos sido formalmente convertidos em cidadãos (ainda que na condição de libertos) não teve qualquer efeito potenciador do número de deputados. Pelo contrário, no decreto eleitoral de 18 de Março de 1869, aquele número foi reduzido, nomeadamente em Angola, que voltou a ter um só deputado. Quando, nesse mesmo ano, o também já referido deputado por Angola, A. J. de Seixas, voltou a colocar o problema do pequeno número de deputados por Angola, o critério

---

[463] V.V. *DCGECNP*, sessão de 14 Setembro de 1822, p. 342, Manoel Patrício, deputado por Angola. Os cálculos mais recentes da historiografia confirmam os números do deputado, já que Jill Dias identifica um total de 250 000 a 300 000 indivíduos de origens muito heterogéneas para os núcleos coloniais centrados em Luanda e Benguela, acrescentando no entanto que tais números constituem um mínimo, já que o recenseamento da população africana era muito dificultado pela relutância que os sobas tinham em fornecer indicações exactas, para evitar ou diminuir o montante do dízimo, V. Jill R. Dias, "Relações Portuguesas com as Sociedades Africanas em Angola", in Valentim Alexandre (coord.), *O Império Africano, ...*", cit., p. 76.

[464] À excepção do da Lei de 9 de Abril de 1838, em que obtêm mais um deputado.

populacional esteve, de novo, ausente. Desta vez, a substitui-lo, surgiu um critério "civilizacional":

> "a província de Angola vale muito mais do que qualquer dos distritos de Portugal, exceptuando Lisboa e Porto, dos que têm direito de mandar aqui seis e oito deputados, e pela nova lei eleitoral pertence a Angola apenas um deputado! A capital da província, Luanda, tem a primeira importância depois de Lisboa, Porto e Ponta Delgada, porque é a quarta cidade da monarquia portuguesa em movimento comercial; em civilização no ultramar, pode apenas ceder ou equiparar-se a Goa e Macau"[465].

A mesma estabilidade no número de deputados pelas províncias ultramarinas verificou-se ao longo de toda a monarquia constitucional, se se exceptuar o caso de Goa, que começou por ter apenas um deputado, nas *Instruções de 1826*, mas cujo número foi aumentando ao longo do século, embora de forma irregular, sob pressão das elites goesas que se faziam representar no Parlamento. Sem, contudo, chegar a atingir os onze ou doze deputados reivindicados, em 1826, pelo respectivo deputado, Lima Leitão. Numa das sessões daquele ano, o deputado tinha proposto aquele número com base nas "trezentas mil almas, todos cidadãos portugueses na conformidade do art. 7, § 1 da Carta Constitucional"[466].

Alguns anos depois, um outro deputado por Goa, António Caetano Pacheco, voltaria a notar que a designação de apenas quatro deputados para o circulo de Goa era injusta, "[...] porque a outros círculos eleitorais das províncias ultramarinas, como o de Macau, Ilha do Príncipe, etc., aos quais pelo princípio da população adoptado pela lei, nem cabia um deputado, são dados mais de um, enquanto que ao Estado de Goa, no qual pela sua população total competiam doze deputados [...] não se acham dados mais, que quatro". Para resolver a injustiça o deputado propôs um projecto de lei, mas a sua proposta, como tantas outras dos deputados pela Índia, não foi aprovada[467].

---

[465] V. *DCD*, sessão de 12 de Julho de 1869, p. 734.

[466] Nos cálculos do deputado, baseados num recenseamento de 1822, no art. 34 do decreto eleitoral e no art. 70 da Carta, aquele Estado devia dar "onze ou doze deputados", o que nunca aconteceu. A proposição foi admitida na sessão de 13 de Novembro de 1826, mas não teve consequências. Lima Leitão propunha, até, que o problema fosse resolvido pela revisão da lei eleitoral, de forma a que o governo ordenasse aos governadores da Índia e de Angola que seguissem os artigos do decreto eleitoral e da Carta "fazendo eleger os deputados segundo a população dos seus respectivos distritos", v. A H. P., Secção I-II, Cx. 87, Doc. 134.

[467] V. *DCD*, sessão de 21 de Janeiro de 1845, p. 3, Dep. António Pacheco. No mesmo sentido foram as palavras proferidas por um deputado já em 1869, v. *DCD*, sessão de 12 Julho de 1869, p. 728, dep. Bernardo Francisco da Costa.

Por outro lado, as províncias ultramarinas nunca constaram dos mapas inseridos na legislação eleitoral, mapas em que se resumiam as divisões eleitorais, a respectiva população e o correspondente número de deputados[468]. Isso aconteceu uma única vez, ao longo de toda a monarquia constitucional, no decreto de 18 de Março de 1869, que discriminou a sua população, mas que, paradoxalmente, diminuiu o número dos respectivos deputados, não obstante ter sido decretada, em Fevereiro, a abolição da condição de escravo e de, com isso, ter aumentado o número de novos cidadãos, os libertos[469]. Na Lei eleitoral de Maio de 1878 – o ano da abolição definitiva da condição de libertos; em que, formalmente, os libertos se converteram em cidadãos iguais aos da metrópole – essa indicação da massa eleitoral desapareceu, para nunca mais ressurgir, até ao fim da monarquia constitucional.

Esta omissão da população das províncias ultramarinas confirma que o critério simbólico da sua representação se manteve até ao fim do século; que a representação política das províncias do ultramar africano foi mais uma afirmação do seu valor simbólico, da sua importância económica do que um meio de fazer representar nas Cortes a totalidade desconhecida da sua população. Foi também, como mostraremos em outros capítulos, um argumento para manter unidas a Portugal as suas elites, de quem a preservação do Império dependia, e de as compensar pela fraca autonomia política que lhes era formalmente reconhecida na administração colonial portuguesa.

7.2.2. Cidadania portuguesa e catolicidade

O "princípio de incerteza" que existia em torno do estatuto das populações nativas do ultramar manifestava-se, também, no que dizia respeito à sua religião. Algumas dessas populações tinham sido cristianizadas, mas outras não eram cristãs. E nem sempre era fácil distinguir entre as que o eram e as que o não eram. Pensava-se que, no ultramar, até os baptizados podiam ser gentios[470]. Achava-se que ali se praticava uma religião cristã "deturpada", como

---

[468] Excepção feita a Cabo Verde, que passou a constar desse mapas a partir do decreto de 9 de Outubro de 1835, no qual não existe qualquer alusão às províncias ultramarinas.

[469] Na lei de 9 de Abril de 1838 também apareceram as províncias ultramarinas e o número de deputados, mas não houve qualquer discriminação da respectiva população, ao contrário do que sucedeu com as outras províncias.

[470] Na memória já citada do governador da capitania de Rios de Sena, o governador explicava não ter incluído na classe dos "Europeus, Americanos, Asiáticos e naturais do país, inclusive pardos" a maior parte da tropa "porque quase todos são gentios, e vivem na mesma lei

(embora em documento tardio) lembrou o Ministro da Marinha e Ultramar, José da Silva Mendes Leal[471]. Por esses motivos, o vocábulo "gentios" podia descrever as elites crioulas de Angola, a quem as autoridades coloniais e os colonos europeus acusavam de ser, na prática, "gentias"[472]. Essa incerteza relativamente à religião praticada por essas populações era muito des-identificadora, porque os debates constituintes em torno dos artigos relativos à religião mostram que a catolicidade era um primeiro sinal de que se era português. O mesmo sugeriam, como se irá ver, os novos textos constitucionais, ainda que, formalmente, estes impusessem a religião católica apenas ao Estado, e não à Nação[473]. De resto, apesar da convivência plurirreligiosa ser tradição no Império português de Antigo Regime, a clivagem entre cristãos e não cristãos foi nele sempre fundamental. Nas *Ordenações do Reino* o baptismo era o critério decisivo para a naturalização[474], o que talvez explique que, para algumas das populações ultramarinas, o questionamento do seu baptismo por parte daqueles europeus que as não consideravam "portuguesas" constituísse uma ofensa grave[475]. No Brasil colonial "(...) presumia-se que todas as pessoas de nascimento europeu e africano, bem como os seus descendentes, eram cristãs", inclusive os escravos, obrigados por lei a baptizar-se antes de serem embarcados para a América[476]. Mais tarde, finalmente, os decretos pombali-

---

dos cafres todos eles, *ainda mesmo os baptizados*", sublinhados nossos, V. *Analyse Statistica Topographica e Política da capitania dos Rios [...]*, cit.

[471] "O estado religioso não é, em verdade, melhor [em São Tomé e Príncipe] do que nas outras províncias de África, posto que a gente abastada passe por esmerar-se no culto, esmero que entre o comum do povo chega a degenerar em práticas supersticiosas, e quase gentílicas", V. *Relatórios do Ministro e Secretário de Estado dos Negócios da marinha e ultramar, apresentados à Câmara dos Deputados na sessão de 12 de Janeiro de 1863*, Lisboa, Imprensa Nacional, 1963, p. 48.

[472] V. Jill Dias, "Angola" in Joel Serrão e A-H. de Oliveira Marques, *Nova História da Expansão Portuguesa*, cit., vol. X, p. 515 e 523. Exemplos concretos da adesão de populações africanas que se representavam como católicas a práticas e formas de vida consideradas pelos europeus pouco compatíveis com o seu cristianismo – como a feitiçaria, a poligamia – podem encontrar-se em Beatrix Heintze, *Pioneiros africanos...*, cit., p. 203, 215.

[473] Sobre a íntima relação entre ser português e ser católico nas Constituições portuguesas do século XIX v. Jónatas Eduardo Mendes Machado, *Liberdade Religiosa numa Comunidade Constitucional Inclusiva, dos Direitos da verdade aos Direitos do Cidadão*, Coimbra, Coimbra Editora, 1996, p. 109-110. A unicidade da Religião dos portugueses foi também enfaticamente afirmada na doutrina jurídica deste século.

[474] António Manuel Hespanha, *Panorama da História Institucional e jurídica de Macau*, cit., p. 30.

[475] V. Beatrix Heintze, cit., p 236.

[476] V. A.J.R. Russel-Wood, "Comunidades étnicas", em Francisco Bethencourt e Kirti Chaudhuri (dir.), *História da Expansão Portuguesa*, Lisboa, Círculo de Leitores, 1998, vol. III, pp. 215-16. Isso não impediu que, nas constituintes brasileiras de 1823, um deputado tenha

nos que favoreceram o acesso dos nativos da Índia aos cargos públicos restringiam o "favor" aos nativos já cristãos ou convertidos ao cristianismo[477]. Deste modo, o critério da religião, além de aprofundar incertezas, podia mesmo excluir as populações não católicas do ultramar português. Vejamos, por isso, como foi tratada esta questão nas constituições oitocentistas.

7.2.2.1. A religião na Constituição de 1822

Quando se discutiram os parágrafos do Projecto da Constituição de 1821 relativos à religião, o ponto de partida foi o de que a religião católica seria a religião de Estado, tal como acabou por ficar determinado no art.º 25 da Constituição. Esse facto assumido não impediu, contudo, que outros problemas se tivessem colocado.

Um dos problemas que a oficialização da religião colocou foi o de saber se a Nação podia tolerar a diversidade de cultos ou se, pelo contrário, era necessário garantir a uniformidade religiosa. Nessa altura, alguns deputados defenderam o princípio da tolerância, outros alertaram para os efeitos social e religiosamente dissolventes da tolerância pública. Discutiu-se também se devia admitir-se aos estrangeiros o culto (público, ou apenas privado) das suas religiões, ou se tal devia ser regulado por lei ordinária. E, finalmente, se a prática do culto devia ser permitida aos portugueses que mudassem de religião. As opções religiosas chegaram mesmo a ser propostas como critério de acesso ou de perda da cidadania portuguesa[478]. Debateu-se se um português que abandonasse a religião católica podia continuar a ser cidadão português com plenos direitos, ou se um estrangeiro de religião protestante podia adquirir a cidadania portuguesa[479]. No contexto desta discussão o pluralismo religioso das

---

alegado, para excluir os libertos dos direitos de cidadania, que eles professavam religiões não cristãs, já que o projecto de Constituição que se discutia previa a possibilidade de excluir dos direitos políticos os que as não professassem, v. José Honório Rodrigues, *A Assembleia constituinte de 1823*, Petrópolis, Editora Vozes, 1974, p. 132.

[477] V. A.J.R. Russel-Wood, "Comunidades étnicas", p. 215.

[478] "A Religião da nação Portuguesa é a católica Apostólica Romana. Deste princípio parece concluir-se, que todo o Português deve professar a Religião Católica Apostólica Romana, donde igualmente parece inferir-se, que nenhum português pode adoptar outra religião (…). Portanto sou de voto que este artigo seja redigido na seguinte forma: A Religião da Nação Portuguesa é a Católica Apostólica Romana, deixa consequentemente de ser cidadão português aquele que a não professa, v. *DCGECNP*, sessão de 3 de Agosto de 1821, p. 1773, Dep. António Pereira.

[479] Estes temas foram discutidos nas sessões de 3 a 8 de Agosto 1821 (v. *DCGECNP*, pp. 1774-1817 e ss).

populações ultramarinas foi brevemente referido, em apoio das propostas que iam no sentido da liberdade religiosa[480]. Para alguns deputados, a declaração da Religião católica como religião oficial do Estado, além de tornar impossível a naturalização dos estrangeiros não católicos (os "filhos dos protestantes"), era incompatível com a nacionalidade portuguesa das populações não católicas do ultramar. A existência desses "portugueses" exigia ou a declaração da liberdade religiosa ou, em alternativa, a sua "desnacionalização":

> "Temos portugueses nas regiões de África com diferentes seitas, ora se todos estes homens são tidos por vassalos portugueses, é necessário ver se havemos de prescindir deles serem portugueses todos, ou se havemos de prescindir da religião"[481].

Apesar da ambiguidade da palavra vassalo, que remetia para a natureza não livre da sua associação à Nação portuguesa[482], ficava colocada a hipótese de serem portuguesas as populações não católicas do ultramar[483].

A mesma hipótese voltou a surgir na assembleia constituinte dos anos trinta, na qual alguns deputados defenderam, de novo, que se consagrasse a liberdade religiosa na Constituição, por causa da prática de cultos não católicos nas províncias do ultramar[484]. Não podia afirmar-se que a religião dos portugueses era a católica e que só aos estrangeiros era permitido "o exercício particular do seu respectivo culto", como estava definido no projecto da Constituição, porque isso significava proibir aos portugueses do ultramar a prática, em público ou em privado, dos respectivos cultos não católicos. Esses deputa-

---

[480] "Os nossos domínio da Ásia são povoados de homens de diferentes cultos", v. *DCGECNP*, sessão 6 de Agosto 1821, p. 1806, Dep. Brito.

[481] V. *DCGECNP*, sessão de 3 de Agosto de 1821, p. 1773, Dep. Luís Monteiro.

[482] Silvestre Pinheiro Ferreira dividia em duas classes todas as "Nações do Universo", "umas compostas de homens livres, e as outras de homens mais ou menos coactos, no estado de escravos, de servos, ou de vassalos", v. *Projecto de Código Político para a Nação Portuguesa*, Paris, Rey e Gravier, 1838, Introdução. Alguns anos mais tarde a doutrina estabelecia que a palavra súbdito se harmonizava melhor com a liberdade dos nacionais do que a de vassalo, "que inculca escravidão", v. João de Sande Magalhães Salema, *Princípios de Direito Político applicados à Constituição Política da Monarquia Portugueza de 1838 ou a Theoria Moderada dos governos monarchicos constitucionaes representativos*, Coimbra, Imprensa de Trovão, & Cª, 1841, p. 393.

[483] A mesma afirmação já tinha sido feita por outro deputado: "Existem entre nós nos Estados portugueses diferentes cultos, e as pessoas que os professam nem por isso deixam de ser portuguesas (...)", v. *DCGECNP*, sessão de 6 de Agosto de 1821, p. 1807, dep. Guerreiro.

[484] V. *DCGCNP*, sessão de 12 de Maio de 1837, p. 304, Dep. Furtado de Melo. Também o deputado Lopes de Morais se pronunciou a favor da liberdade religiosa para esses portugueses (*ibid.*, p. 303).

dos esforçaram-se também por tornar claro que alguns cidadãos portugueses não eram católicos:

> "Entendo que são cidadãos portugueses, não só os que habitam em Portugal, mas os que habitam nas possessões ultramarinas; mas se nestas há portugueses que têm uma diferente religião, e um diferente culto, como poderemos nós estabelecer que a religião de *todos os portugueses* será a católica, apostólica romana? Acaso pretendemos nós levar a intolerância a ponto de obrigarmos os nossos irmãos do ultramar a seguir uma religião que eles não reconhecem?"[485].

Além da hipótese, ambiciosa, da liberdade religiosa, surgiram duas outras orientações nas Cortes vintistas. Uma delas foi a tolerância: devia instituir-se a tolerância religiosa relativamente aos protestantes e aos "infiéis" ou "«Étnicos»", aos Mouros e aos Judeus[486]. A outra orientação, pelo contrário, manifestou-se favorável à exclusão do conjunto das populações nativas, tendo sido expressamente assumida por um dos deputados cuja opinião era de que as opções religiosas deviam valer como critério de acesso à cidadania portuguesa. A sua visão sobre o lugar das populações nativas face à cidadania portuguesa foi, de acordo com isso, definitiva:

> "vejo objectar contra isto, que nós já de facto temos nos Estados Ultramarinos cidadãos que são Gentios, e que não devemos agora por esta cláusula de Constituição exclui-los da nossa sociedade; porém não reconheço por cidadãos portugueses os Tapuias bravos do Brasil, ou os gentios da costa d'África: temos, quando muito, uma certa dominação sobre os que estão aldeados, que só dura enquanto eles querem(...)"[487].

Depois, em resposta aos argumentos dos que recordaram, a favor da tolerância, o exemplo da sociedade medieval portuguesa, na qual a liberdade religiosa teria protegido judeus e mouros, o lugar das populações nativas do território nacional ultramarino foi assimilado ao lugar daquelas minorias na sociedade medieval. De acordo com essa assimilação, aquelas populações não eram mais do que "habitantes de um país conquistado", cuja religião era publicamente tolerada:

> "Nem se argumente com o que há muito tempo praticámos com os Mouros, e Judeus; pois que esses acharam-se no Reino quando foi conquistado, e não

---

[485] V. *DCGCNP*, sessão de 12 de Maio de 1837, p. 304, Dep. Costa Cabral.
[486] V. *DCGECNP*, sessão 6 Agosto de 1821, p. 1801., Dep. Borges Carneiro.
[487] V. *DCGECNP*, n.º 147, sessão de 8 de Agosto de 1821, p. 182, Dep. Correia de Seabra.

deviam ser privados da sua propriedade, nem obrigados a mudar de Religião, se bem que *nunca foram verdadeiramente considerados como cidadãos portugueses*. Faz-se injúria aos habitantes de qualquer país conquistado em os expulsar dele pela diferença da religião; mas não se faz injúria aos estrangeiros em não os admitir a cidadãos, quando professam outra religião"[488].

Foram estas últimas as soluções que ficaram plasmadas no texto vintista, porque o resultado da sua discussão foi a declaração que "A Religião da Nação Portuguesa é a Católica Apostólica Romana. Permite-se contudo aos estrangeiros o exercício *particular* de seus respectivos cultos" (art. 25, sublinhados nossos). Tolerava-se aos estrangeiros o exercício privado dos seus cultos, mas entendia-se que um cidadão português não podia deixar de ser católico, entendimento expresso na derrota da proposta, minoritariamente defendida, de subtrair a palavra "estrangeiros" do artigo, de forma a alargar a tolerância religiosa aos nacionais[489]. O capítulo dedicado aos direitos e deveres individuais dos portugueses reforçou esta opção, de forma positiva – ao declarar a prática da Religião católica entre os principais deveres do Cidadão, ao lado do amor à Pátria e da obediência à Constituição e à lei (art. 19) –, e de forma negativa, ao omitir da lista dos direitos qualquer artigo relativo à liberdade ou sequer à tolerância religiosa, apesar de terem surgido algumas propostas com esse sentido. Também ficou omitida a hipótese de naturalização de um estrangeiro não católico, logicamente incompatível com as anteriores decisões, como voltou a recordar um dos deputados:

"(...) estabelecendo-se que fica permitido aos Estrangeiros o exercício particular de seus respectivos cultos, logo, *a contrario senso*, está proibido aos cidadãos portugueses o exercício de outro culto que não seja o da religião católica; e estando proibido aos cidadãos Portugueses, por paridade da razão não deve ser permitido o admitir-se qualquer no número de cidadãos português sem protestar a religião católica"[490].

---

[488] V. *DCGECNP*, sessão de 6 de Agosto de 1821, p. 1803, Ferreira de Sousa, sublinhados nossos.

[489] "Por isso, uma vez que se estabeleça a privação dos direitos de cidadão àquele português que mudar de religião, segue-se que se proíbe esta mudança, e nisto faz-se um ataque à liberdade do Cidadão, e como se ataca a liberdade do Cidadão, claro está que se não pode estabelecer semelhante privação de direitos. Em segundo lugar, não podemos decretar contra o cidadão português, que deixou o culto da religião católica, a privação do direitos de cidadão, sem que ao mesmo tempo nos vejamos na necessidade de decretar que todo o estrangeiro que fizer culto diferente, não possa jamais ter carta de cidadão português", v. *DCGECNP*, sessão de 8 de Agosto de 1821, p. 1823, dep. Guerreiro.

[490] Idem, *ibidem*, p. 1824.

Os argumentos dos deputados que se referiram às populações do ultramar durante estas discussões estiveram, com toda a probabilidade, menos associados a um empenho na clarificação do estatuto das populações ultramarinas (das quais, aparte as palavras atrás transcritas, não se voltou a falar) do que à problematização da natureza confessional e religiosamente intolerante dos artigos constitucionais, contra a qual aqueles argumentos se constituíram num ponderável artifício retórico. Podemos, contudo, afirmar que, de acordo com o que foi decidido, os "homens de diferentes cultos" que povoavam o ultramar dificilmente podiam ser portugueses ou cidadãos portugueses (nas constituições oitocentistas, como se referiu já, não se distinguia entre cidadão e nacional)[491]. De outro modo, como interpretar o silêncio relativamente à tolerância do respectivo culto?

Neste universo de pensamento, não eram portugueses, por exemplo, os baneanes, população originária da Índia (portuguesa, mas não só) e de religião hindu que, desde tempos recuados, residia e desenvolvia a sua actividade comercial na ilha de Moçambique[492]. Neste caso, para além de não o serem formalmente, a tradição local era mesmo a de considerar este grupo como exterior à (e até inimigo da) comunidade portuguesa. Assim, quando, por iniciativa do governo provisório da Capitania Geral de Moçambique, as Cortes foram chamadas a decidir sobre um requerimento dos habitantes de Moçambique, em que estes pediam que se pusessem em vigor antigas leis e ordens régias proibindo aos baneanes o comércio de escravos e qualquer tipo de comércio no "continente das terras firmes", por ser negócio só concedido "*aos nacionais*"[493], o parecer da Comissão do ultramar foi o de que se mantivessem aquelas leis. Não consta deste parecer uma palavra sobre a nacionalidade dos

---

[491] Não podiam, sequer, praticar publicamente o seu culto, por estarem em território português.

[492] Sobre a sua presença em Moçambique veja-se Luís Frederico Dias Antunes, *A comunidade baneane de Guzerate e a transformação do comércio afro-asiático (1686-1810)*, tese de doutoramento em História, Lisboa, F.C.S.H. da U.N.L., 2001. Muito evocativas da importância destas populações no comércio moçambicano, dos conflitos com as populações europeias e da forma negativa com que eram encaradas são os parágrafos que a ela dedica António Enes no seu relatório sobre Moçambique (v. *Moçambique [...]*, cit., p. 18 e ss.). V. também Zamparoni, Valdemir, "Monhés, Baneanes, Chinas e Afro-maometanos, Colonialismo e racismo em Lourenço Marques", Moçambique, 1890-1940", in *Lusotopie*, 2000.

[493] Ofício do Governo de Moçambique, remetendo o requerimento dos habitantes daquela cidade que pediam a execução das ordens régias relativas à proibição do comércio de escravos dos baneanes, e no continente de terra firme, que foi mandado remeter à Comissão do ultramar, v. *DCGECNP*, sessão de 11 de Junho de 1822, p. 412.

baneanes, podendo inferir-se que a Comissão concordava com a perspectiva local de que eles não eram, de facto, *nacionais*, muito menos cidadãos[494].

Concedeu-se aqui particular importância a estas referências porque, em 1838, estas mesmas populações baneanes foram declaradas, em actos do governo, cidadãos portugueses com plenos direitos, civis e políticos. Numa portaria datada de 7 de Novembro desse ano, que anulava uma ordem de expulsão, pelo governo provisório de Moçambique, dos Baneanes, Mouros, Parses e Gentios – uma ordem que se fundamentava no estatuto não nacional dessas populações[495] –, comunicava-se ao dito governo provisório que "nenhuma autoridade, qualquer que ela seja, tem poder legal de privar a um português dos direitos que a Constituição lhe garante [...], *quer ele seja nativo da Europa, quer da Ásia ou da África, e qualquer que seja a sua cor, casta e crença religiosa*" [...]. Que os Baneanes, Parses, Mouros, e Gentios suplicantes, *nascidos e domiciliados em territórios da Ásia e África, devem gozar de todos os direitos concedidos pela Constituição*; podendo portanto residir na Capital, nos Portos e Territórios da Província de Moçambique; possuir terras, fazer comércio, estabelecer-se ou retirar-se dali como e quando quiserem. Que igualmente devem *gozar de todos os direitos civis e políticos*, e nomeadamente, dos de serem eleitores e elegíveis"[496].

O espírito desta portaria está intimamente relacionado com o ministro que esteve na sua origem, alguém cujo envolvimento no projecto de construir um novo Império em África é bem conhecido. Foi Sá da Bandeira, enquanto Conselheiro do Conselho Ultramarino e enquanto Secretário de Estado do Ultramar, o autor de um conjunto de consultas, decretos e portarias nas quais a cidadania portuguesa foi estendida ao conjunto da população nativa livre do ultramar, reivindicando para ela os direitos políticos inerentes à cidadania activa – para aqueles segmentos da população que, de acordo com os critérios censitários, a ela podia aceder –, e os direitos civis inerentes ao exercício da

---

[494] "A Comissão do ultramar, no parecer sobre Moçambique que ofereceu ao Soberano Congresso, já ponderou quanto mal faziam estes baneanes ao comércio. Eles correm toda a costa oriental d'África, e Arábia, Pérsia e Índia, e fazem aquele comércio quase como faziam os judeus na Idade Média. Fingem, que se querem estabelecer em alguma cidade, e depois de tirarem o dinheiro que podem, dizem que vão buscar a família a Diu ou Damão, e entram depois para interior do país, donde nunca mais voltam aquela praça. É a Comissão de parecer que se recomende ao governo que ordene ao governo provisório de Moçambique que continue a fazer executar, a este e a todos os respeitos, as leis estabelecidas, enquanto não forem revogadas", V. AH.P., Secção I-II, Cx. 56, Doc. 90.

[495] Os cidadãos portugueses não podiam ser expulsos do Reino senão em virtude da lei ou de sentença criminal, v. Lopes Praça, *Estudos sobre a Carta Constitucional de 1826 e Acto Adicional [...]*, cit., p. 158.

[496] Decreto de 7 de Novembro de 1838, v. *Legislação Novíssima*, cit., vol. I, p. 68.

cidadania passiva (nomeadamente, a liberdade de trabalho, embora com restrições, como se verá em outro capítulo)[497].

Na altura em que a anterior portaria foi aprovada, porém, estava em vigor a Constituição de 1838, cujos artigos relativos à religião, ao contrário dos da Constituição vintista, não contrariavam a possibilidade da cidadania das populações não católicas, como se vai ver.

7.2.2.2. A religião na Constituição de 1838

Na Constituição de 1838 o problema das práticas religiosas das populações não católicas do ultramar tinha sido resolvido pela omissão das palavras restritivas que constavam do artigo vintista: a Religião do Estado continuou a ser a Católica Apostólica, Romana (art. 3), mas eliminou-se a segunda parte do artigo vintista, que admitia outros cultos particulares somente aos estrangeiros. Deste modo, permitia-se às populações não católicas do ultramar o exercício público de outras religiões, ao contrário do que se fizera na Constituição de 1822, como na mesma sessão notou um outro deputado que considerava portuguesas aquelas populações:

> "Sobre a religião havia na Constituição de 1822 o artigo que eu agora acabei de ler, e dele se segue que a Constituição não permitia a nenhum português o exercer outra religião, que não fosse a católica apostólica romana. Mas, [...] se em Portugal todos os portugueses são católicos, também é verdade que em alguma parte das possessões ultramarinas há portugueses, que não só não são católicos, mas nem mesmo são baptizados"[498].

---

[497] Sobre os projectos coloniais de Sá da Bandeira v. Valentim Alexandre, "Configurações políticas", em in Francisco Bethencourt e Kirti Chaudhuri (dir.), *História da Expansão Portuguesa*, Lisboa, Círculo de Leitores, 1998, vol. IV, e bibliografia aí citada. A formulação do princípio constitucional em que Sá da Bandeira baseou os seus actos a favor das garantias dos "portugueses não europeus" encontra-se nas primeiras páginas da sua principal obra publicada sobre administração colonial, *O Trabalho Rural Africano e a Administração Colonial*, Lisboa, Imprensa Nacional, 1873, p. 14. Foi também autor de várias propostas de legislação eleitoral especial para o ultramar. Por isso não surpreende que único decreto eleitoral em que se enumerou a população do ultramar, o de 18 de Março de 1869, tenha sido assinado por ele.

[498] V. *DCGCNP*, sessão de 12 de Maio de 1837, p. 304, Dep. Leonel. Não sendo baptizados, estes portugueses estavam ausentes do único registo capaz de confirmar de forma rigorosa o local do seu nascimento e a respectiva filiação, que era o registo paroquial. Esta situação permaneceu depois de aprovado o Código Civil de 1867, que estabeleceu, nos seus artigos 2441 e 2442, o registo civil dos nascimentos, casamentos e óbitos, mantendo-o porém a cargo dos párocos; tendo sido esse, provavelmente, o motivo pelo qual "nem o Código, nem lei alguma posterior declarou geral para todos os portugueses – quer católicos, quer não católicos – o registo civil", v. Manuel Trindade Coelho, *Manual político do Cidadão portuguez*, Lisboa, Parceria A M.

A Constituição de 1838 consagrou ainda, no capítulo dos direitos fundamentais (tit. III), o princípio da tolerância, que envolvia um compromisso de não se perseguir os portugueses que praticassem outras religiões que não a católica, a do Estado. Esse princípio foi declarado no art. 11 ("Ninguém pode ser perseguido por motivos de religião, com tanto que respeite a do Estado").

O problema dos "portugueses" não católicos do ultramar teve, como acabou de se ver, um peso importante na argumentação que conduziu à redacção do artigo da constituição setembrista sobre a religião. No entanto, da solução formal a que se chegou não se pode deduzir a nacionalidade e a cidadania portuguesa das populações não católicas do ultramar. O artigo constitucional setembrista apenas omitiu a obrigatoriedade do culto doméstico aos estrangeiros, permitindo, com isso, que qualquer pessoa, *portuguesa ou estrangeira*, pudesse praticar publicamente, na metrópole como no ultramar, outros cultos, que não o católico, e proibindo a sua perseguição. Este artigo não foi sequer acompanhado de qualquer protecção constitucional a outras religiões, apesar de ter havido propostas nesse sentido[499]. Para se ter ido mais longe, era necessário que os artigos sobre cidadania portuguesa tivessem esclarecido a posição daquelas populações face à nacionalidade e à cidadania. Acontece que isso não sucedeu. Se a solução da Constituição de 1838 para a questão religiosa não sugeriu, como a solução vintista, a "desnacionalização" dos portugueses não católicos, também não surgiu nela qualquer afirmação positiva acerca da nacionalidade das populações nativas não católicas do ultramar português. Pelo contrário: o que se vai mostrar a seguir é que o predomínio do princípio do *ius sanguinis* nesta Constituição lançou ainda maiores incertezas sobre o estatuto daquelas populações em geral, incertezas que foram reforçadas pela instabilidade política dos anos '30.

7.2.2.3. O *ius sanguinis* na Constituição de 1838

Nas Cortes Constituintes dos anos trinta as elites que o protagonismo das elites luso-brasileiras nas constituintes vintistas tinha relegado para um papel

---

Pereira, 1906, p. 379. Só em 1878 é que, por regulamento de 28 de Novembro de 1878, se criou o registo civil, somente para os não católicos (idem, *ibid.*, p. 382). Muito significativamente, o governo só muito tardiamente, já no século seguinte, mandou aplicar este regulamento ao ultramar, o que mostra que os "não católicos" a que se referia o regulamento de 1878 eram os estrangeiros naturalizados (v. Joaquim d'Almeida da Cunha, *Os indígenas nas colónias portuguesas d'África [...]*, cit., p. 26).

[499] V., no sentido de se garantir protecções especiais à religião dos estrangeiros, e não somente à Religião do Estado, as intervenções de R. de Meneses e Santos Cruz na sessão de 17 de Maio de 1837, pp. 354-6.

secundário – os "luso-descendentes" dos territórios ultramarinos não americanos, a elite nativa cristianizada da Índia (os canarins) ou as elites "crioulas" africanas – passaram a ser as populações ultramarinas das quais se podia doravante falar em matéria de representação. A independência do Brasil tinha feito destes portugueses da Ásia e da África os *únicos* cidadãos ultramarinos susceptíveis de integrar a representação política do ultramar. No entanto, e apesar da presença destes deputados nas Cortes, as alusões às populações do ultramar africano e asiático que eles representavam continuaram, nos anos '30, a ser escassas, ainda mais escassas do que nas Cortes vintistas. Constatou-se, como se tinha constatado nestas últimas, a diversidade humana do território nacional, que passou a dizer respeito à África e à Ásia ("Na Ásia e na África existem estabelecimentos nossos com hábitos, costumes, religião, e raças diferentes"[500]). Mas não houve, por exemplo, nenhum "manifesto" a favor da sua inclusão, nem nenhuma referência emotiva aos laços fraternais que uniam essas populações aos cidadãos da metrópole, como tinha havido nos anos '20 em relação aos cidadãos ultramarinos da América. Pelo contrário, as referências que se fizeram a essas populações foram muito vagas, conservando-se a mesma indefinição quanto a uma identificação clara dos cidadãos portugueses desse ultramar, da sua extensão, do seu peso populacional. Isso aconteceu pelas mesmas razões que nos anos vinte: porque além do grande desconhecimento acerca das populações desse ultramar, muitas das suas populações não se inscreviam pacificamente no grupo dos portugueses "padrão", que se manteve implícito na definição jurídica do que era ser português. Esse "padrão" estava presente, desde logo, no artigo que, na Constituição de 1838, estabelecia quem eram os cidadãos portugueses, porque, nesse artigo, o princípio do *ius sanguinis* em matéria de aquisição originária de nacionalidade predominou ainda mais fortemente do que na Constituição vintista, potenciando ainda maiores dificuldades na identificação da população portuguesa do ultramar[501]. Os cidadãos portugueses eram, em 1838, os filhos de

---

[500] V. sessão de 30 de Novembro de 1837 in *O Nacional*, Ano 183, n.º 892, 1 de Dezembro de 1837, p. 7149. Alusões à "rivalidade de raças" no ultramar surgem ainda na sessão de 22 de Maio de 1837 (v. *O Nacional*, N.º 739, 24 de Maio, p. 4241, Dep. Almeida Garrett); e na sessão de 8 de Junho de 1837 (v. *O Nacional*, n.º 751, 9 de Junho, p. 4229).

[501] Se na Constituição de 1822 também podiam ser portugueses os filhos de pai estrangeiro nascidos em território português, desde que manifestassem a sua vontade de ser portugueses, na Constituição de 1838, nem neste caso, o que denota a maior importância do *ius sanguinis*, v. Rui Manuel Gens de Moura Ramos, *Do Direito português da nacionalidade*, Coimbra, Coimbra Editora, 1992, pp. 15-16. Cidadãos portugueses eram, no Projecto desta Constituição, "Todos os filhos de *cidadão português* nascidos em território português" (art. 6.º, § 1); e, na a versão final do artigo, "Os filhos de *pai português* nascidos em território português ou estrangeiro" (art. 6.º).

pai ou mãe portuguesa. Podiam sê-lo as populações que, no ultramar, professavam religiões não católicas? Os "gentios" e os muçulmanos da África e da Ásia, os hindus da Ásia, podiam ser identificados como filhos de pais portugueses?

O princípio do *ius sanguinis* foi, além disso, intensificado por uma acepção romântica de Nação, que insistia na sua coincidência com um grupo humano caracterizado por uma forte identidade cultural, baseada na identidade da língua, religião, costumes, história, até numa unidade étnica imaginada, tendo a "organicidade" da nação portuguesa sido inúmeras vezes referida como elemento a ter em conta na elaboração da Constituição[502]. Esta pré-compreensão da Nação, como se viu, enfraquecia a ideia de serem portugueses todos os que nascessem no ultramar, independentemente da respectiva língua, cultura ou religião. Favorecendo, novamente, o registo da incerteza relativamente ao estatuto daquelas populações. Por outro lado, na década de trinta essa incerteza podia atingir de forma particular as próprias elites nativas ou miscigenadas que ocupavam as instituições locais do Império. Essas elites tinham ficado praticamente entregues a si próprias, na sequência da Revolução vintista e da instabilidade política dos primeiros anos do liberalismo, o que enfraquecera ainda mais a frágil presença do poder central naquelas regiões. Em África como na Índia, a tentativa, quase sempre fracassada, de impor a administração colonial e os seus projectos, ao longo dos anos '30 e '40, tinha gerado conflitos entre elas, o governo de Lisboa e os funcionários vindos da metrópole, tendo esses conflitos adquirido uma dimensão racialista que levou alguns europeus a pôr em causa a aplicação das regras constitucionais em África[503]. Esses conflitos tinham já tido alguma ressonância na metrópole quando, em 1835, se havia discutido projectos de lei que reformavam a admi-

---

[502] Sobre a natureza romântica do constitucionalismo setembrista veja-se Joaquim Gomes Canotilho, *Direito Constitucional [...]*, cit., p. 132.

[503] Na década de '30, em Luanda, "Um receio crescente da revolução racial influenciava fortemente o cepticismo oficial para com a aplicação, em Angola, das reformas constitucionais liberais oferecidas por Lisboa. O princípio das eleições livres, em particular, foi oposto pela maioria dos governadores-gerais no século XIX. Em 1836, o governador alegava que em qualquer eleição, quer para membros da nova Câmara Municipal de Luanda, quer para deputados para representar Angola nas Cortes de Lisboa, "negros" ou "pardos" ganhariam sempre o voto, devido aos seus números superiores e capacidade de mobilizar apoio", v. Jill Dias, "A Sociedade colonial de Angola e o liberalismo [...]", cit., p. 278. Convém no entanto sublinhar que nem sempre a metrópole apoiava os grupos "luso-portugueses", como mostra o exemplo indiano. Por motivos conjunturais, podia apoiar as elites nativas europeizadas/cristianizadas contra os descendentes de europeus, como sucedeu nos anos '20 e '30 do século XIX, em que os canarins, apoiados pela metrópole, conseguiram, por meios eleitorais, obter o predomínio nas câmaras municipais e nas Cortes de Lisboa, e mesmo a nomeação de um Perfeito (governador) "canarim" para o governo da colónia (1834).

nistração no ultramar, reforçando os poderes dos governadores-gerais das províncias ultramarinas. E, nessa altura, tinha havido declarações muito claras quanto ao estatuto não nacional dessas populações e à inadequação das regras constitucionais no ultramar (v. *infra*, 9.2). Verdadeiros portugueses, fora do território continental, eram apenas os madeirenses, os açorianos e, talvez, os cabo-verdianos, não tendo nenhum dos deputados presentes contestado essa ideia:

> "Uma das razões que faz com que se proponha esta lei, é a consideração de que a massa das povoações das Províncias de que se trata (principalmente de Cabo Verde para o Sul) não é toda homogénea: *não pode em rigor chamar-se portugueses*. Há ali Povos de castas e civilização muito diferentes da nossa, aos quais sem algum risco se não pode aplicar a divisão dos poderes na sua administração; isto não acontece certamente nas ilhas dos Açores e Madeira [...]. Enfim, digo que esta Lei é aplicada só às povoações que dantes se chamavam propriamente colónias, isto é, aquelas que são todas compostas de *portugueses por nascimento*")[504].

Foi também este o contexto que explica os episódios, discutidos nas Cortes constituintes de 1837, de afastamento dos naturais do ultramar dos cargos político-administrativos, nomeadamente na Índia[505] e em Angola[506]. Nessa altura o que se extraiu dessa discussão, como forma de apaziguamento dos "naturais", foi o princípio de acordo com o qual, de acordo com o que era tradição na legislação portuguesa, os cargos menores fossem ocupados por "naturais", de modo a evitar o descontentamento dos "povos" daqueles "países" – e não o princípio da universalidade do acesso dos cidadãos aos cargos[507]. Foi também para apaziguar conflitos semelhantes que Almeida Garrett defendeu o acolhimento do deputado Teodorico Abranches no episódio atrás relatado.

---

[504] V. *Actas da Câmara dos Pares do Reino de Portugal*, sessão ordinária de 11 de Abril de 1835, p. 313, Par Sarmento.

[505] V. *DCGCNP*, sessão extraordinária de 31 de Março de 1837, p. 163, Dep. Vasconcelos Pereira.

[506] *Ibid.*, sessão extraordinária de 31 de Março de 1837, p. 169-170, Dep. L.J. Moniz: "Ainda não há muito que até escrivães se mandaram de cá para Angola, como se lá não houvesse um homem que fosse capaz de ser escrivão! E qual foi o resultado? Que estas remessas de tal maneira indispuseram os naturais (...) que em bem pouco tempo se viram actos atrozes [...]. Convém pois ter muito em vista atender os naturais. Estes povos estão na posse deste direito pela antiga legislação, e em igualdade de mérito ele não é incompatível, nem com a Constituição, nem com o bem do serviço [...]".

[507] V. *Ibid.*, sessão de 31 de Março de 1837, p. 171, Dep. L.J. Moniz, secundando afirmações semelhantes proferidas na Câmara dos Pares, em 1835, pelo par Sarmento, para quem os governadores deviam ser sempre europeus (v. *Actas da câmara dos Pares do Reino*, sessão de 11 de Abril de 1835, p. 270).

Rejeitar esse "primeiro deputado de raça não europeia" presente naquele Congresso[508] seria correr o risco de transferir para a metrópole as rivalidades locais, por causa da "[...] ignorância, a altivez, a misantropia de muitos Portugueses residentes em nossas colónias"[509].

Finalmente, se, nas constituintes vintistas, a definição de Nação tinha estado muito ligada a um conceito geograficamente amplo de Nação, abrangendo de forma plenamente assumida, os territórios continental e ultramarinos e os "cidadãos ultramarinos", o mesmo não sucedeu nas discussões constituintes dos anos trinta. Como também se verá, elas foram percorridas pela ideia de que Portugal era, depois de perdido o Brasil, uma "pequena Nação", entregue a si própria[510]. A ideia de um Portugal cuja exiguidade territorial era compensada pelas características culturalmente homogéneas do povo português foi também muito forte na doutrina jurídica. Portugal tinha perdido o Império e, com ele, o protagonismo no comércio internacional, mas tinha ganho, em contrapartida, as vantagens da homogeneidade, como explicava Basílio Alberto, em cujo estudo sobre direito público português não se encontra uma palavra sobre as possessões ultramarinas, sobre a natureza pluricontinental da Nação, ou sobre a diversidade dos povos que a integravam depois da perda do Brasil[511]. Até à independência do Brasil, explicava o publicista, o país não reunia as condições próprias de uma Nação, "porque estas possessões estavam separadas dele por grandes continentes, extensos mares e até diferentes línguas e costumes", situação que era compensada pelo comércio, que tinha permitido a Portugal competir no mercado internacional com as outras Nações[512]. No presente, depois de afastar a possibilidade de união com Espanha – entre outras coisas, pela ausência de "uniformidade da língua e dos costumes"[513] –, o autor

---

[508] V. *O Nacional*, 23 de Maio de 1837, n.° 739, sessão de 22 de Maio de 1837, p. 4241.

[509] Idem, *Ibidem*.

[510] Sempre que se aludiu à população portuguesa falou-se, universalmente, em três milhões de habitantes (v., por exemplo, *DCGCNP*, sessão de 3 de Maio de 1837, p. 176, Dep. Santos Cruz, que a estes escassos habitantes acrescentou as exíguas cem léguas de diâmetro em que estava encerrada a Nação Portuguesa).

[511] Sobre a reflexão histórica em torno da ponderação entre as vantagens da extensão, em termos económicos e fiscais, e as desvantagens da heterogeneidade, no achamento da tamanho ideal das unidades políticas, ver Alberto Alesina e Enrico Spolaore, *The size of Nations*, Cambridge, Massachussets and London, 2003, p. 100 e ss.

[512] V. Basílio Alberto de Sousa Pinto, *Lições de Direito Público Constitucional, 1838*, manuscrito inédito, p. 58, pub. em António Manuel Hespanha e Cristina Nogueira da Silva (coords.), *Fontes para a História Constitucional Portuguesa (c. 1800-1910)*, CD-Rom, Lisboa, FCT e Faculdade de Direito da Universidade Nova de Lisboa, 2004.

[513] V. Idem, *ibid.*, p. 59. A identidade de línguas e costumes era mesmo, para este jurista, uma das condições para a existência de uma Nação, v. *Ibid.*, pp. 56-57.

juntava a sua voz aos que desde tempos recuados queriam esquecer, pelo menos no imediato, o Império, e desenvolver o país com os seus recursos internos:

"[...] que somos poucos, e por isso pouco poderosos, tendo perdido as nossas possessões ultramarinas, nada nos resta senão voltar sobre nós mesmos, e valermo-nos dos muitos recursos, que o nosso país ainda tem. Ele é fértil, rodeado de boas costas, e por isso devemos voltar-nos sobre a agricultura, pesca, para a indústria e comércio"[514].

Do mesmo modo, João Mexia Salema também salientou a relação entre exiguidade territorial e homogeneidade populacional[515] e, em comentário ao titulo I da Constituição de 1838, prolongando na doutrina a valoração negativa da diversidade que já encontrámos na oratória parlamentar e na filosofia política, entendia que as Nações seriam tanto mais perfeitas quanto mais as suas "partes forem homólogas na raça, na linguagem, e costumes" porque "ligeiras diferenças no carácter, linguagem e costumes produzem a cada passo aversões entre nacionais, fermentam malévolas paixões, dissensões surdas, e agitações desconsoladoras, que fazendo explosões frequentes, impedem o perfeito acordo que demanda o bem-estar da sociedade". Portugal, por ser pequeno, gozava, "em toda a plenitude", desta última vantagem, "*com especialidade no continente*" (sublinhado nosso)[516].

O que se passava para além das estritas fronteiras do território do velho Reino, o estatuto das populações "além fronteiras" face à cidadania portuguesa não era, nestes enunciados, nada relevante. Pelo contrário, o que assomava nestes discursos era a possibilidade, igualmente romântica, de a Nação se reencontrar consigo mesma como uma Nação pequena mas coesa, integrada por cidadãos capazes de se auto governar e viver do seu próprio trabalho[517]. É certo que esta foi uma imagem que coexistiu com outra, que viria a ter maiores efeitos no futuro, aquela em que o Império aparecia como parte "[...] do único futuro possível para uma Nação cuja independência era «excepcional»"[518]. Mas isso não invalida a sua importância nos anos '30.

---

514 V. Basílio Alberto de Sousa Pinto, *Lições de Direito Público Constitucional [...]*, cit., p. 8.
515 V. João de Sande Magalhães Salema, *Princípios de Direito Político applicados à Constituição Política da Monarquia Portugueza de 1838 [...]*, cit., pp. 30 e ss; p. 50, p. 81.
516 V. Idem, *ibidem*, pp. 22-27.
517 Esta imagem surge em outra literatura associada à condenação das descobertas e da expansão portuguesa, apontados como factor de "alienação" da Nação de si própria, v. Rui Ramos, "As origens ideológicas da condenação das descobertas e conquistas em Herculano e Oliveira Martins", in *Análise Social*, 32, n.º 140, 1997, pp. 113-141.
518 Idem, *ibid.*, p. 141.

É também significativo que as alusões fugazes à diversidade religiosa da Nação, nas Cortes constituintes dos anos trinta, não tenham dado origem a reflexões doutrinais que desenvolvessem o texto constitucional nessa matéria. De facto, na doutrina, a unicidade da Religião dos portugueses foi enfaticamente afirmada. No seu comentário à Constituição de 1838, Basílio Alberto, que, em abstracto, era favorável a uma "absoluta e perfeita liberdade de cultos", entendia que não podia ser exactamente assim quando consideradas as circunstâncias, "porquanto uma Nação, que já tiver uma Religião identificada com seus costumes, e modelado seus hábitos nacionais conforme ela, tanto mais difícil e perigoso será mudá-la, quanto a ela estiver mais afecta: e por conseguinte para uma tal Nação a melhor Religião será a sua antiga [...]. Falando agora de nós, seguindo estes princípios, já se vê que, para os portugueses, o melhor sistema de Religião, há-de ser aquele, que lhes conserve e respeite a sua, que é a Católica Romana, com a qual se acha identificada desde o berço da Monarquia [...] porquanto com razão foi adoptada pela nossa Constituição como Religião do Estado"[519]. Sobre o problema da diversidade religiosa no ultramar, o jurista que de forma mais sistemática comentou a Constituição de 1838 não chegou a pronunciar-se.

Estas omissões exprimem várias coisas.

Uma delas é o facto de não ser muito sólida a ideia de que os habitantes não católicos do ultramar português pudessem ser portugueses. Esta última possibilidade estava *associada a um outro enunciado sobre o destino do país*, no qual Portugal já não se deixava descrever como uma pequena Nação auto-suficiente mas como uma Nação cuja independência dependia da preservação das antigas colónias e do sucesso de um novo projecto colonial[520]. Foi por isso que Sá da Bandeira, um dos mais constantes (e quase único) prosseguidores deste novo projecto, afirmou, em algumas conjunturas, a plena cidadania dessas populações.

Em segundo lugar, aquela omissão relaciona-se também, como iremos ver, com o facto de, mesmo para políticos como Sá da Bandeira, a diversidade religiosa da Nação ser encarada como uma situação transitória, *cujo fim dependia, igualmente, do sucesso de um novo projecto colonial*. Como se verá, os resultados da missionação e da conversão das populações, conceitos chave na formulação do Império português, viriam, no futuro, atenuar o problema religioso no ultramar (v. *infra*, 7.2.2.5).

---

[519] V. *Analyse da Constituição Política da Monarquia Portugueza, feita pela ordem dos artigos, colligida das prelecções do lente Bazilio Alberto de Sousa Pinto, anno 1838-1839*, manuscrito, p. 10.

[520] V. Valentim Alexandre, por exemplo em *Origens do colonialismo português moderno (1822-1891)*, cit., p. 41 e ss.

7.2.2.4. *Ius soli* e religião na Carta Constitucional de 1826

Os problemas deixados em aberto pelo *ius sanguinis* da Constituição de 1838 foram resolvidos na Carta Constitucional, restaurada em 1842, no artigo que tornou portugueses todos os nascidos em *Portugal e seus Domínios* (art. 7, § 1). Este artigo diluiu, formalmente, o "princípio de incerteza" que o *ius sanguinis* das outras Constituições tinham introduzido no que dizia respeito a discriminar, entre a população nativa do ultramar, quem era e quem não era português ou cidadão português. Ele incluía formalmente na cidadania portuguesa todas as populações que nasciam no ultramar português, permitindo que se voltassem a fazer afirmações definitivas sobre a cidadania portuguesa dessas populações, independentemente da cor da pele, da cultura ou das crenças religiosas. Foi essa, novamente, a posição de Sá da Bandeira quando, em 1858, sendo Ministro da Marinha e Ultramar, lembrou ao governador de Angola que a liberdade de trabalho era um direito reconhecido na Carta Constitucional "(...) a todo o português, qualquer que seja a sua naturalidade, raça ou cor, direito (...)"[521] (v. *infra*, 8.4.3). Já no início desse mesmo ano, o Ministro tinha contrariado outra resolução do Conselho de Governo de Moçambique (esta de 1846), na qual fora recusado o direito de voto aos moradores de Sancul – comunidade muçulmana que residia na parte Sul da Ilha de Moçambique, sob autoridade do Xaikh de Sancul – com o pretexto de não serem cidadãos portugueses. Nessa altura, Sá da Bandeira voltou a afirmar que "o direito de votar está garantido na Carta Constitucional da Monarquia a todo o cidadão que está no caso de o gozar" e mandou, em consequência disso, "que o direito de votar seja mantido aqueles moradores pela forma por que a lei o garante a todos os mais cidadãos"[522].

Este documento exprime a afirmação genérica – mas novamente suscitada pela apreciação de um caso muito concreto, o da comunidade muçulmana de Sancul, cuja "fidelidade" era importante para a realização dos projectos de Sá da Bandeira na costa moçambicana[523] – da cidadania plena de

---

[521] Portaria de 22 de Setembro de 1858, v. *Annaes do Conselho Ultramarino*, Parte Oficial, série I, cit., p. 639.

[522] V. *Legislação Novíssima*, cit., vol. I, p. 177.

[523] Sobre Sancul veja-se Malyn Newitt, "Moçambique", in Joel Serrão e A H. de Oliveira Marques (dir.), *Nova História da Expansão Portuguesa [...]*, cit., p. 563 e 582 e ss. Tratava-se, juntamente com Angoche, de uma das mais importantes cidades islâmicas da costa moçambicana, na proximidade dos portos comerciais portugueses de Quelimane, Moçambique e Querimba. O domínio das duas cidades fazia parte de uma estratégia mais ampla, acarinhada por Sá da Bandeira, de intensificar o domínio português no litoral moçambicano. Mas a verdade é que quer Angoche quer Sancul eram emirados à frente dos quais estavam xaikhs muçulmanos,

todos os nativos livres do ultramar, independentemente da sua "raça", cor ou crença religiosa. Contudo, tal afirmação continuava a não ter um fundamento constitucional sólido. Desta vez, porque, como se vai ver nas páginas seguintes, os artigos da Carta constitucional sobre a religião dos portugueses sugeriam, de novo, a impossibilidade de se ser simultaneamente, português e "muçulmano", "gentio", hindu, ou até praticante de qualquer outra religião que não a católica, o que reduzia significativamente o âmbito da inclusão proporcionado pelo *Ius Soli*. Sem esse fundamento, o impacto dos decretos e portarias de Sá da Bandeira só podia ter ser muito reduzido.

A Carta Constitucional foi, nos seus artigos sobre religião, parecida e diferente da Constituição vintista. Parecida, porque, no art. 6, onde declarou o catolicismo como religião oficial do Estado, não permitia a prática de cultos não católicos, a não ser aos estrangeiros, e em privado[524]. Diferente, porque, no art. 145, sobre direitos fundamentais, determinou que ninguém pudesse ser perseguido por motivos de religião[525]. Neste ponto, a Carta aproximou-se da Constituição de 1838. A questão que se colocou, com a coexistência destes artigos, foi a da sua coerência mútua, por um lado, e a de saber, por outro, se aquele "ninguém" (que não podia ser perseguido por dissenção religiosa) podia ser português. A resposta a estas questões não foi consensual[526], mas a opinião de juristas muito consagrados apontou para a negativa. Foi o caso de Silvestre Pinheiro Ferreira, cujas observações sobre a incoerência dos dois artigos e a impossibilidade de um português não ser católico foram absolutamente definitivas.

Silvestre Pinheiro Ferreira discordava do conteúdo do art. 6 da Carta, por ser contrário à liberdade religiosa e por estar em contradição com a tolerância inscrita no art. 145 do próprio texto constitucional[527]. O princípio da tolerância era duas vezes negado naquele artigo: (i) por proibir aos estrangeiros a prática de cultos não católicos fora de suas casas; e, sobretudo, (ii) por-

---

traficantes de escravos e vagamente ligados à administração portuguesa por meio de relações de "vassalagem" que implicavam até o pagamento de um ordenado mas que não evitavam situações de hostilidade aberta, v. René Pélissier, *História de Moçambique*, cit., p. 56-57.

[524] "A Religião católica, Apostólica, Romana continuará a ser a religião do Reino; todas as outras religiões serão permitidas aos Estrangeiros com seu culto doméstico, ou particular, em casas para isso destinadas, sem forma alguma exterior de Templo", art. 6.

[525] "Ninguém pode ser perseguido por motivos de Religião, uma vez que respeite a do Estado, e não ofenda a moral pública", art. 145, § 4.

[526] Lopes Praça resume as duas posições em *Estudos sobre a Carta Constitucional de 1826 e Acto Adicional [...]*, cit., p. 176 e ss.

[527] V. *Observações sobre a Constituição do Império do Brasil e sobre a Carta Constitucional do Reino de Portugal*, Paris, Rey e Gravier, 1835, p. 110.

que, ao dizer que *todas as outras religiões serão permitidas aos estrangeiros*, as proibia aos portugueses, sob pena de desnacionalização. Na opinião do publicista, a Carta afastava da nacionalidade portuguesa qualquer indivíduo que professasse outra religião que não a católica:

> "[...] são permitidas aos estrangeiros, mas não aos Portugueses. Logo todo o português que não professar a religião católica, apostólica romana, falta à lei; se falta à lei comete um crime, e se comete um crime deve ser punido. Mas não professar uma religião, não é faltar ao respeito, nem é ofender a moral pública: e por conseguinte, o artigo 6, proibindo a todo o português qualquer culto que não seja o católico romano, declara culpados e dignos de castigos os que seguirem qualquer outro culto: e logo este artigo acha-se em contradição com o § 4 do art. 145. Talvez dirá alguém que não há perigo de que sejam punidos os que praticarem outro culto, conquanto que seja doméstico, porque a lei não impõe pena alguma [...]. Mas não é assim. A pena é muito expressa na lei: porque se é verdade que o artigo só permite aos estrangeiros professarem outra religião, segue-se que *um Português, pelo simples facto de professar outra religião, cessa de ser português: quer dizer que perde os direitos de cidadão. E é este pequeno castigo?*"[528].

José Dias Ferreira, professor de Direito e autor das mais importantes anotações ao Código Civil no século XIX[529], concordou com Silvestre Pinheiro Ferreira, mas recordou que havia um caso em que era possível ser português e não ser católico, o dos estrangeiros naturalizados. Esses eram, na Carta, cidadãos portugueses "qualquer que seja a sua religião" (art. 7, § 4 da *Carta*). Só que isso tornava ainda mais válida a conclusão de que tal não podia passar-se com cidadãos originariamente portugueses:

> "A Carta não reconhece cidadãos portugueses que não sejam católicos [...]. E para que não ficasse dúvida alguma a este respeito, diz ainda a Carta no art. 7 que são cidadãos portugueses os estrangeiros naturalizados, qualquer que seja a sua religião. Estes são cidadãos portugueses, ainda que tenham outra religião, donde se infere que os cidadãos, que foram sempre portugueses, nenhuma outra religião podem ter, senão a católica"[530].

---

[528] V. *Observações sobre a Constituição do Império do Brasil [...]*, cit., pp. 110-111, subl. nosso. Também na opinião de Carlos Lobo de Ávila, o artigo dizia que quem não era católico não era cidadão português, v. *Reflexões críticas sobre a Reforma da Carta proposta pelo sr. Dias Ferreira*, Lisboa, Tip. do Diário de Lisboa, 1881, pp. 19-20.

[529] O *Codigo Civil Portuguez Annotado*, Lisboa, 4 vols., 1870-73.

[530] V. Sessão da Câmara dos Deputados de 21 de Junho de 1867 in *Diário de Lisboa*, N.º 145, 3 de Julho de 1867, p. 2092.

De acordo com as palavras destes juristas, não podiam, portanto, ser portuguesas as populações referidas nos decretos de Sá da Bandeira. E muito menos exercer direitos políticos. A fórmula de juramento dos deputados e demais detentores de órgãos políticos vinculava-os "a manter e Religião Católica, Apostólica Romana" (art. 78), justificando esse artigo, por exemplo, a portaria do Governador-geral da província de Moçambique, de 1869, mandando que todos os funcionários públicos da província prestassem juramento antes de entrar no exercício das suas funções[531]. Por outro lado, o Código penal português de 1852 decretara a perda de direitos políticos como pena para os portugueses que renunciassem publicamente à Religião do Reino (art. 135)[532].

É importante salientar, no entanto, que nenhum destes juristas que criticaram as restrições que o art. 6 introduzia em matéria religiosa recorreu ao argumento, que podia reforçar as suas proposta, de haver "portugueses" não católicos do ultramar. Não se referiram, tão pouco, às populações que, no território ultramarino português, praticavam publicamente cultos não católicos, situação que reclamaria o acolhimento inequívoco do princípio da liberdade religiosa. Silvestre Pinheiro Ferreira, à semelhança de outros juristas, que tiveram igual posição crítica relativamente à identificação entre cidadania e catolicismo[533], não se referiram à existência de populações que, tendo nascido e residindo no território português ultramarino, não só não professavam a religião católica, como praticavam publicamente cultos não católicos. Foi essa a

---

[531] Nos termos do art. 2.º do decreto de 5 de Março de 1856, que regulava a fórmula do juramento, v. *Novíssima reforma judiciária: contida no decreto de 21 de Maio de 1841 segundo a autorização concedida ao Governo [...]*, Coimbra, Imprensa da Universidade, 1888, p. 741. Sobre a obrigatoriedade do juramento ver Lopes Praça, *Estudos sobre a Carta Constitucional de 1826 e Acto Adicional* [...], cit., p. 176 e ss. e, sobre a discriminação dos não católicos, José Miguel Sardica, "O Vintismo perante a Igreja e o catolicismo", in *Análise Social*, N.º 27, 2002.

[532] V. Levy Maria Jordão, *Comentário ao Código Penal Português*, Lisboa, Tipografia de José Baptista Morando, 1853, t. II, p. 27. Levy Maria Jordão também notava como era contraditório o princípio constitucional de não se perseguir ninguém por motivos religiosos com a discriminação dos não católicos no acesso aos cargos públicos e com as penas previstas no Código penal para os portugueses que professassem outra religião que não a do Estado, v. sessão da Câmara dos Deputados de 13 de Janeiro de 1864, in *Diário de Lisboa*, Anno 1864, N.º 1, 2 Janeiro, p. 113. Mas a verdade é que, na sua obra jurídica, reconhece que não havia, no Código penal de 1852, qualquer pena para a celebração pública dos cultos tolerados. Considerando, com ironia, que devia havê-la, "[...] para dar à proibição do art.6.º da Carta uma sanção penal", v. *Commentario ao Código [...]*, cit., p. 16.

[533] Como Lopes Praça, por exemplo, que era mesmo favorável à abolição do juramento político e à neutralidade religiosa do juramento profissional e judicial, v. Lopes Praça, *Estudos sobre a carta Constitucional de 1826 e acto Adicional [...]*, cit., p. 179 e ss.

atitude do próprio José Dias Ferreira, apesar de terem sido as suas palavras atrás citadas retiradas da maior intervenção feita nas Cortes sobre um tema – o casamento civil – cuja discussão tinha trazido para a "opinião pública" o problema da diversidade religiosa do ultramar, como se irá ver ainda neste capítulo.

Esta omissão podia significar várias coisas. Uma delas era a irrelevância do problema para este grupo de juristas. Pela sua irrelevância, ou não merecia ser convertido em tópico argumentativo, ou foi pura e simplesmente esquecido, face à maior importância de outros argumentos, como o princípio teórico da liberdade religiosa e o problema dos estrangeiros em Portugal. Mas aquela omissão podia também significar que essas populações não eram, para estes juristas, integradas por cidadãos portugueses. Ou, ainda, que o art. 6 da Carta não tinha vigência no ultramar.

Estas duas últimas hipótese não são puramente especulativas, já que as duas coisas foram afirmadas pelo único jurista que, no contexto da polémica sobre o casamento civil, explicou porque é que o que se passava no ultramar, com as suas populações, nada tinha que ver com aquele artigo constitucional. Esse jurista foi António Luís de Seabra, o autor do Código Civil Português de 1867.

7.2.2.5. Religião no Código civil de 1867: os casamentos dos nativos não católicos

Na primeira versão do projecto de Código Civil, a de 1858, Seabra tinha proposto que os portugueses católicos fossem obrigados a casar catolicamente. mas admitia, no art. 1125, que o casamento entre súbditos portugueses não católicos produzisse os seus efeito civis "sendo celebrado segundo a crença. usos e costumes dos ditos súbditos, contanto que as suas convenções sejam feitas por escritura pública"[534]. Este artigo resolvia o problema das populações que, no ultramar, celebravam publicamente os seus casamentos não católicos[535]. Estava, no entanto, em contradição com o art. 6 da *Carta*, que proibia

---

[534] V. Samuel Rodrigues, *A Polémica sobre o Casamento Civil (1865-1867)*, Lisboa, INIC, 1987, p. 265.

[535] A descrição de alguns casamentos não cristãos contraídos segundo o seu rito religioso no ultramar encontra-se, para a Índia, em Luís da Cunha Gonçalves, *Direito Hindu e mahometano [...], Comentário ao decreto de 16 de Dezembro de 1880, que ressalvou os usos e costumes dos habitantes não cristãos do distrito de Goa*, Coimbra, Coimbra Editora, 1923, p. 164 e ss. Já António Gil, que tinha exercido funções judiciais em Angola, nos anos '40, explica, a certa altura, que os chefes dos presídios, militares que ali administravam a justiça, reconheciam efeitos jurídicos aos casamentos

a celebração pública de qualquer cerimónia religiosa não católica em território português. Foi para se libertar desta última dificuldade, que lhe foi notada, que o jurista resolveu, em poucas palavras, os problemas do art. 6 nas suas várias vertentes: (i) a de saber se, afinal, essas populações podiam ou não ser portuguesas, dado o pressuposto de que todos os portugueses era católicos; (ii) a de saber se era inconstitucional, ou não, o facto de praticarem publicamente os respectivos cultos não católicos, dado que o artigo só os admitia em privado; finalmente, (iii) a de saber se era constitucional perseguir essas populações, fossem portuguesas ou estrangeiras, por praticarem publicamente o seu culto.

Vejamos a resposta que encontrou para cada uma destas questões:

Em primeiro lugar, o Visconde de Seabra entendia que, ao adoptar o culto católico como religião do Reino, a *Carta* pressupunha que "os cidadãos portugueses, os moradores ou naturais do Reino, eram realmente católicos". Considerava, no entanto, que esse facto não tinha consequências sobre o estatuto das populações não católicas do ultramar. Não as tinha, porque, quando se falava dessas populações, não se estava a falar de *cidadãos* portugueses. Estava a falar-se de *súbditos* da Nação portuguesa, por direito de conquista:

> "Quanto aos súbditos portugueses das províncias ultramarinas que professam outra crença, e exercem em algumas partes o seu culto publicamente [...], respondemos que a Carta, no artigo 6, em nossa humilde opinião, *não cogitou senão no Reino, e dos cidadãos aborígenes ou propriamente portugueses*, e não dos povos que, por efeito de conquista ou por outra forma, se submeteram à dominação portuguesa"[536].

O conceito de súbdito, neste contexto, não remetia, como o de cidadão, para uma concepção liberal do poder político, embora fosse vulgarmente

---

não cristãos, nomeadamente quando conheciam das questões de adultério; apressando-se a explicar que "Nós porém os portugueses da Europa e autoridades eclesiásticas e gente fina da terra, não reconhecemos, como é bem de supor, efeitos alguns jurídicos em semelhantes consórcios", v. António Gil, *Considerações sobre algumas partes mais importantes da moral religiosa...*, cit., p. 24. Para Moçambique, onde também a justiça dos capitães-mores já reconhecia efeitos jurídicos aos casamentos entre "gentios" muito antes de 1869, v., entre outros, Joaquim d'Almeida da Cunha, *Os indígenas nas colónias portuguesas d'África [...]*, cit., p. 26; ou Manuel Moreira Feio, *Indígenas de Moçambique*, Lisboa, Typographia do Comércio, 1900. Para Macau, em António Manuel Hespanha, "Li-Va-Sam não era leproso", em Johannes-Michael Scholz (ed.), *Fallstudien zur spanischen und portugiesischen Justiz. 15. bis 20. Jahrhundert*, Frankfurt/Main, V. Klostermann, 1994, 739-761.

[536] V. António Luíz de Seabra, *Duas palavras sobre o casamento pelo redactor do Código Civil*, Lisboa, Imprensa Nacional, 1866, pp. 32, subl. nosso.

usada com esse sentido em outras ocasiões. Pelo contrário, aqui o conceito excluía a origem democrática do poder, apontando para a situação de grupos populacionais que, nada tendo que ver com a origem do poder, estavam, no entanto, a ele sujeito, como às suas leis. Na verdade, até mesmo as teorizações políticas democráticas mais radicais faziam esta distinção. Rousseau, por exemplo, distinguia, no mesmo sujeito, o cidadão, que participava na elaboração das leis, e o súbdito, que se sujeitava às leis por ele mesmo votadas. A grande diferença consistia no fundamento da adesão. Se os *súbditos* de Jean Jacques Rousseau deviam obedecer ilimitadamente porque coincidiam com os que participavam, enquanto *cidadãos*, na *vontade geral*, nisso consistindo a *liberdade civil*, os "súbditos coloniais", pelo contrário, eram apenas súbditos, que obedeciam por direito de conquista, e em nenhum momento cidadãos[537]. É também provável que o conceito de súbdito estivesse aqui conotado com o seu significado mais antigo, remetendo para formas de governo "pastorais e paternais" menos compatíveis com as formas liberais[538].

O artigo da Carta também não tinha consequências sobre as práticas religiosas das populações não católicas do ultramar, porque, no entender do Visconde de Seabra, a *Carta* tinha reconhecido a vigência de um regime legislativo especial para as colónias. Ao determinar, no seu art. 132, que a administração das províncias ficasse "existindo do mesmo modo em que estava", tinha validado as leis especiais que aí vigoravam no Antigo Regime, nomeadamente as que toleravam a diversidade de cultos, desde os primeiros tempos das conquistas ultramarinas até D. José[539]. Isso dava racionalidade ao que, de facto, se passava no ultramar:

> "Todos sabem que alguns povos sujeitos ao nosso Império não seguem a nossa crença; há, por exemplo, muitos cafres nos sertões de Luanda e Congo, que não são baptizados; muitos cafres livres nas terras foreiras das costas de Moçambique e Sena que, ou seguem a religião pagã, ou maometana, a respeito dos quais por diferentes vezes se tem providenciado"[540].

---

[537] V. André Charrak, "Rousseau", in Jean Pierre Zarader (ed.), *Le Vocabulaire des philosophes. II: Philosophie classique et moderne (XVIIe-XVIIIe Siècle)*, Paris Ellipses, 2002, p. 724-25.

[538] V. Pedro Almeida Cardim, "Religião e Ordem Social, Em torno dos Fundamentos Católicos do Sistema Político do Antigo Regime", Separata da *Revista de História das Ideias*, vol. 22, 2001, p. 154.

[539] Sobre esta interpretação do art. 132 da Carta e a sua divulgação na doutrina v. *infra*, 9.2.

[540] No contexto da polémica sobre o casamento, os adversários do casamento civil também tinham insistido, contra a ideia de que o ultramar o tornava necessário, que o casamento das populações ultramarinas que não eram católicas já estava regulado, v. Samuel Rodrigues, *A polémica [...]*, p. 109 e ss. Dizia um advogado (Amorim Barbosa) que "Há muitos séculos

Finalmente, ignorar essas leis e perseguir, no ultramar, os que praticassem publicamente cultos religiosos não católicos, constituiria uma violação do princípio de tolerância inscrito no art. 145, já que "a supressão do culto até aqui permitido aos indígenas equivaleria à mais violenta perseguição"[541].

O mundo jurídico ultramarino era, portanto, um mundo onde vigoravam, em simultâneo, as leis do Antigo Regime e os princípios constitucionais do novo regime. É essa sua natureza juridicamente híbrida que torna inteligíveis as palavras do deputado que afirmou, alguns anos mais tarde, que as leis da metrópole nada tinham que ver com os *povos do ultramar*. Esses povos gozavam, "[...] pela sua natural condição, de alguns foros mais do que a metrópole [...]. Diversos cultos religiosos têm ali os seus templos com todas as formas externas, com os seus minaretes e árvores sagradas, fazem as suas procissões, celebram publicamente as suas festas; em uma palavra, goza-se ali da liberdade de consciência e de culto. Fosse ali o governo nivelar e harmonizar as leis da metrópole com as daqueles povos; o resultado seria imediato e funesto"[542]. O pluralismo religioso deu, então, origem a uma situação singular, em que a especialidade das leis no ultramar, em vez de restringir direitos, os ampliava. Ao contrário do que se passava na metrópole, no ultramar vigoravam os princípios da tolerância e da liberdade religiosa, publicamente manifestada. Simplesmente, como já tinha sido recordado nas Cortes vintistas, essa tolerância estava mais próxima da tolerância medieval para com os Judeus e os Mouros do que da do mundo moderno e "civilizado" do século XIX.

A solução implicada em todos estes raciocínios foi, então, a de não considerar portugueses os "povos do ultramar" e a de subtrair a legislação ultramarina à aplicação do princípio da constitucionalidade das leis. O art. 6 da Carta Constitucional limitava "[...] a liberdade natural da manifestação do pensamento ou da crença não permitindo aos cidadãos que professem publicamente outro culto, que não seja o católico"[543], mas isso não interferia com a liberdade de cultos no ultramar porque aí vigoravam leis especiais, herdadas de tempos anteriores à Constituição escrita e que esta tinha sancionado em bloco no seu art. 132.

Os artigos de Luís António de Seabra sobre o casamento foram totalmente reformulados pelas comissões revisoras do Código, tendo desaparecido

---

que vivem sob o poderio de Portugal mahometanos, israelitas, brahmitas, budistas e gentios, casados cada qual a seu modo, e nunca os Governos os riscaram por isso do número dos seus *súbditos*", cit. em *ibid.*, p. 145 (subl. nossos).

541 V. António Luíz de Seabra, *Duas palavras sobre o casamento [...]*, cit., pp. 31-32.
542 V. *DCD*, sessão de 21 de Julho de 1869, p. 847, Dep. B.F. da Costa.
543 V. *António Luís de Seabra, Duas palavras sobre o casamento [...]*, cit., p. 35.

dos projectos finais qualquer referência à celebração ritual de casamentos não católicos[544]. O que acabou por aprovar-se, em 1867, foi, de acordo com uma proposta do governo, que os não católicos pudessem casar-se civilmente, obrigando-se os portugueses católicos a casar catolicamente. Nessa altura, o argumento centrado nas populações do ultramar tinha sido completamente obliterado. Nas sessões que antecederam a aprovação do Código os portugueses não católicos de que exclusivamente se falou foram os estrangeiros naturalizados[545]. O que se passava no ultramar, explicou-se, não era relevante para a matéria, *porque o Código Civil não era aplicável naquele território*. Foi esta a resposta que obteve Vicente Ferrer, membro e Presidente da Comissão revisora do Código Civil, quando insistiu em relacionar a aprovação pela Comissão do casamento civil para não católicos com a existência de cidadãos portugueses que, no ultramar, professavam religiões não católicas[546].

De facto, o primeiro projecto de lei para aprovação do Código civil não dizia nada sobre a sua aplicação no ultramar[547]. Por esse motivo foi-lhe acrescentado um novo artigo, autorizando o governo a torná-lo extensivo às províncias ultramarinas, com as modificações necessárias[548]. Quando, em 1869,

---

[544] Os artigos referentes ao casamento nas diversas versões do Código estão publicados em Samuel Rodrigues, *A polémica sobre o casamento civil*, cit., pp. 265-271.

[545] Na maioria das sessões foi a eles que se fez referência (v. sessão da Câmara dos Deputados de 21 de Junho de 1867 in *Diário de Lisboa*, N.º 145, 3 de Julho de 1867, p. 2988); e no "Parecer da Comissão de legislação sobre a proposta de lei do Governo relativa ao Código Civil", datada de 17 de Junho de 1867, não foi de outros cidadãos portugueses que se falou. Todos os outros eram católicos e não podiam deixar de o ser, porque a Carta reconhecia o princípio do "Culto doméstico para os estrangeiros, e consequentemente para os naturalizados, que eram originariamente estrangeiros". Isso importava "a obrigação para todos os demais cidadãos portugueses de terem o culto católico ou de não terem outro", v. Projecto de Lei n.º 79, in *Diário de Lisboa*, N.º 145, de 3 de Julho de 1867, pp. 2088-9.

[546] V. sessão nocturna da Câmara dos Pares, 26 de Junho de 1867, in *Diário de Lisboa*, N.º 149, 8 de Julho, p. 2125. A afirmação de que o Código Civil não fora redigido para o ultramar já tinha servido de argumento contra os que defendiam o casamento civil obrigatório por causa das populações do ultramar., V. Samuel Rodrigues, A polémica [...], cit., p. 109 e ss. No âmbito dessa discussão o Director do jornal o "Bem Público" tinha provado isso referindo-se ao art. 1987, que fixava a lei sucessória, ao dizer que "[...] esse artigo não teria qualquer aplicação na África, onde os herdeiros eram os filhos da irmã de *cujus* e não os filhos legítimos em relação aos pais", cit. (ibid.). De facto, contrariamente ao que sugerem as palavras de Ferrer, a Comissão revisora do Código não parece ter pensado na parte ultramarina do território, pois nada se encontra sobre o tema nas respectivas Actas (v. *Actas da Comissão Revisora do projecto de Código Civil Português*, Lisboa, I.N., 1869).

[547] V. sessão da Câmara dos Deputados de 21 de Junho de 1867 in *Diário de Lisboa*, n.º 145, 3 de Julho de 1867, p. 2089.

[548] Art. 9.º: "é o governo autorizado a tornar extensivo o Código Civil às províncias

essa extensão foi decretada, ressalvou-se, no art. 4 do Decreto, "o casamento celebrado segundo o rito religioso dos contraentes não católicos", que passou a produzir todos os efeitos civis que o Código reconhecia ao casamento civil e católico na metrópole[549]. A ressalva ia ao encontro da proposta inicial de Luís António de Seabra, o que significa que o espírito do decreto estava próximo das interpretações do jurista acerca do estatuto das populações nativas do ultramar. Como se vai explicar mais à frente, este decreto reconheceu um estatuto especial a essas populações, definido pelo seu afastamento relativamente às categorias doutrinalmente reconhecidas, já que dele resultava que tais populações não eram integradas nem por estrangeiros nem por nacionais/cidadãos.

Antes disso, porém, vejamos como ficou resolvida – ou por resolver –, a questão religiosa nas reformas constitucionais subsequentes.

Viu-se que, para quem achava que a Constituição podia não ser sempre observada no ultramar e que as populações nativas do ultramar se integravam por "súbditos", e não por cidadãos, a diversidade religiosa dessa parte do território da Monarquia não era um problema. Era-o, no entanto, para quem entendia que as "leis especiais" que ali vigorassem não podiam contrariar a Constituição e para quem os nascidos no ultramar eram portugueses e cidadãos portugueses, independentemente da sua religião. Por esse motivo, Sá da Bandeira, consciente de que a interpretação do art. 6 podia sugerir a "desnacionalização" daqueles "cidadãos" e a negação do princípio da aplicação global da Constituição no território ultramarino, empenhou-se na reforma desse artigo num sentido mais conforme às suas posições universalistas, elaborando propostas de reforma constitucional nas quais insistiu na preservação do catolicismo como religião do Estado, mas conjugada com a supressão da parte do artigo que dispunha que as outras religiões apenas fossem permitidas aos estrangeiros. Pretendia, assim, que o art. 6 da Carta ficasse "semelhante ao artigo 3 da Constituição da Monarquia Portuguesa de 1838"[550]; ou seja, que

---

ultramarinas, ouvidas as estações competentes, e fazendo-lhe as modificações, que as circunstâncias especiais das mesmas províncias exigirem", v. *Diário de Lisboa*, n.º 213, de 21 de Setembro de 1867, p. 2838. Este artigo foi proposto pelo deputado Francisco Luís Gomes, tendo a proposta sido assinada por alguns deputados do ultramar, v. sessão do Diário da Câmara dos Deputados, de 22 de Junho de 1867, in *Diário de Lisboa*, n.º 146, 4 de Julho, p. 2108.

[549] De acordo com os art.s 1056-57 do Código, estas disposições ficaram dependentes da instituição do registo civil, que foi criado, somente para os não católicos, pelo regulamento de 28 de Novembro de 1878, v. Trindade Coelho, *Manual político [...]*, cit., p. 382. Acontece que, como já se disse, tal regulamento não foi logo estendido ao ultramar.

[550] V. Sá da Bandeira, Visconde de, J, *Carta dirigida ao Ex.mo Sr. José Maria Latino Coelho sobre a reforma da Carta Constitucional [...]*, cit., p. 2. O art. 3 da Constituição de 1838 limitava-se, recordamos, a afirmar que "A Religião do Estado é a Católica Apostólica Romana".

se juntasse a "inclusividade" do *ius soli* da Carta com a maior liberdade religiosa da Constituição de 1838. Essa alteração eliminaria o argumento em que se fundavam os juristas e os deputados que problematizavam a existência de portugueses originariamente não católicos.

A proposta de Sá da Bandeira não foi única. Existiram outras, semelhantes, nas quais, além do problema abstracto do princípio da liberdade religiosa se recordou o problema, mais concreto, de estar aquele artigo em contradição com a "liberdade religiosa seguida nas colónias"[551]. Nenhuma destas propostas foi, contudo, aprovada, nenhuma reforma constitucional da Carta alterou os seus artigos sobre religião. Assim, o problema da diversidade religiosa no ultramar, tal como o problema, com ele relacionado, da nacionalidade das populações não católicas daqueles territórios, tendo sido colocado desde a primeira assembleia constituinte portuguesa, nunca encontrou uma solução clara no pensamento constitucional português.

A este problema juntou-se um outro, com igual relevância para o tema da cidadania das populações nativas do ultramar, que foi o do alcance limitado do critério do *ius soli* da Carta Constitucional na legislação portuguesa. Na verdade, as instruções eleitorais que se seguiram à reposição em vigor da Carta continuaram a afirmar, contra a letra do texto constitucional, que os cidadãos portugueses eram "os *filhos de pais portugueses*, nascidos em Portugal, ou nos seus domínios", afirmação que foi repetida em todas as leis eleitorais até 1851, de forma alheia ao universalizante *ius soli* do texto constitucional em vigor[552]. Estas contradições entre lei e constituição, juntamente com a ideia, que nunca foi formalmente contrariada, de que os "filhos de pai português" seriam católicos, pode ter-se constituído num critério seguido localmente para excluir populações nativas não católicas, como sucedeu em portarias já referidas. A doutrina jurídica também não ajudou a esclarecer o problema, porque ao mesmo tempo que salientou a associação, na Carta, entre ser português e nascer no território português, acrescentou a este registo territorial o filtro da paternidade, dizendo que os cidadãos portugueses nascidos em África e na Ásia o eram quando eram *filhos de pai português*: "O filho de pai português, nascido dentro do território Lusitano, tanto na Europa como na Ásia e África, nascia cidadão português"[553].

---

[551] V., por exemplo, Carlos Lobo de Ávila, em *Reflexões críticas sobre a Reforma da Carta [...]*, cit., p. 2.

[552] Só no decreto eleitoral de 20 de Junho de 1851 é que a tradição inconstitucional de definir cidadão português como filho de pai português foi interrompida.

[553] V. António Ribeiro de Liz Teixeira, *Curso de Direito Civil portuguez [...]*, cit. p. 129. Contrariava, com esta opinião, a de Dias Ferreira (v. nota 401). Estes e outros indícios con-

Neste contexto de indefinições e ambiguidades, afirmar, por meio de decretos e portarias, direitos e factores de inclusão política omitidos pela Constituição e pelas leis, como fez Sá da Bandeira, era lidar com o problema de forma superficial. Era conhecido que os decretos, como as portarias, "[...] nem fazem o direito, nem o derrogam". As portarias podiam interpretar a Constituição (ou os Códigos). Podiam até conter, indevidamente, disposições legislativas. Mas nem num caso nem no outro tinham força obrigatória, por ser a interpretação das leis uma atribuição privativa do poder legislativo ou porque, contendo disposições novas, "não podiam obrigar, porquanto ao poder executivo não cabe legislar"[554]. Decretos e portarias do governo não podiam, por exemplo, derrogar a lei eleitoral, que dizia serem portugueses os filhos de pais portugueses, base suficiente para que os governadores, encarregados de executar essas leis, excluíssem do direito de voto as populações muçulmanas e hindus. Do mesmo modo, decretos e portarias não podiam interpretar criativamente os silêncios e as ambiguidades da Constituição. Isso não impedia, é certo, que esses silêncios e omissões se pudessem transformar, em outros momentos, numa base suficiente para que essas populações fossem incluídas pelos mesmos governadores ou pelos governos da metrópole, que assim transformavam populações muçulmanas e hindus (mas não as que designavam como "animistas") em cidadãos portugueses. Muitas destas decisões dependeriam da conjuntura e dos equilíbrios demográficos de cada região. São sintomáticas, a esse respeito, as palavras pronunciadas por um deputado por Moçambique, nos anos '40, ao explicar como é que ali era feito o recenseamento eleitoral:

> "São recenseados todos os homens asiáticos e todos os empregados públicos, porque o mais são pretos, e esses não se recenseiam. Aquela província é verdadeiramente comerciante, ali não há agricultura alguma; nós não temos senão os Portos; tudo o mais é cafraria, e para nos comunicarmos, fazemo-lo por meio dos navios de guerra; tudo mais é sertão, e por isso não se podem chamar aos actos eleitorais os eleitores dos concelhos distantes; porque nem os de Quelimane, Inhambane, Tete etc., se querem arriscar a uma jornada que lhes é perigosa, e portanto são sempre os recenseamentos feitos, como já disse, dos homens asiáticos que ali vão comerciar, e de todos os

---

firmam a ideia de que o *ius soli* da Carta Constitucional não esteve associado a uma política de assimilação total das populações do ultramar, v. Rui Moura Ramos, *Do Direito Português da Nacionalidade*, cit., p. 16 e ss e p. 63.

[554] V. José Silvestre Ribeiro (org.), *Resoluções do Conselho de Estado na secção do contencioso administrativo, coligidas e explicadas*, Lisboa, Imprensa Nacional, 1874, t. XVIII, p. 244-45.

empregados públicos que vão da Europa; [...] a verdade é que não há mais ninguém que possa ser recenseado"[555].

Quarenta anos mais tarde, numa discussão parlamentar onde o tema era a anulação de um acto eleitoral que teria havido em Angoche, Luciano Cordeiro afirmou, com ironia, que o acto só poderia ser válido se se considerasse estar "o direito de formação do parlamento português [entregue] aos selvagens da raça de macua, que vivem ao seu costume e sob os seus régulos"[556]. Em 1882 o contexto era outro e Luciano Cordeiro foi o político que inaugurou a crítica da política colonial do primeiro liberalismo português, como referi no segundo capítulo deste trabalho (v. nota 93). Mas o facto de ninguém na assembleia ter recordado que na Carta Constitucional os nascidos no ultramar eram tão cidadãos quanto os cidadãos metropolitanos é significativo. É que entre as populações que preenchiam, no concreto, o conceito de "cidadão do ultramar", nunca tinham estado os macuas de Moçambique ou o seu equivalente populacional nas terras "avassaladas" de Angola. Embora o tivessem estado, sobretudo nos escritos de Sá da Bandeira, quer os nativos livres daquelas terras "avassaladas" (v. infra, 8.4.3.), quer as populações islâmicas e hindus, nomeadamente as de Angoche, porque Angoche, como Sancul, era uma das cidades islâmicas com a qual o Visconde queria intensificar o domínio português no litoral moçambicano. Este objectivo explica também que Sá da Bandeira tivesse decretado, em 1865, a sua "ocupação administrativa", formando ali um distrito que não tinha nem limites[557], nem infraestruturas[558] nem, sobretudo, cidadãos para exercerem os cargos municipais e judiciais[559].

*

Viu-se já que, consciente da fragilidade dos seus decretos e portarias, Sá da Bandeira procurou que os artigos constitucionais sobre religião passassem a

---

[555] V. *DCD.*, sessão de 11 de Fevereiro de 1848, p. 5. Estas declarações podem confirmar-se nas actas eleitorais que estão conservadas no Arquivo de Moçambique; por exemplo, nos Cadernos de recenseamento eleitoral, GDLM, 8-130, Docs. 1-4. 1878, 1883-84, 1887, 1893.

[556] V. *DCD*, sessão da Junta preparatória de 18 de Janeiro de 1882, p. 38.

[557] No art. 1 do decreto determinava-se que o Governador-geral os fixasse provisoriamente.

[558] No art. 2 declarava-se que a capital do distrito seria na Ponta do Parapato "logo que ali se tenham feito as edificações e outras obras indispensáveis".

[559] O município e o julgado formar-se-iam à medida que fosse havendo "habitantes aptos" (art. 4), V. *Colecção Oficial de Legislação Portuguesa*, Ano de 1865, Lisboa, Imprensa Nacional, 1866, p. 231. Sobre a composição da população v. F. A da Silva Neves, *Informações acerca da capitania-mór de Angoche*, Moçambique, I. N., 1901, p. 8.

ser compatíveis com o pluralismo religioso no território ultramarino. Essa solução, que foi comum a outras propostas, nunca chegou a ser aprovada. É agora importante acrescentar que em nenhuma destas propostas se manifestou a vontade de incluir no texto constitucional qualquer alusão positiva ao facto de outras práticas religiosas, além das da religião "oficial", serem publicamente praticadas, ou à possibilidade de serem praticadas por portugueses. Em nenhuma delas se recuperou a ideia, presente nos primeiros projectos constitucionais do liberalismo português, de dispensar protecção "positiva" aos cultos religiosos não católicos no ultramar. Em alguns desses projectos a tolerância em relação às religiões do ultramar tinha sido um princípio reconhecido até em contraposição com uma maior intolerância para com o culto não católico do cidadão cristão de outras Nações europeias. No primeiro parágrafo do Projecto oficial de uma Comissão nomeada em 1823 para elaborar um projecto de Lei fundamental da Monarquia Portuguesa, alternativa à de 1822, afirmava-se que a religião católica era, no presente e no futuro, a "única Religião da Monarquia Portuguesa", mas tolerava-se "o culto público das Religiões pagãs (na segunda revisão do texto ficou "outras religiões") nas províncias ultramarinas, em que ele se acha actualmente permitido (depois acrescenta-se "por tratados") ou o for para o futuro". Neste parágrafo discriminava-se positivamente as populações ultramarinas, colocando-as, nesse ponto, numa situação mais favorável do que a do estrangeiro "civilizado", já que "nenhum outro culto, ainda que tolerado seja, poderá exercitar-se publicamente"[560]. Em outro projecto do mesmo ano, da autoria de um dos membros daquela Comissão, José Dantas Pereira, fazia-se a mesma diferenciação entre o não católico estrangeiro e o "gentio" das províncias ultramarinas: continuando a ser a Religião da Nação Portuguesa a Católica e sendo essa a única protegida e sustentada pelo Estado "Com tudo, poderá permitir-se que os gentios existentes, ou que vierem a existir nas nossas possessões ultramarinas, prossigam no exercício das suas religiões pagãs. As outras comunhões Cristãs serão toleradas enquanto aos estrangeiros, mas sem culto público"[561]. Mais tolerante ainda tinha sido o conteúdo da súplica a Junot em 1808, na qual se pedia que todos os cultos fossem livres e gozassem da tolerância civil e do exer-

---

[560] V. Paulo Merêa, "Projecto de Constituição de 1823", Separata do *Boletim da Faculdade de Direito de Coimbra*, vol. XLIII, 1967.

[561] V. José Maria Dantas Pereira, *Projecto de lei fundamental pare se reorganizar a monarquia portuguesa com atenção dos princípios gerais do direito público [...]*. Escrito e oferecido por José Maria Dantas Pereira, Lumiar, 16 de Agosto de 1823 (manuscrito da Biblioteca Nacional do Rio de Janeiro, I-32, 31, 54, 26 p.).

cício público[562]. Esta solução correspondia à das restantes constituições napoleónicas, nomeadamente à do Ducado de Varsóvia, tomada como modelo da *Súplica*[563].

Sá da Bandeira, que considerava a cidadania portuguesa independente da religião dos indivíduos, podia ter recuperado estas referências constitucionais às religiões que se praticavam no ultramar. Não o fez porque do seu projecto imperial fazia parte, como se verá em outro capítulo, uma "missão civilizacional" que envolvia não apenas a conversão cultural, linguística e económica (esta visando transformar as populações colonizadas em agricultores ou trabalhadores disciplinados[564]), mas também a conversão religiosa. Civilizar era também cristianizar as populações "gentias" do império, como tantas vezes afirmou[565]. Um pouco paradoxalmente, o objectivo final das políticas de Sá da Bandeira era o de transformar "gentios" em gente cristã, transformar portugueses (pois, do seu ponto de vista, já o eram, juridicamente) em "verdadeiros portugueses". Esse objectivo seria conseguido por meio de medidas como a criação de escolas, a participação dos nativos nas instituições e comércio coloniais, a protecção da propriedade indígena, a integração deste na economia de mercado, e também através da conversão[566]. Ou seja, a natureza aparentemente abstracta do conceito de cidadania que Sá da Bandeira propunha, a sua indiferença face às crenças, à cor da pele, etc., sugeriam que se estava perante uma noção perfeitamente contratualista e liberal de cidadania. O cidadão era-o independentemente das suas pertenças culturais, étnicas ou religiosas. Por outro lado, ao cidadão era deixada a liberdade de prosseguir livremente a sua crença religiosa, sem intervenção do Estado nessa matéria. Esta sugestão é, no entanto, totalmente contrariada pela sua atitude de verdadeiro proselitismo, visível nos mais pequenos actos da sua administração. Por exemplo, quando se congratulou pela conversão de "nove gentios adultos que renunciaram aos erros do paganismo, e se converteram à única verdadeira religião cristã no Estado da Índia"[567]; quando providenciou para que Pedro Mossuril, "preto nativo de Moçambique", que não era baptizado, o fosse, e

---

[562] V. Lopes Praça, *Colecção de leis e subsídios para o estudo do Direito Constitucional Português*, Coimbra, Imprensa da Universidade, 1894, vol I, p. IX

[563] Pub. em António Manuel Hespanha e Cristina Nogueira da Silva (coords.), *Fontes para a História Constitucional Portuguesa...*, cit.

[564] V. Ann Laura Stoler and Frederik Cooper, "Between Metropole and Colony, Rethinking a Research Agenda", cit., p. 7.

[565] V., entre outras, *O Trabalho Rural Africano...*, cit., p. 136.

[566] V. *O Trabalho Rural...*, cit., pp. 83 e ss.

[567] V. *Annaes do Conselho Ultramarino*, Parte Oficial, série I, cit., p. 478.

fizesse os "estudos necessários para o estado eclesiástico, em que pode prestar grandes serviços à Religião e à sua província"[568]; quando promoveu a formação de um "clero indígena" para a mesma província[569], ou, ainda, a tradução de catecismos nas línguas nativas em Timor[570]. Todos estes actos iam ao encontro daquilo que entendia ser necessário fazer para que as populações nativas recebessem a civilização europeia e a religião cristã. Com a formação de um clero indígena, conhecedor dos povos e da sua língua, Sá da Bandeira queria mesmo evitar o prejuízo de uma conversão apenas superficial, como explicou, em defesa da formação de eclesiásticos indígenas para as paróquias e missões do interior de Angola[571]. A verdade é que, até bem tarde, mesmo os que tinham uma posição crítica relativamente às missões e ao seu papel na cristianização das populações nativas, achavam que o fim a que se chegaria era o mesmo, invertendo-se apenas a hierarquia dos factores. Assim pensava, por exemplo, Lopes Praça, quando, depois de notar o fracasso da evangelização em épocas anteriores, garantia que "[...] pela agricultura, pela indústria e pelo comércio conseguirá o Estado mais facilmente o seu dever que tornando-se pregador, que impor um catecismo cuja vitória deve provir da pregação pacífica, da dedicação libérrima"[572]. O jurista defendia, como se viu, a liberdade religiosa, mas isso não significava que reconhecesse, como se percebe nestas suas palavras, igual dignidade às religiões não europeias.

Neste universo de pensamento, não fazia sentido consagrar no texto constitucional, que se queria perene, uma diversidade religiosa que se desejava transitória. Muito menos proteger, na Constituição, as "religiões pagãs" ou as práticas religiosas dos "gentios". Este ideal de evangelização e a indiferença face ao pluralismo religioso mostram que o princípio da liberdade religiosa, quando pensado para o ultramar, obedecia mais a critérios de *transigência*, *pragmatismo* (sobretudo no respeitante ao islamismo) e *tolerância provisória* em relação a cultos religiosos que remetiam os seus praticantes para estádios civilizacio-

---

[568] A 1 de Outubro de 1857, v. *Annaes do Conselho Ultramarino*, Parte Oficial, série I, cit., p. 477-78. Estes seminaristas não seriam necessariamente portugueses; havia, por exemplo, seminaristas chineses que eram pensionistas do Estado português, como José Ly, "chinês natural da província de Cantão", v. *Annaes do Conselho Ultramarino*, Parte Oficial, série I, cit., p. 407.

[569] V. *Annaes do Conselho Ultramarino*, Parte Oficial, série I, cit., p. 477 e p. 663.

[570] Por exemplo, no Decreto de 27 de Dezembro de 1856, onde se ordenou que o Governador de Timor e Solor mandasse elaborar uma versão do catecismo "em língua teton (a universal de Timor) e em vaqueno (a peculiar de Sorobiam), para propagação da fé católica e da civilização cristã nas ilhas, v. *Annaes do Conselho Ultramarino*, Parte Oficial, série I, cit., p. 344.

[571] V. *O Trabalho Rural Africano*, cit., p. 128.

[572] V. Lopes Praça, *Estudos sobre a Carta Constitucional de 1826 e Acto Adicional de 1852*, 2ª parte, vol. II, 1880, p. 112.

nais "anteriores" do que a considerações relacionadas com o valor igual das crenças religiosas que ali se praticavam e a consequente aplicação do princípio da liberdade religiosa[573]. O pensamento que presidia a esta forma de entender a liberdade religiosa em relação às religiões não cristãs – como uma atitude de tolerância para com formas de religiosidade consideradas menos evoluídas – inscreve-se na ideia, da qual nem o pensamento *iluminista* cristão, no seu registo mais tolerante, se afastou, de que o cristianismo era a religião verdadeira e a mais susceptível de gerar civilização, a mais "progressiva" das religiões. Essa ideia está tão presente no liberalismo católico como nos escritos mais "libertários" do liberalismo utilitarista do século XIX. Numa das páginas do seu ensaio sobre a cidadania das mulheres John Stuart Mill escreveu, contra os que viam no cristianismo uma religião obscurantista e contrária ao progresso, que "pretender que o Cristianismo tinha por objectivo cristalizar as formas de governo e de sociedade existentes e protegê-las da mudança é reduzi-lo ao nível do Islamismo ou do Bramanismo. Foi precisamente por não o ter feito que o Cristianismo se tornou a religião da parte progressista da humanidade, ao passo que o Islamismo, o Bramanismo, etc. têm sido as das partes imobilistas – ou, melhor dizendo (porque não existe nenhuma sociedade verdadeiramente imobilista), das partes em declínio"[574].

Ver-se-á, a seguir, que a mesma transigência (e pragmatismo) se verificou no respeitante aos "usos e costumes" dos povos nativos do ultramar português, dando origem a um "pluralismo jurídico" que, longe de fazer coexistir ordens jurídicas consideradas iguais em dignidade, foi o resultado da transigência em relação a mundos jurídicos que a "missão civilizacional" condenava também à provisoriedade. Antes, porém, de entrar nesse outro capítulo, convém recordar, a título de conclusão deste, que os factos nele descritos tornam muito problemáticas afirmações posteriores da literatura colonial sobre a cidadania dos nativos das colónias no direito constitucional de oitocentos. O que na verdade sucedeu é que não houve nenhuma opção constitucional a favor da cidadania daquelas populações. Nas Constituições portuguesas, tal como nas Constitui-

---

[573] Sobre esta coexistência, nos textos constitucionais oitocentistas, da liberdade religiosa e da missionação em territórios habitados por populações não europeias veja-se Bartolomé Clavero, "Guaca Indígena y Arqueologia Constitucional: Pueblos y Estados en América", comunicação ao *VIII Congresso Iberoamericano de Derecho Constitucional* ("Minorias, pueblos, naciones: retos constitucionales y constituyentes"), Universidad Sevilla, 2003, p. 3 (v. http://www.us.es/cidc/mesas/minorias.htm).

[574] "The Subjection of Women" (1869), in Richard wollheim (ed.), John Stuart Mill, *Three Essays*, Oxford, Oxford University Press, 1975, pp. 481-82. O que não significava, no pensamento do autor, que essas religiões devessem ser perseguidas.

ções metropolitanas e coloniais de outros países, a ausência de critérios raciais, civilizacionais, religiosos etc., está longe de poder ser interpretada como sinónimo de vontade de abstrair desses critérios em nome de uma inclusão universal[575]. A omissão dessa diversidade correspondeu mais à forma negativa com que essa diversidade era encarada e às perplexidades que o tema gerava no contexto de uma concepção antropológica universalista.

7.2.3. *O Código civil de 1867 e os "usos e costumes" dos povos nativos*

Partindo do princípio de que a qualidade de português é também, em termos jurídico-constitucionais, um regime normativo, importa agora verificar se, do ponto de vista de uma fonte de direito para-constitucional, como era o Código Civil, as populações nativas do ultramar estavam ou não "assimiladas", agora do ponto de vista do seu estatuto civil, aos portugueses da metrópole. Com este regresso ao Código Civil, até agora aludido apenas nas matérias de casamento, pretendemos mostrar que o decreto que autorizou a aplicação, no ultramar, deste texto fundador da arquitectura jurídica do liberalismo português reconheceu às suas populações nativas não católicas um estatuto civil especial, que as separou dos portugueses da metrópole, de (alguns) luso-descendentes e de populações nativas já cristianizadas, estatuto que lhes permitiu subtrair-se à aplicação do direito civil português. Ao fazê-lo, colocou-as do outro lado da fronteira da civilidade, desta vez traçada pela aplicação do "direito civilizado" (e não já só pela religião). Pretendemos também mostrar que essa fronteira não era intransponível, que havia um direito de escolha cuja iniciativa cabia às partes, e, finalmente, que, não obstante, essa escolha não se traduzia numa maior clarificação do estatuto jurídico daqueles que escolhiam.

O Código Civil foi o texto jurídico que positivou o princípio da igualdade dos cidadãos perante a lei, tal como era entendido pelo direito liberal europeu oitocentista[576]. De acordo com isso, no relatório que antecedeu o

---

[575] É o exemplo da Constituição da Nova Zelândia de 1852, como se pode confirmar em Patrícia Grimshaw, Robert Reynolds and Shurlee Swain, "The paradox of «ultra-democratic» government: indigenous civil rights in nineteenth – century New Zealand, Canada and Austrália", in Diane Kirkby and Catharine Coleborne (eds.), *Law, History, colonialism, The Reach of Empire*, Manchester, Manchester University Press, 2001, p. 85.

[576] "Não era possível conservar por mais tempo tão absurda legislação num país em que a liberdade perante a lei é um dogma constitucional", v. sessão do Diário da Câmara dos Deputados de 22 de Junho de 1867, in *Diário de Lisboa*, N.° 146, 4 de Julho, p. 2107, Dep. Costa Lemos. Esse dogma adquiriu valor positivo no art. 7 do Código civil ("A lei civil é igual para todos").

decreto que o mandou aplicar ao ultramar, afirmou-se que o fim da sua aplicação era o de pôr termo "à desigualdade dos cidadãos de além mar continuarem sujeitos a uma legislação civil diferente da que vigora no continente do Reino"[577].

Este decreto continha, no entanto, ressalvas importantes.

Em primeiro lugar, manteve em vigor a legislação que regulava a condição dos libertos, os escravos que tinham sido libertados poucos meses antes, por Decreto de 25 de Fevereiro de 1869. Mais à frente serão descritas as restrições aos direitos civis que essa legislação impôs à cidadania desses antigos escravos, mas para já é importante sublinhar que, apesar delas, foi este último decreto que, ao abolir a escravidão no ultramar, permitiu a extensão do Código Civil àquelas latitudes. Como veremos em outro capítulo, a vigência dos Códigos Civis e das Constituições metropolitanas em territórios onde havia escravos colocava problemas de resolução muito difícil[578].

Além disso, o decreto afastou-se, como se viu, dos preceitos constitucionais relativos à religião, ao admitir efeitos civis aos casamentos não católicos celebrados segundo os ritos da religião (ainda que vista como transitória) dos contraentes.

Por fim, o decreto de 1869 reconheceu diferenças no que dizia respeito ao estatuto civil das pessoas que residiam no ultramar. Ao ressalvar os *usos e costumes* das suas populações nativas, permitiu que parte destas populações permanecesse sujeita, nas questões entre elas, a normas de direito civil (e criminal) diferentes das do(s) Código(s) metropolitano(s). Entre esses *usos e costume*s incluíam-se os já codificados, na Índia[579], cujos juízes de direito deviam obser-

---

[577] V. *Colecção de Decretos promulgados pelo Ministério dos Negócios da Marinha e Ultramar em virtude da Faculdade concedida pelo § 1 do art. 15.° do Acto Adicional à Carta Constitucional da Monarquia*, Lisboa, Imprensa Nacional, 1870, p. 35.

[578] O Código Civil francês de 1804, por exemplo, não foi aplicado às colónias francesas por esse motivo, tendo aí vigorado, em vez dele, o antigo *Code Noire* de 1685, que regulou as relações entre escravos e senhores até 1848, data da abolição definitiva da escravidão, v. Françoise Vergés, *Abolir l'esclavage: une utopie coloniale, Les ambiguitiés d'une politique humanitaire*, Paris, Albin Michel, 2001, p. 46.

[579] Os *usos e costumes* das Novas Conquistas e de Damão e Diu. O decreto referia-se ao *Código dos usos e costumes dos hindus das Novas Conquistas*, aprovado pela portaria provincial de 14 de Outubro de 1853, e ao *Códigos dos usos de Damão e Diu*, aprovados pelas Portaria provincial n.° 77 de 31 de Agosto de 1854, ambos confirmados por portaria do Ministério da Marinha e Ultramar de 4 de Dezembro de 1865, v. Luiz da Cunha Gonçalves, *Tratado de Direito Civil em Comentário ao Código Civil Português*, Coimbra, Coimbra Editora, 1929, vol. I, p. 150-5. As circunstâncias da elaboração e aprovação destes Códigos são descritas com pormenor pelo mesmo autor em *Direito Hindú e Mahometano. Comentário ...*, cit.,. Aí nota que estes códigos tinham sido postos em

var os *usos e costumes* nas causas dos súbditos não cristão[580]. Incluíam-se também os não codificados, que o decreto mandava codificar "de imediato", contando-se entre estes: i) os *usos e costumes* dos Chins, em Macau; ii) os *usos e costumes* dos indígenas de Timor; iii) os *usos e costumes* dos gentios denominados de grumetes, na Guiné[581]; iv) os *usos e costumes* dos baneanes, bathiáas, parses, mouros, gentios e indígenas em Moçambique.

Ao reconhecer a vigência destes *usos e costumes* e a possibilidade de serem administrados em tribunais especiais[582], o decreto conferiu legalidade a situações judiciais híbridas, nas quais os grupos que se representavam como "colonizadores" necessitavam, para preservar a sua presença, de apropriar-se – e, às vezes, até de "assimilar" – as práticas dos "colonizados"[583]. Em Moçambi-

---

vigor por portarias e que, portanto, não tinham força de lei. O decreto vinha, por isso, dar uma cobertura legal a situações que já eram oficialmente reconhecidas. Depois, por Decreto de 16 de Dezembro de 1880, foram ressalvados os *usos e costumes* dos hindus gentios de Goa, sem distinção entre Novas e Velhas Conquistas, com o objectivo de se incluir na ressalva os hindus gentios das Velhas Conquistas e, em geral, os habitantes não católicos de Goa, que o decreto de 1869 não tinha considerado.

[580] Como se estabelecia no "Regimento para administração da justiça nas províncias de Moçambique, Estado da Índias, Macau e Timor", aprovado por decreto de 1 de Dezembro de 1866, art. 66, v. Boletim do Conselho Ultramarino, *Legislação Novíssima*, Lisboa, Imprensa Nacional, 1868, vol. III (1857-1862), p. 503-535.

[581] Grumetes foi o nome utilizado pelos portugueses para designar os indivíduos de origem africana que viviam naquela feitoria desenvolvendo actividades como carregadores, guias intérpretes e intermediários e que acabaram por assimilar, em algum grau, a cultura portuguesa. Em algumas ocasiões estes Grumetes chegaram a apoiar a presença portuguesa contra os povos Papéis (nos quais a maioria tinha origem), cujos régulos, até aos anos quarenta do século XIX, exerciam plena soberania sobre as terras onde estava instalada a feitoria portuguesa e cuja hegemonia permaneceu intacta, nos espaços circundantes da Ilha de Bissau, durante todo o século, v. Carlos Franco Liberato, *Bissau (1765-1846): de factoria a enclave português*", Universidade Federal de Sergipe, polic.. Segundo René Pélissier "os grumetes (talvez três a quatro mil no seu apogeu)" seriam "africanos (lusitanizados) mais ou menos seriamente [que] vivem nas feitorias portuguesas ou gravitam na sua periferia em funções de marinheiros, de operários e pequenos bufarinheiros negociando na sua etnia de origem», em *História da Guiné, portugueses e africanos na Senegâmbia (1841-1936)*, Lisboa, Estampa, 1989, p. 36.

[582] O decreto foi omisso quanto à composição e funcionamento dos tribunais nos quais os *usos e costumes* seriam aplicados, mas no relatório que o precedeu admitia-se a sua aplicação em tribunais especiais; o que, partindo das informações que existem sobre a aplicação de *usos e costumes* nos territórios do ultramar, implicava o reconhecimento de poderes judiciais quer às autoridades administrativas e militares coloniais, quer às autoridades tradicionais africanas, v. *Colecção de Decretos promulgados pelo Ministério dos Negócios da Marinha e ultramar [...]*, cit., p. 36.

[583] Sobre esse fenómeno – e o fenómeno inverso, aquele em que as populações nativas que a colonização europeia via como sujeitos de uma "missão civilizacional" interpretavam e

que, por exemplo, a justiça era, em muitos casos, directamente administrada pelas autoridades africanas, por vezes com a assistência ou o recurso para as autoridades (administrativas) coloniais, sempre de acordo com fórmulas processuais alheias às que vigoravam nos tribunais metropolitanos e aplicando um direito totalmente estranho ao da metrópole. O caso mais conhecido, no século XIX, é o dos *Milandos*, diferendos resolvidos em assembleias que podiam ser presididas por régulos, por capitães-mores ou pelos *senhores dos prazos*[584]. Por vezes, as suas decisões eram apreciadas, em última instância, pelos governadores das províncias[585]. Nos anos cinquenta já tinha sido localmente redigido um "Projecto de Regulamento para a decisão das questões cafreais", sancionado por portaria provincial de 4 de Junho de 1853, que deu origem ao primeiro *Código Cafreal do Distrito de Inhambane*. As suas disposições, apesar de não terem sido aprovadas pelo Governador da província ou pela Secretaria de Estado da Marinha e Ultramar, eram aplicadas naquele distrito na altura em que o Código Civil foi estendido ao ultramar[586]. Por outro lado, a 18 de Feve-

---

se apropriavam das "aquisições" por ela proporcionadas v. Ann Laura Stoler and Frederik Cooper, "Between Metropole and Colony, Rethinking a Research Agenda", cit.

[584] Em sessão das Cortes de 1861 um deputado (Pinto de Magalhães) descrevia essa situação: "Há bastantes capitães-mores [...] e comandantes de terras firme que julgam as questões cafreais, e tem julgado sempre, desde o princípio da conquista, sem que a autoridade judicial nem o Governador-geral se metam n'isso; e julgam logo, sumariamente", v. *Diário de Lisboa*, 26 de Fevereiro de 1861, sessão de 23 de Fevereiro de 1861, p. 522.

[585] Essas situações são descritas por Joaquim d'Almeida e Cunha em *Estudo acerca dos usos e costumes dos Banianes, Bathiás, Parses, Mouros, gentios e indígenas para cumprimento do que dispõe o artigo 8.º, § 1 do Decreto de 18 de Novembro de 1869*, Moçambique, Imprensa Nacional, 1885, p. VII e ss., bem como em regulamentos localmente redigidos para as autoridades administrativas moçambicanas, nos quais o exercício da justiça era muitas vezes subtraído a essas autoridades, a favor dos senhores dos prazos (v. os regulamentos transcritos na obra citada). Já no início do século XX, Manuel Moreira Feio descreve a instituição das *banjas*, que teria vigorado até 1876, como um meio privilegiado de acesso ao conhecimento dos *usos e costumes* dos nativos e de intervenção do governador nos diferendos que os opunham entre si e aos colonos, v. Manuel Moreira Feio, *Indígenas de Moçambique*, cit., p. 146. Além deste estudo, em muitos outros da mesma época são descritas as fórmulas processuais e os *usos e costumes* aplicados no território ultramarino.

[586] O Código Cafreal não chegou a ser aprovado pelo Governador-geral da província e só viria a ser publicado mais tarde, em Joaquim de Almeida e Cunha, *Estudo acerca dos Usos e Costumes [...]*, cit., p. XIX e ss. Mais tarde, já em 1889, seria aprovado um novo Código de Milandos, v. *Código dos Milandos inhambanenses (Litígios e pleitos), aprovado por portaria provincial n.º 269 de 11 de Maio de 1889*, Moçambique, I.N., 1889. Foram estes os resultados mais importantes dos esforços, sistematicamente fracassados, de codificação de *usos e costumes*, que continuaram a ser incentivados a partir da metrópole (por exemplo, na Portaria Régia n.º 274, de 20 de Julho de 1876, da autoria de Andrade Corvo), mas que, por falta de meios, não se completaram. Essas tentativas, anteriores e posteriores à "codificação" dos anos cinquenta em Moçambique, encontram-se

reiro de 1863, uma portaria régia aprovou uma portaria do governo geral de Moçambique, de 14 de Outubro de 1861, onde se incluía nas atribuições do capitão-mor do distrito de Angoche o julgamento de "todas as questões cafreais, que se derem nas terras da sua jurisdição, ouvindo as partes e nomeando árbitros que perante ele decidam peremptoriamente as questões *pela boa razão e sã consciência*, guardando nestes processos as *formalidades do costume, quando não sejam absurdas ou contrárias à boa razão e às leis*" (itálico nosso)[587].

Também em Angola, cujos indígenas não são referidos no decreto que estendeu o Código Civil ao ultramar, vigorava uma jurisprudência própria, descrita por agentes da administração judicial portuguesa[588] e já antes reconhecida em documentos oficiais, como o Decreto de 7 de Agosto de 1855, que introduziu procedimentos especiais a observar nas causas civis entre indígenas, denominadas "ouvidas", nos presídios de Angola. Causas que, de acordo com o estabelecido no primeiro Regimento de Justiça do ultramar, de 1852, eram julgadas por comandantes militares[589]. Na Guiné, cuja existência como enclave político, militar e comercial português era recente[590] a administração da justiça aos *grumetes* estava entregue a juízes especiais desde o Antigo

---

muito bem descritas, para o caso moçambicano, em Rui Mateus Pereira, "A «Missão Etognósica de Moçambique». A codificação dos «usos e costumes indígenas» no direito colonial português, Notas de investigação", in *Cadernos de Estudos Africanos*, n.º 1, Julho/Dezembro, 2001, p. 129 e ss..

[587] V. *Legislação Novíssima*, cit., vol. III, p. 32.

[588] V. António Gil, "Considerações sobre algumas partes mais importantes da moral religiosa, e sistema de jurisprudência dos pretos da África [...]", cit..

[589] V. *Novíssima Reforma Judiciária [...]*, cit., p. 614-15. Sobre a origem da prática processual das *Ouvidas*, dos *Milandos* e das *Justiças* v. Adriano Moreira, *Administração da justiça aos indígenas*, Lisboa, Agência Geral do Ultramar, 1955, p. 93. António Gil também informa que, em Angola, eram os chefes de presídios que administravam a justiça (v. *Considerações [...]*, cit., p. 24). A ausência dos indígenas de Angola foi notada em inúmeros estudos e nunca explicada; esta e outras "lacunas" do decreto de 1869 estão longamente descritas em Luís da Cunha Gonçalves, *Tratado de Direito Civil Português em Comentário ao Código Civil Português*, cit., vol. I, pp. 148-154.

[590] Até meados do século XIX era apenas uma feitoria, na qual os comerciantes portugueses e a tribo nativa dos Papéis concorriam pela hegemonia sobre a ilha de Bissau, V. Carlos Franco Liberato, *Bissau (1765-1846): de factoria a enclave português*, cit., p. 3. Como explica o autor, a existência de feitorias e comerciantes europeus não punham em causa a hegemonia dos poderes locais, apenas "representavam mais uma actividade dentro da complexa rede de relações sociais que configuram a territorialidade. Não se constituíam, portanto, num «enclave», que surge quando "o grupo estrangeiro muda a relação de forças anterior produzindo para si um espaço próprio e independente, de acordo com os seus projectos e em prejuízo da continuidade espacial preexistente", situação que os portugueses conseguiram a partir da Guerra de Bissau de 1844. Até aí, não só reconheciam a autoridade e o direito dos Papéis como pagavam impostos pela sua presença no local.

Regime[591]. No início do século XX Albano de Magalhães, juiz no ultramar, relatava que "[...] as questões indígenas são decididas e muito bem pelo critério de cada juiz territorial ou chefe administrativo, à moda indígena que é a que os pretos aceitam e respeitam, não havendo a mais ligeira forma de processo nem de fiscalização para o julgamento, às vezes importantíssimo, das ouvidas de Angola, dos milandos cafreais de Moçambique ou das justiças de Timor"[592].

A diversidade na administração da justiça no ultramar podia, ainda, envolver a aplicação de direitos não europeus por tribunais portugueses, tanto ordinários (caso da Relação de Goa ou dos tribunais da Comarca de Moçambique, nos quais se aplicava direito muçulmano[593]), como especiais (Caso da Procuratura dos Negócios Sínicos, em Macau, cujo procurador acumulava as suas funções judiciais e administrativas junto das populações chinesas de Macau)[594]. E a tolerância relativamente a *usos e costumes* já era prática que vinha detrás. Podemos encontrar sinais dela, por exemplo, nos Autos de "reconhecimento de preito e vassalagem" que ligavam algumas autoridades africanas ao Estado português (v. *infra*, 8.4). Num desses autos, assinado por embaixadores do rei de Molembo e pelo Governador-geral de Angola, dizia-se que os *usos e costumes* do país de Molembo seriam respeitados pelas autoridades por-

---

[591] No auto transcrito em portaria de 15 de Janeiro de 1863 dá-se conta da existência de um Juiz dos Grumetes de Bissau intramuros e de outro de Bissau extramuros, além de um outro, de Bandim, também em Bissau, v. *Boletim do Conselho Ultramarino, Legislação Novíssima*, Lisboa, Imprensa Nacional, 1869, vol. IV (1863), p. 17. A existência desses juízes viria a ser sancionada num Decreto de 14 de Abril de 1869, aprovando um regulamento para a organização administrativa da Guiné portuguesa, em cujo tít. v, consagrado à administração dos grumetes, se determinava que houvessem juízes dos grumetes em cada praça ou presídio, nomeados pelo governador do distrito. Além de julgarem as causas cíveis entre grumetes, com recurso para o administrador do concelho, esses juízes executavam as ordens dadas pelo governador do distrito, v. *Colecção Oficial de Legislação Portuguesa*, Ano de 1869, Lisboa, Imprensa Nacional, 1870, p. 194.

[592] V. Albano de Magalhães, *Estudos coloniais*, cit. p. 190.

[593] V. Joaquim d'Almeida e Cunha, *Os indígenas [...]*, cit., p. 44. O Decreto de 7 de Dezembro de 1836, que organizou a administração da justiça na Índia, determinava que o juiz de direito das praças de Diu e Damão observasse, nas causas dos súbditos portugueses não cristãos, "os seus usos e costumes mandados guardar por ordens especiais" (art. 18), v. *Legislação Novíssima*, cit., vol. I, p. 18.

[594] V. Relatório do decreto de 3 de Agosto de 1881, in *Colecção de Legislação Portuguesa*, ano de 1881, Lisboa, Imprensa Nacional, 1882, p. 200. Teve um Regimento em 1877 e um outro, aprovado por Decreto de 22 de Dezembro de 1881, v. *Colecção [...]*, p. 406. Sobre a Procuratura e o direito aí aplicado v. Maria Carla Faria Araújo, *Direito Português e populações indígenas. Macau (1846-1927)*, dissertação de mestrado em Ciências Sociais no Instituto de Ciências Sociais da Universidade de Lisboa, Lisboa, 2000, polic.

tuguesas, desde que se não opusessem "aos princípios da humanidade e às leis da Nação portuguesa"[595]. Sendo assim, se o fim do decreto de 1869 era acabar com a desigualdade entre os cidadãos do ultramar no que dizia respeito à legislação civil, as suas ressalvas sugerem que as populações a que elas diziam respeito – cujos *usos e costumes*, diversos entre si, estavam, além disso, muito distantes da legislação civil portuguesa – não eram os "verdadeiros" cidadãos do ultramar. Porque, como se verá mais à frente, não havia uma separação clara entre o estatuto civil das pessoas e a cidadania.

A ressalva do decreto de 1869 colocava, lado a lado, grupos populacionais cujo envolvimento com a presença portuguesa era muito diversa: (i) grupos a quem o governo português já tinha reconhecido, embora apenas em portarias e decretos, a cidadania e os direitos políticos, como era o caso dos baneanes e muçulmanos de Moçambique (v. *supra*, 7.2.2); (ii) populações que, além de serem estrangeiras, nem sequer residiam permanentemente no território sujeito à soberania portuguesa, como era o caso dos Chins de Macau, que eram julgados, nas questões entre eles, pelo direito chinês, administrado por um tribunal português para isso especialmente criado, a Procuratura dos Negócios Sínicos, uma instituição herdada do Antigo Regime[596]; e, por fim, (iii) a "massa" das populações nativas ("gentios", "indígenas") que residiam nas terras avassaladas à coroa portuguesa, politicamente submetidas às autoridades tradicionais africanas e que também não eram, nem na Constituição, nem na legislação, cidadãos portugueses (v. *infra*, 8.4.3)[597]. O que importa no entanto salientar é que, ao permitir que estas populações se subtraíssem ao mundo do direito civil português, do direito tido como civilizado, completo,

---

[595] V. *Annaes do Conselho Ultramarino*, Parte Oficial, série I, cit., p. 149. Estes autos tinham sido publicados no Boletim Oficial de Angola n.º 483 de 30 de Dezembro de 1854.

[596] V. Maria Carla Araújo, *Direito Português [...]*, cit., p 36 e ss. No relatório de um projecto de lei que reformava este tribunal, o Secretário de Estado da Marinha e Ultramar, José da Silva Mendes Leal, recordava aos deputados que, "[...] uma parte considerabilíssima da numerosa população de Macau pertence à raça e civilização Chim. Por fundamental diversidade de origem, de carácter, de religião, de tradições, de costumes e legislação, absurdo seria tentar submeter, e impossível sujeitar esta população aos nossos tribunais, às nossas práticas, aos nossos usos, às nossas fórmulas judiciais em tudo tão diferentes", v. sessão da Câmara dos Deputados de 13 de Fevereiro de 1864, in *Diário de Lisboa*, n.º 1, 2 de Janeiro de 1864, p. 420.

[597] Esta diversidade viria a constituir-se em uma das muitas críticas de que o decreto foi alvo por parte da posterior literatura colonial. António Augusto Pereira Cabral, por exemplo, lamentou que os seus autores tivessem agrupado sob a mesma designação "diversas raças, quase todas originárias doutra colónia, com costumes diferentes e um grau de civilização muito superior ao do verdadeiro indígena de Moçambique [...]", v. *Raças, Usos e Costumes dos Indígenas de Moçambique*, Lourenço Marques, Imprensa Nacional, 1925, p. 6.

sistemático, racionalizado, aquela ressalva estabeleceu uma fronteira cultural implícita, entre aqueles a quem o direito "civilizado" era obrigatoriamente aplicado e aqueles cuja vida privada podia ser regulada por *usos e costumes* que, em muitos casos, colidiam com os princípios fundamentais do primeiro. Foi por esse motivo que, mais tarde, Marnoco e Souza se manifestou contrário a esta ressalva. Na sua opinião, o Código Civil não podia sofrer tal adaptação "[...] sem prejuízo da sua unidade e homogeneidade. Os usos e costumes indígenas consagram princípios inteiramente opostos às bases da organização jurídica e social estabelecida pelo Código Civil. O Código Civil não pode deixar de ter em tais condições uma vida de excepção, sendo por isso mais razoável que se decretassem os usos e costumes indígenas, devidamente compilados, como lei civil"[598]. Sampaio e Melo foi ainda mais longe na especificação da incompatibilidade entre o direito europeu e as instituições indígenas da família e da propriedade[599] e à mesma incompatibilidade se tinha já referido Luciano Cordeiro, para quem o filtro da moral e da ordem indicado no decreto de 1869 como limite à validade dos *usos e costumes* hindus era "ingénuo" ("pois a «poligamia simultânea dos homens», os juramentos de areca ou de arroz, as funções do bramem, os diversos cultos gentílicos mais do que garantidos [...] por decreto geral, na Índia – e muito razoavelmente, e muito naturalmente – conformam-se mais com a religião de Estado, opõem-se menos à moral e à ordem do que a poligamia, o lembamento, a idolatria africana?")[600].

Sendo assim, o que unia todas as populações a que o decreto de 1869 e a sua ressalva fazem referência, apesar das diversidades que as separavam, era a hipótese da incivilidade, da incompatibilidade que existia entre o seu modo de viver e o direito dos povos civilizados. Nesse sentido pode considerar-se que foi o decreto que estendeu o Código civil ao ultramar *o primeiro diploma legislativo a usar a palavra indígena na sua acepção cultural, por oposição a civilizado*, como tentarei explicar a seguir[601].

---

[598] V. *Administração colonial [...]*, cit., p. 205.

[599] V. *Política indígena [...]*, cit., p. 170 e ss.

[600] V. Luciano Cordeiro, "A questão do Zaire, Discursos proferidos na Câmara dos Senhores Deputados nas sessões de 11, 15 e 16 de Junho de 1885, sessão de 14 de Junho", em *Questões Coloniais* (ed. organizada por A. Farinha de Carvalho), Lisboa, Vega, 1993, pp. 239-40.

[601] Foi por esse motivo que Luís da Cunha Gonçalves considerou que o decreto de 1869 reflectia a existência de duas classes de habitantes: "a) os que assimilaram a religião, os usos e as leis dos portugueses, ou são emigrantes de Portugal e das ilhas adjacentes e seus descendentes e b) os que ainda se mantêm aferrados aos seus usos e cultos tradicionais, derivados de uma antiga civilização, ou ainda primitivos e bárbaros", v. *Tratado de Direito Civil [...]*, cit., vol. I, p. 149.

Além de conferir validade aos *usos e costumes*, o decreto mandava codificar "de imediato" os que ainda não estavam codificados, sujeitando a sua vigência à conformidade com a "moral e a ordem pública". Uma e outra coisa permitem perceber que as ordens jurídicas que nele eram toleradas não eram percebidas como ordens apenas *diferentes* da metropolitana, nem as suas normas como *alternativa* equivalente à do Código civil. Pelo contrário, eram percebidas como *ordens jurídicas inferiores*, sem dignidade própria, e, sobretudo, desejavelmente transitórias. Em primeiro lugar, porque o próprio acto de codificar envolvia a ideia de enquadrar, de dar forma a algo que carecia dela[602]. Depois, porque o filtro da "moral" como condição de vigência dos *usos e costumes* transformava a codificação num meio de transformação, e não apenas de reprodução escrita de normas que vigoravam oralmente. Já o filtro da "ordem pública" remetia para a eliminação de normas que dificultassem a prossecução dos fins da colonização[603].

Que a codificação era um meio de activar o "filtro" da moral e da ordem pública mostra-o o facto de se determinar, no próprio decreto, que só aos *usos e costumes* ainda não codificados esse filtro fosse aplicado. Presumia-se, com isso, que nos já codificados aquele critério se tinha "positivado". Mas, além desse, existem outros indícios da relação que havia entre o trabalho de codificação, o afastamento de *usos e costumes* tidos por não civilizados, por um lado, e, por outro, a introdução de valores jurídicos "civilizados". Por exemplo, a primeira tentativa de codificação de costumes, nos anos cinquenta, em Moçambique, foi relacionada por Joaquim d'Almeida e Cunha – jurista e Secretário geral, nomeado pelo Governador-geral de Moçambique, no início dos anos oitenta, para compilar os *usos e costumes* daquela província, em cumprimento do decreto de 1869 – com a vontade, expressa pelo então Governador-geral, de acabar com instituição da auto-escravização através da venda do corpo[604]. Esta asso-

---

[602] Sobre o enquadramento de ordens jurídicas "informais" pela aplicação de técnicas jurídicas provenientes de ordens "formais", baseadas no registo escrito, os seus significados simbólicos bem como as alterações que estão envolvidas no processo de tradução escrita de formas de regulação orais veja-se António Manuel Hespanha, "Sabios y rústicos. La dulce violencia de la razón jurídica", in A. M. Hespanha, *La Gracia del derecho, Economia de la Cultura en la Edad Moderna*, Madrid, Centro de Estudios Constitucionales, 1993.

[603] Sobre os limites que os critérios civilizacionais e da ordem pública colocavam à vigência de usos e costumes veja-se o texto de Narana Coissoró, "As instituições do Direito costumeiro negro-africano", Separata de *Angola, Estudos Políticos e Sociais*, vol. II, n.º 1, 1964, p. 6 e ss.

[604] Joaquim d'Almeida da Cunha, *Estudo acerca dos usos e costumes dos Banianes, bathiás, parses, Mouros, gentios [...]*, cit., p. IX. Em um dos artigos do Regulamento para o capitão-mor da Vila de Quelimane e seu termo, aí transcrito (p. XV), proibia-se, de facto, "o uso antigo dos negros venderem os seus corpos; tal venda será considerada sempre nula e imoral, e o negro livre" (art. 13.º).

ciação entre a *missão civilizacional* da colonização e o combate às formas africanas de escravização estava, por sua vez, de acordo com anteriores imposições vindas da metrópole. Desde os anos trinta que a legislação sobre os prazos dos Rios de Sena proibia a auto-escravização de indivíduos livres, por ser contrária ao direito natural, ao direito civil português e "aos princípios de justiça que regem as nações civilizadas, a prática geral entre quase todos os povos negros de África, de, em várias circunstâncias, venderem os indivíduos a sua própria pessoa e a daqueles que lhe estão sujeitos, ou que são membros das suas famílias". O mesmo se explicou numa portaria de 31 de Maio de 1858, pela qual o Secretário de Estado da Marinha e Ultramar aprovou a portaria de um governador de Moçambique que restituíra a liberdade a "mais de duzentos colonos pretos do Prazo Licungo, que pelo capitão-mor das decisões cafreais, Hipólito José de Melo, haviam sido sentenciados a serem reduzidos ao estado de escravidão, como consequência de ter o chefe dos mesmos colonos vendido a liberdade da sua própria pessoa a outro indivíduo"[605]. Houve outras portarias semelhantes a esta durante os anos cinquenta, todas elas executando o Decreto de 22 de Dezembro de 1854, que abolira os prazos e, com eles, aquele "uso", no seu art. 13.º ("Ficam expressamente proibidas as penas impostas por efeito dos chamados "milandos de cabeça rapada" e quaisquer usos por virtude dos quais alguns indivíduos de condição livre, colonos ou outros, tenham sido reduzidos ao estado de escravidão")[606]. Nessas portarias, como no decreto, admitia-se também que, além de contrariar os fins civilizacionais da colonização, a instituição era responsável pelo estado de decadência da colónia, por ocasionar o seu despovoamento.

Mais tarde, já no início dos anos oitenta, ordenou-se por decreto que o *Código de usos e costumes das Novas Conquistas*, na Índia, apesar de ter sido um dos aprovados pelo Decreto de 1869, fosse objecto de uma revisão, com o fim de dele se excluir "[...] o que se opusesse à moral, ou à ordem pública". Preservar-se-iam, depois da revisão, apenas os usos e costumes que "[...] por serem estritamente conexos com os ritos e organização familiar dos hindus, nem é possível abolir completamente *desde logo*, nem modificar mais do que as crenças e hábitos d'eles o permitem [...]" (sublinhados nossos)[607]. Esta revisão do

---
[605] V. *Annaes do Conselho Ultramarino*, Parte Oficial, série I, cit., p. 383-384.
[606] V. Boletim do Conselho Ultramarino, *Legislação Novíssima*, Lisboa, Imprensa Nacional, 1869, vol. II (1852-1856), p. 576.
[607] V. Relatório que acompanha o Decreto de 16 de Dezembro de 1880, *Colecção Oficial de legislação Portuguesa*, Ano de 1880, Lisboa, Imprensa Nacional, 1881, p. 404. Um Comentário detalhado a esta lei pode encontrar-se em Luís da Cunha Gonçalves, Direito *Hindú e Mahometano [...]*, cit.

Código de 1853 tinha sido feita na sequência da apresentação ao governo, por uma Comissão nomeada a 31 de Maio de 1879, de uma proposta onde se restringia a manutenção dos *usos e costumes* das Novas Conquistas "ao que lhe pareceu razoável e correctamente admissível"[608].

Estes exemplos permitem-nos afirmar que o trabalho de codificação obedecia a finalidades próximas daquelas que seriam teoricamente formuladas pela literatura colonialista dos finais do século. Nessa altura, como referimos na introdução deste trabalho, estava já bem enraizado, na cultura jurídica europeia, uma interpretação sociologista do direito, que salientava a relação íntima que existia entre as normas jurídicas e a "organicidade" das sociedades. Essa perspectiva comportava uma recusa doutrinária relativamente à imposição autoritária de elementos jurídicos europeus às sociedades não europeias[609]. As sociedades nativas eram sociedades internamente coesas e, sendo essa coesão assegurada pelas instituições nativas tradicionais, a ordem colonial devia preservar a racionalidade interna dessas instituições. Mas não eram, porém, descritas como sociedades estáticas. E como, mesmo nessa doutrina positivista, a evolução histórica dos povos era conduzida por leis semelhantes às que tinham impulsionado a civilização europeia até ao mais alto grau de civilidade conhecido pelo Homem, não surpreende que a codificação dos costumes nativos conservasse, nesse outro contexto doutrinal, o seu papel no "processo civilizacional" dos povos nativos. É certo que ela apresentava alguns perigos, por ser cristalizadora de "costumes bárbaros", como achava Marnoco e Souza, no seu *Tratado de Direito colonial* português[610]. Contudo podia, também, converter-se num elemento privilegiado de transformação "civilizadora" desses costumes"[611]. Na sua opinião, o direito de família dos nativos devia ser respeitado por causa da sua "organicidade", mas a codificação daquele direito devia, não obstante, promover o "melhoramento da condição da mulher no casamento e a suavização do pátrio poder" (o que seria possível punindo "[...]

---

[608] V. José Silvestre Ribeiro, *História dos Estabelecimentos [...]*, Lisboa, Typ. da Academia Real das Ciências, 1892, vol. XVII, p. 13. Boa parte das alterações visava, uma vez mais, regular a poligamia.

[609] Sobre a influência do sociologismo na colonização portuguesa v. A.M. Hespanha, *Panorama da História [...]*, cit., p. 52 e ss.

[610] Marnoco e Souza explicava que "Tais Códigos imobilizavam os costumes indígenas", tirando-lhes a flexibilidade que eles tinham e retardando uma evolução natural, que se produziria ao contacto do domínio europeu", v. "Regime Jurídico das Populações [...]", cit., p. 107.

[611] O autor reconhecia, apesar de tudo, que não era "[...] leal promulgar códigos em que se promete compilar o direito indígena e introduzir aí sub-repticiamente princípios jurídicos europeus, v. Marnoco e Souza, "Regime jurídico [...]", cit., p. 107.

os crimes cometidos à sombra da autoridade familiar"). Um bom exemplo do justo equilíbrio entre o respeito pelas instituições nativas e a introdução de valores jurídicos civilizados era, para Marnoco e Souza, o do *Código de Milandos Inhambanenses* de 1889 porque, apesar de nele ser permitida a poligamia e o concubinato, as mulheres nativas podiam encontrar garantias jurídicas que não eram conhecidas na sua cultura de origem[612].

Além das codificações, também o envolvimento de autoridades europeias na administração da justiça era visto como um meio de introduzir transformações nos sistemas jurídicos nativos. A criação dos capitães-mores na província de Moçambique, por exemplo, foi relacionada por Joaquim d'Almeida e Cunha com a necessidade sentida pelos governos, já no Antigo Regime, de "regular a aplicação dos usos e costumes, como meio de gradualmente os modificar"[613].

---

[612] V. Marnoco e Souza, *Administração colonial [...]*, cit., p. 262-263. A poligamia, ao lado da idolatria, da antropofagia e da escravidão, eram costumes que indiciavam fases primitivas da civilização humana, como se percebe nas primeiras páginas do volume de Andrade Corvo dedicadas à civilização africana, v. João de Andrade Corvo, *Estudos sob as Províncias Ultramarinas*, Lisboa, Typ. da Academia Real das Ciências, 1884, vol. III, pp. 7 e ss. Era, por isso, um dos costumes que a colonização desejavelmente faria desaparecer (v. também Joaquim d'Almeida da Cunha, *Os indígenas nas colónias portuguesas d'África [...]*, cit., Documento n.º 3, p. 72). Já no que dizia respeito ao direito das obrigações e ao direito comercial, o Código de *Milandos* acolhia os critérios do Código Civil (art. 71 e 96), numa evidente funcionalização da codificação aos objectivos mais materiais da colonização, com a qual Marnoco e Souza concordava (sobre esta introdução de princípios do direito europeu contra os direitos nativos em três áreas chave, propriedade, trabalho, comércio, v. W.J. Mommsen and J.A de Moor (eds.), *European Expansion and Law, The encounter of European and Indigenous Law in 19th-and 20th-Century Africa and Asia*, Oxford/New York, Berg, 1992, p. 9). É significativo, ainda a este propósito, que, em 1889, o Govenador-geral de Moçambique fundasse a necessidade de uma nova codificação em motivos semelhantes: era preciso rever os *usos e costumes* para afastar aqueles que já não se adequavam ao "estado de relativa civilização em que os povos de Inhambane presentemente se encontram", v. *Código dos Milandos Inhambanenses (Litígios e Pleitos)*, Moçambique, Imprensa Nacional, 1889. Manuel Moreira Feio também enumerou com detalhe as potencialidade civilizadoras do Código dos Milandos de 1889, cuja vigência tinha dado lugar ao aparecimento, "em volta de Inhambane, [de] uma população considerável de pretos relativamente civilizados, com a noção clara do direito de propriedade, da organização do trabalho e da família, com direitos e deveres que lhe são garantidos e regulados por uma lei escrita", v. Manuel Moreira Feio, *Indígenas de Moçambique*, cit., p. 147.

[613] Joaquim d'Almeida da Cunha, *Estudo acerca dos usos e costumes dos Baniones, Bathiás, Parses, Mouros, gentios [...]*, cit., p. VII. Em outro estudo, o autor cita portarias dos governadores--gerais de Angola dos anos cinquenta, incitando a que fossem contrariados costumes como a prisão e servidão por dívidas, v. Joaquim d'Almeida da Cunha, *Os indígenas nas colónias portuguesas d'África [...]*, cit., Documento 4, p. 75. Trata-se, contudo, de exemplos pontuais, que serviam ao autor para sugerir a exemplaridade da "política indígena" nas colónias portuguesas. Também

Finalmente, ao admitir que as populações nativas do ultramar optassem pela aplicação do Código civil em vez dos seus usos e costumes (de acordo com o art. 8, § 2 do decreto podiam fazê-lo, mediante acordo), o decreto de 1869 conferia-lhes o direito de escolha. Com ele presumia-se que, entre essas populações, existiam indivíduos que tinham passado (ou estavam em vias de passar) para o lado civilizado da fronteira civilizacional que dividia as populações que residiam no ultramar e que se lhes reconhecia o direito de aceder – individual e voluntariamente – ao direito "civilizado". Como sucedia desde os primeiros tempos da presença portuguesa em outras latitudes, tal fronteira tendia a coincidir com a que separava as populações cristãs e cristianizadas das outras populações, sendo indiferente à possibilidade de algumas populações já cristianizadas preservarem formas de vida não compatíveis nem com a sua nova religião, nem com o Código Civil, como realmente acontecia[614].

O conteúdo do referido § 2 era o seguinte: "Nos casos em que as partes [...] optarem de comum acordo pela aplicação do código civil, será este aplicado". Mas esta liberdade de escolha viria a ser subvertida logo no primeiro *Código de Milandos* oficial, o de 1889, no qual se proibiu que os preceitos desse Código pudessem ser aplicados "às relações que possam ter entre si ou com os indígenas das terras avassaladas os indivíduos que, sendo naturais do distrito de Inhambane ou nele residentes, seguirem a religião cristã [...]"[615]. Assumia-se assim, de facto, que a conversão ao cristianismo era um dos primeiros sinais de "assimilação cultural", uma ideia que já estava muito presente no decreto que fez aplicar o Código Civil ao ultramar, já que as populações cujos *usos e costumes* nele se admitia eram populações não cristãs (mas que não dei-

---

para Manuel Moreira Feio, a presença de um "juiz" europeu ou de origem europeia era tão civilizadora quanto a codificação do direito, porque esse "julgador vai corrigindo e modificando os usos e preconceitos condenáveis dos indígenas, aproximando-os gradualmente, sem violências, nem lutas, dos bons princípios e práticas racionais, e tão proveitosos são já estes resultados, ou seja, a justiça aplicada directamente pelo governador, ou pelo capitão-mor, ou pelo senhor do prazo, que vemos nestas regiões profundamente alterados os actos mais importantes da vida social indígena, quais são o casamento e a sucessão", v. *Indígenas de Moçambique*, cit., p. 129. No seu muito singular ensaio, António Gil, que tinha sido juiz em Angola, cujo Conselho de Governo integrara nos anos quarenta, já se tinha pronunciado sobre a importância das justiças europeias no combate ao que considerava serem rituais "bárbaros ou cruéis", v. *Considerações sobre algumas partes mais importantes da moral religiosa, e sistema de jurisprudência dos pretos da África [...]*, cit., p. 27.

[614] V. alguns exemplos concretos referidos no livro de Beatrix Heintze, *Pioneiros...*, cit., nomeadamente aqueles em que os próprios confessavam reconhecer a contradição entre ser católico e polígamo, recorrer a feiticeiros e curandeiros, etc..

[615] V. *Código dos Milandos Inhambanenses (Litígios e Pleitos) [...]*, cit., p. 6.

xou de ser de certa forma subvertida no Dec. de 1 de Dezembro do mesmo ano, que manteve em vigor os *usos e costumes* dos súbditos portugueses não cristãos mas também os daqueles que, "[...] sendo-o, são por circunstâncias excepcionais regidos por leis especiais" (art. 79)[616].

A tendência para reduzir o âmbito das jurisdições dos oficiais – e, nomeadamente, dos oficiais de justiça – às populações cristãs, baptizadas, foi uma política também seguida desde o início, como se pode observar nos Regimentos dos oficiais que eram enviados para o ultramar[617]. Também as reformas que, no século XVIII, tinham procedido a uma equiparação de estatutos entre populações nativas e europeias se guiaram pelo critério religioso, restringindo essa equiparação às populações cristianizadas, como sucedeu no Alvará pombalino de 2 de Abril de 1761, declarando os cristãos nascidos na Índia portuguesa "em tudo iguais aos portugueses" nascidos no Reino[618].

Em suma, a situação criada pelo decreto que fez aplicar o Código Civil ao ultramar não foi uma situação de pluralismo multicultural juridicamente protegido, que se traduzisse na existência de uma ordem jurídica (a colonial) caracterizada pela coexistência de múltiplas ordens jurídicas, cada uma constituindo uma variante "em função das pessoas"[619]. Pelo contrário, aquele decreto não traduziu uma atitude de reconhecimento da diversidade cultural ultramarina. Instituiu, em vez disso, um "pluralismo" desequilibrado, que colocou, de um lado, a ordem jurídica portuguesa e, do outro, um conjunto de ordens jurídicas percebidas como inferiores. A preservação destas últimas supunha a existência de uma fronteira civilizacional que separava populações civilizadas, sujeitas ao Código Civil, das populações não civilizadas, regidas, na sua vida privada, por *usos e costumes* cujo desaparecimento progressivo era visto como uma consequência natural da presença europeia. Contudo, aquela fronteira não encerrava os indivíduos que integravam as populações nativas no mundo do direito tradicional, dos *usos e costumes* ou da autoridade dos régulos. Pelo contrário, entendia-se que, concorrendo com o direito e as institui-

---

[616] Transcr. em José António Gracias, *Carta Orgânica das Instituições Administrativas nas Províncias Ultramarinas*, Nova Goa, Imprensa Nacional, 1894, p. 103

[617] V. António Manuel Hespanha, *Panorama da História Institucional e jurídica de Macau*, cit., p. 29-30 e 41. A forma como essa fronteira era tradicionalmente importante para distinguir entre as diversas categorias "étnicas" das populações dos territórios coloniais em séculos anteriores está sintetizada por A.J.R. Russel-Wood, "Comunidades étnicas", em Francisco Bethencourt e Kirti Chaudhuri (dir.), *História da Expansão Portuguesa*, vol. III, cit., *maxime* pp. 213 e ss.

[618] V. *Boletim do Conselho Ultramarino, Legislação Antiga*, Lisboa, Imprensa Nacional, 1867, vol. II (1755-1834), p. 144.

[619] V. Jacques Vanderlinden, "Les Droits Africains entre positivisme et pluralisme", *Bulletin des séances de l'Académie royale des sciences d'outre-mer*, N.º 49, 2000, pp. 279-292.

ções "civilizadas", as regras e as autoridades próprias dos sistemas jurídicos "não civilizados" seriam progressivamente afastadas, por meio de uma adesão voluntária cuja iniciativa partia do próprio indivíduo nativo. Estamos longe, portanto, da situação imaginada pelo regime da *indirect rule* que viria a ser instituído pelos ingleses, primeiro na Índia, depois em algumas das suas colónias africanas. Nesse regime, o "pluralismo jurídico" assentava em pressupostos totalmente diversos, teorizados em Inglaterra desde meados do século XIX, e implicava resultados também diversos[620]. Esta outra forma de "pluralismo" tinha por detrás um discurso ambivalente sobre as sociedades nativas, que eram nele descritas como sociedades estáveis e dotadas de forte coerência interna, mas também, simultaneamente, como entidades frágeis e ameaçadas de destruição pela intervenção colonial[621]. Em consonância com isso, preconizava a protecção/reabilitação das sociedades tradicionais nativas contra os efeitos destrutivos das instituições e do governo coloniais. Os projectos de "assimilação" e de "modernização" das sociedades coloniais, o ideal da "missão civilizacional" seguido nas colónias inglesas pelo liberalismo evangélico e, em certa medida, pelo liberalismo utilitarista, eram nele denunciados porque, além de anacrónicos, favoreciam a desordem social nas colónias. Contra esses projectos opunha-se a reconstrução do direito e das autoridades "nativas" – fundada no pressuposto de que as sociedades nativas resistiam à modernização e à civilização"[622] –, vistas como uma solução para a instabilidade que a tentativa de "modernização" ocasionara junto das populações nativas, instabilidade que, por sua vez, se considerava ter estado na origem das revoltas que

---

[620] Em primeiro lugar, porque o reconhecimento dos *usos e costumes* pressupunha o reconhecimento de uma autoridade indígena que os administrasse e cujo poder era, por esse meio, reconhecido e reforçado, já que, ao contrário do que acontecia no ultramar português, o *indígena* não se podia subtrair, por vontade própria, ao "seu" ordenamento jurídico. Depois, porque encerrava-os numa organização tribal muitas vezes recriada, que fragmentava a maioria indígena colonizada, transformando-a num conjunto de "minorias", v. Mahmood Mamdani, *Citizen and Subject [...]*, cit., p. 111 e ss. Pelo contrário, o reconhecimento dos "usos e costumes" no Decreto de 1869 remete mais para uma tolerância pragmática relativamente a realidades já existentes do que para uma tentativa de tribalização/legitimação de poderes absolutos de autoridades tradicionais; o que não invalida que os "usos e costumes" tenham sido, no ultramar português, objecto de apropriações funcionais próximas das que Mamdani descreveu.

[621] Sobre essa imagem, paradoxal, do modo de ser das comunidades nativas, v. Karuna Mantena, "Law and «Tradition»: Henry Maine and the Theoretical Origins of Indirect rule", in Andrew Lewis and Michael Lobban (eds.), *Law and History, Current Legal Issues*, Oxford, Oxford University Press, 2003, p. 184.

[622] Idem, *ibid.*, p, 185.

se sucederam no Império britânico a partir de meados do século[623]. O regime do *indirect rule* envolvia, por tudo isso, "[...] a *construção* activa de domínios separados de direito consuetudinário, religioso e civil ou estatal que eram hierarquicamente ordenados e classificados sob a autoridade central do Estado colonial"[624]. Era, portanto, uma forma de "pluralismo jurídico" diferente da que estava implícita no decreto de 1869, porque esta, pelo contrário, pressupunha, no futuro, a dissolução das ordens normativas "inferiores" e a universalização da ordem europeia. Ainda que ambas as formas fossem norteadas pelo mesmo objectivo de facilitar a dominação.

Não obstante, se o "pluralismo jurídico" que o governo português admitiu no ultramar se afastou, nos seus pressupostos teóricos, da doutrina da *indirect rule* britânica, a opção portuguesa no que dizia respeito à administração da justiça no ultramar também não foi, como se viu já, a de um "assimilacionismo jurídico uniformizador", que passasse pela sujeição das populações nativas, enquanto "cidadãs", ao direito português, administrado por juízes portugueses, em tribunais portugueses, como se sugeriu em alguns documentos legislativos da época. No relatório de um decreto que, a 14 de Novembro de 1878, introduziu uma nova reforma da administração da justiça no ultramar, o então Secretário de Estado da Marinha e Ultramar afirmou, de facto, que a unificação da administração da justiça no ultramar português, a exportação para o ultramar da justiça metropolitana, era uma consequência lógica da Carta Constitucional, que tinha constituído em cidadãos todos os nativos desse ultramar. Explicou o Secretário de Estado que "em nenhuma colónia das outras Nações [...] a administração da justiça [...] é fraternal, equitativa e una como felizmente nas possessões portuguesas. E seria desarmónico e ilógico dar todos os direitos políticos, todas as prerrogativas constitucionais, às províncias ultramarinas, considerando-as, quanto à justiça criminal ou civil, em condições inferiores aos povos da metrópole"[625]. Afirmou também que, ao contrário do que acontecia nas colónias da Inglaterra, da Holanda, ou até da

---

[623] Há, de facto, uma relação entre a emergência destas ideias e a intensificação da resistência nativa à colonização a partir de meados do século XIX, nomeadamente a traumática revolta de 1857, na Índia. Na viragem do século, essa ideia será associada por Lord Lugard, teorizador da *indirect rule* como forma de exercício do governo colonial, ao papel destabilizador dos nativos "assimilados" à cultura europeia. Em vez deles, eram os chefes tradicionais que o poder colonial devia incorporar, v. Karuna Mantena, *ibid.*, p, 185.

[624] Idem, *ibid.*, p. 186.

[625] V. *Decreto de 14 de Novembro de 1878 em Entre as mais urgentes necessidades dos povos..., está a recta administração da justiça*, Ministério dos Negócios da Marinha e ultramar, Direcção Geral do ultramar, Lisboa, Imprensa Nacional, 1878.

Espanha, que transigiam com as "instituições decrépitas" e os "preconceitos seculares" dos nativos e dos colonos, com fórmulas processuais diversificadas, com a interferência de autoridades tradicionais africanas e funcionários administrativos na administração da justiça, a justiça implantada pelos portugueses no ultramar era a "verdadeira justiça, a humanitária, a fraternal, a cristã, a que dá a cada um o que é seu nivelando as classes e as individualidades [...]"[626]. Estas observações, por sua vez, fazem lembrar as palavras de Fontes Pereira de Melo quando, para salientar a benignidade da administração colonial portuguesa, criticou a tolerância britânica para com as tradições nativas, nomeadamente o sistema indiano das castas, umas das "instituições decrépitas" a que se referia o anterior documento[627]. Sucede que, no momento em que faziam estas observações, quer o conhecido ministro, quer o autor do decreto de 1878, omitiam muita coisa. Omitiam, em primeiro lugar, que era mínima, no ultramar português, a área coberta por órgãos judiciais formais. Esqueciam-se, também, de que a vigência dos *usos e costumes* afastava do direito europeu e dos seus tribunais a maioria da população nativa que não era cristã. E, finalmente, não referiam que deveria estar em curso a codificação dos *usos e costumes,* ao abrigo do decreto de 1869, e que esse processo apontava para formas assimiladoras muito mais moderadas e pragmáticas. Realmente, não estava, nem nunca viria a estar, de forma completa e sistemática. Mas isso, além de nos remeter para um outro registo, o do que "realmente se passava", não significa que a alternativa tenha sido a da universalização do direito português.

Além de tudo isso, nenhum dos anteriores ministros conhecia, provavelmente, as oscilações do governo português quando se tratava de transigir, ou não, com o sistema indiano das castas. Na verdade, o sistema de castas tinha sido admitido, nas suas manifestações externas, em portarias emanadas do Governador-geral da Índia e do Ministério da Marinha nos anos '20 e '30, nomeadamente naquelas em que se proibia aos ourives gentios do Estado da Índia usar determinadas insígnias, por não serem compatíveis com a respectiva casta. É um facto que, mais tarde, por portaria de 7 de Maio de 1856 e seguindo um parecer do Conselho Ultramarino, a Secretaria de Estado tinha afastado os privilégios "que se arrogam os brâmanes, em despeito de outras castas", fundando-se no art. 15 da Carta Constitucional, que só admitia privi-

---

[626] Idem, *ibid.*
[627] "A Inglaterra não tem dado às suas colónias mais direitos do que Portugal às suas. A Inglaterra não consente que certas raças se aproximem dos Brâmanes da Índia, senão com o maior respeito e consideração", v. *DCD*, sessão de 13 de Março de 1852, p. 172.

légios ligados aos cargos por utilidade pública, e derrogando por isso as anteriores portarias[628]. Mas sucede que, logo no ano seguinte, uma outra portaria autorizava o Governador-geral da Índia a deixar de por em execução a anterior portaria[629]. Uma análise mais localizada da razão destas oscilações permitiria seguramente concluir que a maior ou menor tolerância para com os *usos e costumes* obedeceu mais a formas pragmáticas de gerir os equilíbrios de forças que se iam produzindo "no terreno" do que a um desejo utópico de "civilizar". É verdade que, no seu relatório da lei de 1878, o ministro português exprimiu um evidente acto de fé no potencial civilizador da justiça europeia: ele acreditava que do confronto do "selvagem" com a justiça "civilizada" resultaria numa adesão imediata aos valores da civilização e, nas suas expressivas palavras, esses eram momentos em que "[…] o indígena mais desaluminado, vê e acredita, experimenta e compreende"[630]. Mas sucede que tal relatório não descrevia um modelo de colonização efectivamente pensado, e muito menos executado, porque já sabemos que este último não passava pela sujeição automática e total das populações nativas ao direito e às instituições judiciais europeias. Pelo contrário, envolvia a tolerância relativamente aos seus *usos e costumes* por motivos essencialmente pragmáticos e no curto prazo, embora também programáticos, mas a muito longo prazo, porque era a muito longo prazo que se concebia esse momento em que o conjunto das populações nativas do ultramar poderiam, sob o efeito conjugado do envolvimento das autoridades europeias (ou europeizadas) na solução dos seus conflitos e da codificação dos seus *usos e costumes*, aceder, gradualmente, aos valores jurídicos civilizados. Na verdade, a tolerância para com os *usos e costumes* foi, em boa medida, um meio de garantir a coexistência com autoridades e populações de cuja colaboração a presença portuguesa dependia. Procurou-se, por um lado, reconhecer situações preexistentes, cuja alteração poria em causa as relações da administração portuguesa com as populações nativas[631]. Por outro lado,

---

[628] V. *Annaes do Conselho Ultramarino, Parte Oficial*, série I, cit., p. 254.

[629] Portaria de 15 de Setembro de 1859, v. *Legislação Novíssima*, cit., vol. III, p. 472. Os mesmos critérios pragmáticos surgem em outras portarias; v., por exemplo, portaria de 20 de Janeiro de 1847 (*Legislação Novíssima*, cit., vol. I, p. 469), ou na de 20 de Junho de 1856 (*Legislação Novíssima*, cit., vol. II, p. 745).

[630] V. *Entre as mais urgentes necessidades dos povos, entre os deveres mais sagrados do governo, está a recta administração da justiça*, cit. Outra hipótese é a de que esta seja já uma tentativa de publicitar uma certa especificidades dos métodos da colonização portuguesa…

[631] Numa portaria provincial (n.º 362), publicada a 6 de Julho de 1886 pelo Governador – geral de Moçambique, para dar um exemplo, a transigência para com os "usos e costumes dos nativos" era explicitamente justificada como forma de evitar conflitos, cit. em Rui Mateus Pereira, "A «Missão […]", cit., p. 134.

tentou-se enquadrar essas situações, regulamentando-as, de forma a evitar, novamente em nome de uma relação pacífica com as populações nativas, o arbítrio das autoridades que, no ultramar, administravam justiça aos nativos. Assim, entre os motivos que o Governador-geral de Moçambique indicou, na portaria (n.º 269) de 11 de Maio de 1889, com a qual aprovou o novo *Código de Milandos*, constava o facto de estarem "as terras avassaladas à coroa no distrito de Inhambane, como legítima consequência daquela falta, a serem administradas por mero arbítrio do capitão-mor das mesmas terras, sem regulamento algum pelo qual se pudesse lealmente dirigir, visto como o citado código cafreal de 1852 nunca obteve aprovação ou sanção superior"[632]. Já antes, por portaria de 12 de Maio de 1852, o Governador-geral de Moçambique tinha associado a necessidade de codificar os *usos e costumes* à "ilegal, e insólita maneira, com que o Capitão mor das terras da coroa no referido distrito tem decidido as questões cafreais [...]"[633]. Mais tarde, Albano de Magalhães viria a constatar uma situação semelhante em relação às "justiças" de Timor, às quais considerava dever dar-se valor judicial subordinando-as à fiscalização moderada do juiz de direito da comarca para evitar os abusos dos comandantes militares que, através delas, administravam a justiça[634].

Impõe-se agora uma questão, central no contexto da discussão sobre o âmbito do conceito de cidadão português: podiam as populações nativas às quais se reconhecia um estatuto civil especial ser integradas por cidadãos portugueses? Teoricamente, não estando a cidadania portuguesa separada da nacionalidade, todos os portugueses seriam cidadãos portugueses, independentemente do seu estatuto pessoal. Porém, como se vai mostrar, havia uma forte ligação entre o estatuto pessoal e a cidadania, a qual fazia com que os portugueses/cidadãos portugueses fossem aqueles cujo modo de vida era susceptível de ser regulado pelas regras do Código Civil.

A declaração, no relatório que antecedeu o decreto de 1869, do desejo de seguir o exemplo do que faziam as "Nações mais adiantadas" relativamente ao direito dos povos nativos – nomeadamente, o exemplo das colónias francesas da Argélia, do Senegal e da Cochinchina[635] – sugere, uma vez mais, que dificilmente podiam ser cidadãos portugueses os habitantes do ultramar que não tinham nem a religião nem os costumes dos portugueses da metrópole. Na verdade, se durante a Revolução francesa, nos seus momentos mais uni-

---

[632] V. *Código dos Milandos Inhambanenses (Litígios e Pleitos) [...]*, cit. p. 3.
[633] Cit. em Joaquim d'Almeida da Cunha, *Estudo acerca dos usos e costumes dos Banianes, Bathiás, Parses, Mouros, gentios [...]*, cit., (Documento n.º 1)
[634] V. Albano de Magalhães, *Estudos coloniais*, cit., p. 202 e ss.
[635] V. *Colecção de Decretos promulgados pelo Ministério dos Negócios da Marinha [...]*, cit., p. 36.

versalistas, se tinha optado por uma política de "assimilação" total em relação à população de origem africana das suas *velhas colónias* na América – política que se concretizou na aprovação de decretos que conferiram direitos políticos às suas populações negras livres e as equipararam aos cidadãos da metrópole[636] –, o mesmo não se passou com as colónias francesas formadas no século XIX. A partir de 1848, sob o efeito conjugado do sufrágio universal, da abolição definitiva da escravidão, e, além disso, das representações sobre a distância cultural e "civilizacional" em que se encontravam os povos mais recentemente conquistados, na Argélia, em África e no Extremo Oriente, foram outras, e muito menos claras, as soluções encontradas pelos republicanos franceses. É verdade que foi naquela mesma data (1848) que a segunda República francesa restabeleceu a representação política do ultramar no Parlamento francês: a Argélia, o mais importante dos territórios recém conquistados, foi então dotada de uma representação parlamentar, eleita por sufrágio universal pelos franceses. Porém, os povos conquistados não foram, nessa altura, considerados franceses[637]. Também não foram, em alternativa, equiparados aos estrangeiros, porque desde 1836 que os tribunais franceses consideravam os argelinos muçulmanos como "reinícolas" ou "súbditos franceses", fundados no argumento de que aos nativos de territórios anexados era atribuída, pelo direito internacional, a nacionalidade do país em benefício do qual a anexação se tinha feito. Em 1848, com a universalização do sufrágio, os argelinos passariam, de acordo com isso, a exercer os direitos políticos, mas a sua situação só foi clarificada mais tarde, num *Sénatus-Consulte* que, a 14 de Julho de 1865, consagrou a nacionalidade francesa do "indígena muçulmano", admitindo que ele continuasse a ser regido pela lei muçulmana, mas recusando-lhe, por isso mesmo, a cidadania francesa. A partir daquela data os argelinos passaram a ser, juridicamente, franceses, a ser protegidos pela lei francesa, como os outros nacionais, a beneficiar das mesmas garantias face ao estrangeiro, a ser admitidos nos empregos civis e militares. Contudo, não eram cidadãos franceses, em virtude da diferença do seu estatuto pessoal, da sua religião, dos seus *usos e costumes*. Para serem cidadãos tinham que requerer a naturalização, renunciar em bloco ao direito civil muçulmano e ser regidos pelas leis civis francesas. Só assim seria observado, com então se argumentou, o princípio da igualdade perante a lei[638]. Deste modo, só renunciando ao Islão, um crime punido com a pena capital pela lei

---

[636] V. Cristina Nogueira da Silva, "«Modelos coloniais» …", cit.
[637] V. Denise Bouche, *Histoire de la Colonization [...]*, cit., p. 113.
[638] V. P. Rosanvallon, *Le Sacre du citoyen [...]*, cit., p. 428.

Muçulmana[639], para depois requerer a naturalização em condições muito idênticas à de um estrangeiro, é que os argelinos preenchiam as condições requeridas para aceder à cidadania francesa. A decisão final caberia ao poder executivo, o que convertia a naturalização num favor concedido, e não no exercício de um direito[640].

Já nas outras colónias da África e na Indochina, embora se considerasse, do ponto de vista teórico, que podiam aceder à cidadania os *indígenas franceses* que aceitassem a condição civil do direito metropolitano, não foi criado, durante o século XIX, nenhum procedimento de naturalização para esses indígenas, semelhantes ao criado para os argelinos. Sendo assim, eles "não eram considerados como estrangeiros, mas também não podiam tornar-se plenamente franceses"[641]. A situação jurídica dos que eram nativos daqueles territórios caracterizou-se então, ao longo de todo o século, por um hibridismo que os "encerrou politicamente numa espécie de menoridade" que nunca foi doutrinal ou legislativamente esclarecida[642]. Isso aconteceu porque havia uma relação implícita entre "civilidade" e cidadania que relegava as populações com hábitos e costumes diferentes dos europeus para um tempo histórico anterior e para o correspondente grau civilizacional (inferior)[643]. Aconteceu, também, por considerações pragmáticas, que, no caso francês, contrariavam a universalidade do princípio da abolição da escravidão. Foi também para poder transigir com os "costumes esclavagistas dos indígenas" e, simultaneamente, para os manter sob dependência da França, que, nos territórios recentemente conquistados no Senegal, eles eram tidos por súbditos, mas não por cidadãos. É que "enquanto súbditos, eles ficavam desobrigados de cumprir as disposições do decreto de 1848, conservando assim o direito de possuir, vender e comprar escravos, o que era impossível para o cidadão francês"[644].

---

[639] Cf. Jürgen Osterhammel, *Colonialism, a Theoretical Overview*, Markus Wiener Publishers (trad. de alemão por Shelley L. Frisch, 1997, p. 54). Não surpreende que, como afirma o autor, poucos tenham sido os argelinos que seguiram este caminho.

[640] V. Mohamed Sahia Cherchari, v. "Indigènes et citoyens ou l'impossible universalisation du suffrage", in *Revue française du Droit constitutionnel*, n.º 60, 2004, p. 760. Neste artigo estão descritos os antecedentes do *Sénatus-consulte* de 1865, bem como os seus fundamentos jurídicos e ideológicos.

[641] P. Rosanvallon, *Le Sacre du citoyen [...]*, cit., p. 434. Só na primeira metade do século XX é que foi atribuído aos *indígenas* da Indochina e da África a possibilidade de aceder à cidadania francesa.

[642] Idem, *ibid.*, p. 424.

[643] Idem, *ibid.*, p. 431.

[644] V. Roger Botte, "L'Esclavage Africain après L'Abolition de 1848, Servitude et Droit du Sol" in *Annales ÉSS*, Septembre-Octobre 2000, p. 1023.

O decreto português de 1869 deixou as populações nativas do ultramar português numa situação semelhante à dos nativos dos territórios coloniais franceses no Senegal e na Indochina: não previa, como tinha feito a legislação francesa em relação aos argelinos muçulmanos, que pudessem renunciar em bloco ao seu direito civil, para se tornarem cidadãos portugueses. Quer a legislação quer a doutrina portuguesa foram omissas quanto a essa possibilidade, até porque, não sendo possível separar, como em França, a nacionalidade da cidadania, também não se podia associar a negação desta última à especialidade do estatuto civil. Assim, os nativos dos territórios ultramarinos portugueses podiam optar, de comum acordo, por um dos ordenamentos jurídicos que vigorassem no território, o do Código Civil ou os dos *usos e costumes*, mas, além de individualmente, só caso a caso, e sem que isso tivesse, aparentemente, qualquer consequência formal do ponto de vista do seu estatuto face à cidadania portuguesa. A única disposição legislativa na qual se admitiu que cidadãos portugueses se pudessem regular, mas apenas no direito sucessório, de acordo com os seus *usos e costumes*, encontra-se num decreto do governo, de 26 de Novembro de 1862, onde se permitiu aos *chins* naturalizados portugueses regular-se pelos *usos e costumes* da China, desde que o solicitassem ao requerer a naturalização[645]. O facto de regular uma situação de excepção sugere de novo que, em regra, a comunidade dos cidadãos portugueses coincidia com a comunidade daqueles a quem era aplicado o direito português.

De tudo isto resultou, de novo, um *princípio de incerteza* e, associado a ele, de discricionariedade, que se reflectiu nos documentos legislativos e administrativos especificamente produzidos para o ultramar. Episódios legislativos anteriores e subsequentes ao Código Civil confirmam a falta de um enquadramento normativo que permitisse afirmar, de forma segura, que todas as populações que nasciam no ultramar eram portuguesas e, por isso, sujeitas de todos os direitos inerentes à cidadania portuguesa. Por um lado, existem decretos que podem ser invocados *a contrario sensu*. Decretos – direccionados especificamente para uma específica província – que apontam no sentido da inclusão, por conferirem o estatuto de cidadãos a pessoas cujas práticas culturais e religiosas não eram as dos portugueses da Europa. No Decreto de 12 de

---

[645] V. *Legislação Novíssima*, cit., vol. III, p. 766. A esse propósito, dava-se o exemplo dos naturais de algumas Províncias do Estado da Índia, que se governavam em parte por suas leis e costumes especiais. Em 1880, por decreto de 4 de Agosto, o governo confirmaria essa hipótese, mas alterando os requisitos: as heranças dos Chinas naturalizados cidadãos portugueses regular-se-iam pelos usos e costumes chineses, excepto quando requeressem a aplicação da legislação portuguesa à transmissão das suas heranças, v. *Colecção Oficial de Legislação Portuguesa*, Ano de 1880, Lisboa, Imprensa Nacional, 1881, p. 188.

Janeiro de 1853, por exemplo, regulando o processo eleitoral no Estado da Índia, de acordo com uma consulta do Conselho Ultramarino de 23 de Dezembro de 1852, determinava-se que naquele Estado os prazos eleitorais fossem "compatíveis com as funções religiosas dos gentios e mouros, para o fim de que não sejam privados de tomar parte nos actos eleitorais" (art. 111) e que nos recenseamentos os nomes dos cristãos fossem escritos em letra europeia e em letra asiática os dos gentios e mouros "quando não possam ser escritos em ambos os caracteres (art. 5)"[646]. Mas nenhuma lei nem nenhum decreto explicitaram esta ideia de forma genérica, capaz de abranger sectores mais vastos da população ultramarina. Por outro lado, nem sempre os actos executórios do governo foram igualmente enfáticos na afirmação dessa cidadania. Assim, para dar um exemplo, quando, em 1863, na sequência de um requerimento dos "baneanes residentes na cidade de Moçambique", se isentou um "templo da sua religião" do pagamento da décima, a alusão a este grupo populacional voltou a ser feita em termos muito mais distanciados do ponto de vista da sua inclusão. A isenção foi concedida, por estar de acordo com a lei, mas também "considerando quanto diferentes actos do Governo têm manifestado a ideia de *proteger* os Baneanes, Parses, Mouros e Gentios, que *formam uma parte importante da população da Província de Moçambique*, como se depreende da Portaria deste Ministério de 7 de Novembro de 1838"[647]. Porque é que a protecção decorria, agora, apenas de uma "ideia manifestada" nos actos do governo, e não, em geral e fundamentalmente, do cumprimento da lei, da Constituição, do princípio da igualdade entre os cidadãos?. Tinha sido essa, afinal, a letra e o espírito da portaria citada, de 7 de Novembro de 1838, à qual já se fez referência quando se abordou a questão da religião dos portugueses.

 Acontece, porém, que, se, na década de '50, era Sá da Bandeira quem, norteado por uma ideia *iluminista* de missão civilizacional, conduzia a política ultramarina, o mesmo não sucedeu durante os primeiros anos da década de '60 (v. *infra*, 8.3). Por isso se recuperou, nessa década, o registo da ambiguidade, o "princípio da incerteza". Essa incerteza podia favorecer a inclusão, mas podia também favorecer, em outros momentos, a exclusão, possibilidade que voltou a concretizar-se quando, a 11 de Outubro de 1865, um decreto, assinado pelo Visconde da Praia Grande no uso da faculdade concedida no § 1 do art. 15 do Acto Adicional à Carta Constitucional (v. *infra*, 9.3) afastou das câmaras municipais de Damão e Diu as pessoas que, sendo elegíveis nos

---

[646] V. *Legislação Novíssima*, cit., vol. II, p. 241-43.
[647] V. Portaria de 1863, *Annaes do Conselho Ultramarino, Parte Oficial*, série IV (Janeiro de 1862 – Dezembro de 1865), Lisboa, Imprensa Nacional, 1868, p. 74.

termos do Código Administrativo, não sabiam ler nem escrever a língua portuguesa, "porque da sua eleição poderia resultar grave dano ao serviço público, ou grande, e porventura imerecida responsabilidade aos eleitos". Como, afastados estes, deixavam de existir os trinta elegíveis para vereadores que o Código Administrativo previa para cada concelho (art. 40, § 1), a solução para perfazer o número legal dos elegíveis foi a de que os funcionários públicos da administração e fazenda pudessem ser eleitos como vereadores. Isso apresentava-se como tanto mais legítimo quanto estava já em prática nos dois concelhos, ainda que sem "confirmação superior"[648]. As populações nativas do ultramar que não sabiam ler e escrever português foram, desta forma, tratadas, por decreto do governo, como estrangeiros, já que a ocupação dos cargos camarários era privativo dos nacionais[649]. Sintomático foi também o decreto de 26 de Novembro de 1866, extinguindo a província de Timor, por não haver população de origem europeia para integrar os órgãos da administração e lançando para um futuro indeterminado a "assimilação"[650]. Ou, três anos mais tarde, a legislação sobre a aplicação da "força pública" para a pacificação dos *indígenas* dos prazos da Zambézia, onde o uso da força era admitido sempre que as circunstâncias o exigissem, não obstante o princípios morais que as nações cultas deviam observar, mesmo "[...] nas suas lutas com povos rudes ou selvagens"[651]. Momentos de rebelião coincidiram sempre com

---

[648] V. *Annaes do Conselho Ultramarino, Parte Oficial*, série VI (Janeiro de 1862 a Dezembro de 1865), Lisboa, Imprensa Nacional, 1868, p. 44. Em outra portaria do mesmo dia tomavam-se idênticas providências no que dizia respeito aos órgãos judiciais. Esta mesma prática foi aplicada, a partir de 1880, à constituição das comissões municipais criadas nas Novas Conquistas por decreto de 14 de Dezembro de 1880, por ser ali "ainda mais sensível a falta de cidadãos elegíveis", V. J.A Gracias, *Carta Orgânica das Instituições Administrativas [...]*, cit., p. 94. As Novas Conquistas formavam, na Índia, territórios conquistados nos finais do século XVIII aos régulos vizinhos das províncias do Estado da Índia (Bardez, Ilhas e Salsete), que, a partir de então, passaram a designar-se por Velhas Conquistas. Integravam-nas, portanto, populações nativas "não assimiladas", tanto mais que a sua integração se tinha feito mediante o compromisso de se respeitarem os seus *usos e costumes* e jurisdições. Por esse motivo, aquele decreto determinava que, em vez de câmaras municipais, se instituíssem ali comissões municipais, presididas por um administrador do concelho, com atribuições civis e militares, e composta por dois cidadãos nomeados anualmente pelo Governador-geral da província, v. *Colecção oficial de Legislação portuguesa*, Ano de 1880, Lisboa, Imprensa Nacional, 1881, p. 401.

[649] V. Lopes Praça, *Estudos sobre a Carta constitucional de 1826 [...]*, cit., p. 168 e ss

[650] V. *Annaes do Conselho Ultramarino [...]*, Série VII (Janeiro de 1866 a Maio de 1867), Lisboa, Imprensa Nacional, 1869, p. 62-64.

[651] V. Portaria de 14 de Junho de 1869, in *Colecção oficial de Legislação*, Anno de 1869, Lisboa, Imprensa Nacional, 1870, p. 951. Alguns meses antes, em nome dos direitos civis dos "povos indígenas rebeldes", tinha-se reprovado a ordem do Governador-geral de Moçambique

momentos em que a distância que separava as populações nativas da cidadania adquiria a sua maior amplitude.

Finalmente, o "sistema de instrução popular" proposto pelo Secretário de Estado da Marinha e Ultramar, Joaquim José Falcão, em projecto de lei apresentado nas Cortes, tinha por fim favorecer "os portugueses que habitam nas províncias ultramarinas", membros do mesmo Estado e "com igual direito a que se lhes proporcione a instrução de que necessitam"[652]. Mas entre esses portugueses não se contavam os "povos indígenas", apesar de também estes poderem beneficiar daquele sistema:

> "[...] os desejos do governo são elevar a instrução e a educação popular nas províncias ultramarinas ao grau a que deve chegar para o bem dos indivíduos, e para o interesse geral do Estado, para derramar a civilização dos *povos indígenas*, e ao mesmo tempo para que os *portugueses*, que já habitem ou quiserem habitar naqueles lugares, senão considerem inferiores em condições aos da Europa, nem por falta da indispensável instrução para seus filhos se aborreçam de ali viver"[653].

7.3. Conclusão

Poder-se-á, a título de conclusão deste capítulo, afirmar que, ao contrário do que é ainda comum ler-se, não só é simplificador afirmar que a Monarquia constitucional portuguesa concedeu a cidadania aos povos nativos de África e da Ásia como, além disso, mesmo assumindo que alguns indivíduos nativos eram cidadãos, a fronteira que separava esses que já eram cidadãos portugueses dos que ainda não eram foi, ao longo de todo o período aqui considerado, uma fronteira indefinida. Nas Cortes vintistas, a mobilização de um conceito abstracto de cidadania deixou na sombra a pertença das populações miscigenadas da América portuguesa. Depois, as soluções constitucionais para o problema do pluralismo religioso das sociedades ultramarinas deixarem na indefinição a nacionalidade das populações nativas não católicas do ultramar. E o mesmo sucedeu com a legislação portuguesa que fez aplicar o Código Civil ao ultramar. Se, na Argélia francesa, estava formalmente determinado, desde 1865, que as populações nativas que abandonassem o direito muçulmano passariam a ser, na lei, cidadãos franceses, na África e na Ásia portuguesas os indi-

---

na qual este mandara aplicar a pena de morte e julgar por Comissões militares os revoltosos da Zambézia, v. Portaria de 9 de Agosto de 1869, *ibid.*, p. 376.
[652] V. *DCD*, sessão de 29 de Janeiro de 1845, p. 11.
[653] *Ibidem*, p. 12, subl. nossos.

víduos podiam escolher, caso a caso, o tribunal e as normas pelas quais queriam ser julgados, nada sendo dito sobre a possibilidade de renunciar em bloco e definitivamente aos seus *usos e costumes* e, com isso, obter a cidadania portuguesa através da naturalização. Desta situação resultou uma grande flexibilidade na forma de tratar o problema, nos (poucos) momentos em que ele se colocou, o que permitiu que fossem activáveis diversas interpretações acerca da cidadania e da nacionalidade dessas populações.

Teoricamente, tratando-se de populações que estavam em processo de "transição" para a cidadania, esta flexibilidade podia até ser adequada: só uma averiguação casuística permitia reconhecer se o processo de conversão (à religião "verdadeira", ao direito "civilizado", ao mundo material do progresso, à língua portuguesa) estava concluído, e distinguir, com base nesses sinais, quem, de entre aquelas populações, já tinha transitado a fronteira civilizacional susceptível de abrir as portas à cidadania. Era uma averiguação que só quem estava próximo podia fazer. Mas o que acabou por suceder foi que a decisão ficou menos dependente dessa averiguação e mais dependente de outro tipo considerações, às vezes muito pragmáticas, das conjunturas políticas locais de poder e das perspectivas de cada governo. Dependente, desde logo, do comportamento destas populações. Em momentos de rebelião, como se exemplificou, facilmente as populações nativas foram remetidas para a condição de "povos rudes e selvagens", susceptíveis de ser objecto de medidas especiais. Dependente também, portanto, da maior ou menor disponibilidade desses povos e dos diversos grupos em que se dividiam para se identificar com os projectos da metrópole ou com os das autoridades coloniais locais. Dependente, finalmente, dos equilíbrios locais de poder e das perspectivas dos diferentes governos metropolitanos em matéria de política colonial, como já se afirmou nas páginas introdutórias deste trabalho.

8. Em transição para a cidadania

Viu-se, no capítulo anterior, que havia, em relação às populações nativas dos territórios ultramarinos, um "princípio de incerteza", que se relacionava com a dificuldade de localizar, no ultramar, as populações que detinham um *mínimum* de valores culturais/nacionais/"civilizacionais" tidos como fundamento, antropológico e jurídico, de pertença à Nação. Dessa incerteza resultou uma indefinição quanto à sua posição face à cidadania portuguesa. Alguns podiam, de acordo com a Constituição, ser cidadãos portugueses. Outros, dificilmente.

Nos capítulos seguintes, vai falar-se daqueles grupos populacionais do ultramar que foram excluídos a *priori*, aqueles que os constituintes portugueses do século XIX não consideraram "representáveis" e relativamente aos quais foi mantido em suspenso o princípio da aplicação universal dos direitos consagrados nos textos constitucionais. A sua exclusão foi explicitamente assumida quando se colocou, nas Cortes vintistas, o problema da cidadania portuguesa das populações não católicas do ultramar, como se viu. Nessa ocasião afirmou-se de forma definitiva que não eram cidadãos portugueses os índios, na América, nem, genericamente, os "gentios da costa de África" (v. *supra*, 7.2.2.1). Não o eram, portanto, as populações livres de cor dos sertões africanos, que serviam de mão-de-obra aos comerciantes e funcionários do governo. Não o eram a massa de nativos hindus da Índia, nomeadamente os que habitavam territórios recentemente integrados na Índia portuguesa, as *Novas Conquistas* (os *ranes* da província de Satari, na Índia, por exemplo)[654]. Não o eram também os escravos, afastados da nacionalidade e da cidadania nas duas Constituições portuguesas e omitidos na Carta Constitucional (v. *infra*, 8.1).

A exclusão destas populações foi, em primeiro lugar, uma consequência lógica da ideia cultural de Nação. Não obstante, o problema que se colocou, em relação a elas, não foi só um problema de cultura, de uma possível diversidade cultural incompatível com a nacionalidade portuguesa. Foi, mais uma

---

[654] Sobre o lugar dessas populações na imagética do Império português v. Ricardo Roque, *Antropologia e Império [...]*, cit., pp. 55 e ss.

vez, um problema "civilizacional". Na verdade, a maioria delas eram consideradas populações sem cultura e sem história, integradas por pessoas privadas da experiência da sociabilidade e incapazes de se submeter voluntariamente ao governo da lei, de gozar da liberdade civil. Ou eram "selvagens" vivendo no *estado natureza* – categoria através da qual foi apreendida a "massa" da população nativa livre[655] –, e ocupando, por isso, o último lugar na hierarquia civilizacional da humanidade[656]. Ou eram escravos, a meio caminho nessa hierarquia, por terem aprendido, na obediência ao senhor, uma primeira lição de civilidade[657]. Num caso, como no outro, o problema da sua integração na Nação era um problema ainda mais adiado. Pressupunha, antes da sua "educação nacional", um verdadeiro resgate civilizacional. E, no caso dos escravos, envolvia ainda a resolução de problemas jurídicos complexos.

Estas exclusões mais radicais mostram, de forma igualmente radical, que os territórios ultramarinos eram diferentes, não apenas por estarem distantes do centro político da Nação, mas por serem habitados por escravos e por "selvagens". Mostram que a massa das populações nativas das províncias/possessões ultramarinas, os *indígenas* da literatura colonial dos finais do século, não faziam parte do universo dos cidadãos, ao contrário do que uma leitura não contextualizada das Constituições oitocentistas pode fazer supor. Bem pelo contrário, a tendência foi para que essas populações fossem descritas como uma presença hostil, um inimigo interno no meio do qual viviam os portugueses no ultramar. Elas corporizavam, sobretudo na América, uma outra diversidade ultramarina, que já não tinha que ver com as diferenças entre portugueses do ultramar e da Europa ou com as distâncias geográficas que separavam uns e outros mas com o facto de uma parte dos membros da família portuguesa, a que vivia nos territórios ultramarinos, viver, como já salientámos

---

[655] Na sessão de 3 de Julho de1822 (*DCGECNP*, p. 673), Borges Carneiro aludiu ao "estado de natureza" dos índios.

[656] O indivíduo tomado por referência primeira no pensamento político liberal era o indivíduo livre (das dependências corporativas da sociedade de Antigo Regime como das dependências do espaço doméstico) e voluntariamente submetido à autoridade da lei. Relativamente a ele os "selvagens" estavam, por isso, no extremo oposto da escala civilizacional, caracterizando-os a incapacidade de se submeter a qualquer forma de governo; além de serem, genericamente, os homens que não tinham necessidades nem, por isso mesmo, se relacionavam com os outros homens. Eram um arquétipo (negativo) da cultura ocidental, v. Gustav Jahoda, *Images of Savage [...]*, cit.

[657] No pensamento utilitarista de Mill, alguns anos mais tarde, o escravo era o homem que, tendo aprendido a obedecer, estava preparado para viver numa sociedade política, ainda que sob um regime de "despotismo paternalista". Era nisso que se distinguia do homem no "estado selvagem", incapaz de obedecer, só governável em regime de despotismo absoluto.

no capítulo inicial deste trabalho, "arriscada [...] no meio de uma povoação heterogénea"[658], de uma povoação composta por "selvagens indómitos"[659], por habitantes de diferentes cores que tinham "grande antipatia entre si"[660]. Era muito diferente viver, como na metrópole, rodeado de "Nações polidas, civilizadas" ou viver, como no ultramar, "cercado de bárbaros"[661]. Essa diferença era uma outra marca distintiva do território ultramarino. Era até, nos anos '20, mais um motivo válido para que os portugueses do ultramar preservassem a união com os portugueses da Europa, juntando as suas forças contra esse inimigo comum[662]. O Brasil, avisava o deputado Soares Franco, era " (...) um país nascente, e povoado de habitantes de diversas cores, que se aborrecem mutuamente; a força numérica dos brancos é muito pequena e só Portugal os pode socorrer eficazmente em caso de qualquer dissensão interna, ou ataque externo".

É certo que também houve momentos em que, com o objectivo contrário – o de enumerar razões que favorecessem a separação – as populações "selvagens", os índios, surgiram ao lado dos colonos europeus enquanto vítimas comuns das investidas colonizadoras da metrópole. Essa "identificação retórica" com os índios foi tentada num documento escrito por D. Pedro, no qual "o indígena bravio e o colono europeu trilhavam, lado a lado, a mesma estrada de miséria e escravidão imposta pela "tirania portuguesa"[663]. Mas, logo a seguir, tal identificação desfez-se, sendo o indígena remetido para o seu lugar próprio, muito diverso do lugar do europeu e seus descendentes. É que,

---

[658] V. *DCECNP*, sessão de 3 de Fevereiro de 1821, p. 21.

[659] "Todos os estabelecimentos Portugueses foram formados à custa das fadigas e trabalhos [...] de nossos maiores: quase todas as povoações que fundarão entre selvagens indómitos, ou em desertas terras, foram regadas com o seu sangue" (v. *DCGECNP*, sessão de 3 Fevereiro de 1821, p. 26, Dep. Castelo Branco).

[660] V. *DCGECNP*, sessão de 1 o Agosto de 1821, p. 1732, Dep. Margiochi.

[661] V. *DCGECNP*, sessão de 12 Outubro de 1821, p. 2628, Dep. Pinheiro de Azevedo.

[662] V. *DCGECNP*, sessão de 3 de Fevereiro de 1821, p. 26.

[663] *Manifesto do Príncipe Regente aos governos e nações amigas*, 6 de Agosto de 1822, transcr. Clemente José dos Santos, *Documentos [...]*, cit., T. I (1820-1825), Lisboa, Imprensa Nacional, 1883, p. 395. Esta identificação retórica com os índios também aconteceu na América espanhola, tendo sido um meio de que se serviram os "espanhóis americanos" para acentuarem a sua identidade americana. A aproximação ao índio conquistado permitia anular o que os unia aos espanhóis peninsulares, enquanto "descendentes dos conquistadores e povoadores da América", transformando os espanhóis da América em "conquistados", legitimando a sua luta pela independência, v. François-Xavier Guerra, "Identidad y Soberania: una relación compleja", in François-Xavier Guerra (dir.), *Las Revoluciones hispánicas: Independências Americanas y Liberalismo Español*, Madrid, Editorial Complutense, 1995, p. 228 e ss.

na verdade, tinha sido exactamente nessa confusão de lugares que melhor se exprimira a iniquidade dos portugueses da metrópole: ao confundirem os filhos dos portugueses com os nativos do Brasil, tinha tratado os portugueses como se fossem "populações bárbaras" ("[...] colonos e indígenas, conquistados e conquistadores, seus filhos, e os filhos de seus filhos, tudo foi confundido, tudo ficou sujeito a um anátema geral"[664]).

De acordo com o *ius soli* da *Carta*, estas populações – cuja maior parte desapareceu, com a perda do Brasil – ocupavam, formalmente, uma posição jurídica semelhante à de todos os outros portugueses que viviam no território da Monarquia: habitavam o mesmo território – real e imaginado –, não existindo, para eles, cláusulas específicas de exclusão da cidadania ou de restrição no acesso a direitos políticos. Foi essa inclusão formal que conduziu à afirmação de que o direito constitucional português do século XIX concedeu a cidadania a todas as populações nativas dos territórios coloniais, como já se viu. Quer para o louvar, como fez Sá da Bandeira quando, em portarias da sua responsabilidade, lhes reconheceu o estatuto de cidadãos passivos (v. *infra*, 8.4.3). Quer para o constituir em objecto de fortes críticas, como aconteceu na literatura colonial dos finais do século.

Sabemos já que as populações de que estamos a falar não foram contabilizadas para efeito e cálculo do número de deputados durante a vigência da *Carta*. Sabemos que a "massa" das populações nativas de África era pagã e que isso colocava problemas à sua inclusão na Nação enquanto realidade histórica e cultural. Sabemos também que a sua inclusão estava dificultada pela dimensão contratualista do conceito liberal de Nação. As populações tidas por "selvagens" eram, por definição, populações incapazes de aceder voluntariamente a qualquer associação[665].

Os próximos capítulos serão dedicados à exposição de outros indícios dessa exclusão no direito constitucional português do século XIX.

---

[664] *Manifesto do Príncipe Regente aos governos e nações amigas [...]*, cit., p. 396.

[665] Sobre o conceito liberal de Nação como um "[...] conceito básico por meio do qual os povos nativos foram marginalizados pelas populações de descendência europeia" v. William E. Connolly, "The Liberal Image of the Nation" in Duncan Ivison, Paul Patton, Will Sanders, *Political Theory and the Rights of Indigenous Peoples*, Cambridge, Cambridge University Press, 2000, p. 183 e ss.

8.1. *Os escravos*

8.1.1. *A escravidão nos textos constitucionais portugueses*

Nas Constituições portuguesas do século XIX, um dos critérios adoptados para distinguir os nacionais dos estrangeiros foi, como já se salientou, o critério territorial (*ius soli*). Logo na primeira Constituição, apesar de fortemente marcada pelo *ius sanguinis*, nascer ou ser domiciliado em território português era uma das vias de acesso à nacionalidade e à cidadania portuguesa. Contudo, logo no *Projecto* dessa Constituição, o critério territorial conjugou-se com outro, que privilegiou outras fronteiras para definir quem, no interior do território, podia e quem não podia pertencer à Nação. No seu art. 21, dizia-se que Portugueses eram todos "os homens *livres* nascidos e domiciliados no território português, e os filhos deles" (tit. II, art. 21, § I). A qualidade de português dependia, portanto, não somente do lugar onde se nascia e se vivia, mas ainda do exercício da liberdade, de que se podia gozar ou não. Os escravos foram, por isso, afastados da nacionalidade: não eram portugueses, menos ainda eram cidadãos portugueses[666]. Mas também não eram estrangeiros, porque, para esses, a doutrina jurídica recebida nas Cortes reservava o exercício pleno, em território português, dos direitos civis (que por inerência se negava aos escravos (v. *supra*, 7.1). Além disso, o estrangeiro podia passar a ser português ou cidadão português, desde que obtivesse carta de naturalização (art. 21, § V, art. 22, § II), uma via de obtenção da nacionalidade que ficou vedada ao escravo; este nunca podia ser cidadão português, nem pela via "natural" do nascimento (em território português, ou de pai português), nem pela via artificial da naturalização.

A diferenciação entre livres e escravos, proposta no art. 21 do *Projecto* da Constituição, foi, no geral, pacífica. Contudo a sua tradução, no texto constitucional sofreu contestações que viriam a ter como resultado o afastamento do vocábulo "livre" do texto final. Houve deputados que, admitindo a necessidade de conservar a escravatura nas possessões ultramarinas, colocaram reservas à razoabilidade de se constituir em norma constitucional a diferenciação entre homens livres e não livres. Por ser contrário às posições liberais da assembleia[667], e por contrariar o que devia ser a perenidade do texto consti-

---

[666] Nem todos os portugueses eram cidadãos portugueses, no art. 22. do *Projecto* da Constituição, ao contrário do que sucedeu no seu texto final.

[667] "Confesso que me custa a sancionar este princípio, no princípio do século XIX, numa assembleia onde vejo residirem as ideias mais liberais", v. *DCGECNP*, sessão de 1 Agosto 1821, p. 1768, Dep. Braancamp.

tucional, ao contaminá-lo com a referência a uma distinção que, de acordo com as mesmas posições liberais, devia ser transitória. Neste plano, a questão que se colocou foi a seguinte: podia a Constituição, um texto que devia perdurar no tempo, consagrar uma distinção excepcional e transitória – como era a condição do homem não livre num sistema jurídico-político liberal que com ela se programava constituir; ou, pelo contrário, devia omiti-la? Era um problema semelhante ao que se colocou ao autor do primeiro projecto de Código Civil brasileiro (Augusto Teixeira de Freitas, *Consolidação das leis civis*, 1855), que omitiu nele a questão da escravidão, remetendo-a para um conjunto de notas de rodapé que formariam o que ele pretendia que fosse um "Código negro" transitório. Não proceder assim, explicou o jurista brasileiro, era macular a lei civil com "disposições vergonhosas", tendo a desvantagem suplementar de dar ao Código, que devia ser perpétuo, o mesmo carácter transitório da escravidão[668]. A solução encontrada para ultrapassar as tensões geradas em torno da dicotomia livre/não livre foi a de afastar a palavra "livre" do artigo final da Constituição e não fazer constar os escravos da lista dos sujeitos que gozavam da condição de cidadão português, oferecendo-a, no entanto, aos escravos alforriados (no art. 21, § IV concedia-se a cidadania portuguesa aos "escravos que alcançarem carta de alforria"). Como todos os portugueses eram, no texto final da Constituição, cidadãos, recusou-se, com aquela omissão, de novo e definitivamente, a nacionalidade e a cidadania aos escravos que habitavam o território da Monarquia[669]. Para além de permitir ultrapassar, no imediato, a incomodidade da discussão, esta solução permitiu ainda em-

---

[668] V. Eduardo Spiller Pena, *Pagens da Casa Imperial, Jurisconsultos, Escravidão e a Lei de 1871*, Campinas, Editora da Unicamp, 2001, p. 72.

[669] O tema da distinção entre livres e não livres tinha sido herdado da Constituição de Cádis, já que o art. 21 do Projecto oficial da Constituição Portuguesa de 1822 reproduzia o § 1 do art. 5 daquela Constituição ("São espanhóis todos os homens livres nascidos e domiciliados nos domínios da Espanha, e os seus filhos"). A distinção viria a ser retomada dois anos depois, no *Projecto de Constituição para o Império do Brasil*, discutido na Assembleia constituinte brasileira de 1823, que reproduziu quase literalmente, no seu art. 5, o artigo da Constituição de Cádis recusado pelos deputados portugueses, ao definir como Brasileiros "todos os homens *livres* habitantes no Brasil, e neles nascidos" (tit. II, cap. I, art. 5.º, § I) e também "os escravos que obtiverem Carta de Alforria" (idem, § VI). Voltou, contudo, a desaparecer da Constituição brasileira de 1824, como se verá. Os textos constitucionais brasileiros que citamos encontram-se todos publicados na colectânea de Jorge Miranda, *O Constitucionalismo Liberal Luso-brasileiro*, Lisboa, C.N.C.D.P., 2001. Convém aqui recordar que parte dos protagonistas da Constituinte brasileira de 1823 tinham estado nas Cortes portuguesas de 1821-22, (v. Andréa Slemian, "Na teia da lei: constituição, opinião pública e nação na emergência do Estado no Brasil – 1820-1842", Projecto de Investigação em realização na Universidade de S. Paulo, S. Paulo, 2003, polic., pp. 13-14).

prestar um tom de transitoriedade à instituição: o acesso dos escravos à cidadania far-se-ia à medida que se alforriassem, e como havia uma relação entre a obtenção da alforria e o mérito individual do escravo, como se verá quando se descrever o estatuto do liberto, a redacção do artigo ficou, dessa forma, mais reconciliada com os princípios liberais da assembleia.

Se a omissão da condição de pessoa não livre encontrou o seu fundamento na ideia da transitoriedade da escravidão, faria sentido que as Cortes se tivessem empenhado em garantir essa transitoriedade. Em geral isso não aconteceu, mas houve propostas pontuais com esse sentido. Um dos deputados que se opôs à consagração da palavra "livre" na Constituição falou de projectos de lei para a abolição da escravatura[670]. Outros defenderam que a Constituição declarasse livres todos os escravos que, no futuro, viessem a nascer na América portuguesa, alargando ao território brasileiro as consequências da legislação emancipadora de D. José, até então de vigência restrita ao Reino de Portugal (v. *infra*, 8.1.2), para evitar contradições demasiadamente profundas ([...] "não me parece conveniente que um homem nascido no território português livre, possa ser ainda julgado escravo")[671]. Pensou-se ainda em transformar a Constituição num instrumento de libertação dos escravos, nomeadamente por meio da inclusão, no seu texto, de um compromisso no sentido da sua gradual extinção[672]. Nenhuma destas possibilidades, contudo, passou para o texto final da Constituição, tendo também ficado por discutir o único projecto apresentado em Cortes que integrou algumas medidas tendentes a acabar, gradualmente, com o tráfico de escravos e com a escravidão[673]. Acresce ainda que se a palavra "livre", como condição de acesso à cidadania, desapareceu do art. 21 da Constituição, ela reapareceu no artigo que regulava as eleições, onde se fez corresponder a cada deputado trinta mil habitantes *livres* (art. 37); sem que nessa matéria tivesse havido qualquer contestação, fosse no sentido em que a palavra "livre" a tinha suscitado aquando da discussão do art. 21, fosse num outro sentido, ligado ao problema, tão debatido, da representação política ultramarina. Dada a importância demográfica da população escravizada no Brasil, a exclusão dos escravos, acompanhada da sua não con-

---

[670] V. *DCGECNP*, sessão de 2 Agosto de 1821, p. 1770, Dep. Margiochi. Sobre a fragilidade do abolicionismo vintista v. João Pedro Marques, *Os sons do silêncio [...]*, cit., p. 160.

[671] *V. DCGECNP*, n.º 143, sessão de 3 Agosto de 1821, p. 1771, Dep. Agostinho José Freire. Posições similares tiveram os Deps. Bettencourt e Braacamp.

[672] *V. DCGECNP*, sessão de 14 de Setembro de 1822, p. 432, Dep. Luiz Monteiro. Já na sessão de 26 de Junho de 1822, se tinha aludido à Constituição como meio de "ir a pouco e pouco tornando-os livres" (p. 563, Dep. Girão).

[673] V. *DCGECNP*, sessão de 18 de Março de 1821, pp. 541-42.

tabilização para fins eleitorais, tinha consequências importantes: não sendo cidadãos, os escravos não só não tinham direitos políticos, como não contavam para efeitos de cálculo da população. Também em África, apesar da exiguidade dos números, a contagem se devia fazer em função do número de habitantes livres[674].

O número de deputados eleitos nas províncias ultramarinas ficou, assim, apenas dependente da contagem da população livre (mas excluindo desde logo os índios do Brasil que, como se verá mais à frente, sendo livres, também não foram contabilizados), o que prejudicava a representação do território americano e, teoricamente, todos os outros territórios ultramarinos. Os deputados do ultramar tiveram consciência dessa desvantagem e alguns deles propuseram que se considerassem outros factores, capazes de compensar a desvantagem relativa, como a maior dimensão territorial do Brasil ou a ignorância relativa à real dimensão da sua população (v. *supra*, 7.2.1)[675]. Mas nunca se colocou a hipótese de contabilizar de alguma forma a população escravizada para calcular o número de deputados a enviar ao Parlamento, como no constitucionalismo norte-americano, onde essa contagem favoreceu a representação dos proprietários de escravos no Congresso Nacional[676].

Se a discussão da cidadania, em 1821, originou algum debate sobre o estatuto do escravo, nas constituintes de 1837 o tema da escravidão e da sua abolição praticamente desapareceu. Houve mesmo quem alegasse – ou numa alusão pouco rigorosa ao decreto abolicionista de Sá da Bandeira, do ano anterior, ou por se estar perante um deputado para quem o território português, perdido o Brasil, se circunscrevia à sua parte continental[677] – que não se fizesse qualquer alusão a ela na Constituição, por já não haver escravidão em Portugal[678]. Uma opinião logo contrariada por um outro deputado, que recordou haver escravos e libertos nas colónias portuguesas[679]. No projecto da

---

[674] V. *DCGECNP*, sessão de 14 de Agosto de 1822, p. 153.

[675] Sobre o desconhecimento da realidade territorial e populacional americana e os problemas que isso suscitou no cálculo da representação nas Cortes de Cádis v. Marta Lorente, "América en Cadiz…", cit., pp. 36 e ss.

[676] V. Horst Dippel, *História do Constitucionalismo Moderno, Novas Perspectivas*, Lisboa, Fundação Calouste Gulbenkian, 2007, p. 166.

[677] Nas Cortes constituintes de 1837-38, houve, como já se recordou, uma evidente tensão entre o conceito de Nação portuguesa como uma "Nação bi-hemisférica", herdada da Constituição anterior, e um conceito de Portugal como "pequena Nação" com dificuldades em preservar a sua independência, depois de consumada a independência brasileira.

[678] V. sessão 10 Nov. 1837, *O Nacional*, n.º 875 de 11 Novembro, p. 7031.

[679] V. sessão de 10 de Novembro de 1837, *Diário do Governo*, n.º 267, 11 Novembro, p. 1262, Dep. Alberto Carlos.

Constituição de 1837 os escravos foram novamente excluídos por omissão, exactamente nos mesmos termos em que o tinham sido na Constituição vintista (art. 6, § 5). Só que agora, ao contrário do que se tinha passado com a anterior Constituição, a solução para resolver as tensões suscitadas pelo problema da escravidão levou mesmo ao desaparecimento da palavra escravo do texto final. Se a restrição contida no artigo vintista – só os escravos que obtivessem alforria eram cidadãos – deixava perceber a existência de escravos não alforriados no território português, o seu desaparecimento do texto final da Constituição de 1837 foi total: o conceito de escravo que se alforria foi ali substituído pela expressão "os libertos"[680] (art. 6. § VII). Por esse motivo, a leitura da Constituição de 1837 apenas permite concluir que existiam libertos em território português e que, como se verá, estes eram cidadãos[681]. Não diz nada sobre a existência de escravos nesse mesmo território.

Houve ainda outras ambiguidades, que foram deixadas sem solução nos escassos episódios em que a questão da escravidão foi fugaz e vagamente tratada. Uma delas dizia respeito à nacionalidade dos escravos. A dificuldade não teria ocorrido se a definição de Nação portuguesa se tivesse mantido tal como estava no projecto da Constituição, onde "A Nação Portuguesa é a associação de todos os *cidadãos* portugueses" (art. 1). Mas isso não sucedeu, já que a opção da maioria dos deputados tinha sido favorável à ideia de que a Nação portuguesa fosse a "associação política de todos os portugueses" (art. 1 da Constituição). Contrapondo-se a esta opção, um dos redactores do projecto, para justificar a preservação da restrição antes introduzida pela palavra "cidadão", apontou, exactamente, o problema da nacionalidade – que ele entendia ser portuguesa – dos escravos:

> "[...] em Portugal não temos escravos, mas há escravos nos estabelecimentos d'Ásia e d'África: esses homens, tendo nascido em território português, em certo modo são portugueses, mas não pertencem à associação chamada – Nação portuguesa"[682].

Por isso o deputado preferia que se definisse antes Nação Portuguesa como "a associação dos cidadãos portugueses", e não apenas dos "portugue-

---

[680] Cidadão, por sua vez, especialmente privado de direitos políticos nesta Constituição, como se verá.

[681] Não localizámos a discussão que levou a esta substituição, mas conseguimos perceber que o art. 5 (que incluía na categoria de cidadãos portugueses "Os escravos, que alcançarem carta de alforria") foi aprovado sem discussão na sessão de 16 de Maio de 1837, v. *DCGECNP*, p. 328.

[682] V. *DCGECNP*, sessão de 12 de Maio de 1837, p. 298.

ses". Tratava-se de distinguir entre as duas acepções possíveis do conceito de Nação, associando a uma delas, mais orgânica, a nacionalidade, e à outra, mais contratualista, a cidadania e os direitos políticos, embora fosse atípica a negação aos nacionais da plenitude dos direitos civis, como sucederia se os escravos fossem considerados nacionais. Mas esta discussão não teve continuidade, deixando em aberto a posição dos escravos em relação à Nação no seu sentido orgânico. Apenas se sabe que não surge, no texto final da Constituição, a distinção entre português e cidadão, o que aponta para a exclusão dos escravos em relação à primeira, pois dificilmente um escravo podia ser cidadão. Como em outros casos, só por raciocínios dedutivos chegamos a essa conclusão, resultando isso da insistente opção do constitucionalismo português em não distinguir nem o nacional do cidadão, nem o livre do não livre. Obtinha-se, com isso, a máxima valorização dos princípios, um constitucionalismo de "vanguarda" – afinal, todos os portugueses eram cidadãos e livres –, mas sem que isso exigisse nenhuma contrapartida quanto à efectiva concretização desses princípios na "Constituição social". Não se tinha, em suma, optado pela solução, muito mais clara, da Constituição de Cádis, que distinguia entre nacional e cidadão e, como acontecia na maioria das constituições estaduais norte americanas, distinguia entre livres e não livres, excluindo os últimos da nacionalidade e da cidadania. Espanhóis (nacionais) eram ali todos "os homens *livres* nascidos e domiciliados nos domínios da Espanha" (art. 5, subl. nosso), aos quais se acrescentavam os estrangeiros naturalizados e os libertos, estes últimos somente se tivessem adquirido a sua liberdade nas "Espanhas"[683]. Mas também não se tinha caído nas contradições do posterior constitucionalismo espanhol, no qual a distinção constitucional entre nacionais e cidadãos fazia dos escravos e ingénuos espanhóis que não tinham acesso aos direitos civis[684].

---

[683] Já o constitucionalismo norte-americano tinha consagrado esta distinção, havendo nas suas constituições estaduais – mas não a federal – muitas referências a homens livres: por exemplo, na Constituição do Estado da Carolina Setentrional (1776) a Declaração dos Direitos continha inúmeros artigos de aplicação restrita ao "homem livre" (arts 12 e 13, por exemplo); a Constituição da Carolina Meridional (1778) restringia a aplicação dos preceitos eleitorais ao "homem branco e livre", art. 13. O art. 1.º da Constituição da República da Pensilvânia (1777) determinava que a República ou Estado da Pensilvânia fosse governado "por uma assembleia de representantes de homens livres do Estado", v. *Collecção de Constituições antigas e modernas [...]*, cit., vol. IV, pp. 172, 209-210 e 289 respectivamente. Também no *Projecto de Constituição para o Império do Brasil*, de 1823, só podiam ser brasileiros os homens livres (art. 5), embora o problema da nacionalidade dos escravos e dos índios tenha sido discutido na assembleia brasileira de 1823.

[684] Isso sucedeu nas Constituições de 1837, 1845, 1869 e 1876. Todas classificaram como espanhóis "todas las personas nacidas en los dominios de España (o en territorio español)" en

A Carta Constitucional, ao contrário das outras Constituições, não fez qualquer referência a escravos, no artigo onde concedeu cidadania portuguesa a todos os nascidos em Portugal ou seus domínios, sem qualquer distinção de condição (art. 7). Nem em nenhum outro. Contudo, se importarmos a interpretação corrente sobre a mesma omissão na Constituição brasileira de 1824, cujos projectos serviram de base para a elaboração do texto da Carta, podemos conceber que também o texto da Carta consagrava a instituição da escravidão[685]. Se seguirmos aquela interpretação – segundo a qual a escravidão estava assegurada pelo artigo que garantia, na Constituição brasileira, o direito de propriedade em toda a sua plenitude (art. 179, § 22) – podemos por a hipótese de estar a escravidão reconhecida no art. 145 da Carta Constitucional, no parágrafo onde se protegia o direito fundamental da propriedade ("É garantido o direito de propriedade em toda a sua plenitude. Se o bem público, legalmente verificado, exigir o uso, e emprego da propriedade do Cidadão, será ele previamente indemnizado do valor dela. A lei marcará os casos, em que terá lugar esta única excepção, e dará as regras para se determinar a indemnização", art. 145, § 21). Como houve artigos equivalentes a este em todas as Constituições portuguesas, em todas ele podia ser sempre interpretado num sentido favorável à protecção da propriedade dos senhores de escravos, mais do que uma vez referida nas assembleias parlamentares portuguesas[686] e cuja indemnização foi uma preocupação constante na legislação abolicionista portuguesa e de outros países[687].

---

cuanto que la población esclava nacida en territorio español no tenía la categoría de sujeto de derecho", v. Javier Alvarado Planas, "El Régimen de Legislación especial para Ultramar y la Cuéstion Abolicionista en España Durante el Siglo XIX" [http://www.bibliojuridica.org/libros /1/133/3.pdf (2004.04.18)], versão impressa em *Cuadernos del Instituto de Investigaciones Jurídicas*, n.º 2, 1998 (v. também, do mesmo autor, *Constitucionalismo y codificación en las provincias de Ultramar. La supervivencia del Antiguo Régimen en la España de XIX*, Madrid, Centro de Estudios Políticos y Constitucionales, 2001).

[685] A redacção da Carta Constitucional foi feita com base em "dois exemplares do projecto revisto do Conselho de Estado para a Constituição brasileira de 1824", v. Afonso Arinos de Melo Franco, *O constitucionalismo de D. Pedro I no Brasil e em Portugal*, cit., p. 32. Neste trabalho encontram-se publicados aqueles dois exemplares, com as anotações de D. Pedro e o seu Secretário Gomes da Silva, a que recorremos para compreender melhor a posição dos escravos e libertos no texto da Carta.

[686] V., por exemplo, a discussão sobre o projecto, apresentado por Sá da Bandeira, para a extinção da escravidão na Ásia, na sessão da câmara dos Pares de 20 de Novembro de 1843 in *Diário do Governo* n.º 274 de 21 de Novembro de 1843, pp. 1677, apesar de nessa altura estar em causa apenas a extinção nas províncias asiáticas, onde o número de escravos era muito reduzido.

[687] V. Cristina Nogueira da Silva, *A cidadania nos Trópicos..*, cit., cap. 14: "Um longo caminho para a liberdade".

8.1.2. *A doutrina jurídica portuguesa e a escravatura*

A doutrina jurídica reproduziu, como foi referido, os enunciados universalistas das discussões constituintes e dos textos constitucionais. Mas, apesar disso, o silêncio da Carta Constitucional não encontrou paralelo nos textos doutrinários que a tiveram por referência, onde o estatuto do escravo acabou quase sempre por ser referido. Nessas passagens, a doutrina não deu conta daquela ausência na Constituição – nem expôs, em nenhuma ocasião, a interpretação, partilhada pela generalidade dos juristas brasileiros, de que a posse de escravos estava salvaguardada nos artigos constitucionais que protegiam a propriedade, o que pode significar que ela não foi acolhida na doutrina jurídica portuguesa. Contudo, esta doutrina denunciou a ausência do escravo no Código Civil de Seabra, contrapondo a natureza programática do direito codificado à irredutível realidade do direito positivo vigente:

> "O Código Seabra não trata dos escravos, mas nós não comentamos o Código, expomos o Direito vigente, e por ele ainda temos escravos, temos libertos, etc. [...]"[688].

Por fim, tal como aconteceu nas constituintes, também os juristas tiveram dificuldade em dar conta do estatuto do escravo nos seus textos. Os escravos eram, para eles, "pessoas" e, como tal, sujeitos dos enunciados universalistas dos textos constitucionais e da doutrina jurídica. Mas não deixavam, por isso, de ser escravos, propriedade de alguém, o que criava problemas de difícil solução.

Do ponto de vista da filosofia ocidental, escravos e livres foram sempre considerados, no "mundo natural", homens. Já no mundo artificial do direito, em certas épocas, alguns homens foram, para alguns efeitos, "coisas", em vez de "pessoas jurídicas". Isso tinha acontecido, por exemplo, com o homem escravizado do direito romano ("Os escravos, segundo o Direito romano, não são pessoas, mas coisas, e se reputam mortos"[689]). Não porque os juristas romanos acreditassem que os escravos não eram seres humanos, mas simplesmente porque achavam que o direito podia converter, para alguns efeitos, seres humanos em coisas[690].

---

[688] V. Manuel M. S. Bruschy, *Manual do Direito Civil Portuguez [...]*, cit., p. 30.
[689] V. Manuel Borges Carneiro, *Direito Civil de Portugal*, cit., p. 69, p. 97.
[690] V. Stanley Cavell, *The claim of reason, Wittgenstein skepticism, morality and tragedy*, Oxford, Oxford University Press, 1979, pp. 375-376, onde se deduz esta percepção da humanidade do escravo do facto de todas as regras que presidiram ao mundo da escravidão – inclusive, as que diziam respeito à punição – terem por referência sentimentos humanos partilhados (de humilhação, etc.).

Pelo contrário, para os juristas do século XIX, todos os seres que, no "mundo natural", eram homens, eram, no mundo do direito, pessoas. De acordo com isso, era um dado adquirido, para doutrina jurídica portuguesa oitocentista, que todo o homem físico era uma pessoa jurídica, "um ser considerado capaz de ter, ou de dever direitos, ou de ser sujeito activo e passivo de direitos". O direito não podia, em nenhuma circunstância, converter homens em coisas[691]. Se os escravos eram homens tinham também que ser, desde o nascimento, pessoas jurídicas (Borges Carneiro[692]; Silva Bruschy[693]; Coelho Rocha[694]). Todos estes juristas se demarcaram, por este motivo, da doutrina jurídica romana[695]. Dias Ferreira, melhor do que nenhum outro, exprimiu de forma clara essa demarcação, quando, comentando o primeiro artigo do Código Civil ("Da capacidade civil e da lei que o regula em geral") observou que, se, no presente, todo o homem gozava de personalidade jurídica, independentemente da raça, sexo, estado intelectual ou físico, no passado não tinha sido assim, porque apenas à pessoa – e não a todos os homens – se reconhecera faculdades jurídicas, e apenas à raça branca, e não a todas, se reconhecera personalidade jurídica"[696]. Tal distinção era, no presente, impossível, porque, continuou o jurista, a "civilização jurídica não reconhece homens sem personalidade, isto é, sem possuírem direitos absolutos, e a faculdade jurídica de adquirirem os hipotéticos".

Este postulado colocou a doutrina perante um problema complexo, que foi o de existirem "pessoas jurídicas", os escravos, que eram tratadas como se fossem coisas, por serem propriedade de outras pessoas. O problema foi debatido, na altura, por juristas espanhóis e norte americanos, quando, ao discutir o direito penal, se deram conta das dificuldades que resultavam de se considerar o escravo, simultaneamente, como propriedade e de estabelecer para ele punições, como se fosse pessoa. Porque, notava um juiz que integrou a Comissão encarregada, em 1879, de adaptar o Código penal espanhol ao ultramar, "...nem das coisas se pode dizer propriamente que fujam, nem muito menos

---

[691] V. António Ribeiro de Liz Teixeira, *Curso de Direito Civil portuguez [...]*, cit., p. 68.
[692] V. Manuel Borges Carneiro, *Direito Civil de Portugal*, cit., p. 65: "Os filhos famílias e os escravos são pois verdadeiras pessoas".
[693] V. Manuel M. S. Bruschy, *Manual do Direito Civil Portuguez [...], cit.*, p. 30.
[694] Manuel A. Coelho da Rocha, *Instituições de Direito Civil Portuguez [...]*, cit., pp. 34-35: "Todo o homem é capaz de ter direitos, e portanto todo o homem é *pessoa*".
[695] V. M.M.S. Bruschy, *Manual do Direito Civil Portuguez [...]*, cit., p. 30: "Considerados como instrumento de trabalho, estão assim mesmo muito longe da condição dos escravos romanos. Não são coisas, são homens."
[696] José Dias Ferreira, *Codigo Civil Portuguez Annotado*, cit., p. 6.

é lícito fazer delas o sujeito de uma pena jurídica e de um juízo criminal, que pressupõe a responsabilidade moral do agente, e portanto a consciência dos seus actos [...]"[697]. Os juristas portugueses da época, contudo, limitaram-se a admitir, sem grandes explicações, a possibilidade de um mesmo homem ser escravo e pessoa jurídica, e, de acordo com isso, procuraram integrar o escravo nas grelhas por meio das quais classificaram juridicamente as pessoas. Para isso apoiaram-se na variação dos direitos da pessoa em função do que designaram como as suas "circunstâncias", "posição", "qualidades", "estados" ou "condição". Manuel da Silva Bruschy, por exemplo, referiu-se à condição do escravo socorrendo-se de uma escala imaginada a partir de diferentes graus de exercício dos direitos. Nela, o escravo, enquanto pessoa, usufruía do mínimo de direitos, por contraposição ao cidadão, que se situava no nível máximo daquele usufruto. No meio ficava o estrangeiro:

> "[...] só o homem, por ser capaz de direitos, pode ser pessoa jurídica: mas como a soma desses direitos de que usufrui o indivíduo pode ser maior ou menor, segundo as circunstâncias, temos o máximo número no cidadão português, o mínimo no escravo, ficando intermédio o estrangeiro"[698].

Não obstante, só depois de se pronunciar, numa zona aparte do texto, sobre o estatuto dos escravos e libertos, é que o jurista deu início ao capítulo dedicado às "pessoas físicas", com um quadro sistematizando as "[...] diversas condições das pessoas de que vamos tratar". Entre elas contavam-se a condição de português e de estrangeiro, mas não a de escravo; ou, sequer, a de liberto[699].

A mesma dificuldade em incluir o escravo no capítulo dedicado à enumeração das pessoas nos seus diversos estados jurídicos verifica-se na doutrina

---

[697] Transcrito em Jesus Martínez Girón, *Los pleitos de Derecho privado sobre esclavitud ultramarina en la jurisprudencia del Tribunal Supremo (1857-1891)*, Madrid, Cuadernos Civitas, 2002, p. 52-53. Para a América do Norte, Michael Craton mostra como isso obrigou os plantadores e as autoridades imperiais britânicas (incluindo juristas da coroa) a recorrer, quando legislavam sobre escravidão, a princípios provenientes de culturas jurídicas alheias à tradição jurídica britânica, tais como os princípios do direito civil romano ou dos *Códigos negros* estrangeiros; ou, ainda, a recuperar tradições jurídicas antigas, de direito feudal inglês, v. Michael Craton, "Property and propriety. Land tenure and slave property in the creation of a British West Indian plantocracy, 1612-1714", in John Brewer and Susan Staves (eds.), *Early Modern Conceptions of Property*, London and New York, Routledge, 1996, p. 512. Isso explica também que os plantadores apenas legislassem sobre escravidão quando era absolutamente necessário, preferindo a vigência de "pragmatic customs" (*ibid.*, p. 516).

[698] V. Manuel M. S. Bruschy, *Manual do Direito Civil Portuguez [...]*, cit., p. 30.

[699] Idem, *Ibidem*, p. 32.

de Coelho da Rocha, que, ao contrário de Bruschy, referiu os escravos no capítulo dedicado às "pessoas físicas", mas a título (e em grafia) de nota, embora não os remetendo para o rodapé, como tinha sugerido o seu colega brasileiro Augusto Teixeira de Freitas, autor de um primeiro esboço do Código Civil brasileiro e membro da Comissão revisora do Código português (v. *supra*, 8.1.1)[700].

Como nas Constituições, também na doutrina portuguesa a instituição da escravidão foi descrita sob o signo da transitoriedade. A condição de escravo foi caracterizada por todos os civilistas como um estado transitório, excepcional e, sobretudo, geograficamente circunscrito, por ser somente tolerado nas colónias. (Silva Bruschy[701], Coelho da Rocha[702]). Por isso todos insistiram na tendência emancipadora da legislação portuguesa[703]. Borges Carneiro, por exemplo, dedicou um capítulo do seu trabalho ao tema "extinção da escravidão", onde reconheceu ser a instituição "oposta à dignidade da natureza humana". Nesse capítulo citou não apenas a legislação portuguesa favorável à liberdade dos escravos mas igualmente a doutrina de Bentham sobre os "inconvenientes e desvantagens do estado de escravos"[704]. Distinguiu também, em capítulos diferentes, a situação "em Portugal", onde a escravidão tinha sido abolida pelos Alvarás pombalinos[705]; mas acabou por admitir que "em todo o ultramar" a situação era diversa, embora ali se promovesse, por leis e tratados "a progressiva extinção da escravidão". Não obstante, as leis e tratados que a seguir enumerou diziam apenas respeito à proibição do tráfico, porque não existia ainda, quando escreveu, legislação portuguesa directamente dirigida à extinção da escravidão[706]. Bruschy salientou também o carácter emancipador das leis pombalinas, das quais fez derivar a "força libertadora" do solo português (escravos *só* os havia em África ou "andando embar-

---

[700] V. Manuel A. Coelho da Rocha, *Instituições de Direito Civil Portugues [...]*, cit., p. 36 e ss.

[701] V. Manuel M. S. Bruschy, *Manual do Direito Civil Portuguez [...]*, cit., p. 30.

[702] V. Manuel A. Coelho da Rocha, *Instituições de Direito Civil Portugues [...]*, cit., p. 35

[703] Como todos referiram, desde a época de Pombal eram livres todos os escravos que desembarcassem em território português (agora com um sentido geográfico que se restringia ao continente e ilhas da Madeira e Açores).

[704] Manuel Borges Carneiro, *Direito Civil de Portugal [...]*, cit., p. 100-101.

[705] A lei de 19 de Setembro de 1761, declarando livres os escravos que tocassem solo português. O Alvará de 16 de Janeiro de 1773, declarando livres os filhos de mulheres escravas nascidos no Reino e o Alvará de 7 Janeiro de 1767, declarando livre qualquer escravo desembarcado em Portugal. Estas não foram, contudo, leis abolicionistas, como se tem mostrado nos trabalhos de Didier Lahon, nomeadamente em *Os Negros em Portugal – sécs. XV a XIX*, Lisboa, CNCDP, 1999, p. 84.

[706] Manuel Borges Carneiro, *Direito Civil de Portugal [...]*, cit., p. 102-103.

cados"[707]). E, como Silva Bruschy, Coelho da Rocha, na sua breve nota, recordou que a condição de escravo eram apenas tolerada e, por lei, *só* nas possessões de África ("[...] logo que desembarquem no continente do Reino, ou nas ilhas dos Açores, ou Madeira, ficam livres [...][708]).

Também Liz Teixeira, que começou por explicar, no capítulo da sua obra dedicado aos "naturais e estrangeiros", que, por estar eliminada a escravidão – e, portanto, a primeira divisão das pessoas, que era a que separava livres e escravos – era a divisão entre "naturais e estrangeiros entre nós a primeira e mais geral divisão das pessoas, pois que nela todas as outras divisões se compreendem"[709], acabou por reconhecer que tal afirmação era válida somente "em relação aos habitantes de Portugal propriamente dito, que compõem das províncias do Minho, Trás-os-Montes, Beira, Estremadura, Alentejo, Reino do Algarve, e Ilhas adjacentes, Porto Santo e Açores; pois que conservados *provisoriamente* os escravos negros residentes nas Colónias de África, nas Ilhas de Cabo Verde, e outras adjacentes à África, enquanto a estas partes da nossa Monarquia esta divisão de pessoas é *provisória* e interinamente a segunda"[710].

A doutrina do "solo livre" aplicada aos territórios metropolitanos, tendo como reverso a autorização da escravidão nas colónias, foi comum à da Espanha[711], França e da Inglaterra[712] e, como se verá, encontrava justificação na ciência política da época. Era importante sublinhar a sua vigência em Portugal, porque com isso o país colocava-se a par do mundo moderno e civilizado, o mundo que já desconhecia a escravatura. O ultramar era um outro mundo, um outro estádio civilizacional na evolução da humanidade[713]. Montesquieu, na sua obra sobre o espírito das leis (*L'Esprit des Lois*, 1748), já o tinha explicado:

"Como todos os homens nascem iguais, é necessário recordar que a escravatura é contra a natureza, ainda que em certos países ela se possa fundar na Razão natural; é por isso muito necessário distinguir estes países daqueles onde

---

[707] V. Manuel M. S. Bruschy, *Manual do Direito Civil Portuguez [...]*, cit., p. 31.
[708] V. M. A. Coelho da Rocha, *Instituições de Direito Civil Portuguez [...]*, cit., p. 35.
[709] António Ribeiro de Liz Teixeira, *Curso de Direito Civil [...]*, cit., p. 125.
[710] *Idem, ibíd.*, p. 129.
[711] Jesus Martínez Girón, *Los pleitos de Derecho privado [...]*, *cit*, p. 13-14.
[712] V. Françoise Vergès, *Abolir l'esclavage: une utopie coloniale, Les ambiguïtés d'une politique humanitaire*, cit., p. 45.
[713] Sobre este raciocínio v. Cristina Nogueira da Silva, "Abolicionismo", in *Dictionary of Moral and Political Philosophy*, ed. Electrónica do Instituto de Filosofia da Linguagem da Faculdade de Ciências Sociais e Humanas da Universidade Nova de Lisboa (http://www.ifl.pt)

mesmo as razões naturais a rejeitam, como os países da Europa, onde ela foi, felizmente, abolida"[714].

A transitoriedade da instituição podia então explicar a sua ausência no Código Civil, aproximando as razões de Seabra às de Augusto Teixeira de Freitas, no Brasil. De resto, quando o Código foi mandado aplicar ao ultramar, a 18 de Novembro de 1869, já não havia, formalmente, escravos, pois tal condição tinha sido abolida numa lei de 25 de Fevereiro desse ano. Ainda assim, o decreto que o mandou aplicar teve que ressalvar a legislação transitória "sobre escravos, declarados livres por decreto de 25 de Fevereiro do mesmo ano" (art. 3)[715], legislação da qual falaremos mais à frente.

Finalmente, porque os escravos eram pessoas, os juristas chamaram a atenção para a forma como a legislação portuguesa lhes ia reconhecendo direitos, limitando o "princípio da soberania doméstica" dos senhores sobre os seus escravos. Coelho da Rocha, por exemplo, recordou como, pela lei portuguesa, se encontrava suavizada a condição do escravo:

> "[...] ainda que não gozem dos direitos das pessoas livres, os princípios da humanidade e as leis tem suavizado muito a sua condição. Assim, o senhor não os pode castigar com mais dureza, do que aos criados livres, *Ord. L. 5. tit. 36.§.1*. Se, para os corrigir, for necessário recolhê-los à cadeia, não devem ser mais maltratados, do que os outros presos, e o senhor deve-os sustentar, *Decr. de 30 de Setembro de 1693*, e *Alv. de 3 de Out. de 1758*"[716].

As características salientadas pelos juristas transformavam a legislação portuguesa numa legislação de sentido gradualmente abolicionista, porque a redução, por via legislativa, dos poderes absolutos dos senhores sobre os seus escravos, que teria como ponto culminante a concessão da cidadania ao escravo, era uma das vias propostas por algumas correntes gradualistas, apesar de merecer o cepticismo de autores como Bentham, que defendia a impossibilidade, ditada pela assimetria radical da relação senhor/escravo e pela natureza quotidiana dessa relação, de circunscrever, pela via do direito, a autoridade dos senhores sobre os escravos e os abusos a ela inerentes[717].

---

[714] V. Montesquieu, *De L'Esprit des Lois*, Paris, Gallimard, 1995, Liv. XV, Cap VII.
[715] V. José Dias Ferreira, *Codigo Civil Portuguez Annotado*, cit., p. 6.
[716] V. M. A. Coelho da Rocha, *Instituições de Direito Civil Portuguez [...]*, cit., p. 35.
[717] V. *Oeuvres de Jeremy Bentham*, t. I: "Traités de législation civile et pénale. Tactique des assemblés politiques délibérantes. Traités des sophismes politiques", Troisième partie: "Droits et obligations a attacher aux divers états privés", Bruxelles, S.L.B., 1840, p. 101: "Se considerarmos por um lado a facilidade que um senhor tem em agravar lentamente o jugo, em exigir com rigor os serviços que lhe são devidos, em aumentar as suas pretensões sob diversos pretextos, em espiar as ocasiões para atormentar um súbdito insolente que ousa recusar o que não deve, se

Finalmente, muito menos optimista do que o parecer dos professores de direito e dos grandes juristas, foi a doutrina saída de uma Consulta do Conselho Ultramarino, datada de 9 de Dezembro de 1852, a propósito do pedido de protecção real por parte de uma escrava "crioula" da ilha de S. Tomé, que não conseguira vencer uma acção de liberdade por não haver lei portuguesa que lhe pudesse valer. De acordo com o parecer, "a dura lei romana" era "[...] lei comum da escravidão nas nossas colónias, e pior do que ela era ainda estar entregue ao arbítrio de juízes pela maior parte leigos, e nem sempre humanos, que a glosam por suas paixões e pelos hábitos, bem pouco exemplares, daquelas distantes e mal civilizadas regiões"[718]. Existiam, dizia-se ainda, provisões, estilos e ordens régias que "adoçavam" o rigor da jurisprudência romana, mas "Lei geral portuguesa não a há", e o juiz da comarca não encontrava, nas normas ou na jurisprudência, nada que pudesse valer à suplicante[719].

Assim, quando a lei era omissa, o direito que muitas vezes vigorava era, possivelmente, o direito comum, romanista, repudiado pela doutrina, e não os direitos naturais enumerados nas Constituições. Não existem, contudo, em Portugal, estudos sobre este tema, sendo esta sugestão, por isso, provisória. Estudos já realizados por historiadores espanhóis sobre a jurisprudência dos tribunais em matéria de acções de liberdade concluíram pela "absoluta falta de invocação, na jurisprudência, de preceitos constitucionais relativos à liberdade ou à igualdade [...][720]. Mas alguns casos, quer no Brasil quer

---

considerarmos por outro lado o quanto seria difícil aos escravos reclamar ou obter a protecção legal, o quanto a sua situação doméstica se agravaria depois de um escândalo público contra os seus senhores [...] compreender-se-á rapidamente que o projecto de mitigar a servidão pelo direito é mais fácil de formular do que de executar".

[718] V. *Annaes do Conselho Ultramarino, Parte Oficial*, série I, cit., p. 167.

[719] De acordo com as informações, algo contraditórias, do juiz da comarca "nenhuma provisão ou estilo adoçou ainda ali o rigor cruel da antiga jurisprudência Romana, que nossos antepassados toleraram, sem nunca a adoptar professadamente, antes lhe resistiram sempre, já por instinto de humanidade, e influência do cristianismo que em diversas colónias introduziu o estilo de muitas modificações suaves, já por expressa ordem e rescritos régios ou por Provisões do Antigo Conselho Ultramarino que em muita parte a moderaram" V. *Annaes do Conselho Ultramarino, Parte Oficial*, série I, cit., p.167. Já de acordo com Borges Carneiro, além das *Ordenações do Reino* e da legislação extravagante dos séculos anteriores, os efeitos da escravidão e da alforria eram de facto regulados pela doutrina romana (v. Manuel Borges Carneiro, *Direito Civil de Portugal* [...], cit., p. 69 e p. 97); e, em 1856, nas Cortes, um deputado explicava que no ultramar se chamavam crias aos filhos das escravas porque "segundo o nosso direito Pátrio, derivado do Direito romano, consideram os filhos das escravas como coisas e não como pessoas". Isto apesar de se estar a discutir, no momento, uma lei do *ventre livre*, v. *DCD*, sessão de 7 de Março de 1856, p. 69.

[720] Jesus Martínez Girón, *Los pleitos de Derecho privado [...]*, cit., p. 41.

nas colónias portuguesas em África, podiam ser relatados como exemplos de sentido oposto aos que acabámos de referir, como veremos ainda neste capítulo.

Uma conclusão que a análise destes textos permite extrair é a de que a presença dos escravos era algo que fazia do território ultramarino um espaço essencialmente diferente do metropolitano. Facto que, após a independência do Brasil, foi cada vez mais notado, na doutrina jurídica, como se acabou de ver, e nas assembleias constituintes. Essa diferença, conjugada com a ideia de que a Constituição vigorava em todo o território, reflectiu-se de forma conflitual nos seus vários textos (1822, 1826, 1838). Obrigou-a a contradizer-se nos seus princípios, por consagrar uma instituição que estava em contradição com eles ou por omiti-la sem nada fazer contra ela; obrigou-a a conter determinações sobre o estatuto das pessoas que apenas se aplicavam a algumas partes do território nacional. A especificidade dos territórios ultramarinos justificava, ainda, a inclusão, na Constituição, de artigos especiais, que apenas a eles diziam respeito, e não ao conjunto do território nacional[721].

Nos anos '50, quando se discutiu o estatuto dos libertos no Acto Adicional à Carta Constitucional, um dos deputados assumiu essa especificidade, que fazia com que a questão dos estatutos pessoais fosse diferente quando se falava do território metropolitano ou ultramarino:

> "Isto é claro que não é para o Continente de Portugal, porque cá não há escravos, e por consequência não deve haver Libertos; se houver algum é estrangeiro; pode vir algum das Nações Estrangeiras, mas Português não pode haver nenhum no continente do Reino"[722].

8.1.3. *Contexto político-ideológico das discussões constitucionais sobre os escravos*

Os princípios contrários à escravidão não encontraram um auditório atento nas assembleias constituintes portuguesas da primeira metade do século XIX. A escravatura foi também escassamente tratada pela doutrina jurídica, e aí os princípios contrários à escravidão esgotaram-se em declarações de esperança na brevidade da extinção, sinalizando a incomodidade que o tema suscitava ("Esperamos em Deus que seremos os últimos que escrevendo acerca do

---

[721] Basílio Alberto, comentado o artigo 6 da Constituição de 1838, onde se concedia a cidadania aos libertos, explicava que parecendo ele "supérfluo" – por não haver "entre nós escravos e por conseguinte libertos" – não o era, por causa da existência de escravos nas "possessões de África e Ásia", v. *Analyse da Constituição Política da Monarquia Portugueza [...]*, cit., p. 28.

[722] V. *DCD*, sessão de 13 de Março de 1852, p. 168, Dep. Leonel Tavares.

Direito Português, tenham ainda de dedicar algumas linhas a escravos"[723]). Nas Cortes vintistas isso aconteceu, em grande parte, por causa dos interesses brasileiros, conjugados com o conhecimento de situações despoletadas por debates e decisões em torno da mesma questão, que tinham ocorrido em outros processos constituintes, como o francês ou o espanhol[724]. Havia também o tópico da Revolução no Haiti (1791) que, nas suas diversas versões, estava muito presente na mente e nos discursos dos deputados. Ele era, para os que entendiam dever preservar-se a escravidão, a prova de que qualquer cedência a favor dos escravos redundaria em rebeliões sangrentas, porque as sociedades coloniais não estavam preparadas e porque os escravos não sabiam governar-se a si próprios; e, para os que desejavam a abolição, a prova de que a emancipação dos escravos devia ser gradual[725].

Os princípios contrários à escravidão foram, em todo o caso, invocados – embora por um grupo minoritário, porque a maioria dos deputados não se pronunciou – e tiveram efeitos na redacção final do texto constitucional, como se viu.

Do mesmo modo, as circunstâncias vividas nos anos '30 podem explicar as ainda maiores ambiguidades, silêncios e omissões dos deputados da Constituinte de 1837-38. Por um lado, o desaparecimento de um problema com a dimensão do problema brasileiro tornou possível que a questão fosse ainda

---

[723] V. Manuel S. Bruschy, *Manual do Direito Civil Portuguez [...]*, cit., p. 31. Esta distância entre a manifestação de sentimentos anti esclavagistas e "um programa político que lhe definisse objectivos a curto prazo" aconteceu em quase toda a Europa, V. Yves Benot, *La Révolution française et la fin des colonies [...]*, cit., p. 41 e anteriores.

[724] Como se viu, na Constituição de Cádis, como em todas as constituintes espanholas do século XIX, o problema da escravidão foi um problema delicado, por causa dos interesses coloniais, tendo-se justificado sempre a preservação da escravidão com base em argumentos económicos e políticos (o risco de processos independentistas protagonizados pelos senhores de escravos em Cuba e Porto Rico), v. Javier Alvarado Planas, "El Régimen de Legislación especial para Ultramar [...]", cit., p. 24. A abolição do tráfico de escravos e da escravidão também foi um tema delicado da política externa portuguesa desde os finais do século XVIII, porque punha em causa os interesses ligados à economia de plantação no Brasil. Essa ligação fora, no passado, um factor que condicionara, nem sempre na mesma direcção (e conjugado com outros, como a honra nacional face às pressões abolicionistas inglesas) a posição portuguesa face aqueles temas (v. Valentim Alexandre *Os sentidos do Império [...]*, cit., e João Pedro Marques, *Os sons do silêncio [...]*, cit., p. 127 e 157 e ss.).

[725] V. Françoise Vergès, *Abolir l'esclavage: une utopie coloniale [...]*, cit., p. 116 e ss. Ver também Laurent Dubois, *Les esclaves de la Republique [...]*, cit., e Flávio Gomes, "Experiências transatlânticas e significados locais: ideias, temores e narrativas em torno do Haiti no Brasil escravista", in *Tempo*, Revista de História do Departamento de História da Universidade Federal Fluminense, vol. 7-n.º 13, 2002, pp. 209-246.

mais contornada, velando-se ainda mais o reconhecimento da escravidão na Constituição. Poder-se-ia interpretar a alusão exclusiva à categoria de liberto como uma declaração de vontade no sentido da extinção da condição de escravo, ainda mais se recordarmos o processo desencadeado pelos projectos abolicionistas de Sá da Bandeira, que datam de 1836, alguns deles integrando medidas emancipadoras (liberdade do ventre e sistemas de matrículas de escravos). Eles relacionavam-se, como se sabe, com a ideia, minoritária na sociedade portuguesa, de que o desenvolvimento das colónias africanas envolvia necessariamente o fim do tráfico e da escravidão. Mas, por outro lado, uma declaração mais explícita pode não ter sido feita porque, apesar de tudo, mesmo depois da separação do Brasil, o problema da escravidão e da abolição do tráfico manteve-se, maioritariamente associado à ideia, contrária à anterior, de que da sua preservação dependia a sobrevivência das colónias africanas[726].

As circunstâncias políticas explicam, em parte, os silêncios e os incómodos a que a questão da escravatura deu lugar. Mas não esgotam a explicação. A opção esclavagista dos constituintes de 1822 pode ser melhor compreendida se for situada no contexto mais amplo do liberalismo da primeira metade do século XIX, onde a doutrina dos direitos naturais, teorizada no período anterior, foi preservada, mas coexistindo com outros princípios, que colidam com ela. Além da natureza legiscentrica da cultura jurídica oitocentista (v. *supra*, 7.1), que enfraquecia a hipótese de os escravos obterem a liberdade por meio da aplicação judicial directa das Constituições e dos direitos nelas declarados existiam, no pensamento liberal de matriz jusnaturalista, categorias que permitiam enquadrar a escravidão, ainda que em permanente tensão. Essas categorias explicam, simultaneamente, aquela opção e as tensões que ela gerou, os silêncios e as omissões por meio dos quais se exprimiu.

8.1.3.1. Escravidão e direitos naturais

A literatura anti-escravista dos finais do século XVIII denunciou a escravidão porque ela negava a alguns homens a liberdade, a "propriedade de si mesmo". Foi essa a tese de um dos autores que de forma mais precoce e radical aplicou as consequências do raciocínio jusnaturalista ao problema da escravatura[727].

---

[726] V. João Pedro Marques, *Os sons do silêncio [...]*, cit., p. 164. A abolição podia por em causa, de facto, a preservação das colónias, dadas as fortes resistências às medidas abolicionistas vindas da metrópole.

[727] V. Abbé Guillaume-Thomas Raynal, *Histoire Philosophique et politique des établissements et du commerce des Européens dans les deux Indes*, cit.

Os direitos naturais eram direitos do indivíduo antes (independentemente) da sua integração em qualquer contexto social ou relação de poder e, por isso, a escravatura não era nem moral nem juridicamente possível. A hipótese aristotélica, sempre discutida, do "escravo natural", já não tinha qualquer fundamento[728].

A escravatura também não podia fundar a sua justiça num acto de vontade do poder político, porque este existia para proteger a liberdade original dos indivíduos. Uma decisão política favorável à escravatura seria sempre uma decisão ilegítima. Do mesmo modo, a assimetria radical implicada na relação senhor/escravo, a natureza arbitrária e ilimitada do poder do primeiro, colidia com a teorização política liberal dos poderes controlados e limitados

No entanto, esta referência aos direitos naturais do homem e à forma liberal de funcionamento dos poderes raramente esteve associada, na Europa continental, à defesa da abolição imediata da escravatura. Pelo contrário, esteve quase sempre associada à defesa de um abolicionismo gradual. A abolição do tráfico de escravos, primeiro, a abolição da escravidão, e por etapas, depois, foi a solução ditada por quase todos os políticos liberais na Europa continental do século XIX. A ideia mais comum foi abolir primeiro o tráfico e criar, com isso, uma melhoria das condições de trabalho e de vida do escravo, que o senhor propiciaria, por interesse próprio, uma vez esgotada a fonte externa de recrutamento de mão-de-obra. Essa melhoria, por ser moralizadora e civilizadora, facilitaria, depois, a abolição, gradual e pacífica, da escravidão. Esta última, por sua vez, envolveria a aprovação de leis que a preparassem, fosse através da concessão da "liberdade de ventre", que tornava livres os filhos das escravas, ou da obrigação de prestação de serviços gratuitos do escravo libertado ao senhor, como forma de indemnização e de aprendizagem "civilizacional". Estas soluções, ainda que favorecessem o adiamento da abolição definitiva, eram vistas como soluções razoáveis porque vários elementos internos à doutrina dos direitos naturais do Homem dos finais do século XVIII e da primeira metade do século XIX facilitaram a sua convivência com a preservação temporária da escravidão, o que atenuou o impacto daquela doutrina nos lugares do mundo onde ainda existiam escravos. Como já tratamos deste tema em outro lugar[729], vamos concentrar-nos

---

[728] Sobre a lógica aristotélica, que fazia derivar a escravidão da sua necessidade para o bom funcionamento da Polis, v. Bernard Williams, *Shame and Necessity*, University of California Press, Berkeley/Los Angeles, 1993.

[729] V. Cristina Nogueira da Silva, "Abolicionismo", in *Dictionary of Moral and Political Philosophy*, cit. V. também o cap. intitulado "Contexto político-ideológico das discussões consti-

no tópico das relações a liberdade e a propriedade enquanto direitos fundamentais/naturais.

8.1.3.2. Escravidão, liberdade, igualdade, propriedade

As exigências do "mundo objectivo" ocasionaram tensões internas no interior da doutrina dos direitos naturais, na qual a liberdade dialogava com outros direitos, como a igualdade e a propriedade[730]. Esta última ocupava, para alguns, um lugar hegemónico no conjunto dos direitos. Para outros, era mesmo parte da liberdade, sendo a conjugação dos dois direitos um motor do progresso da humanidade, porque o mesmo interesse que tornava rentável o trabalho livre movia o proprietário no sentido da rentabilização da sua propriedade (John Locke, Adam Smith, Silvestre Pinheiro), a fórmula da sua realização pessoal, de satisfação do desejo humano de distinção por meio da acumulação auto-sustentada dos bens[731].

O tema da escravidão veio, contudo, introduzir tensões nessa harmonia ideal entre os direitos, porque a propriedade (adquirida) do escravo pelo senhor colidia com a liberdade original – e também com a propriedade original (de si mesmo, do seu corpo) – do escravo. Como a protecção da propriedade constituía outro dos fins do poder político, a equação podia funcionar tanto a favor do escravo como a favor do senhor. A resposta da maior parte dos juristas e políticos europeus tendeu para a superiorização dos – ou, pelo menos, para a equivalência entre os – direitos de propriedade adquirida dos senhores em detrimento dos direitos de liberdade/propriedade originais do escravo. O escravo seria liberto, mas o direito do senhor a uma indemnização, sob a forma de alguns anos mais de trabalho gratuito a seu favor e de uma recompensa monetária oferecida pela Estado foi um direito reconhecido em quase todos os diplomas legislativos que aboliram a escravidão, sem que, como

---

tucionais sobre os escravos" em Cristina Nogueira da Silva, *A cidadania nos Trópicos...*, cit., onde este tema é tratado de forma mais exaustiva.

[730] Sobre este "diálogo" entre os direitos fundamentais v. Morton J. Horwitz, "Natural Law and Natural Rights", in Austin Sarat and Thomas R. Kearns (eds.), *Legal Rights, Historical and Philosophical Perspectives*, Michigan, University of Michigan Press, 1997, pp. 39-53. V. também William E. Cain, "Lincoln, Slavery, and Rights", in Austin Sarat and Thomas R. Kearns, *Legal Rights [...]*, cit., pp. 53-86, sobretudo pp. 64. e ss.

[731] A liberdade podia até ser descrita como uma forma de propriedade, no vocabulário constitucional da Revolução Americana ("[...] to be free was to have a «freehold» in rights of which one could not be «dispossessed» by arbitrary action [...]", v. Robert W. Gordon, "Paradoxical property", in John Brewer and Susan Staves (eds.), *Early Modern Conceptions [...]*, cit., p. 95.

notou V. Vergès, se tivessem levantado grandes problemas filosóficos acerca da natureza dessa indemnização. Foi o que sucedeu, por exemplo, no célebre decreto francês de 27 de Abril de 1848, pelo qual Victor Schoelcher aboliu a escravidão nas colónias francesas: ao reconhecer a sua dívida para com os senhores – e ao não reconhecer qualquer direito, por parte do escravo, a uma reparação pelos anos de trabalho gratuito, de expropriação da sua liberdade e da propriedade de si mesmo –, o pensamento abolicionista francês entendeu a emancipação como uma compensação suficiente[732].

Num contexto totalmente diverso do francês ou do português, o do Brasil dos primeiros anos da independência, a mesma hierarquia entre os direitos, conjugada com uma atitude pietista em relação à lei positiva equivalente ao legiscentrismo da cultura jurídica europeia da época, fez com que as leis civis das *Ordenações Filipinas* e do direito romano, apesar da sua "injustiça", reconhecida pelos juristas que, ao mesmo tempo que as invocaram como legítimas, associaram aquela injustiça ao facto de nelas se reconhecer a escravidão, pudessem prevalecer sobre os princípios jurídico-filosóficos do jusnaturalismo. Fez também com que, nos anos '30, os códigos e as leis penais e criminais brasileiros, votados ou aprovados em assembleias liberais representativas, pudessem regulamentar as relações escravagistas[733]. Apesar disso havia, também no Brasil, um problema de reconciliação entre o direito de liberdade dos escravos (ou de segurança na propriedade de si próprios) enquanto homens – condição que justificava algumas restrições ao poder privado dos senhores – e os direitos dos que os possuíam como propriedade[734]. E também aqui essa equação funcionou quase sempre a favor do senhor, dando lugar a um processo abolicionista lento[735] e gradual, onde a legitimidade da propriedade de escravos se associou à defesa, quase universal, da necessidade de indemnizar o senhor pela perda do escravo libertado. Nunca deixou, contudo, de se verificar o que Eduardo Spiller Pena identificou como "[...] uma tensão na hermenêutica dos jurisconsultos entre seus preceitos jurídico-morais favoráveis à liberdade e o instrumental das leis positivas, adoptadas de direitos antigos, para se regular a escravidão no país" [...][736].

---

[732] V. Vergès, *Abolir l'esclavage: une utopie coloniale* [...], cit., pp. 82-83.

[733] Ver Jurandir Malerba, *Os Brancos da lei: Liberalismo, Escravidão e mentalidade patriarcal no Império do Brasil*, Maringá, Eduem, 1994.

[734] V. Kenan Malik, *The meaning of Race*, New York, New York University Press, 1996, pp. 61-68.

[735] 1888 foi a data da abolição definitiva da escravidão no Brasil.

[736] V. Eduardo Spiller Pena, *Pagens da Casa Imperial* [...], cit., p. 32.

Estas tensões não deram lugar a resultados unívocos, o que mostra que eram substanciais. Tiveram, além disso, algumas (embora mínimas) repercussões sociais, já que, no Brasil da primeira metade do século XIX aqueles mesmos jurisconsultos puderam, ainda que muito pontualmente, fazer prevalecer os preceitos jurídico-morais sobre as leis positivas. Puderam também interpretar estas últimas à luz daqueles preceitos, conseguindo, com isso, decisões de sentido favorável à liberdade dos escravos que se envolviam em acções de liberdade nos tribunais[737]. Ou seja, a prevalência, no Brasil, de um direito positivo que admitia a escravidão – o direito romano, as *Ordenações Filipinas*, as leis *Extravagantes* – não ocorreu necessariamente, porque alguns juristas, mais favoráveis à concessão de liberdade, defenderam a doutrina da irracionalidade e do carácter "bárbaro" das leis antigas[738]. Puderam fazê-lo até dentro da legalidade, porque a Lei pombalina de 18 de Agosto de 1769 tinha submetido a aplicação das normas romanas ao filtro da "Boa razão" e consagrado os princípios do direito natural como fonte de direito. As suas consequências, no que diz respeito à escravatura, já tinham sido expostas na doutrina de Correia Telles, para quem "a lei de 1769 inviabiliza o uso de qualquer dispositivo escravista romano como norma subsidiária, por ser completamente caduco e anacrónico ante os princípios do direito natural e das gentes"[739].

Não obstante, este mesmo grupo de jurisconsultos brasileiros que, nos anos 50, tinham decidido que "em litígios que envolvessem pessoas escravizadas, a liberdade – como valor moral [...] – deveria ser privilegiada e, em última instância, sobrepor-se à própria determinação da lei"[740], nunca chegou a problematizar, genericamente, "o direito da propriedade em escravos ou a vigência política da escravidão [...]"[741]. Pelo contrário, a maioria deles oscilou continuamente entre as duas faces da questão. Um exemplo paradigmático dessa oscilação foi o de Perdigão Malheiro, cujas reflexões sobre a ilegitimidade da escravidão face a "princípios jurídico-filosóficos baseados no

---

[737] V. Keila Grinberg, *Liberata, a lei da ambiguidade, As acções de liberdade da Corte de Apelação do Rio de Janeiro no século XIX*, Rio de Janeiro, Relume Dumará, 1994.

[738] V. Eduardo Spiller Pena, *Pagens* [...], cit., p. 35. Por lei de 20 de Outubro de 1823 tinham sido postas em vigor no Império do Brasil as *Ordenações* e todas as leis que vigoravam no período anterior à independência, até que se publicasse o Código Civil ou as leis fossem individualmente alteradas.

[739] V. Eduardo Spiller Pena, *Pagens* [...], p. 90, referindo-se a José Homem Corrêa Telles, *Comentário Crítico à Lei da Boa Razão de 18 de Agosto de 1769*, Lisboa, Typografia de N. P. de Lacerda, 1824, p. 39: "Exemplos de Leis Romanas opostas ao Direito natural e das Gentes", onde Corrêa Telles recusou legitimidade à redução de prisioneiros de guerra à escravidão.

[740] V. Eduardo Spiller Pena, *Pagens* [...], p. 108.

[741] Idem, *ibid.*, p. 117.

cristianismo e na razão iluminista" tinham derrogado a aplicação de algumas normas escravistas do direito romano, sobrepondo-lhe o princípio jurídico moral da liberdade, mas que viria, mais tarde, a afirmar, de forma contundente, a legitimidade da escravidão "como direito legal, positivo, de posse e de domínio"[742], em nome da estabilidade política e social, da prosperidade económica e dos direitos dos senhores. Por outro lado, a par deste último, existia um outro argumento ao qual se podia recorrer, no Brasil, para fundamentar a preservação da escravidão, que era o do pensamento da economia política aplicado à administração das fazendas do Brasil e da América do Norte[743]. Neste pensamento, muito marcado pelos conceitos da nova "ciência económica", a propriedade rural americana era vista como unidade produtiva a rentabilizar e os senhores de escravos como "agentes económicos operando no mercado, com pleno gozo de direitos civis na arena política nacional, (que) sabiam o que melhor fazer com os seus factores de produção – terras, capitais e, evidentemente, escravos". Estava-se, portanto, face a uma "gestão privada", na qual o Estado não devia interferir[744].

Esta breve incursão que fizemos no pensamento jurídico brasileiro da primeira metade do século XIX pareceu-nos pertinente na medida em que boa parte dos juristas brasileiros de que se falou tinham tido a sua formação universitária em Portugal, na Universidade de Coimbra, e continuado a sua formação intelectual e jurídica por meio da colaboração em instituições como a Academia Real de Ciências de Lisboa, onde alguns chegaram a publicar memórias sobre a escravatura. A singularidade do liberalismo brasileiro – a sua especificidade, mas não a sua fragilidade, como durante muito tempo insistiu a historiografia brasileira, mas que perspectivas mais recentes têm afastado – explica-se também pela persistência da escravidão no interior da sociedade brasileira. Ela não pode, por isso, nesse ponto, elucidar o liberalismo português. Em todo o caso, em 1822, a situação discutida nas cortes incluía a realidade brasileira e foi condicionada por ela. E não deixa de ser significativo da permeabilidade do pensamento sobre a escravatura em Portugal a valores semelhantes aos que foram mobilizados no Brasil o facto de se encontrar ainda

---

[742] Idem, *ibid.*, pp. 256-57.

[743] V. Rafael de Bivar Marquese, "Governo dos escravos e ordem nacional: Brasil e Estados Unidos, 1820-1860" in *Penélope*, n.º 27, 2002, p. 62, p. 11-12.

[744] V. Rafael de Bivar Marquese, "Governo dos escravos e ordem nacional [...], cit., p. 13 e 15. É importante recordar que as propostas destes "ilustrados luso-brasileiros" se inspiravam nos "projectos dos fisiocratas e das autoridades metropolitanas francesas sobre a escravidão nas colónias antilhanas", v. Rafael de Bivar Marquese, *Administração & Escravidão [...]*, cit., p. 139.

nos anos '70 (1876), em Portugal, numa altura em que a escravidão já estava formalmente abolida (desde 1869), reflexões como as de J. M. Pereira Rodrigues, separando o "direito natural" do "direito social" e da lei:

> "Os senhores de escravos eram tão culpados de possui-los como a lei que lhes reconhecera a triste legitimidade d'essa propriedade. Era uma desgraça para os plantadores esse património, mas não era um crime. O crime era da lei que lho transmitira e lhes garantia essa propriedade humana que só pertence a Deus. Mas a liberdade individual é inalienável, e o direito de nos possuirmos a nós mesmos nunca prescreve. Em direito natural, o preto tinha sempre o direito de libertar-se do jugo. Mas em direito social a sociedade que o liberta deve considerar o proprietário"[745].

É finalmente importante recordar, para concluir, que os direitos de propriedade do senhor, a disponibilidade de mão-de-obra e a paz social nas colónias foram os motivos sempre evocados para justificar o gradualismo da política abolicionista portuguesa, inteiramente assumido nas palavras do político que conduziu o processo de abolição. No preâmbulo do decreto de 29 de Abril de 1858, no qual se estipulou um prazo de vinte anos para que passassem à "condição livre" todos os escravos existentes no território português, Sá da Bandeira descreveu vinte e dois anos de providências cujo sentido tinha sido o de possibilitar uma abolição que não prejudicasse os "direitos consagrados pela organização social de outras épocas", os direitos dos senhores dos escravos. Essa foi uma questão central, várias vezes enunciada pelos deputados nas Cortes[746]. Acreditava-se que as medidas gradualistas reduzissem a tal ponto o número de escravos e contribuíssem de tal forma para a melhoria das condições de vida dos que restassem que, num prazo de vinte anos, estariam reunidas as condições *objectivas* (possibilidade de satisfazer as indemnizações) e *subjectivas* (melhores condições de vida geravam maior "civilidade" entre os escravos, significando isso maior disponibilidade para trabalhar e menor perigosidade social) para que a escravidão fosse abolida. Esta afirmação "teórica" do gradualismo teve, em Portugal, uma expressão inequívoca na legislação abolicionista. Essa legislação foi, como já está demonstrado na historiografia portuguesa, impulsionada por factores estranhos ao processo, como a pressão

---

[745] V. J.M. Pereira Rodrigues, *Discurso pronunciado na Câmara dos Senhores Deputados em sessão de 1 de Abril de 1876*, Lisboa, Imprensa Nacional, 1876.

[746] Nomeadamente, no momento da discussão do decreto de Dezembro de 1854 (v. *DCD*, sessão de 7 de Março de 1856, p. 69). Na mesma sessão Martens Ferrão explicou que, não podendo o Estado português pagar indemnizações, como fizera a França ou a Inglaterra, só o trabalho gratuito do escravo podia compensar o senhor (*ibid.*, p. 74).

exercida pela diplomacia inglesa, o orgulho nacional, etc.[747]. Mas foi também, no seu conjunto, um todo coerente, no qual podem ser lidas as fases clássicas de um processo abolicionista, semelhante ao de outros países europeus onde, como em Portugal, o abolicionismo esteve intimamente associado a projectos "modernos" de colonização dos territórios africanos[748].

8.2. Os Índios

As alusões ao carácter heterogéneo da população que habitava o território da Monarquia nas constituintes vintistas diziam respeito aos escravos, mas não apenas a eles. Existiam outros grupos populacionais "estranhos", ainda mais distantes do universo cultural e político da metrópole. Aquele território era habitado por escravos e por libertos – estes últimos, cidadãos portugueses, como se verá –, mas também por populações não escravizadas, como os índios, na América, ou os "gentios", na costa de África.

Ao contrário dos escravos, eles não foram, na Constituição, explicitamente excluídos da nacionalidade e da cidadania. Ao contrário dos libertos, também não foram explicitamente incluídos nela. As alusões – como a ausência delas – feitas à "massa" das populações nativas livres do Brasil e dos territórios africanos nas constituintes portuguesas permite concluir que elas estavam ainda mais longe de integrar a comunidade nacional e política do que os escravos ou os libertos africanos.

Na verdade, o problema do estatuto dos escravos (e dos libertos) foi pensado em função dos conceitos disponíveis de cidadania, de direitos individuais, de direitos civis, de direitos políticos, que eram os mesmos conceitos com os quais se lidava com o problema na metrópole. Esse vocabulário parecia apropriado para lidar com o estatuto dos escravos e dos libertos porque, por um lado, ao contrário do que sucedia com os povos nativos de África e da América, estes estavam inseridos, ainda que de forma dependente, na comunidade política portuguesa. Por outro lado, a cidadania dos libertos, e até a dos escravos, era pensável, porque se estava a falar de pessoas com algum grau de proximidade a um determinado padrão cultural/civilizacional. Apesar da distância civilizacional que os separava do homem "civilizado" e autónomo, considerava-se que a proximidade física, por um lado, e a sujeição à obediência

---

[747] V. João Pedro Marques, os *Sons do silêncio [...]*, cit.
[748] Tentei mostrar essa natureza *ilustrada* da legislação abolicionista portuguesa em Cristina Nogueira da Silva, *A Cidadania nos Trópicos...*, cit., cap. 14, subcap: "Um longo caminho para a liberdade".

e ao trabalho, por outro, tinham-lhes possibilitado os primeiros passos na caminhada civilizacional. Pelo contrário, as populações nativas livres dos territórios ultramarinos compunham-se de homens que se considerava viverem no estado "selvagem", o que os colocava no último lugar da hierarquia civilizacional da humanidade, ainda atrás do escravo. A fronteira civilizacional que os separava do homem "civilizado" era ainda mais profunda, tornando quase impossível sustentar a coincidência entre a comunidade política portuguesa e o universo dos habitantes do vasto território da monarquia. Por isso estas populações não foram, concretamente, enquadradas por nenhum conceito de cidadania ou de direitos civis ou políticos, que não podiam exercer. Sendo "selvagens", os nativos, que, nos anos vinte, eram essencialmente os índios, mas cuja alusão "arrastava" alusões ao que se considerava ser o equivalente populacional dos índios nos outros territórios ultramarinos, estavam muito longe do universo político dos indivíduos capazes de celebrar um contrato social, de integrar uma sociedade civil.

Os índios não eram também sujeitos de um Direito Internacional ou das Gentes que, por auto-definição, era o direito das "nações civilizadas". Não pertenciam, portanto, nem à "comunidade interna" dos cidadãos, como na Constituição de Cádis, onde os índios eram cidadãos, nem à "comunidade internacional", porque, como se voltará a ver mais à frente, "a ordem internacional de então recusava conceber a possibilidade de reconhecimento como nações em pé de igualdade a povos com território e direitos próprios e anteriores à chegada dos europeus"[749]. Não eram, portanto, Nações estrangeiras, em relação às quais valessem as regras do Direito Internacional Europeu. Também não se constituíram em "Nações domésticas dependentes", categoria inventada para eles pela jurisprudência constitucional norte-americana, que por essa via reconheceu aos povos índios o estatuto de Nações auto governadas mas "domésticas", i.e., colocadas sob tutela da Federação, sujeitas aos poderes do Estado federal, embora sem participar do sistema federal[750]. Menos definido ainda era o estatuto destes índios na Constituição federal norte-americana, onde a única referência a eles surge numa cláusula comercial, na qual aparecem ao lado das "nações estrangeiras" mas como tribos Índias, "espécie de terceiro género entre Estados Internos e Estados estrangeiros"[751].

---

[749] V. Bartolomé Clavero, v. *L Ama Llunku, Abya Yala [...]*, cit., p. 31.

[750] "Incapacitadas, como pupilos, para tratar ou acordar com outras partes que não fossem o seu tutor, a Federação", B. Clavero, *ibid.*, p. 106.

[751] V. art. 1.º, sec. 8ª, cl. 3ª, B. Clavero, *ibid.*, p. 105. O tema da natureza "estrangeira" das comunidades índias não foi muito debatido, tendo, no entanto, havido tratados com várias dessas tribos onde se previa a naturalização colectiva dos seus membros, ao lado de sugestões no

Os Índios também não eram escravos, porque a escravidão indígena não era admitida pela legislação portuguesa desde o séc. XVI, tendo esse estatuto ingénuo do índio sido reafirmado pelo Directório Pombalino[752].

Por outro lado, classificações jurídicas que eram comuns na legislação dos séculos anteriores – distinguindo entre "índios aldeados" ou "aliados", cuja liberdade esteve sempre garantida na legislação colonial, "Nações aliadas", com quem a administração colonial selava alianças e tratados na guerra contra uma terceira categoria de nativos, os "índios hostis", "índios bravos" ou "índios estrangeiros", constituindo estas últimas populações susceptíveis de ser legalmente escravizadas sob o fundamento da guerra justa ou do resgate (isto até que a legislação emancipacionista do século XVIII declarasse livres todos os povos nativos do Brasil[753]) – estiveram ausentes das discussões constituintes. Estas populações surgiram antes como uma massa indiferenciada de grupos populacionais designados genericamente como índios, selva-

---

sentido de criar um Estado índio independente que integrasse a Confederação numa situação de igualdade, v. Tamar Herzog, *Defining Nations, Immigrants and Citizens in Early Modern Spain and Spanish America*, New Haven and London, Yale University Press, 2003, p. 187. Sobre o estatuto dos índios no constitucionalismo americano, veja-se ainda Bartolomé Clavero, *Derecho indígena y cultura constitucional en América*, Madrid, Siglo Veintiuno de España Editores, 1994 e M.M. Slaughter, "American Indian tribes: «not as belonging to but as existing within»", *Law and Critique*, n.º 11, 2000.

[752] Embora parcialmente alterado na legislação de D. João VI, que declarou devolutas as terras conquistadas aos índios em "guerra justa", fundamento tradicional da escravização dos mesmos índios, v. Manuela Carneiro da Cunha, "Política indigenista no século XIX", in Manuela Carneiro da Cunha (org.), *História dos índios no Brasil*, S. Paulo, Companhia das Letras, 1992, p.142. É a essa legislação que se refere Mary Karasch quando fala, para o início do século XIX, de uma política que permitia a guerra ofensiva e a escravidão dos índios na fronteira, e que seria revogada apenas numa lei brasileira de 1831, V. Mary Karasch, "Catequese e cativeiro, política indigenista em Goiás: 1780-1889", in Manuela Carneiro da Cunha (org.), *Legislação Indigenista no Século XIX, Uma Compilação (1808-1889)*, S. Paulo, Editora da Universidade de S. Paulo, 1992, p. 404.

[753] V. Beatriz Perrone-Moisés, "Índios livres e índios escravos, Os princípios da legislação indigenista no período colonial (séculos XVI a XVIII)", in Manuela Carneiro da Cunha (org.), *História dos índios no Brasil*, S. Paulo, Companhia das Letras, 1992, p. 121-128. Tendo estudado a legislação indigenista de todo o período colonial à luz destas classificações, a autora concluiu pela existência de "duas políticas indigenistas básicas, aquela para os índios aldeados-aliados e aquela para o gentio bárbaro inimigo" (*ibid.*, p. 129). O certo é que estas categorias já resultavam de uma grande simplificação no que diz respeito ao lugar dos índios na sociedade colonial brasileira, como se mostrou recentemente em Maria Regina Celestino de Almeida, *Metamorfoses indígenas. Identidade e cultura nas aldeias coloniais do Rio de Janeiro*, Rio de Janeiro, Arquivo Nacional, 2003, que dedica vários capítulos à descrição do estatuto dos índios aldeados (*maxime* pp. 258 e ss.).

gens ou, ocasionalmente, tapuias e botocudos. É certo que estas distinções tinham sido já obliteradas nas leis emancipacionistas do século XVIII, mas a sua ausência não deixa de ser um sintoma da pobreza e da simplificação com que o tema dos índios foi (quase nada) abordado nas constituintes portuguesas dos anos '20.

Finalmente, o fenómeno de "cancelamento" da presença indígena – um fenómeno que caracterizou o constitucionalismo de início de oitocentos, sempre que ignorou a existência de povos nativos quando discutiu a cidadania e os direitos – chegou a converter-se, nas Cortes vintistas, na declaração de (quase) não existência. Dessa inexistência decorreria, naturalmente, uma ausência absoluta de direitos individuais ou colectivos, como se pode deduzir das palavras de alguns dos deputados. Margiochi, por exemplo, depois de defender a doutrina integracionista segundo a qual as Cortes só podiam permitir a troca ou cedência de parte do território português a outra Nação que tivesse direito a ele, afirmou com convicção que nenhuma o tinha, nem em relação ao território europeu, nem "[...] pelo que pertence às nossas possessões na África [porque] as Nações que dominavam naquele país são transportadas talvez todas para a nossa América. Na Ásia, as possessões de Goa já creio que ninguém as quer. No Brasil, os indígenas foram expulsos da costa, e mal se reconhece a sua origem. As nossas ilhas foram povoadas por nós [...]". Não existia, portanto, "Nação indígena" que pudesse reclamar parte alguma do território português[754].

Se o "selvagem" não era, por definição, sujeito de Direito internacional, sabe-se já que, ocasionalmente, se podia converter em objecto passivo das normas desse direito, cujos enunciados eram conhecidos pelos deputados constituintes[755]. Quando isso aconteceu, o discurso sobre os seus direitos assumiu vários registos, dos quais também já anteriormente se falou. Um deles antevê-se, apesar de tudo, no discurso do deputado Margiochi, citado atrás. O seu argumento não se fundou na ausência de direitos das "nações indígenas" no que dizia respeito à propriedade da terra mas antes na inexistência dos seus titulares, o que significava um implícito reconhecimento daqueles direitos. O outro registo, mais favorável à ocupação sem limites das terras "vagamente"

---

[754] V. *DCGECNP*, sessão de 27 Julho 1821, p. 1661. São também significativas as palavras do deputado Maldonado: "A povoação do ultramar é feita pelos Europeus; no Brasil, uma grande parte, nas ilhas toda" (sessão de 14 de Novembro de 1821, *DCGECNP*, p. 3073).

[755] Vattel, juntamente com Grotius e Samuel Von Puffendorf (1632-1694), foram autores várias vezes referidos nos debates constitucionais vintistas, v., por ex., DC*GECNP*, sessão de 1 Agosto de 1821, p. 1743.

habitadas por "selvagens", emergiu no discurso de um outro deputado, Soares Franco, no qual pontearam os tópicos da errância, da ausência de propriedade, da deambulação pelos desertos, do pequeno número de povos nativos. Tudo critérios que, como já se viu num capítulo inicial deste trabalho, tornavam a apropriação legítima, mas por não se tratar, rigorosamente, de uma expropriação.

"A Nação portuguesa, primeiramente limitando-se ao território de Portugal, foi estendendo-se pouco a pouco por suas conquistas, descobrimentos e ocupações. Estendeu-se à África, à Ásia e ultimamente ao Brasil, *onde não achou Nação alguma* estabelecida: tribos selvagens e errantes, sem estabelecimento algum fixo, e sem propriedade é que vagavam por aqueles desertos. Pouco a pouco nos fomos dilatando, e em consequência não foi o estabelecimento do Brasil outra coisa mais, do que a mesma nação Portuguesa estendida até lá. O Brasil não constitui senão uma única Nação com Portugal"[756].

Sintomáticas foram, também, as palavras do mais integracionista dos deputados vintistas, Fernandes Tomás, quando perguntou aos deputados da América pelo fundamento da propriedade – que reivindicavam – do Brasil: "Donde lhe vem o dizerem, o Brasil é nosso? Porque nasceram lá? Também lá nasceram os índios" [e o Brasil não é deles, depreende-se][757].

Não é estranho, por tudo isto, que em nenhuma ocasião se tenha colocado a hipótese de contar com a população nativa da América para calcular o número de deputados a enviar ao Parlamento. Tal como sucedeu com a população escravizada, em nenhum momento a discussão em torno das regras que compensassem a fragilidade da representação ultramarina passou pela consideração de populações nativas livres que pudessem fortalecer a repre-

---

[756] V. *DCGECNP*, sessão de 19 Setembro de 1822, p. 494 e ss., Dep. Soares Franco, sub. nossos; é notável a semelhança com o texto de Azeredo Coutinho, quando nota que, na América, os Portugueses "[...] não acharam Nações propriamente, acharam sim alguns bandos de homens selvagens, sem algum género de governo, nem de subordinação; eram algumas famílias errantes e dispersas" (José Joaquim da Cunha Azeredo Coutinho, *Análise sobre a Justiça do Comércio de Resgate dos Escravos da Costa de África*, Nova Oficina de João Rodrigues Neves, 1808, § XIX). Deduzir dessa situação a ausência de direitos de propriedade dos índios era entrar em ruptura com a legislação indigenista dos finais do século XVIII e do início do XIX, que lhes tinha reconhecido títulos de propriedade sobre as suas terras, à excepção de alguma legislação do período de D. João VI, v. Manuela Carneiro da Cunha (org.), *Legislação Indigenista no Século XIX [...]*, cit., p. 16 e "Política indigenista no século XIX", in Manuela Carneiro da Cunha (org.), *História dos índios no Brasil*, cit., p. 142.

[757] V. sessão de 1 de Julho de 1822, cit. em Márcia R. Berbel, *A Nação como artefacto [...]*, p. 175.

sentação ultramarina pela atribuição de maior número de deputados[758]. Essa era, também, uma possibilidade em aberto no constitucionalismo europeu, que se tinha concretizado, por exemplo, em Espanha, onde a população índia da América tinha contado para fins eleitorais, logo num decreto eleitoral de 15 de Outubro de 1810. A constituinte de Cádis acabou por conceder, depois, a cidadania aos índios, convertendo-os definitivamente em sujeitos políticos, tendo isso sido possível porque "[...] em vez de definir a Nação em termos culturais, linguísticos ou étnicos, a Constituição [de Cádis] descreveu os espanhóis como pessoas que residiam permanentemente nos territórios espanhóis do novo e do velho mundo"[759]. Se os índios eram, ao contrário dos africanos, "originários" do território espanhol (ainda que da parte americana), não havia, então, motivos para lhe negar a cidadania. "As diferenças culturais e linguísticas não deviam tornar-se um obstáculo no acesso a essa cidadania. Estas diferenças existiam igualmente na Europa, e ninguém pretendia que, com base nelas, se negasse a cidadania a bascos ou os galegos. Não havia motivos para acreditar que um nativo da Galiza ou da Andaluzia não fossem entre si tão diferentes como um espanhol e um índio"[760].

Cancelamento constitucional, afirmações de inexistência, restrição de direitos fundada nas regras do *Direito das Gentes* não esgotaram, contudo, o mundo das posições que se tomaram relativamente às populações nativas na América.

O problema da cidadania dos povos nativos, não tendo surgido, sintomaticamente, na altura em que se discutiram a cidadania, a nacionalidade ou os direitos políticos, acabou por colocar-se no contexto da discussão sobre religião, quando o deputado Correia de Seabra recusou a cidadania portuguesa aos índios e "gentios" da costa de África, como se viu (v. *supra*, 7.2.2). Esse deputado explicou também que quando se falava dos povos nativos em África

---

[758] Mas em alguma imprensa brasileira da época os índios foram também contabilizados, quer pelos que pretendiam, com isso, demonstrar a superioridade numérica da população brasileira, quer pelos que, pelo contrário, relativizaram aquela superioridade, chamando a atenção para a exiguidade da população nativa, v. Maria Beatriz Nizza da Silva, *Movimento Constitucional* ..., cit., pp. 45-49.

[759] V. Tamar Herzgog, *Citizenship and community in Eighteenth Century Spain and Spanish América*, polic, p. 220. Essa era, como mostrou a autora em outro trabalho, a forma tradicional de definir a pertença nacional no Império espanhol dos séculos XVII-XVIII, v. Tamar Herzog, "Communal Definition in Eighteenth-Century Spain [...]", cit.

[760] V. Tamar H., *Citizenship and community in Eighteenth Century Spain and Spanish América [...]*, cit., pp. 241-242. B. Clavero, pelo contrário, viu na cidadania dos índios um fim sobretudo contabilístico, já que ela permitia um aumento significativo do número de deputados pela América nas Cortes espanholas (v. *Ama Llunku, Abya Yala [...]*, cit., p. 82).

ou na América não se estava a falar de estrangeiros, de homens "civilizados". Pelo contrário, quando se falava "[...] nessa desgraçada gente, deve ser só por nos lembrarmos de cuidar com todo o zelo em os catequizar, e tratar com toda a humanidade. Só a religião pôde abolir na Europa a escravatura, adoçar os costumes bárbaros do Norte, e melhorar os costumes corrompidos dos romanos; só ela, pregada por Ministros Pios e Zelosos, é quem tem podido tirar da barbárie os tapuias e africanos que se tem civilizado, e poderá civilizar o resto se nisso se puser o devido cuidado. *Não é com tolerância, mas só com o ensino da Religião, que os havemos de habilitar para serem cidadãos portugueses*; porque só assim os podemos pôr em estado de civilização; sem o que não podem fazer parte de uma sociedade civil, em que haja ideias de justiça, amor da Pátria, e obediência às Leis"[761].

Que acabou por ser essa a opção mostra-o o conteúdo do único artigo da Constituição em que se refere os índios, o seu último artigo. Nele, as Cortes e Governo comprometeram-se (mas à última hora) a cuidar da "civilização dos índios" (art. 240)[762].

Até que se civilizassem, os Índios seriam apenas "sujeitos do Império português"[763].

Este artigo não encontrou equivalente na primeira Constituição brasileira, a Carta de 1824, que não se pronunciou sobre o estatuto e o destino destas populações. Entre o artigo da Constituição vintista e o silêncio da Carta brasileira de 1824, cujo *Ius Soli* convertia os índios, automaticamente, em cidadãos, existem as reflexões desenvolvidas nas Constituintes brasileiras de 1823, a mostrar a perplexidade que essa presumida assimilação total à cidadania necessariamente gerava. A mostrar, uma vez mais, que, nas constituições de oitocentos, a omissão não pode ser interpretada como inclusão. Senão vejamos:

---

[761] V. *DCGECNP*, sessão de 8 de Agosto, p. 1821.

[762] A redacção final do artigo mostra como se oscilava entre o direito dos índios à "cividade" e o exercício da caridade, virtude política por excelência na cultura política de Antigo Regime ("As Cortes e o Governo terão particular cuidado na fundação, conservação e aumento de casas de misericórdia, e de hospitais civis e militares, especialmente daqueles que são destinados para os soldados e marinheiros inválidos; e bem assim de rodas de expostos, montes pios, civilização dos Índios, e de quaisquer outros estabelecimentos de caridade"). Mas, além disso, como se pode ver num manuscrito anotado do Projecto de Constituição, a referência aos Índios não constava do projecto inicial, tendo sido posteriormente acrescentada, como se percebe numa anotação ao art. 240.°, onde se propunha que se acrescentasse à palavra "montepios" as palavras "civilização dos índios"», que não estavam no "original", v. A H.P., Secção I-II, Cx. 93, Doc. 28.

[763] Assim os classificava o deputado Trigoso, quando recordava o dever constitucional de proceder à sua "conversão e civilização", v. *DCGECNP*, sessão de 6 de Agosto 1821, p. 1803.

Ao contrário do que sucedeu nas constituintes portuguesas de 1821-22, o carácter "heterogéneo" da população brasileira deu lugar, nas Constituintes brasileiras de 1823, a vivas discussões sobre se deviam ser cidadãos todos os brasileiros ou se devia fazer-se a distinção entre ser brasileiro e ser cidadão brasileiro. O problema colocava-se, em boa medida, por causa dos nativos da América, e tinha razão de ser, do ponto de vista de alguns deputados, porque, sendo homens livres e nascidos no Brasil, os índios eram brasileiros. O que não podiam ser, no pensamento desses deputados, era cidadãos brasileiros, porque "brasileiro é o que nasce no Brasil, e cidadão brasileiro é aquele que tem direitos cívicos. Os índios que vivem nos bosques são brasileiros *enquanto não abraçam a nossa civilização*. Convém, por consequência, fazer esta diferença, por ser heterogénea a nossa população" (deputado França, sublinhados nossos). Para outros deputados, contudo, o problema não existia:

> "Cuido que não tratamos aqui senão dos que fazem a sociedade brasileira, falamos aqui dos *súbditos do Império do Brasil*, únicos que gozam dos cómodos da nossa sociedade, e sofrem seus incómodos, que têm direitos e obrigações no pacto social" (deputado Montesuma, subl. nossos)[764].

Estas discussões foram inconclusivas, tendo resultado como único elemento de unanimidade o "dever" de chamar os índios à civilização, primeiro, e decidir, depois, sobre o seu estatuto[765]. O Projecto de Constituição aqui discutido, mas que nunca chegou a ser aprovado, estipulou, assim, no único artigo em que os índios foram referidos (art. 254), o dever de "criar estabelecimentos para a catequese, e civilização dos índios, emancipação lenta dos negros, e sua educação religiosa, e industrial". Era, portanto, um artigo em tudo semelhante ao da Constituição portuguesa do ano anterior. Mas a conclusão mais importante a que o conhecimento desta discussão permite chegar é que, para os autores da Constituição brasileira de 1824, o problema também não existia, pelas razões apontadas pelo deputado Montesuma em 1823. Foi essa, e não o desejo de considerar os índios cidadãos, a razão profunda da ausência de qualquer referência aos mesmos.

A opção pela "missão civilizacional" concretizou-se, nas Cortes vintistas, na apresentação de *projectos de civilização*. Um deles foi o projecto de decreto apresentado por Borges de Barros em 1822[766], no qual se previa a criação, em

---

[764] Cit. em José Honório Rodrigues, *A Assembleia constituinte de 1823*, cit., p. 123.
[765] V. Manuela Carneiro da Cunha, "Pensar os índios: apontamentos sobre José Bonifácio", in *Antropologia do Brasil, mito-história-etnicidade*, S. Paulo, Brasiliense, 1987, p. 172.
[766] V. *DCGECNP.*, sessão de 18 de Março de 1822, pp. 538-42.

todas as províncias do Brasil, de uma *Junta de Colonização, e protectora dos índios*, cujo fim era o de "aldear e civilizar os indígenas"[767]. Repunha-se também em vigor, embora só parcialmente, o Directório dos Índios criado pelo Marquês de Pombal (1757, revogado em 1798)[768]; e, por fim, estabelecia-se as condições de acesso dos índios à cidadania:

> "Os índios, e ciganos, ou já existentes no Brasil, ou que para lá forem, *só poderão ser considerados como cidadãos portugueses, quando sejam, ou forem lavradores de terras próprias*, ou fabricantes, convenientemente estabelecidos"[769].

A recuperação da política do Directório pombalino tinha sido já resolvida pelas Cortes no ano anterior, quando a Comissão do Ultramar aconselhara a mais exacta observância da legislação a ele associada[770]. O conteúdo deste parecer, emitido na sequência de uma representação dos "principais dos Índios das cinco Nações unidas, naturais e habitadoras das margens do rio Tocantins..."[771], foi depois objecto de uma resolução (positiva) das Cortes[772]. Esta recuperação, pelos deputados vintistas, do Directório pombalino – descrito por Marcelo Caetano como um "compêndio de política indígena" – mostra, por si só, como a sua perspectiva não foi a da assimilação total do Índio ao Cidadão[773]. Como já ficou demonstrado num dos mais recentes tra-

---

[767] *Ibid.*, p. 539.

[768] O Directório pombalino tinha sido, no século XVIII, uma alternativa política ao sistema das missões dos jesuítas, assentando na ideia de povoar o Brasil com populações ameríndias cristianizadas e "assimiladas". Sobre o Directório e as alterações que trouxe relativamente ao modelo dos jesuítas v. Maria Regina Celestino de Almeida, *Metamorfoses indígenas [...]*, cit., pp. 168 e ss.

[769] V. *DCGECNP.*, sessão de 18 de Março de 1822, p. 541, sublinhados nossos. No Arquivo Histórico Ultramarino encontram-se, além deste (n.° 233), um projecto do deputado Moniz Tavares, "propondo meios para a civilização dos habitantes dos sertões do Ceará, Minas Gerais e Mato Grosso" (Secção I-II, Cx. 197, Doc. 11, lido nas sessões de 23 de Setembro de 1821 e 1 de Abril de 1822, n.°241), outro assinado por Francisco Ricardo Zany, "Memória sobre os Índios do Rio Negro" (Secção I-II, Cx. 56, Doc. 70 e Cx. 97, Doc. 35, lido em sessão de 26 de Agosto de 1822, n.° 291), e os "Apontamentos para a civilização dos Índios bárbaros do Reino do Brasil", assinado por José Bonifácio de Andrade e lido na sessão de 7 de Março de 1822. Todos estes projectos foram admitidos a discussão mas todos constam de uma *Relação dos Projectos que ainda não foram discutidos* (*Idem*, Doc. 44, Cx. 94). Ao que parece, assim permaneceram até ao fim. Sobre os índios pouco mais há a registar, além de uma ou outra indicação ou memória (v., por exemplo, sessão de 10 de Abril de 1822, p. 683 e 736).

[770] V. *DCGECNP*, sessão de 18 de Dezembro de 1821, p. 3451.

[771] A.H.P., secção I-II, Cx.74, Doc.74.

[772] V. *DCGECNP*, sessão de 18 de Dezembro de 1821, p. 3458.

[773] V. Marcelo Caetano, "As reformas pombalinas e post-pombalinas respeitantes ao Ultramar. O Novo Espírito em que são concebidas", in *História da Expansão Portuguesa no Mundo*, Lisboa, 1940, vol. III, p. 251 e ss.

balhos publicados sobre o tema, a política inspiradora do Directório não se formalizou apenas em medidas legislativas que concederam a liberdade aos índios, equiparando-os aos habitantes reinóis ou luso-brasileiros, mas também em "medidas civilizacionais e educativas que visavam transformar [...] o Índio, a quem já se tinha formalmente concedido o estatuto de vassalo, *num verdadeiro súbdito, num luso-brasileiro ao serviço dos interesses da coroa e útil à política colonial*"[774]. O que significa que ainda não o era. Mais à frente, Ângela Domingues descreve melhor os termos deste estatuto, ao notar que os índios "[...] passavam a ser considerados [...] como indivíduos em estado de menoridade [civilizacional e individual], como «pessoas miseráveis», simples e rústicas, incapazes de avaliar, de forma total, as consequências do seu comportamento". Como, além de simples e rústicos, eram ociosos, prevendo-se que a liberdade agravasse essa sua natureza, os legisladores de Pombal apressaram-se a decretar medidas que a contrariassem. Nessa política insere-se o bando de 1754, "estipulando que os índios que não tivessem ocupação fossem dados de soldada aos moradores de acordo com despachos governativos"[775].

Dos cinco projectos de civilização dos índios que foram apresentados às Cortes de 1821-22[776] viria a ter grande impacto, no Brasil independente, o de José Bonifácio de Andrade e Silva[777]. Nele foram explicitados quase todos os princípios da Filosofia e da Economia políticas do século XVIII. Para civilizar os índios era necessário criar-lhe mais necessidades, por um lado; diminuir as possibilidades de as satisfazer, por outro. Era necessário confiná-los – tornando-os dependentes de actividades que não somente as suas actividades tradicionais, a pesca e a caça, insusceptíveis de induzir civilização – e criar-lhe o desejo por objectos, inicialmente oferecidos, obtidos, depois, por meio do trabalho e do comércio"[778]. De outro modo, a civilização não seria possível:

---

[774] V. Ângela Domingues, *Quando os Índios eram vassalos. Colonização e relações de poder no Norte do Brasil na segunda metade do século XVIII*, cit., p. 41-42, sub. nossos.

[775] V. Idem, *ibidem*, pp. 43-44. É de salientar que o projecto de decreto apresentado às Cortes vintistas afastava os aspectos mais violentos do Directório (como o pagamento dos dízimos e o trabalho obrigatório) v. *DCGECNP.*, sessão de 18 de Março de 1822, p. 540.

[776] V. George Boherer, "Some Brazilian proposals to the Cortes Gerais de 1821-1823, on the Indian problem", *Acta do 3º Colóquio Internacional de Estudos Luso-Brasileiros*, Lisboa, 1960, vol. II, pp. 201-209.

[777] Que viria a ser aprovado – mas nunca discutido – pela Assembleia Nacional Constituinte do Brasil Independente a 18 de Junho de 1823, v. Manuela Carneiro da Cunha (org.), *Legislação Indigenista no Século XIX, Uma Compilação (1808-1889)*, S. Paulo, Editora da Universidade de S. Paulo, 1992, p. 9. O projecto intitulava-se "Apontamentos para a Civilização dos Índios Bravos do Império do Brazil".

[778] V. Manuela Carneiro da Cunha (org.), *Legislação Indigenista no Século XIX [...]*, cit.,

"[...] o homem no estado selvático, e mormente o Índio bravo do Brasil, deve ser preguiçoso; porque tem poucas ou nenhumas necessidades; porque sendo vagabundo, na sua mão está arranchar-se sucessivamente em terrenos abundantes de caça ou de pesca [...] porque vivendo todo o dia exposto ao tempo não precisa de casas, e vestidos cómodos [...]; porque finalmente não tem ideia de propriedade, nem desejos de distinções e vaidades sociais, que são as molas poderosas, que põem em actividade o homem civilizado"[779].

O processo civilizacional do Índio só podia activar-se por meio do desenvolvimento das necessidades materiais, do consequente envolvimento em actividades comerciais, do desenvolvimento de noções de propriedade próximas da europeia, tudo isso ajudado pelo contacto com o homem europeu "civilizado", como preconizava a literatura da época. Vida em sociedade, comércio e propriedade, três requisitos da civilidade, convertiam-se, ao mesmo tempo, em motores de civilização. Este avanço civilizacional seria, contudo, muito lento. José Bonifácio escolheu, para o demonstrar, um exemplo que reenviava o leitor do seu projecto para outros projectos civilizadores, que tinham por objecto outros povos, habitantes de outros continentes:

"Reflictamos igualmente, que os negros da Costa de África, apesar do Comércio, e trato diário que com ele têm os Europeus, estão quase no mesmo estado de barbaridade que os índios do Brasil"[780].

O que era comum a todos estes projectos era o facto de assumirem como ponto de partida que não existiam sociedades nativas organizadas. Existiam, em vez disso, "hordas", grupos de homens que desconheciam as regras civilizadas do convívio humano. Mas era-o também a crença na capacidade que esses homens tinham – mesmo os mais "hostis" – para, postos em contacto com as "nações civilizadas", se civilizarem. José Bonifácio chegou mesmo a defender a capacidade intrínseca dos índios para a civilização, independente da intervenção europeia, ao dar o exemplo de "raças de índios" que, entregues

---

p. 27. José Bonifácio teria sido, em muitos aspectos, o grande ideólogo da legislação do Império sobre os indígenas.

[779] V. José Bonifácio de Andrada e Silva, "Apontamentos para a Civilização dos índios Bravos do Império do Brasil", 1823, pub. em Manuela Carneiro da Cunha (org.), *Legislação Indigenista [...]*, cit., p. 348. Num texto de 1830, um ex. Governador de Angola, Saldanha da Gama, fazia observações idênticas sobre os povos nativos de África, v. João Pedro Marques, *Os sons do silêncio* [...], cit., p. 394.

[780] V. José Bonifácio de Andrada e Silva, "Apontamentos para a Civilização [...]", cit., pp. 347-362, p. 348.

a si mesmos, já tinham feito alguns "progressos sociais"[781]. Por outro lado, embora estes projectos sublinhassem o papel civilizador da propriedade tal como era entendido pelo pensamento liberal da época, em nenhum deles se deduzia da "errância" e "selvajaria" dos índios – ou do facto de não exercerem um "efectivo" direito de propriedade (individual) sobre as terras – a ausência de direitos sobre as terras, como acontecia em muitos manuais doutrinais da época (v. *supra*, 3.1). Deduzia-se, em vez dela, a obrigação de os proteger, colocando-os sob um regime tutelar capaz de interpretar os seus interesses e direitos, capaz de os civilizar. Em todos os projectos civilizar os índios implicava aldeá-los – sedentarizá-los, confiná-los no espaço, obrigá-los a viver em sociedade e a desenvolver actividades económicas "civilizadas". Implicava também submetê-los às leis e ao trabalho[782]. Tudo isso sob a direcção de um governo tutelar, leigo ou missionário[783]. Realizados esses objectivos, os índios seriam "assimilados" ao resto da população e integrados na "sociedade civil"[784]. Ou seja, a cidadania comum era, de facto, o objectivo final desta "política indígena"; mas essa cidadania estava suspensa, até que os índios se civilizassem. Até esse momento eles seriam, como pupilos, sujeitos ao poder de tutores, cuja missão era submetê-los a um processo de aculturação que constituía a única via de acesso à plena cidadania. Nesse aspecto, a perspectiva era semelhante e diferente da do constitucionalismo de Cádis. Diferente porque na Constituição de Cádis os índios tinham sido declarados cidadãos e formalmente integrados na Nação espanhola, o que não sucedeu na Constituição portuguesa. Semelhante, porque também em Cádis não se lhes reconheceu

---

[781] V. *Idem, ibidem*, pp. 347-362, p. 349.

[782] V. Beatriz Perrone-Moisés, "Índios livres e índios escravos, Os princípios da legislação indigenista no período colonial (séculos XVI a XVIII)", in Manuel a Carneiro da Cunha (org.), *História dos índios [...]*, cit., p. 120: "O aldeamento é a realização do projecto colonial, pois garante a conversão, a ocupação do território, sua defesa e uma constante reserva de mão-de-obra [...]"

[783] Outra característica destes projectos foi a recuperação da tutela sobre os índios aldeados preconizada no Directório Pombalino mas que tinha sido abolida em 1798, v. Manuela Carneiro da Cunha (org.), *Legislação Indigenista [...]*, cit., p. 24.-25. Nessa lei o regime de tutela passara a exercer-se apenas sobre os índios independentes, cujo estatuto D. Maria I permitiu que se equiparasse aos órfãos, aplicando-lhes a tutela orfanológica, v. Manuela Carneiro da Cunha, "Política indigenista no século XIX", in Manuela Carneiro da Cunha (org.), *História dos índios...*, cit., p. 147.

[784] Já no sistema pombalino o aldeamento era entendido como transição para a integração dos índios, que se faria por meio de casamentos com brancos e mulatos. Este tipo de uniões surgem quer no projecto de Borges de Barros quer no de José Bonifácio, o que os distinguia da política pombalina, v. Manuela Carneiro da Cunha, "Pensar os índios [...]", cit., p. 168.

existência colectiva. Pelo contrário, ao serem integrados na nação, os índios espanhóis perderam a capacidade, que antes alguns possuíam, de, enquanto Nações diferentes, negociar com a "parte espanhola", através de tratados[785].

Os projectos atrás identificados não devem, contudo, ser lidos como programas sistemáticos de destruição de comunidades e das respectivas culturas ou como sinais de uma recusa consciente em reconhecer os seus direitos enquanto colectividades[786]. O que neles se espelha é, na verdade, uma incapacidade para conceptualizar a diversidade cultural que fez com que os seus autores acreditassem que estavam a tentar preencher um vazio cultural e civilizacional, a trazer à civilização populações que careciam dela. Foi por esse motivo que, quando confrontados com o insucesso, tenderam a explicá-lo recorrendo ao argumento da obsessiva atracção do "selvagem" pela sua "liberdade natural"[787], e não a qualquer dificuldade de comunicação entre sistemas culturais diversos.

Nenhum dos projectos para a civilização das populações nativas da América apresentados nas Cortes vintistas foi discutido. O único resultado das alusões dispersas à civilização dos índios foi, de facto, uma vaga declaração de vontade no sentido de os civilizar[788]. Isso não impediu, contudo, que a primeira medida tomada pelas Cortes ordinárias do ano seguinte tivesse sido a aprovação do financiamento de políticas "musculadas" contra os "índios selvagens", por causa de alegados estragos que provocavam nas plantações da província do Maranhão[789]. Era fácil, no contexto pouco definido do seu estatuto, que os Índios passassem rapidamente de uma situação de "quase cidadãos" à situação de "selvagens" só domáveis pela força.

---

[785] Sobre toda esta questão v. Bartolomé Clavero, "Constituciones y Pueblos entre Cádiz y México, Europa y América", in B. Clavero, José Maria Portillo e Marta Lorente, *Pueblos, Nación, Constitución (en torno a 1812)*, Ikusager Ediciones, 2004, pp. 13-51.

[786] Nesse sentido vão as conclusões de Manuela Carneiro da Cunha, "Pensar os índios [...]", cit., p. 172.

[787] V. essa ideia expressa numa conversa ficcionada no opúsculo intitulado *Entretenimento moral e político entre o Marquês de Pombal e Lord Pitt, relativo ao Reino Unido de Portugal, Brasil e Algarves*, Porto, Typografia de Viúva Alvarez Ribeiro & Filho, 1822, p. 31.

[788] Destino semelhante tiveram, no Brasil, os *Apontamentos para a Civilização dos Índios* de José Bonifácio de Andrada e Silva, já que também não foram incorporados no projecto constitucional de 1823, no qual apenas se declarou a competência das províncias para promover as missões e catequese dos índios, v. Manuela Carneiro da Cunha (org.), *Legislação Indigenista [...]*, cit., p. 138.

[789] Medidas inspiradas nas que tinha implementado o general Paulo José da Silva Gama, na sequência de um aviso de 10 de Abril de 1816, V. *DCNP* (*Diário das Cortes da Nação Portuguesa*), sessão de 24 de Janeiro de 1823, p 574. O parecer surgira na sequência de uma representação da Junta Administrativa da Província do Maranhão ao governo.

8.2.1. *A independência do Brasil e a obliteração constitucional dos "nativos"*

Ultrapassado o problema do estatuto dos índios, resolvido pela independência brasileira, a "missão civilizacional" que a Constituição vintista tinha consagrado junto destes e que os constituintes tinham estendido aos "gentios da costa de África", desapareceu de todas as outras Constituições. Esteve também praticamente ausente das discussões constituintes dos anos '30, '40 e '50.

Nas constituintes dos anos '30 a explicitação da diversidade de populações que habitavam o território da Monarquia foi ainda mais ténue, em virtude da perda do Brasil. A exclusão da massa das populações nativas relativamente à cidadania portuguesa – à excepção, como se verá, dos libertos, os quais, não obstante, viram restringidos, nessas constituintes, direitos de que gozavam na Constituição vintista (v. *infra*, 8.5.2) – foi muito mais definitiva. Ainda que, possivelmente, menos – ou mesmo nada – pensada. Como na Constituição vintista, estas populações não foram constitucionalmente excluídas da cidadania, como o foram os escravos, mas também não foram incluídas, como o foram os libertos. Só que, ao contrário da Constituição vintista, onde os índios estão presentes, embora não como cidadãos, na Constituição de 1837 a massa das populações nativas livres nem sequer é referida.

Por outro lado, as poucas referências que encontramos mostram que permanecia intacta a ideia de que, no ultramar, os portugueses viviam rodeados de populações estranhas e hostis. Mostram também que a ideia de civilizar as populações nativas dos territórios coloniais foi, neste segundo momento constituinte, um conceito quase inexistente, ou muito instável. As palavras de Almeida Garrett, deputado nas constituintes de '37, denotam ambas as coisas. Depois de pôr de lado a "causa da civilização" em África, por a considerar quimérica, o deputado manifestou um evidente cepticismo relativamente a relações futuras com as populações nativas de África. Portugal, dizia, devia amparar os "irmãos d'além mar, tão portugueses e tão cidadãos como nós" porque, sendo "as nossas vastas possessões africanas" colónias, e não propriamente possessões, "nunca poderão existir rodeados de uma população mais, ou menos, hostil; mas com a qual nunca podem simpatizar, nem ligar-se"[790]. No mapa mental do conhecido deputado o ultramar português estava vocacionado para a formação de colónias de povoamento (como as britânicas, no Canadá e, mais tarde, anos '50, na Nova Zelândia, na Austrália, ou na África do Sul), lideradas por descendentes de europeus e destinadas, a logo prazo, à emancipação. Os cidadãos dessas colónias seriam, consequentemente, os seus

---

[790] V. *DCGECNP*, sessão de 31 de Março de 1837, p. 168.

povoadores europeus[791]. Na verdade, "civilizar" o continente africano era, nos anos trinta do século XIX, uma "missão" na qual a ideia de o povoar com população europeia era muito mais forte do que a de civilizar a sua população nativa, apesar da relação que muitas vezes se subentendia entre as duas coisas. Esse conceito de colonização mais centrado no "elemento europeu" do que no "elemento nativo" voltou a ser expresso por Almeida Garrett quando, sendo Ministro dos Negócios Estrangeiros e no contexto de uma discussão parlamentar sobre emigração de portugueses para o Brasil, aludiu à possibilidade de desviar esses portugueses, vitimas do que achava ser uma forma de "escravatura branca", para as possessões africanas. Havia que convencê-los, dizia o conhecido ministro, a emigrar para "as nossas colónias". Formar estabelecimentos *ad instar* do que tem feito as grandes nações coloniais, a Inglaterra e a Holanda" era, juntamente com a disponibilização de capitais, visto como a única forma possível de organizar as possessões:

> "Portugal tem obrigação de fazer o mesmo, ou abandonar aqueles Estabelecimentos, onde a indústria se não pode adiantar, a população não aumenta, a civilização é quase nenhuma, a Religião está, se pode dizer, abandonada"[792].

O mesmo propósito de desviar a emigração de portugueses para o Brasil, dirigindo-a para as colónias africanas, foi expresso em outras sessões das Cortes[793], em portarias do governo[794], ou ainda num relatório de meados dos anos '50, datado de 1855 (31 de Dezembro), no qual o capitão e governador interino da colónia de Mossâmedes lamentava a emigração de braços portugueses para o estrangeiro "tendo aliás nós, os portugueses, vastíssimo e rico solo abandonado, tanto na Costa Ocidental, como na Oriental de África". Tratava-se, como se vê novamente, de aproveitar as terras vagas do continente africano, e não de civilizar os seus povos nativos[795]. Sá da Bandeira também

---

[791] A distinção entre "colónias de povoamento" e "fazendas", nas quais preponderava o elemento populacional nativo, só foram conceptualmente definidas mais tarde, na literatura colonial dos finais do século. Mesmo em Inglaterra, só depois da Conferência de Berlim é que a classificação das colónias em "colónias da coroa", "colónias de povoamento", "protectorados", etc., ganhou maior consistência teórica, v. Peter Burroughs, "Institutions of Empire" in Andrew Porter (ed.), The Oxford *History of the British Empire [...]*, cit., p. 191. Seja como for, a distinção vocabular foi assumida nos discursos de Almeida Garrett.

[792] V. *DCD*, sessão de 22 de Junho de 1852, pp. 289-90.

[793] V, por exemplo, *Diário do Governo* de 30 de Maio de 1858, sessão da câmara dos deputados de 28 de Maio de 1858, p. 723 e ss., a propósito da colonização de Mossâmedes.

[794] V., Por exemplo, a Portaria de 7 de Agosto de 1852, *Annaes do Conselho Ultramarino, Parte Oficial*, série I, cit., p. 8.

[795] V. *Annaes do Conselho Ultramarino, Parte Oficial*, série I, cit., p. 294.

adoptou esta ideia de colonização num relatório que redigiu enquanto Secretário de Estado do Ultramar (1836): "Promova-se o estabelecimento dos europeus, o desenvolvimento da sua indústria, o emprego dos seus capitais, novas colonizações, e numa curta série de anos tiraremos os grandes resultados que outrora obtivemos das nossas colónias", comparando depois a situação das colónias portuguesas com a colónia Inglesa do Cabo, onde em pouco tempo se tinha "avançado rapidamente em população branca"[796]. Lopes Praça traduziu esta ideia na doutrina jurídica quando, em defesa da legitimidade da alienação dos territórios coloniais, tomou como referência os "imensos territórios desertos, e onde por enquanto, *à falta de povoadores,* a cultura e civilização não principiaram a manifestar-se" (sublinhados nossos)[797]. Fazendo lembrar os ensinamentos de Bentham – que citou em vários pontos da sua obra – e dos seus discípulos, nos anos '30[798] –, o publicista era de opinião que só fazia sentido um país possuir colónias desde que realizasse o objectivo de as colonizar, ou seja, de enviar populações e capitais excedentários para esses territórios[799]. Nesta acepção, a colonização era sinal da vitalidade das Nação colonizadoras mas, sobretudo, enquanto vivificadoras de terras incultas e não tanto enquanto promotoras do progresso de populações nativas. Não obstante as duas coisas tenderam cada vez mais a estar relacionadas, como se percebe em escritos tardios (e singulares) de Sá da Bandeira, onde garante que "[...] o progresso das colónias africanas depende em grande parte, do aumento da sua povoação de origem europeia, a qual

---

[796] V. *Livros de Projectos*, Lisboa, Imprensa Nacional, 1836, *N.º 162, Relatório do Ministério do* Ultramar, p. 6. E, ainda: "Se pelo resultado se pode julgar o sistema de uma legislação, nenhuma poderá ser pior do que a das nossas possessões: séculos têm decorrido depois que se acham no domínio português, e pouco diferentes estão em civilização do que eram no tempo da conquista, enquanto, como contraste, a vizinha Colónia do Cabo da Boa Esperança, em muito menos tempo, tem crescido rapidamente em *população branca e riqueza*", v. Decreto de 10 de Dezembro de 1836, *Legislação Novíssima*, cit., vol. I, p. 25, sub. nossos.

[797] V. Lopes Praça, *Estudos sobre a Carta Constitucional de 1826 [...]*, cit., p. 14.

[798] Todos eles descrentes do optimismo livre-cambista da escola clássica dos economistas e crentes na necessidade que a Inglaterra industrializada tinha de possuir colónias para canalizar os excedentes populacionais e investir o capital acumulado, v. B. Semmel, "The Philosophic Radicals and Colonialism", in Bhikhu Parekh (ed.), *Jeremy Bentham Critical Assessments*, vol. III: "Law and Politics", London and New York, Routledge, 1993.

[799] V. Lopes Praça, *Estudos sobre a Carta Constitucional de 1826 [...]*, cit., 1878, p. 9: "Concorda todo o mundo em que as colónias são uma condição impreterível de desenvolvimentos para nações fecundas, adiantadas e progressivas. Por esta razão é visível quanto os governos previdentes dessas Nações estimarão possuir territórios, onde possam oferecer trabalho à sua população superabundante, fontes de riqueza à Mãe-pátria, e ocasião oportuna de um desenvolvimento industrial e comercial [...]".

estando em contacto continuado com a população indígena, concorre poderosamente para promover a civilização d'esta"[800].

Na doutrina jurídica a ausência de qualquer referência às populações nativas – ou, sequer, a uma missão civilizacional que as adoptasse como objecto – é notável. O exemplo de Silvestre Pinheiro Ferreira, o autor que mais detalhadamente reviu e criticou os textos constitucionais portugueses, que se empenhou na elaboração de inúmeros *Projectos* e *Propostas* que tornassem exequíveis os textos constitucionais e que foi muitas vezes citado nas constituintes de 1837-38, é sintomático. Em quase todas as suas obras, a parte ultramarina do território português, que ele dividiu em Estados, está presente. Os *Estados da Europa e suas dependências*, os *Estados de África* e os *Estados da Ásia* surgem, nos seus projectos, representados politicamente no parlamento em Lisboa[801], administrativamente divididos exactamente da mesma forma (províncias, comarcas, cantões, distritos, municipalidades e bairros)[802], governados pelas mesmas entidades (governadores de Estados da Ásia e da África, governadores das províncias, governadores das comarcas e governadores dos cantões)[803] e pelas mesmas instituições representativas (assembleias gerais das províncias, das comarcas, dos cantões, dos distritos, assembleias municipais e assembleias dos bairros)[804], havendo pequenas adaptações de funcionamento nos Estados da Ásia e África[805]. Em todas dedicou alguns capítulos aos "cida-

---

[800] V. *O Trabalho Rural Africano*, cit., cap. VIII. Sobre os projectos de colonização tentados ao longo dos três primeiros quartéis do século XIX, v. Valentim Alexandre, "Ruptura e estruturação de um nova Império", in Francisco Bethencourt e Kirti Chaudhuri (orgs.), *História da Expansão Portuguesa*, cit., pp. 76-95. Mais tarde, sob a égide da Sociedade de Geografia, seriam decretadas, a 18 de Agosto de 1881, as "estações civilizadoras", destinadas a dirigir o estabelecimento de colonos europeus e, com isso, a consolidar soberania sobre os territórios e a "civilização dos negros", v. Júlio de Vilhena, *Antes da República (Notas Autobiográficas)*, Coimbra, França e Arménio Editores, 1916, vol. I (1874-1907), pp. 76-77. Como autor do decreto explica na obra citada, votadas ao fracasso.

[801] V. *Projectos de Ordenações para o Reino de Portugal*, t. I: "Carta Constitucional e projecto de Leis Orgânicas", Paris, Casimir, 1831, p. 170; t. II: "Exposição da Carta Constitucional e do projecto das Leis Orgânicas", p. 52.

[802] V. Silvestre Pinheiro Ferreira, *Projectos de Ordenações [...]*, Paris, Casimir, 1832, t. III: "Projecto de Reforma das leis Fundamentais e Constitucionais da Monarquia", p. 30, acompanhado de um mapa onde nomeia cada uma destas circunscrições, p. 31-32.

[803] V. Silvestre Pinheiro-Ferreira, *Projectos de Ordenações [...]*, cit., T. I, p. 247.

[804] V. Idem, *ibidem*, p. 153.

[805] V. Idem, *ibid.*, p. 349-50. O reconhecimento das especificidades dos Estados de África e Ásia – nomeadamente a distância a que estavam do continente e a falta de conhecimentos sobre eles – fez com que Silvestre Pinheiro Ferreira admitisse algumas disposições especiais, que não entendia serem "excepção à lei comum" mas "providências interinas", v. *Projectos de Ordenações [...]*, cit., t. I, p. 288 e t. II, p. 107.

dãos e mais moradores dos Estados portugueses", que classificou, de acordo com os seus direitos civis e políticos, em Cidadãos activos ("hábeis para exercerem os poderes políticos") e Cidadãos impedidos ("os que, por proibição geral expressa em lei, ou por sentença judicial, não estiverem no gozo actual dos direitos políticos, mas somente dos direitos civis")[806]. Não se encontram, nestes parágrafos, qualquer referência às populações nativas do ultramar português. Os nativos africanos não integram a lista dos cidadãos, nem mesmo a dos cidadãos impedidos, integrada pelas mulheres, pelos menores, pelos loucos e mentecaptos, pelos estrangeiros[807], e também, mas tardiamente, os libertos[808]. O publicista não lhes aplicou, tão pouco, as categorias que o Direito Internacional aplicava aos povos "bárbaros" ou "selvagens", categoria que ele conhecia bem, que formalizou na sua obra e sobre as quais tinha opiniões próprias[809].

Na doutrina civil é também assinalável a ausência de referências aos africanos ou à "missão civilizacional". Os juristas que trabalharam sobre o direito civil falaram sobre escravos e sobre libertos, mas nunca sobre populações nativas livres. A única alusão encontrada surgiu sob a forma de um pergunta retórica, feita por Bruschy, quando, criticando o conceito de "nacionalidade desconhecida" utilizado no Código Civil, se perguntou: "Aludirá o Código a algum jalofo, hotentote, ou outra qualquer horda selvagem?"[810]. Também são esclarecedoras as observações de um deputado quando, referindo-se ao decreto de 16 de Janeiro de 1837, a primeira lei sobre administração da justiça no ultramar, lamentou a determinação absurda de se estabelecer em Benguela um juiz ordinário, dependente do julgado do juiz de direito de Angola, por se tratar de um inacessível "sertão inóspito, habitado por selvagens,

---

[806] V. Silvestre Pinheiro-Ferreira, *Projectos de Ordenações [...]*, cit., 1832, t. III, p. 33. Era uma classificação algo diferente da que apresentara no vol. I, mas com consequências em tudo semelhantes.

[807] Idem, *ibidem*, p. 34.

[808] Esquecidos no projecto, mas recordados quando, em comentário ao artigo da Carta que os excluiu da eleição de deputados, Silvestre Pinheiro Ferreira esclareceu que a referência aos mesmos não tinha sido feita no seu *Projecto* porque "por ele só os emancipados são cidadãos activos, e os libertos pertencem à classe dos cidadãos impedidos", v. *Observações sobre a Constituição do Império do Brasil ...*, cit., p. 154.

[809] V. Cristina Nogueira da Silva, "Libertad, Derechos Fundamentales y «multiculturalismo» en el pensamiento de Silvestre Pinheiro Ferreiro (1769-1846)", Congresso Internacional *De la galeria a la biografia. Vidas por el Derecho en la España liberal*, Huelva, Universidad de Huelva, em pub.

[810] V. M.M.S. Bruschy, *Manual do Direito Civil Portuguez [...]*, cit., p. 39.

e alguns antropófagos"[811]. O facto de não se encontrar, na referida lei, uma palavra sobre a administração da justiça às populações nativas é um sinal da sua "inexistência" para o legislador dos anos '30[812].

Em suma, o problema da inclusão, imediata ou futura, não se pôs, nem nas discussões constituintes dos anos '30, nem na doutrina jurídica, ao longo de quase toda a primeira metade do século XIX. Não existe sequer, nas Constituições portuguesas do século XIX, um artigo equivalente ao art. 240 da Constituição de 1822, sobre a civilização dos nativos da América. Essa ausência foi o reflexo da indiferença a que a doutrina jurídica e o pensamento económico e político do primeiro liberalismo europeu os tinha votado, mas esse facto não esgota a explicação. O projecto de colonização de África, cuja génese acompanhou o processo de independência do Brasil, não suscitou logo grandes reflexões em torno da questão de saber como administrar as populações que habitavam o território africano da Monarquia porque os núcleos fundamentais desse território constituíam-se, como foi dito na introdução deste trabalho, por enclaves territoriais pouco povoados e porque esse projecto estava, exactamente, no momento da sua génese. Finalmente, as poucas reflexões sérias que se foram estruturando ao longo do século em torno do destino dessas populações foram, previsivelmente, desenvolvidos sob a influência de Sá da Bandeira, como se irá mostrar a seguir.

8.3. *"Missões civilizacionais"*

Apesar de ter sido obliterada nas discussões constituintes e na doutrina jurídica, e de ter sido muitas vezes esquecida, quando se falou da colonização de África, a "missão civilizadora" dos portugueses junto das populações nativas dos territórios colonizados não desapareceu do imaginário nacional, tendo sido descrita, nas suas diversas formas, tanto na literatura da época, como em documentos oficiais e legislativos. É por isso importante auscultar o que dizem esses textos sobre o estatuto jurídico daquelas populações.

Civilizar os negros de África foi, desde logo, uma ideia corrente na literatura escravista[813]. Foi também uma ideia associada ao processo gradualista

---

[811] V. *DCGECNP*, vol. I., sessão de 13 de Abril de 1837, p. 306, Gorjão, deputado João Joaquim Pinto.

[812] V., sobre este tema, Cristina Nogueira da Silva, *A Cidadania nos Trópicos...*, cit., cap. 17: "Assimilacionismo legislativo".

[813] V. João Pedro Marques, *Os sons do Silêncio*, cit., p. 117-19, comentando a obra de Solano Constâncio (1819), ou de Acúrsio das Neves (1830), *ibid.*, p. 169.

da abolição da escravatura, já que neste era previsto um período de transição entre a servidão e a liberdade, ao longo do qual se processaria a educação civilizacional do ex-escravo *(v. infra*, 8.5). Fazia também parte do vocabulário antiesclavagista, onde a imagem que se dava do negro – um ser humano sempre necessitado de civilização – nem por isso era muito diferente da que se encontra na literatura de sentido oposto[814]. Alusões muitíssimo vagas à "missão civilizacional" junto dos africanos encontram-se também nos relatórios sobre Angola e Moçambique apresentados às Cortes ordinárias dos anos '20, pela Comissão do Ultramar, bem como num "Projecto de desenvolvimento colonial" submetido às Cortes em 1826[815]. Neste, o deputado Braklami referiu-se, muito vagamente, à propagação da fé por missionários que "conservassem a pureza e integridade da Religião católica romana, nos lugares onde ela se acha estabelecida, mas também com o destino de a propagarem no interior do país, onde reina o mais absurdo ateísmo ou a mais inconsequente idolatria"[816]. No ano seguinte foi discutido em Cortes um projecto de lei para o estabelecimento, em Coimbra, de um Colégio, destinado a receber, à custa da fazenda pública, quinze alunos africanos, escolhidos entre "aqueles mancebos que mais notáveis se fizerem por talentos, bons costumes e docilidade"[817]. No

---

[814] Como nas obras de António de Oliva e Francisco Soares Franco (idem, *ibid.*, p. 127). Nas cortes vintistas essa ideia também surgiu num *Parecer acerca das províncias de Angola e S. Tomé e Príncipe, apresentado às Cortes pela Comissão do Ultramar em 19 Abril de 1822*, provavelmente da autoria de Alexandre de Morais Sarmento, onde também se falava da civilização dos "gentios" (*ibid.*, p. 164). Em 1826 o mesmo Alexandre de Morais Sarmento apresentou o primeiro projecto de lei português para a abolição do comércio negreiro (v. sessão 20 Dezembro de 1826, *Gazeta de Lisboa*, 21 de Dezembro de 1826).

[815] V. Valentim Alexandre, "Nação e Império", cit., p. 61-68.

[816] V. "Proposição do deputado José António Ferreira Braklami, para se promover a civilização, agricultura, comércio, indústria e navegação dos estabelecimentos de África", in Clemente José dos Santos (ed.), *Documentos para a História das Cortes Geraes da Nação Portuguesa*, t. II (1826), Lisboa, Imprensa Nacional, 1884, pp. 618-23.

[817] V. "Proposição do deputado Alexandre Thomaz de Moraes Sarmento", in Clemente José dos Santos (ed.), *Documentos para a História das Cortes geraes da Nação Portuguesa*, t. III (1827), Lisboa, Imprensa Nacional, 1885, p. 677. No parecer da Comissão da Câmara dos Deputados incumbida de examinar o projecto, ele surgia como um meio de substituir "à crassa ignorância de seus habitantes e excessiva indolência a instrução e o amor do trabalho",v. Clemente José dos Santos, *Documentos para a História das Cortes Geraes da Nação Portuguesa*, cit., t. III, p. 298. O projecto seria aprovado na Câmara dos Deputados na sessão de 16 de Março de 1827, na sequência de uma discussão curta. Em todo o caso, e embora tivesse sido igualmente aprovado na Câmara dos Pares (apesar de um parecer negativo da respectiva Comissão de Legislação, que propunha o objectivo mais humilde de promover as "primeiras letras" e a "moral cristã"), não foi convertido em lei.

último artigo deste projecto favorecia-se também o financiamento das missões, como um meio de "derramar as Luzes do Evangelho e os benefícios da civilização entre aquelas nações africanas que jazem nas trevas da ignorância e no estado de barbaridade"[818]. Neste projecto percebe-se já um esboço de classificação das populações nativas africanas, habitualmente deixada na sombra através do artifício igualitarista que as tomava no seu conjunto por populações "portuguesas", sem precisar esse conjunto, ou através de um discurso simplificador, que as remetia a todas para o mundo da mais absoluta barbárie. Pelo contrário, aqui previa-se uma solução diferenciada para as populações africanas culturalmente mais ou menos "atrasadas". Para as primeiras, a solução era a missionação, com a civilização básica que ela implicava. O missionário era, dizia alguns, "o único capaz de inflamar a imaginação do homem selvagem, de amolecer o coração do bárbaro, e de obrigar um e outro a quebrar todos os vínculos dos seus costumes, e preocupações para se lançar na vida civilizada", tanto em África como na Ásia[819]. Para as segundas propunha-se uma outra via, mais refinada, de ilustração, que não se dirigia já aos nativos "incivilizados" mas às "elites", colonas ou crioulas. Essa via era a criação, para elas, de um Colégio, em Coimbra. Os debates que se fizeram em torno desta solução mostram, contudo, como era ambígua a referência a estas elites. Senão vejamos:

A discussão em torno da criação do *Real Colégio Africano* trouxe para as Cortes ordinárias o mesmo princípio da igualdade entre as pessoas que tinha predominado nas constituintes vintistas, agora aplicado a África. O Colégio que se pretendia criar destinava-se a receber quinze alunos africanos, porque "olhando para o que diz a Carta vemos que tanto direito têm para a instrução *os portugueses habitantes em Portugal, como os portugueses habitantes na Costa de África*"[820]. Na câmara dos Pares, e desde logo num parecer emitido pela respectiva Comissão de legislação, contrário ao projecto, emergiram os mesmos enunciados igualitaristas[821]. Não obstante, a análise do parecer, positivo, da

---

[818] Idem, *ibid.*
[819] V. *DCD*, sessão de 13 de Março de 1827, p. 576.
[820] V. *DCD*, sessão de 13 de Março de 1827, p. 573, sub. nossos. Ao apresentar o projecto, o autor tinha aludido à obrigação que tinham as Cortes de executar o § 32 do art. 145 da Carta Constitucional, relativo à criação de institutos para "o progresso das ciências e da civilização".
[821] O projecto era tido como inócuo porque, "[...] considerando a extensão do território que na África possui o Reino de Portugal, e que todos os seus habitantes têm igual direito a receberem o benefício que resulta da instrução pública, e que o limitado número de quinze alunos (...) não tem proporção com aquelas vastíssimas possessões [...]" v. *DCP*, sessão de 10 de Janeiro de 1828, p. 58.

Comissão da Câmara dos Deputados encarregada de examinar o mesmo projecto, volta a deixar na indefinição uma identificação precisa dos grupos populacionais abrangidos por aqueles princípios de igualdade. O que aí se considerava era a necessidade de tornar mais "sadios" os estabelecimentos portugueses em África, para que "os portugueses" lá vivessem em maior número do que no presente, em que "[...] a cidade de S. Paulo de Luanda, que é o nosso maior estabelecimento da Costa Ocidental de África, *tendo em 1821 cinco mil habitantes, só contava quatrocentos e trinta e oito brancos e outros tantos pardos* [...]". Os autores do parecer – entre os quais se contavam o Bispo de Cabo Verde (Jerónimo), José António Ferreira Braklami, e o autor do Projecto de lei, Alexandre Tomás de Moraes Sarmento – entendiam que a criação do colégio poderia alterar a situação, porque dele resultariam condições para melhorar a vida "[...] aos portugueses, como aos naturais que vivem naqueles países"[822].

Portugueses eram, aqui, os habitantes brancos, e talvez também aqueles "pardos" que se incluíam entre a população que "contava". Mas, aparentemente, não o eram os "naturais", os restantes c. de 4000 habitantes que não foram contados. Significaria isso que era restrito o grupo de "africanos" que se podiam destacar pelos seus "talentos, bons costumes e docilidade", condições requeridas para admissão dos alunos?. Se assim era, como distinguir este grupo dos "outros" africanos? Ou seriam estes outros africanos 4000 escravos? Neste debate, algo confuso, espelha-se, uma vez mais, um insistente "princípio de incerteza" acerca a nacionalidade/cidadania das populações do ultramar quando este era discutido à distância, na metrópole[823].

Como seria de esperar, o conceito genérico de uma "missão civilizacional" volta a encontrar-se em documentos ligados à iniciativa de Sá da Ban-

---

[822] V. Clemente José dos Santos, *Documentos [...]*, cit., t. III, p. 299, sub. nossos.

[823] Um tom igualmente igualitário/assimilacionista era o Bispo de Cabo Verde, num Projecto de lei apresentado em sessão de 3 de Março de 1827, quando se referiu aos trabalhos e sofrimentos dos Cabo-verdianos, cujo único "crime" era "o de haverem nascido em África e não terem a cor branca como a dos outros homens da Europa, mas que *nem por isso deixam de ter igual direito aos favores da Mãe Pátria*", V. Clemente José dos Santos (ed.), *Documentos [...]*, cit., t. III, p. 354. Também durante a discussão sobre a criação do Real instituto Africano, o autor do respectivo Projecto de lei, Morais Sarmento, acabaria por referir a cor dos futuros alunos como o único argumento (nunca explicitado) dos que se opunham à criação do Colégio ("Eu não vejo as dificuldades, que se levantarão contra o estabelecimento do Colégio em Coimbra, a não ser a probabilidade, a certeza, direi, de aparecerem nos Estudos caras de cor diferente", v. *DCD*, sessão de 13 de Março de 1827, p. 572). Na mesma discussão percebe-se também que os destinatários privilegiados seriam oriundos de Cabo Verde (*ibid.*, p. 574): "A Província de Cabo Verde dá bastante a Portugal [...] e portanto não se lhe deve negar aquilo, que for necessário, para que aqueles Povos possam viver Civil e Religiosamente", p. 574.

deira. O seu interesse pela civilização de populações nativas manifestou-se publicamente no facto de ter integrado, em 1856, a Comissão encarregada de elaborar os estatutos de uma *Associação promotora da civilização de África*, cujos objectivos seriam o de obter conhecimentos sobre "o estado da população preta das Províncias portuguesas na África" e assegurar a Portugal os benefícios que resultariam "se a população preta dessa parte do mundo adquirisse um maior grau de civilização"[824]. No que diz respeito à sua iniciativa legislativa, enquanto Secretário de Estado da Marinha e Ultramar, o conjunto de documentos oficiais através dos quais mandou criar as Juntas gerais de Distrito que a lei administrativa estabelecia para o ultramar (mas que só funcionaram efectivamente em Angola e na Índia) é expressivo. Por intermédio desses documentos, Sá da Bandeira recomendou, em 1856, à recém formada Junta do Distrito de Cabo Verde, que procedesse ao "[...] estudo e proposta de meios necessários para melhorar o estado daquela parte da população da província que se acha mais atrasada nas práticas da civilização; introduzindo nela o ensino religioso e literário, e o amor do trabalho agrícola e mecânico, criando para os indivíduos as necessidades da vida civilizada, as quais lhe trarão a de adquirirem pelo seu próprio trabalho os meios com que possam satisfazer a essas novas necessidades"[825]. Foi também por iniciativa de Sá da Bandeira que a Junta do Distrito de Angola, mandada constituir por decreto de 18 de Setembro de 1856, recebeu o encargo de discutir nas suas consultas "o estudo e proposta dos meios necessários para melhorar o estado da população indígena da província, a fim de a trazer às práticas da civilização, introduzindo nela o ensino religioso e das primeira letras [...]"[826], tendo sido em tudo semelhante a recomendação dirigida à Junta Geral de Distrito de Moçambique[827].

Por fim, em resposta a um conjunto de dúvidas apresentadas pelo Presidente da Junta Protectora dos Escravos e Libertos de Angola em 1858, Sá da

---

[824] V. *Programa Provisório para a organização de uma associação filantrópica denominada: Associação promotora da civilização d'África*, in José Silvestre Ribeiro, *História dos estabelecimentos científicos [...]*, t. X, Lisboa, Tipografia da Academia Real das Ciências, 1882, p. 210-11. Na mesma época formaram-se múltiplas associações, em Inglaterra, a favor dos direitos dos povos nativos.

[825] Portaria de 20 de Agosto de 1856, v. *Annaes do Conselho Ultramarino, Parte Oficial*, série I, cit., pp. 287.

[826] Portaria de 20 de Agosto de 1856, v. *Annaes do Conselho Ultramarino, Parte Oficial*, série I, cit., p. 299-300. Atribuiu-se também à Junta a reflexão sobre "colonização com gente do Reino e ilhas adjacentes" (*ibid.*, p. 300).

[827] Portaria de 11 de Novembro de 1856, em cujo art. 1.º se fala também, como em relação a Angola, da "colonização com gente do Reino e ilhas adjacentes; e bem assim cristãos da Índia ou com chins", v. *Annaes do Conselho Ultramarino, Parte Oficial*, série I, cit., p. 516.

Bandeira aproveitou para recordar a "missão civilizacional" que essa Junta devia desenvolver junto da população ainda não livre. Nessa resposta percebe-se novamente que, como nos casos anteriores, do que se tratava era de transformar os escravos e libertos nas populações "civilizadas" e "portuguesas" que ainda não eram:

> "À Junta [...] cumpre empregar todos os meios ao seu alcance para que os senhores dos escravos os façam entrar no Grémio da Igreja católica, procurando a Junta por si e por seus delegados, convencê-los da utilidade que daí lhes há-de resultar; e aos povos de quanto contribuirá para a sua melhor condição social o abandono dos costumes gentílicos e práticas supersticiosas, fins para os quais há-de concorrer poderosamente a instrução pública, que o governo de S. Majestade já tem promovido com as benéficas provisões da lei de 14 de Agosto de 1845 e com o estabelecimento de escolas de ensino primário em muitos presídios e distritos; *o que há-de igualmente facilitar aos indígenas a prática da língua portuguesa; e que o mesmo Augusto Senhor tem por conveniente que os tutelados da Junta usem de vestidos à maneira europeia*"[828].

Não existia, contudo, como se viu em capítulos anteriores deste trabalho, nenhum mecanismo que traduzisse juridicamente esta transformação de populações "incivilizadas" em populações "civilizadas" e "portuguesas". A única via possível para se conseguir que tais populações fossem tratadas como os cidadãos portugueses, para conseguir que os seus direitos civis mais básicos fossem respeitados, era encontrar, na Constituição, um sentido universalista que ela não tinha. Com isso, conseguir-se-ia integrá-las formalmente, primeiro, civilizá-las, depois. Como veremos já nos próximos capítulos, esse foi também um propósito da política prosseguida por Sá da Bandeira. Antes disso, porém, vai descrever-se melhor qual foi o seu modelo de "missão civilizacional" e os outros modelos com os quais conviveu.

8.3.1. *Um paradigma* iluminista

Ainda que a civilização geradora de cidadãos fosse um objectivo claramente assumido, punha-se também a questão das estratégias civilizadoras a seguir. A "missão civilizacional" que se delineava nos documentos a que acabámos de fazer referência obedecia a um paradigma próximo do de José Bonifácio em relação aos índios, se pusermos de lado o tema da miscigenação, que, por

---

[828] Portaria de 18 de Janeiro de 1858, v. *Annaes do Conselho Ultramarino, Parte Oficial*, série I, cit., p. 522, sub. nossos. Sobre o decreto de 1845, v. *supra*, 7.2.3.

motivos óbvios, era tão caro a este autor. Tratava-se de civilizar para integrar no futuro, de criar futuros cidadãos. Para isso, esperava-se que o contacto civilizador com a cultura e as instituições europeias, cuja superioridade civilizacional constituía um dogma, actuasse. Confrontados com elas, os nativos viriam a aderir "espontaneamente" ao mundo de valores civilizados que elas espelhavam, como se explicava numa Consulta do Conselho Ultramarino em 1856: o "[...] contacto diário com os novos colonos; o exemplo de seu trabalho; as instituições de ensino público, e de caridade, que em cada colónia deverá haver, a Igreja, o ensino religioso, e ainda a acção paternal e imparcial da autoridade que governar a Colónia" encaminhariam os negros para a civilização, como tinha acontecido com os "selvagens" da Nova Zelândia, admiravelmente adiantados "[...] no caminho do progresso", sob o efeito da colonização britânica[829]. Na mesma consulta explicava-se em que termos actuava, ou não, o potencial civilizador da presença de populações europeias junto dos nativos, para se distinguir a "boa" da "má" colonização:

> "Para o seu progresso é preciso que entre ela se estabeleçam colónias de gente de raça europeia; mas verdadeiras Colónias, e muito distintas das Feitorias que durante séculos tiveram os europeus nas costa de África, destinadas ao abominável tráfico da escravatura, causa permanente do estado de atraso e de barbaria em que ainda se acham os povos africanos"[830].

A mesma perspectiva sobre a relação entre a presença civilizadora dos europeus, o progresso material e a civilização dos nativos, foi confirmada no estudo de Sá da Bandeira sobre o trabalho rural africano, em 1873:

> "[...] o progresso das colónias africanas depende, em grande parte, do aumento da sua povoação de origem europeia, a qual estando em contacto continuado com a povoação indígena concorre poderosamente para promover a civilização desta, já pelo seu exemplo, já desenvolvendo nela o desejo de satisfazer as novas necessidades, para o que somente o seu trabalho lhe pode oferecer recursos [...]"[831]; "Dê-se aos negros completa segurança de pessoa e propriedade; faça-se desenvolver entre eles a instrução, criando escolas numerosas; haja seminários em que se habilite um clero indígena, que espalhado entre os povos possa contribuir para a sua civilização; abram-se vias de comunicação que facilitem as

---

[829] Consulta do Conselho Ultramarino de 11 de Abril de 1856, sobre um projecto de lei para o "estabelecimento de Colónias de naturais do Reino e Ilhas adjacentes nas já referidas Províncias de Angola e Moçambique", v. *Annaes do Conselho Ultramarino, Parte Oficial*, série II (Janeiro de 1859 – Dezembro de 1861), Lisboa, Imprensa Nacional, 1867, p. 79.
[830] Idem, *ibid*.
[831] Sá da Bandeira, *O trabalho Rural Africano [...]*, cit., p. 145.

transacções comerciais [...]"[832]; "Por estes meios e por outros que se empreguem, se farão aumentar as necessidades dos indígenas; as quais estimula os mesmos a buscarem, pelo seu trabalho, os meios de as satisfazer"[833].

No mesmo paradigma, apesar das diferenças que o separam de Sá da Bandeira, inscreveu-se ainda a perspectiva de Andrade Corvo, Ministro da Marinha e Ultramar entre os anos 1872 e 1877, nos seus estudos sobre as províncias ultramarinas. Aí, muitas das fórmulas ainda vagas (e muitas vezes colono-cêntricas) da doutrina e da legislação anterior foram substituídas pela referência concreta à participação dos nativos em instituições europeias; e, mais rigorosamente, pela referência concreta à possibilidade de pôr em funcionamento uma versão africana das instituições locais europeias[834].

Esta perspectiva, como se vê claramente, era herdeira do pensamento *ilustrado* mais clássico, fundando-se em ideias como a da unidade da espécie humana, da sua perfectibilidade, da superioridade das formas europeias de viver. Os elementos integrantes do conceito de civilização eram, nesta perspectiva, um progresso moral, ligado à dimensão cristianizadora da missão civilizacional, mas eram também um progresso económico e tecnológico, pela promoção do desenvolvimento do comércio e agricultura. Nesta última dimensão, de fomento do progresso material, inseria-se o objectivo de criar nas populações necessidades que as levassem a trabalhar para as satisfazer, de estimular o "interesse próprio", o "desejo aquisitivo" que, pela força natural das coisas, conduziria ao trabalho e à racionalidade económica. Este objectivo não se esgotava, porém, no esforço de dirigir as "paixões naturais" do homem para fins racionais, não violentos, como o progresso económico. Na verdade, envolvia também a sua criação quase *ex novo* junto daqueles povos que, como os povos pacíficos da filosofia kantiana, eram incapazes de progresso, por serem desprovidos de "paixões"[835]. Desta forma, foi sob o imperativo da "missão civilizacional" que a teoria liberal clássica do *"self interest"* melhor revelou a sua vocação normativa[836].

---

[832] Idem, *ibid.*
[833] Idem, *ibid.*, p. 83.
[834] A "missão civilizacional" tal como Andrade Corvo a entendia está explicitada em *Estudos sob as Províncias Ultramarinas*, cit., p. 389 e ss.
[835] V. Cristina Nogueira da Silva, "Liberalismo, Progresso [...]", cit., p. 25 e ss.
[836] V. Stephen Holmes, *Passions and Constraint, On the Theory of Liberal Democracy*, Chicago and London, The University of Chicago Press, 1995, p. 4, sub. nossos: "A teoria liberal clássica da realização do interesse individual deve ser interpretada como uma doutrina normativa e não como uma descrição factual. O principal objectivo dos liberais que enalteceram o interesse in-

Foram ainda elementos integrantes deste conceito de "missão civilizacional" a promoção do bom governo e o respeito pelos direitos dos indivíduos, nomeadamente pela liberdade de trabalho, que em todos surgiu como pré-requisito para a civilização[837].

8.3.2. *Um paradigma* utilitarista

Os dados da equação segundo os quais seriam as instituições europeias e o seu potencial civilizador a criar civilização podia, no entanto, ganhar outros sentidos. Podia até mesmo inverter-se, substituindo-se pela ideia de que a civilização devia preceder o governo civilizado, e não o contrário. Por ora, interessa recordar que a ideia de contacto podia significar algo de diferente de uma prossecução de objectivos "civilizacionais", de correcção de costumes. Havia, frequentemente, uma associação clara entre a colonização branca e os objectivos de defesa e de pacificação. Assim acontecia, por exemplo, nas ordens enviadas ao governador de Angola para proceder em benefício do estabelecimento da colónia da Huíla: ela era de grande importância porque "[...] dali se dominaria, com mais facilidade do que de Mossâmedes, o país dos Gambos, o vale do Cunene, e os sertões adjacentes [...], convindo também que ali residisse o governador do distrito, da mesma maneira que o de Ambriz reside no Bembe, pois que desta forma a sua influência e acção sobre o gentio seriam mais eficazes"[838]. No mesmo registo, as vias de comunicação que Sá da Bandeira considerava indispensáveis para o desenvolvimento do pacífico comércio era também fundamentais para que "[...] a força armada possa marchar sem embaraço, para manter a ordem pública ou para repelir agressões estra-

---

dividual foi aplacar as paixões destrutivas e auto-destrutivas, reduzir o prestígio social da violência cega, induzir o povo, na medida do possível, a actuar racionalmente [...] *e concitar o interesse pela percussão de objectivos materiais [...]*".

[837] Sobre o significado preciso da ideia civilizadora no século XIX (i.e., o que era uma sociedade civilizada e quais as dimensões do encaminhamento civilizacional das populações carentes de civilização) v. Edward Keene, *Beyond the Anarchical Society [...]*, cit., p. 112-113. V. também a descrição lockeana dos componentes de uma sociedade civilizada em Bhikhu Parekh, "Liberalism and colonialism: a critique of Locke and Mill, in Jan Nederveen Pieterse and Bhikhu Parekh (eds.), cit., p. 84-85.

[838] Portaria de 3 Julho de 1857, v. *Annaes do Conselho Ultramarino, Parte Oficial*, série I, cit., p. 434. Semelhantes eram os objectivos descritos na portaria de 6 de Setembro de 1858, v. *Annaes do Conselho Ultramarino, Parte Oficial*, série I, cit., p. 629. Estava-se a falar-se de uma colonização militar, a mesma de que falava em relatório o governador de Mossâmedes, inspirando-se no exemplo argelino, v. *Annaes do Conselho Ultramarino, Parte Oficial*, série I, cit., p. 294.

nhas"[839]. Doutrinalmente, esta dimensão de conquista associada à colonização só não assomou na obra de Andrade Corvo, onde uma acção civilizadora pacífica, capaz de proporcionar a integração futura dos povos africanos na nação, surgia como o meio exclusivo de reforçar a influência portuguesa em África[840]. É também singular, na sua obra, uma real preocupação com o extermínio de populações nativas ocorridas em virtude da presença europeia e a possibilidade de tal se repetir no ultramar português[841].

Por outro lado, a divulgação da fé cristã podia também ser funcionalizada aos objectivos externos da colonização, descrita mais como instrumento de potenciação da sua eficácia do que como veículo de progresso moral "intrínseco" das populações:

> "Logo depois do aumento da força pública, vem o Clero, se é que não vem primeiro, como meio de civilização, e de robustecimento da força moral, que precisamos ter em países longínquos, inóspitos e quase selvagens, onde o vínculo religioso pode ser bastante eficaz, para conter aqueles povos no devido respeito às leis"[842].

Finalmente, nos anos '60 do século XIX, estava já constituído um outro modelo de "missão civilizacional", mais activo, mais interventivo, apoiado em métodos civilizacionais diferentes. Assim, por exemplo, numa Consulta do Conselho Ultramarino datada de 1861, na qual se debatia o desenvolvimento da cultura do algodão nas províncias portuguesas de África, surgem considerações sobre o trabalho e a "missão civilizacional" que se situam num registo diferente daquele que até aqui foi exposto. Aí, como complemento dos esforços de colonização, surge já, como dado essencial para o seu sucesso, a produção de uma legislação que "[...] domine as influências do clima e os hábitos tradicionais da ociosidade, para que a civilização possa penetrar naquelas terras inóspitas, e trazer os seus habitantes às condições gerais do género humano". Para a justificar, a menorização/infantilização do africano por meio do recurso à imagem das hierarquias familiares e dos poderes domésticos foi assumido em todas as suas consequências:

---

[839] V. Sá da Bandeira, *O trabalho Rural Africano [...]*, cit., p. 83.
[840] V. Valentim Alexandre, "Nação e Império", cit., p. 107.
[841] V. *Estudos sob as Províncias Ultramarinas*, cit., v. III, p. 362 e ss. V. também o relatório de Andrade Corvo em *Relatório do Ministro e Secretário de Estado dos Negócios da Marinha e Ultramar*, 1875.
[842] V. *Annaes do Conselho Ultramarino, Parte Oficial*, série III (Janeiro de 1862 – Dezembro de 1865), Lisboa, Imprensa Nacional, 1868, p. 24. Esta funcionalização da religião à disciplina social no seu sentido mais lato era muito vulgar nos textos doutrinários.

"O trabalho é penoso, principalmente na zona tórrida, e só pode o corpo sujeitar-se a ele obrigado pela força, ou instigado pela necessidade de procurar os meios de entreter a vida. Compelir aqueles povos ao trabalho, sem rigores, nem durezas, e dar-lhes em troca os benefícios da civilização, é o nosso direito e o nosso dever. Os pais obrigam os filhos ao estudo e ao trabalho, para que depois possam ser úteis a si, à família e à Pátria. Os habitantes do interior de África podem ser considerados na infância, em relação ao desenvolvimento social dos países cultos, e as nações que descobrem e conquistam têm obrigação de melhorar, de instruir e de civilizar"[843].

O fenómeno colonial na sua dimensão mais violenta foi também plenamente assumido nesta consulta:

"Crê este Conselho que a primeira de todas as necessidades a satisfazer, para que possam prosperar as nossas colónias africanas, e [...] para que ali se possa desenvolver a agricultura em grande escala, é aumentar nelas a força marítima e terrestre, de sorte que possamos ocupar seguramente o país, que está virtualmente sujeito ao nosso domínio, mas que em grande parte o não está de facto, porque em muitos pontos falecem os meios de fazer respeitar as autoridades"[844].

Nada disto significa, contudo, que tenha havido um momento de "ruptura" nos anos sessenta. Houve, sim, uma maior visibilidade oficial de uma forma de falar sobre o ultramar e os seus povos nativos, que divergia daquela que se tinha imposto na legislação dos anos anteriores, a mostrar que o *paradigma iluminista* não esgotou o universo dos conceitos de "missão civilizadora" que actuaram na primeira metade do século XIX. Esse outro paradigma aproximava-se do modelo descrito na doutrina utilitarista de John Stuart Mill, quando nela se reflectiu sobre a intervenção que os povos já civilizados deviam ter junto dos povos não civilizados, modelo do qual já se falou várias vezes, mas que agora se vai desenvolver de forma mais sistémica.

---

[843] Consulta de 9 de Novembro de 1861, remetendo para uma outra, de 26 de Julho, com um projecto que o governo adoptara e que teria apresentado ao corpo legislativo a 8 de Agosto de 1861., v. *Annaes do Conselho Ultramarino, Parte Oficial*, série III, cit., pp. 25 (o contexto desta consulta será explicitado no capítulo seguinte). Não se ignora que esta argumentação pode ser funcional em relação ao interesse dos grupos esclavagistas. Mas, do ponto de vista que aqui predominantemente nos interessa – que é o dos discursos jurídicos e políticos – convém registar o argumento, pelo menos na medida em que ele prenuncia já o modelo mais interventor de "missão civilizadora" que dominará os finais do século.

[844] V. *Annaes do Conselho Ultramarino, Parte Oficial*, série III, cit., p. 24.

Para Mill, o governo dos povos bárbaros não podia ser um governo fundado na liberdade individual, ao contrário do governo das "comunidades civilizadas". O "princípio de liberdade" que devia presidir ao governo das "comunidades civilizadas", princípio segundo o qual ninguém podia "[...] ser obrigado a agir ou a abster-se de agir com o argumento de ser isso o melhor para ele próprio"[845] e em que "a compulsão, exercida de forma directa ou por meio de penas e punições por insubmissão, já não é admissível como meio para obter o seu próprio aperfeiçoamento [...]", não podia aplicar-se às crianças nem às sociedades "atrasadas", ainda na infância da humanidade (*"aqueles estados da sociedade em que podemos considerar que a própria raça está na sua infância"*)[846].

Neste contexto, desde que o fim fosse a melhoria civilizacional, todas as formas de compulsão junto dos povos "atrasados" eram legítimas. Era-o, por exemplo, o despotismo político (v. *supra*, 3.3) ou o trabalho forçado:

> "As raças incivilizadas [...] são avessas a executar de forma contínua trabalhos que lhes pareçam desinteressantes. No entanto, toda a verdadeira civilização tem este preço, e, sem esses trabalhos, nem a mente pode ser disciplinada nos hábitos requeridos por uma sociedade civilizada, nem o mundo material preparado para garantir a civilização. Para reconciliar tais povos com o trabalho é necessário que se produza uma combinação rara de circunstâncias o que, por esse motivo, pode levar muito tempo, *a menos que eles sejam, durante algum tempo, compelidos a executá-lo*[847].

Compreensível podia também ser, em alguns casos, a escravização[848].

---

[845] V. John Stuart Mill, *On Liberty* (1859), ed. Richard Wollheim, cit., p. 15: "the only purpose for which power can be rightfully exercised over any member of a civilized community, against his will, is to prevent harm to others", "his own good [...] is not a sufficient warrant" [and] "he can not rightfully be compelled to do or forbear because it will be better for him to do so".

[846] V. Idem, *ibidem*, p. 16: "Liberty, as a principle, has no application to any state of things anterior to the time when mankind have became capable of being improved by free and equal discussion [...]. But as soon as mankind have attained the capacity of being guided to their own improvement by conviction or persuasion (a period long since reached in all nations with whom we need here concern ourselves), compulsion, either in the direct form or in that of pains and penalties for non-compliance, is no longer admissible as a means to their own good, and justifiable only for the security of others".

[847] John Stuart Mill, *Representative Government* (1861), cit., p. 213, sub. nossos: "Again, uncivilized races [...] are averse to continuous labour of an unexciting kind. Yet, all real civilization is at this price, without such labour, neither can the mind be disciplined into the habits required by civilized society, nor the material world prepared to receive it. There needs a rare concurrence of circumstances, and for that reason often a vast length of time, to reconcile such a people to industry, unless they are for a while compelled to it".

[848] Apesar dos seus enunciados anti-esclavagistas – por exemplo, em *Lectures on Colonization and Colonies* [1850] e em *Principles of Political Economy* [1848] – Stuart Mill admitiu, neste

Não estava em causa, neste outro discurso sobre a missão civilizacional, o postulado da unidade da espécie humana ou da sua perfectibilidade. Pelo contrário, o despotismo e a compulsão surgiam como vias para realizar universalmente o destino civilizacional da humanidade. Para Mill, só um governo despótico exercido por um povo civilizado era susceptível de fazer progredir civilizacionalmente os povos atrasados, de os preparar para um governo baseado no "princípio da liberdade"[849]. Era, por isso, um dever moral, ao qual as nações civilizadas não podiam escapar. Reflectir sobre a forma de organizar essa dominação, para que se convertesse num bem, e não num mal, para as populações a ela submetidas, era, paralelamente, um dever do filósofo político[850].

Foi o primado deste paradigma que fez com que, a partir de finais do século, a "missão civilizacional" tenha passado a estar muito mais associada ao trabalho forçado e a mecanismos de repressão que eram descritos como civilizadores (as penas, a justiça rápida inspirando respeito e temor, a guerra punitiva). O absolutismo no governo das colónias proposto por John Stuart Mill foi positivamente apreciado Lopes Praça[851], e, mais tarde, por Eduardo Costa, um dos ícones do pensamento colonial português de finais do século, que justificou com a doutrina utilitarista de Mill o sistema de "governo despótico atenuado" que propôs para as colónias portuguesas[852]. Neste outro paradigma, além da diferença de métodos, havia também uma outra forma de perspectivar a relação entre o europeu e o nativo: o colono europeu perdia a sua dimensão de presença humana benéfica e civilizadora para se converter num

---

último trabalho, a escravização dos "povos selvagens": "Existem também tribos selvagens tão avessas ao trabalho regular que uma vida industriosa só se tornará possível quando forem conquistadas e escravizadas, ou quando se tornarem conquistadoras e escravizarem as outras", cit. em Stanley Engerman, Seymour Drescher & Robert Paquette, *Slavery*, Oxford, Oxford University Press, 2001, p. 383 ("There are also savage tribes so averse from regular industry, that industrial life is scarcely able to introduce itself among them until they are either conquered and made slaves of, or become conquerors and make others so").

[849] Ou, mas muito acidentalmente, um despotismo nativo, *idem, ibid.*, p. 416. Essa era "a legitimate mode of government in dealing with barbarians, provided the end be their improvement, and the means justified by actually effecting that end", v. John Stuart Mill, *On Liberty* (1859), cit., p. 16.

[850] Um dever que ele mesmo cumpriu em *Representative Government* (1861), cit., p. 416. É esse o tema do último capítulo desta obra "Of the Government of dependencies by a Free State" v. *supra*, 3.3.

[851] V. Lopes Praça, *Estudos sobre a Carta Constitucional de 1826 [...]*, cit., vol. II, 1880, p. 108 (v. *infra*, 9.3.9).

[852] V. *Estudo Sobre a Administração Civil* [...], cit., p. 14.

"inimigo" do *indígena*, o que conduziu a doutrina colonial a reflectir sobre os mecanismos específicos de protecção de que o indígena carecia em situação colonial. *Indígenas* e *colonos* passaram a ser dois "vértices" do problema colonial quase sempre envolvidos numa relação de conflito insanável[853].

*

Desaparecida da Constituição, a "missão civilizacional" permaneceu no horizonte da legislação, dos relatórios dos Ministros, nos escritos sobre as colónias. Resta tentar perceber com mais clareza quem eram os destinatários desta missão e qual era o seu estatuto face à cidadania portuguesa. Antes disso, contudo, convém recordar que o facto de estas populações se terem genericamente convertido em sujeitos de uma "missão civilizacional" protagonizada pelo lado europeu mostra, em princípio, que lhes era negada uma personalidade jurídica participativa (*participative legal personality*), ao contrário do que se sugeriu na literatura colonial portuguesa a partir de finais do século XIX. Num contexto de uma "missão civilizacional", o único direito claramente reconhecido ao sujeito da missão é o direito a usufruir das coisas que lhe são oferecidas pelos agentes da ordem civilizada com o objectivo de os trazer para o âmbito da civilização[854]. É certo que nada disto pressupunha uma desigualdade de partida entre os homens. Pelo contrário, no horizonte permanecia o postulado da igualdade como ponto de partida (todos os homens nascem iguais) e como ponto de chegada (todos são capazes de se encontrar um dia no mesmo patamar civilizacional). Mas entre o ponto de partida e o ponto de chegada havia um longo caminho a percorrer. Esse caminho justificava algumas, ou, por vezes, todas as desigualdades. Mesmo quando, formalmente, se queria igualar, recorrendo à Constituição ou à lei. Foi o que se passou, como se vai ver a seguir, com as populações livres do sertão africano, cidadãos, uma vez mais, em recônditos decretos de Sá da Bandeira, assim como com os libertos, cidadãos em todas as Constituições portuguesas do século XIX.

---

[853] Relação na qual, finalmente, também o colono devia ser especialmente protegido, por estar à mercê dos rigores do clima, inserido em "meios deprimentes", especialmente necessitados de preservar a sua segurança e prestígio, devendo a lei garantir a sua protecção e a sua "superioridade", v. Albano de Magalhães, *Estudos Coloniais*, cit., p. 160.

[854] V. Peter Fitzpatrick, "Terminal legality: imperialism and the (de)composition of law", cit., p. 20: "[...] it was solely the colonist who was to provide civil and civilized order. There were no rights for the savages in this scheme, apart from "rights" to have things done to them so as to bring them within the ambit of civilization".

8.4. *Vassalos e cidadãos*

O princípio da igualdade entre as pessoas manteve-se ao longo de todo o século, exprimindo-se, como já vimos, em discussões parlamentares, documentos legislativos e ordens administrativas (nomeadamente, em portarias), onde a inclusão dos nativos na cidadania foi afirmada. Contudo, o discurso sobre o estatuto das populações nativas dos territórios portugueses do ultramar esteve longe de se esgotar em enunciados universalistas e igualitaristas. Bem pelo contrário, a leitura dos documentos legislativos da época confirma que também no ultramar africano os portugueses continuaram a sentir-se rodeados de populações que corporizavam comunidades exteriores, algumas inimigas, como se percebe pela alusão contínua à ameaça que essas populações representavam. Nos "sertões adjacentes aos nossos territórios" viviam populações nativas que se descreviam como estando claramente situadas num lugar exterior à comunidade política ou civil portuguesa, muitos deles inimigos a temer, obrigando ao investimento em infra-estruturas militares[855]. Isso percebe-se logo no *Projecto de desenvolvimento colonial* apresentado pelo deputado Braklami em 1826, no qual o uso de armas pelos portugueses aparecia justificado com o "[...] fim de se defenderem dos assaltos dos negros selvagens e dos ataques dos animais ferozes que infestam aquele país"[856]. Já no *Projecto de lei para a extinção dos prazos da coroa*, em Moçambique, programou-se o aumento da força militar e a construção de fortificações em alguns locais dos Rios de Sena para proteger os habitantes contra "[...] os ataques dos Vátuas e outros Cafres"[857]. Em 1857, Sá da Bandeira recomendava ao Governador-geral de Cabo Verde "[...] os melhoramentos convenientes da fortificação de Cacheu, para que não possa facilmente ser surpreendida por qualquer porção de gentios". A recomendação vinha na sequência de um ofício do mesmo governador (9 de Setembro de 1856), no qual este participava que a Praça de Cacheu fora atacada por "[...] gentios de Cacand, em consequência de desordens que alguns deles haviam tido com alguns dos grumetes da praça [...]"[858]. Em 1864 mandava-se reparar a fortaleza de Sofala e "[...] tê-

---

[855] V. Consulta do Conselho Ultramarino de 26 de Janeiro de 1855, *Annaes do Conselho Ultramarino, Parte Oficial*, série I, cit., p. 302; v. também a consulta transcrita na p. 244.

[856] V. *DCGECNP*, sessão de 11 Dezembro de 1826, p. 157.

[857] Consulta do Conselho Ultramarino de 1 de Setembro de 1854, v. *Annaes do Conselho Ultramarino, Parte Oficial*, série I, cit., p. 246. O projecto viria a converter-se em decreto de 22 de Dezembro de 1854.

[858] Portaria de 10 de Janeiro de 1857, v. *Annaes do Conselho Ultramarino, Parte Oficial*, série I, cit., p. 353.

-la sempre guarnecida com a força necessária para repelir qualquer invasão dos indígenas"[859]. E no ano anterior o Secretário de Estado da Marinha e Ultramar, José da Silva Mendes Leal, tinha dito, acerca destes povos, que "[...] só conhecem o direito da força"[860].

Esta presença ameaçadora dos "cafres", populações exteriores que ameaçavam os estabelecimentos portugueses, percorre os textos legislativos e a oratória parlamentar[861].

Além destas populações inimigas, descritas como estando num mundo "exterior" que, como veremos mais à frente, podia, de um certo ponto de vista, ser um "interior", havia grupos populacionais mais próximos, mas cuja relação com a administração portuguesa se fazia por meio de fórmulas jurídico políticas totalmente alheias às fórmulas constitucionais do direito nacional ou do direito internacional que vigoravam nos (entre os) Estados europeus. Tais relações eram, desde logo, o resultado de "contratos *vassálicos*", cujos *autos* se publicavam nos *Annaes do Conselho Ultramarino*, na sua parte oficial. Por meio deles, as autoridades africanas declaravam-se "*vassalos* da coroa portuguesa" e também "*súbditos* da respectiva Nação". Dizia-se num desses *autos* – envolvendo embaixadores do rei de Molembo, Capita Munipolo, e o Governador-geral de Angola – que o rei português garantia respeitar os usos e costumes do país de Molembo, desde que se não opusessem "aos princípios da humanidade e às leis da nação portuguesa". A estas últimas, por sua vez, os súbditos do rei de Molembo deviam obedecer, de acordo com a seguinte e paradoxal fórmula – "[...] como *súbditos que também eram da mesma Nação*"[862]. O mundo ultramarino era, então, um mundo de duplas soberanias, povoado por súbditos que o eram em simultâneo de um rei africano e de uma nação europeia, por súbditos imersos num mundo jurídico que não era o da legislação civil portuguesa nem o dos seus tribunais, contrariando a ideia de que uma única ordem jurídica vigoraria em todo o território nacional, por súbditos sujeitos a autoridades estranhas ao Estado, cujo poder não era controlado, nem na sua origem, nem no seu exercício, como era o caso o rei de Molembo. Este, por sua vez,

---

[859] Portaria de 22 de Julho de 1854, v. *Annaes do Conselho Ultramarino, Parte Oficial*, série v (Janeiro de 1862 a Dezembro de 1865), cit., p. 40.

[860] V. *Relatórios do Ministro e Secretario d'Estado dos Negócios da Marinha e Ultramar, apresentados à câmara dos deputados na sessão de 12 de Janeiro de 1863*, cit., p. 37.

[861] Nas constituintes de 1852 o deputado goês Jeremias Mascarenhas lembrava também que [...] a maior parte dos prazos da Coroa em Sena e Tete estavam invadidos pelos pretos chamados Landins e Vátuas", v. *DCD.*, sessão de 13 de Fevereiro de 1852, p. 121.

[862] V. *Annaes do Conselho Ultramarino, Parte Oficial*, série I, cit., p. 149. Estes autos tinham sido publicados no *Boletim Oficial de Angola*, n.° 483 de 30 de Dezembro de 1854.

enquanto vassalo da coroa portuguesa, era uma entidade política exterior ligada à Coroa por obrigações "feudais". Mas era também alguém que, em conjunto com os seus súbditos, integrava a comunidade portuguesa; alguém "igual" aos seus súbditos enquanto súbdito, como eles, da Nação portuguesa.

Fazendo uma episódica incursão na forma como o estatuto das populações "avassaladas" e dos seus chefes era pensado em documentos de outra natureza, oficiais ou particulares, percebemos que também aí se impunha a ideia de exterioridade e de sujeição. Na *Memória* de António Gil, por exemplo, falava-se de "diversas nações ou tribos parte ainda hoje independentes, e parte sujeitas ao nosso Império"[863]. Todas elas eram, para o juiz autor da memória, nações ou tribos independentes e soberanas sobre as quais, não obstante, Portugal podia exercer a sua soberania[864]. Em documentos oficiais encontramos a mesma invocação da exterioridade dos "vassalos" africanos relativamente à nação portuguesa. José da Silva Mendes Leal, no relatório atrás citado, referia-se aos povos nativos de Angola como "gentios", ou "negros, vassalos ou independentes, que cercam os nossos estabelecimentos"[865].

Desta forma, a relação dos "indivíduos nativos" com o Estado português foi mediada por um mundo jurídico e de poder que nada tinha que ver com os modelos jurídicos do Estado liberal, com as formas de exercício dos poderes no mundo político do liberalismo ou com a construção de uma ordem que se pretendia constitucional e unitária. Preservadas foram, igualmente, identidades grupais (étnicas, tribais) e as respectivas hierarquias internas, que punham em causa o próprio objecto do qual devia partir a reflexão política liberal, o indivíduo igual e livre.

---

[863] V. António Gil, *Considerações sobre algumas partes mais importantes da moral religiosa* [...], cit., p. 2; em outros parágrafos distingue, em Luanda, entre os "pretos" do sertão português e os do "gentio independente", entre a "raça preta indígena das nossas possessões do continente da África [...]" e o "gentio independente".

[864] Percebe-se isso quando lamenta que um capitão-mor não tivesse nomeado um secretário que representasse a autoridade portuguesa junto de um soba que o pedira. António Gil achava que " podia ser de interesse no futuro exercitar direitos de soberania, numa nação ou Tribo, posto que bárbara, independente e soberana, e o que mais era, a pedido do próprio chefe ou soberano, o que no acto, que praticava, de nos vir pedir a nós que nomeássemos um secretário para o seu estado com uma patente que o habilitasse a usar farda, reconhecia a nossa supremacia [...]", *Ibid.*, p. 16.

[865] V. *Relatórios do Ministro e Secretario d'Estado [...]*, cit., pp. 26-27. Relativamente a Moçambique, falava de régulos avassalados, com quem se renovavam juramentos de "preito e vassalagem à coroa de Portugal" (*ibid.*, p. 37); e para a Guiné aconselhava a conservação da paz celebrada com o "gentio" e o prosseguimento da política de juramentos "de preito e vassalagem" com régulos (*ibid.*, p. 41).

Face a tudo isto, a pergunta que permanece sem uma resposta clara é a de saber se estes régulos eram ou não portugueses. Ou se, sendo-o, o eram como cidadãos ou como vassalos. O que, na verdade, parece resultar deste tipo de relações, é um estatuto jurídico marcado pela indefinição no que diz respeito à posição destes grupos populacionais face à nação e à cidadania portuguesa. Afirmar que eles eram cidadãos constitui uma simplificação da literatura colonial dos finais do século XIX, porque, além da já referida incompatibilidade conceptual entre a ideia de cidadania e a de vassalagem, não se pode dizer que eram cidadãos portugueses usufruindo da plenitude dos respectivos direitos. Mas a verdade é que também não se deixam descrever como "puros" estrangeiros, súbditos de um qualquer Estado que hipoteticamente se relacionasse com o Estado português através das normas do direito internacional clássico. Pode dizer-se, em vez de uma coisa ou de outra, que corporizavam um estatuto intermédio, mais próximo de um estrangeiro – mas muito atípico – do que de um cidadão, mesmo que igualmente atípico. A natureza dúplice do direito internacional da época pode, no entanto, ajudar a esclarecer alguma coisa.

8.4.1. *Estrangeiros atípicos:* os sobados

As "relações vassálicas" em que o Estado português se envolveu em África remetiam mais para o plano das relações internacionais do que para o plano interno da inclusão das populações nativas na cidadania portuguesa. Só que não se situavam no mesmo universo internacional no qual se relacionavam entre si os Estados europeus. Como nos explica Edward Keene, esta última era uma ordem que, desde os acordos de Vestefália (1648), se regulava pelo princípio da indivisibilidade da soberania dos Estados, as únicas entidades jurídicas que contavam no plano internacional[866], e que assentava no respeito pela sua igualdade, independência e soberania territorial[867]. O fim dessa ordem era a tolerância relativamente às diferenças étnicas, culturais e políticas que separavam esses Estados.

Pelo contrário, as relações dos portugueses com as autoridades africanas remetiam para uma outra ordem internacional, a que regeu as relações entre Estados europeus e as entidades nativas não europeias a quem os europeus reconheciam o exercício de poderes soberanos[868]. O fim dessa ordem não era

---
[866] V. Edward Keene, *Beyond the Anarchical Society [...]*, cit., p. 103.
[867] *Idem, ibid.*, pp. 117-18.
[868] A tese de Edward Keene é a de que esta ordem, que se vinha construindo desde o século XVII, foi ocultada pelos estudos clássicos do Direito Internacional.

a tolerância, mas uma certa forma de intolerância – a "civilização" dos povos "atrasados"[869]. Atenhamo-nos sobre o que diz Edward Keene acerca dos princípios que a norteavam.

Era, em primeiro lugar, uma ordem onde não vigorava o princípio da plena soberania dos Estados[870], mas o princípio da natureza divisível da soberania, com base no qual os europeus partilhavam poderes soberanos com as autoridades nativas dos outros continentes. Essa divisão tinha por objectivo facilitar o controlo do comércio, dos recursos e a constituição de sistemas tributários junto das populações nativas. Mas era também um meio de prosseguir objectivos civilizacionais junto delas. A ideia em torno da qual estes raciocínios se organizaram foi a de que, fora da Europa, os europeus não só podiam como deviam partilhar direitos soberanos com as "autoridades públicas" locais, para benefício das populações envolvidas[871].

Descrita nos seus traços gerais esta dimensão colonial da ordem internacional, é fácil compreender como algumas componentes dela estavam presentes nas "relações vassálicas" que ligavam os portugueses às autoridades africanas. Em primeiro lugar, porque, por meio delas, os portugueses partilhavam autoridade pública com os chefes africanos, já que o contrato implicava o reconhecimento dessas autoridades como titulares de poderes "públicos", que exerciam em território português (?). O Congo, por exemplo, tinha sido reduzido "à obediência de Portugal pelos multiplicados actos dos Soberanos dele, que se reconheceram feudatários da coroa Portuguesa"[872], mas não se podia negar que o Rei do Congo, "apesar de feudatário e tributário de Portugal exercia a soberania nos seus Estados"[873]. Quase no final do século, Martens Ferrão considerava que, em virtude destas ligações, Portugal detinha ali um direito *de suserania*[874].

Por outro lado, com a assinatura desses contratos, os portugueses prosseguiam objectivos materiais, como o de facilitar o controlo do comércio, dos recursos, da tributação. Cumprir e respeitar as leis do governo português,

---

[869] V. Edward Keene, *Beyond the Anarchical Society [...]*, cit., p. 117.

[870] *Idem, ibid.*, p. 104.

[871] "Algumas das prerrogativas soberanas das autoridades nativas deviam estar nas mãos dos Europeus, para que estes pudessem intervir, por esse meio, junto das sociedades atrasadas, e introduzir nelas os benefícios económicos, políticos e judiciais da vida civilizada" (v. Edward Keene, *Beyond the Anarchical Society [...]*, cit., p. 147).

[872] V. Visconde de Santarém, *Demonstração dos Direitos que tem a coroa de Portugal sobre os territórios situados na Costa Ocidental de África [...]*, Lisboa, Imprensa Nacional, 1855, p. 24.

[873] *Idem, ibid.*, p. 29.

[874] V. J. B. Martens Ferrão, *La question Portugaise du Congo par devant le Droit Public de l'Europe*, Lisboa, Imprensa Nacional, 1884, p. 19.

pagar os impostos, auxiliar o governo na guerra, abrir caminhos e permitir o livre-trânsito para o comércio eram algumas das obrigações impostas às autoridades africanas a troco de paz e protecção[875]. Esse tipo de interesses estava presente, por exemplo, na relação com os Dembos e Sobas das terras do Bembe e Hoando, "antigos súbditos e amigos de Sua Majestade Fidelíssima El rei de Portugal". Eram autoridades africanas que exerciam o seu poder "[...] nas serras do Bembe, antiga jurisdição do presídio de S. José d'Encoge, *território português* [...]"[876], e com quem o governador de Angola tinha feito um "ajuste" para recrutamento de trabalhadores para as minas de cobre. Os indivíduos envolvidos não compreendiam bem o português (já que estava presente um intérprete), ou, pelo menos, não o sabiam ler ou escrever, como se nota num ofício de 20 de Novembro de 1856, enviado pelo governador à Secretaria de Estado da Marinha e Ultramar. Mas os seus nomes eram parcialmente familiares à língua portuguesa[877].

Por fim, estava também envolvido nestas relações o objectivo ideológico de civilizar. Dos contratos faziam parte cláusulas "civilizadoras", como as que subordinavam a vigência dos *usos e costumes* do país de Molembo à sua consonância com os princípios do direito natural e das leis portuguesas. Era um critério que não estava muito distante do que já vimos fixado no decreto que fez

---

[875] V. Ana Paula Tavares e Catarina Madeira Santos, "Uma leitura africana das estratégias políticas e jurídicas. Textos dos e para os Dembos, Angola, C. 1869-1920", in Ana P. Tavares e Catarina M. Santos (eds.), *Africae monumenta, A apropriação da Escrita pelos Africanos*, Lisboa, I.I.C.T., 2002, p. 520. "Os sobas que juravam obediência à coroa portuguesa comprometiam-se a observar a fé cristã e a satisfazer as exigências dos governadores coloniais com respeito ao pagamento de impostos e ao fornecimento de mão-de-obra para o comércio ou para a guerra – em troca do reconhecimento português da legitimidade da sua posse como titular político do sobado", v. Jill R. Dias, "Relações Portuguesas com as Sociedades Africanas em Angola", in Valentim Alexandre (coord.), *O Império Africano, Séculos XIX e XX*, cit., p. 76.

[876] V. *Annaes do Conselho Ultramarino, Parte Oficial*, série I, cit., p. 572-74 (sublinhados nossos). Em outro ofício, de 26 do mesmo mês, o governador dava conta das "felizes disposições em que se acha o Rei do Congo para com Portugal" e da felicidade que representava para este rei e os indígenas da região a ocupação do Bembe (*Ibid.*, p. 375).

[877] D. Pedro Jaime Acango, D. António Nzambe, etc, v. *Annaes do Conselho Ultramarino, Parte Oficial*, série I, cit., p. 572-74. Da existência destes contratos com sobas para recrutar mão-de-obra para minas etc., percebe-se em ofícios enviados de Angola, v. *Annaes do Conselho Ultramarino, Parte Oficial*, série I, cit., p. 372-375. Entre estes, contam-se os que dão notícia da grande disponibilidade dos indígenas de Ambriz para servirem de carregadores. Provavelmente é a estes ofícios que se refere Sá da Bandeira num documento em que explica, contrariando a ideia de que os negros não queriam trabalhar por serem "indolentes", que, em lugares onde não tinham sido forçados a trabalhar em más condições, os negros se manifestavam inteiramente disponíveis, v. *Annaes do Conselho Ultramarino, Parte Oficial*, série I, cit., p. 623-626).

aplicar o Código civil ao ultramar e do que viria a ser, já nos finais do século, estabelecido pela literatura colonial portuguesa (e europeia) como limite para o reconhecimento dos *usos e costumes indígenas*[878]. Era ainda suposto que as entidades envolvidas nos contratos fossem objecto de medidas "civilizadoras" que as aproximassem, paulatinamente, da comunidade civil e política portuguesa, que as fizessem ultrapassar as fronteiras – não tanto jurídicas, mas antropológicas – que separavam o exterior do interior dessa comunidade. Medidas susceptíveis de os transformar nos portugueses que não eram ainda. Isso supunha, como já se viu, uma acção civilizadora, agora concretamente centrada em duas questões fundamentais, a língua e a religião. De acordo com isso, Sá da Bandeira assinava, a 19 de Novembro de 1856, uma portaria ordenando ao governador de Angola que chamasse a Luanda, como alunos, os filhos dos régulos mais notáveis, para que aprendessem a língua portuguesa, a ler, escrever, contar, e a doutrina cristã. Era conveniente, explicava-se, "[...] que os filhos dos principais régulos, sobas e outros potentados da província de Angola conheçam bem a língua portuguesa e tenham uma educação regular que os habilite a seguirem as práticas da vida civilizada"[879].

Civilizar era, nesta fase da política colonial portuguesa (e europeia), europeizar. Neste aspecto, o "modelo" colonial português não se afastou muito das políticas coloniais que os Estados europeus praticaram na mesma época. Todas tinham sido, neste sentido, *assimilacionistas*, porque todas tinham tido, como fonte de inspiração, a transformação de nativos de continentes extra-europeus em "europeus". Isso envolveria, a longo prazo, a desintegração das formas tradicionais de organização social e política e a rentabilização administrativa de elites nativas "assimiladas", até porque um dos problemas da administração colonial era, justamente, a falta de gente para preencher os cargos administrativos locais[880]. Este era um dos pontos em que as políticas coloniais da primeira metade do século XIX se distinguiram, no plano teórico, da *indirect rule* seguida em algumas colónias britânicas a partir da segunda metade do século. Mahmood Mamdani relaciona mesmo o fim das iniciativas políticas mais assimiladoras com a percepção, por parte das autoridades coloniais,

---

[878] Em Portugal foi formalizado no *Estatuto político, civil e criminal dos indígenas* de 1929, onde os usos e costumes eram respeitados desde que não colidissem com "os direitos individuais de liberdade e de existência, com os princípios da humanidade e com a soberania de Portugal", como se explicava no preâmbulo do respectivo decreto, v. *Colectânea de Legislação*, Lisboa, Agência Geral das Colónias, 1948, p. 121. Sobre estes critérios, numa perspectiva comparativa, v. Mahmood Mamdani, *Citizen and Subject* [...], cit., p. 115 e ss.

[879] V. *Annaes do Conselho Ultramarino, Parte Oficial*, série I, cit., p. 321.

[880] Mahmood Mamdani, *Citizen and Subject [...]*, cit., p. 90 e ss.

de que as elites nativas "assimiladas" reivindicariam, a prazo, igualdade de direitos políticos, e não apenas de estatuto pessoal, situando nesse momento a viragem para ideologias diferenciadoras, como a *indirect rule* britânica ou a política francesa de *association*[881]. Mas, como também explica Mamdani, a "assimilação" antes praticada não era sinónimo de partilha dos direitos de cidadania ou de igualdade de todos os nativos perante a lei. Não era sinónimo de integração total e imediata na sociedade civil. A sociedade civil era, por definição, a sociedade civilizada, existindo, por isso, uma barreira "civilizacional" a condicionar o acesso das populações nativas à comunidade nacional e à cidadania. Essa barreira impedia também o acesso à comunidade internacional civilizada, como se irá ver a seguir.

8.4.2. *O direito internacional: "entre civilizados", "sobre incivilizados"*

Para se compreender melhor o universo de que estamos a tratar, convém evocar outras componentes desse universo internacional "oculto", componentes que Edward Keene não enumerou.

Específico desta ordem internacional era o facto de ela se encontrar inserida numa outra, a ordem internacional "clássica", à qual a literatura sobre o Direito Internacional deu inteira visibilidade. Nesta outra ordem, uma das partes contratantes da ordem internacional ocultada – as autoridades nativas (africanas) – convertia-se em objecto de um direito internacional que lhe era inteiramente alheio e para a produção do qual não tinha estado presente como sujeito outorgante. Era nos tratados contendo normas positivas de Direito Internacional negociadas entre os Estados europeus que se decidia que "nações civilizadas" podiam ou não contratar e com que entidades nativas. Mais do que isso, com que Estados estas entidades eram autorizadas ou, de certo modo, obrigadas a contratar.

O peso destes subentendidos do direito internacional colonial foi fundamental nos momentos em que se formularam teorias sobre os direitos de soberania de Portugal em África. Isso aconteceu, por exemplo, quando se discutiu, em Cortes, a concessão, decretada pelo governo a 26 de Dezembro de 1878, de minas e terrenos em Moçambique, na região do Zambeze. Foi uma discussão que envolveu o autor da memória que, alguns anos mais tarde, na altura da Conferência de Berlim, compendiaria a base jurídica de argumentação na defesa da soberania portuguesa em África. Esse jurista foi Martens Ferrão

---

[881] Idem, *ibid.*

(1824-1895), professor de Direito em Coimbra e par do Reino. A sua argumentação no contexto deste debate é fundamental para se compreender o lugar (ou a ausência dele) das "Nações avassaladas" no direito internacional.

A concessão envolvida no decreto de 1878 suscitou a oposição dos deputados que entendiam que ela envolvia terrenos que estavam na posse de "tribos nómadas, selvagens e guerreiras"[882]. A soberania portuguesa em África, afirmavam esses deputados, estava muito circunscrita, em virtude da fraqueza militar portuguesa. Os governos portugueses eram incapazes de expulsar o "gentio feroz e selvagem" que ocupava território nominalmente sujeito à soberania portuguesa e de impor a sua autoridade junto dos régulos. Estes, uma vez independentes, concediam a outras Nações as terras em que Portugal pretendia ter soberania. Sem posse efectiva não existiria domínio sobre esses territórios, sendo muito artificioso supor que, nestas condições, pudesse exercer-se a soberania. A concessão abrangeria, por isso, terrenos exteriores aos domínios coloniais portugueses, pelo que a Portugal só restavam duas hipóteses: assegurar pela força os seus (?) direitos e viabilizar a concessão, o que seria difícil; ou desistir deles, faltando nesse caso o governo aos compromissos assumidos com os seus concessionários[883].

Esta discussão prático-política interessa-nos pouco, enquanto tal. Interessa-nos, contudo, esclarecer o ponto fundamental que nela esteve envolvido, o de saber se, afinal, tal território era ou não era território português; e, no caso afirmativo, se o era em soberania, em propriedade, em mero domínio fáctico, em nome de direitos sobre "áreas de influência" ou em face de direitos históricos.

Foi justamente esta a questão abordada por Martens Ferrão, quando rebateu os argumentos anteriores, expondo os fundamentos da soberania portuguesa em África tal como viriam a ser descritos na memória que depois apresentou à Conferência de Berlim. O que resulta das suas palavras é, de novo, a pouca consideração em que eram tidos os direitos da parte nativa dos contratos selados com os europeus. Ou seja, a não validade, perante eles, das normas do direito internacional clássico.

---

[882] "Aqui tem [...] a concessão que o governo acaba de fazer para uma exploração na bacia hidrográfica do Zambeze, quando a maior parte dela está sujeita a potentados indígenas, pertence a tribos nómadas, selvagens e guerreiras, que estão de posse deste terreno, e que o governo, se quiser tornar boa a concessão, tem de mandar para lá todo o exército de Portugal, e para que se possa tornar efectiva a posse daquele território nem todo o exército bastaria, passados alguns anos", v. *DCP*, sessão de 15 de Janeiro de 1870, p. 79.

[883] V. *DCP*, sessão de 15 de Janeiro de 1879, p. 70.

Logo no início da intervenção, o jurista foi claro quando aos seus pressupostos teóricos, ao salientar a especificidade do "direito internacional que rege as relações das nações nas suas colónias com os povos bárbaros, e muito mais, com os povos selvagens e nómadas, que ali se encontram [...]". Contrariando a ideia de que essas relações seriam reguladas por normas jurídicas fundadoras de direitos (já que, na alegada "negociação" envolvida nas ligações vassálicas que uniam a Nação portuguesa às autoridades africanas, lhes eram reconhecidos direitos) afirmava que "[...] nem essas tribos mesmo têm direito certo sobre o terreno. Triste condição esta de tão grande parte da humanidade afastada do grémio da civilização"[884]. Como o mesmo Martens Ferrão voltaria a recordar alguns anos mais tarde, "[...] as costas do continente africano, povoadas por tribos selvagens ou bárbaras, sempre foram encaradas como regiões susceptíveis de ocupação a título da descoberta"[885]. Por esse motivo, o que prevalecia como fundamento de direitos de soberania em África relacionava-se com regras de direito internacional que regulavam as relações entre nações europeias, e não com tratados negociados com autoridades africanas. Naquele ordenamento "internacional" eram os títulos de descobrimento e primeira ocupação, de conquista, de cedência, de compra ou troca, de doação, que fundavam os direitos de soberania de uma Nação face às outras[886]. Portugal detinha aqueles títulos, como já tinha provado o Visconde de Santarém, na conhecida memória que todos os publicistas convocavam quando o tema era a soberania de Portugal em África[887]. Não porque os tivesse adquirido junto dos originais ocupantes do território, mas porque lhe estavam reconhecidos em tratados que constituíam o direito internacional positivo europeu[888]. Esse direito preexistente tinha as suas fontes em convenções "de direito europeu", sendo isso legítimo porque também

---

[884] *DCP*, sessão de 15 de Janeiro de 1879, p. 79.

[885] V. J. B. Martens Ferrão, *La question Portugaise du Congo [...]*, cit., p. 8.

[886] Paradoxalmente, nestes últimos quatro casos podiam estar envolvidas figuras contratuais e subjectivantes dos colonizados.

[887] V. Visconde de Santarém, *Demonstração dos Direitos que tem a coroa de Portugal sobre os territórios situados na Costa Ocidental de África [...]*, Lisboa, Imprensa Nacional, 1855.

[888] "Tão reconhecido foi sempre este estado que quando em muitos pontos de África se restaurou o domínio português, entendeu-se apenas que Portugal recuperava a posse de seus direitos, antes reconhecidos. O que tenho exposto como teoria de direito internacional acha-se reconhecido nos tratados [...]. É pelo direito preexistente, e não pelo facto da posse, que se há-de determinar o domínio português no interior das nossas possessões da África Oriental" (v. sessão de 15 de Janeiro de 1879, p. 80).

"não é outro o direito que a Inglaterra, a Holanda e a França mantêm nas suas colónias"[889].

Portugal detinha, portanto, esses títulos e, com eles, o domínio legítimo sobre parte do território do continente africano, ainda que nele não exercesse posse efectiva ou que não os tivesse ocupado. Até porque não podia exigir-se que "um país que vai colonizar extensões de terreno sem comparação possível com a mãe pátria, possa exercer uma ocupação permanente e efectiva no interior, entre povos sem a luz da civilização", lembraria ainda Martens Ferrão, apoiando-se no direito público americano e na doutrina de Johann Caspar Bluntschli, professor de Ciência Política na Universidade de Heidelberg em 1872[890]. Os direitos que Portugal possuía na África Oriental que considerava sua seriam anteriores aos de qualquer Nação europeia[891]. Eram, por outro lado, direitos que não cediam face a (hipotéticos) direitos das "tribos selvagens", por estarem em vigor princípios emanados do direito internacional europeu que eram muito claros quanto a essa questão:

"Esse direito não pode julgar-se prescrito ou perdido em frente de tribos selvagens *a quem o direito europeu não reconhece a independência de Nação, porque lhe faltam os caracteres que originam esse direito e em que ele se funda*"[892].

Ou seja, se a contestação de posse envolvesse Nações europeias, o princípio da ocupação efectiva podia até ser válido. Mas quando uma das partes era a nativa, como sucedia no caso de que se estava a tratar, tal princípio

---

[889] Sessão de 15 de Janeiro de 1879, p. 80. A referência aos tratados com outras Nações ou ao reconhecimento que as Nações europeias tinham feito relativamente ao domínio português em África em Convenções e Conferências Internacionais, ou na correspondência diplomática, era um lugar obrigatório, quando se tratava de provar os direitos soberanos dos portugueses em territórios africanos. Veja-se, por exemplo, o escrito do Visconde de Sá da Bandeira, *Factos e considerações relativas aos Direitos de Portugal sobre os territórios de Molembo, Cabinda e Ambriz e mais lugares da costa Ocidental d'África [...]*, Lisboa, Imprensa Nacional, 1855, p. 14-21. Neste escrito secundava a opinião do Visconde de Santarém, num outro texto publicado na parte não oficial do *Boletim do Conselho Ultramarino*.

[890] V. *DCP*, sessão de 23 de Março de 1885, p. 166. Sobre a doutrina de Bluntschli v. Martti Koskenniemi, *The Gentle Civilizer of Nations, The Rise and Fall of International Law, 1870*-1960, Cambridge, Cambridge University Press, 2003, p. 42 e ss.

[891] Alguns anos depois, Martens Ferrão descreveria com maior eloquência esses direitos: "[...] primeiro descobrimento, primeira ocupação efectiva, como então a reconhecia o direito colonial; estabelecimento do comércio pelas feitorias; doutrinação pela missão do Evangelho; jurisdição eclesiástica; interferência armada; tudo se ligou então para consolidar a soberania portuguesa", V. *DCP*, sessão de 23 de Março de 1885, p. 162.

[892] Sessão de 15 de Janeiro de 1879, p. 80.

estava afastado, pois não existia "[...] prescrição extintiva de soberania colonial, quando a cessação do exercício efectivo *não é seguido da ocupação ou exercício de uma outra potência soberana* [desde que fundada em títulos legítimos, subentende-se]; aos indígenas selvagens não é reconhecido em direito internacional semelhante direito, *a sê-lo estariam na comunhão do direito público internacional, o que não estão*"[893]. Martens Ferrão voltaria a explicitar, em 1884, que, em direito colonial, o princípio da ausência de ocupação efectiva não derrubava a "soberania colonial baseada na prioridade da descoberta, primeira ocupação e colonização", a não ser que se tivesse dado uma ocupação efectiva e permanente *por parte de outra Nação civilizada*. E notava ainda que de outra maneira não podia ser, sob pena de nenhuma nação europeia poder legitimamente ocupar territórios em África:

> "Eu falo de ocupação permanente por uma outra Nação civilizada porque é preciso não esquecer que quando se trata de países selvagens ou quase selvagens *não se lhes pode reconhecer sem incoerência o direito de que tratamos, pois de outro modo, teríamos que reconhecer que eles o tinham desde o início*"[894].

Tudo isto explica porque é que as nações europeias reclamavam, quando pretendiam negar a soberania portuguesa em territórios africanos, a independência das tribos africanas que residiam nesses territórios. Se eram tribos africanas independentes que ocupavam os territórios, então eles estavam disponíveis para apropriação, porque, como acabou de se ver, territórios habitados por "tribos selvagens" eram, do ponto de vista do direito que regia entre as nações europeias, territórios disponíveis. Se, pelo contrário, outra nação europeia tinha direitos sobre os mesmos territórios, então a ocupação era ilegítima, por lesar o princípio da soberania nacional, "visto que as colónias de uma Coroa formam parte integrante do território nacional, como é expresso por todos os princípios do Direito das Gentes"[895]. A troca de argumentos entre as autoridades britânicas e portuguesas durante um conflito diplomático suscitado pela posse do porto de Ambriz, cuja recente ocupação pelos portugueses os ingleses consideravam ilegítima e lesiva dos seus interesses comerciais na região e do combate ao tráfico da escravatura, é emblemática[896]. No ano de 1853, de acordo com a interpretação britânica do Tratado de 1810 e de uma

---

[893] V. *DCP*, sessão de 23 de Março de 1885, p. 162, sub. nossos.
[894] V. J. B. Martens Ferrão, *La question Portugaise du Congo [...]*, cit., p. 20, subl. nossos.
[895] V. Visconde de Santarém, *Demonstração dos Direitos [...]*, cit., p. 20.
[896] Sobre a importância de Ambriz para a expansão do comércio português em África v. Valentim Alexandre, *Origens do colonialismo português moderno*, Lisboa, Sá da Costa, 1979, p. 37 e ss.

Convenção adicional de 1817, Ambriz não estava dentro do território português, por ser "manifesto e notório que as tribos africanas que habitam a linha da Costa reclamada por Portugal entre o 5.º grau 12 minutos e o 8.º grau de latitude meridional, são na realidade independentes, e que o direito que Portugal adquiriu pela prioridade de descoberta no fim do XV século, tem desde longo tempo caído, em consequência do Governo Português ter deixado de ocupar o país descoberto"[897]. As autoridades britânicas podiam, por isso, "contratar" livremente com essas tribos[898]. Esta convocação da independência das tribos não correspondia, contudo, ao reconhecimento de quaisquer direitos dessas tribos. O que realmente importava provar era que Portugal não tinha soberania. Porque, se a tivesse, existiam direitos a respeitar. O mesmo não se passava quando se tinha pela frente uma qualquer tribo africana. Pelo menos, no imediato, já que, no futuro, "quando tiverem a civilização necessária, da qual estão ainda muito afastadas", as autoridades nativas seriam as legitimas detentoras da soberania em África[899]. Por ora, a barreira da incivilidade impunha-se, impedindo-as de aceder à comunidade internacional das nações civilizadas.

A argumentação de Sá da Bandeira contra esta interpretação britânica dos Tratados assemelhou-se, em tudo, à que já aqui descrevemos, a propósito da polémica desenvolvida nas Cortes, em 1879. Quer no que diz respeito à preservação da soberania em territórios não ocupados – porque, para o Marquês, Portugal "nunca deixou cair o direito sobre esta parte da Costa Africana, que havia adquirido por prioridade de descoberta"; e porque na "verdadeira interpretação dos Tratados, Portugal tinha "reservado" os seus direitos sobre Molembo e Cabinda, designado o verbo reservar o acto de "reservar uma coisa que pertencia já a quem reserva". Quer, ainda, no que diz respeito à irrelevância do consentimento dos originais ocupantes:

> "Se o governo Inglês contestasse a Portugal o direito de ocupar efectivamente alguns pontos da Costa sobre que tinha reservado os seus direitos, sem prévio consentimento seu [dos ingleses], seria essa uma pretensão injusta, e contrária à prática seguida constantemente pelas nações marítimas, ainda nos últimos anos, em relação a terras habitadas por povos bárbaros"[900].

---

[897] Visconde de Sá da Bandeira, *Factos e considerações relativas aos Direitos de Portugal [...]*, cit., p. 42.
[898] *Idem, ibidem*, p. 30-32.
[899] V. J. B. Martens Ferrão, *La question Portugaise du Congo [...]*, cit., 1884, p. 25.
[900] Idem, *ibidem*, p. 58.

A conclusão a que estes raciocínios permitem chegar é a de que, do ponto de vista jurídico, não era claro que os limites da soberania portuguesa coincidissem "[...] com os territórios reclamados pelos seus «vassalos» africanos, os chefes, ou sobas, de Estados, ou sobados, cujas delimitações eram reconhecidas segundo as normas costumeiras", como afirmou a historiadora Jill Dias, situando-se num plano de abordagem totalmente diverso do nosso[901]. Em vez disso, para além dos territórios "avassalados", faziam parte integrante do território da nação território africano ainda não tocado pela administração portuguesa ou até pela sua rede de relações vassálicas, território apenas "reservado". Nesse território os portugueses reclamavam os direitos de primeiro ocupante (que ainda não tinha ocupado) que estavam reconhecidos nos tratados de Direito internacional e no Direito nacional. Por exemplo, na Constituição portuguesa, onde além de se discriminar as partes do território que Portugal tinha em África, estendia-se até ao indefinido a soberania portuguesa neste e em outros continentes, ao declarar-se que "A Nação *não renuncia o direito que tenha a qualquer porção de território nestas três partes do Mundo, não compreendida no antecedente artigo*"[902]. Sem que nenhuma dúvida isso tivesse suscitado junto dos governos das outras Nações europeias[903].

Este *a priori* do domínio português, conjugado com a indeterminação desse domínio, torna mais inteligíveis alguns textos jurídicos e legislativos. Permite perceber, por exemplo, que o Conselho Ultramarino tivesse aconselhado o governador de Angola a selar, com o austro-húngaro Ladislau Amerigo Magyar, um contrato no qual esse viajante se obrigasse a elaborar uma "carta geográfica dos territórios que compreendem o Governo-Geral de Angola,

---

[901] V. Jill R. Dias, "Relações Portuguesas com as Sociedades Africanas em Angola", in Valentim Alexandre (coord.), *O Império Africano [...]*, cit., p. 75.

[902] V. Visconde de Sá da Bandeira, *Factos e considerações relativas aos Direitos de Portugal [...]*, cit., pp. 22 e ss, subl. nossos, referindo-se ao art. 3 da Carta Constitucional. Equivalente, na Constituição de 1838, foi o seu art. 2, no qual "A Nação não renuncia a qualquer outra porção de território a que tenha direito". E, na Constituição de 1822, art. 20 ("A Nação não renuncia o direito, que tenha a qualquer porção de território não compreendida no presente artigo"). Na opinião de um deputado das Cortes constituintes de 1837-38, estes artigos minoravam o problema do maior ou menor rigor na enumeração do território, por estar assegurado que mesmo o território não referido lhe podia pertencer, v. sessão de 12 de Maio de 1837, dep. Derramado, p. 303). Desapareceu, por fim, da Constituição de 1911.

[903] Martens Ferrão explicou, a este propósito, que o art. constitucional mais não fazia do que reconhecer tudo o que estava previamente fixado nos tratados de Direito Internacional e que, ao reconhecerem o regime político cartista, as outra nações, e principalmente a inglesa, tinham reconhecido uma segunda vez os direitos de Portugal, v. *DCP*, sessão de 23 de Março de 1885, p. 162.

e aqueles desta parte de África sobre que Portugal *reservou* os seus direitos no Tratado com a Grã-bretanha de 28 de Julho de 1817". E permite ainda perceber porque é que era importante que se indicasse, nesse mesmo mapa, para além de "[...] todos os países avassalados desde a costa marítima até ao sertão de Chinge (Bashinje) [...], também os "distritos ou povos que, posto se achem compreendidos na demarcação de território português, não estão administrados por autoridades portuguesas"[904]. Nestes territórios, que se dizia serem parte integrante do território da Nação, viviam povos que, no presente, eram totalmente independentes da administração portuguesa, sendo isso possível porque o Direito internacional europeu *atribuía* direitos "de reserva" sobre territórios não europeus.

Desta vigência de direitos "de reserva" derivavam, pensamos, outras consequências. É ela que explica, por exemplo, que a assinatura dos "contratos vassálicos" não fosse vista pela parte europeia como o resultado de uma escolha livre da parte africana do contrato, mas antes como uma obrigação. Havia uma apropriação anterior, que não tinha sido contratada com aquela "parte", mas que a obrigava à submissão formal futura. A esta situação correspondia o conceito de "suserania colonial"[905]. Nesta anacrónica arquitectura jurídica adquirem também sentido frases como a que se encontra no primeiro relatório de Sá da Bandeira (1836), quando anotava que os territórios da Guiné "que nos pertencem" estavam "dominados pelos negros papéis, e por outras Nações"; ou ainda que o forte de S. João Baptista de Ajudá, na Costa da Mina, estava "usurpado pelos negros"[906]; ou, finalmente, as não menos estranhas afirmações contidas em algumas portarias suas, como a de 19 de Junho de 1856, na qual o rei português se congratulava pela ocupação das Ilhas de Bazaruto e "reconhecimento do potentado Maurere, e sujeição de sua pessoa e domínios à coroa portuguesa a que pertencem"![907].

A mesma arquitectura explica determinados enunciados acerca das populações independentes, e até inimigas, nos quais essa independência ou inimizade surgem descritas como atitudes de *resistência ilegítima* perante uma sujeição *devida* às autoridades portuguesas. Havia autoridades nativas que, devendo submeter-se às autoridades portuguesas, não o faziam, como o Ré-

---

[904] V. Consulta do Conselho Ultramarino (24 Janeiro de 1854), *Annaes do Conselho Ultramarino, Parte Oficial*, série I, cit., p. 169.

[905] Martens Ferrão, *DCP*, 1885, p. 162.

[906] *Livro de Projectos*, Lisboa, Imprensa Nacional, 1836, N.° 162, Relatório do Ministério do Ultramar, p. 1

[907] V. *Annaes do Conselho Ultramarino, Parte Oficial*, série I, cit., p. 267.

gulo de Intula, que recusara declarar-se "*sujeito* ao governo português", demonstrando com isso "a falta de respeito com que ao menos alguns vizinhos dos nossos estabelecimentos da Guiné tratam os súbditos portugueses, e a falta de consideração que têm às autoridades portuguesas"[908]. Rebeldes eram também os vassalos que se recusavam a cumprir com as cláusulas dos contratos. E, sendo rebeldes, podiam converter-se em objecto de legítimas punições. Assim, aquando da abertura do porto de Angoche ao comércio geral (decretada a 17 de Outubro de 1853) ordenava-se ao governador, entre outras coisas[909], que tratasse com prudência o Sultão de Angoche, "enquanto se portar bem, e como súbdito da coroa de Portugal". Enquanto isso acontecesse, o Sultão receberia até uma graduação militar com "algum vencimento anual"[910]. Porém, "se ele se rebelasse contra a autoridade do Governador-geral", todas as forças deviam empregar-se para que fosse severamente punido. Na referida consulta explicava-se que o Sultão de Angoche, "sendo súbdito da Coroa de Portugal, desobedecia às ordens do Governador-geral [...] que lhe proibira a venda de escravos" e que isso tinha justificado, em 1847, a destruição da sua povoação[911]. Em outra portaria (de 17 de Janeiro de 1857), comunicava-se ao governador de Mossâmedes as medidas a tomar a propósito de uma guerra que teria feito aos Régulo dos Gambos, "pela sua traição e rebeldia para com as Autoridades Portuguesas"[912]. E já em 1869, foi também através de uma portaria que José Maria Latino Coelho recomendou ao Governador-geral de Moçambique que restabelecesse a paz naquela província, sem o emprego da força, mas permitindo-lhe que adoptasse, em caso de necessidade, "procedimentos severos, seja para reduzir à obediência os insurgentes e rebeldes, seja para não deixar impunes os atentados cometidos e obviar à sua repetição".

---

[908] V. *Annaes do Conselho Ultramarino, Parte Oficial*, série I, cit., p. 544. Recomendava-se por isso, ao governador da Guiné, que prosseguisse o limitado objectivo de garantir a segurança do comércio naquele estabelecimento.

[909] V. Consulta do Conselho Ultramarino de 3 de Março de 1854.

[910] As providências datavam de 15 de Março de 1854, V. *Annaes do Conselho Ultramarino, Parte Oficial*, série I, cit., p. 16.

[911] V. *Annaes do Conselho Ultramarino, Parte Oficial*, série I, cit., p. 181. Angoche, em Moçambique, era, na realidade, um dos mais importantes portos de comércio árabe no litoral norte, totalmente independente, cuja ocupação fazia parte, como já foi referido, de um plano mais geral de consolidação do domínio português na área e de combate ao tráfico de escravos, que ali se intensificou com a sua ilegalização nos portos portugueses. Em 1847 tinha havido, de facto, uma tentativa de ocupação, mas sem qualquer resultado. Só mais tarde (1861) se conseguiria a ocupação, mas muito precária, v. Malyn Newitt, "Moçambique", in Joel Serrão e A H. De Oliveira Marques (dir.), *Nova História da Expansão Portuguesa [...]*, cit., p. 640.

[912] V. *Annaes do Conselho Ultramarino, Parte Oficial*, série I, cit., p. 357.

Independentemente de se reconhecer que "[...] as nações cultas, ainda mesmo nas suas lutas com povos rudes ou selvagens são obrigadas *moralmente* a não dar exemplos e documentos de crueza que desonram a civilização", a portaria punha claramente acima deste princípio o seu objectivo primário, a pacificação da Província[913]. Com isso, a especificidade destas relações exprimia-se no plano das punições, que podiam envolver actos de guerra contra autoridades "rebeldes". E também essas punições estavam – e deviam estar – fora do universo da legalidade: quando Sá da Bandeira propôs, em Carta dirigida a Latino Coelho, sobre a reforma da Carta Constitucional, que não pudesse haver qualquer declaração de guerra sem que a mesma fosse aprovada por lei, não se esqueceu de aconselhar que "[...] em um § se deverá consignar, que não carece de lei, quando as hostilidades tiverem lugar com os potentados confinantes com as nossas províncias de África"[914]. Em África, como na América em séculos anteriores, além de vigorar o princípio natural da apropriação que os indivíduos (mas agora também os Estados) tinham sob as terras consideradas vagas (v. *supra*, 3.1), vigorava também a correspondente capacidade individual (mas agora também estadual) de punir todos os que, não sendo razoáveis, se recusavam a obedecer às normas do Direito natural. Normas que, entretanto, as "Nações civilizadas" já tinham positivado no *Direito das Gentes*[915].

A relação dos portugueses com as autoridades africanas era, assim, uma relação flutuante, sendo sempre previsível que as segundas se transmutassem,

---

[913] Portaria de 14 de Junho de 1869, v. *Colecção Oficial da Legislação Portuguesa*, Anno de 1869, Lisboa, Imprensa Nacional, 1870, p. 951. O governador teria levado as instruções muito a sério, já que, um mês depois, a 9 de Agosto, era repreendido, numa outra portaria, por ter mandado aplicar a pena de morte e julgar por comissões militares os revoltosos da Zambézia, idem, *ibid.*, p. 376.

[914] V. Sá da Bandeira, Marquês de, *Carta dirigida José Maria Latino Coelho, sobre a reforma da Carta [...]*, cit., p. 8.

[915] John Locke tinha sido muito claro quanto ao exercício individual do direito de punir no "Estado natureza" e quanto à extensão desse poder: "Estando a execução das leis da natureza nas mãos de cada homem, todos têm o direito de punir os transgressores daquela lei. Porque a Lei da natureza, como todas as leis que dizem respeito ao homem neste mundo, seria vã se não houvesse ninguém com poder para a executar [...]. As pessoas prejudicadas por outrem têm o direito de apropriar-se dos Bens do ofensor, em virtude do Direito de auto-preservação, do mesmo modo que todos os homens têm o poder de punir os crimes, impedir que eles sejam cometidos de novo, em virtude do direito que têm de preservar toda a humanidade, fazendo tudo o que for razoável para atingir esse fim, v. John Locke, *Two Treatises of Government* (ed. Peter Laslett), Cambridge, Cambridge University Press, 1988 (1.º ed.: 1690), pp. 351.

de vassalos de uma relação de suserania, em rebeldes relapsos à soberania e sujeitáveis, em virtude disso, às mais severas punições. Para, no momento a seguir, serem integrados na hierarquia da administração e exército portugueses (como se propunha na consulta sobre o sultão de Angoche). No mesmo esquema conceptual e prático se enquadra também a autorização, concedida ao Governador-geral de Moçambique[916], para que este amnistiasse alguns régulos rebeldes que "antigamente tinham concorrido para a defesa das terras da coroa", mas que, no presente, se juntavam às «tribos cafres» nas suas agressões[917].

Sá da Bandeira também se referiu a situações similares a esta última, situações onde se manifestou, em muitos momentos, a capacidade que os visados pela colonização europeia tiveram de a capitalizar, convertendo-a em mais uma instância a recorrer nos seus diferendos particulares. Nos momentos em que ocorriam conflitos entre os governadores de Angola e os reis do Congo, explicava o Marquês, os "régulos vizinhos [...] guiando-se pelos seus interesses particulares, umas vezes obedeciam como vassalos de Portugal, outras se diziam vassalos do Rei do Congo, e outras se declaravam Soberanos independentes"[918].

*

Estamos, como se referiu atrás, situados num universo onde se discutiam exclusivamente os direitos das Nações Europeias. Um universo, porém, que se cruzava com outro universo jurídico, igualmente internacional, embora oculto. Os dois universos não eram, contudo, totalmente fechados. Havia circulação de princípios entre um e o outro. Em primeiro lugar, porque as regras do Direito internacional europeu podiam ser invocadas nos contratos assinados nesse outro universo jurídico oculto, onde as autoridades africanas eram partes contratantes. No Auto de reconhecimento e vassalagem do rei de Molembo, por exemplo, fundava-se o direito que os portugueses tinham ao

---

[916] Por portaria de 16 de Março de 1854 e de acordo com Consulta do Conselho do dia 3.

[917] Tal como acontece com os embaixadores dos reis de Molembo e os familiares dos Dembos de Angola, os nomes destes régulos eram familiares aos portugueses Tratava-se do "Regulo que habita os sertões do Norte, Pedro Caetano Pereira, conhecido entre os cafres pelo nome de Choutama e, nos sertões do Sul, o Régulo Joaquim José da Cruz, vulgarmente conhecido por Joaquim da Bamba", V. *Annaes do Conselho Ultramarino, Parte Oficial*, série I, cit., p. 16.

[918] Visconde de Sá da Bandeira, *Factos e considerações relativas aos Direitos de Portugal [...]*, cit., p. 4.

domínio do seu território na descoberta e na conquista[919]. Em segundo lugar, porque os "contratos de reconhecimento e vassalagem" também tinham o seu peso no direito internacional europeu. Se o dever que as autoridades africanas tinham de "contratar" era o resultado de negociações desenvolvidas entre Estados Europeus, a existência de contratos com essas autoridades constituía, por suas vez, um elemento a ter em conta naquelas negociações. O encontro entre os dois sistemas de legitimação permitia que os direitos que decorriam dos contratos vassálicos surgissem, lado a lado, com os que decorriam da prioridade da descoberta e da ocupação:

> "Portugal descobriu o porto de Ambriz no século XV, e conquistou pelas armas o país e ocupou-o com uma fortaleza pelos fins do século XVIII. Reúne pois, a respeito deste território, os dois direitos distintos: um dos quais foi pela Inglaterra considerado suficiente para tomar posse das ilhas de Falkland; e o outro para se declarar senhora da Ilha de Bolama, apesar da reclamação do governo português. *Mas, além destes dois direitos, possui Portugal um terceiro já mencionado, o de haver o Régulo, ou Dominante do país, o Marquez de Mossulo, mandado expressamente à cidade de Luanda, no ano de 1792, render preito e prestar vassalagem à Coroa Portuguesa*"[920].

Martens Ferrão também conferia um valor assinalável a estes contratos enquanto prova de direitos de "posse", ao recordar, anos mais tarde, que, em direito colonial, a "posse do interior não podia fazer-se senão por meio da submissão à vassalagem, por ser a administração efectiva impraticável"[921]. Era importante, de acordo com isso, promover "projectos de convenções e ajustes com os potentados do sertão favoráveis a Portugal"[922].

---

[919] Extraordinários, nestes autos, eram também os nomes dos "embaixadores" (Zau, filho do Rei, Lenguester Bexiga, seu genro, Fernando e André, seus cunhados).

[920] V. Visconde de Sá da Bandeira, *Factos e considerações relativas aos Direitos de Portugal [...]*, cit., p. 60. Na primeira secção deste escrito começa-se por recordar que "Os Régulos, ou Chefes, mais notáveis do país (Angola) receberam dos reis de Portugal títulos de nobreza, como recompensa de seus serviços e sinal de vassalagem", p. 5.

[921] V. J. B. Martens Ferrão, *La question Portugaise du Congo [...]*, cit., p. 9.

[922] Como se referia na licença, concedida a 31 de Maio de 1854, a Jacques Nicolau de Salis Celerina, físico-mor da província de Moçambique, para uma expedição científica, v. *Annaes do Conselho Ultramarino, Parte Oficial*, série I, cit., p. 36. Pedia-se-lhe também a indicação sobre "se os Régulos cafres a cujo país for são independentes, ou se são vassalos ou tributários de algum outro potentado", o que aponta para a "assimilação invertida" que estava envolvida nestas ligações vassálicas; estes potentados tanto podiam ser vassalos de Portugal, como de qualquer outro potentado africano, ao qual a presença portuguesa muito possivelmente era equiparada. Mas essa era uma leitura que o Direito Internacional Europeu não fazia (*ibid.*, p. 37).

Esta importância dos contratos vassálicos explica, finalmente, o cuidado que se tinha em preservar em duplicado o seu registo escrito[923]. Esse registo não esgotava a sua utilidade no facto de recordar às partes contratantes os respectivos deveres e obrigações. Ele era sobretudo útil para demonstrar, junto dos Estados parceiros da comunidade internacional, a existência de direitos. Muitas vezes para se renegociarem "fidelidades vassálicas" à revelia de uma das partes daqueles contratos, mostrando-se, com isso, como o comportamento da parte europeia do contrato intensificava a natureza flutuante destas ligações vassálicas, por ser este comportamento simetricamente igual ao dos *sobas* africanos. Foi o que sucedeu num *Tratado de Demarcação e troca de algumas possessões Portuguesas e Neerlandesas no Arquipélago de Solor e Timor*, concluído entre Portugal e os Países Baixos a 20 de Abril de 1859, tratado pelo qual o governo dos Países Baixos entregou à autoridade superior Portuguesa de Timor o reino de Moubara[924]. Aí, contra toda a regra de direito, a posição contratual europeia podia ser cedida sem consentimento (ou, mesmo, conhecimento) da parte nativa, evocando a posição meramente determinada desta última a estrutura do direito feudal, em que a transferência de laços feudais entre senhores transportava automaticamente para a órbita do novo suserano todos os dependentes do vassalo transferido.

Resta recordar, uma vez descrita a racionalidade que estava subjacente a este tipo de relações, o facto de estarmos a tratar da leitura que a parte europeia – neste caso, a portuguesa, – fazia, formalmente, deste tipo de contratos. Na realidade, essa leitura formal estava longe de uma outra leitura, informal e modelada pela *Realpolitik*, na qual o lado português reconhecia que, mais do que sujeitar outrem à sua autoridade, estava, na verdade, a negociar alianças que, por serem vitais para a preservação da presença portuguesa, implicavam mesmo, eventualmente, uma certa dose de sujeição de Portugal às potências locais, ainda que "selvagens e bárbaras". Estava igualmente longe da leitura

---

[923] Por portaria de 19 de Junho de 1856, a propósito da sujeição do potentado Maurere, recomendava-se ainda que, tendo-se feito os autos de reconhecimento do potentado, como costume, se enviasse um autógrafo à Secretaria de Estado da Marinha e Ultramar. Caso contrário, que o governador desse ordens para ser feito e se guardar duplicado na Secretaria-geral da província, v. *Annaes do Conselho Ultramarino, Parte Oficial*, série I, cit., p. 267. No Arquivo Histórico de Moçambique existem, entre outros, os Termos de vassalagem e tratados com os régulos das terras de Amule (?), v. *Governo de Distrito, Lourenço Marques*, 8-134, Docs. 1-10, 1882, M1 (1), Bd 3.). Existe ainda uma longuíssima "Relação dos Principais Termos de cessão, vassalagem e ocupação de territórios nos distritos da província de Moçambique em que se contestam direitos a Portugal" em *Termos de vassalagem nos territórios de Machona, Zambézia e Nyassa, 1858 a 1889*, Lisboa, Imprensa Nacional, 1890.

[924] V. *Annaes do Conselho Ultramarino, Parte Oficial*, série II, cit., p. 163.

que as autoridades africanas faziam. Como nos descreve a historiadora angolana Maria da Conceição Neto, a propósito das tentativas portuguesas, na década de 80, de fazer do Bailundo um "Estado vassalo", estas outras leituras, de que aqui não tratamos, envolviam muitos equívocos e alguma fantasia[925]. A mesma ambiguidade das relações de vassalagem em África, o seu funcionamento, no século XIX, como "instrumento de sujeição dos poderes africanos, mas também como estratégia africana de afirmação", foi recentemente retratado por Ana Paula Tavares e Catarina Madeira Santos[926]. Em vez de um instrumento de sujeição, como transparece nos documentos formais, elas foram o instrumento de uma coexistência de estruturas africanas e portuguesas que só terminou quando, nos finais do século, a ocupação militar resultou numa anulação mais efectiva das estruturas africanas"[927].

8.4.3. *The black man's burden* – *os cidadãos carregadores*

Vimos que, sendo súbditos da nação portuguesa, as autoridades nativas com quem os portugueses contratavam eram simultaneamente autoridades que exerciam o seu poder no interior de comunidades políticas exteriores à comunidade portuguesa, por um lado, e excluídas da comunidade internacional regida pelo Direito internacional europeu, por outro. Vimos também que ao seu poder e direito estavam submetidos muitos dos súbditos africanos da nação portuguesa. Vejamos, agora, como se situavam esses súbditos relativamente à comunidade nacional, à sociedade civil portuguesa, e que direitos podiam, enquanto tal, exercer.

---

[925] "E aqui se pode desde já apontar um equívoco que acompanhará todos estes processos em África e foi amplamente comentado para outros casos: onde os Africanos pensam aliança, entendem os Europeus sujeição; onde o *soba* do Bailundo quer um representante da autoridade portuguesa para servir de "embaixador" e dirimir assuntos referentes ao número crescente de súbditos do rei de Portugal no seu território, sem qualquer outro poder de intervenção, finge o governador colocar uma autoridade administrativa como se de território subjugado se tratasse. E digo «finge», porque na correspondência interna está claro que os governantes da colónia conhecem a realidade", v. Maria da Conceição Neto, "Hóspedes incómodos: Portugueses e Americanos no Bailundo no último quartel do século XIX", in *Actas do Seminário Encontro de Povos e Culturas em Angola (Luanda, Abril de 1995)*, Lisboa, C.N.C.D.P., 1997, p. 381.

[926] "Uma leitura africana das estratégias políticas e jurídicas. Textos dos e para os Dembos, Angola, C. 1869-1920", in Ana Paula Tavares e Catarina Madeira Santos (eds.), *Africae monumenta [...]*, cit., p. 520 e ss.

[927] Idem, *ibid.*, p. 531. v. também Gerhard Liesegang, *Vassalagem ou Tratado de Amizade? História do Acto de Vassalagem de Ngungunyane nas Relações Externas de Gaza*, Maputo, Arquivo Histórico de Moçambique, 1986.

8.4.3.1. O serviço de carregadores e a liberdade de trabalho

No ano de 1858, o Governador-geral de Angola dava conta das dificuldades que tinha em garantir a execução de um decreto que, a 3 de Novembro de 1856, abolira o serviço forçado de carregadores naquela província. De acordo com a correspondência do governador, o problema punha-se por causa da "relutância dos pretos ao trabalho". Se a população negra não fosse obrigado ao serviço de carregadores, garantia ele, o comércio do interior da Província cessaria.

A resposta que este governador obteve junto do governo foi uma portaria, datada de 22 de Setembro de 1858, na qual lhe foi comunicado que a relutância de que falava não era generalizada, só se verificava naqueles distritos onde tal serviço tinha dado lugar a abusos e violências por parte das autoridades coloniais. Estas, por sua vez, tinham gerado, dizia-se ainda, "grandes emigrações das terras portuguesas para as dos *régulos independentes*" (ou "*sertões não avassalados*"), prejudicando a economia colonial[928].

O que sucedia, então, era que nas "*terras portuguesas*" – que integravam, como já vimos, os "*sertões avassalados*" – residiam, como também já vimos, populações africanas directamente sujeitas à autoridade dos "*régulos dependentes*", daquelas autoridades africanas, também designadas por *sobas*, que se encontravam ligadas à coroa portuguesa por contratos "vassálicos". Esses régulos usavam dos seus poderes para, de acordo com uma velha prática, recrutar, entre a população que lhe estava sujeita, carregadores, que entregavam às autoridades portuguesas. Estas, por sua vez, forneciam-nos a particulares[929]. Assim, embora fosse considerada livre pela administração colonial, a população negra dos "sobados" constituía, na verdade, "[...] uma reserva de mão-de-obra subordinada às exigências comerciais e militares da colónia"[930]. Para contrariar esta situação, a portaria de 1858 denunciava a ilegalidade daquela prática, com o argumento de que essas populações, residindo em território português, eram integradas por cidadãos portugueses

---

[928] Portaria de 22 de Setembro de 1858, v. *Annaes do Conselho Ultramarino, Parte Oficial*, série I, cit., p. 636.

[929] De acordo com números citados por Beatrix Heintze, no último terço do século XIX estavam envolvidos nestas actividades c. de 200 000 carregadores, que equivaliam a c. de 4 % da população africana de Angola, v. *Pioneiros africanos...*, cit., p. 30.

[930] V. Jill Dias, "Angola", cit., p. 359. As elites afro-portuguesas em Angola eram, geralmente, os intermediários entre estes sobas e a administração colonial. Sobre os *sobados* ver também Valentim Alexandre, "As periferias e a implosão do Império", in Francisco Bethencourt e Kirti Chaudhuri, *História da Expansão Portuguesa*, cit., p. 55.

que, como tal, usufruíam da plenitude dos direitos civis, nomeadamente da liberdade de trabalho:

> "É necessário que a autoridade pública mantenha com toda a firmeza o princípio de que nenhum particular pode exigir dos indígenas serviço algum, sem que lho pague pelo que com ele ajustar. Pois que este Direito é garantido pela Carta Constitucional da Monarquia a todo o português, qualquer que seja a sua naturalidade, raça ou cor, direito que já os antigos soberanos d'estes Reinos haviam declarado pertencer aos índios do Brasil e aos negros livres das colónias portuguesas"[931].

Vejamos um pouco os antecedentes desta história:

Não era a primeira vez, na legislação ou regulamentação complementar, que a população nativa livre de Angola era incluída na cidadania portuguesa. Numa outra portaria, a 31 de Janeiro de 1839, já se tinha proibido a prática do trabalho forçado de carregadores em Angola, por ser contrária aos princípios da Constituição. Com esta afirmação, como notou Valentim Alexandre, a portaria "englobava na cidadania portuguesa a própria população tribalizada"[932]. É certo que a inclusão destas populações não tinha sido tão sublinhada na portaria dos anos '30 como viria a ser nos anos '50. Em 1839 não se tinha falado nem de portugueses, nem de cidadãos abstractos, mas de concretos "*súbditos negros dos domínios* de Angola e Benguela", que carregavam mercadorias para os "sertões gentios"[933].

O efeito desta portaria tinha sido, porém, anulado por uma outra, de 10 de Outubro de 1840, em cuja origem tinham estado outros ofícios do governador de Angola. Nesta última portaria continuava a falar-se de "súbditos pretos", mas, como se verá, a especificidade desses súbditos no conjunto dos cidadãos portugueses era enfaticamente sublinhada, razão pela qual preferimos situá-la em outro registo que não este, da inclusão explícita

---

[931] V. *Annaes do Conselho Ultramarino, Parte Oficial*, série I, cit., p. 639.

[932] V. Valentim Alexandre, "A viragem para África", in Francisco Bethencourt e Kirti Chaudhuri, *História da Expansão Portuguesa*, cit., p. 73.

[933] V. Portaria de 31 de Janeiro de 1839, in *Boletim do Conselho Ultramarino, Legislação Novíssima*, cit., vol. I, p. 75, sub. nossos. A verdade é que a palavra "súbdito" e "cidadão" podiam ser equivalentes, como se nota em vários textos e, nomeadamente, numa outra portaria, de 21 de Março de 1839, na qual os nativos dos territórios africanos – desta vez os Mixolandas, habitantes das ilhas adjacentes a S. Paulo de Luanda – eram sujeitos de todos os direitos "que competem a todos os Súbditos Portugueses, entre os quais aqueles se compreendem como quaisquer outros" (e como tal não podiam estar obrigados a qualquer tipo de serviço pessoal para o Estado), v. idem, *ibidem*, p. 85. Atípica era, contudo, a racialização da cidadania patente nestas portarias.

na cidadania e no mundo da liberdade de trabalho[934]. Falar-se-á desse outro registo mais à frente.

Em 1856, o Conselho Ultramarino, novamente presidido por Sá da Bandeira, voltou a emitir um parecer contrário à permanência do serviço forçado de carregadores, parecer no qual (i) criticou as opiniões do governador de Angola sobre a índole naturalmente ociosa dos africanos, (ii) justificou com detalhe a razão de ser da extinção daquele serviço e (iii) sugeriu novas medidas para a sua concretização[935]. Nessa Consulta, o Conselho tinha recordado, pela primeira vez de forma clara, os direitos das populações africanas a exercer a sua cidadania como direitos oponíveis à vontade dos poderes públicos, no quadro de um regime liberal de governo. O Governador-geral tinha-se esquecido, dizia-se, "[...] de que se trata de indivíduos que não são escravos, mas sim homens livres, súbditos portugueses, e como tais que têm tanto direito a fazer o uso que quiserem do seu trabalho pessoal, contanto que esse uso não seja contrário às leis, *como qualquer dos brancos que habitam em Angola*. O Governador-geral não devia ter perdido de vista as prescrições da Carta Constitucional da Monarquia que constitui o direito de todos os Portugueses, qualquer que seja a terra em que vivam, a raça a que pertençam, a sua cor e crença religiosa. Aos pretos livres pertence o direito indicado, e nem o Governo de V. Majestade e muito menos o Governador-geral tem autoridade legal para negar que tal direito lhes pertence"[936].

Estava em vigor a portaria de 10 de Outubro de 1840, cuja inconstitucionalidade o parecer denunciava.

Este parecer do Conselho Ultramarino, deu origem a um terceiro decreto – de 3 de Novembro de 1856 – no qual o serviço forçado de carregadores foi de novo abolido, em nome dos direitos concedidos pela Carta a todos os portugueses[937]. A história repetiu-se: novos ofícios do governador de Angola estiveram na origem de novas portarias, entre elas a de 22 de

---

[934] Além desta portaria, houve ainda um Decreto, de 1 de Setembro de 1854, que tolerava a prática do serviço de carregadores durante o ano de 1854-55, revertendo o produto da concessão destes a favor da fazenda pública, tolerância com a qual Sá da Bandeira concordou, mas avisando tratar-se de uma forma de preparar o terreno para acabar com um serviço que considerava vexatório para os "indígenas do sertão" e prejudicial ao desenvolvimento das colónias, v. A.H.P., secção I-II, Cx. 209, Doc. 9.

[935] Consulta de 25 de Janeiro de 1856, v. *Annaes do Conselho Ultramarino, Parte Oficial*, série I, cit., pp. 623-626.

[936] V. *Annaes do Conselho Ultramarino, Parte Oficial*, série I, cit., p. 625.

[937] V. *Legislação Novíssima*, cit., vol. II, p. 840.

Setembro de 1858, também assinada por Sá da Bandeira, com a qual iniciámos este sub-capítulo[938].

Nesta última portaria, reiterou-se, como se viu, a plena inclusão das populações sujeitas ao serviço de carregadores na cidadania portuguesa[939]. Contudo, a sua "assimilação" aos cidadãos da metrópole, feita com base num texto constitucional de onde eles estavam ausentes, como mostrámos em capítulos anteriores, não foi total. Pelo contrário, a apreciação das soluções escolhidas mostram que mesmo os programas de Sá da Bandeira, nos anos '50, tinham pontos de contacto com as soluções teorizadas pelo colonialismo de finais do século para resolver o problema do "trabalho indígena". Apesar de ser inequívoca, nos programas de Sá da Bandeira, a inclusão na cidadania e a defesa da liberdade de trabalho, fundada na convicção de que *"nem sempre o trabalho dos pretos é efeito da coação* (sublinhados nossos)[940] – o que os distingue radicalmente dos princípios da doutrina colonial dos finais do século, empenhada em distinguir claramente entre o indígena e o cidadão e vendo no trabalho forçado a via acertada para a civilização do africano –, percebe-se que, ainda assim, se estava a falar de cidadãos especiais: cidadãos a quem se podia impor, com carácter de permanência, obrigações que só excepcionalmente, ou nem isso, se podiam impor aos cidadãos da metrópole; cidadãos que pagavam impostos por motivos que não estavam relacionados com a participação na cidadania e nos correlativos ónus do governo da república; cidadãos que careciam de protecção especial por parte do Estado e de quem os poderes públicos esperavam, por isso e em contrapartida, alguns sinais de gratidão; ou, pelo menos, um comportamento com ela consonante, sob pena de punição. Cidadãos cujo "bem próprio" se podia, enfim, constituir em fundamento legítimo para a intervenção do poder, por não serem *ainda* membros de uma "comunidade civilizada".

É tudo isso que queremos mostrar a seguir.

A portaria de Setembro de 1858 previa, desde logo, situações de trabalho compulsivo a favor de entidades públicas e, por intermédio destas, de particulares, como resultado do não cumprimento de obrigações que remetiam para outro tipo de compulsão, igualmente atentatória da liberdade civil destas populações. Assim, em nome do progresso material da província, ordenava que se obrigasse os sobas e dembos que residissem em terras apropriadas para

---

[938] Além desta, houve ainda uma portaria em 19 de Janeiro de 1858, proibindo a utilização da designação *carregadores* nos documentos oficiais, e a portaria de 12 de Maio de 1858, ordenando o cumprimento das ordens superiores que tinham proibido aquele serviço em Angola

[939] V. *Annaes do Conselho Ultramarino, Parte Oficial*, série I, cit., p. 639.

[940] V. *Annaes do Conselho Ultramarino, Parte Oficial*, série I, cit., p. 637.

a cultura do algodão "[...] a apresentarem anualmente na cabeça do respectivo concelho [...] um determinado número de arráteis do dito produto em proporção do número de fogos de que constassem as senzalas suas subordinadas". Esse algodão seria vendido ao governo da província por um preço fixo e medidas semelhantes seriam tomadas em relação a outros produtos, para os locais não apropriados à cultura algodoeira. O chefe de família "[...] que não apresentasse a quantidade designada de algodão ou de outro produto, seria obrigado a trabalhar para o Estado nas estradas ou na agricultura, de modo que o valor desse trabalho fosse equivalente ao dobro ou triplo do preço porque o Estado devia pagar o género que o chefe de família tivesse obrigação de apresentar [...]". O Estado podia ceder a particulares esses dias de trabalho, "[...] para ser empregado na agricultura, mediante uma compensação equivalente em dinheiro, cuja importância devia ser aplicada, parte como salário para o indígena e parte para o melhoramento das vias de comunicação interna"[941]. Para se fiscalizar a execução destas medidas alistar-se-iam "[...] todos os indígenas dos Concelhos de Golungo Alto, de Ambaca e de Pungo-Andongo em companhias de guerra preta ou com outra denominação[942].

Estas companhias eram, finalmente, milícias especiais, integradas por indivíduos subordinados aos sobas e consagradas especialmente ao serviço de transportes em tempo de guerra[943].

Colheitas forçadas, complementadas com a obrigatoriedade de venda ao governo e agravadas pela fixação do preço concretizavam uma coerção administrativa que colidia em tudo com a lógica teórica de funcionamento do mercado liberal, com a teoria dos incentivos do mercado livre e da sua força civilizadora e progressiva. Como essa lógica não funcionava de *per si*, admitia-se, na mesma portaria, que, não devendo o trabalho ser imposto – a não ser nas situações anteriores, sob a forma de uma pena (de legalidade e constitucionalidade frágeis) pelo não cumprimento de uma obrigação (de legalidade e cons-

---

[941] V. *Annaes do Conselho Ultramarino, Parte Oficial*, série I, cit., p. 638.

[942] O que efectivamente se chega a tentar fazer, v. *Annaes do Conselho Ultramarino, Parte Oficial*, série I, cit., p. 605. Em outras portarias ordenava-se aos governadores que enviassem para o Ministério as estatísticas destes carregadores, o preço porque eram pagos, etc., v. *Annaes do Conselho Ultramarino, Parte Oficial*, série I, cit., p. 642.

[943] V. Joaquim d'Almeida da Cunha, *Os indígenas nas colónias portuguesas d'África [...]*, cit., p. 23. Alguns "corpos de guerra preta" dos Concelhos dos Dembos, Cassange e barra do Bengo já tinham sido organizados pelo Governador-geral de Angola e aprovados por portaria do governo de 24 de Julho de 1858, v. *Annaes do Conselho Ultramarino, Parte Oficial*, série I, cit., p. 605. Sobre as primeiras iniciativas, datadas dos anos '40, sobre a cultura do algodão em Angola v. António Carreira, *Angola, da escravidão ao trabalho livre*, Lisboa, Editora Arcádia, 1977, p. 151.

titucionalidade igualmente problemáticas) –, era, no entanto, necessário recorrer a *"meios suaves e indirectos"* para levar os negros a trabalhar[944].

Vejamos agora que meios eram esses e porque é que deviam ser "indirectos".

8.4.3.2. Imposto e missão civilizacional

O primeiro dos meios a que se referia a portaria era a sujeição ao pagamento de um imposto.

A ideia de sujeitar as populações nativas a um imposto já tinha surgido em documentos anteriores. Na Consulta de Janeiro de 1856, por exemplo, aconselhava-se que, depois de abolido o serviço de carregadores, fosse criado um imposto "de 1600 réis fracos em dinheiro ou géneros por fogo ou cabana", que substituiria todos os impostos até ali cobrados aos nativos[945]. Era um meio, explicara-se então, de aumentar os rendimentos da província[946], mas não só. Na realidade, o imposto serviria sobretudo para criar no nativo a necessidade de trabalhar, a fim de produzir valores suficientes para o seu pagamento. Esperava obter-se, desse modo, não apenas o aumento de rendimentos mas também o aumento da produção agrícola e, juntamente com tudo isso, o progresso civilizacional do nativo colectado. O sistema já teria sido experimentado e seguido, desde 1849 "[…] na Colónia inglesa de Natal […] que contem uma população de negros em *estado de maior barbaridade* do que os que habitam as terras de Angola"[947].

Esta funcionalização do imposto a objectivos que não eram os clássicos, juntamente com a invocação do exemplo de uma colónia da coroa inglesa, mostra que estamos perante um "imposto civilizador", a remeter para uma fundamentação do sistema tributário diferente da que se aplicava à metrópole. Era um sistema tributário que, como acontecia nas colónias da coroa britânicas, prosseguia o objectivo de produzir efeitos económicos e sociais muito concretos junto dos nativos africanos. Desde logo, obrigando-os a obter recursos para o seu pagamento, através do cultivo da terra ou procurando trabalho assalariado. Tão importante como isso – e porque o imposto era pago em dinheiro –, era a necessidade que os nativos passariam a ter de vender o pro-

---

[944] V. *Annaes do Conselho Ultramarino, Parte Oficial*, série I, cit., p. 637, sublinhados nossos.

[945] Consulta do Conselho Ultramarino de 25 de Janeiro de 1856, em conformidade com a consulta do mesmo Conselho de 1 de Setembro de 1854.

[946] V. *Annaes do Conselho Ultramarino, Parte Oficial*, série I, cit., p. 624.

[947] V. *Annaes do Conselho Ultramarino, Parte Oficial*, série I, cit., p. 624. Na portaria de 1858 volta-se a referir o mesmo exemplo.

duto do seu trabalho, sendo por esse meio inseridos na economia de mercado, como explicaram Barbara Bush e Josephine Maltby para as colónias inglesas[948]. Estas duas autoras, cujo tema de investigação é exactamente o sistema tributário naquelas colónias, sugerem que, aí, a tributação se tinha mesmo constituído numa "tecnologia" cujo fim era o de moldar o comportamento dos africanos no sentido de uma disciplina baseada no cálculo, imposta pela gestão de uma "contabilidade" a médio prazo que os introduzisse num "mundo de cálculos" que não era o seu[949]; transformando-os, com isso, em indivíduos economicamente mais activos, mais racionais, e, também, mais "governáveis"[950].

O papel civilizacional do imposto era ainda acrescido porque o resultado da colecta podia ser aplicado em melhoramentos no território, facilitando o progresso material que "missão civilizacional" também devia impulsionar. Era, finalmente, um meio através do qual os nativos pagavam os benefícios da administração branca[951].

Um pouco de tudo isto tinha, de facto, presidido ao pensamento da portaria de 1858. O imposto que nela se referia era descrito como um imposto adequado ao "estado social" dos "negros de Angola", que seria sucessivamente elevado à medida que esse "estado social" avançasse. Seria pago obrigatoriamente em dinheiro pelas populações que vivessem nas cabeças de Concelho, embora optativamente em dinheiro ou géneros nas outras, devendo esses géneros ser originários da província de Angola[952].

Pode ainda dizer-se que tudo aquilo que o imposto podia potenciar estava em perfeita harmonia com o projecto colonial de Sá da Bandeira na sua dimensão económica, o qual, como se sabe, consistia na reconversão de uma economia colonial estruturada em torno do tráfico de escravos numa econo-

---

[948] V Barbara Bush e Josephine Maltby, *Taxation in West Africa and the «governable person»*, http://les.man.ac.uk/IPA7papers/52.pdf", p.3-4 e p. 10-11.

[949] "O sistema tributário colonial constituía-se numa profunda imposição cultural de práticas de contabilidade alienígenas e conceitos de actividade individual (*individual agency*) que partia de uma visão das sociedades africanas como sociedades incapazes de qualquer gestão lógica dos recursos", idem, *ibid.*, p. 12.

[950] Idem, *ibid.*, p. 5.

[951] Esta fundamentação será, mais tarde, doutrinalmente formulada, em obras como as de Sampaio e Mello, onde se reconheceu que, do ponto de vista da capacidade jurídica, o governo não tinha o direito de lançar impostos nas colónias, por serem os *indígenas* "inconscientes ou alheios" à eleição dos deputados que os votavam, mas se fundou a legitimidade desse acto no dever que os *indígenas* tinham de contribuir para uma obra civilizadora que os beneficiava, v. Lopo Vaz de Sampaio e Mello, *Política indígena*, cit., p. 420.

[952] Decreto de 3 de Novembro de 1856, art. 5, v. *Legislação Novíssima*, cit., vol. II, p. 843.

mia de plantação baseada na produção (com base em mão-de-obra local) e comércio "lícitos"[953]. É ainda significativo que fosse o modelo colonizador que os britânicos estavam a ensaiar na Colónia do Natal, no que se refere ao controlo da população nativa, a servir de referência a Sá da Bandeira. Na verdade, foi no Natal que os britânicos ensaiaram pela primeira vez, ainda na primeira metade do século, uma política próxima do *indirect rule* que viriam a desenvolver no século seguinte, com todos os seus ingredientes de uma "política nativa" diferenciadora: preservação dos *usos e costumes* (codificados em 1878), separação geográfica dos colonos, instituições especificamente destinadas à administração dos nativos e directamente submetidas ao governador e ao seu Conselho executivo[954]. Esta referência aos modelos britânicos de colonização – que não é singular, na legislação portuguesa – mostra que não existia, nos meados do século XIX, em Portugal, como em outros Estados colonizadores, um modelo de "política indígena" clara e genericamente delineado. Os próprios ingleses, que, no Natal, experimentavam uma solução mais diferenciadora, desenvolviam, na mesma altura, mas na Colónia do Cabo, uma experiência juridicamente mais "assimilacionista", assente no não reconhecimento das instituições nativas, na desintegração das organizações tribais e na criação de uma única ordem jurídica para colonizadores e colonizados[955]. Ou seja, a "assimilação" ou a "diferenciação" foram também duas alternativas teóricas em torno das quais, muitas vezes pressionada por condicionalismos circunstanciais, a administração colonial britânica oscilou, sem que nenhum dos modelos tivesse sido teoricamente formulado antes do final do século[956].

Os impostos que se cobravam nas colónias podiam, finalmente, comportar uma quarta dimensão – a de constituírem um tributo que os nativos pagavam pela protecção militar dispendida pelo Estado português. Numa portaria

---

[953] V. Valentim Alexandre, *Origens do colonialismo [...]*, cit., pp. 45-46; e, do mesmo autor, "A questão colonial no Portugal oitocentista", in Joel Serrão e A H. De Oliveira Marques (dir.), *Nova História da Expansão Portuguesa [...]*, cit., pp. 64-65.

[954] Entre essas instituições, um chefe nativo dotado de poderes não diferenciados e praticamente absolutos, v. Mahmood Mamdani, *Citizen and Subject [...]*, cit., p. 63 e ss.

[955] Idem, *Ibidem*, pp. 65 e ss.

[956] Como sintetizou Peter Burroughs, "nas colónias tropicais povoadas por populações não europeias o dilema era o de escolher entre uma política que preservasse as instituições indígenas, com o fim de manter a estabilidade, ou uma política que anglicizasse as sociedades indígenas, com o fim de a modernizar. A ênfase dada aos princípios em competição – *assimilacionismo* ou pluralismo – variou de acordo com as circunstâncias locais e também à medida que as ideias políticas e as modas culturais foram variando", v. "Imperial Institutions and the government of Empire", in Andrew Porter (ed.), *The Oxford History of the British Empire*, cit., p. 174.

de 22 de Junho de 1855, por exemplo, falava-se da possível fundação de feitorias e fortalezas onde poderiam, no futuro, acolher-se, durante as lutas que opunham as diversas tribos, os indígenas do país de Ovambo, região habitada "[…] por povos que já têm relações comerciais com sertanejos dependentes dos portugueses de Angola", considerando-se o pagamento de um imposto pela referida protecção:

> "[…] seria de toda a justiça que, por meio de um imposto moderado sobre aqueles que se aproveitassem da protecção imediata ou próxima destas feitorias, se obtivessem meios para fazer, pelo menos, parte das despesas com as suas guarnições militares"[957].

8.4.3.3. Trabalho e missão civilizacional

Além do imposto, um outro meio indirecto de obter trabalho junto dos africanos era, citando as palavras da portaria, o de "criar necessidades aos pretos", que os levassem a precisar de trabalhar. Podia, por exemplo, "introduzir-se de modo suave o uso dos trajes europeus". Uma maneira era determinar que sobas e macotas se apresentassem às cerimónias oficiais vestidos à europeia e que os escravos também assim se vestissem, à conta dos seus senhores, "tudo sob pena de multa". Podia igualmente persuadir-se os indígenas abastados a construir casas à europeia e recomendar a párocos e missionários que convencessem os nativos da necessidade do trabalho e da conveniência de se vestirem à europeia. Adoptar comportamentos e formas de vestir ocidentais era duplamente civilizador: produzia mimetismo cultural e conduzia as pessoas ao trabalho civilizador. Criavam-se, então, necessidades civilizacionais que potenciavam como que um padrão auto-sustentado de desenvolvimento civilizacional, de acordo com o paradigma *iluminista* da missão civilizacional[958].

Descritos os meios mobilizados, é fácil explicar o porquê da sua natureza "indirecta". Ela relacionava-se, naturalmente, com a existência de um "censo civilizacional" que os africanos não tinham ainda atingido. No continente africano a liberdade de trabalho não se constituía, isoladamente, em motor de

---

[957] V. *Annaes do Conselho Ultramarino, Parte Oficial*, série I, cit., p. 165.
[958] Eram essas também, na mesma época, as fórmulas civilizacionais das missões baptistas na Jamaica, por exemplo, v. Catherine Hall, *Civilizing subjects…*, cit. Décadas mais tarde, Sampaio e Mello continuava a aconselhar aos governadores coloniais a elaborarem regulamentos criando novas necessidades na vida dos africanos, dando o exemplo das colónias britânicas, onde se obrigava os negros a trajar como os europeus, v. Lopo Vaz de Sampaio e Mello, *Política indígena*, cit., p. 248.

progresso, porque o "interesse individual" que movia o homem europeu requeria uma construção artificial que estava por fazer em África (v. *supra*, 8.3.1). Era preciso contar com a variável "indolência", mesmo quando esta não era associada a factores incontornáveis – como clima ou a biologia –, mas a factores mais manipuláveis, como a "falta de necessidades" das populações nativas, sempre a impedi-las de aderir espontaneamente às vantagens do trabalho livre. Era preciso desenvolver no africano esse "[...] desejo elástico para se possuir mais do que se necessita", destruir a "[...] economia pré-monetária dos desejos e necessidades limitadas" que a hiper abundância de recursos do solo africano insistia em preservar[959].

Por outro lado, o trabalho forçado, que seria um meio mais directo, também não era a solução para o "trabalho africano", agora por uma razão quase inversa à da indolência dos negros, mas igualmente distante da crença na actuação dos princípios da liberdade em solo africano: a insaciável cobiça dos brancos. De acordo com essa variável, "seria impossível estabelecer regras para obrigar os pretos a trabalhar para os brancos, ainda pagando-lhes estes, sem que isso desse ocasião a uma infinidade de abusos da força, de que resultaria a opressão dos indígenas, e a sua emigração"[960]. Uma vez mais, a "fuga" dos africanos ao trabalho era associada a variáveis de natureza sociológica, embora desta vez mais ligadas à incivilidade dos colonos do que à dos africanos.

Era então necessário proteger as populações nativas de si próprias, da sua indolência civilizacional, mas também do trabalho forçado imposto pelos europeus[961]. Era preciso "[...] conduzi-las a um estado de maior responsabilidade individual e comunitária", como se fazia em outras colónias, de outras metrópoles[962].

---

[959] V. James Tully, "Rediscovering América: The two treatises and Aboroginal Rights", cit., p. 182.

[960] A mesma preocupação com abusos perpetrados junto de outro tipo de trabalhadores nativos pode ver-se numa portaria de 4 de Outubro de 1858, V. *Annaes do Conselho Ultramarino, Parte Oficial*, série I, cit., p. 646.

[961] Sobre esta dimensão humanitária do colonialismo britânico v. Andrew Porter, "trusteeship, anti-slavery and humanitarianism", in Andrew Porter (ed.), T*he Oxford History of the British Empire*, cit., pp. 198 e ss.

[962] V. Barbara Bush e Josephine Maltby, *Taxation in West Africa and the «governable person»*, cit., p. 9. A mesma ideia, de que só a liberdade plena podia acabar com a violência dos colonos sobre os africanos, foi expressa por Sá da Bandeira quando, a propósito dos maus-tratos dos senhores e respectivos feitores sobre os libertos, em S. Tomé, opinava que "o meio único de fazer cessar tão deplorável estado de coisas é simples; ele consiste em acabar com a classe dos libertos, tornando livres todos os que existem. Então, os proprietários rurais, por próprio interesse, tratarão bem os trabalhadores, v. *O Trabalho rural africano*, cit., p. 96-97.

A protecção assim dispendida aos súbditos africanos tinha ainda um último objectivo, que era o de evitar que emigrassem para outras terras. Mas e se, mesmo assim, emigrassem? Novamente, porque se desconfiava da disponibilidade que estes "cidadãos" tinham relativamente ao trabalho e à civilização, a portaria finalizava com providências tomadas para evitar que os "indígenas" abandonassem as suas senzalas, subtraindo-se ao trabalho e ao pagamento dos impostos. Por meio delas, a sua liberdade de circulação era também coarctada, sob ameaça de multas e de penas estabelecidas em antigos editais e ordens do Governo da Província, às quais a portaria dava incondicional cobertura legal. Estabelecia-se, assim, como que um regime de permanência forçada, inspirado na legislação de Antigo Regime.

Há ainda que recordar que as providências atrás mencionadas iam ao encontro de um outro imperativo, a urgente necessidade de evitar que "por falta do comércio dos sertões se atenuem os rendimentos principais da província e se comprometa por essa forma o serviço e a ordem pública", o que quer dizer que, além dos limites já enunciados, a liberdade de trabalho em África encontrava ainda um outro: ela era possível e desejável, mas até onde não comprometesse os interesses do Estado protector e civilizador dos nativos.

> Como os carregadores de Angola, também os "indígenas livres" de que se falava num projecto de lei de 1 de Setembro de 1854, abolindo o regime de propriedade dos prazos em Rios de Sena, pagariam um tributo "civilizador" por palhota ou habitação, tributo que, de acordo com a consulta do Conselho Ultramarino que integrava aquele projecto, era já cobrado em Angola[963] e se inspirava no que era cobrado pela Grã-Bretanha na sua colónia do Natal e no protectorado Britânico da Costa da Mina[964].

Em suma, nas colónias africanas, o trabalho livre, a livre concorrência, a liberdade de produção e de comércio eram, como na Europa, motor de progresso e de civilização. Mas esse progresso e a civilização exigiam, paralela-

---

[963] De facto, em comunicado de 30 de Dezembro de 1857, dá-se conta da cobrança deste "dízimo" no distrito do Golungo-Alto. Também aí se relacionou o imposto com o "estado social" dos colectados ("[...] o imposto de 1§600 réis fortes é muito moderado, se se atender ao que actualmente se cobra dos cafres do Natal [...]; estes negros acham-se no mesmo estado social que os de Angola"), V. *Annaes do Conselho Ultramarino, Parte Oficial*, série I, cit., p. 513.

[964] V. *Annaes do Conselho Ultramarino, Parte Oficial*, série I, cit., p. 246. Desta consulta resultou o decreto de 22 de Dezembro de 1854, que efectivamente estabelecia aquele imposto, mas em géneros (art. 3.º), v. *Legislação Novíssima*, cit., vol. II, p. 574. Mais tarde, voltava-se a criar o imposto por palhota, agora integralmente pago em moeda (v. decreto de 5 de Julho de 1883, *Colecção Oficial de Legislação*, Anno 1883, p. 215. Sobre este imposto v. José Capela, *O Imposto de Palhota e a introdução do modo de produção capitalista nas colónias*, Porto, Afrontamento, 1977.

mente, alguma compulsão. De acordo com isso, os nativos livres podia ser obrigados a produzir certos produtos, a vendê-los às autoridades[965] e a preços fixos e, caso não cumprissem com essas obrigações, podiam ter como pena o trabalho forçado[966]. Nas mesmas colónias, o pagamento de impostos podia não ser expressão de cidadania mas um meio de inserir pessoas na economia de mercado, e vestir-se à Europeia e viver em casas europeias podiam ser necessidades artificialmente criadas. Uma coisa e outra tinham como fim levar "cidadãos" indolentes a trabalhar, induzir civilização nos "cidadãos" que não eram civilizados, dispensar protecção especial aos "cidadãos" que dela especialmente careciam. O Estado protegia estes "cidadãos" africanos de si próprios, da sua indolência civilizacionalmente estagnante e da incapacidade que tinham de escapar à prepotência dos outros cidadãos. Ao fazê-lo, criava condições para que um dia todos estivessem em igualdade de circunstâncias; condições para que, na Província de Angola, "os seus habitantes de raça preta cheguem progressivamente a um estado de civilização igual à dos brancos que ali residem"[967]. Até lá, seriam submetidos a uma tutela global que, além de os excluir dos direitos políticos – ao censo de propriedade juntava-se, no seu caso, um censo civilizacional – podia justificar restrições provisórias ao exercício dos seus direitos civis. Desta forma, excluídos e incluídos de forma contraditória, os carregadores-cidadãos ocupavam já esse lugar situado entre a exclusão baseada na diferença e um contínuo convite a tornarem-se iguais, o lugar onde, como referimos na introdução a este trabalho, muitas identidades se confundiram. Como os Índios, no Directório pombalino, *já eram cidadãos, mas ainda não eram*.

---

[965] Embora em outras portarias se notasse a iliberalidade da medida, como na de 7 de Setembro de 1863, na qual, para se motivar os povos para a cultura do café e algodão em Timor, se prometia a sua compra pela fazenda Pública, sem que essa compra ficasse sendo exclusiva da mesma Fazenda, "o que importaria um monopólio", V. *Legislação Novíssima*, cit., vol. IV, p. 245.

[966] Ainda que se tentasse atenuar o registo da compulsão em África pela referência a situações de excepção que aconteciam em solo europeu ("que o Estado tem a faculdade de obrigar o indivíduo africano a um serviço temporário, como se pratica na Europa em algumas ocasiões excepcionais, é como serviço excepcional e necessário ao bem do Estado que poderão ser tomadas algumas das medidas que ficam indicadas"). Havia, de facto, na metrópole, impostos que se pagavam "em serviços", de reparação de estradas, criado pelo art. 138 do Código Administrativo e lei de 6 de Junho de 1864, v. portaria de 3 de Abril de 1866, esclarecendo que a contribuição em serviços não é imposto novo, mas o do Código Administrativo com aplicação especial, in *Colecção Oficial de Legislação Portuguesa*, Anno de 1866, cit., p. 98.

[967] Portaria de 1858, v. *Annaes do Conselho Ultramarino, Parte Oficial*, série I, cit., p. 638.

8.4.3.4. Cidadania e vadiagem

Nos anos '40, após a primeira abolição do serviço de carregadores, emergiu um outro registo oficial, proveniente do "centro", e muito menos conclusivo quanto à cidadania destas "massas nativas" do que viriam a ser as portarias da década seguinte. Nesse outro registo lançou-se sobre os nativos de África, como sobre os antigos escravos, a suspeita de serem generalizada e endemicamente vadios, categoria de pessoas que o direito penal do século XIX tinha constituído em pessoas potencialmente perigosas e sujeitas, por isso, a penalizações, desta vez justificadas pela doutrina jurídica da "defesa social", e não pelo seu "bem próprio"[968]. Neste registo, em vez de "cidadãos", os nativos converteram-se em "súbditos negros vadios", que abusavam não do direito de liberdade de trabalho mas da "isenção dos trabalhos a que dantes eram sujeitos", abandonando-se "à ociosidade, à embriaguez e outros vícios". Deviam, por isso, ser compelidos ao "serviço da cultura e de carregadores", foi a conclusão do texto da portaria de 1840, que temos vindo a citar[969]. De acordo com isso, confirmou-se nela as alterações que o Conselho de Governo e o governador de Angola já tinham feito, por sua iniciativa, a uma portaria de 31 de Janeiro de 1839, na qual se tinha proibido, pela primeira vez, o serviço forçado de carregadores[970]. Ao aprovar essas alterações, o governo da metrópole acolheu a opinião segundo a qual a ociosidade era, para os africanos, "uma segunda natureza", afirmação que consta da Acta da sessão do Conselho de Governo de Angola que acompanhava a portaria de 1840[971]. Nessa Acta não se falava em cidadãos nem em súbditos portugueses mas em "vassalos Africanos descalços", em "pretos descalços da filiação dos sobas"[972].

Importa aqui salientar, fazendo uma episódica incursão na forma como o estatuto destas pessoas era pensado localmente, que a inclusão da população dos

---

[968] Sobre o processo, que ultrapassou largamente o campo meramente jurídico, de conversão do vadio, de elemento funcional relativamente aos fins espirituais da sociedade, em elemento potencialmente desintegrador v. Susana Pereira Bastos, *O Estado Novo e os seus Vadios, contribuição para o estudo das identidades marginais e da sua repressão*, Lisboa, Pub. D. Quixote, 1997, p. 37 e ss. Em comentário ao Código penal de 1852 – que punia a vadiagem com pena de prisão até seis meses, sendo o condenado entregue ao governo e obrigado a trabalhar, sem prazo definido (art. 256) – Levy Maria Jordão entendia que deviam os vadios inspirar sérios receios, por serem homens "[...] cuja posição e necessidade os impele ao crime, e cuja vida errante, apagando os vestígios de seus passos, os esconde às investigações da justiça", v. *Commentario ao Código Penal [...]*, vol. III, cit., p. 36.
[969] *Legislação Novíssima*, cit., vol. I, p. 136.
[970] *Legislação Novíssima [...]*, cit., p. 136.
[971] *Legislação Novíssima [...]*, cit., p. 136.
[972] *Legislação Novíssima [...]*, cit., p. 136.

sobados na cidadania, não sendo assumida nos textos constitucionais e doutrinais, nem na legislação geral, mas apenas num nível legislativo "intermédio", como era o dos decretos, ou de execução administrativa das leis, como era o caso de algumas portarias, também não o era nos locais africanos onde tudo se passava. Não o era por parte daqueles a quem isso não interessava, como acontecia com a maioria dos que integravam o Conselho de governo em Angola nos anos '40. Mas também não o era por parte daqueles que, fazendo parte do mesmo Conselho, apoiavam as medidas legislativas que protegiam os negros da prepotência dos brancos, em nome da liberdade dos primeiros. Um deles era o funcionário judicial que já citámos mais do que uma vez, António Gil, referido na mesma acta como o único membro ausente do Conselho, de que fazia parte, na altura em que foi votada a portaria de 1840, repondo o serviço de carregadores. Na sua memória, texto onde em mais do que um lugar se manifesta num sentido favorável às políticas de Sá da Bandeira[973], não existem indícios de que os africanos recrutados como carregadores fossem por ele percebidos como cidadãos portugueses. António Gil designa-os como "[...] pretos livres da jurisdição, que se pedem ao regente ou chefe do distrito com o especioso titulo de auxilio do comércio, e que o dito regente concede ao negociador do sertão que os requisita, mediante certa propina por cada um [...]"[974]. Estando convicto que a situação constituía um "atentado que se comete contra a liberdade dos pretos"[975], nunca chegou a invocar a Constituição ou a cidadania portuguesa como fundamento para a protecção jurídica dessa liberdade.

Outros documentos oficiais produzidos localmente confirmam que a integração da massa dos nativos na cidadania não era um dado adquirido para quase ninguém. É o caso de um Oficio que o governador interino de Mossâmedes (capitão F. da Costa Leal) dirigiu, nos anos '50, ao Ministério da Marinha e Ultramar, publicado na parte oficial dos *Annaes do Conselho Ultramarino*. Desse oficio fazia parte um recenseamento dos habitantes do distrito, divididos em seis categorias. As primeiras cinco – os "brancos", "pardos", "Pretos livres", "Libertos e escravos da fazenda e deportados", "Escravos dos habitantes" – somavam ao todo 940 habitantes. A outra categoria, maioritária, era integrada pelos "Habitantes indígenas das Libatas dos Sobas avassalados e amigos" e somava 78.320 habitantes, o que dava o total de 79.260 "habitan-

---

[973] António Gil, *Considerações sobre algumas partes mais importantes da moral religiosa, e sistema de jurisprudência dos pretos da África Ocidental [...]*, cit., p. 26: "No meu tempo o Conselho de Governo, de que eu tinha a honra então de ser membro, proibiu tudo isto, e o governo da metrópole de que fazia parte aquele tempo o ilustre Sá da Bandeira elogiou-nos em nome da rainha, confirmando a proibição de carregadores em uma portaria, mas [...] passado pouco tempo, o cancro continuou a lavrar [...]".
[974] *Ibid.*, p. 24-25.
[975] *Ibid.*, p. 25.

tes do distrito"[976]. Esta soma resulta, de facto, de uma estranha mistura de cidadãos, de escravos e de *indígenas*, mas o que importa salientar é que as diversas categorias em que esses habitantes são arrumados mostram, uma vez mais, que o escravo estava mais próximo do cidadão branco do que o *indígena* dos sertões, ao contrário do que era sugerido na caricatural imagem da literatura colonialista de finais do século. Da sociedade colonial faziam parte homens de cor livres, escravos, libertos e brancos, um grupo cujas subdivisões se faziam em função da cor e do estatuto (livre/liberto/não livre), tal como, a seguir, a população branca era dividida em função das suas ocupações (artistas/agricultores). Mas outro grupo, bem distinto, era o dos *indígenas*, directamente submetidos aos sobas e cuja subdivisão se fazia em função da submissão a um ou outro soba.

Nos primeiros anos '60, afastada a influência de Sá da Bandeira do Conselho Ultramarino e do Ministério a Marinha e Ultramar, a mesma suspeita de vadiagem endémica, associada às mesmas consequências, ressurgiu na Consulta de 9 de Novembro de 1861, da qual já se falou a propósito do paradigma *utilitarista* de "missão civilizacional"[977]. Nesta consulta, com a qual se pretendeu interpretar todas as anteriores portarias relativas ao serviço dos carregadores, surgiram, como se viu, novas considerações sobre o trabalho e a "missão civilizacional", muito diferentes das que tinham sido feitas nas portarias da década anterior. Nestas últimas, como se viu, a inapetência dos africanos para o trabalho tinha sido associada a factores superáveis, como os abusos dos colonos, a falta de ambição, a escassez da remuneração. Agora, pelo contrário, os factores enumerados eram mais perenes, relacionando-se com o clima e com "hábitos tradicionais" que se tinham convertido numa "segunda natureza". Era preciso optar, escrevia-se na Consulta de 1861, entre "o pensamento filosófico e humanitário do decreto de 3 de Novembro de 1856" e a "experiência", a qual mostrava que "[...] Conservando em todos os seus pormenores o decreto já citado, é preciso renunciar a qualquer tentativa de novas empresas agrícolas [...]; porque todas elas dependem de braços, que não podem ali, em geral, obter-se voluntariamente". Era, portanto, necessária uma intervenção mais drástica, bastando, para isso, ampliar os efeitos da portaria de 22 de Setembro de 1858, para com ela se "reprimir a vadiagem, e compelir os indígenas ao trabalho, sem

---

[976] Ofício de 25 de Janeiro de 1855, v. *Annaes do Conselho Ultramarino, Parte Oficial*, série I, cit., pp. 199-201.

[977] Que remete para uma outra consulta, de 26 de Julho, sobre um projecto que o governo adoptara e que teria apresentado ao corpo legislativo a 8 de Agosto.

vexames, que os oprimam, e com a retribuição indispensável que for devida ao serviço que prestarem"[978].

Cidadãos nos decretos e portarias de Sá da Bandeira, os carregadores eram, agora, *indígenas*, a quem só a compulsão directa podia conduzir ao trabalho e, por intermédio dele, à civilização. O acto civilizador estava, portanto, mais próximo do padrão que viria a generalizar-se a partir dos finais do século, quando a "missão civilizacional" se passou a concretizar essencialmente na obrigação do trabalho (v. *supra*, 8.3.2). E, no entanto, a consulta auto apresentava-se em perfeita continuidade com o espírito das portarias de Sá da Bandeira, o que mostra que aquela outra abordagem carecia ainda de bases teóricas autónomas ou, pelo menos, "publicitáveis". O facto de se ter destacado, entre essas portarias que agora se interpretavam, a de 1858, não surpreende: com as suas cedências, ela era facilmente apropriável por um discurso essencialmente diverso daquele que tinha constituído o seu pano de fundo teórico.

A confirmação, nos anos '60, deste novo quadro interpretativo, surgiu ainda num decreto (de 29 de Novembro de 1866), novamente assinado pelo Visconde da Praia Grande, em cujo relatório se observava que, por serem "menos favorecidas pelo clima, e mais atrasadas no caminho da civilização", as províncias portuguesas de África requeriam cuidados singulares. Era necessário organizar ali a administração e todos os serviços do Estado "do modo mais consentâneo à índole dos povos, ao interesse deles e ao da Monarquia"[979].

Os dois projectos que acompanhavam a Consulta de 1861 foram convertidos em decretos no final desse ano[980]. Nem esses decretos nem a consulta de 1866 deram origem a qualquer nova regulamentação sobre o trabalho. Existem, contudo, indícios óbvios de que o novo quadro interpretativo favoreceu a tolerância oficial relativamente ao trabalho forçado dos carregadores. Entre esses indícios contam-se novas portarias de Sá da Bandeira, como a de

---

[978] V. *Annaes do Conselho Ultramarino, Parte Oficial*, série III, cit., pp. 25-26.

[979] V. *Annaes do Conselho Ultramarino*, série VII (Janeiro de 1866 a Maio de 1867), Lisboa, Imprensa Nacional, 1869, p. 67. Interessante, ainda neste relatório, a nostalgia por um outro império, onde tudo era mais igual: "Dos descobrimentos e da civilização de Portugal nasceu o Império do Brasil, onde a linguagem é portuguesa, e os costumes e legislação muito semelhantes à legislação e costumes destes Reinos", *ibid.*).

[980] Ambos datados de 4 de Dezembro de 1861, um deles autorizando o governo a conceder aforamentos de terrenos baldios nas províncias de Angola e Moçambique e o outro tomando providências e estabelecendo prémios para promover a cultura do algodão nas Províncias de África, v. *Legislação Novíssima*, cit., vol. III, p. 691-692.

8 de Agosto de 1865, denunciando as infracções que se iam fazendo ao decreto de 1856 e ordenando ao governador de Angola que fizesse "[...] cessar os abusos que ultimamente tem havido de obrigar os indígenas livres ao trabalho de carreto com um salário muito limitado"[981].

Este outro registo da repressão da vadiagem permaneceu activo, vindo a reemergir de novo, alguns anos mais tarde, quando, em 1878, estas populações foram feitas equivaler, no seu estatuto face ao trabalho, aos ex-escravos e aos libertos. Nessa altura, como se vai ver no próximo capítulo, libertos e carregadores encontraram-se como *cidadãos-vadios*, nos regulamentos do trabalho que se seguiram à lei de 1875, a primeira a decretar o trabalho livre no ultramar. Nesse capítulo veremos melhor quais eram as consequências jurídicas do crime de vadiagem e os requisitos necessários para que alguém fosse sentenciado como vadio. Para mostrar que, não constando o trabalho forçado entre os meios teoricamente eleitos para civilizar os africanos, ele esteve, no entanto, omnipresente nesses regulamentos, sob a forma de punição por um crime de que os africanos tendiam a ser colectivamente culpados, o crime de vadiagem.

8.5. *Graduando os cidadãos: os libertos*

Para além de escravos, nas províncias ultramarinas residiam também os libertos, antigos escravos que tinham obtido a liberdade, primeiro por meio de leis especiais ou de Cartas de alforria, previstas e reguladas, de acordo com a tradição romanística, nas *Ordenações Filipinas*[982], depois pela legislação abolicionista. Veremos, de seguida, que também a construção do estatuto jurídico destas pessoas, além das contradições internas que comportou, entrou em tensão com os enunciados universalistas e igualitários das Constituições oitocentistas.

A discussão em torno do estatuto dos escravos foi feita no contexto de uma outra discussão, a das fronteiras entre o interior e o exterior de um corpo

---

[981] Portaria de 28 de Agosto de 1865, v. *Colecção Oficial da Legislação [...]*, Anno de 1865, Lisboa, Imprensa Nacional, 1866, p. 322. Já antes, por portaria de 5 de Fevereiro de 1859, se tinha ordenado um inquérito sobre o procedimento dos governos subalternos e chefes de distritos em relação ao serviço forçado de carregadores.

[982] Liv. IV, Tit. 63. Sobre as diversas vias da mobilidade legal de escravo a liberto veja-se Maria Inês Cortes de Oliveira, *O Liberto: seu Mundo e os Outros, Salvador, 1790-1890*, S. Paulo, Corropio, 1998: no território brasileiro, embora houvesse casos pontuais de legislação que, passando por cima do direito de propriedade dos senhores, concedia a liberdade aos escravos, "a forma mais usual de libertação era a Carta de Alforria passada pelo proprietário enquanto vivo ou através de verba testamentária" (*ibid.*, p. 23).

social que se queria delimitar, a Nação. Essas fronteiras determinavam quem, de entre os "homens naturais" – os que compunham a humanidade, na qual o escravo estava incluído – era nacional/cidadão e quem era estrangeiro (v. *supra*, 8.1.1).

Viu-se já que a figura do escravo não podia inscrever-se em nenhuma destas duas categorias. O escravo não podia ser membro do corpo social, mas também não podia ser estrangeiro. Pertencia a uma terceira categoria, a dos seres humanos civilmente (quase) mortos, a quem se recusou o estatuto de membro de qualquer comunidade, civil ou política. A crescente omissão da figura do escravo nos textos constitucionais – que vai da presença da própria palavra "escravo" na primeira ao seu desaparecimento na Carta Constitucional e na Constituição de 1838 – esteve relacionada com as dificuldades com que o sistema de pensamento do primeiro liberalismo se defrontou para acomodar esta terceira categoria de pessoas. Como notou Martens Ferrão, ao decretar o respeito pela liberdade individual, "as Constituições de toda a Europa [...] têm tornado a escravidão um impossível legal"[983]. A omissão foi, então, a solução escolhida pelo constitucionalismo português para contornar a questão, uma solução a "meio caminho" entre o reconhecimento constitucional da escravidão – como nas Constituições de muitos dos Estados que integravam a federação americana – e a declaração da sua abolição – como na Declaração dos Direitos que precedeu a Constituição francesa de 1893.

Pelo contrário, a discussão sobre o estatuto dos libertos fez-se em outro registo. Por um lado, como se verá melhor na última parte deste capítulo, era possível regulamentar a condição jurídica do liberto de forma consonante com o "espírito liberal", nomeadamente por meio da garantia legislativa de certos direitos e do estabelecimento de um prazo legal findo o qual os indivíduos se libertariam dessa condição. Por outro lado, a questão já não foi a de saber quem pertencia e quem não pertencia à Nação – como se disse, a cidadania (e, portanto, a nacionalidade portuguesa) foi reconhecida aos libertos em todas as Constituições portuguesas. Em vez disso, o estatuto dos libertos foi inserido numa outra discussão, mais geral, que foi a de saber quem, dentro da Nação, podia ter acesso aos direitos políticos. O que esteve em questão foram os critérios que distinguiam o sujeito político – o homem social, livre e autónomo, a quem o liberalismo oitocentista atribuiu o direito de voto – do homem natural, do ser humano, a quem pertenciam todos os outros direitos naturais e civis, mas que ainda não eram sujeitos políticos. Não se tratou, portanto, de negar a liberdade, um direito natural, a um "homem natural", ao ser humano

---

[983] V. *DCD*, Sessão de 7 de Março de 1856, p. 75.

que era o escravo, mas antes de afastar um grupo de pessoas do exercício de direitos que eram prerrogativa do homem social, do indivíduo "plenamente indivíduo".

Esse afastamento não foi tão problemático como a exclusão dos escravos, porque, no plano doutrinal, era muito menos crítico afastar algumas pessoas dos direitos políticos do que de direitos civis pensados como direitos naturais, como a liberdade. O problema do constitucionalismo português em relação ao liberto não foi, por isso, como no caso da escravidão, o da opção entre o reconhecimento ou a omissão, embora também esse se tivesse colocado, tendo havido deputados nas constituintes que defenderam essa omissão[984]. O problema foi, em vez disso, o de explicar porque é que esses cidadãos, mesmo preenchendo os critérios por meio dos quais o liberalismo oitocentista presumia as qualidades do sujeito político, foram sendo afastados dessa categoria de sujeito e, com isso, excluídos da comunidade política. As especificidades desta exclusão e as tensões que ela gerou vão ser o objecto das próximas páginas.

8.5.1. *A discussão vintista*

A exclusão dos libertos não foi adoptada na Constituição vintista, que tinha como referente principal a complexa realidade social brasileira, onde a população dos libertos era importante, qualitativa e quantitativamente[985], e onde, além disso, eles já tinham sido objecto de legislação integradora durante o Antigo Regime[986]. Ambos os motivos – ajudados pelo temor que inspirava a memória da revolta dos homens de cor livres nas colónias francesas, suscitada pela questão dos seus direitos políticos[987] – ajudam a perceber porque

---

[984] V., por exemplo, *DCGECNP*, sessão 17 de Abril de 1822, p. 839.
[985] V. Hebe Maria Mattos, *Escravidão e cidadania no Brasil Monárquico*, Rio de Janeiro, Jorge Zahar Editor, 2000, p. 7. "Segundo estimativas da época, no final do período colonial, o Brasil contava com cerca de 3.500.000 habitantes, dos quais 40% eram escravos... 6% eram índios aldeados e os demais equanimemente classificados metade como «brancos», metade como «pardos»" (i.e., homens livres de ascendência escrava africana), *ibid.*, p. 16. Com dados demográficos sobre a população brasileira, e voltando a confirmar a importância numérica dos homens livres de cor e, sobretudo depois da revolta do Haiti, em 1798, a consciência social dessa importância, veja-se Manuela Carneiro da Cunha, *Negros, estrangeiros. Os escravos libertos e sua volta à África*, São Paulo, Braziliense, 1985.
[986] V. Hebe Maria Mattos, "A escravidão moderna [...]", cit.
[987] Sobre o tema dos direitos políticos dos *hommes de coleur librés* no constitucionalismo francês v. Cristina Nogueira da Silva, "«Modelos coloniais» no século XIX...", cit.

é que a solução pensada na Constituição vintista para os libertos foi diferente da que se veio a constituir na tradição do direito constitucional português. É que o liberto a que esta última se referiu, uma vez independente o Brasil, foi o liberto dos territórios africanos, cuja posição sociológica diferia radicalmente da do liberto brasileiro, por estar muito menos inserido nas sociedades para as quais tinha sido transportado[988]. Estes outros libertos, tal como os territórios onde circulavam, só de forma muito vaga estiveram presentes como referente sociológico nas constituintes vintistas, embora fossem aqui e ali recordados[989].

No *Projecto* de Constituição discutido em 1821-22 os "escravos nascidos nas possessões ultramarinas, que alcançarem alforria" eram portugueses (tit. II, art. 21, § VI), mas não eram cidadãos (art. 22). A anterior exclusão foi, contudo, afastada do texto final da Constituição. Os constituintes concederam a cidadania a estes antigos escravos e a todos os que, no futuro "alcançarem cartas de alforria", (tit. II, art. 21, § 4). Com isso, os libertos foram transformados em cidadãos com plenos direitos, civis e políticos.

Se se considerar as condições económicas e sociais da maioria dos libertos portugueses do *Reino Unido*, percebe-se que bastavam os requisitos sócio-económicos com que o primeiro constitucionalismo europeu restringiu o acesso ao exercício dos direitos políticos para perceber que esta inclusão formal correspondia, na prática, à marginalização dos libertos enquanto membros da comunidade política[990]. O "paradigma igualitário" pelo qual se guiavam os constituintes revelava-se, aqui, em todos os seus limites[991]. Essa marginalização não eliminava, contudo, a totalidade dos libertos. Como se depreende dos estudos que têm sido feitos sobre a condição social do liberto no Brasil oitocentista, havia quem, nessa condição, preenchesse os

---

[988] Sobre esses libertos e o seu desenraizamento veja-se, além dos já citados trabalhos de Augusto Nascimento e Jill Dias, "Angola", cit., *maxime* pp. 457 e ss., João Pedro Marques "Uma cosmética demorada: as Cortes ...", cit.

[989] Novamente, foi o deputado Borges Carneiro a lembrar que, sendo o problema dos libertos um problema essencialmente brasileiro, ele dizia igualmente respeito a outras províncias da monarquia: ("esta doutrina não é só própria do Brasil, mas também de África e Ásia, onde há libertos" (sessão de 17 de Abril de 1822, p. 839).

[990] Sobre as dificuldades de sobrevivência com que os libertos se confrontavam, preteridos face à mão-de-obra branca livre e sofrendo a concorrência da mão-de-obra escrava, veja-se Maria Inês Cortes de Oliveira, *O Liberto: o seu Mundo [...]*, cit. ("Ascender ocupacionalmente e ingressar nas camadas de renda média da população [...] constituía para a comunidade dos libertos um facto pouco frequente", p. 31).

[991] V. Maria Teresa Couceiro Pizarro Beleza, *Mulheres, Direito, Crime ou a Perplexidade de Cassandra*, Lisboa, Faculdade de Direito, 1990, p. 129 e ss.

requisitos da Constituição vintista para se exercer o direito de voto e se ser votado[992]. Estes eram uma pequena minoria, mas, mesmo assim, o problema dos direitos políticos dos libertos não deixou de suscitar profundas perplexidades.

A opinião que a maioria dos deputados seguiu na sessão em que foi decidido que os libertos pudessem votar e ser votados foi a de que "uma vez que no liberto concorram as qualidades, que a lei exige para qualquer emprego político, tenha acesso a ele, como os outros cidadãos, sem a menor diferença"[993]. Foi essa a opinião de muitos deputados vindos do ultramar, quando foram chamados a pronunciar-se sobre o assunto[994]. O facto de o liberto que acedia ao exercício dos direitos políticos ser alguém que tinha conquistado, individualmente, a sua liberdade e, mais do que isso, tinha conseguido atingir os requisitos de proprietário e letrado requeridos pelo direito eleitoral, tornava-o *imediatamente* apto para exercício de todos os direitos políticos. Ter capacidade para adquirir renda e propriedade, ainda por cima em condições desfavoráveis, era sinal inequívoco de talento e de virtude, constituindo este o único critério admissível para diferenciar os cidadãos[995]. De facto, foi ao conjunto das virtudes e talentos dos escravos que, uma vez abolido o tráfico e garantido o direito à compra de alforria, muitos pensadores liberais confiaram a obra da emancipação[996]. Mais do que uma vez os depu-

---

[992] V. Maria Inês Cortes de Oliveira, *[…]*, cit., p. 34 e ss., onde a autora mostra que o acesso dos libertos à propriedade se relacionava directamente com o número de escravos que possuíam, cuja trabalho exploravam directamente ou sobre a forma de aluguer. Também Thomas E. Skidmore salientou alguma mobilidade social dos homens livres de cor no Brasil, v. *O Brasil visto de fora*, S. Paulo, Ed. Paz e Terra, 1994 (1.ª ed: 1932), p. 124.

[993] V. *DCGECNP*, sessão 17 Abril de 1822, p. 838, Dep. Peixoto.

[994] V., por exemplo, *DCGECNP*, sessão 17 Abril de 1822, p. 839. Além dos motivos já enunciados, há ainda que recordar que a contagem dos libertos aumentava o número de deputados eleitos pela América.

[995] "[…] se um homem liberto não é suficientemente instruído, não tem a fortuna de ter propriedades, ou meios de decente sustentação, nem a devida moralidade, está no caso dos outros cidadãos, que por tais defeitos são inelegíveis; porém ao contrário, se ele tem merecimentos, e se em tudo o mais está a par dos honrados cidadãos portugueses […]", v. *DCGECNP*, sessão de 13 de Agosto de 1822, p. 143, Dep. Segurado; v. também *DCGECNP*, sessão de 13 de Agosto de 1822, p. 144, Dep. Manuel António de Carvalho.

[996] V. Hebe Maria Mattos, *Escravidão e cidadania*, cit., p. 53. A entrega da tarefa da abolição ao "trabalho" do escravo foi uma ideia que integrou muitos projectos anti esclavagistas franceses dos finais do século XVIII, onde a abolição gradual da escravidão passava, exactamente, por dar condições ao escravo para que ele se pudesse obter por ele a alforria, v. Yves Benot, *La Révolution française et la fin des colonies […]*, cit., 1989, pp. 119-121.

tados do ultramar aludiram ao processo de obtenção meritocrática da liberdade para defender a outorga do direito de voto ao liberto[997].

Era portanto necessário abstrair do "triste estado" em que tais homens tinham saído dos sertões de África e acreditar "[...] que há homens, que apesar de nascerem na escravidão, tem todas as qualidades necessárias para poderem ser deputados em Cortes"[998].

Este "apesar de" visava derrubar o argumento central dos deputados para quem nem os libertos, nem os seus filhos, podiam exercer "o direito de votar"[999]. Ainda que reunissem todos os outros requisitos, tais indivíduos não podiam reunir, em virtude da recente condição de escravos, condições psicológicas adequadas ao exercício dos direitos políticos. A condição de escravo era, afinal, uma condição que degradava moralmente o ser humano:

> "Duvido porém muito, que aquele que foi escravo, tenha sentimentos generosos, francos, e livres, quais cumpre que tenha o homem que deve escolher os representantes da Nação"[1000]; "Custa-me a crer que eles tenha a mesma nobreza de sentimentos que tem outro qualquer cidadãos português"[1001].

A par deste argumento, que se tornaria clássico, surgiram o do gradualismo e o da transitoriedade, que virão a ocupar uma posição central na explicação doutrinal da futura exclusão política do liberto. De acordo com eles, era prejudicial a "transição rápida do estado de escravidão para a plena fruição dos direitos e privilégios políticos" porque o processo de educação civilizacional proporcionada pelo senhor e pela vivência da liberdade estava em curso, mas ainda não terminado[1002]. A inclusão política dos libertos devia, por essas razões, ser adiada:

> "A Constituição muito judiciosamente lhes garantiu o direito de cidadãos, que não é tão pequeno grau, e para subirem a esse outro grau tão eminente *tratem primeiro de civilizarem-se*, e quando então se conhecer a sua civilização e virtudes, sancione-se esse artigo constitucional"[1003].

---

[997] V. *DCGECNP*, sessão de 17 de Abril de 1822, p. 839 e *DCGECNP*, sessão de 13 de Agosto de 1822, p. 142, Dep. Franzini.
[998] V. *DCGECNP*, sessão de 13 de Agosto 1822, p. 143, Dep. Castelo Branco.
[999] V. *DCCECNP*, sessão 17 Abril, p. 838, Dep. Miranda.
[1000] V. *Ibid.* p. 839, Dep. Vilela.
[1001] V. *Ibid.*, p. 839, Dep. Miranda.
[1002] V. *DCCECNP*, sessão 13 Agosto, p. 142, Dep. Fernandes Pinheiro.
[1003] V. *Ibid.*, p. 144, Castro e Silva. O mesmo deputado realçava o absurdo de se conceder a homens "*ainda* desmoralizados e ignorantes" o que se negava ao estrangeiro "civilizado e virtuoso", a quem a Constituição não reconheceu parte dos direitos políticos, v. *Ibid.*, p. 144, Dep. Castro e Silva.

Tratava-se, portanto, de suspender o exercício dos direitos políticos durante o tempo de aprendizagem de que o ex-escravo necessitava para se converter num homem civilizado. É que, além de ser um meio de prolongar o período de prestação gratuita de trabalho ao senhor, como forma de pagamento/indemnização pela concessão da liberdade (v. *supra*, 8.1.3), a condição de liberto sustentava-se, do ponto de vista dos princípios, na ideia de proporcionar um tempo de aprendizagem civilizacional durante o qual o antigo escravo, sob tutela do antigo senhor ou de outra instituição, se prepararia para o exercício pleno da liberdade, como se verá.

Os deputados contrários à inclusão dos libertos na cidadania "activa" chamaram ainda a atenção para o peso numérico dos libertos, as suas relações próximas com o mundo da escravidão, que os transformava em potenciais lideres de futuras revoltas, a possibilidade real de serem eleitos ou elegerem deputados, evocando, de novo, o fantasma de S. Domingos, numa das muitas versões da sua memória. Nesta versão, a evocação de S. Domingos, como a dos E.U.A, serviu para mostrar o que sucedia quando se entregava aos negros, contra a vontade dos colonos, direitos que eles não estavam preparados para exercer[1004].

Nas Cortes constituintes vintistas as perspectivas contrárias à inclusão dos libertos no universo dos cidadãos activos foram vencidas. Não obstante, a exclusão de uma categoria especial de liberto, o "liberto nascido em África", da possibilidade de ser eleito, mostra como todos os seus deputados eram sensíveis à ideia de um percurso educacional e civilizacional do liberto como condição de acesso aos direitos políticos. Não era possível abstrair, no caso deste "liberto nascido em África", do recente "[...] estado de selvajaria nos sertões africanos", do ainda escasso contacto que tinha tido com o mundo civilizado e com a liberdade, e, por esses motivos, a Constituição considerou absolutamente inelegíveis os "libertos nascidos em país estrangeiro" (tit III, cap.I, art. 34, VII). Este grupo de libertos ficou, assim, numa condição jurídica próxima da dos estrangeiros naturalizados, também inelegíveis (tit III, cap.I, art. 34, VI). Mas sem o serem. Na verdade, eles eram originariamente portugueses, estavam integrados naquela categoria de cidadãos portugueses que eram os "escravos que alcançarem carta de alforria" (art. 21, § IV).

Não foi apenas a insuficiente "aprendizagem civilizacional" que justificou as restrições ao exercício da cidadania por parte desta categoria de liber-

---

[1004] Sobre o exemplo de S. Domingos como exemplo a temer ver Iara Lis Carvalho Souza, *Pátria Coroada, O Brasil como Corpo Político Autônomo, 1780-1831*), S. Paulo, Fundação Editora da UNESP, 1999, e Maria Odila da Silva Dias, *O fardo do homem branco [...]*, cit.

tos. Foi também – embora isso tenha sido expresso de forma indirecta – o facto de a sua integração patriótica na comunidade dos portugueses ser igualmente insuficiente para que pudessem aceder à cidadania plena. O artigo da Constituição que excluiu os libertos nascidos em África não pode deixar de ser relacionado com outras categorias de inclusão e de exclusão que foram operantes no discurso vintista sobre a cidadania e o acesso aos direitos políticos, como a do "amor natural pela comunidade" e a "implicação moral" que todos os cidadãos deviam ter nessa comunidade[1005]. Um indício da operatividade destas categorias foi a associação, no caso das naturalizações, entre cidadania e domicílio ou a obrigação, imposta a todos os cidadãos portugueses pelas Constituições e pela doutrina jurídica, de "amar a pátria"[1006]. Para além do pacto envolvido no conceito de cidadania, ser "nacional" num sentido mais "afectivo" também era uma condição para se ser cidadão. De acordo com isso havia, em Portugal, uma categoria de libertos – os nascidos em território português – à qual a maioria dos deputados reconhecia uma aprendizagem civilizacional e uma integração "patriótica" na comunidade suficientes para aceder à cidadania plena. A convocação dos exemplos de pessoas de cor que tinham sido heróis da Pátria servia para provar isso mesmo[1007]. Mas havia também uma outra categoria de libertos, os nascidos em África, que, se não tinham tido tempo para a aprendizagem civilizacional, não o tinham tido, igualmente, para a aprendizagem do patriotismo. Esses, sendo cidadãos, não o eram plenamente. Estavam, simultaneamente, mais perto do estado da "barbárie africana" e mais distantes de uma qualquer integração afectiva na comunidade nacional, situação ditada pelo duplo facto do carácter não voluntário do seu domicílio e da memória individual da imposição violenta desse domicílio[1008]. A sua "implicação cívica e social" não podia ser igual à dos libertos

---

[1005] V. Pierre Rosanvallon, *Le Sacre du Citoyen [...]*, cit., 1992, p. 70-91. Sobre este discurso nas discussões constituintes portuguesas e sua relação com a redução de direitos políticos dos libertos nascidos em África v., com mais detalhe, Cristina Nogueira da Silva, "Nações, territórios e populações nos textos constitucionais portugueses do século XIX", *Themis*, Ano III, n.º 5, 2002, p. 70 e ss.

[1006] V. Manuel Borges Carneiro, *Direito civil de Portugal [...]*, cit., p. 76, apoiando-se na Carta Constitucional e em Vattel. Basílio Alberto enumerava, como condições de cidadania, a capacidade e o amor à Pátria, conhecendo-se este "primeiro pelo sangue, segundo pelo lugar de nascimento", v. Basílio Alberto Sousa Pinto, *Lições de Direito Público Constitucional*, 1838, cit., p. 113.

[1007] V. *DCGECNP*, sessão de 13 de Agosto de 1822, p. 139.

[1008] Sobre este critério v. Tamar Herzog, *Citizenship and community in Eighteenth Century Spain*, cit., p. 243 e ss.

já nascidos no território, ou sequer à dos estrangeiros que voluntariamente pediam a naturalização. Juridicamente eram nacionais, mas não o eram sociológica e afectivamente. Isso foi determinante, porque no discurso dos constituintes da primeira metade do século XIX o conteúdo jurídico de nacionalidade/cidadania coexistiu, como já se viu, com um sentido sociológico, antropológico e cultural[1009].

Um ano passado sobre as constituintes vintistas, a discussão sobre o estatuto dos libertos nas Cortes constituintes brasileiras de 1823 conduziu ao desaparecimento da distinção entre "libertos africanos" e "libertos crioulos" do artigo relativo à cidadania brasileira, por via da intervenção do deputado Silva Lisboa que, entre outros argumentos, recordou a contribuição patriótica dos corpos militares de libertos africanos e crioulos para o estabelecimento do império brasileiro[1010]. Foi, no entanto, recuperada nos artigos relativos às eleições, já que o direito de voto (mas restringido às assembleias primárias) só foi concedido aos "brasileiros ingénuos" e aos "libertos nascidos no Brasil"[1011]. Um ano depois, na primeira Constituição brasileira (1824), o "liberto africano", em vez de cidadão brasileiro, foi declarado estrangeiro, podendo, nessa condição, requerer naturalização[1012].

O recurso ao mesmo tipo de categorias para distinguir entre o escravo nascido no Brasil (o escravo crioulo, como era conhecido na América portuguesa), e o escravo "estrangeiro", recentemente capturado nos sertões africanos, foi corrente no Brasil e tinha, de facto, um fundamento sociológico. Era vulgar que os últimos, mesmo depois de alforriados, se aliassem em torno de objectivos insurreccionais dos quais estavam ausentes os crioulos, muito mais próximos do mundo cultural e religioso dos senhores. Hebe Maria Mattos exprime bem essa aprendizagem cultural dos escravos crioulos, futuros liber-

---

[1009] V. Idem, *ibidem.*, p. 250.

[1010] V. José Honório Rodrigues, *A assembleia constituinte de 1823*, cit., p. 137.

[1011] V. tit. v, art. 123 do Projecto de Constituição discutido nesta Assembleia em Jorge Miranda, *O Constitucionalismo [...]*, cit. Exceptuavam-se, contudo, aqueles que, de entre eles, tivessem patentes Militares ou Ordens Sacras (art. 124, § IV), o que mostra de novo o peso das palavras de Silva Lisboa.

[1012] A Constituição do Império distinguia entre o liberto crioulo, isto é, nascido no Brasil e que usufruía, em virtude da alforria, da condição de cidadão, e o liberto nascido em África, que permanecia estrangeiro e podia requerer naturalização. "Mas a ambos eram limitados os direitos políticos (permitia-se apenas aos crioulos participar das eleições primárias), vedadas as dignidades eclesiásticas, o acesso ao poder judiciário, o direito ao porte de armas e mesmo à livre locomoção nocturna", como informa Maria Inês Cortes de Oliveira, *O Liberto: o seu Mundo e os Outros [...]*, cit., p. 11.

tos "nascidos no Brasil", ao recordar que, nas suas insurreições, os escravos "estrangeiros" tinham como padrão "atacar de surpresa a sociedade colonial – em seus momentos de descanso e festa, em geral associados ao calendário cristão, *do qual os escravos crioulos activamente participam*"[1013].

Determinada categoria de libertos foi portanto excluída, na primeira Constituição portuguesa, do exercício de determinados direitos políticos, ainda que teoricamente pudessem preencher os critérios que se requeriam aos outros cidadãos para poderem exercer esses direitos. Essa era, pela sua natureza, uma situação transitória, porque seria diferente a situação dos filhos desses libertos, já nascidos em território português.

No que diz respeito aos libertos, o primeiro constitucionalismo português também se afastou do gaditano. Na Constituição de Cádis, que distinguia entre nacionais e cidadãos, eles eram claramente nacionais, embora não fossem cidadãos, já que, sendo cidadãos apenas "aqueles espanhóis, que por ambas as linhas trazem sua origem dos Domínios Espanhóis de ambos os hemisférios, e estão domiciliados em qualquer Povo dos mesmos Domínios" (art. 18), não o eram aqueles "[...] espanhóis que por qualquer linha são havidos e reputados originários da África"[1014]. Para muitos dos deputados da América nas Cortes de Cádis, esta exclusão foi uma tentativa de limitar a representação do ultramar nas Cortes, que eles queriam ver calculada com base em toda a população livre do território[1015]. Por sua vez, a maioria dos deputados peninsulares acusou os deputados americanos de querer declarar cidadãos com direito de voto os espanhóis originários de África não em favor destes, mas da minoria crioula, que passaria a ter uma representação superior à peninsular. Contra isso, conseguiram que se declarasse na Constituição que as populações de origem africana, além de não serem cidadãs, não contassem,

---

[1013] Hebe Maria Mattos, *Escravidão e cidadania* [...], cit., 2000, p. 32, onde a autora sublinha ainda a incapacidade dos insurrectos em "incorporar os escravos crioulos às tentativas insurreccionais". Uma dessas revoltas, ocorrida em Salvador, daria mesmo origem a uma lei (13 de Maio de 1835) "visando conter uma possível ameaça de «haitização do país», v. Maria Inês Cortes de Oliveira, *O liberto [...]*, cit., p. 40.

[1014] V. *Constituição Política da Monarquia Hespanhola promulgada em Cádiz em 19 de Março de 1812*, Coimbra, Real Imprensa da Universidade, 1820, p. 10. Admitia-se, no entanto, que as Cortes lhes pudessem conceder carta de cidadania, aos que "fizerem serviços qualificados à Pátria, ou aos que se distinguirem por seus talentos".

[1015] Alguns propuseram, para contornar o problema, que se reconhecesse a cidadania dos homens livres de cor mas se lhes concedesse somente o direito de votar, mas não de serem eleitos, v. James F. King, "The Colored castes and American Representation in the Cortes of Cadiz", in *The Hispanic American Historical Review*, vol. 33, 1953, p. 56.

enquanto nacionais, para efeitos de cálculo do número de deputados, solução que foi consagrada no art. 29 e que esteve, de facto, na origem da subrepresentação da Espanha americana[1016].

8.5.2. *A condição dos libertos na Carta e na Constituição de 1838*

Na Carta Constitucional, como já se sabe, o *ius soli* transformou formalmente em cidadãos portugueses todos "os que tiverem nascido em Portugal, *ou seus Domínios* [...]. Os libertos foram incluídos nessa categoria, embora só se tenha feito menção à sua existência no cap. V (Das Eleições). Aí admitiu-se o direito de voto nas assembleias primárias aos "cidadãos Portugueses, que estão no gozo dos seus direitos políticos" (art. 64), e admitiu-se como regra, mas com algumas excepções, que todos os que estivessem incluídos nesse universo pudessem também ser eleitores e votar na eleição dos deputados. Entre os casos excepcionais contava-se, contudo, o dos libertos, assim considerados cidadãos portugueses no próprio artigo em que eram impedidos de votar directamente na eleição dos deputados. Esta constitui a única referência aos libertos, em todo o texto constitucional[1017].

Nos anos '30 esta limitação aprofundou-se ainda mais: na Constituição de 1838 os libertos foram, como na Constituição vintista, declarados cidadãos portugueses no artigo sobre cidadania, mas foram depois excluídos de *todos* os direitos políticos nos artigos eleitorais. Ainda que tivessem condições censitárias para votar, nunca o podiam fazer. Aparentemente, essa exclusão não suscitou nem contestações nem qualquer tipo de discussão; ou, se isso aconteceu,

---

[1016] V. James F. King, *ibid.*, p. 63. Não sem a contestação dos deputados da América, para quem a nacionalidade dos homens livres de cor exigia que fossem contabilizados entre os representados ou que, em vez disso, fossem declarados inferiores aos loucos, ladrões, vagabundos e criminosos, os quais, apesar de terem a sua cidadania suspensa, eram contabilizados (*ibidem*, p. 61). Na sua opinião toda a nação devia estar representada, mesmo aquela parte que estava privada de a poder representar, como sucedia com as mulheres ou as crianças, que também não votavam mas que eram contabilizados, v. Roberto Valdês, "El «problema americano» en las primeras Cortes Liberales ...", cit., p. 82.

[1017] A limitação dos direitos políticos foi depois confirmada nas Instruções de 7 de Agosto de 1826, cujo art. 7 dizia expressamente que os libertos, como os criminosos pronunciados, não podiam ser votados nas Assembleias paroquiais "ainda que tenham as qualidades indicadas nos arts. 4 e 6". Era essa, como se viu, a solução da Constituição brasileira de 1824, que excluía taxativamente os libertos das eleições para deputados, senadores e membros dos Conselhos de província, pelo que "o único degrau de representação política que podia ser galgado pelos libertos (crioulos ou naturalizados) era o das eleições primárias, que lhes permitia, no máximo, tornarem-se vereadores", v. Maria Inês Cortes de Oliveira, *O Liberto: o seu Mundo [...]*, cit., p. 30.

não ficou registado[1018]. O facto de a discussão sobre os direitos políticos dos libertos não ter agora como referente o complexo mundo dos afro-descendentes livres no Brasil – muito embora já nos anos '20 os libertos dos territórios africanos do Império tivessem sido objecto das reflexões dos deputados, agora a população dos libertos estava limitada aos que habitavam e circulavam entre os territórios africanos e asiáticos – constitui, provavelmente, a explicação para a maior restrição, acompanhada de menor discussão, nas Constituintes de 1837-38. Em 1822 o Brasil integrava uma das mais numerosas populações escravas da América e "a maior população livre afro-descendente do continente" americano[1019]. Em África a situação era totalmente diferente, quantitativa e qualitativamente, como já foi referido. Mas a este facto pode acrescentar-se um outro, ainda mais determinante, que foi a instituição de eleições directas, que tornava impossível a sua exclusão parcial. O objectivo, portanto, era que os libertos continuassem a não poder votar directamente na eleição dos deputados. O mesmo irá suceder com o Acto Adicional à Carta e com a legislação eleitoral, na qual a condição política do liberto tendeu a variar consoante se optasse por um sistema de eleição indirecta – do qual eram parcialmente excluídos, restringindo-se os seus direitos de voto às assembleias primárias –, ou directas, do qual eram integralmente excluídos[1020]. Por esse motivo, e *ao contrário do que determinava a Carta constitucional*, os libertos passaram a integrar, na maioria das leis eleitorais, o grupo dos excluídos de votar, situação que só veio a estar de acordo com a Constituição após o Acto Adicional. Assim, tal como sucedeu na legislação canadiana em relação à população nativa, no direito constitucional e eleitoral português, quanto mais "democrático" era o sistema eleitoral, mais restritiva tendia a ser a legislação relativa aos libertos[1021]. Sendo que, muito mais ainda do que no Canadá ou na Austrália (porque aí o volume da população indígena com capacidade censitária para aceder ao voto era maior), a ameaça constituída pela concessão da plena cidadania aos libertos era uma ameaça sobretudo simbólica[1022].

[1018] Veja-se, por exemplo, *O Nacional*, N.º 875, 11 Nov., sessão 10 Nov. e N.º 938, 31, sessão 30 Jan., onde a exclusão foi aprovada sem discussão.

[1019] V. Hebe Maria Mattos, *Escravidão e cidadania* [...], cit., p. 7.

[1020] V. Cristina Nogueira da Silva, *A Cidadania nos Trópicos*..., cit., subcap. dedicado à análise dos direitos políticos dos libertos nas leis eleitorais.

[1021] V. Patrícia Grimshaw, Robert Reynolds and Shurlee Swain, "The paradox of «ultra-democratic» government: indigenous civil rights in nineteenth-century New Zealand, Canada and Austrália", cit., p. 84.

[1022] "[...] the federal franchise debate was all about demography, but the actual number of potential Aboriginal voters was less important than the symbolic threat of Aboriginal citi-

Mais adiante veremos como, a um nível infra-constitucional – e frequentemente a pretexto da sua protecção – os direitos políticos e civis dos libertos foram ainda mais reduzidos.

8.5.3. *A condição dos libertos no Acto Adicional de 1852*

Mais restritivo do que a Carta Constitucional, entretanto reposta em vigor, foi então o Acto Adicional de 1852, que voltou a instituir as eleições directas, como a Constituição de 1838, e a excluir os libertos do direito de votar[1023]. Nessa altura a questão dos libertos foi, tal como nos anos '20, discutida de acordo com os princípios. Só que, agora, foi muito mais consensual a posição segundo a qual os libertos não reuniam, em virtude da recente vivência da escravidão, condições psicológicas para a formação de uma vontade livre e autónoma. A opinião que prevaleceu foi, por isso, a opinião derrotada nas Cortes vintistas, de acordo com a qual a transição rápida para a liberdade não habilitava os escravos a exercer o voto, a maior das liberdades, porque da liberdade eles não conheciam "senão o nome"[1024].

Não obstante, houve quem, ainda no plano dos princípios, fizesse uma leitura exactamente oposta a esta, trazendo para a assembleia o tema da distinção entre direitos políticos e direitos civis, distinção que subentendia uma outra, a que separava o homem/sujeito natural do homem/sujeito político/ /indivíduo livre e autónomo.

Nos seus enunciados individualistas mais depurados, a doutrina jurídica liberal não envolvia, de facto, a distinção entre direitos políticos e direitos civis. Dada a total subjectivação dos direitos, o exercício dos direitos políticos devia decorrer, como o dos direitos civis, do simples facto de se ser homem, em pri-

---

zenship. The mere potential of an Aboriginal vote posed a threat to the identity of a white Australia [...]. The debate marked a shift in anxiety from earlier colonial imagining of the Aborigine as a murderous and vengeful subject who had to be conquered to that of the passive object who could be manipulated by others. Nevertheless, the sense of threat and anxiety remained", v. Patrícia Grimshaw, "The paradox [...]", cit., p. 80.

[1023] Art. 6.º. Já durante a discussão sobre a concessão de autorização ao governo e aos governadores para legislar nas colónias, em 1843, se tinha colocado o problema dos direitos políticos e civis dos povos do ultramar, cidadãos portugueses nas Constituições e, a propósito deles, um deputado (Jeremias Mascarenhas) associou as propostas tendentes a consignar constitucionalmente leis especiais para o ultramar ao desejo de restrição dos direitos políticos dos libertos, (v. *DCD*, sessão de 24 Março de 1852, p. 307)

[1024] *Ibid.*, p. 172, Fontes Pereira de Melo, então Ministro da Marinha e Ultramar.

meiro lugar[1025] e da pertença ao corpo social, admitindo-se a distinção entre o nacional e o estrangeiro. Nenhuma variável de tipo económico, social, cultural ou psicológica (ser inteligente, racional, etc.) devia, por isso, interferir na atribuição desses direitos[1026]. De acordo com essa perspectiva, o liberto surgia como alguém que tinha recuperado um direito – a liberdade – de que tinha sido ilegitimamente privado. Reconquistada a liberdade original, ela era automaticamente assumida, tornando o ex. escravo capaz de apreciar os direitos políticos[1027]. O liberto estava, portanto, apto para exercer esse direito (natural) individual que era o exercício do voto.

Situando-se no campo destas últimas concepções, a via "legalista" foi outra via em que se fundou a rejeição do argumento da incapacidade dos libertos. Segundo os deputados que preferiram essa via, os critérios jurídicos por meio dos quais os textos constitucionais e legislativos distinguiam quem tinha acesso aos direitos políticos – o censo – aplicava-se de igual forma a todos os cidadãos, podendo não excluir necessariamente o liberto. Havia, de facto, condições de acesso ao voto, como a capacidade, o interesse, a independência. No sistema censitário, o censo funcionava como indicador da presença dessas condições, já que as presumia[1028]. Não havia, por isso, argumentos jurídicos para excluir, à partida, o liberto:

"[...] o censo é a única presunção de que tal ou tal indivíduo possui essas condições. Em quanto à capacidade, creio eu, que ninguém se atreverá a dizer, que na organização do escravo haja alguma coisa que repugne com uma inteligência elevada [...]. Em quanto ao interesse [...] se o liberto pagar o censo que a

---

[1025] Nessa perspectiva, o voto era um direito natural; esta hipótese de fazer coincidir o "homem" com o "cidadão" (ou o cidadão passivo com o activo), situando o direito de voto ao lado dos outros direitos naturais e eliminado as restrições censitárias no exercício da cidadania, tinha sido colocada durante a revolução francesa, nomeadamente por Condorcet, mas não teve qualquer impacto na teoria liberal oitocentista acerca do direito de voto; v. Annalisa Furia, "La cittadinanza durante la Rivoluzione francese (1789-1799), in *Scienza & Politica*, n.º 27, 2002, p. 41.

[1026] "A crítica das ordens e dos corpos e a rejeição da representação dos interesses que dela resultam, conduz à exaltação do indivíduo abstracto, livre de qualquer determinação, simples membro do todo social", v. Pierre Rosanvallon, *Le Sacre du Citoyen [...]*, 1992, p. 70.

[1027] "O escravo tornou-se livre como nasceu, como a natureza quis que ele fosse e livre não era ele que menosprezasse um direito [...]", v. *DCD*, Sessão de 13 de Março de 1852, p. 169, Dep. Rodrigues Carneiro.

[1028] A partir do censo podia-se presumir (i) a autonomia da vontade dos que por via dele acediam aos direitos políticos, (ii) a garantia das capacidades de que falava Fontes Pereira de Melo e (iii) o interesse pela vida pública.

lei determina, ou provenha da indústria ou de um capital móvel ou fixo, esse Liberto acha-se ligado aos interesses do seu país pelo vínculo da propriedade [...]. Enquanto à independência, essa é uma qualidade moral, da existência da qual também se admite o censo como presunção. A lei presume que o que tem cem mil reis de rendimento é independente [...]. Por conseguinte, debaixo do sistema do censo, parece-me incrível que os libertos sejam excluídos de votar"[1029].

Estas foram, contudo, opiniões absolutamente singulares e sempre rebatidas na assembleia dos anos '50. Para isso, a par dos argumentos já descritos, a semântica da transitoriedade foi outro dos argumentos trazidos à assembleia como forma de racionalizar a exclusão dos libertos. Tal como os escravos estavam em transição (individual e colectiva) para a liberdade (i.e., para serem plenamente homens), os libertos estavam em transição para a igualdade política podendo, por isso, ser assimilados aos menores de 25 anos[1030]. Introduzia-se assim a ideia de transitoriedade, para resolver o problema do estatuto do liberto, agora mediante a sua assimilação ao menor, exemplo paradigmático da suspensão dos direitos políticos (v. *supra*, 7.1.). Como o menor, a condição de liberto envolvia um compasso de espera durante o qual se fazia a sua educação para o exercício pleno da liberdade e dos direitos políticos.

Situando-nos agora no campo das soluções mais pragmáticas, nos anos '50 o censo surgiu, pela primeira vez, como um instrumento capaz de bloquear o acesso dos libertos às eleições, tendo sido pensada a hipótese de equiparar o censo do ultramar ao da metrópole como forma de evitar que os libertos comparecessem às urnas "em grande número":

"[...] podia alguma Autoridade das existentes nos diversos Pontos das províncias ultramarinas, no momento da Eleição, abusar, e usar da força e violência para fazer recensear com a maior facilidade, mas arbitrariamente, um grande número de Libertos, que fosse depois influir nas eleições [...]. Eu conheço que é fácil dar-se, porque todos nós sabemos o que desgraçadamente cá em Portugal tem acontecido a respeito destas estratégias eleitorais, o que mais facilmente e em maior escala terá tido lugar, e poderá ainda ter no ultramar, Deus sabe o que se tem passado em algumas eleições, e o que se estará passando agora, porque bem perto de nós, e *onde não há senão Brancos*, nas Ilhas dos Açores, sabe Deus o que por lá tem feito as Autoridades [...]"[1031].

[1029] V. *DCD*, Sessão de 13 de Março de 1852, p. 175, Dep. Seixas e Vasconcelos.
[1030] V. *DCD*, Sessão de 13 de Março de 1852, p. 174, Vicente Ferrer Neto Paiva.
[1031] V. *DCD*, sessão de 13 de Março de 1852, p. 170-71, sub. nossos. É de notar que, nesses anos, um conjunto de medidas emancipacionistas tinha aumentado, de novo, o número de

A par deste argumento, os deputados da assembleia dos anos '50 trouxeram para a discussão uma outra dimensão do problema, ligada à sensibilidade social dos habitantes das colónias, a quem causaria repugnância "[...] ver chegar à urna eleitoral juntamente com o Cidadão livre, aquele que ainda há pouco era açoitado quase publicamente como escravo"[1032]. Era preciso ter em conta os conceitos sociais dos habitantes europeus das colónias, se se desejava manter uma paz pública já abalada por legislação anterior sobre a extinção do tráfico de escravos[1033]. O fantasma da perda das colónias fez com que de novo se lembrasse a revolta sangrenta da colónia francesa de S. Domingos...

Em síntese: nas constituintes dos anos '50, a ideia, vencida nos anos '20, de que os libertos não reuniam condições psicológicas para a formação de uma vontade livre e autónoma, teve como resultado final a sua exclusão política. Esta ideia, contudo, não esgotou o universo dos argumentos apresentados para justificar a exclusão. Ela era, apesar de tudo, uma exclusão problemática, porque os critérios universais por meio dos quais se distinguia o homem "natural" do indivíduo "livre e autónomo" – o censo, o grau de alfabetização e as habilitações literárias – não excluíam automaticamente os libertos. Os deputados confrontaram-se, por isso, com a dificuldade de transformar categorias puramente psicológicas e sociológicas em critérios jurídicos universais de exclusão. Como no caso das mulheres, ou dos criados de servir, elas careciam dos imperativos de generalidade e universalidade que o censo garantia. Para resolver essa dificuldade a ideia da natureza transitória da condição do liberto foi, como se verá nos capítutos seguintes, uma ideia central.

---

libertos. Foi também a partir dos anos '50 que, com o arranque da economia de plantação de S. Tomé e Príncipe, começou a intensificar-se a transferência de mão-de-obra africana com o estatuto de liberto, v. João Pedro Marques, *Os sons [...]*, p. 334. Este facto tinha alguma relação com as preocupações do deputado, já que ele via no aumento do número de libertos mais uma via para a fraude eleitoral. Dessas estratégias dá-se conta nos *Documentos Offerecidos à Câmara dos Senhores Deputados por um eleitor da Província de Angola, relativos à eleição de deputados que teve lugar no segundo círculo da mesma província no dia 4 de Agosto de 1867*, Lisboa, Typographia Universal, 1868; e também, para Moçambique, na descrição de Alfredo Augusto Caldas Xavier, *Estudos Coloniais*, Nova Goa, Imprensa Nacional, 1889, p. 42 e ss.

[1032] V. *DCD*, sessão de 13 de Março de 1852, Fontes Pereira de Melo, p. 169. Sobre este argumento e a convocação, a propósito dele, dos trabalhos de Alexis Tocqueville na América, v. Cristina Nogueira da Silva, "Nação, territórios...", cit., p. 78 e ss.

[1033] Referia-se às revoltas que tinham ocorrido em diversos distritos da costa e do interior de Angola, que ocorreram de facto na sequência do decreto de Dezembro de 1836 (em 1836, 39 e 43, são as datas apontadas por Jill Dias em "Angola", cit., p. 378).

8.5.4. *A doutrina jurídica*

O estatuto jurídico dos libertos foi um problema praticamente ausente na doutrina jurídica portuguesa. Nos manuais de direito oitocentistas há apenas referências fugazes, sendo de realçar que a veemência com que nestes manuais se condenou a escravatura não encontrou equivalente no que diz respeito ao liberto. Pelo contrário, a maioria dos juristas tinha uma opinião favorável à conservação da condição de liberto e, contrariamente ao que estava determinado na Carta, defendia o seu afastamento dos direitos políticos, como consequência lógica da sua menoridade civil – menoridade para a qual todos chamaram a atenção e que, como se verá ainda neste capítulo, a legislação consagrou. Esse estatuto de menoridade, que era consonante com o pensamento político da época e com as políticas de abolição gradual da escravatura que se praticaram em Portugal, contradizia, de facto, a possibilidade de o liberto aceder aos direitos políticos (v. *infra*, 8.5.7).

Um dos publicista que mencionou os libertos – mas quase que por acaso – foi Silvestre Pinheiro Ferreira. Em comentário ao art. 67 da Carta Constitucional – no qual os libertos eram mencionados como excepção no universo daqueles que, podendo votar na Assembleia paroquial, também podiam votar na eleição de deputados – o publicista explicou, discordando do conteúdo do artigo, que "só os emancipados são cidadãos activos, e os libertos pertencem à classe dos cidadãos impedidos"[1034]. O liberto era, explicou o publicista, um caso óbvio de cidadão não emancipado, não sendo necessário sequer fazer referência ao caso particular da sua exclusão no artigo da Constituição. Como o menor, ele era incapaz de gerir os seus próprios interesses, estando por isso afastado até dos direitos dos civis, situação incompatível com o exercício activo dos direitos políticos[1035].

Semelhante à perspectiva de Silvestre Pinheiro Ferreira foi a de Basílio Alberto de Sousa Pinto, para quem os libertos tinham sido excluídos dos direitos políticos na Constituição de 1838 pelo argumento clássico ("a escravidão abate seu espírito, e os afaz àquele estado"[1036]), mas também por um outro,

---

[1034] V. *Observações sobre a Constituição do Império do Brasil [...]*, cit., p. 154.

[1035] Ou seja, o artigo constitucional estava errado não somente por excluir os libertos da votação para deputados, o que era supérfluo, mas também por admitir que fossem eleitores de primeiro grau ou de paróquia, direito que não competia aos cidadãos impedidos, v. *Observações sobre a Constituição do Império do Brasil [...]*, cit., p. 113.

[1036] Basílio Alberto de Sousa Pinto, *Lições de Direito Político [de 1838]*, manuscrito inédito, p. 194. Lopes Praça limitou-se a transcrever longos períodos da discussão do *Acto Adicional* sobre os direitos políticos dos libertos, concluindo dela que a questão da exclusão dos libertos tinha sido

raramente invocado: os libertos, recordou Basílio Alberto, "[...] dependem em certo modo de quem os libertou"[1037]. Com isso o jurista remetia para a situação de dependência social em que tradicionalmente viviam a maioria dos libertos, muito semelhante à dos criados de servir na Europa. Na verdade, tendo o direito de alforriar sido, durante muito tempo, um direito privado do senhor, e não estando ele regulamentado na lei, ficava a cargo do mesmo senhor estabelecer todas as condições inerentes à concessão, sendo muito comum que as cartas de alforria incluíssem cláusulas restritivas da liberdade que mantinham os libertos – e por vezes os seus descendentes – na dependência pessoal dos senhores[1038]. Além disso, a natureza graciosa e gratuita da concessão colocava o liberto numa situação de gratidão e dívida pessoal que se devia materializar em actos que os exprimissem[1039]. Não poucas vezes a carta de alforria era revogável em virtude da ingratidão para com o antigo senhor, voltando o liberto à condição de escravo[1040].

A única perspectiva que se singularizou, no panorama jurídico português, foi a do constitucionalista Mexia Salema, porque, contrariando as teses da impreparação política dos que recentemente tinham sido escravos, achava

---

"transferida dos domínios da doutrina para o campo das conveniências", como de facto tinha sucedido, v. Lopes Praça, *Estudos sobre a Carta Constitucional de 1826 e o Acto Adicional de 1852*, 2ª parte, vol. I, Coimbra, Livraria Portuguesa e Estrangeira, 1879, p. 110.

[1037] Idem, *ibidem*.

[1038] V. Manuela Carneiro da Cunha, "Sobre os silêncios da lei: lei costumeira e positiva nas alforrias de escravos no Brasil do século XVIII", in *Cadernos IFCH-Unicamp*, n.º 4, 1983.

[1039] "O respeito ao senhor e à sua família, a reverência, e o eterno reconhecimento ao patrono que havia permitido sua liberdade, pequenas obrigações, pequenos actos, mesmo na hora da morte, em que o costume consagrara o deixar um legado a quem lhe fora tão «pródigo», tudo isso não permitia ao liberto esquecer a sua antiga condição", V. Maria Inês Cortes de Oliveira, *O Liberto, o seu Mundo [...]*, p. 30.

[1040] V. Maria Beatriz Nizza da Silva (coord.), *Dicionário da História da Colonização Portuguesa no Brasil*, Lisboa-S. Paulo, Verbo, 1994, artigo "alforria". Sobre todos os mecanismos de preservação de dependências pessoais dos antigos escravos e, nomeadamente, sobre como o texto da *lei do ventre livre* brasileira de 1771 favoreceu os vínculos de sujeição e obediência das crianças nascidas livres relativamente aos proprietários das suas mães, quer directamente – por exemplo, garantindo ao senhor a utilização gratuita dos seus serviços até à maioridade –, quer directamente, quer por meio das ambiguidades do seu texto, veja-se Anna Gicelle Garcia Alaniz, *Ingénuos e Libertos, Estratégias de Sobrevivência familiar em épocas de transição, 1871-1895*, Campinas, Centro de Memória-Unicamp, 1997, p. 19 e ss. A mesma autora mostra como muitos destes ingénuos foram mantidos legalmente em poder do respectivo senhor por meio do vínculo tutelar, figura jurídica regulada nas *Ordenações Filipinas* e que, por vincular pessoas presumidamente livres, não foi revogada pela *Lei Áurea* de Maio de 1888, que aboliu legalmente a escravidão no Brasil, mantendo esses ingénuos sob tutela dos senhores até à sua maioridade.

que era no exercício dos direitos políticos que os libertos podiam encontrar a dignidade que, enquanto escravos, lhes tinha sido subtraída. Discordava, por isso, da solução do direito constitucional português:

> "Os libertos mal foram aqui classificados, porém a Constituição assim quis. Os Romanos, não obstante serem tão rigorosos em objecto de tal natureza, todavia estabeleciam que: «conditio libertinitatis de muneribus civilibus tribuere non potest excusationem»[1041].

Mais desenvolvidas – talvez por terem escritas numa altura em que a condição do liberto já estava regulamentada na legislação portuguesa – foram as considerações de Bruschy, um dos poucos civilistas que dedicou algumas frases à situação dos libertos, descrevendo-a numa outra dimensão, a do seu estatuto face ao trabalho. Além de serem seres humanos carentes de protecção e, por isso, submetidos à tutela da lei, os libertos eram os "[...] negros que estão livres da escravidão perpétua, tornando-se servos obrigados a certos trabalhos por certo prazo, e mediante uma retribuição"[1042]. Era este carácter obrigatório do trabalho e a imposição do salário que definiam, para o jurista, o "estado excepcional" – nem escravo, nem homem livre – do liberto. Como Silvestre Pinheiro Ferreira, o jurista era favorável às limitações políticas e civis impostas aos libertos, que na altura estavam já regulamentadas na legislação dos anos '50[1043]. Mas, não se ficando por aí, Bruschy aludiu, sem a desenvolver, à questão da duração temporal do estatuto do liberto, que fazia desse estado excepcional um "caminho aberto para a emancipação" e não uma condição permanente. Como se vai perceber já a seguir, esse era o elemento central para uma definição liberal do estatuto de liberto. Ver-se-á também, nas próximas páginas, quais eram as limitações civis associadas à condição do liberto.

8.5.5. *O sentido liberal da palavra liberto*

Além da menoridade política, o liberto tinha, como veremos mais detalhadamente, um estatuto civil diminuído. A condição civil do liberto era legítima porque ele podia ser facilmente assimilado, como já vimos em diversas oca-

---

[1041] "A condição de liberto não pode escusar dos encargos da cidade", Cod. Just., I, 5. V. João de Sande Magalhães Salema, *Princípios de Direito Político* [...], cit., p. 493.
[1042] V. Manuel M. S. Bruschy, *Manual do Direito Civil Portuguez* [...], cit., p. 31
[1043] Os libertos deviam ser tutelados porque "incapazes de se dirigirem, pela sua ignorância, brutesa natural e indolência ingénita, é necessário que haja uma autoridade que os defenda, mas corrigindo e guiando" (idem, *ibid.*, p. 31).

sões, àquelas pessoas cujas circunstâncias particulares requeriam que os seus direitos fossem restringidos pela lei civil[1044]. A circunstância particular do escravo liberto tornava legítima a sua assimilação ao aprendiz (submetido ao respectivo mestre), ao órfão ou ao menor (sujeitos ao poder de tutela ou ao pátrio poder). Se, em vez disso, se convertessem escravos directamente em homens livres e emancipados, suceder-lhes-ia "[...] o que acontece ao louco e ao infante, a quem é melhor segurar e dirigir do que deixá-lo senhor de si, e a respeito dos quais o Estado intervindo lhes limita a sua liberdade, para seu próprio bem"[1045]. A evocação do órfão era ainda a mais apropriada, porque dava racionalidade à obrigatoriedade do trabalho a que o liberto estava sujeito. Se a prestação de serviços fosse considerada escravidão, notava um outro deputado, "[...] escravidão seria o que determina o Alvará de 24 de Outubro de 1814, no art. 7, que concede às pessoas que criarem e ampararem órfãos gratuitamente o direito de se utilizarem dos seus serviços sem soldada alguma; e ainda mais o poderem oferecê-lo no sorteio do recrutamento em lugar de algum seu filho"[1046].

Este conjunto de similaridades, contudo, não bastava. Na verdade, a condição do liberto só era legítima, no sistema jurídico liberal, desde que, além de regulamentada, houvesse um prazo estabelecido na lei para a condição individual do liberto. É isso que decorre das afirmações feitas numa Consulta do Conselho Ultramarino, datada de 9 de Dezembro de 1853:

> "O preceito da Carta Constitucional no artigo 67, §2, necessitava que a lei civil definisse bem a palavra liberto, marcasse um termo à tutela dos libertos e regulasse este estado de modo que o dito preceito da Carta não parecesse uma iniquidade, mas o liberal e salutar preceito que é o que o seu Augusto doador quis que fosse"[1047].

[1044] *"Mantém* a lei civil o gozo dos direitos e assegura o cumprimento das obrigações, pondo à disposição do sujeito do direito os meios determinados na parte 4.º do Código, *declara* as modificações no exercício desses direitos em caso de menoridade, ausência, interdição por demência ou por prodigalidade, ou por efeito de condenação penal, e entrega ao Pátrio poder ou à tutela os menores e os interditos por demência, e à curatela os interditos por prodigalidade, os nascituros e os ausentes", v. José Dias Ferreira, *Codigo Civil Portuguez Annotado*, cit., p. 10-11.

[1045] V. *DCD.*, sessão de 15 de Fevereiro de 1856, p. 114 (Tavares de Macedo). Mais à frente explicava que "assim como a tutela aos menores não ofende o direito dos menores; assim como o menor precisa de uma certa educação para quando for homem ser bem comportado, essa educação que se dá ao menor, essa tutela, é necessária também ao escravo" (*ibid.*, p. 117).

[1046] V. *DCD*, sessão de 15 de Fevereiro de 1856, p. 117.

[1047] V. *Annaes do Conselho Ultramarino, Parte Oficial*, série I, cit., p. 167. A consulta tinha sido suscitada pela apreciação de um caso de uma escrava crioula, e esteve na origem do decreto publicado no Diário do Governo n.º 305 do mesmo ano.

Mais explícitas ainda foram as explicações do preâmbulo do decreto de 14 de Dezembro de 1854, onde se fixou "por uma vez a *legítima acepção* da palavra e condição de libertos", regulamentando-a e associando-lhe um prazo legal[1048]. Com isso, explicava-se, o estatuto de liberto afastava-se definitivamente do sentido "bárbaro e anti-cristão" que tinha no direito romano, onde o *libertini* se distinguia do *ingenui* (o nascido de mãe livre) por estar permanentemente submetido à *pátria potestas* do *Pater* famílias, para se aproximar do sentido "liberal e civilizador" que lhe fora conferido pela Carta Constitucional"[1049].

8.5.6. *O estatuto dos libertos como estatuto civil*

A questão do estatuto do liberto relaciona-se com a passagem, no que diz respeito à economia colonial, de uma ordem esclavagista para uma "ordem colonial", na qual o estatuto do ex-escravo passou a estar intimamente associado à natureza excepcional do regime de trabalho a que estava submetido. Perante isto, a questão do acesso à cidadania e aos direitos políticos tendeu a tornar-se menos relevante, transferindo-se o problema da sede doutrinal do direito constitucional para a do direito civil.

Ao longo deste processo, o que aconteceu, na maioria dos países europeus – e também em Portugal – foi que, primeiro, os libertos, depois também os *indígenas*, foram sendo progressivamente equiparados aos menores civis, colocados sob tutela das Mães-Pátrias metropolitanas e submetidos a regimes disciplinares especiais cujo fim era obrigá-los a trabalhar[1050]. Isso sucedeu, em parte, por motivos puramente económicos. Mas, além disso, porque a emancipação, ao alimentar "o espectro da convivência com homens negros livres e iguais", deu lugar ao aparecimento de novas formas, às vezes mais radicais, de categorizar as diferenças raciais[1051]. À medida que se outorgava liberdade, erguiam-se uma série de restrições que remetiam para uma visão antropologi-

---

[1048] *Legislação Novíssima*, cit., vol. II, p. 484, subl. nosso.
[1049] Sobre o estatuto do liberto no direito romano v. Alvaro d'Ors, *Derecho Privado Romano*, Pamplona, Ediciones Universidad de Navarra, 1873 (2ª ed.), p. 233 e 242, onde se descreve o conteúdo do direito de *patronatus* sobre os libertos no direito romano, o qual envolvia, entre outras coisas, o dever moral de reverência por parte dos libertos, dever que era reforçado por um juramento, anterior à manumissão, de prestar determinados serviços ao antigo senhor.
[1050] Ver, para França, Françoise Vergès, *Abolir L'esclavage: une Utopie Coloniale* […]; e, para Espanha, Javier Alvarado Planas, "El Régimen de Legislación especial para Ultramar y la Cuestión Abolicionista […]", cit.
[1051] V., para Inglaterra, Catherine Hall, *Civilizing subjects*, cit., p. 48.

camente negativa do africano, quer como indivíduo indolente, a necessitar de regulamentos de trabalho cogentes e detalhados, quer como indivíduo ingénuo, "facilmente enganável" por agitadores políticos[1052]. A estas imagens o processo abolicionista juntou uma outra, a da perigosidade do seu comportamento em liberdade, da qual resultou o clima de temor que caracterizou os momentos da abolição em muitos territórios colonizados, o medo de uma sociedade colonial infestada de vadios, de mendigos, de potenciais criminosos.

A ideia de que aos escravos emancipados não se devia reconhecer todos os direitos civis, encontra-se, por exemplo, em Montesquieu. Reflectindo sobre a forma de "introduzir insensivelmente os novos cidadãos na República", Montesquieu pensou em leis civis que fixassem as obrigações dos escravos libertos para com o seu patrono e defendeu que se listassem os seus deveres nos próprios contratos de emancipação. Ancorado no exemplo de Roma, defendeu ainda que a situação política dos ex-escravos fosse mais limitada do que a sua situação civil, "porque no governo [...] o poder não deve cair nas mãos do *bas peuple*"[1053]. O programa disciplinar de Montesquieu foi o exemplo de um programa fundado numa imagem antropológica dos negros carregada de valorações negativas[1054].

Tocqueville, por sua vez, não associou a limitação dos direitos, como Montesquieu, a qualquer concepção sobre a inferioridade dos africanos. Pelo contrário, demarcou-se dela, atendo-se a motivos estritamente económicos: a abolição formal da escravatura não deveria implicar a equiparação da sociedade colonial à sociedade francesa – com a consequente concessão, aos escravos emancipados, do gozo de todos os direitos do trabalhador livre em França – não por causa das "[...] más inclinações dos negros, como até hoje se cria", mas porque "se não forem tomadas medidas especiais para conduzir e confinar os negros às refinarias de açúcar e evitar um aumento excessivo dos salários a produção de açúcar sofrerá uma baixa repentina e séria no momento em que se abolir o trabalho forçado e as colónias, ficando expostas a esta alteração repentina na sua principal (e quase única) indústria, irão sofrer imenso"[1055].

[1052] *Ibid.*, p. 60.

[1053] Montesquieu, *De L'esprit des Lois*, Paris, Gallimard, 1995, Liv. XV, Cap XIX..

[1054] "Il est vrai qu'il est quelquefois dangereux d'avoir trop d'indulgence pour eux, étant d'un naturel dur, intraitable et incapable de se gagner par la douceur (..) un châtiment modéré les rend souples et les anime au travail" (*L'Esprit des Lois [...]*, cit.); v. também F. Vergès, *Abolir L'esclavage: une Utopie Coloniale* [...], cit., p. 99-100.

[1055] V. "On the Emancipation of Slaves" [1843], cit. em Stanley Engerman, Seymour Drescher & Robert Paquette, *Slavery*, cit., p. 440. Daí que "[...] mesmo que os negros tivessem adquirido, ao longo dos últimos anos de escravidão, o progresso moral e civilizacional de que a

Vai ver-se, a seguir, que quer as anteriores imagens antropológicas, quer as considerações dos teorizadores da política, se reflectiram, a par das circunstâncias específicas do processo abolicionista português, na legislação portuguesa.

8.5.6.1. Coacção

Na legislação portuguesa a condição do liberto comportou, em primeiro lugar, *uma dimensão de coação*. O elemento central dessa coação foi a obrigação de servir (gratuitamente ou não) o antigo senhor, ou outras entidades, durante alguns anos mais, sem que a sua vontade tivesse nessa escolha qualquer papel. Isso aconteceu logo no primeiro *Regulamento sobre libertos* elaborado pelo governo português, incluído no decreto de 25 de Outubro de 1853, no qual se concediam terrenos baldios na Ilha do Príncipe ao Conselheiro João Maria de Sousa e Almeida, permitindo-lhe o transporte de 100 escravos que possuía em Angola, com a condição de lhes passar carta de alforria. Esses libertos seriam obrigados a servir por sete anos, e os menores de treze anos até aos vinte (art. 10). Por sua vez, o decreto de 14 de Dezembro de 1854 adoptou igual prazo para os escravos libertados pelo Estado, bem como um prazo de dez anos para todos os outros escravos libertados em virtude do mesmo decreto (art. 7). Também no decreto de 25 de Agosto de 1855 – permitindo a Manuel José da Costa Pedreira transportar 100 negros libertos de Angola para S. Tomé[1056] – se adoptava o prazo de sete anos, ficando os menores obrigados a servir até aos vinte. Se, por qualquer motivo, os libertos deixassem o serviço do concessionário, ficavam "debaixo do cuidado da Junta Protectora e do Curador, que deverão velar porque lhe não faltem meios de se empregar, de modo que se torne útil a si e ao Estado" (art. 24). Os filhos das mulheres escravas que o decreto de 24 de Julho de 1856 dizia nascerem livres ficavam também obrigados a servir gratuitamente o senhor de sua mãe até à idade de 20 anos (art. 2), direito do senhor que a portaria de 26 de Agosto de 1857 procurava assegurar, mediante registo[1057].

---

experiência já provou eles serem capazes, seria imprudente entregar-lhes repentinamente a mesma independência de que gozam os trabalhadores franceses" (*ibid.*).

[1056] V. *Legislação Novíssima*, cit., vol. II, p. 676-681.

[1057] V. *Annaes do Conselho Ultramarino, Parte Oficial*, série I, cit., p. 457. Já no decreto de 10 de Dezembro de 1836 os escravos capturados nos navios que traficassem ilegalmente ficavam "imediatamente livres", ficando a autoridade pública a ser "tutor e curador legítimo dos libertos assim feitos; e os dará de soldada em hasta pública a Mestres de Ofícios mecânicos, que se obriguem a ensinar-lhes os mesmos ofícios" (*Legislação Novíssima*, cit., vol. I, p. 25). Muitos outros exemplos poderiam ser aqui citados.

Finalmente, o decreto de 1869, que converteu em libertos todos os escravos das províncias ultramarinas, estabeleceu como prazo para esse serviço a data de 29 de Abril de 1878, data marcada no decreto de 29 de Abril de 1858 para o fim do "estado de escravidão" no ultramar. Nesse decreto ficou claro – o que não tinha ficado em 1858 – que esse fim não significava a conversão do escravo em liberto, mas do liberto em cidadão, sem qualquer obrigação especial[1058].

Outro elemento importante de coação na condição do liberto era a possibilidade de os seus anos de serviço obrigatório serem "trespassados" a outra pessoa ou entidade[1059]. Finalmente, o governo dispunha dos serviços dos libertos que estavam a cargo das Juntas com grande discricionariedade, mandando, por exemplo, que a Junta os entregasse aos governadores-gerais para serem integrados no exército, às vezes sob a forma de castigo pelo seu mau comportamento[1060]; ou autorizando que fossem empregados nas obras públicas[1061].

8.5.6.2. Civilização

O estabelecimento de um prazo de trabalho obrigatório obedecia, como já foi dito, a fins utilitários: relacionava-se com os propósitos gradualistas da política abolicionista, tinha por fim assegurar a mão-de-obra nas colónias e visava

---

[1058] Mesmo assim, um ano depois, Sá da Bandeira expedia uma portaria a confirmar que o espírito da lei de 1869 era "abolir completamente o trabalho forçado em todas as colónias portuguesas", a portaria de 25 de Outubro de 1870, v. Sá da Bandeira, *O trabalho Rural [...]*, cit., p. 26.

[1059] No *Regulamento sobre Libertos*, de 1853, o concessionário só não o podia fazer sem a permissão de uma Junta de Superintendência e, além disso, previa-se que, em caso de ruína do concessionário, a Junta pudesse dá-los "a outra pessoa, pelo resto de tempo que tiverem ainda de servir", v. *Legislação Novíssima*, cit., vol. II, p. 311. Também no decreto de 25 de Agosto de 1855, a única condição estipulada para que o concessionário pudesse trespassar os serviços dos libertos era uma autorização especial de uma Junta protectora. No decreto de 14 de Dezembro de 1854 considerava-se lícita a venda dos serviços do liberto, por todo o tempo em que ficavam obrigados a prestá-lo ou apenas por parte desse tempo (art. 7.°).

[1060] V. Portarias de 13 de Março de 1858, v. *Annaes do Conselho Ultramarino, Parte Oficial*, série I, cit., p. 550-51. Sobre a promoção, que a Junta devia fazer, de alforrias de "pretos moços e robustos" para servirem na Estação e Arsenal navais de Luanda, ver também, entre outras, a portaria, assinada por Sá da Bandeira, de 9 de Janeiro de 1858 (*ibid.*, p. 518), onde se percebe, uma vez mais, o estatuto não livre destes negros alforriados.

[1061] Em 28 de Junho de 1858 aprovava-se "o emprego de libertos como serventes e aprendizes" nas obras públicas da província de S. Tomé, v. *Annaes do Conselho Ultramarino, Parte Oficial*, série I, cit., p. 396, assinado por Sá da Bandeira.

indemnizar o senhor pela perda do escravo[1062]. Mas a par desses propósitos explicitava-se um outro, que convertia o período de trabalho obrigatório num momento particularmente civilizador, proporcionado indirectamente pelo bom tratamento que o senhor se obrigaria em relação ao liberto – quer em cumprimento da lei, quer por interesse próprio[1063] – e, directamente, pelo trabalho e por meio de medidas educacionais, como a aprendizagem da religião e dos costumes europeus, de acordo com a versão *iluminista* da missão civilizacional[1064].

Nos casos em que a alforria tinha sido da iniciativa do senhor, acreditava-se ainda mais no bom desempenho do seu papel de educador, motivado pela "afeição", como se explica numa portaria onde se esclareciam as vantagens de manter em poder do senhor o escravo menor a quem aquele tinha oferecido a liberdade[1065].

A figura do senhor como libertador e, portanto, dispensador privilegiado de educação e civilização, que já se encontrou nas Cortes vintistas, surgiu em mais do que uma ocasião nos documentos oficiais que emancipavam os escravos[1066]. Só que agora havia um elemento de novidade: ao senhor, libertador concreto de escravos concretos, usando dos seus poderes para conduzir, no

---

[1062] Sá da Bandeira, como todos os que debatiam a abolição, associava essa obrigação ao estado da fazenda pública: "[...] não havia outro meio de indemnizar os senhores senão com o trabalho dos indivíduos que foram seus escravos", v. Sá da Bandeira, *O trabalho Rural Africano* [...], cit., p. 32.

[1063] Era suposto, como Sá da Bandeira explica, que os libertos recebessem "melhor tratamento do que os escravos da parte das pessoas, a quem os seus serviços pertencerem na qualidade de libertos, do que aquele que recebem dos senhores de quem são escravos, e isto por efeito não só das prescrições benéficas do decreto de 14 de Dezembro de 1854, *mas também pelo próprio interesse dessas pessoas, poisque o seu direito às indemnizações pecuniárias terá de ser fundamentado na apresentação dos libertos que foram registados como escravos, e do resultado das inspecções sobre o estado físico, em que eles se acharem quando forem apresentados*", v. AH.P., Secção VI, Cx. 103, Mç. 15, sub. nossos.

[1064] No Tratado de 1842 estabelecia-se como obrigação para os mestres a quem os libertos fossem entregues que alimentassem e vestissem os aprendizes, que os instruíssem na religião cristã e os baptizassem, que lhes ensinassem uma ocupação útil. Outro exemplo é o do Regulamento de 1853, onde se obrigava o concessionário a tratar bem o liberto, a alimentá-lo, a vesti-lo, a garantir a sua saúde, a assisti-lo em caso de doença, a conceder-lhe um dia por semana e o Domingo, a instruí-lo nos princípios da educação católica, a proporcionar-lhes a vida em família (arts. 13,14 e 15).

[1065] Portaria de 18 de Janeiro de 1858, assinada por Sá da Bandeira, V. *Annaes do Conselho Ultramarino, Parte Oficial*, série I, cit., p. 522.

[1066] Por exemplo, no texto do primeiro Regulamento de escravos elaborado pelo governo português, o senhor dos escravos libertados era identificado como "libertador", v. Regulamento de 1853, Art. 11.

espaço doméstico, o processo de libertação/civilização, juntava-se o Estado, do qual partia a iniciativa geral de emancipação e que se assumia, publicamente, como um Estado libertador. A tutela era, por isso, partilhada entre os antigos senhores e o Estado, que conduzia "de cima" o processo de emancipação, vigiando a actuação da tutela mais próxima do senhor. Para isso criavam-se Juntas Protectoras, cujo papel junto dos libertos era em tudo semelhante ao que o Estado devia exercer junto dos nativos livres, dos carregadores de Angola:

> "[...] à Junta [...] cumpre empregar todos os meios ao seu alcance para que os senhores dos escravos os façam entrar no Grémio da Igreja Católica, procurando a Junta por si e por seus delegados convencê-los da utilidade que daí lhes há-de resultar; e aos povos de quanto contribuirá para a sua melhor condição social o abandono dos costumes gentílicos e práticas supersticiosas, fins para os quais poderosamente há-de concorrer a propagação da instrução pública, que o Governo de Sua Majestade já tem promovido com as benéficas provisões da lei de 14 de Agosto de 1845 e com o estabelecimento de escolas de ensino primário em muitos presídios e distritos; o que há-de igualmente facilitar aos indígenas a prática da língua portuguesa [...]. O mesmo augusto Senhor tem por conveniente que os tutelados da Junta usem de vestidos à maneira europeia"[1067].

8.5.6.3. Protecção

A par da coação, havia, associada à condição do liberto, uma dimensão de protecção, à qual se associava a ideia da sua menoridade civil. O elemento central dessa menoridade era a sua sujeição à tutela pública, exercida pelas Juntas[1068]. A sua capacidade jurídica – de dispor de si e dos seus bens – era, com isso, novamente limitada.

O objectivo fundamental desta tutela era assegurar a protecção contra maus-tratos por parte dos senhores, pelo que as instituições que a asseguravam deviam receber queixas por parte dos libertos, prestar-lhes apoio jurídico nos processos contra senhores, esclarecê-los quanto a cláusulas contratuais, quando as houvesse, vigiar o cumprimento dessas cláusulas e aplicar aos

---

[1067] Portaria de 18 de Janeiro de 1858. Por esse motivo, a portaria aprovava a decisão da Junta, ao ter "proporcionado meios para se dedicarem às letras dois libertos, que mostravam ter inteligência para aproveitar os estudos literários", v. *Annaes do Conselho Ultramarino, Parte Oficial*, série I, cit., p. 522. Sá da Bandeira acreditava que a criação de escolas primárias e o ensino da língua portuguesa eram meios privilegiados para "desenvolver a civilização dos negros", v. Sá da Bandeira, *O trabalho Rural Africano* [...], cit., p. 73.

[1068] V. Decreto de 14 de Dezembro de 1854, art. 18.

senhores penas em virtude de maus-tratos. Por exemplo, a *Junta de Superintendência dos Negros e Libertos*, criada pelo Tratado de 3 de Julho de 1842, deveria, no caso de "excessivo mau tratamento", submeter o mestre ao pagamento de uma multa, ou até subtrair-lhe o direito ao serviço do aprendiz. O curador da Junta devia explicar aos aprendizes a natureza dos contratos em que eram parte, visitar os locais onde trabalhavam, receber as suas queixas, assegurar-se do cumprimento dos contratos. Também o curador de uma *Junta de Superintendência dos libertos*, no decreto de 25 de Outubro de 1853, tinha por obrigação explicar aos libertos a natureza e condições dos contratos em que estavam envolvidos, registá-los num "Livro de registo de libertos", para evitar que fossem vendidos como escravos e, semestralmente, "examinar e inspeccionar todos os ditos libertos, receber suas queixas e fazer indagações acerca delas para descobrir a verdade, e averiguar quaisquer abusos que possam prejudicá-lo" (art. 24). No decreto de 14 de Dezembro de 1854 o Estado era o "patrono e o tutor natural dos escravos, dos libertos e de seus filhos" (art. 9), sendo o exercício dessa tutela confiada a uma *Junta Protectora dos Escravos e Libertos* que se criaria em cada uma das capitais das Províncias ultramarinas (art. 10). Das obrigações dessa Junta constava a de "velar por que o poder dominical seja exercido dentro dos limites da Religião, da humanidade e das Leis, empregando os meios de persuasão e as admoestações, e recorrendo à autoridade dos juízes e magistrados".

A sujeição dos libertos à tutela pública obedecia, então, ao propósito de lhes dispensar uma protecção especial, que compensasse a fragilidade da sua condição sociológica[1069]. Porém, a tutela implicava outras incapacidades, que fragilizavam ainda mais aquela condição. Implicava, por exemplo, a incapacidade jurídica para se fazer representar em tribunal, motivo pelo qual a legislação determinava que o liberto fosse representado em Tribunal pelo curador das Juntas ou por outras pessoas, nomeadamente em causas de reivindicação de liberdade[1070]. Por outro lado, as Juntas exerciam funções que remetiam para uma outra incapacidade, a de gerir os seus bens e rendimentos. No exercício do poder pátrio, a *Junta protectora dos Escravos e Libertos*, "[...] cuida de suas

---

[1069] Embora para alguns autores a regulamentação do estatuto dos ex. escravos mais não tenha sido do que a promoção da sua passagem à categoria de colonizados tutelados pelas respectivas metrópoles (v. Françoise Vergès, *Abolir l'esclavage* [...], cit., e, em Portugal, João Pedro Marques, *Os sons do silêncio...*), pensamos que é pertinente um outro enfoque, que vê neste tipo de regulamentação uma tentativa, também formal, é certo, de impor limites à coerção que a situação concreta destas pessoas propiciava. É essa a hipótese geral que coloca Alice Conklin, em "Colonialism and human rights, a contradiction in terms?", cit.

[1070] Assim se estipulava no art. 16.º do decreto de 14 de Dezembro de 1854.

coisas; protege seus pecúlios; arrecada e administra todas as heranças, deixas, legados, fideicomissos, esmolas, ou quaisquer doações, entre vivos ou por causa de morte, que singularmente a alguns, ou por título geral sejam feitas a favor da piedosa obra da redenção de escravos, criação ou educação destes ou de libertos"[1071].

Em muitos casos os bens e rendimentos dos libertos converteram-se numa prestação que pagavam pela protecção e civilização que lhes era dispensada pelo "Estado libertador", à semelhança do que sucedeu, como se viu, com os impostos pagos individualmente pelos nativos livres. Por isso, ainda no mesmo decreto, fazia parte da dotação da Junta protectora, entre outras coisas, uma quota do produto do trabalho dos libertos (art. 36, § I)[1072].

8.5.6.4. Punição

Associado ao exercício do poder pátrio estava ainda o poder de punição directa:

> "[...] se algum dos libertos cometer um crime pelo qual fique incurso nas leis do país, ou for culpado de habitual embriaguez, insubordinação, ou destruição da propriedade do concessionário, este dará parte à Junta protectora, a qual promoverá o devido castigo, na conformidade das leis"[1073].

Esta dimensão punitiva do poder pátrio era, no entanto, temperada por uma outra dimensão que lhe era inerente, a da "graça". No caso das Juntas, ela exprimia-se no poder que tinham de conceder a liberdade plena aos libertos, depois de avaliada a sua capacidade "[...] para os emancipar da tutela", como se explicava em portaria de 18 de Janeiro de 1858, na qual Sá da Bandeira aprovava "o gozo de liberdade plena concedida pela Junta a trinta e dois libertos"[1074].

[1071] V. Decreto de 14 de Dezembro de 1854, art. 12.º. Para isso a Junta arrecadaria num cofre os seus rendimentos e os que pertenciam aos seus tutelados singularmente (art. 13.º) e administraria os bens e rendimentos da fazenda geral dos Escravos e Libertos, e dos pecúlios de cada um, de acordo com as regras prescritas pelo direito para a administração dos bens dos órfãos (art. 14.º).

[1072] V. Decreto de 14 de Dezembro de 1854.

[1073] V. Decreto de 25 de Agosto de 1855, art. 18.

[1074] V. *Annaes do Conselho Ultramarino, Parte Oficial*, série I, cit., p. 522.

8.5.6.5. Transitoriedade

Um outro elemento que a condição do liberto carecia, para ser liberal, era, como já se sabe, a transitoriedade. A qual decorria, como também se sabe, de um prazo que a legislação devia estabelecer. Existiam, contudo, outras vias, "artificiais", pelas quais o liberto podia passar antecipadamente à condição de *ingénuo* (que significava, no direito romano, ter nascido livre). Essa passagem podia acontecer por mérito próprio, sempre que os libertos adquirissem graus literários, se tornassem proprietários, conseguissem recolher meios para indemnizar os senhores pelos serviços aos quais ainda estavam obrigados ou servissem cargos públicos – como podiam fazer os filhos das mulheres escravas que estavam obrigados a servir até aos vinte anos, de acordo com a lei de 24 de Julho de 1856, ou os escravos libertados pelo decreto de 14 de Dezembro de 1854[1075]. O mesmo podia acontecer se, simplesmente, se comportassem bem[1076]. Nestes casos, o liberto "será havido como ingénuo, e no gozo pleno, inteiro e absoluto dos direitos de cidadão"[1077].

A conversão do liberto em *ingénuo* podia ainda ser o resultado de uma punição dirigida ao seu senhor, quando este não pagasse impostos[1078], ou quando não cumprisse os deveres a que estava obrigado para com os libertos,

---

[1075] No decreto de 14 de Dezembro de 1854, art. 29, explicitava-se que "Todo o escravo que obtém por qualquer modo a liberdade entra imediatamente no estado de liberto, e durante ele, é sujeito à tutela pública da Junta", extinguindo-se essa tutela se o liberto fosse bacharel na Universidade de Coimbra, graduado em qualquer universidade, tivesse desempenhado determinados cargos militares ou civis, frequentado determinadas academias, ou adquirido qualquer propriedade territorial. Tudo situações inacessíveis à generalidade dos libertos. A possibilidade de obter liberdade pela ocupação de cargos públicos, decretada no art. 33.º, chegou mesmo a concretizar-se, se se acreditar no conteúdo de uma portaria, aprovada por Sá da Bandeira, na qual se nomeava um ex liberto para o cargo de administrador de concelho, v. Portaria de 4 de Fevereiro de 1854, *Legislação Novíssima*, cit., vol. II, p. 187.

[1076] No Tratado de 1842 os aprendizes com menos de 13 anos seriam obrigados a servir até aos vinte anos, mas esse prazo podia diminuir ao arbítrio da Junta em caso de merecimento e de o aprendiz ser capaz de "se manter a si próprio" (*Legislação Novíssima*, cit., vol. I, p. 239) E no art. 11 do Regulamento de 1853, o liberto cujas acções fossem "exemplares, e do maior proveito para seu libertador, será desobrigado por isso de o servir mais tempo", sendo o mesmo estabelecido no art. 12 do decreto de 25 de Agosto de 1855.

[1077] V. Decreto de 14 de Dezembro de 1854, art. 33.

[1078] O decreto de 25 de Novembro de 1869, que criou um imposto de 2000 réis sobre cada liberto, determinava que o contribuinte que não satisfizesse o imposto durante dois anos perderia "o direito ao serviço do liberto, o qual por esse facto passará a ser considerado como inteiramente livre", V. *Colecção de decretos promulgados pelo Ministério dos Negócios da Marinha e Ultramar [...]*, p. 45.

funcionando aí a libertação também como uma forma de compensar o liberto[1079].

Finalmente, se nenhuma das condições anteriores ocorresse, o liberto teria de esperar pelo fim do prazo estipulado, devendo, nessa altura, os curadores das Juntas desenvolver um conjunto de acções para que ele obtivesse um "título ou certidão, em que se declare terem completado o seu tempo de serviço, e acharem-se no pleno gozo de todos os direitos e privilégios de pessoas livres"[1080].

8.5.7. *Cidadania constitucional e menoridade civil*

Se, na Constituição, os libertos já eram cidadãos, na legislação e nas portarias do governo só o seriam realmente depois de declarados *ingénuos*, como se pode deduzir da leitura de uma. portaria de 1 de Fevereiro de 1861, na qual se esclareciam algumas dúvidas colocadas ao Ministério pela Junta Protectora de Escravos e Libertos de Dilli. A primeira dúvida era sobre se os libertos, depois de emancipados, obedecendo aos requisitos necessários, podiam ser recenseados. A resposta foi que "não entrando os libertos, logo que são declarados tais, no pleno gozo dos direitos de cidadão, segundo o decreto de 14 de Dezembro de 1854, por isso que ainda ficam sujeitos à tutela pública exercitada pela dita Junta Protectora, deverão unicamente ser recenseados todos os que estiverem nesse caso, quando a seu respeito tenha cessado a dita tutela, e havidos como *ingénuos*"[1081].

No entanto, quando, finalmente, em 1875, por decreto 29 de Abril – da iniciativa de Sá da Bandeira e referendado por Andrade Corvo, então Ministro da Marinha e Ultramar – as Cortes aprovaram uma lei que extinguiu o estatuto de liberto e o trabalho servil um ano após a sua publicação no ultramar, o que sucedeu não foi, em rigor, o acesso dos ex libertos à totalidade dos direitos. Pelo contrário, a plena liberdade ali decretada foi, logo depois, nova-

---

[1079] No art. 14 do decreto de 25 de Agosto de 1855, faltando o concessionário às condições do contrato o liberto ficaria dispensado de o servir e no gozo da sua "plena liberdade", o mesmo sucedendo no Regulamento de 1853.

[1080] V. Decreto de 1853, art. 28.

[1081] V. *Legislação Novíssima*, cit., vol. III, p. 646. Numa outra portaria, a 15 de Março de 1862, negou-se aos filhos dos escravos nascidos depois da publicação da Carta de lei de 24 de Julho de 1856, por motivos similares, o "direito que na Ilha de Maio têm as pessoas livres a uma parte do sal" por ser certo "que os filhos de escravos libertados pelo art. 1 da citada carta de lei, não ficam desde logo na plenitude dos direitos de cidadãos portugueses", v. *Annaes do Conselho Ultramarino, Parte Oficial*, série III, cit., p. 15.

mente cerceada, adiando-se, uma vez mais, a plena cidadania dos agora denominados *ingénuos, serviçais* ou *indígenas*.

Que, no quotidiano da administração, estes serviçais continuaram a não ser considerados cidadãos como quaisquer outros – como os colonos brancos que povoariam as províncias ultramarinas, por exemplo –, mostra-o o conteúdo não intencional de um Decreto de 16 de Agosto de 1881 que, para promover a emigração para as colónias, começava por assegurar que os emigrantes não seriam para o governo "[...] simples serviçais, mas proprietários e cidadãos livres"[1082]. Importa, por isso, procurar a tradução jurídica deste estatuto de "simples serviçais". Como se vai ver a seguir, ela foi construída ao longo dos últimos anos do processo de abolição formal (e efémera) do trabalho forçado nas províncias ultramarinas portuguesas[1083].

8.5.8. *De libertos a ingénuos*

Os princípios de liberalização do trabalho invocados nas sessões da Câmara dos Pares em que o decreto de 1875 foi discutido – e anteriormente defendidos por Sá da Bandeira, em *O Trabalho Rural Africano* – foram seguidos até ao fim. O parecer emitido pela Comissão da Marinha e Ultramar e pela Comissão de Legislação é expressivo dessa vontade de liberalizar o trabalho nas colónias[1084]. Os relatores das Comissões acreditavam que havia que esperar tudo do "sistema da liberdade, porque a retribuição anima o trabalho e cria a concorrência; porque a propriedade individual desse trabalho, e como consequência a propriedade territorial, cria e desenvolve os hábitos de sociedade, e, com eles, os da família; e porque só o trabalho livre é inteligente"[1085].

[1082] V. *Colecção Oficial de Legislação Portuguesa*, Ano de 1881, Lisboa, Imprensa Nacional, 1882, p. 213.

[1083] Dizemos formal porque, como testemunha a literatura de todos os quadrantes, partidária da liberdade de trabalho ou da compulsão, o trabalho forçado permaneceu, informalmente. Essa situação está bem descrita – porque documentada com relatórios de governadores e ministros – na *Memória acerca da extinção da Escravidão e do Tráfico da Escravidão no território Português*, Lisboa, Ministério da Marinha, 1889.

[1084] V. *DCP*, sessão de 17 de Março de 1875, pp. 154-156. Um ano antes, na sessão da câmara dos Pares de 31 de Março de 1874, as Comissões já tinham apresentado o projecto de lei de Sá da Bandeira. Nesse mesmo dia o projecto foi igualmente apresentado na câmara dos Deputados, que o aceitou, v. *DCD*, sessão de pp. 979-985. Não houve, praticamente, discussão. O parecer das comissões, acompanhado de alguns documentos com base nos quais o projecto foi posteriormente apreciado, até adquirir a sua versão final, em Abril de 1875, encontram-se no Arquivo Histórico Parlamentar, Secção VI, Cx. 103, Mç. 15.

[1085] A entrega de terras aos libertos e, mais tarde, aos *indígenas*, foi uma possibilidade que

Em nome destes princípios, recusou-se um *Projecto de Regulamento para a organização do trabalho na província de Angola*,[1086] no qual se tinha sugerido que o decreto incluísse um artigo estabelecendo que "todo o indivíduo vindo de país não avassalado, onde era escravo, para algum ponto da província, fica considerado livre, com a *obrigação porém de se ajustar por cinco anos com a pessoa que o resgatou*" (art. 50, sublinhados nossos)[1087]. É que o Projecto de lei que estava a ser discutido, dizia-se, era omisso relativamente a contratos com os escravos "resgatados" em territórios não avassalados, os quais, em virtude do seu "estado de embrutecimento", só ao fim de muitos anos poderiam ser úteis aos patrões[1088].

Em resposta, as Comissões consideraram que não era necessário legislar para esses casos porque, "[...] assegurada a liberdade individual, e remunerado o trabalho, os indígenas afluirão às povoações, onde já não têm que temer a escravidão, que antes os assustava".

Com argumentos similares, as mesmas Comissões recusaram um conjunto de cláusulas especiais propostas pelo governador de S. Tomé e Príncipe para a respectiva Província. Não havia trabalhadores negros nas ilhas, explicava o governador, e, na sua opinião – que coincidia com o parecer de uma Comissão local –, só pelo resgate, pago aos sobas e regentes, se podia obter esses braços, nunca através da emigração voluntária. Sujeitos assim à emigração forçada, estes trabalhadores, que o governador propunha que fossem "considerados para todos os efeitos cidadãos portugueses", seriam educados com recurso a um código penal especial, inspirado nos regulamentos penais das colónias francesas e britânicas, um "Código colonial, que eduque e casti-

---

surgiu pontualmente nas consultas do Conselho Ultramarino e na legislação e nas portarias do governo português, fazendo lembrar a solução, praticada pelos baptistas na Jamaica, de transformar os libertados em pequenos proprietários rurais (v.. *Annaes do Conselho Ultramarino, Parte Oficial*, série I, cit., p. 111 e p. 522). Depois de 1875, data do fim do trabalho servil, as leis e regulamentos incluíam sempre artigos sobre a colonização de terras pelos libertados.

[1086] Depois de aprovado o projecto de lei nas câmaras, o governo tinha solicitado que os governadores-gerais estudassem os meios de o executar, depois de convertido em lei. Já antes, por portaria de 5 de Julho de 1873, Andrade Corvo tinha solicitado aos governadores que fizessem "regulamentos próprios para a completa cessação do estado de escravidão nas Províncias africanas [...] de maneira que o trabalho não venha a cessar, e se respeitem os direitos de inteira liberdade dos ditos trabalhadores", v. AH.P., Secção VI, Cx. 103, Mç 15.

[1087] V. *Projecto de Regulamento para a organização do trabalho na província de* Angola, A.H.P, Secção VI, Cx. 103, mç. 15, p. 12.

[1088] Explicava-se isso num *Parecer de Augusto Garrido acerca do projecto de lei da Emancipação dos Libertos com referência à Província de Angola* (de 26 de Dezembro de 1874, resultante da mesma portaria), AHP, Secção VI, Cx. 103, Mç. 15, p. 35.

gue o trabalhador, para ele se tornar bom cidadão, e que castigue o proprietário ou patrão que abuse da sua posição, e que esqueça a lei, procurando continuar o estado de escravidão"[1089]. Depois, "civilizado o preto, educado em liberdade, sendo respeitado e cumprido o seu contrato, vendo-se bem tratado por seu patrão [...] é de esperar que a emigração contratada se torne voluntária e espontânea [...]".

Novamente, a resposta da Comissão foi no sentido de que a liberdade era a solução certa para garantir o único meio legítimo de fazer chegar mão-de-obra às ilhas, a emigração voluntária, ainda que ela demorasse[1090]. Os seus membros estavam conscientes que "Resgatar" os africanos tinha sido, desde sempre, o primeiro passo na legitimação da sua escravização, ainda que os proponentes falassem em resgatar do estado da escravidão para libertar – e não já, como antes, de livrar os africanos da morte, escravizando-os. O chamado "resgate" era, além disso, um factor de promoção da escravatura entre os povos africanos, já que mantinha activo o mercado de compra de escravos. A própria palavra tinha, enfim, um pesado sentido esclavagista.

O ponto de partida destas Comissões foi portanto, inequivocamente, o da liberdade. Havia, no entanto, duas condições nas quais a liberdade devia fundar-se. Uma delas era assegurar, durante uma nova "transição", a disponibilidade de braços para trabalhar, bem como a educação dos recém libertados. Eram necessárias prescrições que assegurassem "[...] a certeza de braços à agricultura e às indústrias", e por isso o projecto de lei determinava "[...] a obrigação de trabalhar da parte daqueles para quem assim é abolida a condição servil". Politicamente, este novo período de transição era ainda um meio de "prevenir os perigos da comoção em províncias, onde os libertos assim emancipados são indígenas"[1091].

Voltava, assim, ao primeiro plano, a dimensão de coação que tinha caracterizado a condição do liberto, justificada com o mesmo argumento com que, alguns anos antes, tinha sido justificada a coação sobre os carregadores livres de Angola, agora acrescentados com o da perigosidade social dos libertados.

A outra condição para a instauração do "estado de liberdade" era a de se proteger e tutelar os indivíduos que saíam do estado servil, nomeadamente por meio da regulamentação dos contratos de trabalho. Não podia haver

---

[1089] V. Ofício do Governador da província de S. Tomé e Príncipe (28 de Novembro de 1874), V. A.H.P., Secção VI, Cx. 103, Mç. 15, p. 20

[1090] V. *DCP*, sessão de 20 de Fevereiro de 1875, p. 155-156.

[1091] V. *DCP.*, sessão de 20 de Fevereiro de 1875, p. 155, pareceres.

"liberdade absoluta nas condições de contratar" porque "assim como os menores e os assemelhados não podem obrigar-se sem interferência do poder público, que os tutele, assim os que pela falta de capacidade se encontram em condições semelhantes, não devem pelo mesmo poder público ser abandonados, entregues inteiramente só a si [...]"[1092].

Recuperava-se, assim, as noções de tutela e protecção que antes caracterizavam o estatuto do liberto e que ponteavam também a regulamentação do trabalho dos nativos livres de Angola.

O que se vai mostrar nas páginas seguintes é que os dois requisitos – da coação e da protecção –, além de terem sido directamente assegurados na lei de 1875, desvirtuando, em muitos casos, os artigos do projecto inicial de Sá da Bandeira, foram depois significativamente aprofundados pelos regulamentos que estiveram associados à sua execução, o *Regulamento para execução da Lei de 29 de Abril de* 1875, de 20 de Dezembro de 1875[1093] e o *Regulamento para os contratos de serviçais e colonos nas Províncias da África Portuguesa*, de 1878[1094].

Em primeiro lugar, os indivíduos libertados permaneceriam, na lei de 1875, sujeitos à tutela pública (art. 2), a qual cessaria a 29 de Abril de 1878. Essa tutela visava, como antes, assegurar a razoabilidade dos contratos e o cumprimento das cláusulas contratuais por parte dos patrões, boa parte dos quais prosseguia funções de protecção junto dos serviçais[1095]. Fazendo lembrar o regime dos contratos de trabalho entre pessoas livres no futuro Estado social, a limitação da liberdade de negociação das cláusulas contratuais visava proteger os ex-libertos das imposições da parte mais forte do contrato. Visava também protegê-los daquela fragilidade antropológica que os colocava à mercê de influências nefastas, através da criminalização dos actos de todos aqueles que, aproveitando-se da sua ingenuidade, procurassem aliciá-los a abandonar o trabalho. Recorria-se, contra isso, aos artigos do Código penal, que diziam respeito ao desvio de menores[1096].

[1092] Idem, *ibid.*
[1093] V. *Colecção oficial de Legislação Portuguesa*, Ano de 1875, Lisboa, Imprensa nacional, p. 329 e ss.
[1094] V. *Colecção oficial da Legislação Portuguesa*, Ano de 1878, Lisboa, Imprensa Nacional, 1879, p. 380.
[1095] V. arts. 8 e 51; art.s 28 a 40; art.s. 64 a 69; arts. 86-87.
[1096] "Achando-se os antigos libertos a quem este regulamento se refere equiparados aos menores pelo decreto de 14 de Dezembro de 1854, pelo artigo 2.º da lei de 29 de Abril pretérito, e pelo artigo 3.º deste regulamento, terão aplicação conforme os casos, aos que perturbarem ou tentarem perturbar os seu trabalho nos estabelecimentos dos patrões, ou os aliciarem para o abandonarem, as disposições dos artigos 266, 342 e 343 do Código penal" (art. 92).

Por sua vez, foi logo no preâmbulo do decreto que aprovou o *Regulamento* de 1878 que a menoridade dos agora denominados *indígenas* começou a ser reconstruída. Apesar de a data do regulamento coincidir com o ano estabelecido para o fim da tutela pública, que o regulamento extinguiu, de facto, no seu art. 1, não se podia perder de vista "[...] que o estado de civilização entre os indígenas não os habilita ainda a promoverem por si próprios, a manutenção dos seus direitos de cidadãos livres, e que, por tal razão, uma protecção especial da autoridade se lhes torna essencial"[1097]. De acordo com esses princípios paternalistas, as instituições que garantiam a anterior tutela pública eram conservadas, com as respectivas funções[1098].

Por outro lado, se deste regulamento desapareceram os artigos que assimilavam os ex-libertos aos menores, eles continuaram a surgir como pessoas perigosas ou facilmente manipuláveis, o que justificava os vários artigos que penalizavam aqueles que os aliciassem a abandonar o trabalho, a não cumprir com os deveres contratuais ou a praticar "factos criminosos". Quem o fizesse ficava sujeito às penas estabelecidas no art. 489 do Código penal, o que significava que a pena poderia, desde que uma lei especial o autorizasse, ser decretada nos "Regulamentos administrativos ou de polícia geral, ou municipal, ou rural, ou nas posturas das câmaras". Beneficiando da distância administrativa e da frágil presença institucional no ultramar, as autoridades e as elites locais das colónias ficavam, assim, na posse de poderes para resolver os possíveis conflitos em torno desta questão de forma praticamente autónoma e incontrolada.

Finalmente, o regulamento extinguiu a obrigação de contratar serviços com os antigos patrões, mas os contratos que fossem "livremente feitos" no futuro seriam sujeitos a uma regulamentação estrita, na qual uma forte componente de protecção alternava, uma vez mais, com evidentes elementos de coação. Isso não constituía novidade, em boa parte porque, como se vai ver a seguir, o Estado paternalista que se assumia como guia e protector dos recém

---

A tutela pública equiparava estes indivíduos aos menores, como expressamente se diz no art. 92 do *Regulamento* de 20 de Dezembro de 1875.

[1097] V. *Colecção oficial da Legislação Portuguesa*, Anno de 1878, cit., p. 380.

[1098] Cap. II, *da Curadoria Geral dos serviçais e colonos*, arts 6 a 19; o Curador Geral era conservado. Das suas funções fazia parte, entre outras coisas, "Praticar os actos necessários para fazer executar e cumprir todas as disposições protectoras dos contratados e compelir estes ao cumprimento das obrigações que pelos regulamentos lhes forem impostas", art. 7.º. Em ambos os *regulamentos* de que estamos a falar se salvaguardava aos ex-libertos a possibilidade de recorrer às "autoridades locais protectoras", criminalizando-se os patrões que os impedissem ou tentassem impedir, v. art. 95.º do Regulamento de 1875 e art. 99.º do de 1878.

libertados era o primeiro a desconfiar dos seus tutelados. Por isso, não se limitou a protegê-los. Procurou, desde o início, encaminhá-los para o trabalho e para a disciplina, que considerava desconhecerem. Assim, a lei de 1875 declarou o trabalho dos ex-libertos livre "[...] para o fim de poderem ajustar as suas condições, e receberem o salário ajustado" (art. 4), mas obrigou os mesmos indivíduos "[...] a contratar os seus serviços por dois anos mostrando perante a autoridade esse ajuste" (art. 5); e, sobretudo, determinou que "os contratos serão feitos de preferência com os antigos patrões, se estes o quiserem" (art. 5, § 1)[1099].

Por outro lado, ao entregar a regulamentação dos contratos às autoridades das províncias – com posterior apreciação pelo governo da metrópole – aquela lei criou condições para que a coação atingisse a liberdade destes indivíduos nos aspectos mais quotidianos da sua vida, o que sucedeu logo nos primeiros regulamentos locais. No *Regulamento Provincial para a execução na Província de Moçambique do Regulamento Decretado em 21 de Novembro de 1878 para os contratos de serviçais e colonos da Província de Moçambique* de 1891, por exemplo, estabelecia-se o recolher obrigatório dos serviçais às 9.30 da noite, previa-se que os serviçais que dormissem em "quartel comum" ficassem fechados (art. 30), proibia-se os serviçais de sair da propriedade sem licença do patrão, mesmo nos dias de folga, medida que se conjugava com uma outra, que anulava pura e simplesmente os artigos dos regulamentos gerais, já presentes no decreto de 1854, onde era obrigatória a concessão desses dias. O que se dizia era que "apesar da *isenção* do trabalho nestes dias não se eximirão os serviçais a fazer os trabalhos da vida doméstica, do tratamento dos gados e os de acudir a sinistros e de salvar e beneficiar as colheitas" (art. 31).

A palavra "isenção", a transformar a condição de liberdade num privilégio concedido ao ex-liberto, remetia, novamente, para um discurso contrário ao da liberdade, da mesma maneira que o era a antecipação da fuga do serviçal, típica da literatura anti-abolicionista, descrente nos efeitos da liberalização, de que foi exemplo a que saiu da pena do chefe da repartição militar do governo de Angola, nos anos '60:

"O escravo foge, porque não quer trabalhar. Porque é indolente, ignorante e essencialmente preguiçoso [...]. Porque vê que o preto livre não trabalha e se regala com a ociosidade [...]. Aqui está, em geral, porque o escravo foge ao senhor, embora este o trate com benevolência"[1100].

[1099] Isso não sucedia no projecto de decreto, onde os contratos podiam "ser feitos livremente com os antigos patrões ou com outros" (art. 5, § 1).
[1100] V. António Leite Mendes, *Abolição da escravidão em Angola e organização do trabalho*, Lisboa, Typographia do Jornal de Lisboa, 1867, pp. 4-5.

O autor destas palavras ponderava, por essa razão, a necessidade de escolher o momento certo para a emancipação completa, "de modo que não haja receio que o preto abuse da regalia que se lhe vai conceder"[1101]. Estava-se, enfim, bem longe das "palavras sonoras" de outros discursos, que viam na abolição a recuperação de direitos ilegitimamente perdidos e no princípio da liberdade um potenciador do progresso económico. Discursos que mais à frente o mesmo autor acaba por desvalorizar abertamente:

> "Para que esta Província, e certamente outras, possa progredir e desenvolver-se, o que é indispensável é educar o preto para o trabalho, e isto não se consegue com meia dúzia de *palavras sonoras*, mas tendo a coragem de dizer as coisas como elas são, e promulgar boas e acertadas providências, para que a povoação africana seja compelida ao trabalho"[1102].

Apesar de todas estas ambiguidades, aquele regulamento provincial de Moçambique foi aprovado por decreto de 25 de Maio de 1891, assinado por Júlio Marques de Vilhena, um dos Ministros que a literatura colonialista do século seguinte viria a identificar como exemplo das políticas *assimilacionistas* do passado.

Se a lei de 1875, apesar do espírito liberal que moveu os seus promotores, continha ou propiciava elementos de coação directa sobre os indivíduos libertados, os regulamentos que a desenvolveram afastaram-se ainda mais do espírito do seu projecto inicial. O próprio facto de terem sido elaborados regulamentos foi, só por si, um sinal de recuo. A ideia de Sá da Bandeira era a de que, aprovado em Cortes o projecto de lei sobre a abolição dos libertos de 1874, nenhum outro "regulamento acerca do trabalho dos negros" devia fazer-se. A opção era, portanto, a liberdade negocial:

> "As relações entre estes e as pessoas que os empregarem, devem ser semelhantes aquelas que em Portugal estão em uso entre os trabalhadores e os indivíduos a quem servem. Qualquer regulamento especial forneceria pretextos para se continuar a opressão dos indígenas"[1103].

A par disso, o regulamento de 1875 alargou o universo dos indivíduos tutelados porque, de acordo com o seu art. 3, faziam parte do universo dos indivíduos libertados os libertos que as medidas abolicionistas anteriores já

[1101] Idem, *ibid.*
[1102] V. António Leite Mendes, *Abolição da escravidão em Angola [...]*, cit., p.31, sub. nossos.
[1103] V. *A Emancipação dos Libertos, Carta dirigida ao Excelentíssimo Senhor Joaquim Guedes de Carvalho e Menezes, presidente da Relação de Luanda*, Lisboa, Imprensa Nacional, 1874, p. 12.

tinham convertido em ingénuos (i.e, cidadãos gozando de liberdade plena). Estes eram, assim, novamente sujeitos à tutela pública. O Regulamento avançava também com garantias de que, no futuro, as coisas não seriam substancialmente diferentes, ao estabelecer que, findos os dois anos de contrato obrigatório, todos os contratos de prestação de serviços ou de colonização que os indivíduos fizessem de novo deveriam sê-lo "com as formalidades estabelecidas neste regulamento, e sujeitos à mesma fiscalização e obrigações" (art. 107, § 1). Neste Regulamento, como no de 1878, era, ainda, permitida uma apropriação fraudulenta do princípio de que a liberalização bastava para fazer afluir a mão-de-obra aos locais onde era precisa. De facto, no art. 52 do *Regulamento* de 1875, admitia-se a existência de contratos feitos com "indígenas resgatados nas terras avassaladas ou fora delas em país estranho, para servirem nas províncias portuguesas de África". Esses indígenas obteriam, de imediato, um estatuto semelhante ao dos ex-libertos[1104]. Já sabemos, porém, que este tinha sido inicialmente recusado, e que correspondia, no seu espírito, ao Projecto de representação que a Associação Comercial de Lisboa enviara, em Maio de 1872, aos poderes públicos[1105]. Nessa altura, tinha merecido um comentário definitivo de Sá da Bandeira:

> "[...] se se permitisse, como se pede no projecto de representação, que, depois de 29 de Abril de 1878, continuasse a prática de se comprarem negros nos sertões adjacentes a Angola, para servirem nesta Província, ou para serem mandados para S. Tomé, seria isso sofismar e anular o propósito da lei, o qual é era real e verdadeira extinção da escravidão em todos os territórios portugueses"[1106].

Também a regulamentação da autorização que o art. 24 da lei de 1875 concedia ao governador de S. Tomé e Príncipe para "contratar, por conta da

---

[1104] Embora se estipulassem condições que permitissem aferir se esses contratados "o foram de livre vontade", necessidade que aponta para a enorme probabilidade de o não serem, v. art. 54.º, e art. 57.º do Regulamento de 1878.

[1105] Publicado com o título *Algumas palavras sobre a questão do trabalho nas colónias portuguesas de África e especialmente nas Ilhas de S. Tomé e Príncipe*. Sobre o contexto em que esta representação surge e os seus signatários, naturalmente ligados aos interesses coloniais, veja-se Valentim Alexandre, em Francisco Bethencourt, *História [...]*, "Nação e Império", cit., p. 109 e ss.

[1106] V. Sá da Bandeira, *O trabalho Rural Africano [...]*, cit., p. 25. Sá da Bandeira não se opunha à contratação de africanos provenientes dos sertões, desde que ela fosse voluntária. Também não se opunha ao "engajamento" de gente para trabalhar temporariamente", que assimilava a situações que ocorriam na metrópole. Opunha-se, sim, a que os "ajustes" fossem feitos com potentados em cujos "países" vigorava a escravidão, porque isso implicava, afinal, a compra de negros, o tráfico de escravos, v. *A Emancipação dos Libertos [...]*, cit., p. 16.

Província, colonos em qualquer outra parte, podendo esses contratos ser, com as mesmas condições, sublocados a particulares" mostra que as aspirações e os conselhos das Comissões de 1874 tinham sido quase inteiramente esquecidas[1107].

Por sua vez, o regulamento de 1878 preservou, como anunciámos atrás, situações de coação directa, nomeadamente ao permitir contratos nos quais a vontade dos contratados era um elemento ausente[1108]. É a eles que Joaquim da Cunha se refere quando diz que "a todos os indígenas é permitido conservar-se na província ou sair dela [...] nos mesmos termos em que o é aos europeus, excepto sendo serviçais contratados para serviço fora da província, porque sobre esses exerce a autoridade uma tutela salutar e benéfica, segundo o regulamento aprovado por decreto de 21 de Novembro de 1878"[1109].

A literatura, abundante, sobre as condições do trabalho indígena em S. Tomé, no último quartel do século, informa suficientemente sobre a natureza desta tutela[1110].

8.5.9. *Ingenuidade e vadiagem*

A coação que os regulamentos que tenho estado a descrever admitiam formalmente seria, no entanto, maioritariamente exercida de forma indirecta. Para isso, a legislação emancipacionista dos anos '70 recuperou a já conhecida assimilação dos africanos livres aos vadios, também ela com antecedentes, já referidos, no princípio segundo o qual os africanos só trabalhavam (por défice de civilização ou por índole natural) desde que a isso fossem conduzidos (ou compelidos). Assim, logo no parecer das Comissões, a vadiagem foi identificada como o "mais pernicioso vício a prevenir" entre os indivíduos libertados[1111].

[1107] Cap. VI do Regulamento de Dezembro de 1875.

[1108] "Os contratos de prestação de serviços pessoais não podem ser sublocados pelos patrões sem consentimento do serviçal, salvo nos casos autorizados nos art.s 71, 79 e seguintes deste regulamento", art. 43.º. Os casos citados eram o dos contratos de sublocação de serviços destinados à organização de "partidas de trabalhadores para prestarem serviços aos agricultores ou industriais, que não prefiram fazer contratos por ano" ou ao serviço de empreitadas (art. 71.º), ou ainda de serviços que seriam prestados na Ilha de S. Tomé e Príncipe (art. 79.º).

[1109] V. Joaquim d'Almeida da Cunha, *Os indígenas nas colónias portuguesas d'África [...]*, cit., p. 28.

[1110] V., com ampla bibliografia citada, Augusto Nascimento, *Poderes e Quotidiano nas roças de S. Tomé e Príncipe, de finais de oitocentos a meados de novecentos*, Lisboa, ed. do autor, 2002, *maxime* p. 297 e ss.

[1111] V. *DCP.*, sessão de 20 de Fevereiro de 1875, p. 155, pareceres.

De acordo com isso, todos os que, nas condições do art. 256 do Código penal, fossem julgados vadios, seriam "sujeitos a trabalho obrigatório até dois anos nos estabelecimentos do Estado que para isso forem especialmente criados, ou nas fortalezas e obras públicas da Província, e receberão o salário que for estabelecido pelo respectivo governador em Conselho", como se determinou logo na lei de 1875 (art. 27). Embora a autoridade pública não pudesse fazer reverter a favor de privados o cumprimento da pena, o facto é que a mesma lei continha significativas excepções a esta proibição[1112].

No que diz respeito à determinação dos critérios do crime de vadiagem, o Regulamento de 1875 já não se limitou a remeter para os que eram previstos no Código penal de 1852, somando-lhes indicações concretas muito penalizadoras da liberdade de trabalho dos nativos livres:

> "Os indivíduos que, achando-se sujeitos à tutela pública nos termos do presente regulamento, recusarem contratar-se, ou abandonarem depois o trabalho, serão considerados como vadios e sujeitos às disposições do art. 27 da lei e às deste regulamento para os fins aí designados" (art. 48); "A ausência do trabalho durante quinze dias consecutivos sem motivo justificado será considerada como vadiagem, e como tal sujeita às penas adiante estabelecidas" (art. 50); "O serviçal ou colono que por qualquer motivo ficar sem emprego no período dos dois anos, de que trata o art. 21 deste Regulamento, é obrigado a contratar os seus serviços pelo tempo que faltar para perfazer os dois anos, e recusando-se a fazê-lo será considerado para todos os efeitos como vadio, e sujeito às penas adiante determinadas" (art. 68).

Novidade, no Regulamento, foi o Capítulo VII, inteiramente dedicado à "vadiagem" e "penas que lhe são impostas". O Regulamento de 1878, além do Cap. VIII ("Da vadiagem, das penas que lhe são impostas e da garantia dos contratos), era, como o de 75, recheado de artigos referentes ao problema da vadiagem[1113].

Em ambos os regulamentos, o art. 258 do Código penal – que condenava à prisão e à pena de trabalho o vadio que entrasse injustificadamente em

---

[1112] Podia fazê-lo quando se tratava de organizar "companhias de trabalhadores para prestarem serviços aos agricultores ou industriais, que não possam ou não queiram fazer contratos por anos" (art. 19). Outra hipótese possível era que o governador de S. Tomé e Príncipe sublocasse os serviços desses indivíduos a particulares, de acordo com a autorização que lhe era concedida no art. 24.

[1113] "Ninguém pode ser obrigado a contratar os seus serviços, salvos os indivíduos que forem julgados como vadios, que continuarão a ser obrigados a trabalho [...]", art. 3; v. também arts. 22, 53 e 97.

habitação ou fosse encontrado na posse de objectos de valor –, o art. 260 – que punia como vadio o mendigo "capaz de ganhar a sua vida pelo trabalho" –, e o art. 262 – que sujeitava os indivíduos nas condições dos artigos anteriores às "disposições das Leis e Regulamentos de Polícia" –, tinham "especial aplicação" aos indivíduos libertados, o que mais uma vez era sinal da intenção de desviar para a regulamentação penal da vadiagem a disciplina do trabalho compulsório dos nativos[1114].

Percebe-se, com isto, a exigência de Sá da Bandeira quando, no seu estudo sobre o trabalho rural africano, insistiu para que o conceito de "vadio" ficasse bem definido na lei, quer para que não houvesse uma assimilação pura e simples do conjunto da população nativa ao vadio – como tinha feito o Conselho de Governo de Angola em 1840, ao incluir "na classe dos vadios a maior parte dos negros livres daquela província"[1115] –, quer para que não se confundisse com a vadiagem situações culturalmente explicáveis[1116]. Acontece que, se lermos o art. 256 do Código penal, entendemos que essa relativização era praticamente incompatível com os princípios cuja abstracção o código pressupunha, agravados pela sua insofismável remissão para comportamentos culturalmente associados ao modo de vida europeu. Era, na verdade, muito fácil condenar o conjunto da população africana pelo crime de vadiagem com base num artigo onde era vadio "[...] aquele que não tem domicílio certo em que habite, nem meios de subsistência, nem exercita habitualmente alguma profissão, ou ofício, ou outro mister em que ganhe sua vida, não provando necessidade de força maior, que o justifique de se achar n'estas circunstâncias", mesmo que as três condições tivessem que verificar-se cumulativamente[1117]. A declaração de vadiagem colectiva chegou mesmo a operacionalizar-se quando, um ano antes de ser reposto o trabalho forçado nas colónias portuguesas, Henrique de Paiva Couceiro já interpretava a letra da lei que dizia *"ninguém pode ser obrigado a contratar os seus serviços"* como referindo-se apenas "[...] aos africanos que tenham atingido uma certa craveira

---

[1114] V. art. 91 do regulamento de 1875 e art. 93 do de 1878. Essa assunção foi confirmada em outros artigos.

[1115] V. Sá da Bandeira, *O trabalho Rural Africano [...]*, cit., p. 74. Trata-se da portaria, de que já se falou, que restabeleceu localmente o serviço de carregadores em Angola, v. *supra*, 8.4.3.

[1116] Por exemplo, "atendendo a que as mulheres negras são quem, em geral, se ocupa da agricultura e de outros misteres", v. idem, *ibid.*

[1117] Esse seria julgado e declarado vadio, punido com prisão correccional até seis meses, e entregue à disposição do governo, para lhe fornecer trabalho pelo tempo que parecer conveniente", sem que esse tempo fosse marcado na lei, v. João M. Pacheco Teixeira Rebelo, *Código penal anotado*, Porto, Typographia Gutenberg, 1895, p. 106.

d'instrução e requisitos morais, e que o qualificativo *vadios* inclui toda a restante população de selvagens"[1118].

Sá da Bandeira estava consciente deste problema, e por isso, não tinha recorrido ao Código penal no Projecto de decreto, onde a condenação por vadiagem atingia apenas aqueles indivíduos que não mostrassem o contrato de prestação de serviços a que estavam obrigados (art. 27). Seja como for, o problema da previsível vadiagem dos libertados também se converteu em objecto de grande atenção em todos os seus escritos, facilitando futuras interpretações menos liberais do seu projecto[1119].

Em suma, os artigos que penalizavam a vadiagem nos regulamentos de trabalho aplicados às colónias mostram, de novo, como era pouco rigorosa a apreciação que nos finais do século se fazia sobre a administração colonial dos anos anteriores. Não podem ser mais contrastantes a letra formal destes regulamentos e as palavras de António Enes quando afirmou, referindo-se a eles, que, depois da lei de 1875, os nativos tinham ficado com mais direitos que os cidadãos da metrópole, por verem consagrado o "sagrado direito à ociosidade", quando " na metrópole todos são obrigados a procurar adquirir pelo seu trabalho os meio de subsistência que lhes faltam, sob pena de serem punidos como vadios"[1120]. Bem pelo contrário, a negação do "direito à ociosidade" foi sempre uma obsessão na legislação sobre o trabalho em África, mesmo entre os que mais convictamente defendiam o princípio da liberdade. A "ociosidade africana" era uma preocupação que estes partilhavam, embora com motivos diferentes, com todos os que defendiam princípios contrários à liberdade de trabalho em África. Nos escritos destes últimos, ainda anteriores aos trabalhos de António Enes, autor da primeira lei que fez desaparecer o princípio da liberdade do regime de trabalho na África portuguesa, em 1799, afirmava-se já que, em África, "[...] dois terços, ou mais, da população livre, compõe-se de vadios. Ora, sendo assim, onde está a violência ilegal e arbitrária, obrigando esta gente ao trabalho útil para si e para a sociedade. Fala-se acerca da população africana de modo tão apaixonado, que parecem querer para ela mais regalias e liberdade do que para a população do Reino. Não temos nós aí leis repressivas do

---

[1118] V. Henrique de Paiva Couceiro, *Angola (estudo administrativo)*, cit., p. 31. Referia-se ao art. 3.º do Regulamento para o contrato de serviçais e colonos nas Províncias da África portuguesa.

[1119] Sobretudo em *O Trabalho rural...*, cit., e em *A Emancipação dos Libertos [...]*, cit., pp. 12-14.

[1120] V. António Enes, *Moçambique, Relatório apresentado ao governo [...]*, cit., p. 70.

vadiismo? Pois apliquem-nas para aqui, com as convenientes modificações"[1121].

Ao contrário do que afirmou António Enes, foi isso mesmo que sucedeu logo nos regulamentos da legislação liberal dos anos setenta.

8.5.10. Conclusão

O problema da vadiagem na legislação abolicionista foi o reflexo da cedência política face às resistências que a iniciativa legislativa de sentido liberalizante desencadeou[1122]. Contudo, além dessa cedência, ela relacionou-se com outras variáveis.

Uma delas foi a convicção, partilhada por quase todos, de que a liberdade que se concedia ao escravo era uma restituição de direitos originais mas era também, simultaneamente, um dom, ao qual estava associado uma dívida para com o "Estado libertador". Ser bom cidadão, ser trabalhador activamente nos projectos colonizadores das "Mães-Pátrias" libertadoras transformou-se, para muitos, numa obrigação moral dos libertados, criando nos libertadores expectativas que, uma vez frustradas, justificariam as dimensões mais violentas desses projectos coloniais que muitos abolicionistas (os republicanos, em França, ou os protestantes ingleses) teriam querido, inicialmente, desenvolver sob o signo da paz e da concórdia[1123].

Em Portugal essa "dívida" chegou a ser invocada nos debates parlamentares quando, em resposta à hipótese, singularmente colocada pelo deputado Afonso de Castro, de não se obrigar o escravo libertado pelo decreto de Dezembro de 1854 a servir o Estado durante 7 anos, um outro deputado lembrou que "Se o Estado dá ao escravo a sua natural liberdade, e entra imediatamente no estado de homem livre, mas a quem é necessário ainda educar, o Estado tem o direito e obrigação de o fazer trabalhar; quer dizer, apesar de

---

[1121] V. António Leite Mendes, *Abolição da escravidão em Angola e organização do trabalho*, cit., p. 27.

[1122] Sobre os argumentos contrários à liberdade de trabalho suscitados pela legislação emancipadora dos anos cinquenta e setenta veja-se Valentim Alexandre, em Bethencourt, (...), "Nação e Império,", p. 100 e ss. A argumentação usada pela Associação Comercial de Lisboa, tal como o autor a descreve, corresponde exactamente ao espírito dos escritos que citamos, já que aquela associação aceitava a extinção do estatuto de liberto em 1878 mas "desde que previamente se promulgasse regulamentos que garantissem a obrigação de trabalho do negro e leis penais de repressão da "vadiagem" (*ibid.*, p. 109).

[1123] V. Vergès, *Abolir l'esclavage: une utopie coloniale* [...], cit., pp. 82-83; ou, para as congregações protestantes, na América inglesa, Catherine Hall, *Civilizing Subjects* [...], cit..

o declarar livre, conserva-o n'um estado de sujeição para bem do próprio Estado porque, durante o tempo em que está prestando serviço ao Estado, vai adquirindo hábitos convenientes que até ali lhe eram estranhos. O Estado, que lhe deu a liberdade, não o deve abandonar; *mas por isso mesmo tem direito de exigir dele algum trabalho*; o Estado não deve entrar a sustentar um homem sem haver dele alguma compensação"[1124].

Porque estavam em dívida, porque era necessário para o progresso económico, os libertados tinham então que trabalhar. Mas porque é que não bastava, para isso, libertá-los, deixando actuar o princípio, descrito como "natural", da liberdade de trabalho e da correspondente "lei" do interesse individual, à qual habitualmente se associava o progresso?

Para o antigo escravo/liberto, como para os nativos livres de Angola, o princípio da liberdade de trabalho era, como se viu, insuficiente, por causa da imagem, com uma enorme força conformadora, da indolência (natural ou não) dos africanos[1125]. Este pressuposto reflectiu-se em dois registos que, remetendo para soluções diversas quanto à superação daquela "limitação" antropológica, dialogaram um com o outro, no momento em que se redigiu e discutiu a legislação e os regulamentos dos anos '70.

Um desses registos foi o do primado da civilização, da qual a liberdade de trabalho era um elemento: a "natural indolência", garantia um funcionário de Cabo Verde, secundado por Sá da Bandeira, "[…] pode ser superada com a civilização, e com as comodidades que experimentariam do fruto do seu trabalho, e quando não vivessem com um regímen mercantil e quase despótico"[1126].

Outro registo foi o do primado da coação, que promovia mais directamente a civilização, como também se viu. Não era civilização que induzia os indivíduos ao trabalho, era antes o trabalho que civilizava os indivíduos[1127].

Este diálogo foi possível porque ambos os registos partilhavam, com intensidades diferentes, de uma antropologia semelhante. De tal modo, que era

---

[1124] V. *DCD.*, sessão de 15 de Fevereiro de 1856, p. 115, subl. nossos.

[1125] Embora vozes singulares se tivessem manifestado favoráveis à pureza dos princípios. Afonso de Castro entendia que não era necessária qualquer coação porque "o interesse próprio é o móbil de todas as nossas acções, e que por isso ele mesmo há-de fazer com que os escravos se dediquem ao trabalho, e não andem nessa vida de vadiagem de que se fala", v. *DCD*, sessão de 15 de Fevereiro de 1856, p. 116.

[1126] V. *A Emancipação dos Libertos…*, cit., p. 4.

[1127] "Se ao escravo se dá a liberdade imediatamente, perde-se, cai num estado de indolência, e muitas vezes nos hábitos da embriaguês, que o torna desgraçado", v. *DCD.*, sessão de 15 de Fevereiro de 1856, p. 115.

possível apresentá-los numa relação de harmoniosa compatibilidade, como alguém com experiência explicaria alguns anos mais tarde, ao classificar em duas espécies os meios legítimos para obter trabalho junto dos africanos: uns indirectos, encaminhando-os a tomar o gosto às comodidades materiais, apanágio dos povos adiantados". Outros "mais directos e imediatos, impondo--lhes, com as devidas precauções e jeito, algumas determinações tendentes a obrigá-los um tanto, e a impugnar-lhes a nativa indolência"[1128].

A regulamentação do trabalho em África reflecte, portanto, o fenómeno de transcrição no direito de "impensados sociais" que o discurso jurídico traduziu na sua linguagem técnica, conferindo-lhe maior verdade. Era por ser indolente e politica e civilmente incapaz que o escravo não podia, mesmo depois da abolição, usufruir da plenitude dos direitos civis e políticos, sob pena de se converter em vagabundo/mendigo/criminoso. Deste modo, tal como sucedeu em outros processos abolicionistas europeus, também em Portugal o tópico abolicionista do atraso civilizacional dos povos escravizados fez surgir um vocabulário paternalista de exaltação das virtudes do trabalho e da disciplina que favoreceu e justificou as políticas coloniais de "pacificação", a regulamentação colonial do trabalho assalariado e a negação de direitos civis, vistos como componentes da "missão civilizacional"[1129]. Posteriormente, a natureza puramente formal da emancipação – a legislação abolicionista não foi acompanhada pela criação, nas sociedades coloniais, de meios pelos quais os ex-escravos pudessem ver garantidos os direitos que a lei, apesar de tudo, lhes reconhecia –, favoreceu atitudes por parte dos libertados (prática do roubo, mendicidade) que "confirmaram" a antropologia da qual se tinha partido, justificando ainda mais a atitude paternalista (despoticamente paternalista) das metrópoles europeias.

Os fenómenos descritos anteriormente fizeram com que, na África portuguesa, a liberalização do trabalho tenha resultado, num processo aparentemente paradoxal, na criação de um regime de trabalho minuciosamente regulamentado. Construiu-se a liberdade de trabalho convertendo-a numa

---

[1128] V. Henrique de Paiva Couceiro, *Angola (estudo administrativo)*, cit., p. 27: "Enquanto [...] o preto se considerar feliz vestindo peles ou panos, vivendo em palhotas, e alimentando-se de milho, será difícil obter dele, espontaneamente, maior esforço de actividade seguida do que aquele, cuja paga baste para adquirir uma ou duas mulheres, e uma arma de fogo".

[1129] São relevantes as palavras de Schoelcher, fundador da *Société française pour l'abolition de l'esclavage* e autor do decreto abolicionista de 1848: "A nossa presença no meio deles [nativos da Guiana e do Senegal] servirá para lhes dar o exemplo dos hábitos de trabalho e contribuir para elevar a sua condição social", v. Chantal Georgel (org.), *L'abolition de l'esclavage [...]*, Paris, Ed. Complexes, 1998, p. 25.

obrigação porque se obedeceu ao imperativo de garantir que aqueles cuja "natureza" afastava do trabalho trabalhassem. Mas os propósitos da regulamentação não se esgotaram sempre nisso. Tratava-se também de constituir, ainda pela força do direito, as condições do liberalismo e da cidadania em África, de constituir sujeitos capazes de actuar num contexto de liberdade plena, de criar cidadãos em África. Por esse motivo pode dizer-se, adaptando agora as observações de António Hespanha num artigo recentemente escrito sobre as "leis naturais" do mercado, que também no que diz respeito ao trabalho a "governabilidade autónoma pressupunha a prévia inculcação (...) de uma ética interiorizada, de um governo de si, que adaptasse espontaneamente os comportamentos" àquilo que a doutrina dizia ser a natureza do homem, enquanto criatura que "nasce para o trabalho, e não para a ociosidade"[1130]. Na legislação sobre o trabalho dos recém libertados, essa inculcação far-se-ia por meio de tecnologias disciplinares formais, como o direito, as leis que directa ou indirectamente os coagiam ao trabalho civilizador. Mas far-se-ia igualmente por meio de outras tecnologias disciplinares, doces, "automáticas", que se corporizariam no "processo civilizacional" a que os "serviçais e colonos", como antes os libertos, e antes deles os escravos, deviam ser submetidos. Esse processo era, de facto, devolvido pelo Estado à Igreja e à Escola (Cap. X, *Da educação e instrução que deverá ser dada aos serviçais e colonos contratados, no Regulamento de 1875 e no de 1878.*). E também, para alguns, à liberdade, porque o trabalho livre civilizava. O único problema, para esses, é que, da mesma forma que a comunidade internacional era universal mas só entravam nela os povos civilizados, também o trabalho civilizava, mas só se dispunha livremente a trabalhar quem era já civilizado.

Importa, finalmente, realçar que a fronteira entre os que podiam e os que não podiam ser sujeitos da liberdade de trabalho não era concebida como uma fronteira fixa. Era uma fronteira que tenderia a desaparecer à medida que a governabilidade, essa "interiorização difusa de disciplina", alargasse o universo dos sujeitos capazes de governabilidade autónoma. Uma vez civilizada a população africana, a liberdade de trabalho deixaria de ser uma obrigação para passar a ser uma "natureza".

Nos anos 90, contudo, as imagens antropológicas que o direito e o processo abolicionista tinham preservado encontraram a sua "confirmação científica" nas teorias raciais do positivismo, o que atenuou a crença na perfecti-

---

[1130] V. António Manuel Hespanha, "Instituições e quadro legal" in Pedro Lains e Álvaro F. da Silva (eds.), *História Económica de Portugal, 1700-2000*, Vol. II: "O Século XIX", Lisboa, ICS, 2005.

bilidade do homem negro. Esse facto deu uma força renovada aos ideais de civilização induzida pela coação e à ideia da marcação jurídica daquela fronteira, uma marcação que tendeu a torná-la, senão numa fronteira fixa, pelo menos numa fronteira fortemente vigiada, como se procurou mostrar no primeira capítulo deste trabalho.

9. Diferenças "intra-ultramarinas": América, África, Ásia

9.1. *Constituição de 1822*

No primeiro capítulo deste trabalho vimos que, desde as primeiras Cortes constituintes portuguesas, o ultramar foi visto como parte igual do território nacional. Agora, pelo contrário, o que se pretende realçar é que a igualdade interna dos territórios ultramarinos entre si nem sempre foi afirmada sem equívocos, tendo essa ambiguidade sido contemporânea da inauguração do regime liberal constitucional. O que, na verdade, aconteceu, foi que, nas Cortes vintistas, o ultramar foi, fundamentalmente, a América portuguesa, o Brasil, tendo o papel central assumido pelas províncias americanas levado, em muitas ocasiões, ao esquecimento das outras "províncias ultramarinas". Estas foram, por esse motivo, transformadas em objecto não reflectido da uma política integracionista pensada para a América.

Isso aconteceu, desde logo, ao longo de toda a discussão em torno da representação política do ultramar. Teoricamente, a expressão "ultramar" aplicava-se indiferenciadamente aos territórios americanos, africanos, ou asiáticos. Mas o que sucedeu foi que o debate esteve sistematicamente associado à existência de "Deputados da América", de "Deputados do Brasil" ou de "Deputados brasileiros", designações muito mais frequentes do que a outra, que acabou por se converter em sinónimo, de "deputados do ultramar"[1131]. Houve mesmo, em relação a alguns desses outros territórios ultramarinos, algum cepticismo quanto à razoabilidade da sua representação, que nunca encontrou equivalente em qualquer um dos territórios americanos. Na opinião de alguns deputados, muitas das divisões eleitorais decretadas eram

---

[1131] V. por exemplo, *DCGECNP*, sessão de 12 Novembro de 1821, p.3047; nas sessões que vão de 27 de Agosto a 24 de Setembro de 1821, este subsumir da representação ultramarina à representação brasileira é explícito. Em consonância com ela, quando se reflectiu sobre os elementos demográficos que condicionavam a representação nacional, o problema que se colocou foi quase sempre o de saber os montantes da população americana.

absurdas face à exiguidade da sua população, afirmação acompanhada de uma desvalorização da importância presente e futura das antigas "possessões"[1132]. Era também quase impossível, para alguns, garantir a presença de deputados vindos de regiões tão distantes como Macau, Goa ou Timor e Solor[1133]. Para outros deputados, "estabelecimentos" como Timor, Solor, Macau e alguns territórios africanos não deviam eleger deputados em virtude do seu estatuto diferenciado: ou eram "simples feitorias de comércio", como S. João Baptista, na costa da Mina, e por isso não deviam integrar qualquer divisão eleitoral[1134]. Ou nem sequer eram território português[1135]. Macau, por exemplo, "não é território português, mas sim uma grande e importante feitoria, tolerada sobre o terreno Chinês, habitada pela maior parte pelos naturais do país".

Alguns constituintes deram conta desta constante redução do ultramar ao Brasil, quando recordaram, episodicamente, que também em África e na Ásia existiam províncias ultramarinas, com a consequência de que tudo o que se regulasse para o ultramar era igualmente válido nas províncias americanas, africanas ou asiáticas. Quando, por exemplo, se discutiu o artigo onde se previa a obrigatoriedade de votar em deputados naturais ou domiciliados no respectivo círculo, um deputado denunciou essa tendência:

> "[...] eu perguntaria aos ilustres proponentes que votam a favor do artigo, qual é a causa porque excluem os nossos irmãos das Ilhas, da Ásia, da África e só falam no Brasil?"[1136].

O carácter percepcionado como hierarquicamente neutro dos vocábulos consagrados – "Ultramar" e "Províncias ultramarinas" – foi muitas vezes contrariado pelo uso corrente de vocábulos que apontavam para o estatuto de subalternidade de alguns dos territórios ultramarinos. Vocábulos como "pos-

---

[1132] *DCGECNP*, sessão de 18 de Junho de 1822, p. 474-75, Dep. Soares Franco

[1133] *DCGECNP*, sessão de 14 Agosto 1822, p. 152.

[1134] *DCGECNP*, sessão de 14 de Agosto de 1822, p. 152, Dep. Franzini. O que acabou por se decidir, na sequência de uma indicação na qual se chamava a atenção para as "poucas pessoas portuguesas" residentes no "Presídio ou fortaleza de S. João Baptista", foi a sua união à divisão eleitoral de S. Tomé Príncipe, v. A.H.P, secção I-II, Cx. 97, Doc. 12.

[1135] Quanto a Timor e Solor, eram "estabelecimentos [...] nulos quanto à sua importância política nas eleições". Não deviam, por isso, ser contemplados na divisão eleitoral (v. *DCGECNP*, sessão de 14 de Agosto de 1822, Dep. Franzini.). Correia de Seabra voltaria a lembrar que "em Macau, Solor e Timor só temos estabelecimentos, mas não somos senhores do território" (*ibid.*, p. 153).

[1136] V. *DCGECNP*, sessão de 12 Novembro de 1821., p. 3047, Dep. Freire.

sessões", "dependências" e "estabelecimentos", tantas vezes usados para designar o ultramar africano faziam mais lembrar o estatuto das *British West Indies* no século XVII – "uma espécie de posto avançado da metrópole, uma extensão, ou talvez uma excrescência da mesma(...)"[1137] – do que o estatuto de territórios perfeitamente integrados e "iguais". A denominação "província" foi, na verdade, praticamente obliterada nas sessões em que se debateram assuntos relativos a África, o mesmo sucedendo, mais tarde, no texto dos projectos de lei e na legislação vintista, inclusivamente na legislação eleitoral. "Estabelecimentos africanos", "colónias africanas", "possessões africanas", "domínios" foram, também aí, as designações mais escolhidas[1138]. O facto de esses mesmos vocábulos terem preponderado, alguns anos mais tarde, nas discussões constituintes de 1837-38 constitui um forte indício de que, com a independência do Brasil, a designação "província", quando aplicada ao ultramar, tinha perdido, pelo menos em parte, o seu original significado igualitário[1139].

Finalmente, chegaram a emitir-se, ao longo destes anos, pareceres nos quais a ideia de estender ao ultramar africano instituições de natureza mais democrática foi substituída pela ideia de desenvolver ali formas mais "enérgicas" de exercício do poder. Foi isso que sucedeu logo em alguns pareceres emitidos pela Comissão do Ultramar nas Cortes vintistas nos quais a extensão de uma política integracionista ao ultramar africano foi seriamente posta em causa. Exemplo deles foi a resposta da Comissão a um ofício do Secretário de Estado dos Negócios da Guerra, em que este dava conta da actuação negativa da Junta provisória que, à semelhança do que se passara nos outros territórios

---

[1137] V. Catherine Hall, *Civilizing* Subjects [...], cit., p. 70: "a kind of outpost of the metropolis, an extension, or perhaps excrescence, of the self, rather than somewhere entirely separate".

[1138] Por exemplo, na "Proposição do deputado José António Ferreira Braklami, para se promover a civilização, agricultura, comércio, indústria e navegação dos estabelecimentos de África", cit., pp. 618-23; ou na "Proposição do Deputado Alexandre Thomaz de Morais Sarmento para se abolir o tráfico da escravidão nos domínios da coroa Portuguesa", cit., p. 677.

[1139] Dizemos "em parte" porque a preponderância de outras terminologias ainda ocasionou a contestação de um dos deputados, quando pediu para que a palavra "possessão" fosse suprimida "[...] por recordar ideias menos justas", v. sessão de 22 de Novembro de 1837, *O Nacional*, n.º 885, 23 de Novembro, p. 7124, Dep. M.A de Vasconcelos. A mesma preponderância tinha suscitado um comentário semelhante nas Cortes de 1835, em relação à palavra "colónia": "não é bom lembrar aos estabelecimentos portugueses que foram colónias; são partes da Monarquia, e a Carta dá aos seus habitantes os mesmos direitos que aos outros Cidadãos", v. *Actas da câmara dos Pares do Reino*, sessão de 11 de Abril, p. 273, Par Sarmento.

ultramarinos na sequência da revolução, se formara em Moçambique, bem como da necessidade de para lá enviar tropas europeias:

"[...] A Comissão é de parecer que todas estas providências pertencem ao governo, a quem este oficio deve ser restituído; e não fez esta breve exposição senão para que o Congresso visse mais uma prova do quanto são impróprias para o governo estas juntas puramente populares em países cercados de Nações bárbaras, e que meramente são uns presídios militares e comerciais; e do quanto é necessário que aumente a energia do governo à proporção da distância destes estabelecimentos"[1140].

Num outro parecer, a mesma Comissão resumia em poucas palavras o seu parecer sobre o governo das colónias africanas:

"Toda a Nação que se deixa insultar, ou injuriar por uns Bárbaros, sem os castigar, perde a reputação e os interesses comerciais. Deve recomendar-se eficazmente ao governo, que passe as ordens mais positivas aos governos da África, para fazerem respeitar a bandeira, e a propriedade dos portugueses, mandando-lhe as munições e apetrechos de Guerra, que forem necessários, para se conseguir tão justo fim"[1141].

Nos anos '30 voltou a fazer-se a mesma afirmação, durante um dos raros episódios já aqui narrados, em que se afirmou de forma de forma clara, que a parte nativa de tais populações não era portuguesa (v. *supra*, 7.2.2.3). A esse facto acrescentou-se, também, o de serem populações habituadas a formas de governo "musculadas":

"A massa das povoações, em algumas das nossas colónias, compõe-se de negros e gentios, que não podem reputar-se num pé de igualdade com os Colonos portugueses: o hábito em que tem estado de ver em uma mesma mão o poder civil e militar, não pode talvez alterar-se sem risco da conservação daquelas províncias"[1142].

[1140] V. AHP., secção I-II, Cx. 55, Doc. 63, sublinhados nossos. O parecer data de 8 de Maio de 1822 e está assinado por Francisco Soares, José Lourenço da Silva, André da Ponte de Quintal da Câmara. Foi aprovado a 28 de Maio de 1822.

[1141] V. A.H.P., Cx. 55, Doc. 76. Este parecer, redigido na sequência de um oficio do governo provisório da ilha do Príncipe, foi aprovado na sessão de 18 de Setembro de 1822. Assinava-o, entre outros, Francisco Soares, Alexandre Tomas de Morais Sarmento, André da Ponte de Quintal da Câmara e Manuel Fernandes Tomás.

[1142] V. *Actas da Câmara dos Pares [...]*, sessão de 15 de Abril de 1835, p. 310, Presidente do Conselho de Ministros, secundado pelo Ministro da Marinha: "julgo necessário dar maior força às autoridades nas Colónias, tanto mais que estando aqueles Povos costumados a ser governados por autoridades militares, não se dispõem facilmente a ceder a autoridades civis" (*ibid.*,

Houve, portanto, nas Constituintes vintistas, uma dinâmica de subalternização dos territórios ultramarinos que não se situavam na América. E essa dinâmica – que era previsível, se se tiver em conta a importância real do território americano quando comparada com os outros – permaneceu e aprofundou-se nos anos seguintes e nos textos constitucionais posteriores. Aí, livre da presença ofuscante do problema americano, ganhou cada vez maior nitidez.

9.2. *A Carta Constitucional e a Constituição de 1838*

Ao contrário da Constituição vintista, a Carta Constitucional devia reger, de acordo com o seu preâmbulo, no "Reino de Portugal, Algarves e seus *Domínios*". O simples facto de se falar de "domínios" – e não de províncias ultramarinas, designação que os vintistas tinham conotado tão fortemente com a igualdade – constitui um indício de que o problema ultramarino não estava equacionado na Carta em termos tão radicalmente *assimilacionistas* e uniformizadores quanto a doutrina colonial veio, mais tarde, a defender. A memorização jurídica destes *domínios* foi ainda confirmada na titulação régia: o Rei português era, na Carta, "Rei de Portugal, dos Algarves, *etc.*" (subl. nossos).

Por outro lado, se a omissão da especificidade ultramarina, ainda na Carta, podia ser interpretada num sentido de radical assimilação/integração, podia também ser interpretada, pelos seus contemporâneos, num sentido oposto. Na opinião do autor do Projecto de Código Civil Português, como já se viu (v.*supra*, 7.2.2), as possessões ultramarinas tinham estado, desde sempre, sujeitas a uma legislação especial, e assim as tinha mantido o autor da Carta, cuja intenção era a de que essas possessões (ou províncias, vocábulo que para o Visconde de Seabra era completamente ausente de significado igualizador) se continuassem a reger pelas mesmas leis, ou seja, as leis que ali vigoravam antes da Revolução. O art. que o confirmava era o que dizia que "A administração das províncias ficará existindo do mesmo modo, que actualmente se acha, enquanto por lei não for alterada" (art. 132), interpretação corroborada na mais importante doutrina sobre a Carta[1143].

---

p. 312); a verdade é que, além da resistência das elites locais, o governo confrontava-se ainda com a concorrência das nações estrangeiras, havendo notícias concretas da influência que os franceses tentavam exercer, em Moçambique, junto de régulos "[...] que devem obediência à nação portuguesa", *ibid.*, sessão de 8 de Abril de 1835, p. 247

[1143] Por exemplo, em Lopes Praça, *Estudos sobre a Carta Constitucional de 1826 e Acto Adicional de 1852*, 2ª parte, vol. II, 1880, p. 83. De acordo com essa interpretação, o art. 15.º do Acto

9.3. *Constitucionalização da diferença ultramarina*

Nas Cortes constitucionais de 1837-38, a ideia de que o território ultramarino era essencialmente diferente do território europeu e de que dificilmente se podia ali observar todos os princípios do governo constitucional representativo teve como resultado a consagração constitucional dessa diferença. Aquela ideia não foi, contudo, uma novidade trazida pelo momento constituinte. Pelo contrário, ela já antes tinha estado na origem de iniciativas legislativas importantes, anteriores à ditadura setembrista. Essas iniciativas exprimiram uma atitude diferenciadora em relação ao ultramar, de oposição consciente ao maior *assimilacionismo* do primeiro período liberal e foi esse o contexto em que se pronunciaram as afirmações favoráveis a formas de governo musculadas para o ultramar anteriormente citadas. Elas constituíram, por assim dizer, um primeiro sintoma de que, apesar de terem sido preservados muitos dos tópicos igualitaristas e universalistas herdados da discussão vintista sobre a América portuguesa, o desaparecimento desse ultramar tinha tido repercussões importantes sobre as formas de pensar o governo do ultramar que restava[1144]. De acordo com isso, quando, em 1837, as Cortes se voltaram a reunir para discutir a forma constitucional do governo do país, todos os deputados reconheceram a natureza fundamentalmente diversa das províncias ultramarinas. A ideia que, em virtude dela, o legislador devia estar munido de "conhecimentos locais" quando legislava para aquelas latitudes, de que a parte ultramarina do território carecia de legislação essencialmente diferente, ideia sempre acompanhada da habitual crítica à natureza assimiladora da legislação anterior, esteve associada, como nas Constituintes vintistas, à regulamentação da representação ultramarina por meio de normas específicas. Uma das soluções para o problema da especificidade da legislação ultramarina foi, como se viu, garantir a presença de deputados naturais daqueles territórios (v. *supra*, 6.1).

Adicional de 1852, que, como veremos mais à frente, consagrava um regime de legislação especial para as colónias, não tinha sido senão uma confirmação do art. 132.º da Carta, como explica ainda o Visconde de Seabra: "O Acto Adicional, que tivemos a honra de referendar como Ministro da Justiça, confirmou esta disposição, porque no art. 15 diz que «as províncias ultramarinas poderão reger-se por leis especiais, segundo o exigir a conveniência de cada uma delas» (v. António Luíz de Seabra, *Duas palavras sobre o casamento [...]*, cit., p. 32). Voltámos a encontrar esta interpretação do art. 132.º em lições impressas pelos alunos de Marcelo Caetano, onde se volta a afirmar que o art. 15 do Acto Adicional modificou o art. 132 da Carta Constitucional, v. *Direito Público colonial [...]*, cit., p. 69.

[1144] Sobre essa legislação "diferenciadora" e sua discussão na Primavera de 1835, v. Cristina Nogueira da Silva, *A cidadania nos Trópicos..*, cit., cap. 16: "A «especificidade ultramarina» na Constituição de 1838: antecedentes".

Contudo, o que sucedeu de diferente, a partir dos anos '30, foi que a diversidade ultramarina esteve na origem de outras soluções, desta vez norteadas pela ideia de que o ultramar tinha que ser governado de forma diferente, menos "constitucional".

Uma dessas soluções consistiria no regresso, puro e simples, ao sistema de governo de Antigo Regime. Depois de formular as críticas já conhecidas às políticas seguidas, o Conde da Taipa, que já se destacara na Câmara dos Pares de 1835 pelas suas posições "diferencialistas", alegou ter-se querido governar uma "[...] terra de pretos como se governa um país civilizado; mas isto é impossível, e por isso é que eu digo, que nós muitas vezes havemos de nos ver na necessidade de sermos retrógrados; que vem a ser, que nós havemos de ir para trás por causa de terem legislado coisas, que eram incompatíveis com os costumes e hábitos do país, e uma delas eram as províncias ultramarinas; porque as províncias ultramarinas tinham uma administração tal e qual como se regiam, e de repente quis-se introduzir ali princípios modernos, e sem atenção às circunstâncias particulares daqueles povos mandaram-se para lá; foi por isso que lá tem havido anarquia, e tem havido sangue; mas quem tem a culpa disto? São eles? Não senhor; foi quem fez as leis, que não atendeu ao carácter dos povos daquelas províncias".

Feito o retrato – no qual a relação entre formas de governo e a especificidade das populações a governar foi singularmente enunciada – o deputado--Conde propôs que tais províncias fossem governadas como antigamente, "com os mesmos capitães generais" e "com as mesmas leis, com que eles se governaram muitos séculos, sem que tivessem produzido desordens e anarquia"[1145].

O regresso literal ao passado não constitucional não foi, porém, a solução escolhida pelos constituintes. Em vez disso, a solução que se consolidou nas Constituintes de 1837-38 foi a de se introduzir, num artigo da Constituição, o princípio que mais tarde viria a ser formalizado como o "princípio da especialidade das leis", acompanhado da criação de um sistema de produção legislativa especialmente concebido para a formação da legislação colonial. Nesse artigo, n.º 137, a Constituição declarou que "as Províncias Ultramarinas poderão ser governadas por leis especiais segundo exigir a conveniência de cada uma delas; que o governo podia, "não estando as Cortes reunidas, decretar, em Conselho de Ministros, as providências indispensáveis para ocorrer a alguma necessidade urgente de qualquer província ultramarina"; e que também os Governadores-gerais das províncias ultramarinas podiam tomar,

---

[1145] V. *DCGECNP*, sessão 31 Março de 1837, p. 163.

"ouvido o Conselho de Governo, as providências indispensáveis para acudir a necessidade tão urgente que não possa esperar pela decisão das Cortes ou do Poder executivo". Todas as providências tomadas pelo governo ou governadores seriam "submetidas" às Cortes, quando estas reunissem.

Em todos estes artigos se desenhou a possibilidade de governar o ultramar em regime de excepção, à semelhança do que já acontecia em outros países. Em França, por exemplo, as colónias foram exceptuadas do regime comum pelo art. 73 da Carta Constitucional de Luís XVIII (1814), que previa que elas se regessem "por leis e regulamentos particulares", determinação que foi recuperada em quase todas as posteriores constituições e, nomeadamente, na de 1848 (art. 109). Depois disso um *Senatus-consulte* de 3 de Maio de 1854, votado pelo mesmo regime que suprimiu a representação colonial nas câmaras metropolitanas em 1852, estabeleceu o sistema de governo por meio de decretos do executivo, que permaneceu durante a III República[1146]. A par disso, o modelo colonial francês admitiu pontualmente a delegação de poderes legislativos em órgãos locais, nomeadamente na chamada *Carta Colonial* de 24 de Abril de 1833, que criou os conselhos coloniais nas antigas colónias. Já em Espanha as Constituições de 1837, 1845, 1869 e 1876 estabeleciam que as províncias do ultramar fossem governadas por leis especiais. Nesta última Constituição determinava-se que "As Províncias do ultramar serão governadas por leis especiais" e autorizava-se o governo "para aplicar a las mismas, com las modificaciones que juzgue convenientes y dando cuenta a las cortes las leyes promulgadas o que se promulguen para la Península"[1147].

Este quadro constitucional desapareceu em 1842, com a restauração da Carta Constitucional[1148], mas por muitos breves meses, já que nesse mesmo

---

[1146] V. Denise Bouche, *Histoire de la Colonization Française*, cit., Martin Deming Lewis, "One Hundred Million Frenchmen: the «Assimilation» Theory in French Colonial Policy"..., cit., p. 136 e Françoise Vergès, *Abolir L'esclavage [...]*, cit., p. 46. Em França, ao contrário do que sucedeu em Portugal, a representação política das colónias não foi constante; assim, em 1848 tinha-se recuperado a representação das colónias, que Napoleão tinha abolido, mas em 1852 ela foi de novo suprimida, para apenas ser restabelecida em 1870, v. André Lebon, Louis Ayral, Jules Grenard, Gilbert Gidel et Louis Salaun, *Du mode d'administration des Possessions coloniales*, Congrés des Sciences Politiques de 1900, Paris, Socièté Française d'Imprimerie et de Librairie, 1901, pp. 144-146.

[1147] V. Javier Alvarado Planas, "El Régimen de Legislación Especial para Ultramar y la Question Abolicionista en España durante el Siglo XIX", cit., p. 18.

[1148] O silêncio da Carta Constitucional relativamente à natureza da legislação que deveria vigorar no ultramar ou à sua formação permitia deduzir que nelas vigoraria a mesma lei metropolitana e o mesmo modo de legislar; embora fosse possível interpretar o seu art. 132 num sentido diferente, como também já se viu.

ano o art. 137 da Constituição abolida foi reposto por decreto do governo[1149]. Depois, no ano seguinte, as Cortes votaram uma lei que recuperou o essencial do mesmo artigo, "legalizando" o anterior decreto[1150]. Finalmente, em 1852, o Acto Adicional reproduziu praticamente o art. 137 no seu art. 15, "constitucionalizando" a anterior lei.

9.3.1. *Os fins explicitados: distância/urgência/conhecimento.*

Os deputados que se manifestaram favoráveis à concessão de poderes extraordinários ao governo e aos governadores-gerais organizaram os seus argumentos em torno dos dois critérios que, desde os anos vinte, sustentavam propostas "diferenciadoras" para governar o ultramar: a distância, associada à dificuldade das comunicações, e a escassez dos conhecimentos sobre o ultramar, às quais agora se acrescentaram a urgência vs. morosidade das decisões parlamentares. De acordo com este último critério havia, nas províncias ultramarinas, situações extraordinárias, que exigiam solução imediata, não sendo essa urgência compatível com a distância a que aquelas províncias se achavam dos centros de decisão. Havia outros cuja resolução, por ser urgente, tornava impossível que se esperasse pela reunião das Cortes[1151]. Por ambos os motivos, se se seguissem os procedimentos normais de decisão e de formação da legislação, perder-se-iam as províncias ultramarinas[1152].

Por outro lado, havia casos cuja especificidade era incompatível com a ignorância da maioria dos deputados que tinham assento no Parlamento metropolitano. Neste registo, o governo e os governadores deveriam dispor de poderes especiais porque aquelas eram províncias "longínquas, tão diversas em suas circunstâncias, em seus hábitos, e mesmo na heterogeneidade de seus habitantes"[1153].

[1149] Decreto de 2 de Maio de 1842, autorizando os governadores das Províncias a providenciarem em casos urgentes, v. *Legislação Novíssima*, cit., vol. I, p. 206.

[1150] V. Lei de 2 de Maio de 1843.Como, nessa lei, cabia ao governo autorizar os governadores a providenciar em casos urgentes, poucos dias depois foi publicada uma portaria autorizando os governadores a usarem dos poderes extraordinários da lei de 2 de Maio, poderes que a mesma portaria regulamentava, de acordo com legislação já em vigor, limitando as possibilidades de arbítrio dos governadores, v. *Legislação Novíssima*, cit., vol. I, pp. 308-310.

[1151] V. *O Nacional*, n.° 892, 1 Dezembro, sessão de 30 Novembro de 1837, p. 7147, Dep. Moniz.

[1152] V. *O Nacional*, n.° 892, 1 Dezembro, sessão de 30 Novembro de 1837, p. 7148, Dep. B. da R. Sabrosa.

[1153] V. *DCD*, sessão 17 Março de 1843, p. 267, Comissão do Ultramar.

Nos anos '40 e '50 foram iguais os tópicos que sustentaram a argumentação em favor da criação de um regime legislativo especial, tendo havido, nessa altura, um aprofundamento nítido dos argumentos antiparlamentaristas de acordo com os quais as Cortes não podiam legislar bem ou atempadamente, em virtude da falta de conhecimentos que tinham sobre os assuntos coloniais e da morosidade dos seus trabalhos. Como então admitia o Ministro dos negócios do Reino, "o Governo pode mais depressa acudir aos males daquelas Possessões ultramarinas do que o Corpo legislativo"[1154].

Nesses anos a proposta continuou a ser descrita pelos que lhe eram favoráveis como o único meio de retirar as províncias ultramarinas do "estado de abandono e anarquia" a que tinham sido votadas, de evitar a sua perda.

9.3.2. *A Constituição, o governo limitado e os direitos políticos dos "povos" do ultramar*

Estando o problema da constitucionalidade, no século de oitocentos, muito ligado à questão da organização/limitação dos poderes do Estado, o grande problema constitucional que se debateu não foi tanto a questão, substancial, dos conteúdos possíveis da legislação e dos direitos que ela podia lesar, mas, subordinada a ela, a das capacidades legislativas do governo e dos governadores, a da consequente quebra do princípio da unidade do poder legislativo. Subordinada porque, como já vimos num capítulo inicial deste trabalho, era na divisão dos poderes, na atribuição do legislativo ao parlamento e na confiança quase ilimitada nesse legislador enquanto portador da vontade da Nação, que residia a melhor garantia de que as leis seriam "constitucionais", de que não atentariam contra as liberdades e garantias individuais dos cidadãos.

A concessão de poderes excepcionais ao governo teve contra si todos os deputados para quem essa concessão consagrava uma situação de excepção relativamente aos princípios do Direito público e ao governo representativo, por atentar contra o dogma da doutrina constitucional oitocentista segundo o qual "os agentes do poder executivo não têm mandato senão para executar e fazer executar as leis, empregando unicamente os meios que as mesmas leis para esse fim tem posto à sua disposição"[1155]. Foi esse um dos eixos da argumentação dos deputados que, nas três ocasiões, se manifestaram contrários à

[1154] V. *DCP*, sessão de 18 Abril 1843, p. 294.
[1155] V. Silvestre Pinheiro Ferreira, *Declaração dos Direitos* ..., cit., p. 4.

sua aprovação, acusando os que a propunham de querer restaurar o "despotismo" no ultramar[1156].

Os riscos que a proposta em discussão comportava não se limitavam, contudo, à submissão dos "povos do ultramar" a um governo despótico. Ela envolvia também um atentado, igualmente perigoso nas suas consequências, contra os direitos (de participação política) daqueles "povos". É que, de acordo com este outro argumento, a opção constitucional portuguesa para as províncias ultramarinas tinha sido, além da sua submissão à mesma lei da metrópole, a da sua representação no Parlamento. Com a aprovação do projecto em discussão essa opção seria contrariada, por "neutralizar" a representação das províncias ultramarinas e o seu significado político:

> "Eu sei que há-se dizer-se que nós não somos aqui representantes locais, mas deputados de toda a Nação. Porém é fácil ver que, se somos deputados da Nação toda, apesar de eleitos por diversas partes, é porque a Carta supõe que aqui se fazem leis para toda a Nação [...] mas no momento em que aqui se não legislar para qualquer parte do território, essa parte do território não deve ser aqui representada"[1157].

Um parlamento que se esforçava por encontrar regulamentos eleitorais excepcionais para garantir que aquelas províncias fossem plenamente representadas (v. *supra*, 6.1), contradizia-se a si mesmo, quando procurava agora subtrair-se à elaboração das leis para aquelas partes da monarquia, recordaram ainda alguns deputados

Ao por em causa, desta forma, os direitos e garantias dos portugueses do ultramar, a aprovação da proposta desencadearia o ciúme dos "ultramarinos", activando os "princípios de desagregação" do território da Monarquia que tinham assustado os deputados vintistas:

> "Os habitantes, os naturais daquelas regiões, olham para o europeu como essencialmente, como naturalmente activo, e disposto a considerá-los e a tratá-los como inferiores; portanto, quando tais homens se pretendem tornar irmãos, como a Carta os tornou, é preciso não estabelecer princípios que despertem este ciúme, fazendo entre os Ultramarinos e nós distinções, por onde se possa entender que existe a menor desigualdade. O Sr. Ministro vai achar-se em frente de todos estes prejuízos, e vai achar-se assim desacompanhado do voto dos representantes desses homens nas Cortes. Esses homens hão-se dizer ao Sr. Ministro;

[1156] V. os argumentos que sustentaram esta opinião em Cristina Nogueira da Silva, "L'Africa nelle costituzioni portoghesi del XIX secolo", in *Le Carte e La Storia, Rivista di Storia delle instituzioni*, Ano VIII, 1, 2002, pp. 25 e ss.

[1157] V. *DCD*, sessão de 17 Março 1843, p. 278.

lá estavam os nossos Representantes que devias ouvir, que devias consultar, mas não o fizeste; quiseste governar por ti só, quiseste que nós fossemos governados pelo sistema absoluto, quando os nossos irmãos europeus são regidos pelo sistema representativo"[1158].

Era, de novo, o tópico da iminência de desagregação de uma unidade frágil que se recuperava, um tópico que continuava a sustentar-se no exemplo da colónia francesa de S. Domingos, no exemplo americano[1159] mas que, agora, se servia igualmente do recente exemplo brasileiro[1160]. Uma vez mais, a solução para que não se repetissem episódios similares era garantir que os habitantes das colónias se sentissem representados no parlamento; como se não tivesse sido essa obsessiva fixação na representação ultramarina no Parlamento metropolitano, com a recusa, a ela associada, de criar assembleias representativas em território ultramarino, uma das causas da secessão brasileira...

9.3.3. *A universalidade do governo representativo e dos direitos*

A resposta a estas acusações foi sempre a de que ninguém – nem governo, nem governadores, muito menos as Cortes – atentaria contra os direitos políticos e as garantias individuais nas províncias ultramarinas[1161]. Pelo contrário, o princípio da representação política do ultramar permaneceu intocado, tendo sido todos os deputados unânimes quanto à sua utilidade. Sendo assim, o governo e os deputados que defenderam o projecto de lei garantiram que ele não punha em causa os princípios do governo representativo, nomeadamente por não envolver qualquer delegação da capacidade de legislar. Os poderes que excepcionalmente se pretendia entregar ao governo e aos governadores não lhes permitiam legislar, apenas tomar "medidas provisórias", dependentes da aprovação do corpo legislativo para se transformarem em verdadeiras leis[1162]. Sendo tais medidas obrigatoriamente sujeitas à apreciação das Cortes

---

[1158] V. *DCD*, sessão de 18 Março, p. 297.

[1159] Sá da Bandeira, que, em '43, se manifestou contra a proposta, evocou o exemplo americano, v. *DCP*, sessão de 19 Abril de 1843, p. 299. Mas em 1852 seria favorável à mesma proposta, o que mostra que o que estava em causa, na assembleia dos anos '40, era mais a oposição ao regime cabralista do que o modelo de administração colonial.

[1160] V., por exemplo, nos anos '30, *O Nacional*, n.º 892, 1 Dezembro, sessão de 30 Novembro de 1837, pp. 7148-7149.

[1161] V. *DCD*, sessão de 24 Março de 1852, p. 310 e ss.

[1162] V. *DCP*, sessão de 19 Abril 1843, p. 305, Ministro da Justiça.

– e, portanto, dos deputados pelo ultramar – elas não punham em causa – pelo contrário, insistiu-se – a representação política das províncias ultramarinas:

"Todos estão de acordo sobre a necessidade de legislar para os nossos Domínios, e todos estão também de acordo em solicitar, do Governo e das Câmaras, as medidas tendentes a colocar o Corpo legislativo, quanto antes, em estado de poder legislar acertadamente; mas enquanto isto não é possível conseguir-se creio que de boa fé ninguém duvidará da necessidade de habilitar o governo, armando-o com a faculdade de adoptar medidas legislativas provisórias: – e é unicamente neste sentido que se pode explicar uma coisa, que de certo modo é lei, e não é Lei, porque deve existir unicamente assim no intervalo das Cortes. São medidas legislativas sim, mas provisórias; porque devem vir buscar depois a sanção das Cortes para serem convertidas em lei regular"[1163].

Já nos anos '30 se tinha insistido nas restrições introduzidas ao exercício dos poderes excepcionalmente concedidos, como a obrigatoriedade, por parte do governo, de reunir o Conselho de Ministros, para os exercer, e também a de dar conta das providências tomadas uma vez reabertas as Cortes[1164]. Além da insistência neste ponto – que fez com que a palavra "decretos", que constava do projecto apresentado pela Comissão do Ultramar em '37[1165], fosse substituída, na Constituição de 1838, pela palavra "providências indispensáveis", na lei de Maio de 1843, pela palavra "providências"[1166], apenas, e, finalmente, no Acto Adicional, "providências legislativas"[1167] – realçou-se uma outra limitação importante, o facto de a autorização não vigorar enquanto estivessem reunidas as Cortes.

A representação política do ultramar, os direitos políticos dos seus cidadãos, ou a separação dos poderes foram, então, princípios irrevogáveis para todos os que participaram nestas assembleias. Ninguém defendeu – pelo

---

[1163] V. *DCP*, sessão de 20 de Abril de 1843, pp. 320-21, par Palmela.

[1164] V. *O Nacional*, n.º 892, 1 Dezembro, sessão de 30 Novembro de 1837, p. 7148, Dep. Moniz

[1165] "Para os casos urgentes que não permitam esperar pela reunião das Cortes, o Governo em Conselho de Ministros, poderá providenciar por Decretos, e levar ao conhecimento das Cortes as providências que tiver adoptado, v. *O Nacional*, n.º 892, 1 Dezembro, sessão de 30 Novembro de 1837, p. 7147-8.

[1166] "O governo é autorizado para, na ausência das cortes, e em Conselho de Ministros, tendo ouvido o Conselho de Estado, decretar provisoriamente as providências que a exigência ou o bem das Províncias Ultramarinas exigir" (art. 1.º).

[1167] "Não estando reunidas as Cortes, o governo, ouvidas e consultadas as estações competentes, poderá decretar em Conselho providências legislativas que forem julgadas urgentes", art. 15.º, § 1.º.

menos em termos doutrinais próximos dos de John Stuart Mill – o governo despótico para o ultramar[1168]. Para prová-lo, os mais acérrimos defensores da proposta explicaram que a excepção que pretendiam abrir para o governo do ultramar não era uma verdadeira excepção. Ela integrava-se harmoniosamente na ordinária excepcionalidade com que quotidianamente o governo via aprovados pelas Cortes os numerosos decretos ditatoriais que, em nome da "necessidade", produzia durante os intervalos das mesmas Cortes, fosse por meio do V*oto de confiança* posteriormente concedido ao governo, fosse através do *Bill de indeminidade*, um expediente jurídico muito usado para subtrair o governo à responsabilidade criminal em que incorria sempre que legislava por decreto[1169]. Nesse regime tinha sido, de resto, elaborado a maioria da mais importante legislação ultramarina, prática que, agora, se queria apenas constitucionalizar, para evitar o recurso sistemático aos anteriores expedientes[1170].

Havendo, portanto, consenso quanto à participação política dos "povos do ultramar", importa agora recordar quem eram estes "cidadãos" do ultramar e também até que limite máximo os políticos da metrópole estavam dispostos a favorecer essa participação. Como se vai mostrar, aquela que se apresentava, também para todos, como o expoente máximo dos direitos de participação política dos "povos do ultramar", a sua representação política no Parlamento metropolitano, traduzia-se, como já foi sugerido no primeiro capítulo deste trabalho, numa muito limitada capacidade de participação política.

9.3.4. *Os "cidadãos ultramarinos" e a participação política*

A anterior evocação dos exemplos americano e brasileiro exprime bem o sector populacional de que se estava a falar. Nem na América do Norte nem no Brasil se tinha assistido a independências "nativas". A realidade social de referência dos deputados constituintes quando aludiam vagamente aos cidadãos "ultramarinos" era, como se mostrou em capítulos anteriores, o restritíssimo

---

[1168] O desaparecimento destes "dogmas" define a ruptura entre a doutrina colonial do primeiro liberalismo e a que se desenvolveu a partir dos finais do século, já que esta última assumiu sem rodeios a natureza problemática da representação política do ultramar e a necessidade de conceder poderes legislativos inequívocos ao governo e aos governadores das províncias ultramarinas.

[1169] De acordo com a Constituição, os decretos do governo deviam apenas regulamentar as leis. Apesar de ser um expediente inconstitucional, o *Bill de indeminidade* era largamente usado, até porque as grandes reformas legislativas eram, na sua maioria, feitas pelo governo.

[1170] De facto, a mais importante legislação ultramarina dos anos anteriores tinha sido publicada em ditadura.

grupo dos "reinóis" e luso-descendentes e as elites crioulas (mais ou menos europeizadas), aqueles que localmente exerciam o poder "de facto", de forma autónoma ou através dos órgãos da administração local (como as câmaras municipais de Luanda, Goa ou Macau ou a Junta de Distrito da Índia). Os libertos, por exemplo, não faziam parte dela, apesar de serem cidadãos em todas as Constituições. É muito significativo que, no exacto momento em que ocorrera a discussão em torno dos seus direitos políticos, definitivamente eliminados no Acto Adicional, Fontes Pereira de Melo, partidário convicto dessa solução, não tenha hesitado, dirigindo-se ao deputado por Goa, Jeremias Mascarenhas (que, a propósito do tema, denunciava o "despotismo" das autoridades metropolitanas no ultramar), em perguntar se havia Nação que, como a Portuguesa, concedesse tantos direitos às colónias, e nomeadamente direitos políticos:

"Pois pergunto eu, qual é a Nação que dá direito às colónias de elegerem Deputados para as virem representar no Parlamento?"[1171].

Esta pergunta, no contexto desta discussão, mostra bem que a concessão dos direitos políticos às Colónias não se confundia com o da concessão dos direitos políticos a todos os seus habitantes. O próprio Ministro parece dar-se conta disso, já que, alguns momentos depois, parecia pedir desculpa por alguma distorção prática dos princípios "democráticos" que norteavam o colonialismo português, ao explicar que Portugal não era despótico com os habitantes das colónias, ou então "esta acusação compreende todos os povos da Europa. A diferença das raças é conhecida por todos os povos do mundo"[1172]. Embora a frase seja algo enigmática, ela não deixa de fazer lembrar as posições do primeiro-ministro britânico, John Robinson, quando, já nos finais do século XIX, justificava com o argumento da diversidade racial as restrições ao direito de voto das populações indianas e africanas na Colónia do Cabo. Dizia o ministro, na *House of Assembly*, que "[...] o princípio e a prática do governo representativo dizia respeito a países onde a unidade da raça era uma realidade", e não deixava de alertar para o facto de ser a pluralidade das raças "uma das maiores perplexidades políticas do futuro", pela ameaça que constituía à preponderância europeia nas colónias onde a maioria da população era de origem não europeia[1173].

[1171] V. *DCD*, sessão de 13 de Março de 1852, p. 172.
[1172] *Ibid.*, p, 172.
[1173] V. Julie Evans and David Philips, "«When there's no safety in numbers»: fear and the franchise in South Africa – the case of Natal", in Diane Kirkby & Catharine Coleborne, *Law, History, Colonialism, The reach of Empire*, Manchester, Manchester University Press, 2001, p. 100.

9.3.5. *A representação ultramarina no Parlamento como álibi*

O tema dos direitos políticos dos habitantes das colónias não deixou de convocar, como sempre acontecia, o exemplo das colónias britânicas. Este, por ser muito variado, podia servir diversos pontos de vista, bastando para isso não nomear em concreto as colónias de que se estava a falar. Assim, os proponentes do projecto recordaram, a favor dele, os "poderes quase ditatoriais" dos governadores coloniais britânicos. Por sua vez, os que eram contrários ao projecto recordaram que não havia nas colónias britânicas "governadores revestidos de poderes ditatoriais", mas, em vez disso, conselhos legislativos e assembleias locais que defendiam os respectivos habitantes dos abusos dos governadores[1174]. Esse facto, na óptica desses deputados, compensava a ausência de representação das colónias no Parlamento britânico. Pelo contrário, no modelo colonial português, se fosse neutralizada a representação política no Parlamento metropolitano, símbolo máximo do tratamento igualitário que os portugueses concediam às colónias, as províncias ultramarinas ficariam desprovidas de qualquer mecanismo de garantia:

> "[...] deve notar-se, que as possessões coloniais de Inglaterra não estão no caso das nossas. Estas possessões não são representadas no Parlamento, e pelo contrário todas as nossas colónias são representadas nas Cortes; mas se as possessões inglesas estranhas ao Reino Unido não são representadas no Parlamento, têm elas foros, têm elas garantias, têm elas uma organização que lhes é peculiar, e que compensa até certo ponto a falta de representação no Parlamento"[1175].

Nada disso significava, contudo, que a solução passasse pela concessão de garantias semelhantes às colónias portuguesas. O que estava em causa não era a reflexão sobre outros modelos de administração colonial mas a salvaguarda da especificidade do modelo português, i.e., dos direitos que os cidadãos portugueses do ultramar tinham de participar no parlamento metropolitano, direitos que seriam anulados caso fosse aprovada a proposta que estava em discussão. Esta comparação com o exemplo inglês fez destas discussões outro momento alto no processo de invenção do *assimilacionismo* total da política colonial portuguesa. Não havia analogia possível entre Portugal

---

[1174] V. *DCD*, sessão de 27 Março de 1852, p. 335, Dep. Rodrigues Cordeiro. Esta intervenção daria lugar a uma resposta, da parte de Almeida Garrett, onde este tentou uma descrição mais rigorosa dos diversos modelos de administração colonial britânicos, aproveitando para lamentar, em contraposição, a uniformidade do modelo português, *Ibid.*, p. 336.

[1175] V. *DCD*, sessão de 17 de Março de 1843, p. 277, Dep. Mouzinho de Albuquerque.

e as outras Nações porque, ao contrário delas, Portugal não tinha, na verdade, colónias:

> "Portugal não tem colónias: tem território espalhado, por várias regiões do globo; mas todo esse território é igual perante as Leis, todo tem os mesmos direitos, não há diferença alguma entre o português Índio, Africano ou Europeu, todos são portugueses, cidadãos segundo a mesma Carta. Não é assim em Inglaterra, o Inglês de Inglaterra tem uma legislação diversa do súbdito britânico que nasceu nas colónias; o que nasceu nas colónias tem direitos, que lhe são particulares, mas que não pertencem ao cidadão inglês [...] repito, em Portugal não há colónias desde que vigora a Carta Constitucional"[1176].

Acontece que, neste mesmo registo, era também fácil recordar aos deputados do ultramar que a concessão de poderes extraordinários ao governo e aos governadores não era uma solução despótica, por ficar sempre salvaguardada, exactamente, a sua representação parlamentar. Foi essa a resposta de Fontes Pereira de Melo aos receios de Jeremias Mascarenhas; porquê tanta desconfiança se, afinal, Portugal era a única nação que sempre dera às colónias a possibilidade de elegerem representantes, ao contrário da Inglaterra, ou até da França[1177]?.

Foi nessa altura que o deputado goês agradeceu a generosidade portuguesa:

> "[...] ninguém duvidou desta generosidade dos senhores Reis de Portugal, e da Nação, em conceder às suas Colónias direitos políticos [...], declaro pois da minha parte, e dos habitantes das províncias ultramarinas, que somos gratos, e reconhecidos"[1178].

[1176] V. *DCD*, sessão de 18 Março 1843, p. 296, Mouzinho de Albuquerque. Afirmações similares foram recorrentes em outras câmaras (v. *DCP*, sessão de 18 Abril 1843, p. 288, par Giraldes) e também durante a discussão do Acto Adicional, durante a qual um outro deputado voltaria a afirmar: "Nós temos províncias ultramarinas, e não temos colónias nem possessões; temos terras governadas com igualdade de direitos, isto é, no caso em questão, liberalmente governadas. *Temos ali homens livres, não temos servos da gleba, homens que são tanto cidadãos portugueses, como são cidadãos portugueses os do continente [...]. Os habitantes da Ásia e da África são cidadãos tão portugueses como são os de qualquer Província do Reino na Europa*" v. *DCD*, sessão de 24 Março de 1852, p. 303, dep. Xavier Cordeiro, subl. nossos.

[1177] "A Inglaterra, que é tão livre, não consente que as Colónias elejam os seus representantes; a França não consentiu por muitos anos sendo livre, e agora novamente lhes tirou esse direito" v. *DCD*, sessão de 13 de Março de 1852, p. 172, Fontes Pereira de Melo.

[1178] V. *DCD*, sessão de 13 de Março de 1852, p. 173.

Em outra sessão, porém, combatendo a aprovação do conteúdo do art. 15 do Acto Adicional, dava a conhecer, com precisão, os limites da generosidade da Nação, bem como as ambições do grupo goês que ele representava:

> "Eu, Sr. Presidente, bem sei, que uma fracção do poder legislativo dada a uma Província pode ser um presente: não dado ao poder, e seus delegados, mas sim a uma assembleia de eleição popular, como eram as antigas assembleias provinciais v.g. de Virgínia, e outras províncias da América do Norte quando colónias da Grã-Bretanha, e são as modernas concedidas pela mesma nação à sua Colónia do Cabo de Boa Esperança, e outras; porque, concedida ao poder, e seus delegados, importa Absolutismo, mas concedida ao povo, ou seus representantes, importa a liberdade, e garantia contra o Absolutismo: querem fazer este presente às Províncias ultramarinas? Dêem ao menos às que estão em circunstâncias, as Assembleias provinciais, que façam para suas províncias leis; que depois sejam sancionadas pelas Cortes gerais. Então estas províncias agradecer-lhes-ão o presente"[1179].

9.3.6. Outras formas de participação política?

Esta era, contudo, uma solução que a generalidade dos deputados em confronto não equacionava. Embora retirassem consequências diferentes dessa afirmação, a maioria deles insistia em considerar que as garantias dos habitantes do ultramar residiam na representação parlamentar, essa "especificidade" que permitia afirmar que Portugal não tinha colónias. Para uns, ela dispensava a entrega de poderes especiais ao governo e aos governadores. Para outros, era a garantia de que essa entrega não resultaria numa solução "despótica". Para a maioria ela tornava também dispensável a entrega desses poderes a Conselhos ou Assembleias locais. Porque haveriam de reivindicá-las os habitantes do ultramar, se tinham acesso a outra forma de participação, mais dignificante, que era a participação no Parlamento da metrópole, concedida pelo "dador" da Carta constitucional?

A anterior afirmação não significa que a criação de órgãos da administração que funcionassem, localmente, como contraponto ao poder dos governadores, tenha estado fora do horizonte do modelo administrativo pensado e praticado nas colónias portuguesas. Em 1835, o funcionamento desses órgãos já tinha sido descrito como benéfico para o ultramar ("Eu quereria sempre que a autoridade municipal (e mesmo a administrativa local, até certo

---

[1179] V. *DCD*, sessão de 27 de Março de 1852, p. 330.

ponto) se entregasse aos habitantes daquelas partes [...]"[1180]. E esses órgãos acabariam por ser criados, pelo decreto de 7 de Dezembro de 1836, o primeiro decreto especial a regular a administração civil do ultramar[1181]. Um deles foi o Conselho de Governo, cuja função o art. 137 da Constituição de 1838 preservou. Nesse artigo – como, depois, na lei de '43 e no Acto Adicional – o governador só podia tomar providências especiais desde que antes o consultasse. A obrigatoriedade de consultar o Conselho de Governo foi, como já vimos, um dos pontos em que se apoiaram os defensores daquele artigo, para se defender das acusações de despotismo[1182]. Outro órgão criado pelo decreto de 1836 foi a Junta de Distrito, órgão electivo e, por isso, teoricamente dotado de alguma representatividade, ao contrário do Conselho. A participação destas Juntas na elaboração das "providências legislativas" não foi prevista na redacção final daquele artigo 137, mas tinha-o sido, na sua primeira redacção, a que foi apresentada pela Comissão do Ultramar à assembleia constituinte dos anos '30. Nesse primeiro texto, os casos urgentes que não pudessem esperar pelas providências das Cortes ou do Governo, seriam resolvidos pelas "Juntas de Distrito em conselho geral com todas as autoridades superiores da Capital do distrito, e, na falta da Junta, por impossibilidade de se reunir para esse fim, os Conselhos do Governo com as mesmas autoridades proverão interinamente de remédio, e darão parte ao governo de suas resoluções, o qual na próxima sessão apresentará às Cortes as providências que dependerem de medidas legislativas[1183]. Tratava-se, portanto, de entregar poderes extraordinários a órgãos locais dotados de alguma (muito escassa) "representatividade", em vez de os entregar aos governadores. De uma solução, poderíamos dizê-lo, a meio caminho entre, por um lado, uma "descentralização" centrada na figura do governador e, por outro, uma delegação do poder legislativo em assembleias representativas coloniais, como as que funcionavam nas colónias de povoamento britânicas, nas velhas colónias francesas da América, ou, finalmente, como as que alguns deputados vintistas eleitos pela América tinham proposto para o Brasil nas Cortes vintistas. Ela mostra que, na altura em que

---

[1180] V. *Actas da Câmara dos Pares do Reino de Portugal*, sessão ordinária de 11 de Abril de 1835, p. 311, Sarmento.

[1181] V. *Legislação Novíssima*, cit., vol. I, p. 15.

[1182] As funções deste Conselho foram depois ampliadas pela lei administrativa de 1 de Dezembro de 1869, que considerou necessário o voto afirmativo da sua maioria para se considerar urgente a necessidade de providências legislativas, ou para se contrair empréstimos (art. 30.º).

[1183] V. *O Nacional*, n.º 892, 1 Dezembro, sessão de 30 Novembro de 1837, pp. 7147-8. Sobre o funcionamento e composição do Conselho do Governo, das Juntas de Distrito e sobre outros órgãos mais locais, como as Câmaras Municipais, v. Cristina Nogueira da Silva, *A Cidadania nos Trópicos...*, cit., cap. 17: "Assimilacionismo Legislativo".

se discutiu a Constituição de 1838, a resposta ao problema da especificidade ultramarina não se esgotou na solução, mais constitucional, da "optimização" da representação parlamentar, nem na solução, menos constitucional, da entrega de poderes para-legislativos ao governo e governadores.

Esta terceira possibilidade foi, contudo, rejeitada, quase sem discussão, com base no argumento de um deputado que assegurou, em relação aos "naturais" que integrariam as Juntas, que "essa gente longe de aconselhar a favor dos interesses gerais das províncias haviam de aconselhar a favor desses interesses particulares"[1184]. Outros deputados chamaram ainda a atenção para um outro problema, o facto de não existirem sequer condições, na maioria das províncias ultramarinas, para se constituir esses órgãos[1185]. É que os "naturais" que podiam beneficiar das atribuições especiais previstas no artigo eram as já conhecidas elites locais, europeias ou europeizadas, que geralmente encaravam os órgãos da administração colonial como meios para prosseguir interesses próprios, desenvolvendo, sobretudo em África, projectos que muitas vezes colidiam com os "projectos coloniais" da metrópole; de quem se achava que não hesitariam em aliar-se ao partido miguelista em prol dos seus interesses; que não punham de lado a hipótese de se unir a outras metrópoles, caso isso lhes fosse favorável (v. *supra*, 7.2.2.3; 9.1). Eram as elites de quem quase todos desconfiavam, o que explica o esquecimento prático a que foi votada a proposta e também que, em vez de terem sido entregues a estes "naturais" reunidos em "corpos provinciais", as atribuições especiais o tenham sido aos governadores. Estes últimos, quando não se envolviam nas lógicas locais de poder, eram, apesar de tudo, os agentes susceptíveis de fazer executar nas longínquas províncias do ultramar as políticas para elas pensadas na distante metrópole[1186].

Perante este cenário, vagamente conhecido por todos, aquela possibilidade foi praticamente esquecida, ressurgindo, ocasionalmente, em propostas de aditamentos, sempre rejeitadas[1187], ou sob a forma de princípios adminis-

---

[1184] V. *O Nacional*, n.º 892, 1 Dez. sessão de 30 de Novembro, p. 7148, Dep. B. da R. de Sabrosa.

[1185] *Ibid.*, Dep. Leonel.

[1186] Mesmo assim, houve quem visse nos governadores um factor de perigo tão grande quanto o das elites locais: "[...] desde que tiverem nas suas mãos legalmente conferido o poder de tomar providências legislativas, não promoverão as ligações com a Mãe Pátria, e o Governo não sendo importunado por queixas, ou reclamações daquela parte da Monarquia, esquecer-se-á completamente delas", v. *DCD*, sessão de 14 Março 1843, p. 285.

[1187] V., no *DCP*, sessão de 20 de Abril de 1843, p. 315, o aditamento proposto por Sá da Bandeira e o Conde de Lavradrio: "As providências, que os Governadores-gerais das províncias

trativos que iam sendo enunciados pelos que teorizavam a descentralização administrativa, como era o caso de Almeida Garrett:

> "Entendo que todas as partes do território de uma Nação que tem um modo de existir particular, precisam uma legislação especial e quase excepcional até certo ponto. E pelas mesmas razões entendo, que o único meio de a obter é por via de corpos provinciais consultivos, formados nas localidades mesmas, e dos próprios habitantes, cujos interesses e simpatias os farão ocupar-se com mais desvelo, assim como com mais conhecimento de causa, de todas essas coisas, que são puramente locais, e parciais [...]. Desejaria que houvesse um corpo permanente na Madeira, assim como nas mais províncias ultramarinas; senão que ainda quereria dar maior desenvolvimento às juntas de província em todos os países transatlânticos do que no continente"[1188].

Se soluções como esta eram vista como problemáticas, mais problemático ainda seria criar nas colónias portuguesas, assembleias legislativas locais semelhantes às das colónias de povoamento britânicas. Sá da Bandeira, que era favorável à valorização, nas colónias, de órgãos como as Juntas de Distrito e as câmaras municipais, rejeitava-o liminarmente[1189]. E o mesmo fez Almeida Garrett, em 1852, lançando contra essa possibilidade o argumento civilizacional. O estado de atraso civilizacional das sociedades ultramarinas portuguesas não permitia que nelas se criassem instituições próprias das colónias civilizacionalmente adiantadas, como as colónias de povoamento britânicas ou até o Brasil, o ultramar português dos anos '20: "então tinha Portugal Colónias importantíssimas que estavam no estado de saber e poder gozar de todos os princípios e garantias de liberdade, pela civilização a que tinham chegado; então é que um Ministro que sustentasse princípios coercivos de liberdade a respeito dessas colónias dava um exemplo de antiliberal"[1190]. Sendo

---

ultramarinas tomarem, nos termos da delegação do governo, serão tomadas em Conselho de Governo, e ouvidas as Juntas gerais dos respectivos Distritos, ou Províncias".

[1188] V. *DCGECNP*, sessão de 22 de Março de 1837, p. 113, Dep. Almeida Garrett; o único comentário que estes enunciados suscitaram foram os do deputado L.J. Moniz, que se limitou a opinar que tais ideias eram "[...] a base fundamental da boa administração nas províncias ultramarinas", ibid..

[1189] V. *DCD*, sessão de 12 de Julho de 1869, p. 736. São excepcionais, a esse respeito, as palavras do deputado Midosi, quando lembrou a necessidade de se estabelecer legislaturas subsidiárias em Goa e Angola, com apelação para as Cortes da metrópole, a fim de darem aqueles povos o meio de melhorarem os seus negócios, "[...] como fazem os colonos ingleses do Canadá e da Jamaica. Em lugar competente ofereceremos nossas reflexões a esse respeito", v. *O Nacional*, n.º 740, 26 de Maio, sessão de 23 de Maio de 1837, p. 4244.

[1190] V. *DCD*, sessão de 27 Março 1852, p. 336.

assim, o único meio de atender às necessidades específicas das actuais colónias portuguesas era permitindo ao governo e aos governadores tomar o que, como sublinhou, eram "medidas temporárias", só convertíveis em leis após aprovação no Parlamento. Reconhecer isso na Constituição era constitucionalizar uma forma de governo que já era praticada, à margem da lei e da Constituição, substituindo-se o arbítrio não regulamentado que o silêncio da Carta Constitucional proporcionara por uma atribuição de poderes excepcionais, mas regulamentada e constitucionalmente protegida[1191]. Esta seria, por outro lado, a forma de governo capaz de proporcionar o avanço civilizacional das sociedades, residindo aí sua bondade: assegurando-se o progresso garantia-se que, no futuro, as leis para as colónias pudessem ser, então, feitas nas colónias ("[...] cresçam, floresçam, civilizem-se e aumentem, porque então não deve ser aqui que se hão-se fazer as suas leis, deve ser lá"[1192]).

A íntima relação que Almeida Garrett estabelecia entre o progresso e os montantes da população e da cultura europeias torna-se muito nítida na altura em que se refere às colónias "civilizacionalmente mais adiantadas":

"Pois as Ilhas Jónias de Inglaterra, e muitas das Antilhas inglesas, o estado em que está o Cabo da Boa Esperança, cuja máxima parte da população é holandesa, e o resto inglesa, que tem os costumes e máximas dos novos saxónicos, tem porventura alguma comparação com o estado em que estão as nossas Colónias? Pois os ilustres deputados não conhecem isto? Ignoram qual é a força da sua população, qual é a sua instrução, e o estado da sua civilização?"[1193].

Resta lembrar que esta ideia do atraso civilizacional das colónias era partilhada por todos, mesmo pelos que eram contrários à proposta, o que contrariava a semântica da igualdade dos "cidadãos ultramarinos", omnipresente

---

[1191] "Como não havia lei, que regulasse o arbítrio, que mesmo arbítrio como era, precisava ser regulado, cada um fazia o que queria em relação ao Ultramar; tanto o governo como os governadores faziam o que queriam", *ibid.*, p. 337.

[1192] *Ibid.*, p. 338.

[1193] *Ibid.*, p. 336. Em 1878 a associação entre o "atraso civilizacional" e o modelo colonial a seguir tornou-se mais nítida: "Perfilhar na Índia e em Angola as práticas governativas seguidas nas colónias inglesas de primeira classe afigurasse-me coisa igualmente indefensável [porque] as colónias inglesas de primeira classe são em plena realidade colónias, são braços robustos de um mesmo e único povo. Sua população dominante, muito numerosa e activa, é inglesa na origem, nos hábitos, nas tendências, nos costumes, nas tradições, nos usos da vida pública, e dito isto está dito tudo! Se os elementos principais da colónia se identificam desta sorte com os da mãe pátria, pode haver razão política, porém não há motivo social para diferenças quanto às bases essenciais do seu governo", V. *DCD*, sessão de 27de Março de 1878, Discurso do deputado Jayme Moniz pronunciado na sessão de 15 de Março, p. 792.

nos seus discursos. O vocabulário mobilizado por estes últimos mostra que a relação da metrópole com os "cidadãos" das colónias era pensada como uma relação hierárquica, na qual estava subentendida a natureza paternalista dos laços que as ligavam a metrópole e, associada a eles, a menoridade política dos seus habitantes. Filhos menores cujos ânimos, apesar de tudo, convinha não exaltar. É que, diziam ainda os deputados que se opunham, os habitantes das colónias poderiam sentir-se maltratados pelo respectivo "tutor", caso a aprovação da proposta em discussão os deixasse à mercê de "um poder absoluto e discricionário"[1194].

Tendo sido a proposta aprovada, restava esclarecer se a legislação especialmente concebida para o ultramar que dela resultaria devia ou não estar sujeita ao princípio da constitucionalidade da lei.

9.3.7. *Os fins ocultos da "especialidade" das leis*

A finalidade "pública" da concessão de poderes extraordinários ao governo e governadores tinha sido a de criar condições para a produção de uma legislação adequada e atempada. Raras vezes os seus proponentes identificaram possíveis *conteúdos* do direito que seria especialmente produzido para o ultramar. No entanto, a par destas finalidades, podia haver – agora, na voz de alguns dos opositores àquela concessão – finalidades "ocultas", cujo sentido podia ser o da violação dos direitos nas colónias. Essa possibilidade remetia para um outro problema, o da constitucionalidade das "leis especiais" que deviam organizar a vida ultramarina.

Genericamente, era consensual a ideia de que a Constituição e os direitos vigoravam no ultramar. Ninguém, nestes anos da primeira metade do século, situou os seus argumentos fora de um campo de argumentação que não tivesse como ponto de partida a aplicação da Constituição no ultramar. Por outro lado, do ponto de vista formal, as "leis especiais" que o art. 15 do Acto adicional estabelecia para o governo do ultramar não podiam lesar os "direitos políticos e individuais dos cidadãos", porque estes eram, juntamente com as atribuições dos poderes políticos, matérias "constitucionais", que não podiam ser alteradas pelo legislador ordinário, muito menos pelo governo ou pelos governadores[1195], tendo constituído esse o argumento da doutrina[1196].

[1194] V. *DCP*, sessão de 17 Março 1843, p. 286.

[1195] V. art. 144.º da Carta Constitucional. A alteração da Constituição estava sujeita a "mecanismos de limitação do poder de rever" que implicavam a formação de um legislador portador de uma legitimidade qualificada porque essa tinha sido a forma encontrada pelo

Previsivelmente, o tema da constitucionalidade das "leis especiais" foi escassamente debatido. A questão que se discutiu foi muito mais a da forma representativa de governo, a questão orgânica da delimitação dos poderes políticos, do que a questão substancial dos direitos, tendo sucedido exactamente o mesmo na doutrina jurídica, que concentrou a sua atenção no uso limitado que o governo e os governadores podiam fazer do art. 15: a condição da urgência, de só dela poderem fazer uso estando fechadas as Cortes, a obrigação de sujeitar as providências tomadas à aprovação do Parlamento[1197]. Confirmava-se, com isso, que o tema da legitimidade do órgão que legislava – e da correlativa confiança que nele se podia depositar, na sua racionalidade, na sua capacidade de auto-limitação – era, no direito público de oitocentos, muito mais importante do que o tema, a ele subordinado, da constitucionalidade das leis e do primado da Constituição (v. *supra*, 7.1).

Houve, no entanto, alguma discussão parlamentar em torno daquele tema quando se discutiu o alcance da "especialidade" da legislação ultramarina. Nessa altura, ele deu origem, nas várias assembleias, a duas posições, a dos deputados que achavam que essa especialidade devia ser prevista na Constituição e a dos que achavam que, não sendo as "leis especiais" para o ultramar qualitativamente diferentes daquelas que eram especialmente feitas para outras partes do território, era dispensável declarar essa "especialidade" na Constituição. A diferença entre estas duas posições em confronto seria sintetizada, já em 1852, por Jeremias Mascarenhas:

> "Eu sou o primeiro em reconhecer que muitas das leis feitas para o Reino não podem executar-se nas Províncias ultramarinas, e mesmo que cada uma destas províncias carece de leis especiais, porque bem conheço a variedade de suas circunstâncias, diversidade da índole de seus habitantes, e diferença de suas necessidades [...]; mas o que não posso compreender é [...] qual seja a necessidade, porque esta atribuição, aliás ordinária do poder legislativo, deva ser consignado no Acto adicional, que há-de fazer parte do pacto fundamental da Monarquia [...], porque esta atribuição é ordinária [...]. E com efeito as cortes

---

constitucionalismo europeu para afirmar a supra legalidade das normas constitucionais, v. Maria Lúcia Amaral, *Responsabilidade do Estado e dever de indemnizar do legislador*, Coimbra, Coimbra Editora, 1998, p. 318 e ss.

[1196] V. Lopes Praça, *Estudos sobre a Carta Constitucional de 1826 [...]*, cit., vol. II, 1880, p. 51.

[1197] V. Lopes Praça, *Estudos sobre a Carta Constitucional de 1826 [...]*, cit., vol. II, 1880; e, com mais pormenor, por referir os casos em que o poder judicial podia negar força obrigatória às medidas ditatoriais do governo e dos governadores, José Tavares, *O poder governamental no Direito Constitucional português*, Coimbra, Imprensa Académica, 1909.

não têm feito leis especiais, segundo as exigências locais de um distrito mesmo do Reino? Que outra coisa significam as diferentes medidas legislativas a respeito dos distritos vinhateiros? [...]. Se até hoje ninguém contestou esta atribuição do poder legislativo para fazer leis especiais segundo a exigência da diversidade das circunstâncias para várias províncias do Reino, Ilhas, e para o ultramar, como até hoje se fez, donde nasce, pois, a necessidade de consignar no Pacto fundamental esta atribuição de fazer leis especiais para o ultramar?"[1198].

Estranhando, desta forma, a necessidade de se admitir leis especiais só para as províncias ultramarinas, o deputado deduziu da vontade de consagrar essa especialidade na Constituição um "fim oculto", o de reduzir os direitos e garantias naqueles territórios, de admitir leis contrárias à Constituição nas províncias ultramarinas. O primeiro exemplo que deu foi o da restrição dos direitos políticos dos libertos[1199]. Depois, mais à frente, pediu mesmo que se declarasse "se por estas leis especiais, porque se devem governar as províncias ultramarinas, se podia cercear, suspender e tirar aos portugueses do ultramar os direitos políticos e civis garantidos pela Carta"[1200].

Na verdade, o problema da constitucionalidade ou não do conteúdo das "leis especiais" que se fizessem para o ultramar não tinha ficado completamente esclarecido, desde o texto da Constituição de 1838. É um facto que Vicente Ferrer lembrou à assembleia, em '52, que o executivo não podia, no uso dos poderes que lhe eram conferidos, legislar contra os direitos e liberdades, por ser essa uma matéria constitucional que nem as legislaturas ordinárias podiam modificar[1201]. Contudo, essa possibilidade, tendo sido aflorada durante as discussões, nunca foi definitivamente afastada, criando-se um espaço de ambiguidade que seria preenchido, em algumas ocasiões, por interpretações que assimilavam a especialidade à excepcionalidade, como se irá ver nos parágrafos seguintes.

[1198] V. *DCD*, sessão de 24 Março de 1852, p. 306.

[1199] "se [...] se insistir na consignação do Acto Adicional desta doutrina, parece-me que nisto se pretende outro algum fim, mas de maior alcance e importância; este receio para mim toma maior vulto, pela recordação do que se passou na sessão de 13 do corrente. [...] Quando se tratava do voto para os Libertos, o Sr. Ministro da Fazenda, por ocasião de um meu aparte, tinha dito, que tinha havido inconveniências no serviço público, por se terem dado às províncias Ultramarinas, ou Colónias, os mesmos direitos e garantias políticas", v. *DCD*, sessão de 24 Março de 1852, p. 307.

[1200] *Ibid.*, pp. 309-10.

[1201] V. Ernesto de Vilhena, *Questões coloniais [...]*, cit., p. 289.

9.3.8. *O princípio da constitucionalidade das leis no ultramar*

Um primeiro ponto da discussão do art. 1 do projecto proposto pela Comissão do ultramar em 1838 ("As Províncias ultramarinas serão governadas por leis especiais") foi o de saber se, sendo necessárias leis ordinárias diferentes para as províncias ultramarinas, elas estavam, não obstante, sujeitas, como a legislação metropolitana, à conformidade com a Constituição. Nessa altura, tinha havido uma proposta de aditamento cujo sentido era o de que a Constituição não vigorasse, em geral, no ultramar ("A presente Constituição é somente aplicável ao Reino de Portugal e Algarve e arquipélagos da Madeira e Açores; os domínios ultramarinos serão regulados por leis particulares")[1202].

O consenso a que se chegou foi, no entanto, que a Constituição vigorasse em geral nas províncias ultramarinas, mas que essa vigência pudesse ser interrompida em casos particulares e excepcionais. Para evitar interpretações demasiado amplas desta possibilidade, um deputado pediu ainda que a Comissão da Constituição elaborasse o artigo de tal forma que "[...] se entendesse, que a Constituição tanto regia no continente como nas Províncias Ultramarinas, *salvo nos casos em que as localidades carecessem de excepção que o poder legislativo ordinário poderá fazer*"[1203]. Um desses casos, salientou o mesmo deputado, era o do júri, que tinha sido ditatorialmente abolido no ultramar, por decreto de 16 de Janeiro de 1837. Essa abolição foi mesmo por ele apresentada como a prova da bondade dos artigos constitucionais que entregavam poderes excepcionais ao governo, porque tendo este abolido anteriormente aquela instituição em Cabo Verde, sem ter poderes para tal, o poder judicial opusera-se à medida, recusando validade às sentenças pronunciadas sem ele, um problema que a autorização especial permitiria resolver[1204]. O facto de não haver, em nenhuma das províncias ultramarinas, número suficiente de pessoas capazes de formar um júri demonstrava, por si só, a impossibilidade de estender o regime constitucional ao ultramar:

> "Alguns que querem por força que as mesmas regras constitucionais, que se estabeleceram para Portugal, sejam aplicadas no ultramar, querem o impossível"[1205].

[1202] V. *Arquivo Histórico Parlamentar* (AHP), Secção I-II, Cx. 210, Doc. 18, dep. Midosi.

[1203] V. *O Nacional*, n.º 892, 1 de Dezembro de 1837, sessão de 30 de Novembro de 1837, p. 7147, dep Leonel (sub. nossos).

[1204] V. *Ibidem*, pp. 7147-48, dep. Leonel.

[1205] V. *DCGCNP*, sessão de 7 de Abril de 1837, p. 228-29. Novas referências na sessão de 8 Abril 1837, p. 254. A abolição dos jurados no ultramar seria objecto de discussão em várias ocasiões, e nomeadamente nas Cortes dos anos '50, por iniciativa dos deputados da Índia, v. Cristina Nogueira da Silva, *A Cidadania nos Trópicos*..., cit., cap. 17, subcap.: "Administração da justiça".

Outro deputado propôs, para assegurar que seria unívoco o sentido do artigo, que em vez da redacção proposta pela Comissão – "As províncias ultramarinas serão governadas por leis especiais" – se substituísse a palavra "serão" pela palavra "poderão ser", para que não se pensasse que aquelas províncias "forçosamente haviam de ser governadas excepcionalmente", e não apenas "quando a necessidade o exigir"[1206].

Esta alteração foi introduzida na versão final do artigo da Constituição e, depois, no art. 15 do Acto adicional, o que significa que os artigos constitucionais comprometiam, paradoxalmente, o princípio de que a Constituição vigorava sempre e em todo o território da monarquia[1207].

Ao longo destes episódios, alguns intervenientes recordaram exemplos de leis e regulamentos não constitucionais que já vigoravam nas colónias, além de ilegalidades cometidas pelos governadores. Em 1843, por exemplo, Sá da Bandeira denunciou os actos ilegais cometidos por governadores que não cumpriam a legislação contra o tráfico da escravatura, que nomeavam indivíduos para Presidentes das câmaras municipais, que mantinham em funções governadores subalternos acusados de recorrer ao serviço de carregadores e de açoitarem negros livres[1208]. Em 1852, Jeremias Mascarenhas aproveitou a ocasião para dar outro testemunho de violações concretas dos direitos civis no ultramar:

> "O que temos visto [estando em vigor a lei de 1843] é servir aquela autorização para se lançar tributos sobre os povos, criar empregos para acomodar afilhados, dar gratificações, maltratar cidadãos pacíficos, prender uns contra lei, chibatar outros, degredar estes sem sentença, e convicção do crime, mandar às galés a aqueles, etc."[1209].

O deputado goês reproduzia, com estas palavras, as mesmas denúncias que, nos anos '40, tinham sido dirigidas à Comissão de Infracções das Cortes, sem grande sucesso, pelas câmaras municipais de Salsete e Bardez e por alguns dos então deputados pela Índia, relatando actos exercidos pelo Governador-geral da Índia contra os direitos dos habitantes daquela província.

[1206] *Ibid.*, dep Menezes.

[1207] Durante a discussão da lei de 1843, que não fazia alusão ao princípio da especialidade das leis, o Duque de Palmela recuperou o mesmo princípio, ao perguntar-se, retoricamente, se "a aplicação intempestiva, por prematura, dos princípios da Carta a todas as Possessões Ultramarinas" havia melhorado a sua situação, v. *DCP*, sessão de 20 de Abril de 1843, p. 320-21.

[1208] V. *DCP*, sessão de sessão de 18 Abril 1843, p. 290.

[1209] V. *DCD*, sessão de 27 Março 1852, p. 329.

Entre esses actos destacava-se a utilização indiscriminada do castigo das varadas, o lançamento arbitrário de impostos[1210], a publicação de uma portaria tornando extensiva a todos os devedores da fazenda pública a pena de prisão que a reforma judiciária previa somente para os recebedores e tesoureiros[1211].

Sendo assim, para evitar que a autorização especial que se ia conceder ao governo e aos governadores agravasse as situações de excepção já vividas no ultramar, alguns deputados procuraram impedir que ela se convertesse numa confirmação do poder fáctico de decretar medidas inconstitucionais, tentando, contra isso, obter a aprovação de artigos adicionais que impedissem expressamente o governo e os governadores de "legislar em contravenção dos direitos individuais, civis e políticos, e das garantias para eles estabelecidas pela Carta Constitucional"[1212] ou de alterar a organização do poder judicial[1213]. Contudo, como já tinha acontecido nos anos '30, todos estes aditamentos foram rejeitados, o que levou um deputado a retirar daí uma ilação conclusiva:

> "O Governo quer ficar livre para fazer tudo! Quer até ficar com o direito de legislar contra a Carta, e contra as garantias individuais dos Cidadãos do ultramar! (...) Tenho direito de dizer que ele o quer, porque rejeitou, e fez rejeitar um aditamento com estas restrições!"[1214].

Estas restrições seriam aprovadas mais tarde, num decreto de 14 de Agosto de 1856, da iniciativa de Sá da Bandeira, não tendo obtido, em nenhuma ocasião, confirmação constitucional[1215]. Nas sessões das Cortes onde o projecto deste decreto foi discutido – e aprovado, sem grande contestação – o tema da violação dos direitos e garantias não foi debatido, tendo-se centrado a discussão no tema dos impostos que o governador não podia lançar e dos empréstimos que não podia contrair[1216]. Posteriormente, os poderes dos governadores foram novamente regulamentados e sujeitos a uma mais

---

[1210] V. AHP, Cx. 208, Docs 2-5 (papéis da Comissão de infracções de 1842) e Cx. 211, Docs. 22-36.

[1211] V. *DCD*, sessão de 27 de Maio de 1841, p. 24, com parecer favorável da Comissão do Ultramar.

[1212] V. *DCD*, sessão de 18 Março de 1843, p. 293.

[1213] V. *DCP*, sessão de 20 Abril, p. 320, Visconde de Fonte Arcada.

[1214] V. *DCD*, sessão de 18 Março 1843, p. 304, dep. Silva Sanches.

[1215] Decreto de 14 de Agosto de 1856, v. *Novíssima Reforma Judiciária [...]*, cit., p. 648.

[1216] V. *DCD*, sessões de 2 de Julho de 1856, pp. 17-29; de 4 de Julho, pp. 53-55; e de 5 de Julho, p. 58.

apertada fiscalização por parte do Ministério da Marinha, o que mostra que esses regulamentos não eram localmente observados[1217].

Cinco anos mais tarde, as próprias Cortes viriam a votar, com base no art. 15 do Acto adicional, uma lei que, como alguns então reconheceram, era mais uma "lei excepcional" do que uma "lei especial". Vale a pena descrever o universo de argumentos que conduziu à aprovação dessa lei, a 25 de Fevereiro de 1861, porque, através dele, percebe-se melhor como era frágil a barreira que separava a "especialidade" da "excepcionalidade".

O projecto da lei a que acabámos de fazer referência, proposto pelo governo e pela Comissão do ultramar a 13 de Fevereiro de 1861, atribuía à Junta de Justiça de Angola, um tribunal de excepção, o poder de julgar sumariamente os escravos e libertos obrigados ao serviço que fossem acusados de crimes "contra as pessoas e contra a propriedade" a que correspondesse pena maior (art. 1). Atribuía ainda, ao Governador-geral, o poder de executar imediatamente as penas impostas por aquele tribunal, incluindo a pena de morte (embora, nesse caso, com o voto afirmativo do Conselho de Governo, art. 2)[1218]. Com isso, além de alargar a jurisdição das Juntas de Justiça, um tribunal especial, presidido pelo Governador-geral da província e que julgava sem recurso para qualquer tribunal, o projecto em discussão colocava outros problemas, igualmente relacionados com a sua constitucionalidade e com a observância dos direitos nas províncias ultramarinas. Em primeiro lugar, porque suprimia atribuições a um dos poderes do Estado, ao não observar o art. 74 da Carta, que determinava o recurso de todas as sentenças para o poder moderador, uma excepção que era ainda mais grave quando se tratava de uma pena irrevogável, a pena capital[1219]. Em segundo lugar, porque dessa situação decorria uma outra, menos discutida, que era a de ficar o escravo, enquanto pessoa, e o liberto, enquanto cidadão, privados da última garantia, o que para

---

[1217] Foram-no, por exemplo, na lei administrativa de 1 de Dezembro de 1869, que enumerava 17 matérias que em caso algum podiam ser consideradas urgentes. Foram-no também numa série de portarias, anteriores e posteriores, não obstante contrariadas por portarias onde, pelo contrário, se intensificavam esses poderes.

[1218] V. *Diário de Lisboa*, de 15 de Fevereiro de 1861, sessão da Câmara dos Deputados de 13 de Fevereiro de 1861, p. 406.

[1219] ("[...] como é que a lei poderá mandar executar a pena de morte, pena que é irreparável, sem que o poder moderador tenha conhecimento de que se proferiu a sentença"?, *Diário de Lisboa*, de 18 de Fevereiro de 1861, sessão de 15 de Fevereiro de 1861, p. 426, Matos Correia. Além disso a lei contrariava o art. 1201.º da reforma judicial em vigor, que admitia a execução imediata das penas criminais exceptuando a pena de morte, só executável depois da resolução do poder real.

alguns atentava contra o direito à vida dos indivíduos visados[1220]. Com isso, chegou a avisar um dos deputados, era a própria "missão civilizacional" junto dos libertos, que o projecto confundia, de forma ilegítima, com os escravos, que ficava em causa. E, com ela, a colonização em África, lugar do mundo onde, por impossibilidade de "propagação da raça branca", só os nativos – e em primeiro lugar os recém libertados – podiam assumir o papel de "colonos", como de modo muito singular explicou este deputado:

"Se confundirmos estes libertos, ou antes colonos, com os escravos actuais; se só virmos neles coisas e não pessoas, o tratamento dos amos há-de corresponder a esta ordem de ideias; e em lugar de criarmos uma população cristã moralizada, com amor ao trabalho e própria para produzir por sua conta, depois de terminado o trabalho obrigado [...] havemos de lançar na província anualmente uma porção considerável de pretos, que entram com repugnância ao trabalho e sem ilustração, para sair do estado de servidão para o de inteira liberdade, completamente embrutecidos, sem religião, cheios de vícios e com horror ao trabalho, porque nele só terão encontrado mais uma miséria para juntar às mais da escravidão"[1221].

Para alguns deputados, esta era, pelos motivos enumerados trás, uma "lei de excepção", que não podia ser enquadrada pelo art. 15 do Acto Adicional:

"[...] lei especial não é lei excepcional, e isto é uma lei excepcional, porque a câmara deve saber que a lei fundamental do Estado é ferida tanto pelo art. 1 da lei apresentada pelo ministro, como pelo art. 2. A Carta proíbe as alçadas, e é uma alçada que se vai criar pelo art. 1. Este artigo importa um tribunal excepcional, julgando em primeira e última instância, e a Carta também o proíbe [...]"[1222].

[1220] V. *Diário de Lisboa*, 20 de Fevereiro de 1861, sessão de 18 de Fevereiro de 1861, p. 455, Martens Ferrão. No mesmo sentido foi o discurso de Teles de Vasconcelos na sessão seguinte (v. *Diário de Lisboa*, 22 de Fevereiro de 1861, sessão de 19 de Fevereiro de 1861, p. 482). E o de Ramiro Coutinho (v. *Diário de Lisboa*, 26 de Fevereiro de 1861, sessão de 23 de Fevereiro de 1861, p. 520).

[1221] V. *Diário de Lisboa*, 24 de Fevereiro de 1861, sessão de 22 de Fevereiro de 1861, p. 509, Pinto da França.

[1222] V. *Diário de Lisboa*, 22 de Fevereiro de 1861, sessão de 20 de Fevereiro de 1861, p. 483, Tomás de Carvalho. Observações semelhantes tinham sido expostas em sessões anteriores: "[...] *leis* especiais se entendia leis orgânicas e regulamentares diferentes das da metrópole; mas nunca leis em contraposição com a lei fundamental, porque para isso era necessário que o art. 15.º dissesse *leis* excepcionais", V. *Diário de Lisboa*, 19 de Fevereiro de 1861, sessão de 16 de Fevereiro de 1861, p. 438, dep. Teles de Vasconcelos. Na mesma sessão pronunciou-se em igual sentido F.S. Gomes (*ibid.*, p. 439); e, em outra sessão, Martens Ferrão, v. *Diário de Lisboa*, 20 de Fevereiro de 1861, sessão de 18 de Fevereiro de 1861, p. 455: "[...] nunca se admitirá que por leis especiais se deva entender as que forem contrárias à Carta".

Para outros, contudo, esta, como outras leis contrárias à Constituição que já vigoravam no ultramar, era conforme ao "princípio da especialidade" consagrado no art. 15 do Acto Adicional, princípio no qual se chegou a fundamentar uma outra excepção, ainda mais inconstitucional, a preservação do estado de escravidão:

> "[...] ainda direi mais: onde existe o estado de escravidão reconhecido na Carta? Não diz a carta no art. 7.º – que são cidadãos portugueses todos os que nascem em Portugal e seus domínios? Como se admite então a escravidão nas nossas possessões? Não será por virtude do art. 15.º do acto adicional?"[1223].

Nesta altura, colocando-se ao lado dos que interpretavam o art. 15 do Acto Adicional no sentido da "excepcionalidade", até Vicente Ferrer, o jurista cujas palavras, atrás citadas, ficaram na doutrina como o único argumento que garantia que as "leis especiais" admitidas nesse art. jamais poderiam atentar contra os direitos políticos e civis dos cidadãos portugueses do ultramar, fundou nele a "constitucionalidade" do projecto em discussão, admitindo que o significado da expressão "leis especiais" era substancialmente diferente quando dizia respeito a uma qualquer localidade da metrópole ou ao ultramar[1224]. Da mesma forma, o Marquês de Sá da Bandeira, a quem tinha cabido a iniciativa do Decreto de Agosto de 1856, que restringira os poderes dos governadores, admitiu, nesta nova conjuntura que se desenhou nos anos '60, ser difícil aplicar a Carta Constitucional "[...] a populações que não estão no grau de desenvolvimento indispensável para a apreciarem". Nos territórios africanos, explicou o autor das mais inequívocas afirmações a favor da cidadania de todos os habitantes do ultramar português, não podiam ser exercidos todos os direitos políticos nem proclamados os Direitos do homem, para que não se voltassem a repetir as "cenas sanguinolentas de S. Domingos". Para evitar essa possibilidade, Sá da Bandeira sugeriu até que matérias como as que estava a ser discutidas fossem entregues à iniciativa local (às Juntas, às Câmaras municipais ou ao governador)[1225].

[1223] V. *Diário de Lisboa*, de 18 de Fevereiro de 1861, sessão de 15 de Fevereiro de 1861, p. 427, João de Reboredo. O outro exemplo referido foi o dos jurados.

[1224] V. *Diário de Lisboa*, 19 de Fevereiro de 1861, sessão de 16 de Fevereiro de 1861, p. 440.; v. também a reprodução do seu discurso em '52 (*Diário de Lisboa*, 21 de Fevereiro de 1861, sessão de 19 de Fevereiro de 1861, p. 473).

[1225] V. *Diário de Lisboa*, 20 de Fevereiro de 1861, sessão de 18 de Fevereiro de 1861, p. 456.

No fim, o projecto foi aprovado, admitindo-se contudo o recurso para o poder moderador em caso de pena de morte[1226].

9.3.9. Conclusão

O modelo de formação da legislação colonial escolhido pelo constitucionalismo português do século XIX deixa-se descrever com clareza pela doutrina do século seguinte, que tinha acerca dele uma visão generalizadamente crítica[1227]. Tratava-se de uma solução que, por estar demasiado atenta aos princípios constitucionais, tinha desembocado numa medida de descentralização louvável "[...] mas acanhada, hesitante, acompanhada de restrições que lhe vão diminuir o seu alcance prático"[1228]. Por causa disso, o executivo tinha sido impedido de legislar rápida e adequadamente para as sociedades ultramarinas em gestação, onde tudo era "urgente e grave"[1229].

No entanto, se inserirmos aquele modelo no conjunto muito complexo dos interesses e das finalidades contraditórias a que ele tentou dar resposta, bem como no das suas posteriores apropriações, percebemos que a sua lógica está longe de se esgotar nessa tentativa – ainda por cima fracassada – de observar as regras formais do governo representativo. É isso que se vai mostrar a seguir.

A generalidade dos deputados da primeira metade do século já achava que governar as colónias a partir da metrópole, com toda a actividade legislativa concentrada no Parlamento – a solução que os deputado vintistas tinham pensado para a América portuguesa nos anos '20 – era submetê-las a uma legislação tardia e inadequada e votá-las ao abandono. A solução era, portanto, criar um regime de maior autonomia, inclusive no plano legislativo.

[1226] V. *Diário de Lisboa*, 27 de Fevereiro de 1861, sessão de 25 de Fevereiro de 1861, p. 533.

[1227] Com algumas excepções, como a de Marnoco e Souza, *Direito Político [...]*, cit., p. 639 e ss.

[1228] V. Ernesto de Vilhena, *Questões coloniais*, cit., p. 270.

[1229] Idem, *ibid.*, p. 279. A metrópole, explicava ainda Almeida Ribeiro, em vez de fazer aproveitar às colónias essa escassa faculdade, tinha-a restringido, com o "ponto de vista meramente jurídico de não infringir os textos, ou não alargar a excepção aberta ao princípio constitucional da não delegação do poder legislativo", v. *Administração financeira [...]*, cit., p. 137-38. Quando, afinal, era sabido que [...] descentralizar nunca foi, em colonização, permitir que o governo da metrópole, e [...] os governos locais, só se manifestem por maneira útil e efectiva em casos urgentes, anormais, de excepção, mas transferir para dentro das próprias colónias uma parcela maior ou menor dos poderes da metrópole, sempre com o carácter de concessão permanente", *ibid.*, p. 136.

Uma autonomia próxima da que era sugerida pelo modelo inglês, mas com limitações que decorriam da "especificidade" do colonialismo português.

No interior deste último modelo, optar pela formação de órgãos representativos com poderes legislativos nas próprias colónias, como nas colónias de povoamento britânicas, era a solução mais consequente no que aos direitos de participação dos habitantes das colónias na decisão política dizia respeito. Foi, contudo, unanimemente considerada inadequada, por causa do "atraso" das sociedades coloniais, i.e., da resistência sistemática das suas elites locais à intervenção da metrópole quando esta não se revelava favorável aos seus interesses particulares. Por esse motivo – e porque a ideia de unidade formada por metrópole e ultramar, associada à ideia da unidade do Estado, do seu território e do seu direito, continuou omnipresente – a solução que acabou por ser votada aproximava-se muito mais da que era sugerida pela *crown colonies*, aquelas onde os ingleses tinham optado por formas de governo mais autoritárias, centradas no governo e num governador nomeado pela metrópole e nos respectivos Conselhos legislativos e executivos, quando os havia[1230]. No entanto, contrariamente ao que sucedia nestas últimas, a salvaguarda dos princípios do sistema representativo era garantida, no sistema português, através de dois meios: i) o carácter excepcional da autorização concedida ao governo e aos governadores – só era admitida em casos urgentes e quando as Cortes não estivessem reunidas e ii) a posterior apreciação e aprovação, nas Cortes, das determinações que governo e governadores tomassem em regime de excepção. Não havia, portanto, uma delegação completa do poder legislativo. O Parlamento continuava a ser o centro político da Monarquia, cabendo-lhe a fiscalização dos poderes que excepcionalmente se atribuíam ao governo e governadores[1231]. Valorizava-se, assim, o elemento que melhor definia, no

---

[1230] V. Peter Burroughs, "Institutions of Empire [...]", cit., p. 170 e ss. Na verdade, a classificação das colónias inglesas resultava de um esforço de abstracção de situações concretas cuja diversidade, no espaço e no tempo, era muito grande. É por isso que o exemplo inglês podia servir – e serviu –as mais diversas e contraditória propostas.

[1231] Alguns anos depois, Lobo d'Ávila, conhecido administrativista e partidário da descentralização administrativa, voltaria a salientar a importância da representação política do ultramar como meio para garantir o funcionamento das instituições liberais no ultramar: "Se os governadores do ultramar não tivessem os deputados daquelas províncias para fiscalizarem os actos de sua administração estou persuadido que as suas tendências em paragens tão longínquas seriam para levar mais longe os limites que as leis marcam a tais actividades", v. *DCD*, sessão de 12 de Julho de 1869, vol. II, p. 735, Dep. J.M. Lobo d'Ávila. O mesmo papel fiscalizador junto do governador seria desempenhado, na perspectiva do deputado, pelas Juntas Gerais de distrito.

parecer dos deputados, a especificidade do colonialismo português, que era a representação parlamentar das suas colónias, na qual se exprimia o "igual tratamento" do ultramar e da metrópole.

Às limitações impostas aos governadores nos textos constitucionais acrescentaram-se outras, pela via ordinária, nomeadamente a proibição de "estatuir em contravenção dos direitos políticos e civis dos cidadãos" (art. 12 do Decreto de Agosto de 1856). Importa, por isso, voltar a recordar quem eram estes cidadãos e até onde é que os seus direitos políticos e civis eram reconhecidos.

No plano dos direitos políticos, vimos como eram ténues aqueles que teoricamente se queria conceder à parte ultramarina do território. Os (poucos) habitantes do ultramar que tinham acesso aos direitos políticos podiam teoricamente exercê-los, de forma limitada, no Conselho de Governo, que não era um órgão representativo, e no Parlamento, onde o número dos que efectivamente os representavam era limitadíssimo[1232]. Como tinha acontecido nos anos '20, a representação política do ultramar no Parlamento, longe de significar uma real vontade de valorizar politicamente os habitantes do ultramar, mantinha-se essencialmente como um símbolo da unidade e da "igualdade" entre os territórios metropolitano e ultramarino. Porém, ao contrário do que tinha sucedido dos anos '20 – altura em a alternativa ao modelo unitarista e centralizador foi, como se viu, a atribuição de poderes legislativos a assembleias representativas locais, a que o Acto Adicional brasileiro tinha juntado a formação de um Parlamento "imperial", hipóteses então rejeitadas pelos deputados eleitos na metrópole –, a partir dos anos '30 a alternativa, desta vez aprovada, foi de sentido contrário. Como vimos, redundava no alargamento de poderes do governo e daqueles que eram a mais importante extensão de uma hierarquia administrativa cujo centro estava na metrópole, os governadores-gerais por ele nomeados[1233]. Este alargamento envolveu a entrega ao governo e aos governadores de uma espécie de poder "para-legislativo". Era, portanto, uma solução que desvirtuava ainda mais o já frágil papel da representação política do ultramar, limitando, com isso, os direitos dos deputados ultramarinos, como lucidamente observou Ernesto de Vilhena, cuja opinião é insuspeita, por ter sido favorável a esse desvirtuamento:

[1232] Para não falar da constante "falsificação" dessa representação que, apesar dos esforços de Sá da Bandeira, não foi alterada através de medidas legislativas.

[1233] Paralelamente, a tendência foi sempre a de submeter o governador a uma vigilância cada vez maior por parte do governo.

"No campo dos princípios, e sob o ponto de vista estritamente constitucional, ideou-se o poder legislativo para legislar, constituído pela reunião dos delegados de todo o território, porque a todo ele, sem restrições, a Carta concedeu iguais direitos políticos e uma lei ou disposição de carácter legislativo só pode, em teoria, ser obrigatória para uma parte d'ele, quando nela colaborarem os seus representantes. Consequentemente, desde que, em certos casos, as leis ultramarinas podem ser feitas fora das câmaras, os direitos dos cidadãos das colónias e dos deputados que elegeram resultam cerceados"[1234].

No plano dos direitos não políticos, ao contrário do que levemente sugeriu a doutrina jurídica, a questão da constitucionalidade da legislação ultramarina foi deixada em aberto. Assim, além da desvalorização dos direitos políticos das elites locais, era sempre possível interpretar a "especialidade da leis" do ultramar num sentido contrário ao do respeito pelos seus direitos. Um exemplo disso foi a abolição do júri no ultramar, mantida pelo governo com base no art. 15 do Acto Adicional, contra a vontade dos deputados pela Índia.

Para além dos direitos políticos das elites ultramarinas, a discussão dos artigos constitucionais sobre a administração ultramarina fez igualmente emergir um debate sobre os direitos civis daquela parte da população nativa que nenhum poder tinha na administração colonial e que estava completamente afastada da participação política, central ou local: os escravos, os carregadores, a grande maioria da população livre. Esses direitos foram recordados por Sá da Bandeira, como se viu atrás.

A evocação dos direitos surgiu, assim, associada quer aos colonos e às elites nativas crioulas/europeizadas, quer aos carregadores, aos escravos ou aos libertos. Todos estes direitos foram evocados como se os intervenientes estivessem a falar da mesma coisa, de forma confusa, com uma ambiguidade que muitas vezes faz com que seja difícil saber quem eram exactamente os "ultramarinos" a que se fazia referência[1235].

A verdade, porém, é que havia uma contradição profunda entre os direitos de cada um destes grupos.

[1234] Ernesto de Vilhena, *Questões coloniais*, cit., p. 291. Sobre a natureza das "providências" dos governadores – se eram lei ou não eram leis – v. por todos Marnoco e Souza, *Direitos Políticos*, cit., que as considera leis.

[1235] Isso pode explicar, em parte, porque é que a doutrina colonial dos finais do século pode afirmar, num registo muito simplificador, que todos os *indígenas* tinham sido cidadãos da metrópole, submetidos à mesma legislação e códigos, integrando os mesmos órgãos da administração, etc.

Resolver o problema da legislação ultramarina concedendo atribuições de natureza legislativa ao governador, e não às elites locais – fosse através da sua atribuição a órgãos da administração local, como as Juntas de distrito, fosse a hipotéticas assembleias legislativas – podia ser uma forma de impedir que aquelas contrariassem os desígnios dos governos metropolitanos num outro registo, o da protecção dos direitos de outras populações nativas. É que uma maior "cedência" face aos direitos de participação destas elites funcionaria sempre contra os direitos da maior parte dessas populações, como de resto sucedeu em outros impérios ultramarinos, sempre pelas mesmas razões: porque essas elites, os "irmãos" do ultramar africano, eram, na sua maioria, traficantes e proprietários de escravos, empenhados em preservar a prestação forçada e gratuita do trabalho nativo e o comércio que lhe estava associado. São conhecidas várias ocasiões em que, usando da influência que tinham nos Conselhos de governo, conseguiram anular a legislação emancipadora vinda da metrópole.

Sendo assim, seguir os "princípios liberais" e dar maior participação a estas elites podia significar que se deixavam entregues ao seu arbítrio os direitos civis da maior parte da população nativa[1236].

Esses episódios, juntamente com as posições que os representantes daquelas elites assumiram no Parlamento metropolitano, permitem antever as que teriam tomado em hipotéticas assembleias legislativas coloniais. Exemplo emblemático daquelas posições foi a forma como se opuseram ao decreto ditatorial de 25 de Fevereiro de 1869, que acabou com o estado de escravidão no ultramar. Nessa altura, o deputado por S. Tomé, Bernardo Francisco Abranches, filho de Teodorico José de Abranches, deputado pela mesma província em anos anteriores, propôs que tal decreto não fosse incluído no projecto de lei relativo ao *bill de indemnidade* mas antes remetido à Comissão do ultramar "[...] porque me parece que esta medida que o governo decretou, não tanto por estar em ditadura, mas por se firmar no art. 15 do Acto Adicional, que lhe faculta o direito de legislar para o ultramar, quando as Cortes se acham encerradas, não devia decretá-la, porque não era urgente, único caso em que a podia decretar; houve, portanto, a meu ver, uma manifesta violação do art. 15 do Acto Adicional. Além de que entendo também que o decreto de 25 de Fevereiro não devia ser promulgado sem ser acompanhado de outras medidas,

---

[1236] Alguns exemplos disso já foram relatados no capítulo sobre os carregadores de Angola. Outros, para Angola, podem encontrar-se em Valentim Alexandre, "As periferias e a implosão do Império", in Francisco Bethencourt e Kirti Chaudhuri, *História da Expansão Portuguesa*, cit., vol. IV, p. 55. Exemplo em tudo semelhante, mas para Moçambique, na p. 80.

tais como os regulamentos para ele poder ser devidamente cumprido, para ser regulado o trabalho dos libertos, para se regular a colonização africana, para serem os senhores devidamente indemnizados, e sobretudo para se garantir a propriedade e vida dos proprietários, organizando-se a força pública para se conter os libertos"[1237].

Ambas estas propostas foram rejeitadas. Mas, em outras conjunturas, a solução podia ser outra, abertamente contrária aos direitos, como acabou por suceder em 1861, com a aprovação da lei que sujeitou os escravos e libertos a um processo judicial de excepção. Além de ser importante salientar que essa lei foi votada numa conjuntura em que, como vimos em capítulos anteriores, tinha ganho força uma percepção mais *utilitarista* de missão civilizacional, é também importante referir que na sua origem esteve uma "representação" da câmara municipal de Luanda.

Assim, também em Portugal a estrita observação dos princípios do governo representativo no que diz respeito à participação política das elites ultramarinas podia ser mais lesiva dos direitos mais elementares – dos escravos, dos libertos, de parte da população livre africana – do que as soluções que se afastavam daqueles princípios. Porque, como se viu, as elites locais, europeias ou nativas, que seriam beneficiárias da representação política – quer da representação parlamentar, quer da representação local – eram, em geral, as primeiras interessadas em que alguns direitos não vigorassem nas colónias. Este facto ilustrava, na prática, os problemas que Stuart Mill tinha enunciado, teoricamente, quando descrevera as desvantagens da representação parlamentar das colónias, fossem as colónias de povoamento – caso em que ela beneficiaria o ponto de vista dos colonos[1238] – fosse nas outras, em que beneficiaria as "elites nativas" (v. *supra*, 6.4). Lopes Praça, que expôs longamente

---

[1237] V. *DCD.*, sessão de 17 de Maio de 1869, p. 117. Nesta sessão há também uma moção de António José de Seixas, deputado por Angola, no mesmo sentido. Estas eram posições que os mesmos deputados já tinham assumido em anos anteriores, nas sessões onde o tema da abolição da escravidão fora tratado.

[1238] Um exemplo disso mesmo está já estudado para a colónia do Natal, num texto onde se mostra como, ao longo dos anos 50-60 do século XIX, a assembleia legislativa local foi contornando os princípios igualitários contidos na Royal Charter (na qual se garantia o direito de voto a negros e brancos, desde que apresentassem "equal property qualifications"), fazendo com que, nos finais do século, a população de origem africana e indiana estivesse efectivamente excluída do direito de voto, v. Julie Evans and David Philips, "«When there's no safety in numbers»: fear and the franchise in South Africa – the case of Natal", cit., 94. Exemplos semelhantes são descritos em V. Patrícia Grimshaw, Robert Reynolds and Shurlee Swain, "The paradox of «ultra-democratic» government: indigenous civil rights in nineteenth-century New Zealand, Canada and Austrália", cit., p. 78.

todas as considerações utilitaristas de Mill acerca da classificação e administração das colónias, estava certo que, para o filósofo, as colónias portuguesas fariam parte daquele grupo de colónias que, "não estando num estado de cultura e civilização análogo ao da metrópole", devia ser submetidas a um "absolutismo ilustrado e enérgico"[1239]. O jurista parecia concordar com o filósofo em quase tudo, menos no respeitante à representação política. Aparentemente, parecia-lhe irrelevante que ela fosse apropriada contra a massa dos nativos porque, entre os argumentos com que a favoreceu, destacou o facto de com ela se abrir "[...] aos *colonos portugueses* a porta para os altos cargos da República"[1240]. Não sabemos se, com a expressão "colonos portugueses", o jurista se referia só aos europeus e seus descendentes ou se também incluía nela as elites nativas.

Deixando a doutrina e voltando agora ao mundo das suas aplicações, podemos dizer que a solução constitucional de delegar poderes especiais no governo e governadores também podia, na prática, funcionar tanto a favor das elites locais (ou de alguns sectores dessas elites) como a favor dos direitos das populações nativas. Dependia do governo e, sobretudo, do governador local.

A entrega de poderes excepcionais ao governo podia permitir, por exemplo, que ele prosseguisse objectivos abolicionistas contra a vontade dos senhores de escravos nas colónias. Sá da Bandeira explicou-o muito claramente, ao declarar que, caso não conseguisse a aprovação do Parlamento para a abolição da condição de escravo nas colónias, se serviria daquele expediente:

> "Devem também lembrar-se que, desde o ano de 1836, toda a legislação a favor dos indígenas, com raras excepções, tem sido promulgada por decretos do poder executivo, e que se a emancipação proposta, e que foi a aprovada pelas câmaras, for contrariada ou adiada, é possível que o governo actual, ou outro que lhe suceda, se decida a fazer uso da faculdade que lhe confere o Acto adicional determinando por um decreto que, desde a data deste, todos os libertos fiquem completamente emancipados. E o decreto ultimamente publicado, que emancipou todos os libertos que existiam na Província de Cabo Verde, é um facto que lhes convém não esquecer"[1241].

[1239] V. Lopes Praça, *Estudos sobre a Carta Constitucional de 1826 [...]*, cit., vol. II, 1880, p. 108. Sobre a classificação de Mill v. *supra*, 3.3.

[1240] *Ibid.*, p. 107, subl. nossos.

[1241] V. A *Emancipação dos Libertos...*, cit., p. 19. Referia-se ao Decreto de 31 de Outubro de 1874, que tinha declarado livres todos os libertos da província de Cabo Verde, de acordo com solicitação da Junta Protectora. Este decreto já é de Andrade Corvo, v. *Colecção Geral da Legislação Portuguesa*, Anno de 1874, Lisboa, Imprensa Nacional, 1875, p. 173. Esta funcionalização das atribuições legislativas do governo à emancipação foi observada em obras da época: "Esta disposição [do art. 15.º do Acto Adicional], facilitando a acção do governo, foi em outras ocasiões

A opção seguida no Acto Adicional podia ainda ser uma forma de garantir aos governadores condições para executar naquelas províncias as reformas que eram pensadas na metrópole, nomeadamente no que dizia respeito à escravatura e ao tráfico de escravos, mesmo contra as resistências dos interesses locais. Nesse sentido, podia ser uma distorção dos princípios do governo representativo em nome de outros princípios com ele compatíveis, a defesa dos direitos nas colónias, dos direitos dos escravos, dos libertos, dos carregadores. São também conhecidos episódios nos quais, para proteger os direitos civis dos povos nativos, os governadores se viram obrigados a atentar contra os direitos das elites locais[1242]. O reforço dos seus poderes obedeceu, também, a imperativos favoráveis à vigência dos direitos no ultramar[1243].

Contudo, podia acontecer que, pelo contrário, os governadores se envolvessem, com proveito próprio, nas lógicas locais de poder e de interesses. Quando assim acontecia, o que era frequente, a mesma solução constitucional revelava-se favorável aos interesses que prevaleciam localmente, contra a metrópole ou contra os "direitos dos nativos": os governadores facilitavam a preservação do tráfico e da escravatura, anulando ou contornando a legislação vinda da metrópole[1244]. Muitas dessas práticas eram incentivadas, e até regulamentadas, pelos próprios governadores, como testemunha Sá da Bandeira nas suas intervenções parlamentares e nos seus escritos, o que explica o seu empenho em garantir que os actos dos governos coloniais fossem vigiados pelo governo e pelo o Parlamento, bem como em garantir a excepcionalidade

---

posteriores, aproveitada em favor da emancipação", v Anónimo, *Memória acerca da Extinção da escravidão no território portuguez*, cit., p. 38.

[1242] Suspendendo as garantias constitucionais para prender e deportar traficantes de escravos, como aconteceu nos finais dos anos '30, em Angola. Outras vezes era com base em discursos sobre os direitos que as elites locais, sentindo ameaçados os seus interesses no tráfico de escravos – desta vez, em Moçambique –, conseguiam afastar governadores, com o pretexto de estes violarem os seus direitos e garantias individuais, v. Valentim Alexandre, "A viragem para África", in Francisco Bethencourt e Kirti Chaudhuri (dir.), *História da Expansão Portuguesa*, cit., vol. IV, p. 79-80. Mais tarde, seria também com o fito de intensificar a acção dos governadores contra o tráfico de escravos que o cabralismo conferiu, "a coberto da carta de lei de 2 de Maio de 1843 (...) grande liberdade de acção, com o objectivo de reforçar a autoridade do poder central nos territórios do Ultramar", *idem*, ibidem, p. 85. Existem também representações da câmara de Luanda contrárias ao apresamento de navios negreiros, v. AHP, secção I-II, Cx. 206, Doc. 14.

[1243] Exactamente como acontecia nas *crown colonies* britânicas.

[1244] Podem recolher-se inúmeros exemplos de episódios desses em Valentim Alexandre, "Nação e Império", cit., vol. IV, p. 97-98; nomeadamente, a aceitação, por parte do governador de Angola, em 1837, de uma decisão do Conselho de Governo de não cumprir a parte repressiva do decreto abolicionista de 10 de Dezembro de 1836 (*ibid.*, p. 78).

da autorização e as restrições a ela impostas pela legislação, nomeadamente no decreto de Agosto de 1856.

Resta dizer, para concluir, que, não obstante a forte critica de toda a literatura colonialista de finais do século – a qual, sendo universalmente antiesclavagista, ocultou toda a problemática abolicionista quando se pronunciou sobre a política colonial que a tinha antecedido –, estas limitações tiveram um efeito prático limitado, porque a tendência foi para quer o governo, quer os governadores, fizessem uma interpretação muito ampla dos poderes que lhe tinham sido conferidos. Essa prática, além de ser recorrentemente lembrada no Parlamento[1245], foi confirmada nas memórias de alguns Ministros[1246] e, finalmente, denunciada na literatura jurídica da época em que tais críticas foram tecidas:

> "Efectivamente, decretam-se na ausência das Cortes muitas providências de mais que duvidosa urgência, podendo-se, por isso, dizer que fechadas as Cortes havia no ultramar um permanente regime ditatorial não só para as providências manifestamente urgentes, mas também para aquelas que bem podiam esperar a discussão e o exame do Parlamento. Não raras vezes declara-se à pressa urgência de uma providência, nas vésperas da reunião das câmaras, assim como frequentemente se espera que elas fechem para se tomarem providências que, segundo o nosso direito constitucional, lá deveriam ser discutidas e aprovadas. O Governo procura desembaraçar o mais possível a nossa administração colonial da intervenção e fiscalização do Parlamento"[1247].

Além disso, a praxe tinha consagrado a doutrina "que só obriga o governo a dar conhecimento às Cortes das providências decretadas, sem que seja necessário que as aprovem ou rejeitem"[1248].

Por outro lado, raramente o Parlamento se pronunciava sobre as "disposições legislativas" do governo e dos governadores para o ultramar, sendo o efeito disso a sua aprovação automática. O único obstáculo com o qual o exe-

---

[1245] V., por exemplo, *DCD*, sessão de 12 Julho de 1869, p. 729, dep. Bernardo Francisco da Costa: "Assim como o Acto Adicional diz que o governo pode legislar para o Ultramar em casos *urgentes*, também concede aos governadores a faculdade de tomar certas medidas excepcionais em casos *urgentíssimos*; e os governadores vendo que os governos abusam, vão pela sua parte igualmente abusando".

[1246] Júlio de Vilhena, lamentando que os governos não tivessem poderes ditatoriais, mesmo na metrópole, lembrava que, enquanto Ministro do Ultramar, tinha esse problema resolvido, "[...] por ter ao meu alcance o Acto Adicional, que me concedia as mais largas faculdades [...]", v. *Antes da República (Notas Autobiográficas)*, cit., vol. I, p. 96.

[1247] V. Marnoco e Souza, *Administração Colonial*, cit., p. 212.

[1248] V. Marnoco e Souza, *Direito Político [...]*, cit., p. 665.

cutivo se confrontou pontualmente foi com o poder judicial, que chegou a revogar sentenças com base em interpretações restritivas do art. 15 do Acto Adicional[1249].

Na prática, portanto, o regime que vigorou foi, em boa medida, o da "autonomia", nos termos em que esta era concebida pela literatura colonial dos finais do século: larga iniciativa concedida às autoridades coloniais, acompanhada de uma "prudente" participação das elites locais em órgãos consultivos. Com a diferença, formal, de que esta autonomia devia ter limites, ser fortemente vigiada pelo Parlamento e com a diferença, menos formalizada, de que não se excluía, à partida, a parte nativa daquelas elites, como fariam explicitamente muitos autores dos finais do século (v. *supra*, 1).

[1249] V. "Relatório do Governador-geral de Angola, Francisco Joaquim Ferreira do Amaral, relativo ao ano compreendido ente 1 de Setembro de 1882 e igual dia e mês do ano de 1883", in *Angolana (Documentação sobre Angola)*, Lisboa-Luanda, IICA e CEHU, 1968, vol. I (1793-1883), pp. 673-675. Por isso o governador pedia para que fosse estabelecida de forma clara a interpretação das faculdades que o art. 15.º concedia aos governadores e se determinasse a força que para os tribunais judiciais e administrativos deviam ter as resoluções tomadas no uso dessas faculdades (*ibid.*, p. 675).

10. Conclusão

Como salientei no texto introdutório, a investigação cujos resultados foram expostos neste trabalho teve por objectivo encontrar a resposta a um problema que me foi suscitado pela literatura colonial dos finais do século XIX--inícios do século XX: o de saber se o primeiro liberalismo português tinha teorizado e praticado um modelo de administração colonial *assimilacionista* que comportasse uma integração político-administrativa igualitária dos territórios ultramarinos e a correspondente integração na cidadania portuguesa do conjunto das populações nativas daqueles territórios, como se afirmava naquela literatura.

Porque assimilar significa, etimologicamente, tornar semelhante, ou até igual, procurei estudar, em primeiro lugar, aqueles enunciados em que a metrópole e o ultramar surgiram descritos sob o signo da igualdade, por serem aqueles em que se fundaram os autores da literatura colonial tardo-oitocentista para sustentar as suas afirmações. A conclusão a que cheguei foi que esses enunciados, que percorreram, de facto, a literatura jurídica e a oratória parlamentar dos três primeiros quartéis do século XIX, foram, em grande medida, uma forma de resolver conceptualmente alguns problemas que a diversidade do ultramar colocou ao projecto de construção de um Estado nacional unitário a partir de um território que incluía espaços ultramarinos herdados dos séculos anteriores, mais do que o resultado de um esforço real de criação de condições igualitárias e de reciprocidade. Como procurei explicar nos primeiros capítulos, os conceitos nos quais aquele projecto assentava – associados à ideia unitária de Estado, à soberania nacional, à vontade geral, à representação política – estavam envolvidos numa lógica de unidade (do povo, da Nação) que lidava mal com a diversidade dos territórios e das populações do ultramar.

Com aqueles enunciados ocultaram-se diversidades – ou, outras vezes, criou-se a ilusão da uniformidade – por meio de fórmulas igualitárias abstractas, o que ajudou a resolver alguns problemas; mas, por outro lado, eles deram origem a novas perplexidades, por tornarem ainda mais evidentes as desigualdades "reais", e nomeadamente as que afectavam as populações nativas dos territórios do ultramar. Isso explica algumas das omissões e ambiguidades cujo significado procurei desvendar.

Procurei também enraizar estas questões, de natureza mais teórica, nos pressupostos antropológicos mais profundos da cultura europeia dos inícios de oitocentos, por meio da reconstrução das principiais reflexões do pensamento político da época em torno do fenómeno colonial. Essa incursão permitiu-me perceber que, nessas reflexões, os postulados universalistas e cosmopolitas das *Luzes*, que tendiam a preponderar quando o objecto da narrativa era a humanidade em geral, coexistiram com uma desvalorização quantitativa e qualitativa quando a humanidade a que concretamente se aludia era a humanidade das populações nativas de territórios não europeus. E que, sendo assim, dificilmente as políticas coloniais da época podiam ter envolvido a equiparação dessas populações aos cidadãos das comunidades nacionais metropolitanas, ou a equiparação das comunidades que elas formavam às Nações da comunidade internacional que o *Direito das Gentes* devia ordenar. Permitiu-me ainda perceber que a alternativa a essa integração também não podia ser, no universo de pensamento oitocentista, o de uma "cidadania diferenciada" *avant la lettre*, porque essa pressupõe uma valorização positiva da diversidade cultural – e a sua correspondente protecção – que não existia naquele universo, dominado pela convicção de que a cultura europeia era não apenas superior como, além disso – e também por isso –, universalizável[1250]. A alternativa não podia ser, por outro lado, uma exclusão definitiva, porque outra convicção que perpassa os escritos de natureza política e filosófica da época é a da unidade da espécie humana e a *necessidade* do progresso de todos em direcção à "civilização", uma ideia que se exprimia na metáfora da evolução da infância para a idade adulta, com a consequente centralidade do conceito de educação.

O maior ou menor grau de proximidade relativamente a esse objectivo era então o factor a considerar quando se hierarquizava a humanidade, razão pela qual não foi teorizada a hipótese de, por meio da explicitação de critérios raciais, étnicos ou culturais, se excluir definitivamente alguns povos da possibilidade de virem a integrar a comunidade nacional ou internacional. A sociedade universal do futuro seria uma sociedade composta por nações política e civilmente organizadas de forma similar, por "sociedades civis" integradas por indivíduos "iguais", mas estes indivíduos não podiam ser os "selvagens" que

---

[1250] Sobre o conceito e a contextualização histórica da *cidadania diferenciada* por oposição ao ideal de cidadania universal de génese iluminista v. Iris Marion Young, "Polity and Group Difference: A Critique of The Ideal of Universal Citizenship", in Bryan S. Turner and Peter Hamilton (eds.), *Citizenship*. London, Routledge, 1994, p. 396.

ainda vagueavam em "hordas" por outros continentes – como não podiam ser os indivíduos "incultos" das sociedades metropolitanas –, mas sim o indivíduo educado, material e intelectualmente "autónomo", o produto histórico de uma sucessão de estádios civilizacionais cada vez mais avançados. No momento em que todos alcançassem esse patamar seria então possível a universalização da cidadania numa "comunidade humana universal".

O universalismo era, portanto, um ponto de chegada, e raramente um ponto de partida[1251].

Que existiam critérios culturais implícitos em todos estas narrativas – consciente ou inconscientemente silenciados, mais ou menos frontalmente assumidos – é algo que está estudado pelos autores que têm reflectido sobre o pensamento liberal clássico[1252]. É também evidente que a integração, num futuro indefinido, de populações não europeias, envolveria sempre um processo anterior de expropriação cultural; em boa parte porque, na compreensão da época, tais populações viviam numa situação de carência de história e de cultura. É também de assinalar que quando, finalmente, estas ideias se cristalizaram em projectos políticos concretos, foram quase sempre desvirtuadas, como aconteceu na América portuguesa com a execução da política do Directório pombalino, primeiro, e com a concretização de programas ilustrados como o de José Bonifácio de Andrade, depois. Apesar disso, não se encontram sinais, nos textos primo-oitocentistas, desse vocabulário marcado por assunções racistas sobre o valor das diferentes culturas ou sobre as diferenças intrínsecas (biológicas) entre as raças, semelhante ao que será desenvolvido pela cultura positivista dos finais do século e do início do século seguinte. A emergência desse vocabulário – com a correspondente repercussão na doutrina (e na prática) colonial – coincide, por isso, com o encerramento cronológico deste trabalho.

A compreensão da função – programática e de ocultação – de enunciados unitaristas e igualitaristas e a reconstrução da antropologia que lhes subjazia foram de importância fundamental para esclarecer os vários significados que podem ser atribuídos ao *assimilacionismo* da política colonial portuguesa do século XIX. Permitiu-me perceber, em primeiro lugar, que a primeira solução

---

[1251] V. Uday S. Mehta, "Liberal Strategies of Exclusion", in Frederik Cooper and Ann Laura Stoler (eds.), *Tensions of Empire*, cit., pp. 72 e ss.

[1252] V., por exemplo, Will Kymlicka, *States, Nations and Cultures*, Van Gorcum, 1997, p. 37: "liberal states are inevitably involved in maintaining and reproducing societal cultures and [...] participation in one's societal culture provides the primary context for the exercise of individual freedom" [and] "national culture provides the context within which individuals can develop and exercise their autonomy" (*ibid*, p. 40). Enumera também os autores liberais que reconhecem que a liberdade e igualdade individual só se exerce no contexto de uma "cultura societária" (*ibid*., p.35-36).

dos liberais portugueses para o problema ultramarino – a da integração das capitanias brasileiras na/à metrópole, dela derivando a representação política do ultramar nas Cortes lisboetas, tal como ficou plasmado na primeira Constituição portuguesa (1822) –, apesar de ter sido descrita pelos contemporâneos como uma solução "igualitária" e, por isso, um sinal da "liberalidade" dos "portugueses da metrópole" para com os "portugueses do ultramar", foi, na verdade, a solução que mais se afastou daquela que a filosofia liberal setecentista propôs para substituir por vínculos de maior igualdade a hierarquia envolvida nas relações com os territórios ultramarinos, que era a solução federal. Ao ter assentado no repúdio pelo federalismo e por tudo o que tivesse "ressonâncias" federalistas – como era o caso da descentralização das funções legislativas em assembleias coloniais, à semelhança do que praticou em territórios colonizados por outros países –, aquela solução assimiladora, em vez de se traduzir numa valorização politica dos "cidadãos do ultramar", retirou-lhes autonomia e participação relativamente ao momento imediatamente anterior, o da instalação da sede da monarquia no território americano. Assim se formou todo um vocabulário igualitarista, que havia de perdurar, mas cuja origem tinha sido um modelo constitucional que recusara maior participação política às províncias americanas. Jeremy Bentham descreveu com grande lucidez estes equívocos e por isso concedi tanta importância à sua obra nos capítulos iniciais deste trabalho.

A solução constitucional vintista, tendo sido pensada para resolver, em primeiro lugar, o problema da província americana, foi estendida a todas as outras "províncias ultramarinas", por ser essa a consequência lógica da "igualdade" dos territórios ultramarinos entre si e da aplicação universal da Constituição. Só que, com a independência da província americana, a subalternização do restante ultramar – as províncias africanas e asiáticas, que tinham ficado praticamente esquecidas nas primeiras Cortes constituintes – revelou-se, dando origem à criação, na Constituição de 1838 e no Acto Adicional de 1852, de um sistema de produção legislativa específico para esse ultramar. Esse sistema veio pôr em causa algumas dos princípios constitucionais de governo representantivo, quer por ter envolvido a entrega ao governo e aos governadores-gerais das províncias ultramarinas de funções de natureza legislativa que a doutrina constitucional da época considerava exclusivas dos órgãos representativos, quer por ter reconhecido à legislação ultramarina um carácter "especial", sem esclarecer de forma definitiva as fronteiras que deviam separar esse "princípio de especialidade" de um "princípio de excepcionalidade". Com isso, além de se ter enfraquecido o dogma de que a Constituição devia vigorar de forma ininterrupta no ultramar – princípio já fragilizado pelo facto de não terem as leis para o ultramar uma origem necessária no órgão legislativo legítimo, o Parlamento – desvirtuou-se a "representação política do ultramar", sempre evocada como o símbolo máximo da igualdade que unia o ultramar português à sua metrópole e que correspondia, apesar da sua grande fragilidade numérica e qualitativa, ao mais importante veículo formal de participação das elites locais do ultramar – elites no seio das quais se integravam, efectivamente, grupos nativos – na política legislativa e na vigilância da actividade do governo e da administração ultramarinos. A partir desse momento, mais do que em nenhum outro, a representação política do ultramar passou a funcionar simultaneamente como um símbolo da unidade que ligava a metrópole portuguesa às províncias ultramarinas e como um "álibi" que justificava, entre outras coisas, a ausência, nas últimas, de assembleias coloniais com poderes legislativos.

A perspectiva assimiladora que fez vigorar, no ultramar, os códigos e a legislação metropolitanos – embora depois de devidamente autorizada pelo governo – permitiu que se preservassem e se criassem, naqueles territórios, espaços de fiscalização, participação e exercício do poder por parte das elites locais, porque aquela legislação reconheceu, nos territórios coloniais, embora com restrições, os mesmos órgãos da administração regional e local que existiam na metrópole, tais como as Juntas de distrito e as câmaras municipais, acrescidos de Conselhos de governo que deviam funcionar junto dos governadores-gerais[1253]. Acontece que estas instituições, além de estarem integradas em arquitecturas administrativas centralizadoras, foram, na maior parte do território, puramente fictícias, puras criações legislativas. Onde isso não sucedeu tais instituições transformaram-se (ou, mais rigorosamente, continuaram a ser), de facto, em pólos de poder (também nativo) fortíssimos, capazes até de contrariar as directrizes políticas da metrópole, como aconteceu com a câmara municipal de Luanda ou com a Junta de província do Estado da Índia. Contudo, essa situação decorreu mais da fragilidade da presença metropolitana no ultramar asiático e africano, uma fragilidade que fez destes grupos o seu grande ponto de apoio (embora também, em muitos casos, o maior obstáculo à concretização das políticas pensadas na metrópole) do que da vontade política de preservar/valorizar esses pólos de participação. Por fim, a presença de grupos nativos nessas instituições decorreu muitas vezes de um reconhecimento de situações fácticas, tendo também neste ponto sido minoritário o pensamento de Sá da Bandeira. O receio, real ou imaginado, de novas independências também teve aí o seu papel.

[1253] V. Cristina Nogueira da Silva, *A Cidadania nos Trópicos*..., cit., cap. 17: "Assimilacionismo legislativo".

O outro problema para o qual procurei encontrar uma resposta foi o da delimitação precisa do referente social a que correspondia a expressão "cidadãos do ultramar", a delimitação do grupo de habitantes do ultramar que eram, nas Cortes constituintes e na oratória parlamentar em geral, "iguais em direitos" aos cidadãos da metrópole. A conclusão a que cheguei confirmou a suspeita inicial de que essa terminologia não dizia respeito ao conjunto da população nativa, como se afirmou na literatura colonial dos finais do século. Aquela expressão tinha como referente certo os colonos e os *luso-descendentes*, sobretudo no caso inicial da América. A este referente juntou-se, sobretudo no caso dos territórios africanos e asiáticos, um grupo (muito restrito) de "elites" de origem nativa, miscigenada ou não, em princípio cristianizada. Alguns membros destas elites eram claramente cidadãos portugueses. Mas sucede que, da mesma maneira que o território ultramarino era, geográfica e administrativamente, um território sem fronteiras certas, terminando numa espécie de *limes*, também a delimitação deste grupo de "cidadãos portugueses do ultramar" era incerta, ambígua nos seus critérios. De alguma forma, tentar delimitá-lo é tentar distinguir, um pouco anacronicamente, entre o *indígena* e o *assimilado*, saber quem eram os "assimilados" antes do próprio conceito de "assimilado" ter sido juridica e comummente formulado. Optei, para contornar essa dificuldade, por me socorrer da ideia de que existia, em relação a muitas destas pessoas, um "princípio de incerteza", expressão que recolhi da leitura do título da obra de Agustina Bessa Luís, por não ter encontrado nenhum conceito jurídico – ou até sociológico – que pudesse dar conta do fenómeno que com ele tentei descrever. Esse princípio podia actuar, em algumas conjunturas, no sentido de uma maior inclusão e, em outras, no sentido de uma maior exclusão.

Fora deste grupo estavam, como procurei mostrar, outras populações, como os índios, na América, e, naturalmente, os escravos que residiam em todo o território ultramarino. Fora deste grupo estavam também, embora numa zona já intermédia, os libertos, cidadãos em todas as Constituições mas por elas gradualmente afastados dos direitos políticos e civis, bem como algumas das populações livres que eram atingidas pela ténue presença colonial portuguesa em África e na Ásia. A incluir estes últimos havia o facto, formal, da letra do texto da Carta Constitucional de 1826 dizer que eram portugueses todos os que nasciam em Portugal *e seus domínios*. A exclui-los existia, ao lado do esquema censitário, que afastava a generalidade dos cidadãos dos direitos políticos, um "censo civilizacional", que era suficiente para os manter afastados dos mesmos direitos (independentemente de qualquer cálculo censitário) e também, ainda que excepcional e temporariamente, de outros direitos (da liberdade de trabalho, da liberdade contratual, da igualdade face ao direito, do direito "civilizado").

Antes de sintetizar o problema da posição destas outras populações nativas face à cidadania metropolitana convém ainda recordar que, como mostrámos ao longo do trabalho, os enunciados igualitaristas, além de terem sido formulados na metrópole de uma forma que não era favorável ao exercício igual dos direitos de participação das elites coloniais, nativas e não nativas, foram também muitas vezes apropriados por estas elites contra os direitos de outras populações nativas, à semelhança do que sucedeu nos territórios colonizados por outros países europeus. Em alguns casos a posição dos representantes destas elites nas Cortes e nos órgãos da administração colonial convida mesmo a que as situemos do lado dos queriam "colonizar" – ou até escravizar – mais do que do lado dos "colonizados". É este o ponto em que a colonização europeia e o próprio discurso que a legitimou foi funcionalizada/o a projectos de poder que ela própria não controlou.

Ao contrário do seu mestre, que apenas se preocupara com o ponto de vista das elites coloniais, John Stuart Mill denunciou com grande lucidez este outro problema, quando criticou a representação política das colónias nos parlamentos metropolitanos por dar voz apenas aos colonos e a estas elites, deixando à sua mercê a grande massa da população nativa; embora o não tenha equacionado quando se tratou de defender as instituições representativas nas "colónias de povoamento", deixando aquela população à mercê do governo discriminatório dos colonos. A importância que concedemos a este autor ao logo do trabalho prende-se como o facto da sua crítica se aplicar ao modelo seguido pela política colonial portuguesa em África, tal como a de Bentham se aplicara ao modelo proposto nos anos '20 para a América. Embora se prenda também com um o facto, muito diverso, dos seus textos permitirem compreender melhor a convivência oitocentista entre o elogio das excelências do regime representativo, de que Mill foi um dos principais teorizadores, e a opção por formas despóticas de governo para alguns territórios ultramarinos.

Importa ainda dizer que este é também o ponto, que só muito ligeiramente aflorámos, em que as instâncias coloniais europeias se podiam transformar em instâncias de recurso para a parte da população nativa que ocupava uma posição de maior "subalternidade" nos lugares ultramarinos onde tudo se passava e que, nessas alturas, podiam encontrar nelas – pelo menos formalmente – alguma protecção. O que as fontes que consultámos não permitiram sequer perscrutar foi aquele ponto em que a "subalternidade" mais acentuada conseguiu actuar numa posição activa, ou até "dominante". Até porque, pela sua natureza essencialmente normativa e formal, as fontes que consultei foram, exactamente, aquelas em que essa subalternidade foi construída[1254]. Seja como for, perscrutar esses outros níveis das relações coloniais de poder seria, em boa verdade, correr o risco de que o meu objecto se diluísse.

Qual era, então, o lugar destes outros nativos face à cidadania? Era, como salientei mais do que uma vez, um lugar de grande distância que se pretendia encurtar, progressivamente, recorrendo a métodos diversos, mais pacíficos e "indirectos", como em José Bonifácio de Andrada ou em Sá da Bandeira, muito mais "directos" e violentos, na doutrina utilitarista de John Stuart Mill e nos que nela se inspiraram. Esse processo de "assimilação progressiva" envolvia a sua transformação, a longo prazo, em indivíduos "civilizados", por um lado, e em indivíduos emocionalmente portugueses, por outro. Tal processo envolvia, concretamente (i) a sua cristianização; (ii) a aprendizagem de sentimentos patrióticos; (iii) a criação de "desejos aquisitivos" que os resgatassem do seu estado de "indolência", que os conduzissem à economia de mercado, ao progresso e à "vida civilizada". A harmonização de um discurso juridicamente unitário e universalista com o reconhecimento da diversidade jurídica fez-se, neste contexto, através do conceito de *transitoriedade*: escravos, libertos e nativos livres acederiam à plena cidadania à medida que percorressem os diversos degraus de uma mesma "escala civilizacional" que se imaginava ter, no topo, o mesmo "indivíduo civilizado", produto histórico de uma mesma sucessão de estádios civilizacionais. O ponto de chegada era uma sociedade uniforme de indivíduos civilizacionalmente – e por isso juridicamente – iguais, sujeitos do (e ao) mesmo sistema jurídico e administrativo, ao mesmo direito. Nesse momento poder-se-ia, então, realizar o *assimilacionismo* total de que falaram os autores a partir de finais do século XIX. Mas até que esse momento chegasse, até que a "assimilação" se realizasse, seriam transitoriamente tolerados os estatutos civis e políticos menorizantes – como no caso extremo do escravo e no caso menos extremo dos carregadores de Angola –, as instituições judiciais e administrativas especiais, os *usos e costumes*, as religiões "gentias" e os rituais não católicos. Não porque se valorizasse o pluralismo jurídico ou religioso – como já realcei, essa era uma valorização que não fazia parte dos quadros mentais da época, não se tendo pensado, em nenhuma ocasião, em como organizar sociedades "multiculturais" no ultramar[1255]. Tão pouco porque se pretendesse fazer vigorar na sociedade ultra-

---

[1254] V. Gyan Prakash, "Subaltern studies as Postcolonial Criticism", cit.

[1255] Sobre como uma valoração negativa da diversidade dificulta a conceptualização de formas multiculturais v. Austin Sarat, "Responding to demands of difference", in Austin Sarat e Thomas Kearns (eds.), *Cultural Pluralism, Identity Politics, and the Law*, Ann Arbor, The University of Michigan Press, 1993.

marina o princípio liberal da tolerância religiosa, através da protecção de "espaços de liberdade" onde os cidadãos pudessem prosseguir em segurança as suas ideias de bem e de justiça, não obstante a tese do *assimilacionismo* da política ultramarina ter sido também funcionalizada ao desejo de aprofundar a tolerância religiosa na metrópole, como tentei mostrar. Não se tratava, na verdade, de promover a "liberdade negativa", mas de condescender, provisória (e prudentemente) com cultos religiosos que remetiam os seus praticantes para estádios civilizacionais "anteriores", como mostra o objectivo, que nunca se perdeu de vista, da missionação, assim como o objectivo, nunca concretizado, da codificação ("transformativa") de costumes pouco civilizados. Tudo de acordo com princípios que remetiam para a filosofia gradualista que devia presidir à edificação das sociedades liberais, mas também de acordo com um espírito pragmático que Lopes Praça, publicista que citei mais do que uma vez ao longo deste trabalho, retratou de forma muito expressiva, quando explicou que "nós", os portugueses, "temos tido o bom senso prático de nos acomodar à situação especial dos habitantes das nossas colónias"[1256].

Resta dizer, ainda a propósito deste último ponto, que, terminado este processo, os nativos assim civilizados – e "nacionalizados" – se poderiam converter nos colonos que a mãe pátria não era capaz de encaminhar para o ultramar, colonizando-o com gente "sua". Neste registo, a "missão civilizacional" convertia-se numa espécie de alternativa a um outro projecto, irrealizável, que era o de fundar "novos (e imaginários) Brasis", não tendo sido alheio a esta compreensão das coisas a persistência com que a metrópole portuguesa legislou para o ultramar como se ali existisse uma "sociedade gémea" da metropolitana. Como também sugeri no texto deste trabalho (e logo no seu primeiro capítulo), é possível que os registos mais nitidamente assimiladores no que diz respeito à legislação – nomeadamente, quando se fez aplicar códigos metropolitanos ao ultramar – tenham tido por referência a ideia de uma colonização de povoamento, semelhante à que se imaginava ter sido a brasileira, e não uma aplicação dessa legislação a sociedades não europeias, com tudo o que de absurdo isso envolvia enquanto esses nativos não fossem "iguais" aos europeus. Essa exportação de legislação metropolitana podia

---

[1256] V. Lopes Praça, *Estudos sobre a Carta Constitucional de 1826 e Acto Adicional de 1852*, 2ª parte, vol. II, cit., p. 108: "Assim, no Estado da Índia as velhas conquistas regem-se pelas leis portuguesas com as modificações consignadas em leis especiais, nas novas conquistas prevalecem os *usos e costumes*; assim estabelecemos n'umas partes concelhos, noutras administrações fiscais e n'outras capitanias militares. Existem contudo alguns escritores que julgam o regímen das colónias tanto mais perfeito quanto mais se aproxima das instituições liberais da mãe Pátria, critério imperfeito e destituído de bom senso experimental".

também corresponder à ideia de que a sua aplicação seria progressiva, acompanhando o aumento do número (que o legislador desconhecia) daqueles que, sob o efeito da "missão civilizacional", fossem transitando para a "cividade".Esta transformação de nativos em europeus (portugueses) foi, portanto, imaginada como uma alternativa ao que, para muitos, era a "verdadeira" colonização. As palavras do governador Calheiros e Menezes, depois de demonstrar que era impossível desviar, como alguns queriam, a emigração do Brasil para as colónias africanas, descrevem de forma muito clara esta forma de compreender as coisas:

> "Não posso também dispensar-me de apresentar uma ideia que considero capital [...]. Se é conveniente aceitar e aproveitar a instituição e a autoridade dos sobas, é também preciso educá-los e aos seus macotas; indispensável aportuguesá-los e, como um poderoso meio de o conseguir, devemos ensinar-lhes a ser, a escrever e contar em português. Saibam português, quanto possível, os grandes de um sobado, que os pequenos o irão aprendendo. *Se Portugal não pode quase concerteza criar aqui uma nação da sua raça, como criou do outro lado do Atlântico*, ao menos eduque um povo que fale a sua língua, e tenha mais ou menos a sua religião e costumes, a fim de lançar mais este novo cimento na causa da civilização do mundo, e de tirar depois mais partido das suas relações e esforços humanitários[1257].

É neste mesmo contexto que podem ser entendidas as palavras nostálgicas do deputado Pinto da França quando, em defesa do respeito pelos direitos civis dos escravos e libertos de Angola, explicou, no início dos anos '60, que eles seriam os futuros colonos portugueses em África:

> "Parece-me haver bastante confusão acerca do que sejam as províncias africanas. Dão-lhe comummente o nome de colónias, e com este nome confundem-se os países, para onde se tem transplantado a raça europeia, ou só, como se verificou nos Açores e Madeira, ou acompanhada dos braços dos escravos, como teve lugar no Brasil. As províncias de Angola e Moçambique não são colónias na verdadeira acepção desta palavra, são conquistas [...]. Aqui está a razão porque a África não acompanhou, nem podia acompanhar, o Brasil. Nem tão pouco será nunca uma colónia europeia. Para haver colonização é preciso que a raça propague, e os factos têm provado até hoje, *infelizmente*, que nas províncias de Angola e Moçambique a propagação da raça branca não existe, a não ser por excepção [...]. A nossa África nunca há-de ser o Brasil pelos efeitos desta causa. Mas nem por isso deixará de ser uma província portuguesa imensamente valiosa pela riqueza dos seus produtos; porque lá estão os indígenas, cujos bra-

---

[1257] V. *Relatório do Governador-geral da Província de Angola, Sebastião Lopes de Calheiros e Menezes*, referido ao ano de 1861, Lisboa, Imprensa Nacional, 1867, p. 74.

ços convenientemente aproveitados e dirigidos hão-de produzir os mesmos milagres que nos maravilham na América"[1258].

Em suma: além de remeter para vários (e contraditórios) significantes, o conceito de igualdade, aplicado ao ultramar e às suas populações, alongou-se e distendeu-se em função de muitas coisas que lhe foram extrínsecas. Ele foi funcional a outros temas, essencialmente alheios ao ultramar, como a liberdade religiosa; foi funcional a projectos de protagonismo das elites locais do Império, como aconteceu nos discursos dos representantes goeses e africanos nas Cortes. Foi, finalmente, funcional aos projectos de recolonização de Sá da Bandeira. No primeiro caso, o referente social que lhe esteve associado foi completamente abstracto. No segundo, deu lugar a enunciados assimiladores cujo referente social tendia a esgotar-se nas elites nativas cristãs de *Velha Goa*, mais do que uma vez empenhadas em demarcar-se das populações nativas das *Novas Conquistas*[1259]; ou nas elites angolanas e moçambicanas, mais do que uma vez empenhadas na preservação do tráfico de escravos, no recrutamento de "carregadores", que elas mesmo superintendiam, no exercício do poder doméstico sobre escravos e libertos. O máximo alongamento do conceito observou-se nos textos de Sá da Bandeira, quando aludiu aos direitos de civis dos escravos, aos direitos de cidadania dos carregadores de Angola ou aos direitos políticos das populações hindus e islâmicas de Moçambique. No seu caso, a afirmação da cidadania dos povos nativos foi sobretudo uma forma de ancorar juridicamente a abolição da escravatura e o objectivo de garantir que os direitos civis mais básicos das populações já livres (nomeadamente, a liberdade de trabalho) fossem respeitados, de forma a viabilizar o desenvolvimento, nas colónias portuguesas, de uma economia de plantação com base em mão-de-obra livre. Outro objectivo, sempre associado ao primeiro mas muito mais longínquo, foi o de transformar esses nativos, por efeito da "missão civilizacional", em verdadeiros cidadãos. Transformar xaikhs árabes em cidadãos portugueses com direitos políticos foi também a forma escolhida por Sá da Bandeira para prosseguir uma outra componente do seu projecto, o da consolidação e alargamento do domínio territorial.

É verdade que cada uma destes "assimilacionismos" encontrou na letra da Carta Constitucional uma base de argumentação jurídica. Contudo, a essa argumentação não correspondeu uma opção constitucional a favor da assimi-

---

[1258] V. *Diário de Lisboa*, 24 de Fevereiro de 1861, sessão de 22 de Fevereiro de 1861, p. 508, Pinto da França, subl. nosso.
[1259] V. Cristina Nogueira da Silva, *A Cidadania nos Trópicos [...]*, cit., cap. 17: "Assimilacionismo legislativo".

lação das populações nativas do ultramar no seu conjunto, como tentei mostrar, socorrendo-me dos indícios disponíveis: a indiferença relativamente à demografia ultramarina nas alturas em que se calculou o número de deputados para o Parlamento; a situação de impasse em que ficou a possibilidade de separar juridicamente a cidadania portuguesa e a pluralidade de pertenças religiosas e jurídicas; a impossibilidade de se afirmar inequivocamente que "ser português" remetia para uma condição totalmente indiferente não somente à pertença religiosa, fosse ela cristã ou "gentia", mas também ao direito civil a que se estava subordinado, fosse ele o dos "usos e costumes" das populações não europeias fosse o direito codificado das "nações civilizadas". Como expliquei a certa altura do texto, o facto das populações nativas terem sido omitidas no texto constitucional não significou a sua inclusão, tendo aquela omissão correspondido mais à forma negativa com que a sua diversidade – racial, religiosa, civilizacional – era encarada e às perplexidades que ela gerava no contexto de uma concepção antropológica universalista do que à vontade de abstrair desses critérios em nome de uma cidadania universal. Tudo isso impedindo que se possa afirmar de forma segura que eram cidadãs portuguesas todas as populações que nasciam nesse território muito difícil de delimitar, o ultramar português do século XIX.

No fim do século, a omissão, mais, ou menos consciente, de toda a complexidade subjacente às anteriores narrativas permitiu que se acusasse o "liberalismo sentimental" dos anos anteriores de ter assimilado ao cidadão português, de forma indiscriminada, os *indígena*s, conceito por meio do qual se presumiu que todos os nativos eram (logicamente) *indígenas;* o que, agora, queria dizer, claramente, "não cidadãos". Esta recondução de *todos* os nativos à condição de *indígenas* – espécie de tábua rasa que os denunciados "excessos assimiladores" da política anterior legitimava – permitiria que, depois, o administrador colonial, munido de critérios jurídicos precisos – de um *Estatuto do Indígena* – pudesse avaliar, no terreno, caso a caso, quem era, e quem podia já não ser, *indígena*. Até lá, todos aqueles "mouros, canarins e pretos" a quem a legislação portuguesa tinha dado "os mesmos foros de cidadãos portugueses que aos naturais de Portugal [...]"[1260], passavam a ser *indígenas*. Por contraposição ao absurdo da situação anterior, em que todos tinham sido cidadãos.

[1260] J. Mouzinho de Albuquerque – *Governador de Lourenço Marques, 25 de Setembro de 1890 – 4 de Janeiro de 1892*, Lourenço Marques, Imprensa Nacional de Moçambique, 1956, p. 92-93.

BIBLIOGRAFIA

A Constituição de Hespanha feita em Bayona por José Bonaparte, precedida de um discurso comparativo entre ela e as Cartas de Bonaparte escritas a Murak, Coimbra, Imprensa da Universidade, 1808.

Actas da Assembleia Nacional Constituinte de 1911 (15 Junho a 25 Agosto), Lisboa, Assembleia da República, 1986.

Actas da Comissão Revisora do projecto de Código Civil Português, Lisboa, Imprensa Nacional, 1869.

Actas das sessões e teses do III Congresso Colonial Nacional, Lisboa, Sociedade de Geografia de Lisboa, 1934.

Actas de eleições dos deputados às Cortes, Gov. Dist, Lourenço M., 8-130, 1887-1894, Docs. 1-2, Arquivo Histórico de Maputo.

ALANIZ, Anna Gicelle García, *Ingênuos e Libertos, Estratégias de sobrevivência familiar em épocas de transição*, 1871-1895, Campinas, Centro de Memórias – Unicamp, 1997.

ALESINA, Alberto, SPOLAORE, Enrico, *The Size of Nations*, Cambridge, London, Massachusetts, Englanef, 2003.

ALEXANDRE, Valentim, *Origens do colonialismo português moderno (1822-1891)*, Lisboa, Sá da Costa, 1979.

IDEM, "O liberalismo Português e as colónias de África (1822-1890)", in *Análise Social*, n.º 61-62, Lisboa, 1980.

IDEM, "O nacionalismo vintista e a questão brasileira", in Miriam Halpern Pereira, Maria de Fátima Sá e Melo Ferreira e João B. Serra (orgs.), *O liberalismo na Península Ibérica na Primeira Metade do século XIX*, Lisboa, Sá da Costa, 1982.

IDEM, "Portugal e a abolição do tráfico de escravos (1834-1851)", in *Análise Social*, vol. XXVI, n.º 111, 1991.

IDEM, "Portugal em África, 1825-1974: uma perspectiva global", in *Penélope*, n.º 11, 1993.

IDEM, *Os sentidos do Império. Questão Nacional e Questão Colonial na Crise do Antigo Regime Português*, Porto, Afrontamento, 1993.

IDEM, "Projecto colonial e abolicionismo", in *Penélope*, n.º 14, 1994.

IDEM, "A África no Imaginário Político Português (séculos XIX-XX)", in *Penélope*, n.º 15, 1995.

IDEM, "Questão nacional e questão colonial em Oliveira Martins", in *Análise Social*, vol. XXXI, n.º 135, 1996.

IDEM, "Política Colonial", in *Dicionário de História do Estado Novo*, Lisboa, Bertrand Editora, 1996, vol. II.

IDEM, "Administração Colonial", in António Barreto e Maria Filomena Mónica (coords.), *Dicionário de História de Portugal*, Lisboa, Figueirinhas, 1999, vol. VII (Suplemento).
IDEM, (coord.), *O Império Africano, Séculos XIX e XX*, Lisboa, Ed. Colibri, 2000.
IDEM, *Velho Brasil, Novas Áfricas, Portugal e o Império (1808-1975)*, Porto, Afrontamento, 2000.
IDEM, "O Império Português (1825-1890): ideologia e economia", in *Análise Social*, vol. XXXVIII, n.º 169, 2004.
ALMADA NEGREIROS, António Lobo, *L'organization judiciaire dans les colonies portugaises*, Bruxelles, Instituto Colonial Internacional, 1908.
ALMEIDA, Maria Regina Celestino de, *Metamorfoses indígenas. Identidade e cultura nas aldeias coloniais do Rio de Janeiro*, Rio de Janeiro, Arquivo Nacional, 2003.
ALMEIDA, Pedro Tavares de, *Eleições e caciquismo no Portugal Oitocentista (1868-1890)*, Lisboa, Difel, 1991.
IDEM, (org. e introd.), *Legislação eleitoral portuguesa, 1820-1926*, Lisboa, I.N.C.M., 1998.
AMARAL, Francisco Joaquim Ferreira do, "Relatório do Governador-geral de Angola, relativo ao ano compreendido entre 1 de Setembro de 1882 e igual dia e mês do ano de 1883", *Angolana (Documentação sobre Angola)*, Lisboa-Luanda, IICAL e CEHUL, 1968, vol. I (1783-1883).
ALVARADO PLANAS, Javier, "El régimen de Legislación Especial para Ultramar y la Cuestión Abolicionista en España Durante el Siglo XIX", *Cuadernos del Instituto de Investigaciones Jurídicas*, n.º 2, 1998.
IDEM, *Constitucionalismo y codificación en las provincias de Ultramar, la supervivencia del Antiguo Régimen en la España del XIX*, Madrid, Centro de Estudios Políticos y Constitucionales, 2001.
AMARAL, Maria Lúcia, *Responsabilidade do Estado e dever de indemnizar do legislador*, Coimbra, Coimbra Editora, 1998.
IDEM, *A forma da República. Uma introdução ao estudo do direito constitucional*, Coimbra, Coimbra Editora, 2007.
Anais do Conselho Ultramarino, n.º 1, Lisboa, Imprensa Nacional, 1854-73.
ANDERSON, Benedict, *Immagined Communities, Reflections on the Origin and Spread of Nationalism*, Verso, London and New York, 1991.
ANTUNES, Luís Frederico Dias, *A comunidade baneane do Guzerate e a transformação do comércio afro-asiático (1686-1810)*, tese de doutoramento em História, Lisboa, Faculdade de Ciências Sociais e Humanas da Universidade Nova de Lisboa, 2001.
ARAÚJO, Ana Cristina, "O «Reino Unido de Portugal, Brasil e Algarves, 1815-1822", *Revista de História das Ideias*, vol. 14, 1992.
ARAÚJO, Maria Carla, "Colonização como ciência, influências do positivismo no discurso colonial português na segunda metade do século XIX e inícios do século XX", Mestrado "Transições Políticas em Portugal e Na Europa (séculos XIX--XX)", Instituto de Ciências Sociais da U.L., 1998, polic.

IDEM, *Direito Português e populações indígenas. Macau (1846-1927)*, dissertação de Mestrado em Ciências Sociais no Instituto de Ciências Sociais da Universidade de Lisboa, Lisboa, 2000, polic.
BAKER, Keith Michael "Representation", in Turner, Bryan, Hamilton, Peter (eds.), *Citizenship, critical concepts*, London and New York, Routledge, vol. I, 1994.
BARRETO, António, MÓNICA, Maria Filomena (coords.), *Dicionário de História de Portugal*, Lisboa, Figueirinhas, vol. VII (Suplemento).
BASTOS, Susana Pereira, *O Estado Novo e os seus Vadios, contribuição para o estudo das identidades marginais e da sua repressão*, Lisboa, Pub. D. Quixote, 1997.
BELEZA, Maria Teresa Couceiro Pizarro, *Mulheres, Direito, Crime ou a perplexidade de Cassandra*, Lisboa, Faculdade de Direito de Lisboa, 1990.
BENOT, Yves, *La Révolution française et la fin des colonies*, Paris, Éditions La Découverte, 1989.
BENTHAM, Jeremy, *Théorie des peines et des récompenses*, Paris, Bossange et Masson Librairies, 1818 (2.ª ed.).
IDEM, *Theoria dos Prémios Legais Extrahida dos Manuscritos do Sábio Jurisconsulto Inglez*, Lisboa, Imprensa Nacional, 1822.
IDEM, *Essais de Jérémie Bentham sur la situation politique d'Espagne, sur la Constitution et sur le nouveau Code espagnol, sur la Constitution du Portugal [...]*, Paris, Librairie de Brissot-Thivars, 1823.
BENTON, Lauren, *Law and Colonial Cultures, Legal Regimes in World History: 1400-1900*, Cambridge, Cambridge University Press, 2002.
BERBEL, Márcia Regina, *A Nação como Artefato, Deputados do Brasil nas Cortes Portuguesas (1821-1822)*, S. Paulo, Hucitec, 1999.
BETHENCOURT, Francisco, CHAUDHURI, Kirti (dir.), *História da Expansão Portuguesa*, Lisboa, Círculo de Leitores, 1998, Vol. 4: "Do Brasil para África (1808--1930)".
BETTS, Raymond F., *Assimilation and Association in French Colonial Theory*, 1890-1914, Columbia University Press, 1960.
Boletim do Conselho Ultramarino. Legislação Novíssima, Lisboa, Imprensa Nacional, 1867--69, 4 vols (1834-1863).
BOHERER, George "Some Brazilian proposals to the Cortes Gerais de 1821-1823, on the Indian problem", *Acta do 3.ª Colóquio Internacional de Estudos Luso-Brasileiros*, Lisboa, 1960, vol. II.
BOTTE, Roger, "L'esclavage African après l'abolition de 1848, Servitude et droit du sol", in *Annales HSS*, Sept.-Octob. 2000, n.º 5, 2000.
BOUCHE, Denise, *Histoire de la Colonization Française*, Paris, Fayard, 1991, t. II: «Flux et reflux (1815-1962)».
BOWRING, John (ed.), *The Works of Jeremy Bentham*, Edinburgh, 1843, vol. IV.
BRAUN, Carlos Rodriguez, ""Libraos de Ultramar, Bentham frente a España y sus colonias", in *Revista de Historia Económica*, Ano III, n.º 3, 1985.
BREWER, John, STAVES, Susan (eds.), *Early Modern Conceptions on Property*, London and New York, Routledge, 1996.

BRUSCHY, Silva, *Manual de Direito Civil Português* (segundo a novíssima legislação [...]), Lisboa, Editores Rolland & Semiond, vol. I, 1868 (2.ª ed.).
BURROUGHS, Peter, "Institutions of Empire", in Andrew Porter (ed.), T*he Oxford History of the British Empire*, Oxford-New York, Oxford University Press, 1999, vol. III.
BUSH, Barbara, MALTBY, Josephine, *Taxation in West Africa and the «governable person»*, http://les.man.ac.uk/IPA7papers/52.pdf
CABRAL, António Augusto Pereira, *Raças, Usos e Costumes dos Indígenas de Moçambique*, Lourenço Marques, Imprensa Nacional, 1925.
CAETANO, Marcelo, *Direito público colonial português* (lições coligidas por Mário Neves), Lisboa, Oficina Gráfica, 1934.
IDEM, *A Constituição de 1833 – Estudo de Direito Político*, 1956.
IDEM, "As reformas pombalinas e post-pombalinas respeitantes ao Ultramar. O Novo Espírito em que são concebidas", in *História da Expansão Portuguesa no Mundo*, Lisboa, 1940, vol. III.
CAIN, P. J., *Hobson and Imperialism, Radicalism, New Liberalism and Finance, 1887-1938*, Oxford, Oxford University Press, 2002.
CAIN, William E., "Lincoln, Slavery, and Rights", in Austin Sarat and Thomas R. Kearns, *Legal Rights, Historical and Philosophical Perspectives*, Michigan, University of Michigan Press, 1997.
CALHEIROS E MENEZES, Sebastião Lopes de, *Relatório do Governador-geral da Província de Angola referido ao ano de 1861*, Lisboa, Imprensa Nacional, 1867.
CANOTILHO, Joaquim Gomes, *Direito Constitucional e Teoria da Constituição*, Coimbra, Almedina, s.d. (3.ª ed.).
CAPELA, José, *O Imposto de Palhota e a introdução do modo de produção capitalista nas Colónias*, Porto, Afrontamento, 1977.
IDEM, *O Escravismo Colonial em Moçambique*, Porto, Edições Afrontamento, 1993.
CARNEIRO, Manuel Borges, *O Direito civil de Portugal*, Lisboa, Impressão Régia, 1826.
CARREIRA, António, *Angola: da escravatura ao trabalho livre*, Lisboa, Arcádia, 1977.
CASTRO, Zília Osório, (dir.), *Dicionário do Vintismo e do Primeiro cartismo (1821-1823 e 1826-1828)*, Lisboa, Ed. Afrontamento, vol. II, 2002.
CAUDILL, Edward, *Darwinian Myths, The legends and Misuses of a theory*, Knoxville, The University of Tennessee Press, 1997.
CAVELL, Stanley, *The claim of reason, Wittgenstein skepticism, morality and tragedy*, Oxford, Oxford University Press, 1979.
CHANTAL, Georgel (ed.), *L'Abolition de l'esclavage, Un combat pour les droits de l'homme*, Paris, Éditions Complexe, 1998.
CHARRAK, André "Rousseau", in Jean Pierre Zarader (ed.), *Le Vocabulaire des philosophes. II: Philosophie classique et moderne (XVIIe-XVIIIe Siècle)*, Paris Ellipses, 2002.
CHERCHARI, Mohamed Sahia, "Indigènes et citoyens ou l'impossible universalisation du suffrage", in *Revue française du Droit constitutionnel*, n.° 60, 2004.
CLARK, Elizabeth B., "Breaking the Mold of Citizenship: The «Natural» Person as Citizen in Nineteenth-Century America (A Fragment)", in Sarat, Austin,

KEARNS, Thomas R. (eds.), *Cultural Pluralism, Identity Politics, and the Law*, Ann Arbor, The University of Michigan Press, 1993.
CLAVERO, Bartolomé, PORTILLO, José Maria, LORENTE, Marta, *Pueblos, Nación, Constitución (en torno a 1812)*, Ikusager Ediciones, 2004.
CLAVERO, Bartolomé, *Derecho indígena y cultura constitucional en América*, Madrid, Siglo Veintiuno de España Editores, 1994.
IDEM, "!Libraos de Ultramaria! El fruto podrido de Cádis", in José María Iñurritegui e José María Portillo (eds.), *Constitución en España: orígenes y destinos*, Madrid, Centro de Estudios Políticos y Constitucionales, 1998.
IDEM, *Ama Llunku, Abya Yala: Constituyencia Indígena y Código Ladino por América*, Madrid, C.E.P.C., 2000.
IDEM, "Guaca Indígena y Arqueologia Constitucional: Pueblos y Estados en América", comunicação apresentada ao *VIII Congresso Iberoamericano de Derecho Constitucional* ("Minorias, pueblos, naciones: retos constitucionales y constituyentes"), Universidad Sevilla, 2003 (v. http://www.us.es/cidc/mesas/minorias.htm).
Código de usos e costumes dos Habitantes não Christãos de Damão. Aprovado por Portaria provincial n.° 11 de 31 de Agosto de 1854. Com as alterações aprovadas por portaria Provincial n.° 146, de 19 de Abril de 1912, Nova Goa, s.l., 1912.
Código dos milandos inhambanenses (Litígios e pleitos), aprovado por portaria provincial n.° 269 de 11 de Maio de 1889, Moçambique, Imprensa Nacional, 1889.
COELHO, Trindade, *Manual Político do Cidadão Português*, Lisboa, Parceria A. M. Pereira, 1906.
COHEN, William B., *Français et Africains, Les noirs dans le regard des Blancs, 1530-1889*, Paris, Gallimard, 1980.
COISSORÓ, Narana, "As Instituições do Direito costumeiro negro-africano", Separata de *Estudos Políticos e Sociais*, vol. II, n.° 1, 1964.
Collecção de Constituições antigas e modernas, com o projecto de outras seguidas de um exame comparativo de todas elas (por 2 bacharéis), Lisboa, Tip. Rollandiana, 1820-1822, 4 vols.
CONKLIN, Alice L., "Colonialism and human rights, a contradiction in terms? The case of France and West Africa, 1895-1914", in *The American Historical Review*, vol. 103, n.° 2, 1998.
Congresso Colonial Nacional, Conferências Preliminares, Lisboa, Sociedade de Geografia de Lisboa, 1901.
Congresso Colonial Nacional. Teses, Lisboa, Typ. da Companhia Nacional Editora, 1900.
Constituição Politica da Monarquia Espanhola. Promulgada em Cadiz a 19 de Março de 1812, Madrid, Imprensa Nacional, 1813.
Constituições Portuguesas, ed. facsimilada da Assembleia da República, Lisboa, Assembleia da República, 1992.
COOPER, Frederik, STOLE, Laura, Ann (eds.), *Tensions of Empire: colonial cultures in a bourgeois world*, Berkeley, University of California Press, 1997.
COOPER, Frederick, *Colonialism in Question, Theory, Knowledgge, History*, Berkeley, Los Angeles, London, University of California Press, 2005.

CORDEIRO, Luciano, *Questões Coloniais*, (ed. organizada por A. Farinha de Carvalho), Lisboa, Vega, 1993.
CORVO, João de Andrade, *Relatórios do Ministro e Secretário de Estado dos Negócios de Marinha e Ultramar* (apresentados à Camara dos Deputados na sessão legislativa de 1875), Lisboa, Imprensa Nacional, vol. II, 1875.
IDEM, *Estudos sobre as Províncias Ultramarinas*, Lisboa, Academia Real das Ciências, 1883-1887, 4 vols.
COSTA, Eduardo da, *Estudo sobre a Administração Civil das Nossas Possessões Africanas*, Lisboa, Imprensa Nacional, 1903.
IDEM, *Ocupação militar e domínio efectivo nas nossas colónias*, Lisboa, Tip. Universal, 1903.
COSTA, Emília Viotti da, *Da Monarquia à República: Momentos Decisivos*, Unesp, 7.ª ed., s.d.
COSTA, Pietro, *Civitas, Storia della Cittadinanza in Europa*, vol. II: "L'Età delle Rivoluzioni"; Vol III: "la civiltà liberale", Roma, Laterza, 2001.
COSTELOE, M.P., *Response to Revolution: Imperial Spain and the Spanish American Revolutions, 1810-1840*, Cambridge, Cambridge University Press, 1986.
COUTINHO, José Joaquim da Cunha de Azeredo, *Análise sobre a Justiça do Comércio de Resgate dos Escravos da Costa de África*, Lisboa, Nova Officina de João Rodrigues Neves, 1808.
CRATON, Michel, "Property and propriety. Land tenure and slave property in the creation of a British West Indian plantocracy, 1612-1740", in Brewer, John, Staves, Susan (eds.), *Early Modern Conceptions od Property*, London and New York, Routledge, 1996.
CUNHA, Joaquim d'Almeida da, *Estudo acerca dos usos e costumes dos Banianes, Bathiás, Parses, Mouros, Gentios e Indígenas*, Moçambique, Imprensa Nacional, 1885.
IDEM, *Os indígenas nas colónias portuguesas d'África, e especialmente na província de Angola*, Luanda, Imprensa Nacional, 1900.
CUNHA, Joaquim Moreira da Silva, *O sistema português de política indígena*, Coimbra, Coimbra Editora, 1953.
IDEM, *O trabalho indígena. Estudos de Direito colonial*, Lisboa, Agência Geral do Ultramar, 1955.
CUNHA, Manuela Carneiro da, "Sobre os silêncios da lei: lei costumeira e positiva nas alforrias de escravos no Brasil do século XVIII", in *Cadernos IFCH-Unicamp*, n.º 4, 1983.
IDEM, *Antropologia do Brasil, mito-história-etnicidade*, S. Paulo, Brasiliense, 1987.
IDEM, (org.), *História dos índios no Brasil*, S. Paulo, Companhia das Letras, 1992.
IDEM, (org.), *Legislação Indigenista no Século XIX, Uma Compilação (1808-1889)*, S. Paulo, Editora da Universidade de S. Paulo, 1992.
DARIAN-SMITH, Eve, FITZPATRICK, Peter, "Laws of the Postcolonial: An Insistente Introduction", in Eve Darian-Smith and Peter Fitzpatrick (eds.), *Laws of the Poscolonial*, Ann Arbor, The University of Michigan Press,1999.
D'ÁVILA, Carlos Lobo, *Reflexões Críticas sobre a reforma da carta, proposta pelo Sr. Dias Ferreira*, Lisboa, Typog. do Diário de Lisboa, 1881.

DESCHAMPS, Léon, *La Constituante et Les colonies, La réforme Coloniale*, thése presentée à la Faculté de Lettres de l'Université de Paris, Paris, Perrin et Cie, 1898.
DESHTA, Kiran, *Uniform Civil code. In Retrospect and Prospect*, New Delhi, Deep & Deep Publications, 1999.
DIPPEL, Horst, *História do Constitucionalismo Moderno, Novas Perspectivas*, Lisboa, Fundação Calouste Gulbenkian, 2007.
Diário da Assembleia Nacional Constituinte, Lisboa, 1911.
Diário da Câmara dos Deputados (DCD), Lisboa, Imprensa Nacional.
Diário da Câmara dos Pares do Reino (DCP), Lisboa, Imprensa Nacional.
Diário das Cortes Gerais e Extraordinárias da Nação Portuguesa (DCGECNP), Lisboa, Imprensa Nacional, 1821.
DIAS, Jill, "A sociedade colonial de Angola e o liberalismo português, c. 1820-1850", in Miriam Halpern Pereira, Maria de Fátima Sá e Melo Ferreira e João B. Serra, *O liberalismo na Península Ibérica na Primeira Metade do século XIX*, Lisboa, Sá da Costa, vol. I, 1981.
IDEM, "Angola" in Joel Serrão e A-H. de Oliveira Marques (orgs.), *Nova História da Expansão Portuguesa*, Lisboa, Estampa, 1998, vol. X.
IDEM, "Relações Portuguesas com as Sociedades Africanas em Angola", in Valentim Alexandre (coord.), *O Império Africano, Séculos XIX e XX*, Lisboa, Ed. Colibri, 2000.
DIAS, Maria Odíla da Silva, *O Fardo do Homem Branco, Southey, Historiador do Brasil*, S. Paulo, Companhia Editora Nacional, 1974.
Documentos offerecidos à câmara dos Senhores Deputados por um eleitor da Província de Angola, relativos à eleição de deputados que teve lugar no segundo círculo da mesma Província no dia 4 de Agosto de 1867, Lisboa, Typ. Universal, 1868.
DOMINGUES, Ângela, *Quando os índios eram Vassalos. Colonização e relações de poder no Norte do Brasil na segunda metade do século XVIII*, Lisboa, CNCDP, 2000.
D'ORS, Alvaro, *Derecho Privado Romano*, Pamplona, Ediciones Universidad de Navarra, 1873.
DRESCHER, Seymour, *The Mighty Experiment, Free Labor versus Slavery in British Emacipation*, Oxford, Oxford University Press, 2002.
DUBOIS, Laurent, *Les esclaves de la République, L'histoire oubliée de la première emancipation, 1789-1794*, Paris, Calmann-Lévy, 1998.
EDDY, John, "The Technique of Government: Governing Mid-Victorian Austrália", in Roy McLeod (org.), *Government and Expertise, Specialists, Administrators and professionals, 1860-1919*, Cambridge, Cambridge University Press, 1988.
ENES, António, *Moçambique – relatório apresentado ao Governo*, Lisboa, Agência Geral do Ultramar, 1971 (1.ª ed.: 1893).
ENGERMAN, Stanley, Drescher, Seymour & Paquette, Robert, *Slavery*, Oxford University Press, 2001.
Entre as mais urgentes necessidades dos povos, entre os deveres mais sagrados do governo, está a recta administração da justiça, Ministério dos negócios da Marinha e Ultramar, Direcção Geral do Ultramar (Decreto de 14 de Novembro de 1878), Lisboa, Imprensa Nacional, 1878.

ÉTIENNE DUMOND (ed.), *Oeuvres de Jérémie Bentham*, Bruxelles, Société Belge de Librairie, 1840 (3.ª ed.), t. I: «Traités de législation civile et pénale. Tactique des assemblées politiques délibérantes. Traité des sophismes politiques»; t II: «Théorie des peines et des récompenses. Traité des preuves judiciaires»; t. III: «L'organisation judiciaire et de la codification».

EVANS, Julie, Philips, Davis, "«When there's no safety in numbers»: fear and the franchise in South Africa – the case of Natal", in Diane Kirkby & Catharine Coleborne, *Law, History, Colonialism, The reach of empire*, Manchester, Manchester University Press, 2001.

EZE, Emmanuel Chukwundi (ed.), *Race and the Enlightenment*, Blackwell, 1997.

FEIO, Manuel Moreira, *Indígenas de Moçambique*, Lisboa, Tip. Comércio, 1900.

FERRÃO, J. B. Martens, *La question portugaise du Congo, par devant le droit public de l'Europe*, Lisboa, Imprensa Nacional, 1884.

FERREIRA, José Carlos Ney, VEIGA, Vasco Soares da, *Estatuto dos indígenas portugueses das províncias da Guiné, Angola e Moçambique*, Lisboa, 1957.

FERREIRA, José Dias, *Código Civil Portuguez annotado*, Coimbra, Imprensa da Universidade, 1894 (2.ª ed.).

FERREIRA, Silvestre Pinheiro, *Projectos de Ordenações para o Reyno de Portugal, 1831-1834 (1.ª V.: Carta Constitucional e Projecto de Leis Orgânicas)*, Paris, Off. Typographica de Casimir, 1831.

IDEM, *Observações sobre a Constituição do Império do Brazil, e sobre a Carta Constitucional do Reino de Portugal*, Paris, Rey e Gravier, 1835.

IDEM, *Declaração dos Direitos e Deveres do Homem e do Cidadão*, Paris, Rey et Gravier, 1836.

IDEM, *Projecto de Código político para a Nação Portuguesa*, Paris, Rey et Gravier, 1838.

IDEM, *Manual do Cidadão em um governo representativo, ou principios de direito constitucional administrativo e das gentes*, Paris, Rey e Gravier, 1854, 2 vols.

FIORAVANTI, Maurizio, *Appunti di storia delle constituzioni moderna, le libertá fondamentali*, Torino, G. Giappichelli Editori, 1995.

FRAGOSO, João, BICALHO, Maria Fernanda, GOUVÊA, Maria de Fátima (orgs.), *O Antigo Regime nos Trópicos: a Dinâmica Imperial Portuguesa (séculos XVI-XVIII)*, Rio de Janeiro, Civilização Brasileira, 2001.

FRANCO, Afonso Arinos de Melo (introd.), *O constitucionalismo de D. Pedro I no Brasil e em Portugal*, Brasília, Ministério da Justiça, 1994.

FISHER, Michael H., *Indirect Rule in India. Residents and the Residency System, 1764-1858*, Oxford, Oxford University Press, 1991.

FITZPATRICK, Peter, "Terminal legality: imperialism and the (de)composition of law" in Diane Kirkby and Catharine Coleborne (eds.), *Law, History, colonialism, The Reach of Empire*, Manchester, Manchester University Press, 2001.

FRADERA, Joseph M., "Por qué no se promulgaron las «leyes especiales» de Ultramar?", in Richard L. Kagan e Geoffrey Parker, *España, Europa y el Mundo Atlántico* (Homnaje a John H. Elliot), Madrid, Marcial Pons, 2001.

FURET, François, OZOUF, Mona (orgs.), *Dictionnaire Critique de la Révolution Française*, Paris, Flammarion, 1998.

FURIA, Annalisa, "La cittadinanza durante la Rivoluzione francese (1789-1799)", in *Scienza Politica*, n.° 27, 2002.

GARCIA, Fernando Emygdio, *Colonização e Colónias Portuguesas, 1864-1914*, Coimbra, F. França Amado, 1915.

GAUCHET, Marcel, "Droits de l'Homme", in Furet, François, Ozouf, Mona (orgs.), *Dictionnaire Critique de la Révolution Française*, Paris, Flammarion, 1988.

GIL, António, *Considerações sobre alguns pontos mais importantes da moral religiosa, e systema de jurisprudência dos pretos do continente da África Ocidental Portuguesa além do Equador, tendentes a dar alguma ideia do carácter peculiar das suas instituições primitivas*, Lisboa, Tipografia da Academia, 1854.

GIRAULT, Arthur, *Principes de Colonisation et de Législation Coloniale*, Paris, Librairie de la Société du Recueil J.-B Sirey et du Journal du Palais, 1907 (3.ª ed.).

GIRÓN, Jesus Martínez, *Los pleitos de Derecho privado sobre esclavitud ultramarina en la jurisprudência del Tribunal Supremo (1857-1891)*, Madrid, Cuadernos Civitas, 2002.

GOMES, Flávio, "Experiências transatlânticas e significados locais: ideias, temores e narrativas em torno do Haiti no Brasil escravista", in *Tempo*, Revista de História do Departamento de História da Universidade Federal Fluminense, vol. 7, n.° 13, 2002.

GONÇALVES, Luís da Cunha, *Direito hindu e mahometano. Comentário ao decreto de 16 de Dezembro de 1880, que ressalvou os usos e costumes dos habitantes não cristãos do distrito de Goa na Índia Portuguesa*, Coimbra, Coimbra, Editora, 1923.

IDEM, *Tratado de Direito Civil em comentário ao Código Civil Português*, Coimbra, Coimbra Editora, 1929.

IDEM, *Usos e costumes dos habitantes não cristãos do distrito de Goa na Índia Portugueza*, Lisboa, 1950.

GONÇALVES, Caetano Francisco Cláudio Eugénio, *Organização Judiciária do ultramar (Bases para um projecto de Reforma)*, Lisboa, Bertrand, 1897.

GONG, Gerrit W., *The standart of "civilization" in International Society*, Oxford, Clarendon Press, 1984.

GORDON, Robert W., "Paradoxical Property", in Brewer, John, Staves, Susan (eds.), *Early Modern Conceptions of Property*, London and New York, Routledge, 1996.

GOUVÊA, Maria de Fátima, "Elites «imperiais»: oficiais régios e redes clientelares no Brasil e Angola (século XVIII)", 2.° *Colóquio de História Social das Elites*, 13-15 de Novembro de 2003, Instituto de Ciências Sociais-Universidade de Lisboa.

GRACIAS, José António Ismael, *Carta orgânica das Instituições Administrativas nas Províncias Ultramarinas* (anotada por J.A. Ismael Gracias), Nova Goa, Imprensa Nacional, 1894.

GRIMSHAW, Patricia, REYNOLDS, Robert, SWAIN, Shurlee,"The paradox of «ultrademocratic» government: indigenous civil rights in nineteenth-century New Zealand, Canada and Austrália", in Diane Kirkby and Catharine Coleborne (eds.), *Law, History, colonialism, The Reach of Empire*, Manchester, Manchester University Press, 2001.

GRINBERG, Keila, *Liberata, a lei da ambiguidade. As acções da Corte de Apelação do Rio de Janeiro no século XIX*, Rio de Janeiro, Relume Dumará, 1994.

GUERRA, François-Xavier, "Identidad y Soberania: una relación compleja", in François-Xavier Guerra (dir.), *Las Revoluciones hispánicas: Independências Americanas y Liberalismo Español*, Madrid, Editorial Complutense, 1995.

HALL, Catherine (ed.), *Cultures of Empire, a reader*, Manchester, Manchester University Press, 2000.

HALL, Catherine, *Civilizing Subjects, Metropole and Colony in the English Imagination 1830--1867*, London, Polity Press, 2002.

HEINTZE, Beatrix, *Pioneiros africanos, Caravanas de carregadores na África Centro-Ocidental (entre 1850 e 1890)*, Lisboa, Caminho, 2004.

HERZOG, Tamar, "Communal Definition in Eighteenth-Century Spain and spanish America", in Julius Kirshner e Laurent Mayali (eds), *Privileges and Rights of Citizenship, Law and the Juridical Construction of Civil Society*, Berkeley, University of California at Berkeley, 2002.

IDEM, *Defining Nations, Immigrants and Cititizens in Early Modern Spain and Spanish America*, New Haven and London, Yale University Press, 2003.

HESPANHA, António Manuel, "Sabios y rústicos. La dulce violencia de la razón jurídica", in *La Gracia del derecho, Economia de la Cultura en la Edad Moderna*, Madrid, Centro de Estudios Constitucionales, 1993.

IDEM, "Li-Va-Sam não era leproso", em Johannes-Michael Scholz (ed.), *Fallstudien zur spanischen und portugiesischen Justiz. 15. bis 20. Jahrhundert*, Frankfurt/Main, V. Klostermann, 1994.

IDEM, *Panorama da História Institucional e Jurídica de Macau*, Macau, Fundação Macau, 1995.

IDEM, "Luís de Molina e as escravização dos negros", *Análise Social*, n.º 157, 2001.

IDEM, "A constituição do Império português. Revisão de alguns enviesamentos correntes", em João Fragoso, Maria Fernanda Bicalho e Maria de Fátima Gouvêa (orgs.), *O Antigo Regime nos Trópicos [...]*, cit.

IDEM, *Cultura jurídica europeia, síntese de um milénio*, Lisboa, Publicações Europa-América, 2003.

IDEM, "Instituições e quadro legal", in Pedro Lains e Álvaro Ferreira da Silva, *História Económica de Portugal, 1700-2000*, Lisboa, ICS, 2005.

IDEM, "Pequenas Repúblicas, Grandes Estados. Problemas de organização Política entre Antigo Regime e Liberalismo" in *O poder local em tempo de globalização*, Coimbra, Imprensa da Universidade, 2005.

HESPANHA, António Manuel, SILVA, Cristina Nogueira (coords.), *Fontes para a História Constitucional Portuguesa (c. 1800-1910)*, CD-Rom, Lisboa, FCT e Faculdade de Direito da Universidade Nova de Lisboa, 2004.

HOBSBAWN, Eric, *Nations and Nationalism since 1780*, Cambridge, Cambridge University Press, 1990.

HOLMES, Stephen, *Passions and Constraint, On the Theory of Liberal Democracy*, Chicago and London, The University of Chicago Press, 1995.

HOMEM, Pedro Barbas, *Iluminismo e Direito em Portugal*, Lisboa, 1987, polic.
HORWITZ, Morton J., "Natural Law and Natural Rights", in Austin Sarat and Thomas R. Kearns(eds.), *Legal Rights, Historical and Philosophical Perspectives*, Michigan, University of Michigan Press, 1997.
IVISON, Duncan, PATTON, Paul, SANDERS, Will (eds.), *Political Theory and the Rights of Indigenous Peoples*, Cambridge, Cambridge University Press, 2000.
JAHODA, Gustav, *Images of savages, ancient roots of modern prejudice in Western Culture*, London-New-York, Routledge, 1999.
JANCSÓ, István, "A sedução da liberdade: cotidiano e contestação política no final do século XVIII" in Fernando A. Novais (coord.), *História da Vida Privada no Brasil*, vol I (org. Laura de Mello e Souza): "Cotidiano e vida privada na América portuguesa", S. Paulo, Companhia das Letras, 1997.
JOÃO, Maria Isabel, *Memória e Império, comemorações em Portugal (1880-1960)*, Lisboa, Fundação Calouste Gulbenkian, 2002.
JORDÃO, Levy Maria, *Commentario ao Código Penal Portuguez*, Lisboa, Typ. de José Baptista Morando, 1853, 2 vols.
IDEM, *Memória sobre Lourenço Marques (Delagoa Bay)*, Lisboa, Imprensa Nacional, 1870.
KEENE, Edward, *Beyond the Anarchical Society, Grotius, Colonialism and Order in World Politics*, Cambridge, Cambridge University Press, 2002.
KING, James F., "The colored castes and american representation in Cortes of Cadiz", in *Hispanic American Historical Review*, n.º 33, 1953.
KIRKBY, Diane, COLEBORNE, Catharine (eds.), *Law, History, Colonialism, The Reach of Empire*, Manchester, Manchester University Press, 2001.
KODJO-GRANDVAUX, Séverine, KOUBI, Geneviève (dir.), *Droit et Colonisation*, Bruxelles, Bruylant, 2005.
KOSKENNIEMI, Martti, *The Gentle Civilizer of Nations, The Rise and Fall of International Law, 1870-1960*, Cambridge, Cambridge University Press, 2003.
KUMAR, Dharma, *Colonialism, Property and the State*, Oxford, Oxford University Press, 1998.
KYMLICKA, Will, *States, Nations and Cultures*, Van Gorkum, 1997.
L., A.J.B.A.A., *Entretenimento moral e político entre o Marquês de Pombal e Lord Pitt, relativo ao Reino Unido de Portugal, Brasil e Algarves*, Porto, Typografia de Viúva Alvarez Ribeiro & Filho, 1822.
LAHON, Didier, *Os Negros em Portugal – sécs. XV a XIX*, Lisboa, CNCDP, 1999.
LAVRADIO, (Marquês do), *Portugal em África depois de 1851*, Lisboa, Agência Geral das Colónias, 1936.
LEAL, José da Silva Mendes, *Relatórios do ministro e secretário d'Estado dos Negócios da marinha e Ultramar apresentados à câmara dos srs deputados na sessão de 12 de Janeiro de 1863*, Lisboa, Imprensa Nacional, 1863.
LEBON, André, AYRAL, Louis, GRENARD, Jules, GIDEL, Gilbert et SALAUN, Louis, *Du mode d'administration des Possessions coloniales*, Congrés des Sciences Politiques de 1900, Paris, Socièté Française d'Imprimerie et de Librairie, 1901.

LESSA, Almerindo, *Macau. Ensaios de antropologia portuguesa dos trópicos*, Lisboa, Editora Internacional, 1996.

LEWIS, Martin D., "One Hundred Million Frenchmen: The Assimilationist Theory in French Colonial Policy", in *Comparative Studies in Society and History*, 4, n.° 2, 1962.

LIBERATO, Carlos Franco, *Bissau (1765-1846): de factoria a enclave português*, Universidade Federal de Sergipe, polic.

LIEBERSOHN, Harry, "Discovering Indigenous nobility. Tocqueville, Chamisso and romantic travel writing", in *The American Historical Review*, vol. 99, n.° 3, 1994.

LIESEGANG, Gerhard, *Vassalagem ou Tratado de amizade? História do Acto de Vassalagem de Ngungunyane nas relações externs de Gaza*, Maputo, Arquivo Histórico de Moçambique, 1986.

LOCKE, John, *Two Treatises of Government* (ed. Peter Laslett), Cambridge, Cambridge University Press, 1988.

LORENTE, Marta, "América en Cadiz (1808-1812)", in A.A.V.V., *Los Orígenes del Constitucionalismo Liberal en España e Iberoamérica: un estúdio comparado*, Sevilha, Junta de Andalucia, s.d.

IDEM, "De Monarquia a Nación: la imagen de América y la cuestión de la ciudadanía hispana", *XIII Congreso del Instituto Internacional de Historia del Derecho Indiano* (21-25 Maio de 2000), San Juan, Asamblea Legislativa de Puerto Rico, vol. II, 2003.

MACHADO, Jónatas Eduardo Mendes, "Povo", in *Dicionário Jurídico da Administração Pública*, Lisboa, [s.n.], 1994.

IDEM, *Liberdade Religiosa numa Comunidade Constitucional Inclusiva, dos Direitos da verdade aos Direitos do Cidadão*, Coimbra, Coimbra Editora, 1996.

MAGALHÃES, Albano de, *Estudos coloniais. Legislação colonial, seu espírito, sua formação, seus defeitos*, Coimbra, F. França Amado,1907.

MALERBA, Jurandir, *Os Brancos da lei: Liberalismo, Escravidão e mentalidade patriarcal no Império do Brasil*, Maringá, Eduem, 1994.

MALIK, Kenan, *The Meaning of Race, Race, History and Culture in Western Society*, New York, New York University Press, 1996.

MAMDANI, Mahmood, *Citizen and subject, contemporary Africa and the legacy of late colonialim*, New Jersey, Princeton Press, 1996.

Manifesto que faz o Bispo e Deputado da província do Pará D. Romualdo de Sousa Coelho sobre os motivos do seu voto contra o projecto de hum centro de poder legislativo no Reino do Brazil, Lisboa, 1822.

MANTENA, Karuna, "Law and «Tradition»: Henry Maine and the Theoretical Origins of Indirect Rule", in Andrew Lewis and Michael Lobban (eds), *Law and History, Current Legal Issues*, Oxford, Oxford University Press, vol. VI, 2004.

MARNOCO e Souza, J.F., *Administração colonial, prelecções feitas ao curso do 4.° ano jurídico do ano de 1906-1907*, Coimbra, Tipografia França Amado, 1906.

IDEM, *Direito político. Poderes do Estado. Sua organização segundo a Sciencia Politica e o Direito Constitucional Português*, Coimbra, França Amado Editor, 1910.

IDEM, "Regimen Jurídico das Populações Indígenas", in Marcelo Caetano (org.), *Antologia Colonial Portuguesa*, Lisboa, Agência Geral das Colónias, vol. I, 1946.

MARQUES, A. H. de Oliveira e SERRÃO, Joel (dirs.), *Nova História da Expansão Portuguesa*, vol. VIII. "O Império Luso-Brasileiro (1750-1822)" (coordenação de Maria Beatriz Nizza da Silva), Lisboa, Estampa, 1986.

Nova História da Espansão Portuguesa, vol. X: "O Império Africano, 1825-1890" (coord. Valentim Alexandre e Jill Dias), Lisboa, Editorial Estampa, 1998.

MARQUES, A. H. Oliveira (dir.), *História dos portugueses no Extremo Oriente*, Lisboa, Fundação Oriente, vol. I, 1998.

MARQUES, João Pedro, *Os sons do silêncio: o Portugal de Oitocentos e a Abolição do Tráfico de Escravos*, Lisboa, Instituto de Ciências Sociais, 1999.

IDEM, "Uma cosmética demorada: as Cortes perante o problema da escravidão (1836-1875)", in *Análise Social*, vol. XXXVI (158-159), 2001.

MARQUESE, Rafael de Bivar, *Administração & Escravidão, Idéias sobre a gestão da agricultura escravista brasileira*, S. Paulo, Editora Hucitec, 1999.

IDEM, "Governo dos escravos e ordem nacional: Brasil e Estados Unidos, 1820-1860", *Penélope*, n.º 27, 2002.

MARTENS, Georg Friedrich von de, *Précis du Droit des gens Moderne de L'Europe fondé sur les Traités et l'usage pour servir d'introduction a un cours politique et diplomatique* (par G.F. de Martens, nouvelle édition avec des notes de M.S. Pinheiro-Ferreira), Paris, Aillaud, 1831.

MARTINS, Joaquim Pedro de Oliveira, *O Brazil e as Colónias Portuguezas*, Lisboa, Guimarães Editores, 1953 (1.ª ed.: 1880).

MATTOS, Hebe Maria, *Escravidão e cidadania no Brasil Monárquico*, Rio de Janeiro, Jorge Zahar Editor, 2000.

IDEM, "A escravidão moderna nos quadros do Império Português: o Antigo Regime em perspectiva Atlântica", in João Fragoso, Maria Fernanda Bicalho e Maria de Fátima Gouvêa (orgs.), *O Antigo Regime nos Trópicos [...]*, cit.

MCLEOD, Roy, *Government and Expertise, Specialists, Administrators and Professionals, 1860--1919*, Cambridge, Cambridge University Press, 1988.

Memória acerca da Extinção da escravidão no território portuguez, Lisboa, Ministério da Marinha, 1889.

MENDES, António Leite, *Abolição da escravatura em Angola e organização do trabalho*, Lisboa, Tip. Do Jornal de Lisboa, 1867.

MERÊA, Paulo, "Projecto de Constituição de 1823", Separata do *Boletim da Faculdade de Direito*, vol. XLIII, Coimbra, 1967.

METCALF, Thomas R., *Ideologies of the Raj*, Cambridge, Cambridge University Press, 1995.

METHA, Uday Singh, *Liberalism and Empire: A study in Nineteenth-century British Liberal Thought*, Chicago, Chicago University Press, 1999.

MILL, John Stuart "On Colonies and Colonization" (1848), in *Principles of Political Economy*, ed. J. Laurence Laughlin, New York, D. Appleton & Co., 1891.

IDEM, "On Liberty" (1859) in Richard Wollheim (ed.), *John Stuart Mill, Three Essays*, Oxford, Oxford University Press, 1975.

IDEM, *Considerations on Representative Government* (1861)(ed. Geraint Williams), London, Everyman, 1993.

IDEM, "The subjection of women" (1869) in Richard Wollheim (ed.), *John Stuart Mill, Three Essays*, Oxford, Oxford University Press, 1975.
MIRANDA, Jorge, *O Constitucionalismo liberal luso-brasileiro*, Lisboa, C.N.C.D.P., 2001.
MOMMSEN, W.J., MOOR, J.A. de (eds), *European expansion and law. The encounter of European law in 19th and 20th century in Africa and Asia*, Oxford-New York, Berg, 1992.
MONTESQUIEU, *De L'Esprit des Lois*, Paris, Gallimard, 1995.
MOREIRA, Adriano, *Administração da justiça aos indígenas*, Lisboa, Agência Geral do Ultramar, 1955.
Mouzinho – governador de Lourenço Marques – 25 de Setembro de 1890 – 4 de Janeiro de 1892, Lourenço Marques, Imprensa Nacional de Moçambique, 1956.
MUTHU, Sankar, *Enlightenment against Empire*, Princeton and Oxford, Princeton University Press, 2003.
NASCIMENTO, Augusto, "S. Tomé e Príncipe no século XIX: um esboço de interpretação das mudanças sociais" in Valentim Alexandre (coord.), *O Império Africano, Séculos XIX e XX*, Lisboa, Colibri, 2000.
IDEM, *Poderes e Quotidiano nas roças de S. Tomé e Príncipe, de finais de oitocentos a meados de novecentos*, Lisboa, Ed.do autor, 2002.
IDEM, *Órfãos da Raça, Europeus entre a fortuna e a desventura no S. Tomé e Príncipe colonial*, S. Tomé, Instituto Camões, Centro Cultural Português em S. Tomé e Príncipe, 2002.
NETO, Maria da Conceição, "Hóspedes incómodos: Portugueses e Americanos no Bailundo no último quartel do século XIX", in *Actas do Seminário Encontro de Povos e Culturas em Angola (Luanda, Abril de 1995)*, Lisboa, C.N.C.D.P., 1997.
NEVES, Marcelo, *A Constitucionalização simbólica*, S. Paulo, Editora Académica, 1994.
NEWITT, Malyn, *A History of Mozambique*, Bloomington and Indianapolis, Indiana University Press, 1995.
NOCILLA, Damiano, CIAURRO, Luigi, "Rappresentanza politica" in *Enciclopedia del Diritto*, Giuffrè, 1987, vol. XXXVIII.
NORA, Pierre, "Nation", in Furet, François, Ozouf, Mona (orgs.), *Dictionnaire Critique de la Révolution Française*, Paris, Flammarion, 1988.
Novíssima reforma judiciária: contida no decreto de 21 de Maio de 1841 segundo a autorização concedida ao Governo [...]. Com um apêndice contendo leis, decretos e portarias que têm interpretado, complementado e revogado algumas das suas disposições, tanto em relação ao continente como em relação ao Ultramar, Coimbra, Imprensa da Universidade, 1888.
Ó, Jorge Manuel Nunes Ramos do, *O governo de Si Mesmo, Modernidade Pedagógica e Encenações Disciplinares do Aluno liceal (último quartel do século XIX – meados do século XX)*, Dissertação de doutoramento em Ciências da Educação, Lisboa, Faculdade de Psicologia e de Ciências da Educação da Universidade de Lisboa, 2003, polic.
OLIVEIRA, Maria Inês Cortes de, *O Liberto: seu mundo e os outros*, Salvador, 1790-1890, S. Paulo, Corropio, 1988.
ORNELAS, Ayres, *A nossa administração colonial. O que é, o que deve ser*, Lisboa, Imprensa Nacional, 1903.

OSTERHAMMEL, Jürgen, *Colonialism, a Theoretical Overview*, Markus Wiener Publishers (trad. de alemão por Shelley L. Frisch), 1997.
PAGDEN, Anthony, *The Fall of the Natural Man and the origins of Comparative Ethnology*, Cambridge, Cambridge University Press, 1982.
IDEM, *Lords of All The World, ideologies of Empire in Spain, Britain and France c. 1500-c-1800*, New Haven and London, Yale University Press, 1995.
PAHUJA, Sundhya, "The Postcoloniality of International Law", in *Harvard International Law Journal*, Vol. 46, n.º 2, 2005.
PAIVA COUCEIRO, Henrique de, *Angola (estudo Administrativo)*, Lisboa, Typographia da Cooperativa Militar, 1898.
PAIVA, Vicente Ferrer Neto, *Reflexões sobre os sete primeiros títulos do Livro Único da Parte I do projecto do Código Civil Português do sr. António Luiz de Seabra*, Coimbra, Imprensa da Universidade, 1959.
PAREKH, Bhikhu, "Liberalism and colonialism: a critique of Locke and Mill", in Pieterse, Jan Nederveen, Parekc, Bhikhu (eds.), *The decolonization of the imagination. Culture, Knowledge and Power*, London, Zed Books Lde., 1995.
PÉLISSIER, René, *História da Guiné, portugueses e africanos na Senegâmbia (1841-1936)*, Lisboa, Estampa, 1989.
IDEM, *História de Moçambique, Formação e oposição, 1854-1918*, Lisboa, Estampa, 1994, 2 vols.
PENA, Eduardo Spiller, *Pajens da Casa Imperial, Jurisconsultos, Escravidão e a lei de 1871*, Campinas, Editora da Unicamp, 2000.
PEREIRA, Ana Leonor, *Darwin em Portugal (1865-1914), Filosofia, História, Engenharia Social*, Coimbra, Almedina, 2001.
PEREIRA, José Maria Dantas, *Projecto de lei fundamental pare se reorganizar a monarquia portuguesa com atenção dos princípios gerais do direito público [...]. Escrito e oferecido por José Maria Dantas Pereira*, Lumiar, 1823.
PEREIRA, Rui, Introd. a Jorge Dias, *Os Macondes de Moçambique*, I: "Aspectos Históricos e Económicos", Lisboa, CNCDP e IICT, 1998.
IDEM, A "«Missão Etognósica de Moçambique». A codificação dos «usos e costumes indígenas» no direito colonial português", in *Cadernos de Estudos Africanos*, N.º 1, Julho-Dezembro de 2001, Lisboa, Centro de Estudos Aricanos, 2001.
PETIT CALVO, Carlos, "Una Constitucion Europea para America: Cadiz, 1812", in Andrea Romano (a cura di), *Alle origini del costituzionalismo Europeo*, Accademia Peloritana dei Pericolanti, Messina, 1991.
PIETERSE, Jan Nederveen, PAREKC, Bhikhu (eds.), *The decolonization of the imagination. Culture, Knowledge and Power*, London, Zed Books Lde., 1995.
PIMENTEL, António de Serpa, *Da Nacionalidade e do Governo Representativo*, Coimbra, Imprensa da Universidade, 1881.
PIMENTEL, Maria do Rosário, *Uma viagem ao fundo das consciências – A escravatura na época moderna*, Lisboa, Edições Colibri, 1995.
PINTO, Basílio Alberto de Sousa, *Análise da Constituição Política da Monarquia Portuguesa, feita pela ordem dos artigos* (coligida das prelecções do lente...), ms. policopiado, 1838-1839.

IDEM, *Lições de Direito Político [de 1838]*, manuscrito inédito
PITTS, Jennifer (ed.), *Alexis Tocqueville, Writings on Empire and Slavery*, Baltimore & London, The John Hopkins University Press, 2001.
PLUCHON, Pierre, *Histoire de la Colonization Française*, t. I: «Le premier Empire colonial, des origines à la Restauration», Paris, Fayard,1991.
POCOCK, V. J.G.A., *Barbarism and Religion*, Cambridge, Cambridge University Press, 1999, Vol. I: "The Enlightenment of Edward Gibbon, 1737-1764".
PORTER, Andrew (ed.), *The Oxford History of the British Empire*, Oxford-NewYork, Oxford University Press, 1999, vol. III: "The Nineteenth Centure".
IDEM, "Trusteeship, Anti-Slavery and humanitarianism" in Andrew Porter (ed.), *The Oxford History of the British Empire*, cit.
PRAÇA, J.J. Lopes, *Estudos sobre a Carta Constitucional de 1826 e Acto Adicional de 1852*, Coimbra, Imprensa Literária, 1878.
IDEM, *Estudos sobre a Carta Constitucional de 1826 e Acto Addicional de 1852, 2.ª parte*, Coimbra, Livraria e Manuel de Almeida Cabral, vol. I (1879), vol. II (1880).
IDEM, *Colecção de leis e subsídios para o estudo do Direito Constitucional Português*, Coimbra, Imprensa da Universidade, 1894, vol II.
PRADIER-FODÉRÉ, M.P., (ed.), *Le Droit des Gens ou Principes de la Loi Naturelle Appliqués a la Conduite et Aux Affaires des Nations et des Souverains par Vattel* (Nouvelle Édition Précédée d'un Essai et d'une Dissertation (de l'auteur), Accompagnée des Notes de Pinheiro Ferreira et du Baron de Chambier d'Oleire, M.P. Pradier Fodéré, Paris, Guillaumin, 1863, 3 vols.
PRAKASH, Gyan, "Subaltern studies as Postcolonial Criticism", in *The American Historical Review*, vol. 99, n.º 5, 1994.
IDEM, (ed.), *After colonialism: imperial histories and postcolonial displacements*, Princeton, Princeton University Press, 1995.
Projecto da Constituição Política para a Nação Portugueza, Lisboa, Tip. Rolandiana, 1820.
Projecto de Constituição para o Império do Brasil, organizado no Conselho de Estado, Rio de Janeiro, Tip. Nacional, 1824.
Projecto de Regimento para o Governo Interior das cortes geraes e extraordinárias constituintes, Lisboa, Imprensa Nacional, 1821.
Projecto de regulamento de trabalho na província de Angola, Lisboa, Imprensa Nacional, 1875.
RAMOS, Rui, "As origens ideológicas da condenação das descobertas e conquistas em Herculano e Oliveira Martins", in *Análise Social*, 32, 140, 1997.
IDEM, "«Um novo Brasil de um novo Portugal», A história do Brasil e a ideia de colonização em Portugal nos séculos XIX e XX", in *Penélope*, n.º 23, 2000.
RAMOS, Rui Manuel Gens de Moura, *O Direito Português da nacionalidade*, Coimbra, Coimbra editora, 1992.
REBELO, João M. Pacheco Teixeira, *Código penal anotado*, Porto, Typographia Gutenberg, 1895.
REBELO, Manuel dos Anjos da Silva, *Relações entre Angola e Brasil, 1808-1830*, Lisboa, Agência Geral do Ultramar, 1970.

Regimento de administração de Justiça nas províncias ultramarinas: decreto de 20 de Fevereiro de 1894, Lourenço Marques, Imprensa Nacional, 1894.
REISS, H. S., (ed.), *Kant political Writings*, Cambridge, CUP, 1991.
RENAUT, Alain (dir), *Histoire de la Philosophie politique*, vol. III: "Lumières et romantisme", Paris, Calmann-Lévy, 1999.
RIBEIRO, Artur R. de Almeida, "Descentralização na legislação e na administração das colónias", in *Antologia Colonial Portuguesa*, Lisboa, Agência Geral das Colónias, 1946.
IDEM, *Administração civil das províncias ultramarinas: proposta de lei orgânica e relatório apresentados aos Congresso pelo Ministro das Colónias Arthur R. de Almeida Ribeiro*, Lisboa, Imprensa Nacional, 1914.
IDEM, *Administração financeira das províncias ultramarinas: projecto de lei orgânica e relatório apresentado ao Congresso pelo Ministro das Colónias... E leis n.º 277 e 278*, Coimbra, Imprensa da Universidade, 1917.
RIBEIRO, José Silvestre, *Resoluções do Conselho de Estado na secção do contencioso administrativo*, Lisboa, Imprensa Nacional, 1874, t. XVIII.
IDEM, *História dos Estabelecimentos Scientificos, Litterarios e Artisticos de Portugal nos successivos reinados da Monarchia*, tomos VI-XVIII, Lisboa, 1876-93.
ROCHA, Manuel António Coelho da, *Instituições de Direito Civil Portuguez*, Coimbra, Imprensa da Universidade, 1852.
RODRIGUES, José Honório, *A assembleia constituinte de 1823*, Petrópolis, Editora Vozes, 1974.
RODRIGUES, Eugénia, *Portugueses e africanos nos Rios de Sena: os prazos da Coroa nos séculos XVII e XVIII*, dissertação de doutoramento em História na F.C.S.H. da U.N.L., Lisboa, 2002, texto polic.
RODRIGUES, J.M. Pereira, *Discurso pronunciado na Câmara dos Senhores Deputados em sessão de 1 de Abril de 1876*, Lisboa, Imprensa Nacional, 1876.
RODRIGUES, Samuel, *A Polémica sobre o Casamento Civil (1865-1867)*, Lisboa, INIC, 1987.
ROMERO, Maria Paz Alonso, *Cuba en la España Liberal (1837-1898)*, Madrid, C.E.C., 2002.
ROQUE, Ricardo, *Antropologia e Império: Fonseca Cardoso e à expedição à Índia em 1895*, Lisboa, ICS, 2001.
ROSAS, Fernando, BRITO, J. M. Brandão de (dirs), *Dicionário de História do Estado Novo*, Lisboa, Bertrand Editora, 1996, vol. I.
ROSANVALLON, Pierre, *Le Moment Guizot*, Paris, Gallimard, 1985.
IDEM, *Le sacre du Citoyen, Histoire du Suffrage Universel en France*, Paris, Gallimard,1992.
RUSSEL-WOOD, A.J.R. "Comunidades étnicas", em Francisco Bethencourt e Kirti Chaudhuri (dir.), *História da Expansão Portuguesa*, Lisboa, Círculo de Leitores, Vol. III.
RUSSEL, C., ANDRÉS GALLEGO, J. (dir.), *Las Monarquias del Antiguo Régimen. Monarquias Compuestas?*, Madrid, Editorial Complutense, 1996.
SÁ DA BANDEIRA, *Factos e Considerações relativos aos direitos de Portugal sobre os territórios de Molembo, Cabinda e Ambriz e mais lugares da Costa Ocidental de África*, Lisboa, 1855.

IDEM, *Carta dirigida ao Ex.mo Sr. José Maria Latino Coelho sobre a reforma da Carta Constitucional*, Lisboa, Imprensa Nacional, 1872.
IDEM, *O Trabalho Rural Africano e a Administração Colonial*, Lisboa, Imprensa Nacional, 1873.
IDEM, *A Emancipação dos Libertos – Carta dirigida ao Excelentíssimo Senhor Joaquim Guedes de Carvalho e Menezes, Presidente da Relação de Loanda*, Lisboa, Imprensa Nacional, 1874.
SAID, Edward W., *Orientalism*, New York, Vintage Books, 1979.
SALEMA, João de Sande Magalhães Mexia, *Princípios de direito político applicados à Constituição Política da Monarchia Portugueza de 1838, ou Theoria Moderna dos Governos Monarchicos Constitucionaes Representativos*, Coimbra, Imprensa de Trovão & C.ª, 1841.
SAMPAYO E MELLO, Lopo Vaz, *Política Indígena*, Porto, Magalhães e Moniz Editores, 1910.
SANTA RITA, José Gonçalo, "As questões coloniais nas Cortes Constituintes e na segunda legislatura (1821-28)", *Revista da Faculdade de Letras de Lisboa*, t. XIV, 2.ª série, 1949.
IDEM, "O contacto das raças nas colónias portuguesas. Seus efeitos políticos e sociais. Legislação portuguesa", in *Congresso do Mundo Português*, vol. XV: "Memórias e Comunicações apresentadas ao Congresso Colonial (IX Congresso)", tomo 2.º, secção II, Lisboa, 1940.
SANTOS, Clemente José dos (ed.), *Documentos para a História das Cortes Gerais da Nação Portuguesa*, Lisboa, Imprensa Nacional, 1883-1891, 8 vols.
SANTOS, Gonçalo Duro dos, *A Escola de Antropológica de Coimbra*, 1885-1950, Lisboa, ICS, 2005.
SANTOS, Maria Helena Carvalho dos, "A maior felicidade do maior número. Bentham e a Constituição de 1822", in Miriam Halpern Pereira, Maria de Fátima Sá e Melo Ferreira e João B. Serra, *O liberalismo na Península Ibérica na Primeira Metade do século XIX*, cit., 1981, vol. I.
SARAT, Austin, KEARNS, Thomas R., "Responding to demand of difference", in id. (eds). *Cultural pluralism, identity politics and the law*, Ann Arbor, The University of Michigan Press, 1993.
SARAT, Austin, KEARNS, Thomas R. (eds.), *Legal Rights, Historical and Philosophical Perspectives*, Michigan, University of Michigan Press, 1997.
IDEM, *The Rhetoric of Law*, Michigan, University of Michigan Press, 1997.
SARDICA, José Miguel, "O Vintismo perante a Igreja e o catolicismo", in *Análise Social*, N.º 27, 2002.
SCHACHAR, Ayelet, *Multicultural jurisdictions, Cultural Differences and Women's Rights*, Cambridge, Cambridge University Press, 2001.
SCHOFIELD, Philip, HARRIS, J. (eds.), *The collected Works of Jeremy Bentham. Writings on Codification, Law and Education*, Oxford, Clarendon Press, 1988.
SCHOFIELD, Philip (ed.), *The colected Works od Jeremy Bentham, Colonies, Commerce, and Constitutional Law, Rid yourself of Ultramaria and other writings on Spain and Spanish America*, Oxford, Clarendon Press, 1995.

SCHWARTZ, Stuart B., *Da América portuguesa ao Brasil, Estudos Históricos*, Lisboa, Difel, 2003.
SKIDMORE, Thomas E., *O Brasil visto de fora*, S. Paulo, Ed. Paz e Terra, 1994.
SEABRA, António Luíz de, *Duas Palavras sobre o casamento pelo redactor do Código Civil*, Lisboa, Imprensa Nacional, 1866.
SEMMEL, Bernard, "The Philosophic Radicals and Colonialism", in Bhikhu Parekh (ed.), *Jeremy Bentham, Critical Assessments*, vol. III: "Law and Politics", London and New York, Routledge, 1993.
IDEM, *The liberal Ideal and the Demons of Empire: Theories of Imperialism from Adam Smith to Lenin*, Baltimore and London, The Johns Hopkins University Press, 1993 (reviewed by Daniel Headrick, in *The American Historical Review*, vol. 99, n.° 5, 1994).
SEQUEIRA, António d'Oliva de Sousa, "Projecto para o estabelecimento político do Reino Unido de Portugal, Brasil e Algarves (oferecido aos illustres legisladores em cortes [...])", in *Projecto de Regimento para o Governo Interior das cortes geraes e extraordinárias constituintes*, Lisboa, Imprensa Nacional, 1821 (2.ª ed.).
SILVA, António Delgado da, *Colecção de Legislação Portuguesa desde a última Compilação das Ordenações, Legislação de 1802 a 1810*, Lisboa, Tipografia Maigrense, 1826.
SILVA, Cristina Nogueira da "Nações, territórios e populações nos textos constitucionais portugueses do século XIX", *Themis*, Ano III, n.° 5, 2002.
IDEM, "L'Africa Nelle Costituzioni Portoghesi del XIX Secolo", *Le Carte e La Storia, Rivista di Storia Delle Instituzioni*, Ano VIII, 1, 2002, pp. 19-29.
IDEM, "Abolicionismo", *Dicionário de Ética e Política*, Lisboa, Instituto de Filosofia da Linguagem da FCSHUNL, 2004.
IDEM, *A cidadania nos Trópicos. O Ultramar no constitucionalismo monárquico português (c. 1820--1880)*, Lisboa, Faculdade de Direito da Universidade Nova de Lisboa, dissertação de doutoramento policopiada, 2004.
IDEM, «Progresso e Civilização: povos não europeus no discurso liberal oitocentista», *Estudos Comemorativos dos 10 Anos da Faculdade de Direito da Universidade Nova de Lisboa* (coord. Diogo Freitas do Amaral, Carlos Ferreira de Almeida e Marta Tavares de Almeida), Coimbra, Almedina, 2008, Vol. I, pp. 15-42.
IDEM, "Libertad, Derechos Fundamentales y «multiculturalismo» en el pensamiento de Silvestre Pinheiro Ferreiro (1769-1846)", Congresso Internacional *De la galeria a la biografia. Vidas por el Derecho en la España liberal*, Huelva, Universidad de Huelva, em pub.
IDEM, "«Modelos coloniais» no século XIX (França, Espanha, Portugal)", in *E-legal History Review*, n.° 7, 2009.
SILVA, José Bonifácio de Andrada e, "Apontamentos para a civilização dos Índios bravos do Império do Brasil" (1823), in Miriam Dolhnikoff (org.), *Projectos para o Brasil*, São Paulo, Companhia das Letras, 1998.
IDEM, *Representação à Assembleia Geral e Legislativa do Império do Brasil sobre a escravatura*, Rio de Janeiro, Tip. de J. E. S. Cabral, 1840.

SILVA, Luís Augusto Rebelo da, *Relatórios do Ministro e Secretario de Estado dos Negocios da Marinha e do Ultramar* (apresentados às Cortes na Sessão Legislativa de 1870), Lisboa, Ministério do Ultramar, 1969.

SILVA, Maria Beatriz Nizza, *Movimento Constitucional e Separatismo no Brasil (1821-1823)*, Porto, Livros Horizonte, 1988.

IDEM, (coord.), *Dicionário da História da Colonização Portuguesa no Brasil*, Lisboa/S. Paulo, Verbo, 1994.

SILVA, Fernando Emygdio, *Colonização e colónias portuguesas, 1864-1914*, Coimbra, F. França Amado Editor (artigo pub. no *Diário de Notícias* de 29 de Dezembro de 1914).

SLEMIAN, Andréa, "Na teia da lei: constituição, opinião pública e nação na emergência do Estado no Brasil – 1820-1842", Projecto de Investigação, S. Paulo, Universidade de S. Paulo, 2003, polic.

SOARES, Rogério Ehrhardt, "O conceito Ocidental de Constituição", in *Revista de Legislação e de Jurisprudência*, N.° 119, 1986.

SOBRAL, José, "Nações e nacionalismo – algumas teorias recentes sobre a sua génese e persistência na Europa (ocidental) e o caso português", *Inforgeo*, n.° 11, 1996.

IDEM, "Memória e Identidade Nacional: Considerações de carácter geral e o caso português" in Manuel Carlos Silva (org.), *Nação e Estado, Entre o Global e o Local*, Porto, Edições Afrontamento, 2006.

SOUSA, António Teixeira de, *Responsabilidades Históricas – Política Contemporânea*, Coimbra, França e Arménio, 1917, 2 vols.

SOUSA, Augusto Guilherme de, *Ensaio sobre as instituições de Direito administrativo português de Justino António de Freitas, lente da cadeira de Direito administrativo da Universidade de Coimbra*, Coimbra, Imprensa da Universidade, 1859.

SOUZA, Iara Lis Carvalho, *Pátria Coroada, O Brasil como Corpo Político Autônomo, 1780--1831*, S. Paulo, Fundação Editora da UNESP, 1999.

STOLER, Ann Laura, "Rethinking Colonial Categories: European Communities and the Boundaries of Rule", in *Comparative Studies in Society and history*, 31, n.° 1, 1989.

STOLER, Ann Laura and COOPER, Frederik, "Between Metropole and Colony, Rethinking a Research Agenda", in Frederik Cooper and Ann Laura Stoler (eds.), *Tensions of empire: colonial cultures in a bourgeois world*, Berkeley, University of California Press, 1997.

SULLIVAN, Eileen P., "Liberalism and Imperialism: J.S. Mill's Defense of the British Empire, in *Journal of the History of Ideias*, Vol. 44, n.° 4, 1983.

TAVARES, Ana Paula, SANTOS, Catarina Madeira, *Africae Monumenta, A Apropriação da Escrita pelos Africanos*, Lisboa, I.I.C.T., 2002.

TAVARES, José, *O poder governamental no Direito Constitucional português*, Coimbra, Imprensa Académica, 1909.

TEIXEIRA, Nuno Severiano, "Colónias e colonização portuguesa na cena internacional (1885-1930)", in *História da Expansão Portuguesa*, Lisboa, C. Leitores, 1998, vol. IV.

TEIXEIRA, António Ribeiro de Liz, *Curso de Direito Civil Portuguez para o ano lectivo de 1843-44, ou Comentario às Instituições do Sr. Paschoal José de Mello Freire sobre o mesmo direito*, Coimbra, Imprensa da Universidade, 1845.

TELLES, José Homem Corrêa, *Commentario Critico à Lei da Boa Razão em data de 18 de Agosto de 1769*, Lisboa, Typografia de M.P. de Lacerda, 1824.

IDEM, *Digesto Portuguez ou Tratado dos Direitos e obrigações civis relativos às pessoas de uma família portugueza, para servir de subsídio ao novo Código Civil*, Coimbra, Imprensa da Universidade, t. II, 1853 (4.ª ed.).

Termos de vassalagem e tratados com os régulos das terras de Amule (?) ...: Governo de Distrito, Lourenço Marques, 8-134, Docs. 1-10, 1882, M1 (1), Bd 3., Arquivo Histórico de Maputo.

Termos de vassalagem nos territórios de Machona, Zambézia e Nyassa, 1858 a 1889, Lisboa, Imprensa Nacional, 1890.

THOMPSON, Elisabeth, *Colonial Citizens, Republican Rights, Paternal Privilege, and Gender in French Syria and Lebanon*, New York, Columbia University Press, 1999.

TOCQUEVILLE, Alexis de, *De la Démocratie en Amérique* (introd. et notes de Jean-Claude Lamberti), Paris, Éditions Robert Laffont, 1986.

IDEM, *Da Democracia na América*, Lisboa, Princípia, 2001.

IDEM, *De la colonie en Algérie* (présentation de Tzvetan Todorov), Paris, Gallimard, 1968.

Traducção das obras políticas do sabio Jurisconsulto Jeremias Bentham, vertidos do inglez na lingua portugueza por mandado do soberano congresso das cortes geraes, extraordinárias e constituintes da mesma Nação, Lisboa, Imprensa Nacional, 1822.

TODOROF, Tzvetan, *Nous et les autres: la réflexion française sur la diversité humaine*, Paris, Éditions du Seuil, 1989.

TULLY, James, "Rediscovering America: The two treatises and Aboriginal Rights", in G.A.J. Rogers (ed.), *Locke's Philosophy, Content and Context*, Oxford, Clarendon Press, 1994.

TURNER, Bryan, HAMILTON, Peter (eds.), *Citizenship, critical concepts*, London, Routledge, 1994, 2 vols.

ULRICH, Rui Ennes, *Ciência e administração colonial*, I: "Introdução, lições feitas ao curso do 4.º anno jurídico no anno de 1907-1908", Coimbra, Imprensa da Universidade, 1908.

IDEM, *Política colonial*. Lições feitas ao curso do 4.ª anno juridico no anno de 1908-1909, Coimbra, Imprensa da Universidade, 1909.

VALDÊS, Roberto Luís Blanco, "El «problema americano» en las primeras Cortes Liberales españolas (1810-1814)", in AAVV, *Los Orígenes del Constitucionalismo Liberal en España...*, cit.

VANDERLINDEN, Jacques, "Le droits africains entre positivisme et pluralisme", in *Bulletin des Séances de l'Académie royale des sciences d'outre-mer*, n.º 46, 2000.

VATTEL, Emerich de, *Le Droit des Gens ou Principes de la Loi Naturelle Appliqués a la Conduite et Aux Affaires des Nations et des Souverains par Vattel* (Nouvelle Édition Précédée d'un Essai et d'une Dissertation (de l'auteur), Accompagnée des Notes de Pinheiro

Ferreira et du Baron de Chambier d'Oleire, M.P. Pradier Fodéré), Paris, Guillaumin, 3 vols., 1863.

VERGÈS, Françoise, *Abolir l'esclavage: une utopie coloniale, Les ambiguïtés d'une politique humanitaire*, Paris, Albin Michel, 2001.

VIEIRA, Benedicta Maria Duque, *A crise do Antigo Regime e as Cortes Constituintes de 1821-1822*, Lisboa, Ed. Sá da Costa, 1991, vols I e V.

VILHENA, Ernesto de, *Questões coloniais, Discursos e Artigos*, Lisboa, o Autor, 2 vols., 1910-11.

VILHENA, Júlio Marques de, *Antes da República (Notas Autobiográficas)*, Coimbra, França e Arménio Editores, 1916, vol. I (1874-1907).

IDEM, *Antes da República (Suplemento), Resposta a um Livro Póstumo*, Coimbra, França e Arménio Editores, 1918.

VISCONDE DE SANTARÉM, *Demonstração dos Direitos que tem a Coroa de Portugal sobre os territórios situados na Costa Occidental d'África entre o 5.° grau e 12 minutos e o 8.° de latitude meridional e por conseguinte aos territórios de Molembo, Cabinda e Ambriz*, Lisboa, Imprensa Nacional, 1855.

WAHNICH, Sophie, *L'impossible citoyen, L'étranger dans le discours de la Révolution française*, Paris, Albin Michel, 1997.

WILENSKY, Alfredo Héctor, *La administración de justicia en África continental portuguesa*, Lisboa, Junta de investigações do Ultramar, 1971.

WILLIAMS, Bernard, *Shame and Necessity*, Berkeley-Los Angeles-London, University of California Press, 1993.

WILLIFORD, Miriam, *Jeremy Bentham on Spanish America. An account of His Letters and Proposals to the New World*, London, Louisiana State University Press, 1980.

WOLFF, Jonathan, *An introduction to Political Philosophy*, Oxford-New York, Oxford University Press, 1996.

XAVIER, Alfredo Augusto Caldas, *Estudos coloniais*, Nova Goa, Imprensa Nacional, 1889.

YOUNG, Crawford, *The African Colonial State in comparative prospective*, New Haven, Yale University Press, 1994.

YOUNG, Marion, "Polity and Group Difference: A Critique of the Ideal of Universal Citizenship", in Turner, Bryan, Hamilton, Peter (eds.), *Citizenship, critical concepts*, London and New York, Routledge, vol. I, 1994.

WELCH, Cheryl B., "Colonial Violence And the Rhetoric of Evasion: Tocqueville on Algeria", in *Political Theory*, vol. 31, n.° 2, 2003.

WILENSKY, Alfredo Héctor, *La administración de justicia en África continental portuguesa*, Lisboa, Junta de Investigações do Ultramar, 1971.

ZA, L., "Assimilacion", in *Dictionary of Race, Ettnicity & Culture*, ed. Guido Bolaffi, Raffaele Bracalenti, Peter Braham, and Sandro Gindro, London, Sage Publications, 2003.

ZAMPARONI, Valdemir, "Monhés, Baneanes, Chinas e Afro-maometanos, Colonialismo e racismo em Lourenço Marques, Moçambique, 1890-1940", in *Lusotopie*, 2000.